JN444400

김창현 현대시조 평설집

한국현대시조의 연구와 향방 II

김창현 논설

오늘의문학사

국립중앙도서관 출판예정도서목록(CIP)

한국 현대시조 연구와 향방 : 김창현 평설집. 2 / 지은이:
김창현. -- 대전 : 오늘의문학사, 2018
p. ; cm

대전문화재단과 대전광역에서 사업비 일부를 지원받았음
ISBN 978-89-5669-963-9 03810 : ₩70000

현대 시조[現代時調]
시 평론[詩評論]

811.3609-KDC6
895.71509-DDC23 CIP2018037707

※ 일러두기

1. 자료조사 대상은 생몰연도가 분명한 사람으로 한정하였다.
2. 필자와의 인연에 의한 자료 정리임을 밝힌다.
3. 필자 중심의 서술이어서 주관적 표현도 산재한다.
4. 원본상 세로쓰기를 한 작품은 가로쓰기로 바꿔 썼다.
5. 한자 시어를 한글 시어로 바꿔썼다.
6. 고어 · 방언은 표준말, 바른말로 고쳐 썼다.

한국 현대시조의 연구와 향방 II

■ 발간사

분수령을 뛰어 넘은 창작 의욕

세상에 태어나서 교직생활로 접어 든 때는 1959년 3월 31일부터 초등학교 근무를 시작했고 2002년 2월 28일 정년퇴임(기간제) 하였다. 처음 글을 쓰기 시작한 것은 1959~1960년대 진중문예 작품을 써 보았고 교육자료, 새 교실, 교육 잡지에 여러 편 수록 되었는데 찾기가 어렵다.

대전일보, 중앙일보, 샘터에 여러 편 수록되었고 충남교육에 오열사 〈시〉를 발표한 것을 충남대 오세영교수가 시평을 써 주신 것이 감동을 받아 현대시조로 정진하게 되었다.

대전동시조(2000) 창간호를 발간하면서 문학 작품이나 논문을 이끌어 온 발자취를 재구성하여 〈한국현대시조연구와향방〉〈1〉권을 엮어 냈으나 누락자가 많았고 시인은 아니지만 초대시인으로 작품을 편성한 것을 모아 〈2〉권에 포함시켜 자료 확충에 노력하였다. 현대시조에 대한 전문적, 객관적인 심도 깊은 연구라기보다 주관적 측면에서 편저 형식으로 엮었음을 고백하며 강호 제현의 숭고한 충언을 당부 드린다.

어느덧 시조문학 창작에 30년의 세월을 허비했고 1990년대부터 2017년까지 산수(傘壽)가 코앞에 다가온 오늘날 현대시조의 연구와 향방 (2)권을 발간하게 되어 가슴 벅차 오르는 희노애락(喜怒哀樂)이 함박눈처럼 쏟아진다.

앞으로 지속적인 보안과 차후 발간에 조금이라도 도움이 되도록 힘쓰겠으며 오늘날 까지 돌보아 주고 지켜보았던 친지 가족들에게 고마움을 전하며 발간사로 갈음한다.

2018년 8월 30일 산수(傘壽)기념문집

지족산(智足山) 관촌 편집실

현대시조 작가

姜大奎(1940-1998)姜英勳(1922-2016)高敬植(1938-2007)高元坤(1942-2010)高 銀(1933-2017)高應三(1931-2016)郭鍾赫(1924-2015)具湘會(1930-병중)權九玄(1902-1937)金啓龍(1921-2014)金功千(1922-1987)金光黙(1946-2007)金錦子(1961-2015)金琪鶴(? -1982)金東烈(1952-2016)金明培(1932-2016)金夢船(1940-2014)金敏夫(1941-1972)金丙泰(1924-1994)金炳孝(1922-2012)金保安(1947-2015)金三鎭(1934-2011)金相恩(1935-2011)金尙勳(1936-2016)金信權(1922-2014)金英姬1933-1995)金容休(1926-2017=91세)金圓覺(永律1941-2016)金理杜(1941-1978)金履弘(1914-1975)金一影(1930-2000)金章洙(1934-1977)金在鎬(1937-1993)金佐基(1923-2008)金昌鉉(1936-裕齋)金忠顯(1921-2006)金台洙(1924~2000)金兌曦(1924-2014)金惠培(1925-1997)金洪來(1937-2012)權五信(1946-2018)權寧局(1939-2018)南宮壁(1895-1922)南仁基(1940-2006)南駿祐(1915-1981)浪承萬(1933-2016)董玉鈞(1928-2007)柳孔善(1927-1997)柳台煥(1923-94세)明壽男(1930-?)牟相哲(1932-85세)文武烈(1948-2003)文福善(1938-80세)文章姬(1912-2006)閔弘祐(1942-2009)朴景培(1942-2005)朴慶善(1930-2013)朴龜夏(1946-2008)朴金玉(1920-103세)朴東圭(1928-2015)朴斗益(1925-2012)朴斗嬅(1925-2012)朴錫順(1936-2011)朴良權(1926-2006)朴龍三(1941-2007)朴在坤1933-2016)朴贊玉(1932-1994)朴昌秀(1938~2016)朴泰一(1940-2007)裵渭泓(1919-2014)邊仁淑(1948-2013)徐廷杜(1915-2000)石成淑(1948-2008)成權永(1940-1990)蘇在筍(1924-1997)孫泰瑗(1960-2015)宋根永(1925-2016)宋志英(1916-1989)辛承周(1939-1964)辛夕汀(1907-1974)申容直(1936-1990)申翼熙(1894-1956)申鉉得(1933-84세)沈赫南(1925-2014)安文燮(1926-91세)庾東三(1925-92세)王豹淳(1921-2016)陸故樹(1919-2014)尹炳太(1920-1996)尹用彬(1940-2002)尹鉉朝(1945-2014)尹晃漢(1927-90세)李啓祥(1927~2016)李基均(1921-2015)李南秀(1930-2011)李道基(1937-2004)李東信(1952-2015)李明子

(1942-2007)李武植(1944-2017)李玟奎(1927-2013)李炳基(1934-2010)李炳駿1931-86세)李鳳祿1908-1987)李守楨(1934-2017)李崇子(1913-2011)李耀燮(1927-1997)李庸尙(1935-2015)李溶浩(1935-병중)李元燮(1924-2009)李愚萬(1932-2013)李禹出(1923-1985)李在福(1918-1991)李在徹(1931-2011)李正浩(1927-1991)李采蘭(1918-99세)李泰龍(1924-2010)李香蘭(1930-89세)李一香(1930-86세)李孝祥(1906-1989)李奐龍(1927-1998)李熙春(1926-2008)李秀子(1957-2017)林億圭(1932-2015)任興宰(1942-1979)張諄河(1928-89세)張靑(東洙1941-2014)全尙烈(1923-2000)全榮寬1950-2016)全亨大(1942-1995)諸海萬(1944-1997)鄭石柱(1940-1987)鄭素恩(1929-2000)鄭椀永(1919-2016)鄭雲琸(?-2015)鄭謂鎭(1924-병중)鄭在琥(1929-88세)鄭春浩(1940-2002)鄭夏庚(1927-90세)趙淳奎(1908-1994)曺五絃(1932-2018)曺有路(1930-2004)曺在業(1940-2004)曺鍾萬(1932-2013)趙憓植(1934-83세)車文貞(1961-2014)車義燮(1919-1993)蔡秉華(?-2002)蔡喜錫(1919-1998)崔德源(1935-2011)崔末植(1935-2012)崔命洵(1951-2005)崔秉魯(1915-1987)崔相根(1945-2014)崔相煥(1937-2015)崔雨林(1931-1997)崔載浩(1917-1988)崔鉉培(1894-1970)河榮弼(1926-91세. 병중)韓暻洙(1929-2014)韓淳輔(1927-2014)許乭順(1944-2010)許眞(1928-2007)黃暎坡(1931-2010)明壽男(1930- ?)牟相哲(? -1932-85세)全榮寬(1950-2016)김준(全俊박사)朴錫順(1936-2011)吳鍾勳(? -2017)趙憓植(1934-83세)이수정(李守楨1934-2017)유상덕(柳相德1940-2017)金俊博士. 冠村金昌鉉-通川

강 대 규 (姜大奎 1940-1998)의 현대시조

Ⅰ. 시조문예

※ 1969. 영산강 창간호 → 시조문예 2006 제36호-자료 없음.

2007 제 37호 -1) 태풍-3연15행, 2) 가을하늘 -2연15행, 3) 해님-3연21행, 4) 매미의 오개도(五個道)-3연15행.

2008 제 38호 -1) 울부짖는 파도소리-2연10행, 2)울돌목의 교훈-4연12행, 3) 허깨비 인생-3연15행, 4) 인간이 지나 가는 길-3연15행, 5) 선풍기-2연14행.

2009 제 39호 -1) 노인복지관-3연15행, 2) 철마는 달리고 싶다-2연18행, 3) 울돌목을 건너면서-3연15행, 4) 그리운 벗이여-3연21행, 5) 여름을 보내며-2연18행.

2010 제 40호 -1) 등산길-3연15행, 2) 국화-2연14행, 3) 진도의 멋과 향기-2연18행, 4)허공-2열14행

II. 현대시조 작품감상

1) 매미의 오개도

삼 년을 땅속에서 지상에 삼 주일을
기구한 운명 속에 임 찾는 울음인가
청아한 맑은 목소리 애닯으게 들린다.

날개에 새긴 문장 선비 행세하느라고
계절을 잊지 않고 예절 지켜 삼복더위
울다가 노래하다가 바람같이 홀연히.

집 없이 숲속에서 하루 밤 신세 지고
이슬로 한 끼 때워 몸단장 곱게, 곱게
곧이어 노래 소리가 줄을 이어 맴 맴맴.

※ 오개도(五個道-청렴-淸廉, 검소-儉素, 문신-文臣)

2) 울부짖는 파도 소리
사나운 성낸 바다 몰아치는 아우성
뒤집는 거센 물결 울부짖는 메아리
허공을 두드리면서 천지가 진동한다.

처절히 뒤집히는 파도의 거센 물결
노도(怒濤)는 천둥 치다 내 시름 쓸어가네
바다가 깨어지는 듯 저려오는 아픔이여.

III. 강대규(姜大奎 1940-1998)의 현대시조 창작형태조사

시조집	1연	2연	3연	4연	5연	사 설	장시조	총 계	비 고
시조문예		8	9	1				18	
총 계		8	9	1				18	
비 율%		44.4	50.0	5.5				99.9	

〈참고문헌〉

1. 한국 시조큰사전-한춘섭, 박병순, 리태극-을지출판공사-서울 1985
2. 한국 현대시조 대사전(상 · 하. 별책)-박을수-아세아문화사-서울 1991
3. 근대 시조집람-임선묵-경인문화사-서울 1999
4. 한국시대 사전(개정증보판)-김창직, 윤해규-을지출판공사-서울 2004
5. 한국 현대시조 연구와 향방-김창현-오늘의문학사-대전 2014

강 영 훈(姜英勳 1922-2016)의 현대시조

Ⅰ. 고향 / 강영훈

꿈엔들 잊을소냐.
두고 온 고향 산천

반백의 긴 세월이
아픔 속에 흘렀는데

세상이
하 수상하니
끝없는 꿈 한(恨)이로다.

※ 평북 창성. 육군사관학교교장, 주영대사, 제4, 5 대국회위원. 국무총리, 대한적집자사 총재.

Ⅱ. 강영훈(姜英勳 1922-2016)의 현대시조 창작형태조사

시조집	1연	2연	3연	4연	5연	사 설	장시조	총 계	비 고
현대시조	1							1	
총 계	1							1	
비 율%	100							100	

〈참고문헌〉

1. 한국 현대시조 큰사전-한춘섭, 박병순, 리태극-을지출판공사-서울 1985
2. 한국 현대시조 대사전(상 · 하. 별책)-박을수-아세아문화사-서울 1991
3. 근대 시조집람-임선묵-경인문화사-서울 1999
4. 한국시대 사전(개정증보판)-김창직, 윤해규-을지출판공사-서울 2004
5. 한국 현대시조 연구와 향방-김창현-오늘의문학사-대전 2014

고 경 식 (高敬植 1938-2007)의 현대시조

Ⅰ. 시조문학

1) 1960. 제2집-거미-2연6행.

Ⅱ. 현대시조 작품 감상

1) 거미(우리들에게 주는 노래)

살다, 살다, 지쳤느냐, 전생에 무슨 죄든
웃음을 웃음보다 먼저 배운 철학이기
이렇게 산, 목숨 어쩌지 못해 한울 실에 늘인다.

해지는 저녁노을 스쳐오는 가을바람
어느 때 몹쓸 무리 어느 때 아사 갈지
순이야, 지금이라도 좋으니 어디 노래 한번 불러 봐.

Ⅲ. 고경식(高敬植 1938-2007)의 현대시조 창작형태조사

시조집	1연	2연	3연	4연	5연	사 설	장시조	총 계	비 고
시조문학		1						1	
총 계		1						1	
비 율%		100						100	

〈참고문헌〉

1. 한국 현대시조 큰사전-한춘섭, 박병순, 리태극-을지출판공사-서울 1985
2. 한국 현대시조 대사전(상 · 하. 별책)-박을수-아세아문화사-서울 1991
3. 근대 시조집람-임선묵-경인문화사-서울 1999
4. 한국시대 사전(개정증보판)-김창직, 윤해규-을지출판공사-서울 2004
5. 한국 현대시조 연구와 향방-김창현-오늘의문학사-대전 2014

고 원 곤(高元坤 1942-2010)의 현대시조

Ⅰ. 그 사랑의 물결. 2000.

1) 당신의 뜰에-1연12행, 2) 새벽길-1연12행, 3) 구름타고 오소서-1연12행, 4) 철야기도-1연10행, 5) 가라사대-2연16행, 6) 개척예배 -2연16행, 7) 태교 -2연16행, 8) 머물게 하시는 뜻 -2연16행, 9) 나눔의 끝-2연16행, 10) 주님이 가신 길-2연16행, 11) 나지막한 언덕 아래-2연16행, 12) 믿음-2연16행, 13) 믿음상회-1연10행, 14) 혼자서 가는 길-2연16행, 15) 기도원 소묘-1연10행, 16) 남북이 열릴때-2연16행, 17) 목회단상-1연12행, 18) 이런 아내-2연16행, 19) 고백-2연16행, 20) 이길 가게하소서-2연16행, 21) 봄바람-1연10행, 22) 행복만들기-1연10행, 23) 새 땅을 그리며- 사설, 24) 강가에서-1연10행, 25) 강변에서-1연10행, 26) 존재-1연10행, 27) 그자리-2연16행, 28) 당신이부르는 노래-2연16행, 29) 둥지안에서-2연16행, 30) 모래성을 쌓으며-2연16행, 31) 모성-1연10행, 32)병상에서-1연10행, 33) 비오는 날-2연16행, 34) 사랑심기-2연16행, 35) 사진첩-2연16행, 36) 아내-2연16행, 37) 용서-2연16행, 38) 잊을 수 없어-2연16행, 39) 자리-2연16행, 40) 차 한 잔-1연9행, 41) 추억 되감기-2연16행, 42) 은혜-1연10행, 43) 휘파람-2연16행, 44) 인사-5연40행, 45) 전화-2연16행, 46) 들국화-2연16행, 47) 함께 걸어요-1연10행, 48) 가을-2연16행, 49) 감-3연9행, 50) 길-1연10행, 51) 나-2연16행, 52) 노을-3연9행, 53) 눈내리는 밤-2연16행, 54) 뜸북새-2연16행, 55) 민들레 꽃씨되어-2연16행, 56) 쓴소리-1연10행, 57)산불-2연16행, 58) 시험감독-2연16행, 59) IMF이후-1연10행, 60) 여우 사이-2연16행, 61) 연기-1연10행, 62) 열쇠-1연13행, 63) 엘토로에서-2연16행, 64) 오지마을-1연13행, 65) 봄바람-1연10행, 66)풍선놀이-1연10행, 67) 풀잎에게-1연12행, 68) 두승산에 올라-3연9행, 69) 부안순례-8연24행, 70) 갈대마을-3연9행, 71) 군산항-2연16행, 72) 금강하 구둑-2연16행, 73) 기린봉-3연9행, 74) 남고산사-3연9행, 75) 노송원(老松苑)-4연12행, 76) 독도(獨島)-2연16행, 77)

비문-3연9행, 78) 사선대에서-2연16행, 79) 성수산에서-2연16행, 80) 아랫녁 사람들-3연9행, 81) 우리가 잃은것-2연16행, 82) 월명산-(月明山)에서-2연16행, 83) 지역감정-1연10행, 84) 판-1연10행, 85) 해운대에서-2연16행, 86) 낙화(落花)-2연16행, 87) 솔로몬-2연16행, 88) 그림자-1연10행, 89) 통로-1연10행, 90) 내장산-2연16행.

※ 시평-평자 없음, 신애사관(信愛思觀)으로 나누어 구성.

II. 고원곤(高元坤 1942-2010)의 현대시조 창작형태조사

시조집	1연	2연	3연	4연	5연	사 설	장시조	총 계	비 고
그사랑의물결	30	48	8	1	1	1	1	90首	2000
총 계	30	48	8	1	1	1	1	90	
비 율%	33.33	53.33	8.88	1.11	1.11	1.11	1.11	99.9	

〈참고문헌〉

1. 한국 현대시조 큰사전-한춘섭, 박병순, 리태극-을지출판공사-서울 1985
2. 한국 현대시조 대사전(상 · 하. 별책)-박을수-아세아문화사-서울 1991
3. 근대 시조집람-임선묵-경인문화사-서울 1999
4. 한국시대 사전(개정증보판)-김창직, 윤해규-을지출판공사-서울 2004
5. 한국 현대시조 연구와 향방-김창현-오늘의문학사-대전 2014

고 은(高銀 1933-2017)의 현대시조

Ⅰ. 미루나무 / 고은

큰바람에 입 다물고 하루 내내 견디었소.
큰 비에 두 눈 감고 지긋이 견디었소.
이윽고 비바람 자니 일만 잎새 일어나오.

※ 조선일보 2015. 7. 6 〈가슴으로 읽는 시조〉 수록.

Ⅱ. 고은(高銀 1933-2017)의 현대시조 창작형태조사

시조집	1연	2연	3연	4연	5연	사 설	장시조	총 계	비 고
조선일보	1							1	
총 계	1							1	
비 율%	100							100	

〈참고문헌〉

1. 한국 현대시조 큰사전-한춘섭, 박병순, 리태극-을지출판공사-서울 1985
2. 한국 현대시조 대사전(상 · 하. 별책)-박을수-아세아문화사-서울 1991
3. 근대 시조집람-임선묵-경인문화사-서울 1999
4. 한국시대 사전(개정증보판)-김창직, 윤해규-을지출판공사-서울 2004
5. 한국 현대시조 연구와 향방-김창현-오늘의문학사-대전 2014

화촌 고응삼(華村 高應三 1931-2016)의 현대시조

Ⅰ. 한국시대사전. 2004.

1) 제주의 바람소리-1연7행, 2) 탐라의 가락-2연14행, 3) 한라산 가을빛-1연7행, 4) 이어도 사나-3연21행, 5) 아! 한라산-2연17행, 6) 세밀역에서-1연7행, 7) 동백꽃-2연14행, 8) 산수국-2연14행, 9) 어부의 노래-1연7행, 10) 소섬의 해돋이-2연14행.

Ⅱ. 제주도의바람소리. 1993.

1) 제주의 바람소리-1연12행, 2) 환상의 섬-1연11행, 3) 탐라의 가락-2연16행, 4) 이어도사나-3연21행, 5) 한라산 가을빛-2연14행, 6) 수선화-2연14행, 7) 동백꽃-2연14행, 8) 산수국-2연14행, 9) 들국화-1연12행, 10) 단풍-1연12행, 11) 한란-1연11행, 12) 풍란-2연14행, 13) 오돌또기-1연11행, 14) 신산공원-성화탑-2연14행, 15) 세밀역 에서-2연14행, 16) 감옷에 깃든 정-2연14행, 17) 돌하르방-1연10행, 18) 정낭-1연11행, 19) 흙 내음-2연14행, 20) 단비 내리소서-2연14행, 21) 귤림에서-1연11행, 22)보릿고개-3연21행, 23) 꽃피는고장-2연14행, 24) 그림자 하나-2연14행, 25) 겨울밤-3연21행, 26) 신미년 설날-2연14행, 27) 연하장-2연14행, 28) 탑동 해안에서-2연14행, 29) 교단일기(1)-3연21행, 30) 교단일기(2)-3연21행, 31) 교단일기(3)-2연14행, 32) 성산일출-1연11행, 33) 백록담-1연11행, 34) 천백고지-2연14행, 35) 영실기암-1연10행, 36) 산방산 봄바람-2연14행, 37) 어리목 산행길-2연14행, 38) 수악계 곡에서-2연14행, 39) 산굼부리-1연12행, 40) 삼매봉 남성대-2연14행, 41) 들렁궤 봄꽃-3연21행, 42) 소섬의 아침바다-2연14행, 43) 비자림야영장-2연14행, 44) 사라봉 산책-2연14행, 45) 돛단 화북포구-2연14행, 46) 광양동산의 야경-2연14행, 47) 산코지 방파제-2연14행, 48) 용두암-1연11행, 49) 관덕정-3연21행, 50) 삼성혈 건시제-2연21행, 51)

조천연북정-3연21행, 52) 금녕(金寧)만장굴-2연14행, 53) 천지연폭포-1연11행, 54) 정방폭포-1연11행, 55) 천제연폭포-1연10행, 56) 한림공원-2연14행, 57) 산굼부리억새꽃-3연18행, 58) 함덕해수욕장-2연14행, 59) 곽지백사장-2연14행, 60) 수월정-2연14행, 61) 송악산-1연11행, 62) 창선유곡-2연14행, 63) 항파두리-2연14행, 64) 화천서당옛터-2연14행, 65) 낙도(落島)-2연14행, 66) 형제섬은-2연14행, 67) 비양섬-2연14행, 68) 차귀섬-2연14행, 69) 관탈섬-2연14행, 70) 추자도(1) 3연21행, -71) 추자도(2)-3연21행, 72) 추자도(3)-고기잡이-1연7행, 73) 삼치잡이-1연7행, 74) 멸치잡이-1연7행, 75) 추자도(4)-망도-1연7행, 76) 청도-1연7행, 77) 사수도-1연7행, 78) 추자섬밤바다-1연12행, 79) 풍어제-3연18행, 80) 추자도돈대산-2연14행, 81) 추자도십경-우두일출-1연6행, 82) 직귀낙조-1연6행, 83) 수덕안비-1연6행, 84) 신대어유-1연6행, 85) 석암청천-1연6행, 86) 장작편=d사-1연6행, 87) 관개창파-1연6행, 88) 망도수안-1연6행, 89) 추포어화-1연6행, 90) 횡간추범-1연6행, 〈작품해설〉향토의서정과 소박미-김월한.〈서문〉애향시인-이태극(李泰極1913-2003)

Ⅲ. 한라산무지개. 2000.

1) 한라에서 백두까지-1연7행, 2) 섬노을 바람 빛-1연7행, 3) 한라의 정기-2연13행, 4) 한라의 영봉-3연9행, 5) 백록담-1연11행, 6) 한라산에 올라-3연20행, 7) 어리목산행길-2연14행, 8) 천백고지-2연14행, 9) 한라의봄소식-2연14행, 10) 영실기암에서서-2연14행, 11) 제1횡단도로-2연14행, 12) 삼다도바람소리-1연12행, 13) 혈육-2연13행, 14) 이상향-유토피아-4연28행, 15) 아!한라산-3연19행, 16) 제주국제공항-2연14행, 17) 제주 산지항구-2연14행, 18) 삼성혈-2연16행, 19) 삼공주혼인지신화-3연20행, 20) 제주민속자연박물관-사설, 21) 한라수목원에서-2연14행, 22) 관덕정-3연21행, 23) 탑동해변 공연장-2연14행, 24) 별로봉 산책로-2연14행, 25) 사라봉산

책-2연14행, 26) 삼천단곰솔-2연14행, 27) 고성향 파두리-2연14행, 28) 추사선생 세한도-3연21행, 29) 조천 연북정-3연21행, 30) 김녕 만장굴-2연14행, 31) 삼매봉남성정-2연14행, 32) 고산 수월정-2연12행, 33) 성산일출-1연11행, 34) 송악산의 바람결-1연7행, 35) 서귀포 칠십리-2연14행, 36) 여미지 식물원에서-1연7행, 37) 천제루-1연7행, 38) 비자람-2연14행, 39) 비자림청소년야영장-2연14행, 40) 정의고을성읍민속촌-3연21행, 41) 한림공원-2연14행, 42) 제주해녀 항일운동기념탑-3연21행, 43) 신천지미술관에서-2연14행, 44) 금릉돌하르방 대화-2연14행, 45) 제주분재예술에서-2연12행, 46) 신들의 고향-2연18행, 47) 월랑봉-2연14행, 48) 억새꽃 산굼부리-3연21행, 49) 섬의환상곡-2연14행, 50) 어부의 노래-1연7행, 51) 해녀의 숨비소리-1연7행, 52) 제주해녀-3연21행, 53) 유채꽃 잔치-2연12행, 54) 바람꽃피는 언덕-2연14행, 55) 태극선 손에 잡고-2연14행, 56) 단비 내리소서-2연13행, 57) 농심천심-2연14행, 58) 연등 한 촉-2연14행, 59) 한가위 명절-2연14행, 60) 가을빛 황금파도-1연11행, 61) 찬바람 요지경-2연12행, 62) 창천유곡 어디메냐-2연14행, 63) 어사도 사나-2연14행, 64) 관탈섬-2연14행, 65) 마라도 등대-2연14행, 66) 가파도 파도결에-2연13행, 67) 비양섬 바라보며-2연14행, 68) 소섬의 아침바다-2연14행, 69) 자귀섬 어디메냐-1연7행, 70) 파랑섬 잠긴 날에-2연14행, 71) 문주란 토끼섬-1연7행, 72) 형제섬 노을빛-2연14행, 73) 추자도-3연21행, 74) 설악루에 올라-2연12행, 75) 백담사에서-2연11행, 76) 경포호반에서-2연14행, 77) 고수동굴-2연13행, 78) 봄 가람가에서-2연14행, 79) 아메리카의 첫인상-2연14행, 80) 뉴욕의 대보름-2연13행, 81) 나이가라폭포-2연14행, 82) 금문교 난간 위에-2연13행, 83) 멕시코의 신인장-2연14행, 84) 스승의 마음-2연14행, 85) 내리사랑치사랑-2연14행, 86) 교단의 그림자-2연14행.

IV. 제주시조

1) 1997. 제5집-교단의그림자-2연14행, 2) 영실기암에서서-2연14행, 3)

성판악쉼터-2연12행, 4) 한라산-1연6행, 5) 억새꽃 피는교래리-1연6행, 6) 한가위-2연14행, 7) 단비가 내리소서-2연13행, 8) 제주의 해녀노래(1)-3연21행, 9) 제주의 해녀노래(2)-3연21행, 10) 관덕정-3연21행, 11) 흙내음-2연14행, 〈서평〉향토의 서정과 소박미-김월한.2) 1998년제6집-1) 사라봉산책-2연14행, 2) 별동봉-장수로-2연14행, 3) 조천연북정-3연21행, 4) 광양동산의 밤-2연14행, 5) 영구춘화-3연21행, 6) 관탈도-2연14행, 7) 부채-2연14행, 8) 97년세모에-4연27행, 9) 고마정에서-2연14행, 10) 자화상-2연14행, 3) 1998년제7집-1) 한라산 가을빛-2연14행, 2) 들국화-1연12행, 3) 단풍-1연12행, 4) 귤림에서-1연11행, 5) 산굼부리 억새꽃-3연18행, 6) 환상의 섬 이어도-1연11행, 7) 태극선-2연14행, 8) T.V와대화-1연6행, 9) 삶의 언저리-사설, 10) 우송선생 추모-6연19행, 11) 혈육-2연12행, 12) 바다물질-1연7행, 3) 1999, 제8집-1) 한라영봉-3연9행, 2) 설악루에 올라-2연12행, 3) 경포호반에서-2연14행, 4) 백담사-사설, 5) 억새꽃 핀 언덕은-2연14행, 6) 세한도-3연11행, 4) 2000제9집-1) 세밑 역에서-2연14행, 2) 한라에서 백두까지-1연7행, 3) 혈육-2연13행, 4) 삼공주혼인지신화-4연19행, 5) 금릉 돌하르방대화-2연14행, 6) 제주분재예술원에서-2연12행, 5) 2001제10집-1) 유채꽃 잔치-2연12행, 2) 이어도 환상곡-4연22행, 3) 산방산에 올라-6연35행, 4) 삼성혈-사설, 5) 신천지미술관에서-2연14행, 2002제11집-1) 내사랑 삼다도-3연12행, 2) 나의벗님-돌-1연6행, 3) 물-1연6행, 4) 나무-1연6행, 5) 흙-1연6행, 2004제13집-1) 한라산 무지개-3연15행, 2) 마라도-3연9행, 3) 형제섬 노을빛-3연19행, 2005제14집-1) 평화의 섬나라-3연21행, 2) 우도영일-2연14행, 3) 수석예찬-2연13행, 2007제15호-1) 한가위-2연14행, 2) 한라산 가을빛-2연14행, 3) 제주시내 밤거리-2연14행, 4) 조천연북정-3연21행, 5) 한라산관음사-6연25행, 2011제19집-1) 추사선생 세한도-2연10행, 2) 우도의 아침바다-3연15행, 3) 낙엽-2연6행, 4) 고마정에서-2연6행, 2014제22호-1) 수월낙조-2연12행, 2) 자화상-1연7행, 3) 백록담-1연7행, 4) 비양도 포구에서-2연14행.

※ 제주시조-창간호, 1집, 2집, 3집, 4집, 12집, 16집, 17집, 18집
—자료가 없음.

V. 화촌 고응삼(華村 高應三 1931-2016)의 현대시조 창작형태조사

시조집	1연	2연	3연	4연	5연	사 설	장시조	총 계	비 고
한국시대사전	7	3						10	2004
제주도바람소리	35	42	13					90	1993
한라산무지개	13	59	12	1		1		86	2000
제주시조	15	42	18	3		2	3	83	2016
총 계	70	146	43	4		3	3	269	
비 율%	26.0	54.2	15.9	1.4		1.1	1, 1	99.7	

〈참고 문헌〉

1. 한국 현대시조 큰사전-한춘섭, 박병순, 리태극-을지출판공사-서울 1985
2. 한국 현대시조 대사전(상 · 중 · 하 별책)-박을수-아세아문화사-서울 1991
3. 근대 시조집람-임선묵-경인문화사-서울 1999
4. 한국시대 사전(개정증보판)-김창직, 윤해규-을지출판공사-서울 2004
5. 한국 현대시조 연구와 향방-김창현-오늘의문학사-대전 2014

청암 곽종혁(青巖 郭鍾赫 1924-2015)의 현대시조

1. 우리의 문화유적 답사. 2008.

1) 불암산성-3연9행, 2) 한글 고비-2연6행, 3) 학도암마애 관음보살상-3연9행, 4) 충숙이공신도비-2연6행, 5) 아소정-6연18행, 6) 이토정 집터-4연12행, 7) 마포나루-2연6행, 8) 광흥장터-3연7행, 9) 공민왕 사당-3연9행, 10) 풍납토성-5연15행, 11) 이성산성-4연12행, 12) 교산동 건물유적-2연6행, 13) 강화도를 찾아-9연27행, 14) 강화도-8연24행, 15) 고려궁지-5연15행, 16) 덕포진 포대유적-7연21행, 17) 주사손돌 공묘-4연12행, 18) 충신삼학사윤집택지-연12행, 19) 황사영택지-1연3행, 20) 충무공황형장군묘-3연9행, 21) 강화지석묘-2연6행, 22) 고구려연개소문유적비-5연15행, 23) 호국교육원-2연6행, 24) 곤릉-2연6행, 25) 석릉-4연12행, 26) 고려 이상국문순공규묘-4연12행, 27) 강화지석묘-2연6행, 28) 하점면 오층석탑-2연6행, 29) 하점면석조여래좌상-2연6행, 30) 이건창선생생가-2연6행, 31) 정재두선생학문과묘-5연15행, 32) 정수사-3연9행, 33) 보문사-8연24행, 34) 백련사-4연12행, 35) 행주산성과 권율장군-8연24행, 36) 공양왕릉-2연6행, 37) 월산대군묘-2연6행, 38) 송강마을-4연12행, 39) 삼릉-공릉-장순왕후-순릉-공혜왕후-영릉-진종-효순왕후-2연6행, 40) 필립핀군참전기념비-2연6행, 41) 보광사-5연15행, 42) 소영원-수길원-2연6행, 43) 율곡기념관-2연6행, 44) 자운서원-이율곡 가족묘-5연15행, 45) 화석정-5연15행, 46) 반구정-4연12행, 47) 장릉-5연15행, 48) 자유로-통일대교-멸공관제3땅굴-8연24행, 49) 팔모정-7연21행, 50) 금현리 지석묘-3연9행, 51) 황산서원-12행36행, 52) 충목단-2연6행, 53) 구읍리 반월성지-4연12행, 54) 포천향교-2연6행, 55) 반월공원-3연9행, 56) 영연서원-4연12행, 57) 인평대군묘-4연12행, 58) 청성사-4연12행, 59) 채산사-3연9행, 60) 양주향교-3연9행, 61) 양주동헌-어사대비-3연9행, 62) 회암사지-8연24행, 63) 회암사-6연18행, 64) 온릉-1연3행, 65) 신수근묘-1연3행, 66) 민무질묘-3연9행, 67) 벨기에, 룩셈부르크참전기념

비-1연3행, 68) 노르웨이참전기념비-1연3행, 69) 고령신씨 신도비-2연6행, 70) 삼충단-3연9행, 71) 전곡 구석기유적-7연21행, 72) 태풍전망대-7연21행, 73) 남양홍씨팔효문-1연3행, 74) 숭의전-4연12행, 75) 경순왕릉-3연9행, 76) 김신조특수부대침투로-2연6행, 77) 심원사지-8연24행, 78) 고석정-8연24행, 79) 도피안사-6연18행, 80) 철원 토설이도성-4연12행, 81) 철원 토성리고인돌-2연6행, 82) 행궁지-2연6행, 83) 숭렬전-2연6행, 84) 영월정-1연3행, 85) 매바위-1연3행, 86) 청량당-2연6행, 87) 수어장대-2연6행, 88) 만해기념관-2연6행, 89) 침괘정-1연3행, 90) 현정시-1연3행, 91) 주필암-1연3행, 92) 광주-맨사성묘2연6행, 93) 허난설헌묘-2연6행, 94) 신립장군묘-2연6행, 95) 광주향교-4연12행, 96) 천진암-4연12행, 97) 문정공-청암-조광조묘-5년15행, 98) 심곡서원-2연6행, 99) 충정공-계정-민영환묘-4연12행, 100) 문충공-포은-정몽주묘-6년18행, 101) 등잔박물관(1)-5연15행, 102) 등잔박물관(2)-6연18행, 103) 포은-정몽주묘-6연18행, 104) 와우정사-4연12행, 105) 신세계한국상업사박물관-8연24행, 106) 경기도립박물관-6연18행, 107) 문경공.화서-이항로생가-노산사지-9연27행, 108) 문익공한음-이덕형묘-10연30행, 109) 충장공양헌수유장-2연6행, 110) 문도리공다산-정약용생가,묘-12연36행, 111) 양절공간이재-한화묘-2연6행, 112) 명성왕후생가-2연6행, 113) 이완대장묘-2연6행, 114) 영릉-2연6행, 115) 신륵사조사당-2연6행, 116) 보제존자석종-석종비-2연6행, 117) 신륵사다층석탑-1연3행, 118) 신륵사대장각기비-1연3행, 119) 목아불교박물관-3연9행,120) 고달사지-2연6행, 121) 서희장군묘-13연39행, 122) 수원가는길-15연45행, 123) 낙남헌-3연9행, 124) 화령전-2연6행, 125) 우장춘박사묘-5연15행, 126) 김인환박사묘-2연6행, 127) 농촌신흥청-7연21행, 128) 융릉-5연15행, 129) 선릉-2연6행, 130) 용주시-11연33행, 131) 사세충렬문-3연9행, 132) 성호-이익선생묘-9연27행, 133) 농촌계몽운동가-최용신묘-7연21행, 134) 명안공주묘-3연9행, 135) 충혹공이숙번묘-2연6행, 136) 성호이익선생유적-4연12행, 137) 안산읍성관아지-4연12행, 138) 장유선생묘와 신도비-2연6행, 139) 시화호

자연생태전시판-2연6행, 140) 사세충렬문-3연9행, 141) 김여물장군 묘-2연6행, 142) 별망성지-3연9행, 143) 남이장군 묘-8연24행, 144) 윤계선생 순절비-4연12행, 145) 남양홍씨사당-2연6행, 146) 강선여참 판묘-3연9행,147) 서백호 효자비-2연6행, 148) 원효대사 득도지-2연6행, 149) 박연선생 경석채석지-1연3행, 150) 마산포-2연6행, 151) 단성-2연6행, 152) 신빈김씨 묘-2연6행, 153) 난파홍영후선생생가-4연12행, 154) 제암리삼일운동순국지-4연12행, 155) 삼천병마골-1연3행, 156) 서거정선생 묘-3연9행, 157) 진위향교-5연15행, 158) 만기사-3연9행, 159) 문헌사-정도전사당-6연18행, 160) 팽성읍객사-2연6행, 161) 평택향교-3연9행, 162) 아산 영인사-7연21행, 163) 이지함 동상-3연9행, 164) 한국가스공사 평택생산기지-4연12행, 165) 강릉시특색-3연9행, 166) 강릉시특색-3연9행, 167) 신복사지-5연15행, 168) 169) 허균생가-4연12행, 170) 경포대-4연12행, 171) 강릉향교-4연12행, 172) 칠사당-1연3행, 173) 객사문-2연6행, 174) 천곡천연동굴-4연12행, 175) 대관령백두대간-북평오일장-1연3행, 176) 용산서원-4연12행, 177) 무릉계곡-7연21행, 178) 삼화사-2연6행, 179) 추암능파대-5연15행, 180) 건봉사-12연36행, 181) 화진포-5연15행, 182) 왕곡리민속촌-2연6행, 183) 청간정-2연6행, 184) 화암사-2연6행, 185) 가산소설의배경-봉평-12연36행, 186) 상원사-11연23행, 187) 월정사-8연24행, 188) 영월을찾아서-21연63행, 189) 선돌-2연6행, 190) 장릉-6연18행, 191) 청령포-5연15행, 192) 영월동강-2연6행, 193) 법흥사-3연9행, 194) 원주문화유적찾아-24연72행, 195) 장한모습소양댐-10연30행, 196) 청평사-7연21행, 197) 장절공신숭겸사당-8연24행, 198) 충익공이우명묘-3연9행, 199) 울진원자력전시관-4연12행, 200) 울진봉평신라비-2연6행, 201) 민물고기연구소전시관-4연12행, 202) 203) 일출-2연6행, 204) 월송정(1)-3연9행, 205) 망양정-2연6행, 206) 불영사계곡-2연6행, 207) 불영사-5연15행, 208) 월송정(2)2연6행, 209) 석류골-2연6행, 210) 죽서루-3연9행, 211) 낙가사-8연24행, 212) 경포대-5연15행, 213) 낙산사-5연15행, 214) 설악산신흥사-3연9행, 215) 청간사-2연6행, 216) 통일

전망대-5연15행, 217) 태조산각원사-4연12행, 218)성거산천홍사지-3연9행, 219) 직사관아-2연6행, 220) 봉선홍선사사갈-3연9행, 221) 김시민장군생가-3연9행, 222) 조병옥박사생가-1연3행, 223) 유관순열사생가-2연6행, 224) 태화산광덕사-3연9행, 225) 태화산천안삼패마애불-2연6행, 226) 길상사-3연9행, 227) 유관순열사유적-4연12행, 228) 독립기념관-4연12행, 229) 현충사-4연12행, 230) 제암리순국성지-4연12행, 231) 태화산마곡사-11연33행, 232) 충달공,김옥균묘-10연30행, 233) 국립공주박물관-6연18행, 234) 우금치동학혁명군위령탑-3연9행, 235) 송산리무령왕릉-3연9행, 236) 공산성-6연18행, 237) 충익공절제-5연15행, 238) 충경공유형장군충렬사-4연12행, 239) 백제요-3연9행, 240) 정림사지-6연18행, 241) 부여박물관-6연18행, 242) 부소산-4연12행, 243) 계룡산동학사-14연42행, 244) 우암사적공원-10연30행, 245) 계백장군묘-5연15행, 246) 관촉사-3연9행, 247) 노성권리사-4연12행, 248) 명재윤증고택-7연21행, 249) 종학원-3연9행, 250) 노강서원-4연12행, 251) 돈암서원-6연18행, 252) 개태사-4연12행, 253) 연기의풍요-1연3행, 254) 봉산향나무-2연6행, 255) 비암사-6연18행, 256) 향토박물관-5연15행, 257) 연기대첩-3연9행, 258) 연화사-2연6행, 259) 경원사-2연6행, 260) 심훈의필경사-9연27행, 261) 충장공남이홍장군충장사-9연27행, 262) 안국사지-3연9행, 263) 영탑사-4연12행, 264) 솔뫼성지-3연9행, 265) 최영장군생가지-4연12행, 266) 성삼문노은단-5연15행, 267) 홍주의사총-6연18행, 268) 조양문-2연6행, 269) 홍주아문-1연3행, 270) 안회당-1연3행, 271) 홍주성지-3연9행, 272) 용봉산용봉사-2연6행, 273) 만해한용운선생생가지(1)-4연12행, 274) 백야김좌진장군생가지(1)-6연18행, 275) 조양문-2연6행, 276) 안회당-2연6행, 277) 여하성-3연9행, 278) 만해한용운선생생가지(2)-4연12행, 279) 백야김좌진장군생가지-6연18행, 280) 무민공최영장군생가지-4연12행, 281) 매죽헌성삼문생가지-6연18행, 282) 홍주의사총-4연12행, 283) 무량사-10연30행, 284) 성주사지-6연18행, 285) 보령읍성-4연12행, 286) 해미읍성-7연21행, 287) 남연군묘-7

연21행, 288) 추사김정희고택-6연18행, 289) 보원사지-3연9행, 290) 서산마애삼존불-4연12행, 291) 개심사-4연12행, 292) 순교지해미읍성-4연12행, 293) 정순왕후생가-3연9행, 294) 서령군문-2연6행, 295) 자연휴양림-5연15행, 296) 꽂지해수욕장-4년12행, 297) 신두리사구-2연6행, 298) 태안마애삼존불-4연12행, 299) 상당산성-5연15행, 300) 국립청주박물관-5연15행, 301) 삼일공원-3연9행, 302) 중앙공원-4연12행, 303) 고인쇄박물관-3연9행, 304) 문의문화재단지-6연8행, 305) 현암사-4연12행, 306) 월송정-2연6행, 307) 단재신채호선생유적-10연30행, 308) 운보김기창의집-5연15행, 309) 동원김홍배-1연3행, 310) 의암손병희선생유허지-5연15행, 311) 돌아온청남대-18연54행, 312) 속리산법주사-15연45행, 313) 초정온천-2연6행, 314) 운보의집-4연12행, 315)영국사-5연15행, 316) 송호국민관광지-4연12행, 317) 향토민속자료전시관-2연6행, 318) 난계사-3연9행, 319) 난계국악박물관-3연9행, 320) 옥계폭포-2연6행, 321) 칠백의총-14연42행, 322) 시인정지용생가-2연6행, 323) 육영수여사생가-2연6행, 324) 충렬공중봉조헌묘-2연6행, 325) 문정공우암송시열유허비-9연27행, 326) 문정공우암송시열묘-10연30행, 327) 화양계곡-23연69행, 328) 충민공임경업장군충렬사-9연27행, 329) 충주호-4연12행, 330) 덕주사-10연30행, 331) 탄금대-6연18행, 332)단호사-3연9행, 333) 미륵사자-11연33행, 334) 탑평리칠층석탑-3연9행, 335) 중원유물전시관-3연9행, 336) 고구려비-2연6행, 337) 임경업시조-1연3행, 338) 미륵사지-6연18행, 339) 월악나루-6연18행, 340)고수동굴-3연9행, 341) 고사리수련원-4연12행, 342) 산운대금란정-5연15행, 343) 문경새재-6연18행, 344) 제천만남의쉼터-까지-6연18행, 345) 팔영루-1연3행, 346) 석조여래상-1연3행, 347) 청풍식물군-1연3행, 348) 금남루-2연6행, 349) 한벽루-2연6행, 350) 청각-1연3행, 351) 청풍고가-1연3행, 352) 전망쉼터-1연3행, 353) 태조왕건예성강촬영지-5연15행, 354) 의림지-5연15행, 355) 박달재-3연9행, 356) 배론성지-2연6행, 357) 도담상봉-5연15행, 358) 수양개선사유적전시관-4연12행, 359) 향산리삼층석탑-4연12행, 360)

신라의적성과비-5연15행, 361) 오달산성과동굴-9연27행, 362) 서해안고속도로-3연9행, 363) 서해대교-2연6행, 364) 아산현대자동차공장-7연21행, 365) 의암리민속마을-5연15행, 366) 보령한화콘도-3연9행, 367) 금강하구언-3연9행, 368) 두륜산대흥사-9연27행, 369) 운림산방-9연27행, 370) 도갑사-9연27행, 371) 왕인박사유적지-7연21행, 372) 전주시-2연6행, 373) 전주객사-2연6행, 374) 경기전-5연15행, 375) 전주사고-2연6행, 376) 조경묘-2연6행, 377) 오목대-2연6행, 378) 이목대-1연3행, 379) 전주향교-2연6행, 380) 전주도립국악원-2연6행, 381) 위봉사-5연15행, 382) 조경단-1연3행, 383) 송광사-4연12행, 384) 석불사-5연15행, 385) 태봉사-2연6행, 386) 쌍릉-3연9행, 387) 미륵사지-8연24행, 388) 고도리석불입상-3연9행, 389) 왕궁리오층석탑-5연15행, 390) 진포대첩기념탑-5연15행, 391) 채만식문화관-4연12행, 392) 옥구농민항일항쟁비-5연15행, 393) 발산리석탑-석등-3연9행, 394) 동국사-2연6행, 395) 최호장군유적-4연12행, 396) 부잔교-1연3행, 397) 강증산유적지-6연18행, 398) 금산사-7연21행, 399) 당간지주-1연3행, 400) 미륵전-2연6행, 401) 석종부도-2연6행, 402) 대적광전-2연6행, 403) 석연대-1연3행, 404) 유각다층석탑-2연6행, 405) 노주석-1연3행, 406) 오층석탑-2연6행, 407) 귀신사-4연16행, 408) 벽골제-4연12행, 409) 발산리석등오층석탑-2연6행, 410) 죽산리참동-3층석탑-1연3행, 411) 개암사-4연12행, 412) 호벌치전적비-5연15행, 413) 내소사-6연18행, 414) 채석강-2연6행, 415) 새만금종합개발-4연12행, 416) 이매창묘-5연15행, 417) 새만금간척사업-5연15행, 418) 구암리지석묘군-2연6행, 419) 능가산개암사-4연12행, 420) 서문안당산-1연3행, 421) 서림공원-3연9행, 422) 구상화강편마암-3연9행, 423) 니제통문-2연6행, 424) 백산서원-4연12행, 425) 적상산성양수발전소사고지-5연15행, 426) 적상전망대-3연9행, 427) 안국사-4연12행, 428) 의암사-8연24행, 429) 죽도-18행, 430) 마이산금당사-4연12행, 431) 담락당삼의당부부시비-3연9행, 432) 마이산-2연6행, 433) 탑사-2연6행, 434) 은수사-5연15행, 435) 순창까지-2연6행, 436) 고령신씨 세거지-5

연15행, 437) 남산사-3연9행, 438) 귀래정-2연6행, 439) 순창 민속 고추장 전통 한옥 마을-2연6행, 440) 강천사 삼인대-3연9행, 441) 산동리 남근석-1연3행, 442) 낙덩정-2연6행, 443) 판소리 동서편제 고장 순창-3연9행, 444) 축령 장승마을-2연6행, 445) 도림사-5연15행, 446) 덕양서원-4연12행, 447) 완계정사-3연9행, 448) 태안사-8연24행, 449) 실상사-10연30행, 450) 천은사-8연24행, 451) 화엄사-10연30행, 452) 운주사-12연36행, 453) 소쇄원-7연21행, 454) 식영정-5연15행, 455) 문효공윤 효손 신도비-4연12행, 456) 황현선생 매천사-4연12행, 457) 운조루-3연9행, 458) 칠의사-4연12행, 459) 진남관-3연9행, 460) 좌수영 대첩비-타루비-2연6행, 461) 돌산도 향일암-3연9행, 462) 충민사-2연6행, 463) 오동도-3연9행, 464) 선암사-4연12행, 465) 함평을 향해-2연6행, 466) 나비 표본 전시관-나비 축제-5연15행, 467) 고막천 석교-2연6행, 468) 용천사-4연16행, 469) 신덕리 고분군-1연3행, 470) 풍덕리 고분군-2연6행, 471) 용월리 지석묘군-1연3행, 472) 나산면 솟대와 장승 공원-1연3행, 473) 향교리 팽나무와 느티나무 숲-1연3행, 474) 열려부정려각-1연3행, 475) 남도의 강진-11연33행, 476) 강진도요지-8연24행, 477) 땅끝마을-4연12행, 478) 충헌공 고산 윤선도 유적-7연21행, 479) 운림산방-6연16행, 480) 울돌목-4연12행, 481) 백련사-3연9행, 482) 녹우당-3연9행, 483) 보길도-6연18행, 484) 보길도-세연정-7연21행, 485) 향일암-3연9행, 486) 거문도-2연6행, 487) 돌산공원-3연9행, 488) 백도-4연12행, 489) 비슬산유가사-6연18행, 490) 현풍곽씨 12정려문-6연18행, 491) 도동서원-7연21행, 492) 현풍 석빙고-4연12행, 493) 고운사-12연36행, 494) 문조루-2연6행, 495) 문익점면작 기념비-2연6행, 496) 탑리 오층석탑-3연9행, 497) 공룡 발자국-화석지-2연6행, 498) 조문국고분군-2연6행, 499) 의성 자랑 특산물-2연6행, 500) 박정희 대통령의 정운각-3연9행, 501) 공검지-2연6행, 502) 고령 가야 태조왕릉-3연9행, 503) 사벌국왕릉-2연6행, 504) 충의사-4연12행, 505) 경천대-3연9행, 506) 남장사-2연6행, 507) 임란북천전적지-4연12행, 508) 상주동 학교당-7연21행, 509) 영주로 가는 길

-11연33행, 510) 부석사-9연27행, 511) 자연 환경 수려한 영주까지-4연12행, 512) 소수서원-12연36행, 513) 부석사-12연36행, 514) 금성단-15연45행, 515) 석송령-2연6행, 516) 주왕산-5연15연, 517) 도산서원-11연33행, 518) 봉정사-7연21행, 519) 하회마을-14연42행, 520) 병산서원-8연24행, 521) 남호구택-4연12행, 522) 만회고택-5연15행, 523) 유곡리 충재구택-7연21행, 524) 청암정-3연9행, 525) 각화사-3연9행, 526) 청량사-3연9행, 527) 청제비-4연12행, 528) 영천5일장-4연12행, 529) 팔공산 은해사-4연12행, 530) 거조암영산전-4연12행, 531) 암각화-2연6행, 532) 조양각-2연6행, 533) 임고서원-4연12행, 534) 운무사-16연54행, 535) 운강고택-5연15행, 536) 거조암영산전-4연12행, 537) 삼국유사의 인각사-7연21행, 538) 석존석굴제이석굴암-3연9행, 539) 양동마을-3연9행, 540) 관가정-3연9행, 541) 향단-3연9행, 542) 무첨당-3연9행, 543) 홍덕황릉-2연6행, 544) 옥산서원-3연9행, 545) 독락당-2연6행, 546) 정혜사지-13층석탑-2연6행, 547) 꿈의 경주로-8연24행, 548) 이견대-3연9행, 549) 감은사지-3연9행, 550) 기림사-5연15행, 551) 황룡사지-2연6행, 552) 경주 남산 금오산-답사-2연6행, 553) 배리삼존불-2연6행, 554) 배리삼릉-2연6행, 555) 삼릉 계곡 불상-9연27행, 556) 태종무렬왕릉-3연9행, 557) 김인문 묘-묘비-2연6행, 558) 경주 문화엑스포-2연6행, 559) 세계 문명관-8연24행, 560) 우정의 집-1연3행, 561) 문화 엑스포 관람을 마치고-4연12행, 562) 거창 박물관-7연21행, 563) 양평리 석조 여래상-2연6행, 564) 상림리 석조 관음 입상-2연6행, 565) 가섭암자 마애삼존불-5연15행, 566) 동계정온 선생 종택-3연9행, 567) 수승대-6연18행, 568) 함양 가는 길-6연18행, 569) 벽송사-5연15행, 570) 학사루-2연6행, 571) 남계서원-2연6행, 572) 상림-5연15행, 573) 정여창 선생가-2연6행, 574) 언암 박지원 사적비-2연6행, 575) 허삼돌가옥-1연3행, 576) 농월정-3연9행, 577) 가락국구형왕-사당석전-10연30행, 578) 내원사-6연18행, 579) 덕천서원-4연12행, 580) 산천재-10연30행, 581) 남명신도비-1연3행, 582) 남사마을-2연6행, 583) 성철스님 생가-4연12행, 584) 문익점면화

시배지-3연9행, 585) 창녕 박물관-4연12행, 586) 교동고분군-2연6행, 587) 진흥왕 척경비(국보 33호)-3연9행, 588) 창녕 석빙고-1연3행,589) 창녕동 삼층석탑(국보 34호)-3연9행, 590) 관룡사-5연15행, 591) 약사전-3연9행, 592) 용선대 석조석가여래좌상-3연9행, 593) 영산 만년교-2연6행, 594) 영산지구 전적비-2연6행, 595) 3.1 운동 기념비-1연3행, 596) 전재장군 공적비-2연6행, 597) 우포늪-5연15행.

2. 시조생활. 2015. (103)호.

1) 봄비-1연7행, 2) 천지 앞에서-3연9행, 3) 한강아-2연6행, 4) 가을 가뭄-2연6행, 5) 송도와 님-2연6행, 6) 노익덕-2연16행, 7) 노사의 노래-2연10행, 8) 임진 대보름-1연7행, 9) 관악의 봄-2연6행.

3. 청암 곽종혁(靑巖 郭鍾赫 1924-2015)의 현대시조 창작형태조사

시조집	1연	2연	3연	4연	5연	사 설	장시조	총 계	비 고
답사시조	48	156	102	97	63		136	602	
시조생활	2	6	1					9	
총 계	50	162	103	97	63		136	611	
비 율%	12.2	3.7	1	6.2	9.6		4.4	37.1	

〈참고 문헌〉

1. 한국 현대시조 큰사전-한춘섭, 박병순, 리태극-을지출판공사-서울 1985
2. 한국 현대시조 대사전(상 · 중 · 하 별책)-박을수-아세아문화사-서울 1991
3. 근대 시조집람-임선묵-경인문화사-서울 1999
4. 한국시대 사전(개정증보판)-김창직, 윤해규-을지출판공사-서울 2004
5. 한국 현대시조 연구와 향방-김창현-오늘의문학사-대전 2014

구 상 회(具湘會 1930－병원)의 현대시조

Ⅰ. 한밭시조문학

2000. 제12집-쌍계사를 찾아서-쌍계사대웅전-3연11행, 단집에 새긴 구룡-1연3행, 삼존불-1연3행, 부도탑-1연3행.

2001. 제13집-수덕사를 찾아서.-대웅전-1연6행, 삼층석탑-2연9행, 산, 푸른 정-3연9행, 구소 고개-4연12행

2002. 제14집-내소사 대웅전-3연12행, 꿈의 축제-3연15행, 구소 고개-3연17행.

2003. 제15집-성묘길에-3연9행, 늦바람-1연6행, 박꽃 사랑-1연7행,

2004. 제16집-식장산 아침해-1연6행, 밤을 깨우는 별-2연8행, 가야 할 길-2연12행.

2005. 제17집-새와 노래-1연5행, 때 없이 피는 꽃-2연14행,

2006. 제18집-고향길-3연12행, 백마강-2연12행, 숲속의 꿈 꾸기-3연12행.

2007. 제19집-이 가을에-2연14행, 한마음 꽃-1연7행, 백마 간 놀-1연6행,

2008. 제20집-독도 유정-3연15행, 가슴 꽃 피우기-2연12행, 목련꽃-1연6행.

2009. 제21집-초록의 눈-3연14행, 가을 잎들-2연12행, 사람 살이-1연7행.

2010. 제22집-시조창-2연8행, 주름살-2연10행, 고향을 그리며-3연12행,

2011. 제23집-작품 없음. 2012. 제24집-가을밤에-1연7행, 가슴 꽃 피우기-2연14행, 내울안길-1연7행, 삼천동 저녁놀-2연14행, 때 설은 눈-1연7행.

2013. 제25집-차창 밖 아이들-2연14행, 정 푸른 한 삼내-2연11행.

2014. 제26집-한겨레 가슴 꽃-2연11행, 가슴 꽃 피우기-3연12행.

2015. 제27집-밝은 내일로만-2연14행, 사람의 눈-2연12행, 자책의 변-2연12행, 시조(시절가조)-2연12행.

Ⅱ. 한국현대동시조서간집. 2009

1) 꽃가지-1연7행.

Ⅲ. 현대동시조. 2006.

2006. 제7집-엄마 품-2연14행, 2007. 제8집-봄이면-1연7행.
2008. 제9집-별과 벌레-1연6행, 2009. 제10집-꽃가지-1연7행.
2010. 제11집-바다는엄마품-2연14행. 2011 제12집-내어린별-2연14행.
2012. 제13집-이른 봄날-2연14행, 2013. 제14집-눈꽃을 어르며-1연12행.
2014. 제15집=진달래꽃-1연11행, 2015. 제16집-구름에 달이 가네-1연9행.

Ⅳ. 구상회(具湘會 1930-병원)의 현대시조 창작형태조사

시조시	1연	2연	3연	4연	5연	사설	장시조	총계	비고
한밭시조문학	16	19	12	1				48	
한국동시조선집	1							1	
현대동시조선집	3	2						5	
총 계	20	21	12	1				54	
비 율%	37.0	38.8	22.2	1.8				99.8	

〈참고 문헌〉

1. 한국 현대시조 큰사전-한춘섭, 박병순, 리태극-을지출판공사-서울 1985
2. 한국 현대시조 대사전(상 · 중 · 하 별책)-박을수-아세아문화사-서울 1991
3. 근대 시조집람-임선묵-경인문화사-서울 1999
4. 한국시대 사전(개정증보판)-김창직, 윤해규-을지출판공사-서울 2004
5. 한국 현대시조 연구와 향방-김창현-오늘의문학사-대전 2014

권구현(權九玄 1920-1937)의 현대시조

Ⅰ. 한국시대사전. 2004.

1) 흑방의 선물-단곡50편.

2) 단장(斷章) 1-3연9행.

3) 단장(斷章) 2-3연9행.

Ⅱ. 현대시조 작품 감상

1) 단장. 1.

신수 좋은 목사가 설교를 하기에
그의 말이나 믿을까 했더니
늘어진 소매 속에서 매개업표 웬일이여.

엊그제 온 신부가 처녀가 아니었다고
신랑은 정조 다툼에 이혼을 제창하며
자기가 좋아하던 갈보 사진 키스 던진다.

개나 돼지는 먹기 위해 싸우는 법 없건만
인간은 빵 싸움에 칼을 빼느니
그래도 개나 돼지는 천(賤)하다 하려는가.

Ⅲ. 권구현(權九玄 1920-1937)의 현대시조 창작형태조사

시조집	1연	2연	3연	4연	5연	사설	장시조	총계	비고
한국시	50							50	
단장			2					2	
총 계	50		2					52	
비 율%	96.1		3.8					99.9	

〈참고 문헌〉

1. 한국 현대시조 큰사전-한춘섭, 박병순, 리태극-을지출판공사-서울 1985
2. 한국 현대시조 대사전(상 · 중 · 하 별책)-박을수-아세아문화사-서울 1991
3. 근대 시조집람-임선묵-경인문화사-서울 1999
4. 한국시대 사전(개정증보판)-김창직, 윤해규-을지출판공사-서울 2004
5. 한국 현대시조 연구와 향방-김창현-오늘의문학사-대전 2014

김 계 룡 (金啓龍 1921-2014)의 현대시조

Ⅰ. 한국시 대사전. 2004.

1) 지는해의 노래-사설, 2) 단비-1연7행, 3) 별것-1연7행, 4) 세월-1연7행, 5) 정(情)-1연7행, 6) 산자락에서는 마음. 1.-3연15행, 7) 산자락에서는 마음-7연35행, 8) 폭포-2연14행, 9) 거듭나기-사설, 10) 인생길-사설, 11) 나는 뭐야-1연4행, 12) 빈뜨락의 달빛-1연5행.

Ⅱ. 산이 좋아 님이런가-시집. 2005.

1) 제1곡-사설, 2) 제2곡-사설, 3) 제3곡-사설, 4) 제4곡-사설, 5) 제5곡-사설, 6) 제6곡-사설, 7) 제7곡-사설, 8) 제8곡-사설, 9) 제9곡-사설, 10) 제10곡-사설, 11) 제11곡-사설, 12) 제12곡-사설, 13) 제13곡-사설, 14) 제14곡-사설, 15) 1제15곡-사설, 6) 제16곡-사설, 17) 제17곡-사설, 18) 제18곡-사설, 19) 제19곡-사설, 20) 제20곡-사설, 21) 제21곡-사설, 22) 후감-귀가길에서-사설.

Ⅲ. 김계룡(金啓龍 1921-2014)의 현대시조 창작형태조사

시조시	1연	2연	3연	4연	5연	사설	장시조	총계	비고
한국시대사전	6	1	1			3	1	12	
산이좋아님이런가						22		22	2005
총 계	6	1	1			25	1	34	
비 율%	17.6	2.9	2.9			73.5	2.9	99.8	

〈참고 문헌〉

1. 한국 현대시조 큰사전-한춘섭, 박병순, 리태극-을지출판공사-서울 1985
2. 한국 현대시조 대사전(상 · 중 · 하 별책)-박을수-아세아문화사-서울 1991
3. 근대 시조집람-임선묵-경인문화사-서울 1999
4. 한국시대 사전(개정증보판)-김창직, 윤해규-을지출판공사-서울 2004
5. 한국 현대시조 연구와 향방-김창현-오늘의문학사-대전 2014

김 공 천(金功千 1922-1987)의 현대시조

Ⅰ. 들어가며

김공천(1922-1987) 시인은 제주시 성산읍 신평리에서 출생하였고 일본 관서대학 전문부를 졸업하고 중등계에 30년을 봉직했으며 제주여자고등학교 교장(1977)을 지냈다. 저서는 중학생 Top 학습법(1969), 고교생 과학적 학습법(1970)을 저술했고 1982년 시조문학으로 등단하여 일본화가(풍일사) 동인지 100호. 풍일집 64수가 수록되었다. 제주시조문학회 부회장(1984)을 역임하였다.

Ⅱ. 펼치며

1. 한국시조큰사전. 1985.

1) 북녁 하늘-3연9행-1980. 시조문학. 제24호. 가을호.
2) 가야산 해인사-3연9행-교육 제주 제50호. 1983.
3) 간병기-6연18행.
4) 고향집-1연3행.
5) 남한산성-2연6행-제주문학 제11집. 1982.
6) 내리소서, 가을비-3연9행-교육 제주 제50호. 1983.
7) 갑사(甲寺)-1연3행.
8) 무렬왕릉 관편(棺片)-1연3행-제주문학. 제11집. 1982.
9) 백목련-3연9행-시조문학. 제28호. 1981. 가을호. 1회 추천.
10) 북녁 하늘-3연9행-제주문학. 제11집. 1982.
11) 스승님 가시고-3연9행-시조문학 제31호. 1982. 여름호. 천료.
12) 정초 언덕마을-2연6행-나래시조문학 제11호. 1983. 봄호.
13) 창(窓)가(개천절날)-1연3행-제주문학. 제11집. 1982.
14) 휴화산(休火山)-4연12행-제주문학. 제11집. 1982.

15) 비추(悲秋)-1연6행.

2. 시조문학

1) 1980.제24호-북녘 하늘-3연9행.

2) 1981.제28호-백목련-3연9행.

3) 1982.제31호-스승님 가시고-3연9행.

3. 제주문학

1) 남한산성-2연6행.

2) 북녘 하늘-3연9행.

3) 창(窓)가(개천절날)-1연3행.

4) 휴화산(休火山)-4연12행.

4. 교육 제주 제50호.

1) 가야산 해인사-3연9행.

2) 내리소서, 가을비-3연9행.

5. 나래시조문학

1) 정초 언덕마을-2연6행.

III. 김공천(金功千 1922-1987)의 정형시 창작형태조사

시조집	1연	2연	3연	4연	5연	사 설	장시조	총 계	비 고
한국시조큰사전	5	2	6	1			1	15	
시조문학			3						
교육제주			2						
나래시조		1							
총 계	5	3	11	1			1	21	
비 율%	23.8	14.2	52.3	4.7			4.7	99.7	

Ⅳ. 나오며

제주시조문학을 수집하지 못해서 작고시인들을 많이 누락 시켜『한국현대시조의 연구와 향방』평설집을 원만하게 수록하지 못한 느낌이 든다.

제주시조문학 2014 제22집을 참고하여 본 논문을 작성하였다.

〈참고 문헌〉

1. 한국 현대시조 큰사전-한춘섭, 박병순, 리태극-을지출판공사-서울 1985
2. 한국 현대시조 대사전(상 · 중 · 하 별책)-박을수-아세아문화사-서울 1991
3. 근대 시조집람-임선묵-경인문화사-서울 1999
4. 한국시대 사전(개정증보판)-김창직, 윤해규-을지출판공사-서울 2004
5. 한국 현대시조 연구와 향방-김창현-오늘의문학사-대전 2014

김 광 묵(金光黙 1946~2007)의 현대시조

Ⅰ. 사람사는 이야기 연꽃처럼 피었네-부민문화사-서울.2001.

1) 그리움-1연9행, 2) 아름다운세상-3연18행, 3) 그렇게사는거야-3연18행, 4) 이유-2연14행, 5) 삶은-2연14행, 6) 가시고기-4연18행, 7) 가시는길-2연14행, 8) 소망-3연18행, 9) 메시지-2연14행, 10) 조각-2연14행, 11) 흔히들하는말-2연12행, 12) 그분이가시는길-3연18행, 13) 바보들의행진-3연18행, 14) 연꽃처럼-3연18행, 15) 나는너에게-2연14행, 16) 느낌표-2연16행, 17) 사람사는일이기에-2연18행, 18) 사랑은-2연14행, 19) 네안의나-1연12행, 20) 내가택한길-2연14행, 21) 하루에한번쯤-1연18행, 22) 수현이-2연14행, 23) 작은부처님-2연14행, 24) 내사는이유-2연14행, 25) 영순위-2연14행, 26) 네향기-3연18행, 27) 시인의길-3연18행, 28) 질경이-3연18행, 29) 우리사는세상-3연18행, 30) 너-3연18행, 31) 의미-3연18행, 32) 사전에서-3연18행, 33) 행복-3연18행, 34) 잠-3연18행, 35) 매미-3연18행, 36) 하루를보내며-3연18행, 37) 가로등-3연18행, 38) 박꽃-3연18행, 39) 휴화산-3연18행, 40) 상사화-3연18행, 41) 대부도전경-3연18행, 42) 어떤행복-3연18행, 43) 가을노래-3연18행, 44) 세월변주곡-3연18행, 45) 당신-3연18행, 46) 분수-3연18행, 47) 수해앞에서-3연18행, 48) 행복의의미-3연18행, 49) 외침-3연18행, 50) 분단-3연18행, 51) 내일-3연18행, 52) 늦가을-3연15행, 53) 가감승제별곡-3연15행, 54) 삶이야기-3연18행, 55) 목련-3연18행, 56) 이산가족-3연18행, 57) 도현엄마항변-3연18행, 58) 혼불-2연14행, 59) 이치-2연14행, 60) 희망-3연18행, 61) 슬픈우화-2연15행, 62) 기다림-2연14행, 63) 좋았던때만-3연18행, 64) 가는길-2연14행, 65) 선택-3연18행, 66) 어떤동화-2연14행, 67) 세상사-3연18행, 68) 빙점-2연14행, 69) 시이야기-3연18행, 70) 책-3연18행, 71) 사랑이야기-2연16행, 72) 사랑은-2연12행, 73) 나는야-2연14행, 74) 기다림별곡-3연15행, 75) 마음의길-2연14행, 76) 양파-2연14행, 77) 핸드폰-3연18행, 78) 운명-3연18행, 79) 행로-2연14행,

80) 사는법-3연18행, 81) 네안의나-2연12행, 82) 사랑이꽃피는데-3연18행, 83) 그리움의제곱-2연14행, 84) 세월-3연18행, 85) 이땅의사람들-3연18행, 86) 착하게산사람이-3연18행, 87) 행복찾기-2연16행, 88) 단풍-1연14행, 89) 지을수없는사랑-3연18행, 90) 사연-2연14행, 91) 작정-3연18행, 92) 가진것적더라도-2연14행, 93) 욕심-2연16행, 94) 인연-2연16행, 95) 기다람-2연14행, 96) 자존심-2연14행, 97) 순응-2연14행, 98) 사랑의팡세-2연14행, 99) 독백-3연18행, 100) 망초꽃-1연12행, 101) 가끔은-2연12행, 102) 잃은것-1연6행, 103) 연어일기-3연18행, 104) 송년-3연18행, 105) 채송화-2연16행, 106) 진달래꽃-2연16행, 107) 속맘-1연11행, 108) 낙엽-2연18행, 109) 복사꽃-1연12행, 110) 들국화-1연9행, 111) 노을-1연9행, 112) 보증-1연17행, 113) 사람사는이야기-2연16행, 114) 네앞에서면-2연14행, 115) 능청-1연8행, 116) 작은열쇠-2연14행, 117) 너를향한기울기-2연12행, 118) 할배들-2연12행, 119) 꿈꾸며살았는데-2연12행, 120) 작은지혜-2연12행, 121) 버려야지-1연13행, 122) 강물처럼-2연12행, 123) 사는게-2연12행, 124) 느낌표-1연12행, 125) 자유인-3연18행, 126) 두글자-1연8행, 127) 초상-2연14행, 128) 소중한사람-1연9행, 129) 사랑의미학-2연18행, 130) 내가네게-2연12행, 131) 기다림-2연14행, 132) 얼굴하나-1연12행, 133) 오기-2연14행.

II. 김광묵(金光黙 1946~2007)의 현대시조창작형태조사

시조시	1연	2연	3연	4연	5연	사설	장시조	총계	비고
사람이야기 연꽃처럼피었네	17	57	58	1				133	
총 계	17	57	58	1				133	
비 율%	12.7	42.8	43.6	0.7				99.8	

〈참고 문헌〉

1. 한국 현대시조 큰사전-한춘섭, 박병순, 리태극-을지출판공사-서울 1985

김 금 자 (金錦子 1961–2015)의 현대시조(울산시조문학회)

Ⅰ. 시조문학

시조문학 2007 봄호-태화강-3연9행.

Ⅱ. 울산시조

울산시조 2007 제12집-태화강-3연9행.
울산시조 2008 제13집-능소화-1연3행, 백련-1연3행.
울산시조 2009 제14집-물독-1연3행.
울산시조 2010 제15집-물-3연9행, 반구대-3연9행.
울산시조 2011 제16집-가을비문자-2연6행, 여름밤이야기-3연9행.
작천정한시백일장-2연6행.
울산시조 2012 제17집-외고산옹기마을-3연9행, 짝사랑-2연6행.
울산시조 2013 제18집-작품 없음.
울산시조 2014 제19집-서울택시기사-1연12행, 진하에가자-2연10행.
전복죽한그릇-3연9행.
울산시조 2015 제20집-작품 없음.
울산시조 2016 21집-짝사랑-2연6행, 멸치후릿그물당기기-3연9행.
진하에가자-2연10행, 전복죽한그릇-3연9행, 외고산옹기마을-3연9행.
가을비문자-2연6행, 여름밤이야기-3연9행, 작천정한시백일장-2연6행.
가을봉정사-1연3행, 꽃지일몰-1연3행, 탁배-1연3행, 어떤탈출-1연3행.
저문기을강-1연3행, 홍류폭포-1연3행, 능소화-1연3행, 지팡이-1연3행.
겨울준비-1연3행.

Ⅲ. 김금자(金錦子 1961-2015)의 현대시조 창작형태조사

시조시	1연	2연	3연	4연	5연	사설	장시조	총계	비고
시조문학			1					1	
울산시조	16	8	10					34	
총 계	16	8	11					35	
비 율%	45.7	22.8	31.4					99.9	

〈참고 문헌〉

1. 한국 현대시조 큰사전-한춘섭, 박병순, 리태극-을지출판공사-서울 1985
2. 한국 현대시조 대사전(상 · 하. 별책)-박을수-아세아문화사-서울 1991
3. 근대 시조집람-임선묵-경인문화사-서울 1999
4. 한국시대 사전(개정증보판)-김창직, 윤해규-을지출판공사-서울 2004
5. 한국 현대시조 연구와 향방-김창현-오늘의문학사-대전 2014

김 기 학 (金琪鶴 ?-1982)의 현대시조

Ⅰ. 낙강(洛江)-영남시조시문학회. 1968.

※ 창간호 이후 연도, 제호 누락-자료 없음.

1972. 제5집-설악마음-1연3行.
1973. 제6집-음주(飮酒)-1연3행.
1974. 제7집-삶-1연3행.
1975. 제8집-동학사 점묘-1연3행.
1976. 제9집-이설사군자송(異說四君子頌)-4연12행.
1977. 제10집-역정(歷程)-4연12행.
1978. 제11집-입원-1연6행, 응급실-1연6행, 수술-1연6행, 간호원-1연6행, 회생(回生)-1연6행.
1982. 제15집-매화(梅)-1연6행, 난초(蘭)-1연6행, 국화(菊)-1연6행, 대나무(竹)-1연6행.

Ⅱ. 현대시조 작품 감상

1) 회생(回生)

되돌려 받은 목숨 천정(天井) 아득히 보인다.
애태운 가족들은 반겨서 눈물 짓고
이 값진 존명(存命)의 날을 어느 일에 바칠꼬?

2) 매화(梅)

봄 동산 가을 들녘 꽃도 잎도 마다하고
차거운 밤 하늘가에 돋아나는 별빛처럼
인고(忍苦)의 야무진 덕을 옛등걸에 새긴다.

3) 난초(蘭)

삼도이 지한(至寒)이라 유곡(幽谷)보다 저 깊은데
실개천 흐르듯이 풀어놓은 그 방향(芳香)을
그려도 수묵(水墨) 붓이 너를 닮지 못한다.

4) 국화(菊)

추국전시장에 매운 듯 도는 쓴맛
옛님의 국화주는 맵고 쓰고 아렸다지
고회(苦懷)며 인간수절이 쓰디쓴것 아닌가.

5) 대나무(竹)

푸르름을 가꾸자니 길이 넘는 눈이 오고
곧은 뜻 지키려도 헤쳐 이는 바람 분다.
성품 곧 다스리기가 설한(雪寒)보다 아파라.

III. 김기학(金琪鶴 ?-1982)의 현대시조 창작형태조사

시조시	1연	2연	3연	4연	5연	사설	장시조	총계	비고
낙 강	21							21	
총 계	21							21	
비 율%	100							100	

〈참고 문헌〉

1. 한국 현대시조 큰사전-한춘섭, 박병순, 리태극-을지출판공사-서울 1985
2. 한국 현대시조 대사전(상 · 중 · 하 별책)-박을수-아세아문화사-서울 1991
3. 근대 시조집람-임선묵-경인문화사-서울 1999
4. 한국시대 사전(개정증보판)-김창직, 윤해규-을지출판공사-서울 2004
5. 한국 현대시조 연구와 향방-김창현-오늘의문학사-대전 2014

김 동 렬(金東烈 1952-2016)의 현대시조

Ⅰ. 우화등선(羽化登仙)을 꿈꾸며-시조집. 2015.

1) 매화-1연7행, 2) 진달래-1연7행, 3) 수승대수달래-1연7행, 4) 꽃의 사랑법-1연5행, 5) 꽃의 우울-1연7행, 6) 동백지다-1연7행, 7) 국화지다-1연3행, 8) 국화꽃은 지는데-3연9행, 9) 난 기르기-1연7행, 10) 호접란-1연7행, 11) 군자란-1연7행, 12) 군자란송-1연7행, 13) 난초 시들다-2연14행, 14) 제비꽃-1연7행, 15) 때죽꽃을 보며-1연6행, 16) 도라지꽃-1연7행, 17) 흰제비꽃-1연8행, 18) 벚꽃-1연7행, 19) 벚꽃 지는 밤-1연7행, 20) 목련-1연7행, 21) 아카시아(1)-1연7행, 22) 아카시아(2)-1연7행, 23) 우리동네-2연6행, 24) 앵두-1연6행, 25) 석류-1연7행, 26) 자두를 보며-1연5행, 27) 고향 오월-1연7행, 28) 고향 유월-1연7행, 29) 화림동에서-1연7행, 30) 동자승-1연7행, 31) 실향-1연6행, 32) 봄맞이-1연7행, 33) 굿하는 날-1연3행, 34) 타는 유월-1연3행, 35) 하오의 적막-1연3행, 36) 상생-1연3행, 37) 화개동작설차-1연7행, 38) 이삿짐을 꾸리며-2연14행, 39) 폐가에서-2연15행, 40) 쌍계사, 운-2연6행, 41) 제철소에서-3연9행, 42) 옹기를 보며-3연9행, 43) 신농자천하대본-3연9행, 44) 나이테를 보며-3연9행, 45) 어버이날에-3연12행, 46) 사모곡-3연9행, 47) 어머니 내어머님-4연12행, 48) 매미(1)-1연7행, 49) 매미(2)-1연7행, 50) 민달팽이-1연3행, 51) 한강 보름달-1연7행, 52) 저문 날의 일기-1연7행, 53) 낙엽-1연6행, 54) 은행잎을 보며-1연7행, 55) 서민의 달력-1연7행, 56) 공차기-1연10행, 57) 노부-1연7행, 58) 광개토대왕비-2연14행, 59) 꿀을 뜨며-2연13행, 60) 바보가 된 날-2연12행, 61) 부부-2연14행, 62) 분을 갈며-2연14행, 63) 잠 못 드는 밤-2연18행, 64) 서럽장의 시계를 보며-2연14행, 65) 시계-2연14행, 66) 못을 보며-2연14행, 67) 광장에서-2연6행, 68) 단감유감-3연9행, 69) 어떤하루(1)-3연9행, 70) 삼일절과 태극기-5연15행, 71) 단풍-1연11행, 72) 가을산(1)-1연7행, 73) 가을산(2)-1연7행, 74) 섬진강 낙조-1연6행, 75) 여름나기-1연7행, 76) 겨울 지리산-1

연7행, 77) 봉림산에 올라-1연7행, 78) 소매물도-1연7행, 79) 홍도-1연7행, 80) 산사에 내리는 눈-1연7행, 81) 새벽산을 오르며-1연7행, 82) 제주도-1연7행, 83) 솔 숲에서-1연7행, 84) 산사의 밤-1연7행, 85) 나목-1연6행, 86) 풍경-1연7행, 87) 만추-1연7행, 88) 산사의 오후-2연12행, 89) 겨울강-2연6행, 90) 성주사풍경-3연9행, 91) 하구언에서-3연12행, 92) 낙동강-4연12행, 93) 서설-1연7행, 94) 봄비-주남저수지-1연7행, 95) 황톳 빛 그리움-1연7행, 96) 가을이 익어갈 때-1연3행, 97) 새싹을 보며-1연7행, 98) 빛-1연3행, 99) 국지성호우-2연6행, 100) 우리의 슬픔-1연6행, 101) 공약-1연3행, 102) 대반전-1연7행, 103) 친구-1연7행, 104) 어떤하루 2-1연6행, 105) 오월 달력을 보며-1연7행, 106) 불신-2연14행, 107) 한일-1연7행, 108) 어느 일상-1연7행, 109) 사랑-1연7행, 110) 먹을 갈며-1연7행, 111) 선친기일에-1연9행, 112) 그림자-1연7행, 113) 단상-1연7행, 114) 달! 먹히다-1연6행, 115) 어떤경영-1연7행, 116) 신종플루 그 이후-2연14행, 117) 아름다움에 대해-2연14행, 118) 어두운날의 신문-2연10행, 119) 대도에서-3연9행.

II. 김동렬(金東烈 1952-2016)의 현대시조 창작형태조사

시조시	1연	2연	3연	4연	5연	사설	장시조	총계	비고
물레야물레야								자료없음	자료없음
우화등선을꿈꾸며	83	23	12	2	1			121	2015
총　　계	83	23	12	2	1			121	
비　　율%	68.5	19.0	9.9	16	0.8			99.8	

〈참고 문헌〉

1. 한국 현대시조 큰사전-한춘섭, 박병순, 리태극-을지출판공사-서울 1985
2. 한국 현대시조 대사전(상 · 하. 별책)-박을수-아세아문화사-서울 1991
3. 근대 시조집람-임선묵-경인문화사-서울 1999
4. 한국시대 사전(개정증보판)-김창직, 윤해규-을지출판공사-서울 2004
5. 한국 현대시조 연구와 향방-김창현-오늘의문학사-대전 2014

김 명 배 (金明培 1932－2016)의 현대시조

Ⅰ. 몸 밖에 마음 두고-시조집. 2011.

1) 하늘 보는 뜻-2연12행, 2) 하나-1연12행, 3) 복약지도서-1연12행, 4) 탈춤-2연12행, 5) 고백-2연8행, 6) 어둠-2연14행, 7) 보름달-2연12행, 8) 달-2연12행, 9) 그믐밤-1연7행, 10) 자유행-1연9행, 11) 철야-1연6행, 12) 눈감기-1연10행, 13) 엄동-1연7행, 14) 깊은산-1연7행, 15) 산행-1연6행, 16) 동자승-2연12행, 17) 염주알-2연10행, 18) 허무-1연7행, 19) 까치소리-1연6행, 20) 석불-1연6행, 21) 대답-1연6행, 22) 탑돌이-1연6행, 23) 노인-1연9행, 24) 하루방-1연6행, 25) 행(行)-2연10행, 26) 이명(耳鳴)-1연6행, 27) 봄비.1.-2연12행, 28) 귀로(歸路)-1연6행, 29) 갑사(甲寺)-2연12행, 30) 바람이-2연10행, 31) 나무부엉이-2연6행, 32) 한복-2연14행, 33) 대문앞-1연7행, 34) 뻐꾹새-2연10행, 35) 어버이날-2연12행, 36) 기일아침에-1연7행, 37) 어머니-1연7행, 38) 아버지-1연7행, 39) 꿈-1연9행, 40) 꽃노을-2연10행, 41) 개심사(開心寺)-2연10행, 42) 달-2연10행, 43) 별리-2연12행, 44) 잔디-2연12행, 45) 칠월-1연7행, 46) 물구나무서기-2연10행, 47) 그림자랑-2연12행, 48) 벗-2연8행, 49) 두동상-2연10행, 50) 전화-1연6행, 51) 문답-2연10행, 52) 건빵-2연10행, 53) 촛불.1.-1연6행, 54) 촛불.2.-1연7행, 55) 촛불.3.-1연6행, 56) 소금값-2연10행, 57) 망부석-1연7행, 58) 늙은이 입방아-2연10행, 59) 유람-2연6행, 60) 아파트-1연6행, 61) 소로길-1연9행, 62) 비오는날-2연8행, 63) 허수아비 지팡이-1연6행, 64) 백운산-1연6행, 65) 거문산-1연6행, 66) 목천(木川)-1연6행, 67) 굴뚝새-1연7행, 68) 귀뚜라미-2연10행, 69) 풍금소리-2연8행, 70) 봄바람-2연8행, 71) 동박새-1연7행, 72) 동백-1연6행, 73) 호접-1연6행, 74) 봄비.2.-2연1·2행, 75) 히아신스-1연7행, 76) 어미소-2연12행, 77) 갈매기-2연14행, 78) 솔숲-2연12행, 79) 억새-1연7행, 80) 고산식(高山食)-2연6행, 81) 외암리기(外岩里記)-2연12행, 82) 태조산행(太祖山行)-2연10행, 83) 백로-1연6행, 84) 병후-1연6행, 85) 개미-1연6행, 86)

낙엽-1연7행, 87) 뼈다귀-2연8행, 88) 천둥소리에-2연12행

II. 김명배(金明培 1932-2016)의 현대시조 창작형태조사

시조집	1연	2연	3연	4연	5연	사설	장시조	총계	비고
몸밖에 마음두고	45	43						88수	2011
총 계	45	43						88	
비 율%	51.1	48.8						99.9%	

〈참고 문헌〉

1. 한국 시조 큰사전-한춘섭, 박병순, 리태극-을지출판공사-서울-1985
2. 한국 시조 대사전-상.하. 별책-박을수-아세아문화사-서울- 1991
3. 근대 시조집람-임선묵-경인문화사-서울-1999
4. 한국시대 사전-김창직, 윤해규-을지출판공사-서울-2004
5. 한국 현대시조 연구와 향방-김창현-오늘의문학사-대전-2014

김 몽 선(金夢船 1940-2014)의 현대시조 작품조사

Ⅰ. 한국시조큰사전. 1985.

1) 가을 오후-3연9행, 2) 나들이-3연9행, 3) 눈 오는 날-2연6행, 4) 둑을 거닐며-3연9행, 5) 비석-3연9행, 6) 산사에서-2연6행, 7) 서귀포-2연6행, 8) 열차를 타고-3연9행, 9) 한지(韓紙). 2. 물안개로 지는 가슴-3연9행, 10) 한지(韓紙). 7. 작별-3연9행, 11) 한지(韓紙). 8. 냉천동 일기-3연9행, 12) 한지(韓紙). 14. 어머니-3연9행, 13) 한지(韓紙). 26. 고향의 봄-3연 9행.

Ⅱ. 한지, 냉이꽃, 그 하얀 이마(시조집)

※ 중문출판사 1986-자료없음.

Ⅲ. 쓸쓸해지는 연습(시집). 1996.

1) 솔 숲에 앉아-3연14행, 2) 연습 같이 사는 자녀-1연9행, 3) 이사-2연12행. 4) 대나무-1연7행, 5) 새소리-2연12행, 6) 빈하늘-2연14행, 7) 요즈음 나는-1연11행, 8) 꿈-1연7행, 9) 바다에 내리는 비-2연14행, 10) 이발소에서-2연12행, 11) 동성로의 봄-2연14행, 12) 뒤산의 봄-3연9행, 13) 절정-2연14행, 14) 까치와 목련-2연14행, 15) 94, 여름(1)-2연12행, 16) 94, 여름(2)-2연12행, 17) 94, 여름(3)-2연12행, 18) 더위 먹는 날-2연12행, 19) 초가을-2연14행, 20) 우리집 감나무-2연16행, 21) 민들레-2연12행, 22) 가을햇살-2연11행, 23) 늦가을-2연13행, 24) 계단오르기-2연12행, 25) 모로 부는 바람-2연14행, 26) 별-2연12행, 27) 낮삼-2연12행, 28) 낚시유감-1연10행, 29) 철새-2연12행, 30) 진솔집-2연14행, 31) 잠들지 못하는 밤-2연12행, 32) 지는 꽃잎-1연10행, 33) 지는 꽃잎을 위하여-2연12행, 34) 이제는 눈 떠야 할 때-2연9행, 35) 헐리는 집-2연14행, 36) 눈물-2연11행, 37) 주의보-2연12행, 38) 하늘-2연12행, 39) 달성공원을 지나며-1연9행, 40) 함박꽃-2연6행, 41) 장마-3

연12행, 42) 홍수-2연12행, 43) 무인도-1연7행, 44) 비온뒤-2연14행, 45) 운문댐 수몰 지역에서-3연16행, 46) 참새-1연9행, 47) 겨울비-3연15행, 48) 늦추위-2연12행, 49) 가지치기-2연13행, 50) 역전하는 시계바늘-2연14행, 51) 쓸쓸해지는 연습(1)-2연14행, 52) 쓸쓸해지는 연습(2)-2연12행, 53) 쓸쓸해지는 연습(3)-3연15행, 54) 쓸쓸해지는 연습(4)-2연12행, 55) 쓸쓸해지는 연습(5)-2연14행, 56) 쓸쓸해지는 연습(6)-2연15행, 57) 쓸쓸해지는 연습(7)-2연14행, 58) 쓸쓸해지는 연습(8)-2연12행, 59) 쓸쓸해지는 연습(9)-2연14행, 60) 쓸쓸해지는 연습(10)-2연14행, 61) 밤의 노래(1)-사설시조, 62) 밤의 노래(2)-2연14행, 63) 밤의 노래(3)-2연14행, 64) 밤의 노래(4)-2연14행, 65) 밤의 노래(5)-2연14행, 66) 겨울여행(1)-2연12행, 67) 겨울여행(2)-2연12행, 68) 겨울여행(3)-2연12행, 69) 겨울여행(4)-2연14행, 70) 겨울여행(5)-2연12행, 71) 관악산을 바라보며-2연14행, 72) 다시 관악산을 보며-2연12행, 73) 가을 팔공산에서-2연12행, 74) 봉암사만추-2연12행, 75) 팔공산 갓바위-2연12행, 76) 기다림을 위하여(1)-2연14행, 77) 기다림을 위하여(2)-2연13행, 78) 기다림을 위하여(3)-2연12행, 79) 기다림을 위하여(4)-3연16행, 80) 기다림을 위하여(5)-3연15행, 81) 철들기(1)-2연14행, 82) 철들기(2)-2연12행, 83) 철들기(3)-2연14행, 84) 철들기(4)-2연14행, 85) 철들기(5)-2연12행, 86) 근황(1)-2연14행, 87) 근황(2)-2연12행, 88) 근황(3)-2연12행, 89) 근황(4)-2연14행, 90) 근황(5)-2연12행, 91) 근황(6)-2연14행, 92) 근황(7)-2연12행, 93) 근황(8)-3연16행, 94) 근황(9)-2연12행, 95) 근황(10)-2연14행, 96) 근황(11)-2연14행, 97) 근황(12)-2연12행, 98) 근황(13)-2연14행, 99) 근황(14)-2연14행, 100) 근황(15)-2연12행, 101) 근황(16)-2연14행, 102) 이른봄-2연12행, 103) 봄비-2연14행, 104) 감나무-3연15행, 105) 할미꽃-1연3행, 106) 바람-1연3행, 107) 목련-2연14행, 108) 봄 별 아래서-2연12행, 109) 봄비를 맞으며-2연14행, 110) 찔레꽃-2연14행, 111) 파초-2연12행, 112) 백로를 지나며-2연12행, 113) 처서무렵-2연14행, 114) 들길에 서면-2연14행, 115) 낙엽이여-2연12행, 116) 겨울준비-2연12행, 117) 가을에-3연15행, 118) 가을비

-3연13행, 119) 늦가을-2연14행, 120) 섣달 그믐날-3연15행, 121) 설날 아침 -2연14행, 122) 구름-1연12행, 123) 남은 세월-2연14행, 124) 님아-1연12행, 125) (ㅈ)에게-3연15행, 126) 차창-2연12행, 127) 빈잔-2연13행, 128) 그 자리-2연12행, 129) 고향 들녁-2연14행, 130) 어머니 생각-3연14행, 131) 풍경 -2연14행.

〈작품해설〉꿈 배에 실린 담담함의 미학-문무학.

Ⅳ. 울없이 사는 바람(시집)-북랜드 2002-자료없음.

Ⅴ. 덧칠-시집. 2008.

1) 커피를 마시며-2연12행, 2) 저녁놀-1연7행, 3) 잠들기전-1연7행, 4) 아침에 눈 뜨면-1연7행, 5) 늦은 밥상-1연7행, 6) 가을을 걷다-2연14행, 7) 가을 빗소리-1연7행, 8) 단풍을 보며-1연7행, 9) 비만-2연18행, 10) 생일날 아침에-2연14행, 11) 편지-3연12행, 12) 채송화-2연14행, 13) 차마어인 생각-1연7행, 14) 꽃바구니-1연7행, 15) 거울-2연6행, 16) 금연-1연11행, 17) 지하철-1연7행, 18) 달이 따라와서-2연14행, 19) 그리운세상-2연14행, 10) 상사화-3연9행, 21)자전거 생각-2연14행, 22) 들꽃-1연7행, 23) 모란꽃-1연7행, 24) 지는 꽃-1연7행, 25) 산길에는-2연14행, 26) 석류를 따며-2연12행, 27) 들국화-2연14행, 28) 맨드라미-2연12행, 29) 목화-2연14행, 30) 꽃병 속의 장미-1연7행, 31) 겨울 초입(初入)에-1연9행, 32) 겨울 한낮-1연7행, 33) 거울산정(山頂)-2연12행, 34) 엘레지-2연8행, 35) 사랑이란-1연7행, 36) 인연-1연7행, 37) 푸나무는-2연12행, 38) 세월-1연9행, 39) 보름달-1연7행, 40) 안부-3연12행, 41) 문병-2연14행, 42) 가는길-2연12행, 43) 하산길 -1연7행, 44) 때가 있다-2연12행, 45) 연날리기-2연14행, 46) 새벽-3연14행, 47) 풀뿌리-1연7행, 48) 유월 풍경-2연12행, 49) 땅굴 앞에서-2연14행, 50) 폭염유감-1연11행, 51) 장미-1연7행, 52) 걸레-1연7행, 53) 고누-1연7행,

54) 봉숭아-2연14행, 55) 아낌없이 주는 나무에게-1연7행, 56) 사랑법-2연13행, 57) 다시 밤에-2연14행, 58) 응시(凝視)-3연12행, 59) 오월에-4연12행, 60) 요즘신문-2연14행, 61) 새풍속도-1연7행, 62) 매화의 겨울-2연6행, 63) 청보리축제를 보며-2연14행, 64) 빈말-1연7행, 65) 남대문아 다시 서라-3연12행, 66) 앞산에 올라-2연14행, 67) 오감한입석(立席)-2연14행, 68) 동성로에는-4연12행, 69) 대구역-2연12행, 70) 금호강은-2연14행, 71) 비 오는 날의 풍경-2연6행, 72) 경주 남산-2연12행, 73) 회룡포-2연14행, 74) 청령포에서-1연7행, 75) 천성산원효암-2연14행, 76) 남해 금산을 오르며-2연6행, 77) 목화 시배지는-2연12행, 78) 섬진강의 봄-2연10행, 79) 의림지 소나무-2연12행, 80) 서해일몰-1연7행, 81) 평화의 댐-2연8행, 82) 울릉도에 가면-3연9행, 83) 낯선 날의 2박 3일-3연12행, 84) 황하에 와서-2연123행, 85) 공자의 고행-3연12행, 86) 태산에 올라-2연12행, 87) 남국의 밤-2연14행, 88) 소나무-2연14행, 89) 2월-1연7행, 90) 매화꽃-1연11행, 91) 새봄에-1연7행, 92) 3월-1연7행, 93) 우리집-1연11행, 94) 꿈-1연11행, 95) 초롱꽃-1연7행, 96) 골목길-2연14행, 97) 단오-2연14행, 98) 장대비-2연12행, 99) 소나기 뒤-2연6행, 100) 가물 때면-1연7행, 101) 달맞이꽃-2연6행, 102) 사루비아-1연7행, 103) 시골에는-1연7행, 104) 바람-2연14행, 105) 책을 읽으며-1연7행, 106) 지우개-1연7행, 107) 독도-1연11행, 108) 새벽등산-2연14행.

〈내 시의 고향〉세월의 때를 벗기면-김몽선.

Ⅵ. 한국현대시조대표선. 1994.

1) 겨울비-3연21행.

2) 어머니-3연21행, 호롱불-3연21행, 가을오후-3연21행.

Ⅶ. 대구시조 창간호. 1987.

1) 세상 맛 보기(1)-2연14행, 2) 세상 맛 보기(2)-2연14행, 3) 세상 맛 보기(3)-2연14행, 대구시조 제2집 1998. ① 소나무-2연14행, ② 그리운풍경-2연14행.

Ⅷ. 시조한국. 1998.

1) 하늘이여-2연14행.

Ⅸ. 한국 시(詩)대사전. 2004.

1) 호롱불-3연9행, 2) 어머니-3연9행, 3) 둑을 거닐며-3연7행, 4) 안피고향 울릉도-4연12행, 5) 서라벌의 바람(1)-3연9행, 6) 연습같이 사는 자녀-1연3행, 7) 대나무-1연3행, 8) 지는 꽃잎-1연3행, 9) 헐리는 집-2연6행, 10) 겨울비-3연9행, 11) 쓸쓸해지는 연습(1)-2연6행, 12) 근황(15)-2연6행, 13) 근황(16)-2연6행, 14) 친구에게-3연9행, 15) 아내-2연6행, 16) 단풍을 보며-1연3행, 17) 아침 이슬-1연3행, 18) 천둥-2연6행, 19) 울릉도에 가면-3연9행, 20) -풀뿌리-1연3행, 21) 산 길을 걸으며-2연6행. 〈끝〉

Ⅹ. 김몽선(金夢船 1940-2014)의 시조시 창작형태조사

시조시	1연	2연	3연	4연	사설	장시조	엇시조	총계	비고
한국시조큰사전		3	10					13	
한지,냉이꽃 하얀이마									자료 없음
쓸쓸해지는연습	14	101	15		1			131	
울없이사는바람									자료 없음
덧칠	44	54	8	2				108	
한국현대시조 대표선			4					4	

대구시조		5						5	
시조한국		1						1	
한국시대사전	6	7	7	1				21	
총　　계	64	171	44	3	1			283	
비　율%	22.6	60.4	15.5	1.0	0.3			99.8	

〈참고 문헌〉

1. 한국 현대시조 큰사전-한춘섭, 박병순, 리태극-을지출판공사-서울 1985
2. 한국 현대시조 대사전(상 · 하. 별책)-박을수-아세아문화사-서울 1991
3. 근대 시조집람-임선묵-경인문화사-서울 1999
4. 한국시대 사전(개정증보판)-김창직, 윤해규-을지출판공사-서울 2004
5. 한국 현대시조 연구와 향방-김창현-오늘의문학사-대전 2014

김 민 부 (金敏夫 1941-1972)의 현대시조

Ⅰ. 신춘문예

1956. 첫 시집-항아리(부산고 2학년 때)
1957. 동아일보 신춘, 석류(입선)
1958. 한국일보 〈시〉균열. 당선.

Ⅱ. 현대시(시조) 작품

1) 균열.
달이 오르면 배가 곯아 배 곯은 바위는 말이 없어
할 일 없이 꽃같은 것 처녀 같은거나
남 몰래 저 어깨에다 새끼고들 있었다.

징역 사는 사람들의 눈 먼 사투리는
밤의 소용돌이 속에 파묻힌 푸른 달빛
없는 것 그리움 밑에서 흘러가는 물소리.

바람 불어 아무렇게나 그려진 그것의 의미는
저승인가 깊고 깊은 바위 속 울음인가.
더구나 내 죽은 후에 세상에서 남겨질 말씀쯤인가.

2) 균열-사유시.
할 일 없는 바위는 제 몸에다 새끼 꼬고 있었다.
몇 마리의 새가 날아간 슬픈 궤적과
바람에 헝크러진 꽃의 형상.
무구한 처년의 아랫도리 살과 살이 눌러

뒤틀리는 그 강인한 선율을…
어깨 짬에 허리 뱃대기에 지천으로 그려놓고
담날이면 제 희열에 전율하는
저 암담한 오라니…

3) 시비-기다리는 마음.
일출봉에 해 뜨거든 날 불러주오
월출봉에 달 뜨거든 날 불러주오
기다려도 기다려도 님 오지 않고
빨래소리 물레소리에 눈물 흘렸네.

봉덕사에 종 울리면 날 불러주오
저 바다에 바람 불면 날 불러주오
기다려도 기다려도 님 오지 않고
파도소리 물새소리에 눈물 흘렸네.

※ 장일남-작곡. 박인수-노래. 부산 서구 천마산(天摩山) 시비.
※ 출전(出典)-시조월드. 2004. 제8호.

김 병 태 (金丙泰 1924-1994)의 현대시조

1. 진혼(鎭魂)의 곡(曲).

1) 진상(眞相)-2연14행, 2) 구도(求道)-2연14행, 3) 자비(慈悲)-2연14행, 4) 윤회(輪廻)-3연21행, 5) 념(念)-2연14행, 6) 난청(難聽)-1연7행, 7) 만성(晩成)-1연7행, 8) 고뇌(苦惱)-1연7행, 9) 화쟁(和爭)-1연7행, 10) 백일홍-1연7행, 11) 정정야(靜靖夜)-1연7행, 12) 정화(淨化)-2연14행, 13) 초류(超流)-1연7행, 14) 시름-1연7행, 15) 원(願)-2연14행, 16) 보낸 뒤-2연14행, 17) 나-1연7행, 18) 순명(順命)-1연7행, 19) 담배 연기-1연7행, 20) 초라한 나-3연21행, 21) 참회-2연14행, 22) 초라한 길-3연21행, 23) 갈망(喝望)-2연14행, 24) 정(靜)-2연14행, 25) 유(遺)-2연14행, 26) 세모(歲暮)-2연14행, 27) 눈(目)-2연14행, 28) 초라한 처녀-2연14행, 29) 화풍(花風)에 날릴제-1연7행, 30) 화양곡가(華陽曲歌)-12연91행, 31) 불지(佛地)-22연154행, 32) 회포(懷抱)-3연21행, 33) 인과(因果)를 무섭게 알지-16연124행.

2. 내 마음-시조집. 1985.

1) 불지(佛地)-사설, 2) 인과(因果)를 무섭게 알지-사설, 3) 눈물의 사연-3연21행, 4) 진상(眞相)-2연14행, 5) 구도(求道)-2연14행, 6) 자비(慈悲)-2연14행, 7) 윤회(輪廻)-3연21행, 8) 념(念)-2연14행, 9) 정화(淨化)-2연14행, 10) 원(願)-2연14행, 11) 초라한 나-3연21행, 12) 참회-2연14행, 13) 회억(回憶)-1연7행, 14) 귀의(歸依)-3연21행, 15) 회한(悔恨)-1연7행, 16) 정숙무한(靜淑無限)-1연7행, 17) 망(望) 1연7행, 18) 연가(戀歌) 2연14행, 19) 초라한 길-3연21행, 20) 갈망(渴望)-2연14행, 21) 정(靜)-2연14행, 22) 눈(目)-2연14행, 23) 곡척(曲尺)-1연7행, 24) 반딧불-2연14행, 25) 이때-1연7행, 26) 산사(山寺)-2연14행, 27) 오늘과 내일-2연14행, 28) 임-1연7행, 29) 사철-1연7행, 30) 계룡산-2연14행, 31) 마음-1연7행, 32) 꿈-2연14행, 33)

불심-2연14행, 34) 탄(歎)-2연14행, 35) 정복(靜福)-2연14행, 36) 황혼(黃昏)-2연14행, 37) 정도(正道)-2연14행, 38) 원(願)-2연14행, 39) 임은 거기에-4연28행, 40) 같은 마음-1연7행, 41) 구인사(救仁寺)-1연7행, 42) 원(願)-3연21행, 43) 물 한잔-2연14행, 44) 응보(應報)-2연14행, 45) 꿈 속-3연21행, 46) 허무(虛無)-2연14행, 47) 무(無)-1연7행, 48) 어두운 길-4연28행, 49) 갈라진 언약(言約)-2연14행, 50) 복음-10연70행, 51) 기도(祈禱)-사설, 52) 수석(壽石)-2연14행, 53) 세정(世情)-1연7행, 54) 인정(人情)-2연14행, 55) 인고(忍苦)-1연7행, 56) 회한(悔恨)-1연7행, 57) 노송(老松)의 사연-2연14행, 58) 고독(孤獨)-1연7행, 59) 옛정-2연14행, 60) 방황(彷徨)-1연7행, 61) 심성(心性)-3연21행, 62) 춘신(春信)-1연7행, 63) 인정가교(人情架橋)-1연7행, 64) 난청(難聽)-1연7행, 65) 만성(晩成)-1연7행, 66) 고뇌(苦惱)-1연7행, 67) 화쟁(和爭)-1연7행, 68) 백일홍-1연7행, 69) 초류(超流)-1연7행, 70) 시름-1연7행, 71) 보낸 뒤 1 -2연14행, 72) 보낸 뒤 2-3연21행, 73) 나-1연7행, 74) 담배 연기-1연7행, 75) 유(遺)-2연14행, 76) 세모(歲暮)-2연14행, 77) 초라한 처녀-2연14행, 78) 낙화암-3연21행, 79) 자계(自戒)-1연7행, 80) 벌레 소리-1연7행, 81) 농부의 은혜-1연7행, 82) 모내기-1연7행, 83) 내 마음이-2연14행, 84) 생과사(生과死)-1연7행, 85) 봄비-3연21행, 86) 멍든 가슴-1연7행, 87) 갈린 땅-1연7행, 88) 아내 1-1연7행, 89) 세월-1연7행, 90) 주는 몸-3연21행, 91) 우리의 자화(自畵)-3연21행, 92) 흉개(胸開)-1연7행, 93) 추야술회(秋夜述懷)-3연21행, 94) 무심(無心)-3연21행, 95) 서산 마루엔-2연14행, 96) 계곡성(溪谷聲)-1연7행, 97) 시비(是非)-1연7행, 98) 나와 임-2연14행, 99) 괴로운 나-2연14행, 100) 아내 2-1연7행, 101) 분복(分福)-1연7행, 102) 웅진회고(熊津懷古)-3연21행, 103) 새결의-3연21행, 104) 대한의 봄-3연21행, 105) 묵상록-7연79행, 106) 심란(心亂)-2연14행, 107) 우당(友堂)-1연7행, 108) 내 뜰-2연14행, 109) 작은 샘물-3연21행, 110) 금강수-2연14행, 111) 아내에게-1연7행, 112) 시름-2연14행, 113) 고별(告別)-6연42행, 114) 사랑-2연14행, 115) 빛 하나-1연7행,

116) 양춘(陽春)-1연7행, 117) 청빈(淸貧)한이 누구-1연7행, 118) 두견새야 -1연7행, 119) 촛불-1연7행, 120) 나도 불러 보리-1연7행, 121) 꽃의 설음-1연7행, 122) 외기러기-1연7행.

※ 서문-우당 황수익(友堂 黃秀益) 발문-청곡 안형관(靑谷 安亨寬).
※ 공주시-공주사대-임헌도(林憲道 1920-2006)교수-지도받음.

3. 김병태(金丙泰 1924-1994)의 현대시조 창작형태조사

시조시	1연	2연	3연	4연	5연	사설	장시조	총계	비고
진혼의곡	12	14	4				3	33首	1983
내마음	52	43	19	2		3	3	122	1985
총 계	64	57	23	2		3	6	155	
비 율%	41.2	36.7	14.8	1.2		1.9	3.8	99.6	

〈참고 문헌〉

1. 한국 현대시조 큰사전-한춘섭, 박병순, 리태극-을지출판공사-서울 1985
2. 한국 현대시조 대사전(상 · 하. 별책)-박을수-아세아문화사-서울 1991
3. 근대 시조집람-임선묵-경인문화사-서울 1999
4. 한국시대 사전(개정증보판)-김창직, 윤해규-을지출판공사-서울 2004
5. 한국 현대시조 연구와 향방-김창현-오늘의문학사-대전 2014

김 병 효(金炳孝 1922-2012)의 현대시조

Ⅰ. 시조문예

1969. 영산강 창간호 → 시조문예 1988. 제18호-자료없음.

1989. 제19호-1) 인생은 꿈-2연6행, 2) 비단장 삼 드리우고-2연6행, 3) 거룩한 그 스님-2연6행, 4) 약무호남 접시 액자-2연6행, 5) 큰 물 난리-3연9행.

1990. 제20호 → 2006. 제36호-자료없음

2007. 제37호-1) 진언사대천명-1연7행, 2) 평상일기 70돌-3연18행, 3) 광주 중외 공원 숲을 바라볼 때마다-5연15행, 4) 향일암을 바라보며-1연7행.

2008. 제38호-부안삼걸-2연6행.

2009. 제39호-1) 백발남매의 만남-2연14행, 2) 망해사의 여승주지-2연14행, 3) 잠자리에 훈련-2연14행, 4) 이슬비 내리고 어둠도 깔리고-2연14행, 5) 미당시 문학관에 들려-3연9행.

2010. 제40호-1) 화기만당(和氣滿堂)-3연9행, 2) 하서로(河西路)-3연9행, 3) 장하다 대한의 어린 딸들 우리 다 함께 안아주자 업어주자-7연21행.

2011. 제41호-1) 매화 그댄 화중 왕-2연6행, 2) 기청제(祈晴祭)-2연10행, 3) 소파 정형민 선생 상수(上壽)-백 세(百歲)-축시-10연30행.

Ⅱ. 한국시대사전. 2004.

1) 황룡벌에 메아리친 동학 농민 만만세-4연12행, 2) 내 고장 장성은 선비골-2연8행, 3) 큰 상 받던 날-3연9행, 4) 야윈 손 부여잡고-3연9행, 5) 새벽 잠 앗아간 너-2연6행, 6) 어버이 묘역에 꽃을 가꾸며-4연12행, 7) 학 타고 가시는 그 길이기에-4연34행, 8) 만남의 노래-2연8행, 9) 고향 예찬가-2

연8행, 10) 겨레의 기상이여-2연12행.

Ⅲ. 김병효(金炳孝 1922-2012)의 현대시조 창작형태조사

시조시	1연	2연	3연	4연	5연	사설	장시조	총계	비고
시조문예	3	17	6	3	1		2	32	
한국시조		5	2	3				10	
총 계	3	22	8	6	1		2	42	
비 율%	7.1	52.3	19.0	14.2	2.3		4.7	99.6	

〈참고 문헌〉

1. 한국 현대시조 큰사전-한춘섭, 박병순, 리태극-을지출판공사-서울 1985

2. 한국 현대시조 대사전(상 · 하. 별책)-박을수-아세아문화사-서울 1991

3. 근대 시조집람-임선묵-경인문화사-서울 1999

4. 한국시대 사전(개정증보판)-김창직, 윤해규-을지출판공사-서울 2004

5. 한국 현대시조 연구와 향방-김창현-오늘의문학사-대전 2014

김 보 안(金保安 1947-2015)의 현대시조

Ⅰ. 현대시조 1990 가을호.

1) 물빛 1-1연9행, 2) 물빛 2-1연6행, 3) 물빛 3-1연7행, 4) 대숲-2연14행.

Ⅱ. 물의 노래-정형시집3 2015.

1) 저물 무렵-2연8행, 2) 강-3연12행, 3) 연등을 달며-1연7행, 4) 물의 노래-3연12행, 5) 세월호 추모 음악회-3연12행, 6) 무제 1-아버지-2연9행, 7) 하일(夏日)-1연7행, 8) 불황(不況)-2연8행, 9) 자화상-3연12행, 10) 두우리 염전-3연15행, 11) 덕장에서-3연12행, 12) 나목-2연2행, 13) 옥천사 3제-3연15행, 14) 세한도-2연14행, 15) 표적-1연7행, 16) 인두-3연12행, 17) 부표-2연10행, 18) 풍란-2연14행, 19) 숲-3연12행, 20) 암호-3연12행, 21) 소나무-1연7행, 22) 영금정에서-3연12행, 23) 치자꽃-2연8행, 24) 산 1번지-2연8행, 25) 마네킹-2연14행, 26) 겨울산사-1연7행, 27) 탐색-1연7행, 28) 달맞이꽃-1연7행, 29) 길목에서-2연14행, 30) 등대-3연12행, 31) 전어축제-3연12행, 32) 동백꽃-1연7행, 33) 이기대(二妓臺) 1-1연7행, 34) 이기대(二妓臺) 2-1연7행, 35) 낙엽-1연7행, 36) 대숲-2연14행, 37) 월전포구-2연6행, 38) 진혼제-2연14행, 39) 참새-1연7행, 40) 속초 3제-청간정-1연4행, 41) 미시령-1연4행, 42) 북청 사자놀이-1연4행, 43) 조각달-1연7행, 44) 반야암-2연14행, 45) 아버지의 자화상-2연10행, 46) 송광사 단풍-2연14행, 47) 낙동강-임경대-2연14행, 48) 물빛 1-1연7행, 49) 물빛 2-1연7행, 50) 물빛 3-1연7행, 51) 물빛 4-1연7행, 52) 물빛 5-1연7행, 53) 물빛 6-1연7행, 54) 물빛 7-1연7행, 55) 대변항에서-2연14행, 56) 얼음새꽃-1연7행, 57) 천성산 철쭉-2연8행, 58) 청명-1연7행, 59) 그때 그집-1연8행, 60) 몽돌해변-3연12행, 61) 충렬사 가는 길-3연12행, 62) 감포에서-2연14행, 63) 상고대-1연7행, 64) 파도 소리-2연14행, 65) 상황 1-2연12행, 66) 상황 2-2연6행, 67) 섬진

강 벚꽃-1연9행, 68) 새벽녘에-3연12행, 69) 푸념-1연7행, 70) 춘추원-3연 15행, 71) 서당골 기억-2연14행.

III. 김보안(金保安 1947-2015)의 현대시조 창작형태조사

시조시	1연	2연	3연	4연	5연	사설	장시조	총계	비고
현대시조	3	1						4首	
물의노래	26	26	17					69	2015
총　계	29	27	17					73	
비　율%	39.7	36.9	23.2					99.8	

〈참고 문헌〉

1. 한국 현대시조 큰사전-한춘섭, 박병순, 리태극-을지출판공사-서울 1985
2. 한국 현대시조 대사전(상 · 하. 별책)-박을수-아세아문화사-서울 1991
3. 근대 시조집람-임선묵-경인문화사-서울 1999
4. 한국시대 사전(개정증보판)-김창직, 윤해규-을지출판공사-서울 2004
5. 한국 현대시조 연구와 향방-김창현-오늘의문학사-대전 2014

유송 김 삼 진 (宥松 金三鎭 1934-2011)의 현대시조

Ⅰ.

2007. 제37호-1) -1연8행, 2) 가거도(街渠島)-2연12행, 3) 사랑의 강물-2연12행, 4) 어머니 생각-2연8행.

2008. 제38호-1)놀이터에서-1연7행, 2) 물 한 방울-1연6행, 3) 달밤-1연6행, 4) 그리움-1연6행.

2009. 제39호-1) 사모곡-2연12행, 2) 가을 산-1연6행, 3) 바다가에서-1연6행, 4) 달밤-2연12행.

2010. 제40호-1) 옛길-1연7행, 2) 거울 앞에서-1연6행, 3) 자화상-1연7행.

2011. 제41호-1) 약수터 가는 길-2연6행, 2) 보름달-2연12행, 3) 가을 편지-1연7행.

Ⅱ. 광주. 전남시조

※ 누락된 연도, 제호-자료 없음.

2004. 제3호-1) 억새꽃-1연10행, 2) 무등산-1연12행, 3) 가을빛 사랑-1연7행.

2007. 제6호-1) 가거도-2연12행, 2) 해바라기-1연8행, 3) 숲길-1연6행.

2008. 제7집-1) 물망초-1연7행, 2) 나비 사랑-1연7행.

Ⅲ. 유송 김삼진(宥松 金三鎭 1934-2011)의 현대시조 창작형태조사

시조시	1연	2연	3연	4연	5연	사설	장시조	총계	비고
시조문예	11	7						18首	
광주전남시조	8	1						9	
총 계	19	8						27	
비 율%	70.3	29.6						99.9	

〈참고 문헌〉

1. 한국 현대시조 큰사전-한춘섭, 박병순, 리태극-을지출판공사-서울 1985
2. 한국 현대시조 대사전(상 · 하. 별책)-박을수-아세아문화사-서울 1991
3. 근대 시조집람-임선묵-경인문화사-서울 1999
4. 한국시대 사전(개정증보판)-김창직, 윤해규-을지출판공사-서울 2004
5. 한국 현대시조 연구와 향방-김창현-오늘의문학사-대전 2014

일상 김 상 은 (一相 金相恩 1935-2011)박사의 현대시조

Ⅰ. 죽음의 미학(시조집) 2011.

1) 죽음, 그 엄숙의 손-1연9행, 2) 별똥별의 기하학-1연9행, 3) 무한소수-1연9행, 4) 고향, 이데아-1연9행, 5) 수수께기-1연10행, 6) 끝없는 대화-1연9행, 7) 싯다르타의 죽음-3연27행, 8) 소크라테스의 죽음-3연27행, 9) 예수의 죽음-4연36행, 10) 스데반의 죽음-1연9행, 11) 베드로의 죽음-1연9행, 12) 신숭겸 장군의 죽음-1연9행, 13) 이차돈의 죽음-1연9행, 14) 이순신 장군의 죽음-1연9행, 15) 논개의 죽음-1연9행, 16) 주기철 목사의 죽음-1연9행, 17) 손양원 목사의 죽음-1연9행, 18) 성철 스님의 죽음-1연9행, 19) 테레사 수녀의 죽음-1연9행, 20) 김수환 추기경의 죽음-2연18행, 21) 아버지의 죽음-1연9행, 22) 꽃상여-1연9행, 23) 묘지 옆에서-1연9행, 24) 세례자 요한의 삶과 죽음-2연18행, 25) 수운 최제우의 삶과 죽음-2연18행, 26) 죽음의 씨앗-1연9행, 27) 매창의 죽음-1연9행, 28) 번뇌-1연9행, 29) 원효대사의 삶과 죽음-5연45행, 30) 김구선생의 삶과 죽음-3연27행, 31) 김대건 신부의 삶과 죽음-3연27행, 32) 안중근 의사의 삶과 죽음-4연36행, 33) 유관순열사의 삶과 죽음-4연36행, 34) 윤봉길 의사의 삶과 죽음-5연45행, 35) 마틴루터 킹 목사의 삶과 죽음-3연27행, 36) 장기려 박사의 삶과 죽음-3연27행, 37) 복된 죽음-1연7행, 38) 혁명가 장지략의 삶과 죽음-4연36행, 39) 함석헌 선생의 삶과 죽음-6연54행, 40) 죽음 앞에 선 어느 기독인의 기도-1연9행, 41) 죽음 앞에 선 어느 유자의 유언-1연9행, 42) 독립운동가 심산 김창숙의 삶과 죽음-7연63행, 43) 어느 불제자의 죽음 앞에 서서-1연9행, 44) 지눌 스님의 삶과 죽음-4연13행, 45) 죽음, 두 철학자의 질문과 대답-1연7행, 46) 불교적 사생관-1연9행, 47) 유교적 사생관-1연9행, 48) 기독교적 사생관-1연9행, 49) 죽음이 있는 곳은-1연9행, 50) 삶은, 그리고 죽음은-1연9행, 51) 고요한 임종-1연9행, 52) 법정스님의 삶과 죽음-2연18행.

II. 일상 김상은(一相 金相恩 1935-2011)박사의 정형시 창작형태조사

시조시집	1연	2연	3연	4연	5연	사설	장시조	총계	비고
죽음의 미학	33	4	6	5	2		2	52	2011
시 집									자료없음
총 계	33	4	6	5	2		2	52	
비 율%	63.4	7.6	11.5	9.6	3.8		3.8	99.7	

III.

한국시조큰사전, 한국시대사전에는 현대시조 작품이 없고, 오직〈죽음의 미학〉 시조집 한 권 밖에 남긴 것이 없으며 다만 영혼의 메아리-시집과 철학함의 길에서-수필집이 있으나 자료를 수집 할 수 없었다.

IV.

계명대학교 철학과 명예교수로 재직하면서 남긴 저서는 〈현대사회 정의론〉, 〈현대사회와 윤리〉가 있고 열린시조학회 회원, 한비문학회 자문위원, 우리가곡작사가협회 이사를 역임하였다.

〈참고 문헌〉

1. 한국 현대시조 큰사전-한춘섭, 박병순, 리태극-을지출판공사-서울 1985
2. 한국 현대시조 대사전(상 · 하. 별책)-박을수-아세아문화사-서울 1991
3. 근대 시조집람-임선묵-경인문화사-서울 1999
4. 한국시대 사전(개정증보판)-김창직, 윤해규-을지출판공사-서울 2004
5. 한국 현대시조 연구와 향방-김창현-오늘의문학사-대전 2014

민립 김상훈(民笠 金尙勳 1936-2016)의 현대시조

Ⅰ. 한국시조큰사전. 1985.

1) 결실-1연3행, 2) 까치집-3연9행, 3) 그리움-2연6행, 4) 낙동강비곡-4연12행, 5) 내모국-3연9행, 6) 두견화-3연9행, 7) 문-1연3행, 8) 범종-3연9행, 9) 봄앞에서-3연9행, 10) 사량(思量)-1연3행, 11) 산-1연3행, 12) 산정-1연3행, 13) 엽신-1연3행, 14) 영춘송-4연12행, 15) 오늘-2연6행, 16) 우연무연-1연3행, 17) 유운(流雲)-3연9행, 18) 자문(自聞)-1연3행, 19) 자우(慈雨)-2연6행, 20) 적일(寂日)-1연3행, 21) 조춘사-2연6행, 22) 차라리-4연12행, 23) 천의-2연6행, 24) 추과-3연9행, 25) 춘소우-1연3행, 26) 춘신-3연9행, 27) 파종원-3연9행, 28) 가을산조-3연9행, 29) 한라산-3연9행, 30) 행화촌-1연3행, 31) 호일=1연3행.

Ⅱ. 한국시대사전. 2004

1) 장승처럼-4연26행, 2) 너와나-5연22행, 3) 환우기물새-3연24행, 4) 우륵의춤-5연30행, 5) 종달이의변-3연30행, 6) 적막강산-2연10행.

Ⅲ. 다시 송라(松羅)에서. 1996.

1) 혜안(慧眼)-1연6행, 2) 청학(青鶴)-1연6행, 3) 선정(禪定)-1연6행, 4) 은행-1연6행, 5) 풍경(風磬)-3연18행, 6) 낙엽을쓸며-4연24행, 7) 연(鳶)-1연6행, 8) 무상보시(無上菩禔)-1연6행, 9) 토함산에서-2연12행, 10) 소우주-3연18행, 11) 함성-1연6행, 12) 세화(歲畵)-1연6행, 13) 때때로-1연6행, 14) 동거공생-1연6행, 15) 역여(逆旅)-3연18행, 16) 낮춤의묵상-7연45행, 17) 바다-2연15행, 18) 양처럼살자고-7연40행, 19) 비가옵니다-8연44행, 20) 차를달이며-4연32행, 21) 국사암에서-4연20행, 22) 어느강마을-4연24행, 23) 다시송라에서-3연9행, 24) 성산포애일-3연18행, 25) 어머니(1)-1연6행, 26) 어

머니(2)-1연6행, 27) 꽃의연상-3연18행, 28) 분매-1연6행, 29) 형제도-4연24행, 30) 회한-6연30행, 31) 제야(除夜)-3연18행, 32) 여름개화동-3연18행, 33) 다지난뒤-3연18행, 34) 어떤관심-3연20행, 35) 실일(失日)의명(銘)-3연22행, 36) 편지-4연30행, 37) 옛어른들-1연9행, 38) 제주도-1연6행, 39) 합수합토-1연6행, 40) 남남-1연6행, 41) 무궁화-4연24행, 42) 문을열자-4연24행, 43) 어떤이-3연18행, 44) 바다새같이-3연18행, 45) 사랑아-2연12행, 46) 사랑그리고이별-2연12행, 47) 달-2연14행, 48) 이운꽃-2연12행, 49) 백두산에서-5연37행, 50) 민족의존영을위해-6연54행, 51) 통일이여오라-7연75행, 52) 우리것은모두어디에-4연27행, 53) 눈을뜨고귀열어도-3연18행, 54) 삶의양식-4연33행, 55) 모시옷-4연30행, 56) 강변얘기-5연55행, 57) 다선일여-3연18행, 58) 솔빛처럼살면서-3연26행, 59) 수안스님그림-4연24행, 60) 높은예명깊은정의-5연30행, 61) 화가일기-1연6행, 62) 마음의눈마음의귀-3연23행, 63) 향파선생님-3연29행, 64) 일상의기구-3연21행, 65) 햇덩이처럼-장시조79행, 66) 새의서원-장시조57행, 67) 새법천이열렸다-장시조64행.

※ 제1시집-파종원, 제2시집-우륵의춤, 제3시집-내구름되거든자네바람되게, 제4시집-산거(山居), 등 자요 없음.

IV. 민립 김상훈(民笠 金尙勳 1936-2016)의 현대시조 창작형태조사

시조시	1연	2연	3연	4연	5연	사설	장시조	총계	비고
한국시조큰사전	12	6	10	3				31	
한국시대사전		1	2	1	2			6	
다시송라에서	18	6	20	12	3		9	67	
총 계	30	13	32	16	5		9	104	
비 율%	28.5	12.3	30.4	15.2	4.7		8.5	99.7	

〈참고 문헌〉

1. 한국 현대시조 큰사전-한춘섭, 박병순, 리태극-을지출판공사-서울 1985
2. 한국 현대시조 대사전(상 · 중 · 하 별책)-박을수-아세아문화사-서울 1991
3. 근대 시조집람-임선묵-경인문화사-서울 1999
4. 한국시대 사전(개정증보판)-김창직, 윤해규-을지출판공사-서울 2004
5. 한국 현대시조 연구와 향방-김창현-오늘의문학사-대전 2014

김 신 권(金信權 1922-2014)의 현대시조

Ⅰ. 시조문학

1) 1960. 창간호-광릉부(光陵賦)-2연12행.

2) 1960. 제2호-야경(夜警)-2연12행.

Ⅱ. 현대시조 작품 감상

1) 광릉부(光陵賦)

아람솔 엉긴 덩굴 오백년 다가 온 듯
수양(首陽)이 펴런 서슬 어느 숲에 서려 있노
단종(端宗)이 예 와 보란들 한 줌 흙을 탓할까.

오늘도 석양 노을 잎마다 불 붙는데
솔바람 크낙새 지절대는 묵은 사연
때묻고 지친 귀청이 울렴 즉도 하다마는.

2) 야경(夜警)

역겨운 짜증이냐 벙어리 냉, 가슴이오,
따아딱, 따다닥, 비인 벽 울리는 소리
서글픈 이 나그네의 귓전만을 치누나.

겹질린 소래기냐, 허기진 넋두리오,
따다닥, 따악딱, 뼈다구 부딪는 소리
난세에 뒤치다꺼리는 가슴만 또 치누나.

Ⅲ. 김신권(金信權 1922-2014)의 현대시조 창작형태조사

시조시	1연	2연	3연	4연	5연	사설	장시조	총계	비고
시조문학		2						2首	
총　계		2						2	
비　율%		100						100	

〈참고 문헌〉

1. 한국 현대시조 큰사전-한춘섭, 박병순, 리태극-을지출판공사-서울 1985
2. 한국 현대시조 대사전(상 · 중 · 하 별책)-박을수-아세아문화사-서울 1991
3. 근대 시조집람-임선묵-경인문화사-서울 1999
4. 한국시대 사전(개정증보판)-김창직, 윤해규-을지출판공사-서울 2004
5. 한국 현대시조 연구와 향방-김창현-오늘의문학사-대전 2014

김 영 희 (金英姬 1933-1995)의 현대시조

Ⅰ. 차돌곶이 시조문학-달가람시조.

1995. 제3집-1) 시부모 산소에서-2연8행, 2) 아이들의 눈물-2연7행, 3) 사랑 바위-1연6행, 4) 연안 부두에서-1연6행, 5) 쌍 촛 대바위-1연6행, 6) 매 발톱 꽃-1연6행.

추모시-이인식(1935-2011)-3연18행, 진성열-5연16행, 오석필-3연18행.
-고두석-3연9행, 유재건-2연14행, 최영균-3연18행, 김석영-2연13행.
-신계우-4연28행, 이영주-3연10행.

Ⅱ. 현대시조 작품 감상

1) 시부모 산소에서

산딸기 익을 무렵 시부모님 뵈러 가서
새치가 너무 많아 불을 켜고 뽑다 보니
세월도 듬성, 듬성한 자리에 저녁노을 집니다.

내년 한식날엔 숱 많은 머리칼로
초록빛 햇솜 이불 곱게 꾸며 덮으려니
생전에 못다 한 가슴앓이 큰 못이 박힙니다.

2) 사랑 바위

마른 꽃신 한 짝을 훔쳐 넣은 젖가슴
물 한 모금 못 넘기고 사랑 병만 앓다가
그 총각 적삼 붙안고 한울 푸는 넋인가.

3) 연안 부두에서

네 가슴 밟고 떠난 구름 몇 섬일까
세월에 부대끼어 찌들은 하늘보다
더 낡은 흑 빛 몸 되어 눈을 들 수 없구나.

4) 쌍 촛대 바위

금술 좋은 서방 각시 태풍에 잃은 낭군
넋 놓고 천년 세월 임 생각 멍든 가슴
조랑말 타고 온 지아비 깨고 보니 꿈이었네.

5) 매발톱 꽃

쭉 뻗은 몸매 깃 접고 발톱 세워 어쩔려고
휘갈퀴는 너의 몸짓 작은벌레 그냥 둬라
세상일 마음 한 번 돌리면 잔잔한 물 누늬거.

III. 김영희(金英姬 1933-1995)의 현대시조 창작형태조사

시조시	1연	2연	3연	4연	5연	사설	장시조	총계	비고
달가람시조	4	2						6	
추모시		2	5	1	1			9	
총 계	4	4	5	1	1			15	
비 율%	26.6	26.6	33.3	6.6	6.6			99.7	

〈참고 문헌〉

1. 한국 현대시조 큰사전-한춘섭, 박병순, 리태극-을지출판공사-서울 1985
2. 한국 현대시조 대사전(상 · 중 · 하 별책)-박을수-아세아문화사-서울 1991
3. 근대 시조집람-임선묵-경인문화사-서울 1999
4. 한국시대 사전(개정증보판)-김창직, 윤해규-을지출판공사-서울 2004
5. 한국 현대시조 연구와 향방-김창현-오늘의문학사-대전 2014

김 용 휴 (金容休 1926-2015. 구순)의 현대시조

Ⅰ. 겨레여 / 김용휴

못 가눌 설움이여,
끝내 못 삭일 분노여.

모질게 당하고도
발만 구르는 원통함.

겨레여!
얕보인 나라 힘이
빠져 버리지 않느냐.

※ 중앙일보-시조 초대석.

Ⅱ. 김용휴(金容休 1926-2015. 구순)의 현대시조 창작형태조사

시조시	1연	2연	3연	4연	5연	사설	장시조	총계	비고
중앙일보	1							1	
총 계	1							1	
비 율%	100							100	

〈참고 문헌〉

1. 한국 현대시조 큰사전-한춘섭, 박병순, 리태극-을지출판공사-서울 1985
2. 한국 현대시조 대사전(상 · 중 · 하 별책)-박을수-아세아문화사-서울 1991
3. 근대 시조집람-임선묵-경인문화사-서울 1999
4. 한국시대 사전(개정증보판)-김창직, 윤해규-을지출판공사-서울 2004
5. 한국 현대시조 연구와 향방-김창현-오늘의문학사-대전 2014

김 원 각 (金圓覺-본명-김영률, 金永律 1941-2016)의 현대시조

Ⅰ. 한국시조 큰사전. 1985.

가정-5연15행, 2) 근황-1연3행, 3) 내잠은-1연3행, 4) 네몸엔-1연3행, 5) 농부-1연3행, 6) 달마조사-1연3행, 7) 돌맹이하나가-1연3행, 8) 목련-3연9행, 9) 백담사-1연3행, 10) 산거-1연3행, 11) 새벽-1연3행, 12) 서귀포-1연3행, 13) 여름-1연3행, 14) 윤리-1연3행, 15) 이몸을친다해도-1연3행, 16) 입적-1연3행, 17) 정야(靜夜)-3연9행, 18) 촛불따라가보면-1연3행, 19) 침묵-1연3행, 20) 허공을그리며-1연3행.

Ⅱ. 한국시대사전. 2004.

1) 설산-2연8행, 2) 꿈이야기-사설, 3) 개안설화-사설, 4) 첫사랑-자유시, 5) 마음(1)-3연9행, 6) 마음(2)-3연9행, 7) 일요일-6연28행, 8) 아픔-2연10행, 9) 일기-사설.

Ⅲ. 어느날의 여행에서. 2000.

1) 일산에서-4연12행, 2) 백담사-1연3행, 3) 접목-3연9행, 4) 심법-2연12행, 5) 그림을그리다가-2연6행, 6) 바람이-1연6행, 7) 정상에서-1연6행, 8) 남산타워에서-1연3행, 9) 일선사-1연4행, 10) 다시일선사에서-1연3행, 11) 음(吟)-1연3행, 12) 구멍가게-2연8행, 13) 바둑에서-3연9행, 14) 길-1연3행, 15) 바다-1연3행, 16) 새벽-1연3행, 17) 절대-1연4행, 18) 윤리-2연6행, 19) 정발산-1연3행, 20) 까치둥지-1연3행, 21) 어느날의여행에서-5연15행, 22) 하산기-2연6행, 23) 아침-3연9행, 24) 오늘은-1연5행, 25) 사심-1연6행, 26) 아파트(1)-1연6행, 27) 아파트(2)-1연6행, 28) 상소문-3연15행, 29) 무서운눈-3연9행, 30) 광화문-6연18행, 31) 단전-3연21행, 32) 근황-1연6행, 33) 유년의고향기억-4연23행, 34) 이런날은-1연3행, 35) 가정-6연18행, 36) 설

악산-2연6행, 37) 허공그리기-1연3행, 38) 돌맹이하나가-1연3행, 39) 촛불을따라가보면-1연3행, 40) 네몸엔=1연6행, 41) 좋은날은-1연3행, 42) 정야(靜夜)-3연18행, 43) 입적-1연3행, 44) 이몸을친다해도-1연3행, 45) 무희-1연6행, 46) 마음-3연9행, 47) 선(禪)-1연6행, 48) 봄이왔건만-1연3행, 49) 공자-1연5행, 50) 부처-1연6행, 51) 여름-1연3행, 52) 목련-3연18행, 53) 일요일-5연20행, 54) 겨울과봄사이-6연24행, 55) 싸움-7연21행, 56) 양심-1연3행, 57) 아픔-2연6행, 58) 비여오려면오라-1연7행, 59) 종점-2연8행, 60) 지난겨울은-1연7행, 61) 친구의영전에-1연6행, 62) 남해보리암에서-1연6행, 63) 석상암-1연3행, 64) 교외-1연3행, 〈작품해설〉텅빈마음에집짓기-장영우.

Ⅳ. 민박. 2004.

1) 민박-1연4행, 2) 한가한날-1연5행, 3) 미안하다-1연4행, 4) 산골(1)-1연6행, 5) 산골(2)-1연4행, 6) 시골에와서-1연4행, 7) 제비족떠나고-1연3행, 8) 달-1연3행, 9) 월정사-1연4행, 10) 왕대포집-1연3행, 11) 남해보리암에서-1연4행, 12) 내집앞쪽에는-1연3행, 13) 산사에서-1연5행, 14) 한계리가을-1연4행, 15) 겨울밤-1연6행, 16) 폐가-1연3행, 17) 탐욕덩이도-1연4행, 18) 천사와악마-1연4행, 19) 쇠파리여-1연4행, 20) 까치둥지-1연6행, 21) 작은노래-1연6행, 22) 좌판위의햇과실들-1연4행, 23) 속초앞바다에서-1연4행, 24) 시골은-1연6행, 25) 농부박씨-1연4행, 26) 풍경-1연6행, 27) 행복-1연6행, 27) 행복-1연6행, 28) 개미야-1연4행, 29) 결과-1연4행, 30) 산속-1연4행, 31) 오솔길인데도-1연4행, 32) 허수아비-1연3행, 33) 첫소식-1연5행, 34) 매미, 가련하지만-1연4행, 35) 달팽이-1연6행, 36) 봄날오후-1연5행, 37) 고추-1연6행, 38) 밤나무아래서-1연4행, 39) 산촌에살면서도-1연4행, 40) 한여름-1연4행, 41) 해맞이-1연4행, 42) 왕거미-1연5행, 43) 초파일에-1연6행, 44) 장식물-1연4행, 45) 욕탕에서-1연4행, 46) 번뇌-1연4행, 47) 추위-1연6행, 48) 인간들이-1연4행, 49) 한계령을지나며-1연4행, 50) 논둑

길을걷다가-1연5행, 51) 법문-1연4행, 52) 가을밤에(1)-1연4행, 53) 가을밤에(2)-1연4행, 54) 가을밤에(3)-1연7행, 55) 못-1연6행, 56) 반딧불이-1연4행, 57) 눈내리는날-1연6행.

〈작품 해설〉우리에게는시조가 있다.=나태주.

Ⅴ. 달팽이의 생각. 2015.

1) 허수아비-1연4행, 2) 자연의언어-1연4행, 3) 행복-1연5행, 4) 하루의끝-1연5행, 5) 정리-1연5행, 6) 반딧불이-1연4행, 7) 외상값-1연4행, 8) 달팽이의생각-1연4행, 9) 눈사람-1연3행, 10) 돌부처-1연4행, 11) 겸손-1연5행, 12) 이탐욕덩이도-1연4행, 13) 미안하다-1연4행, 14) 첫사랑그리움-1연5행, 15) 뚝배기-1연4행, 16) 환한밤-1연4행, 17) 교외-1연4행, 18) 불나방-1연4행, 19) 대청봉-1연4행, 20) 쓸쓸한날-1연4행, 21) 아내의화원-1연4행, 22) 달도둑-1연4행, 23) 별곡-1연3행, 24) 산방일기-1연3행, 25) 내사랑은-1연4행, 26) 가을엽서-1연4행, 27) 소쩍새-1연4행, 28) 봄날은간다-1연4행, 29) 그사람-1연4행, 30) 공평한하루-1연4행, 31) 새-1연5행, 32) 왕거미-1연5행, 33) 산행그뒤-1연4행, 34) 설악1박-1연4행, 35) 홍시-1연4행, 36) 고행-1연4행, 37) 법문-1연4행, 38) 적막-1연4행, 39) 개심사-1연4행, 40) 탑쌓기-1연4행, 41) 외로움이-1연3행, 42) 그믐밤이야기-1연4행, 43) 외출-1연4행, 44) 한몸-1연4행, 45) 중생-1연4행, 46) 거울-1연4행, 47) 정상-1연4행, 48) 고추-1연4행, 49) 열외자-1연4행, 50) 번뇌-1연4행, 51) 장씨-1연4행, 52) 둥근달-1연4행, 53) 고충-1연4행, 54) 막걸리-1연4행, 55) 좋은생각-1연5행, 56) 추억에서-1연4행, 57) 죽어도안심이다-1연4행, 58) 오늘-1연5행, 59) 장식물-1연5행, 60) 호박꽃-1연5행, 61) 빨간우체통-1연5행, 62) 방동1리-1연5행, 63) 마음-화원에서-1연4행, 64) 종(鐘)의울음-1연4행, 65) 늦가을매미한마리보면서-1연4행, 66) 부재-1연4행, 67) 종점-1연4행,

〈작품해설〉낯고친숙한초록사유와재미성-이지엽.

VI. 김원각(본명-김영률, 金永律 1941-2016)의 현대 시조창작형태조사

시조시	1연	2연	3연	4연	5연	사설	장시조	총계	비고
한국시조큰사전	17		2		1			20	1985
한국시대사전		2	2			4	1	9	2004
어느날여행	39	8	9	2	2		4	64	2000
민박	57							57	2004
달팽이의생각	67							67	2015
총 계	180	10	13	2	3	4	5	217	
비 율%	82.9	4.6	5.9	0.9	1.3	1.8	2.3	99.7	

〈참고 문헌〉

1. 한국 현대시조 큰사전-한춘섭, 박병순, 리태극-을지출판공사-서울 1985
2. 한국 현대시조 대사전(상 · 중 · 하 별책)-박을수-아세아문화사-서울 1991
3. 근대 시조집람-임선묵-경인문화사-서울 1999
4. 한국시대 사전(개정증보판)-김창직, 윤해규-을지출판공사-서울 2004
5. 한국 현대시조 연구와 향방-김창현-오늘의문학사-대전 2014

김 이 주 (金理柱 1941-1978)의 현대시조

Ⅰ. 낙강(洛江) -영남시조시문학회 1968.

※ 창간호부터 연도, 호수, 누락-자료 없음.

1) 1978. 제11집-사모곡(思母曲)-2연14행, 2) 밥-3연21행.

2) 1982. 제15집-적(寂)-3연21행.

Ⅱ. 현대시조 작품 감상

1) 적(寂)

인경소리 아우는 날은 옷자락 이는 물소리
부채살로 번진 가락 나무 등컬 속살에 묻혀
그토록 접어둔 날에 실려 오는 하얀 빛.

감은 눈, 언저리에 연잎으로 돋는 꽃등
적적히 고개 돌려 돌아앉은 영(嶺) 너머에
연초록 꿈을 풀면서 흘러가는 여울 소리.

청자빛 일렁이는 내안(內岸)의 유역 위에
낱낱이 빛 물결로 돌아 도는 어린 나날
바람도 세월에 닿아 풀잎으로 돋는다.

2) 사모곡(思母曲)

새벽잠 베개 섶에 들려오는 그 목소리
풀잎에 고이 맺힌 보랏빛 잠든 이슬
어우는 저녁 하늘에 달빛으로 빛난다.

불현듯 잠을 깨면 손금 위에 떠 있는
열 두 폭 옥색 치마 다듬이가 울고 있다.
내 유년 고름을 젓는 젖내 아린 손마디.

3) 밥
가로등 꺼져버린 육교의 난간 위에
도시는 길게 누워 시계탑으로 조는 밤을
못 헤어 시리던 정이 보도 위에 깔린다.

모정의 여운들이 별빛에 박혀 들어
깰 수 없는 정숙이 창틈으로 밀려오는
종생(終生)이 흐느낌 들이 하얀새로 남고 있다.

드디어 맹인의 절규 어둠을 가르듯이
메아리로 돌아오는 석문(石門) 같은 생활 앞에
잠 설친 옛이야기는 심지 되어 타오른다.

III. 김이주(金理柱 1941-1978)의 현대시조 창작형태조사.

시조시	1연	2연	3연	4연	5연	사설	장시조	총계	비고
낙강	5	5	4					14	
총 계	5	5	4					14	
비 율%	35.7	35.7	28.5					99.9	

〈참고 문헌〉

1. 한국 현대시조 큰사전-한춘섭, 박병순, 리태극-을지출판공사-서울 1985
2. 한국 현대시조 대사전(상 · 하. 별책)-박을수-아세아문화사-서울 1991
3. 근대 시조집람-임선묵-경인문화사-서울 1999
4. 한국시대 사전(개정증보판)-김창직, 윤해규-을지출판공사-서울 2004
5. 한국 현대시조 연구와 향방-김창현-오늘의문학사-대전 2014

김 이 홍(金履弘, 1914-1975)의 현대시조

Ⅰ. 시조문학

1) 제7집(1963)-가을-3연9행, 2) 제8집(1963)-차중음(車中吟)-2연12행, 3) 제9집(1964)-버드나무-3연18행, 4) 제15집(1967)-고원(故園)-3연21행, 5) 제18집(1968)-학(鶴)울음-3연21행, 6) 제23집(1970)-① 가을-1연6행, ② 산하(山河)에 서서-1연6행, 7) 제24, 25집(1970)-해조음(海潮音)-3연21행, 8) 포도(葡萄) 앞에서-3연12행.

Ⅱ. 신한국문학. 1975.

1) 실제(失題)-2연12행, 2) 권태(倦怠)-1연5행, 3) 천광(天光)-1연7행, 4) 교환(交驩)-3연13행, 5) 길-2연12행, 6) 기침장이-4연16행.

Ⅲ. 한국시조 큰사전. 1984

1) 개나리-3연9행, 2) 고원(故園)-3연9행, 3) 광야(廣野)-2연6행, 4) 꿈-3연7행, 5) 끊어진 강-3연9행, 6) 길-2연6행, 7) 동구버들-2연6행, 8) 뙤약볕에 들려온 소리-2연6행, 9) 미담(美潭)-1연3행, 10) 바다-1연3행, 11) 봉선화-1연3행, 12) 산길-2연6행, 13) 아버님-눈-1연3행, 14) 산소-1연3행, 15) 등나무 굵은 밑에-1연3행, 16) 영(嶺)마루-1연3행, 17) 월요(月曜)-2연6행, 18) 잠꼬대-3연9행, 19) 진달래-2연6행, 20) 천광(天光)-1연3행, 21) 철쭉-1연3행, 22) 철쭉꽃 붉혀 놓고-2연6행, 23) 청다대 맺힌 멍울-2연6행, 24) 청매(青梅)-2연6행.

Ⅳ. 김이홍(金履弘 1914-1975)의 현대시조 창작형태조사

시조시	1연	2연	3연	4연	5연	사설	장시조	총계	비고
시조문학	2	1	6					9首	
신한국문학	2	2	1	1				6	
한국시조	10	10	8					28	
총 계	14	13	15	1				43	
비 율%	32.5	30.2	34.8	2.3				99.8	

〈참고 문헌〉

1. 한국 현대시조 큰사전-한춘섭, 박병순, 리태극-을지출판공사-서울 1985
2. 한국 현대시조 대사전(상 · 하. 별책)-박을수-아세아문화사-서울 1991
3. 근대 시조집람-임선묵-경인문화사-서울 1999
4. 한국시대 사전(개정증보판)-김창직, 윤해규-을지출판공사-서울 2004
5. 한국 현대시조 연구와 향방-김창현-오늘의문학사-대전 2014

김 일 영 (金一影 1930-2009)의 현대시조

Ⅰ. 시조문학

1) 제3집. 1961-들국화-4연24행.

2) 제4집. 1962-① 염원(念願)-1연6행, ②안압지(雁鴨池)에서-3연18행.

3) 제6집. 1962-상사(相思)-2연12행.

Ⅱ. 현대시조 작품

1) 안압지(雁鴨池)에서

기럭, 오리 하나 없어
깊이 잠든 호심(湖心)은
외로움 천년(千年)에
속으로만 모은 눈물
석양(夕陽)에 길손을 맞나
붉게 타는 가슴이여.

구부러진 삼천리(三千里) 못
마디 없는 한우리 안
기화요초(琪花瑤草) 피고 진
영화로운 언저리엔
갈대꽃 흰머리 풀어
통삼(統三) 그 날 우는가.

우렁찬 태평성가(太平聖歌)
흘러나온 임해전(臨海殿)
철없는 아이들은

낙서(落書)만 늘어 갈 뿐
서라벌 하늘 맑은데
잡초(雜草)인들 썩으랴.

2) 염원(念願)
흐르는 물결 위로
부푸른 상념(想念)들이
노을에 강(江)은 타고
나도 타는데
조용히 두 손 모으면
머언데서 종(鐘)소리.

3) 상사(相思)
갈린 길 야등(夜燈)아래
첫 정(情)을 우리면서
기어이 잊으랴던
네 마음 쓰린 마음
날 가고 달도 가건만
영 못가는 그 모습.

악물며 돌아 설 땐
이럴 줄 몰랐던가.
또 이 밤 타는 가슴
저 별빛에 식히다가
내 몰래 비옵는 행복은
캄캄해서 내 몰래.

Ⅲ. 김일영(金一影 1930-2009)의 현대시조 창작형태조사

시조시	1연	2연	3연	4연	5연	사설	장시조	총계	비고
시조문학	1	1	1	1				4	
총 계	1	1	1	1				4	
비 율%	25.0	25.0	25.0	25.0				100	

〈참고 문헌〉

1. 한국 현대시조 큰사전-한춘섭, 박병순, 리태극-을지출판공사-서울 1985
2. 한국 현대시조 대사전(상・하. 별책)-박을수-아세아문화사-서울 1991
3. 근대 시조집람-임선묵-경인문화사-서울 1999
4. 한국시대 사전(개정증보판)-김창직, 윤해규-을지출판공사-서울 2004
5. 한국 현대시조 연구와 향방-김창현-오늘의문학사-대전 2014

김 장 수 (金章洙 1934-1977)의 현대시조

Ⅰ. 낙강-영남시조시문학회.

※ 연도, 제호 누락-자료 없음.

1) 낙강 창간호-자화상-3연9행, 2) 다부원 전적비-3연9행, 3) 낙강 제2집-낚시터-3연9행, 4) 다람쥐-3연9행, 5) 능금-2연6행, 6) 낙강 3집-갈대-2연6행, 7) 들국화-2연6행, 8) 낙강 제4집-화관-3연9행, 9) 위령탑-3연9행, 10) 낚시터-3연9행, 11) 가을-3연9행, 12) 낙강 제5집-위령탑-3연9행, 13) 은행나무-3연9행, 14) 꽃-2연6행, 15) 낙강 제6집-통일의 꽃-4연12행, 16) 낙강 제7집-다람쥐-3연9행, 17) 가을산성-4연12행, 18) 은행나무-7연21행, 19) 낙강 제8집-태종대-3연9행, 20) 오육도-9연27행, 21) 낙강 제9집-물레방아-3연9행, 22) 낙강 제10잡-분수-3연9행.

Ⅱ. 현대시조 감상

1) 분수(噴水)

관현악 선율처럼 고요히 흩어지는
해맑은 물줄기에 곱게 바랜 명유가락
하아얀 야외복 차림 어여뿐 소녀 원무.

물보라 피어나는 꿈의 날개 펼치면서
하늘에 명멸하는 쌍무지개 그려봐도
끝내는 굽어야 하는 슬픈 사연 그 포물선.

오늘은 살아가고 내일을 살아가며
뽑아서 뿜어내고 또 뽑아서 뿜어내도

애닯다 반추의 생애 세월만 열어간다.

Ⅲ. 김장수(金章洙 1934-1977)의 현대시조 창작형태조사

시조시	1연	2연	3연	4연	5연	사설	장시조	총계	비고
낙 강	3	4	11	2			2	22	
총 계	3	4	11	2			2	22	
비 율%	13.6	18.1	50.0	9.0			9.0	99.7	

〈참고 문헌〉

1. 한국현대시조 큰사전-한춘섭, 박병순, 리태극-을지출판공사-서울 1985

2. 한국현대시조 대사전(상 · 하. 별책)-박을수-아세아문화사-서울 1991

3. 근대시조집람-임선묵-경인문화사-서울 1999

4. 한국시대 사전(개정증보판)-김창직, 윤해규-을지출판공사-서울 2004

5. 한국 현대시조 연구와 향방-김창현-오늘의문학사-대전 2014

김 재 호 (金在鎬 1937-1993)의 현대시조

Ⅰ. 볍씨

1. 1989. 가을호

1) 봄-3연18행, 2) 수련(水蓮)-2연12행, 3) 여름바다 소묘-3연18행, 4) 시공(時空) 묘정헌(妙井軒)-2연12행.

2. 유고작품

1) 청태(青苔)-3연18행, 2) 겨울 바다-3연18행, 3) 삶 3-3연14행, 4) 보릿고개-2연12행.

3. 추모시

1) 정해원(丁海元)영전에-3연9행, 2) 양원식(楊源植)-극락에 앉아-4연24행, 3) 정대훈(鄭垈勳)-악몽-12연28행, 4) 민홍우(閔弘祐)(1942-2009)-이 아픔 뒤의 빈자리를 어찌할까!-5연15행.

※ 창간호(1974)부터~제6집(1982)까지 자료 없음.

Ⅱ. 부산시조

제2호(1990)-1) 거울-3연18행, 2) 파랑(波浪)-2연12행, 3) 운문사의 초가을-3연18행, 4) 산사의 밤-1연6행.

Ⅲ. 김재호(金在鎬 1937-1993)의 현대시조 창작형태조사

시조시	1연	2연	3연	4연	5연	사설	장시조	총계	비고
볍 씨	1	4	8	1	1		1	16首	
부산시조	1	1	2					4	1990
총 계	2	5	10	1	1		1	20	
비 율%	10.0	25.0	50.0	5.0	5.0		5.0	100	

〈참고 문헌〉

1. 한국 현대시조 큰사전-한춘섭, 박병순, 리태극-을지출판공사-서울 1985
2. 한국 현대시조 대사전(상 · 하. 별책)-박을수-아세아문화사-서울 1991
3. 근대 시조집람-임선묵-경인문화사-서울 1999
4. 한국시대 사전(개정증보판)-김창직, 윤해규-을지출판공사-서울 2004
5. 한국 현대시조 연구와 향방-김창현-오늘의문학사-대전 2014

의당 김 좌 기 (義堂 金佐基 1923-2008)의 현대시조

Ⅰ. 시조문학

1989. 겨울호-대광령의 사계절-추천등단-1) 봄-1연7행, 2) 여름--1연7행, 3) 가을-1연7행, 4) 겨울-1연7행.

1990. 가을호-오색 약수터-3연18행.

1991. 가을호-100호 만세-1연7행,

1992. 겨울호-월하 선생의 팔순을 기리며-1연7행.

1993. 여름호-삼절선비의 꿈-1연7행,

1995. 여름호-솟이불 찬가-1연7행.

Ⅱ. 현대시조

1994. 가을호-1) 붓글씨-1연7행, 2) 사임당의 먹물-1연7행.

1996. 봄호-1) 경포대의 달-2연14행, 2) 새벽 바다-1연7행.

1996. 겨울호-1) 단풍-1연7행, 2) 공든 탑-1연7행.

Ⅲ. 강원시조

1991. 제6집-1) 청명, 한식의 하루-1연7행, 2) 운필(運筆)-1연7행, 3) 마음 비우고-1연6행, 4) 인생역정(人生歷程)-2연12행, 5) 달-1연7행.

1992. 제7집-1) 대관령의 옛길-2연12행, 2) 꽃 그늘 속에-3연18행, 3) 풀밭-2연12행, 4) 덕스럽던 그 향기-3연18행, 5) 술잔 안 돌리기-2연12행.

1993. 제8집-1) 신비의 꿈-1연7행, 2) 신명 나는 강릉 단오제-1연7행.

1994. 제9집-1) 초충도의 먹물-1연7행, 2) 우리 어머니-2연14행, 3) 경포대-1연7행, 4) 경포대의 달-1연7행, 5) 희망-1연7행, 6) 패륜

인간-2연14행, 7) 불볕더위-1연7행.

2002. 제17집-1) 복을 비는 보름달-1연7행, 2) 신사임당-2연14행, 3) 손바닥 크게 비워-1연7행.

※ 연도, 제호 누락-자료 없음.

IV. 현대시조 작품 감상

1. 붓글씨

손바닥 크게 비우고 손가락 모두 구부려
손끝으로 붓을 잡고 중봉으로 획을 그어
붓끝에서 정성을 모아 평생을 다듬어야.

2. 사암당의 먹물

오백 년의 긴긴 세월 초충도의 먹물이
바다로 흘러 스며 고등어, 꽁치 등이
한 폭의 동양화되어 땀 자취 노래하네.

3. 경포대의 달

경포대의 둥근달은 우리의 가슴이리라
하늘 바다 호수 술잔 눈동자의 계수나무여
푸른 꿈 시인 묵객이 호연지기 읊었더다.

관동팔경 제일강산 푸른 기와 자색 기둥
동해의 만경창파 잔잔한 경포호수
솔바람 나뭇가지에 개미(ant) 시 한 수 걸렸구려.

4. 새벽 바다

둥그런 아침 해가 바닷물에 미역 감고

물방울을 튕기면서 해 기둥을 박차고
큰소릴 한껏 지르며 새벽잠을 깨운다.

5. 공든 탑
큰 꿈엔 더운 땀이 대 이어 스미어야
더불어 산정이 고여 큰 획을 그었더라.
오랜 정 공든 탑 위에 큰 복이 펼치리라.

V. 의당 김좌기(義堂 金佐基 1923-2008)의 현대시조 창작형태조사

시조시	1연	2연	3연	4연	5연	사설	장시조	총계	비고
시조문학	8		1					9首	
현대시조	5	1						6	
강원시조	6	4	2					12	
총 계	19	5	3					27	
비 율%	70.3	18.5	11.1					99.9	

〈참고 문헌〉

1. 한국 현대시조 큰사전-한춘섭, 박병순, 리태극-을지출판공사-서울 1985
2. 한국 현대시조 대사전(상 · 하. 별책)-박을수-아세아문화사-서울 1991
3. 근대 시조집람-임선묵-경인문화사-서울 1999
4. 한국시대 사전(개정증보판)-김창직, 윤해규-을지출판공사-서울 2004
5. 한국 현대시조 연구와 향방-김창현-오늘의문학사-대전 2014

장성유재 **김 창 현**(長城裕齋 金昌鉉 1936-)의 현대시조

Ⅰ. 고향을향해부르는노래 2006.

1) 고산정백태-자유시, 2) 고산촌찬가-사설, 3) 궁구제-3연9행, 4) 빨래터-3연18행, 5) 백양사가는길-4연18행, 6) 백양축제의날-3연9행, 7) 불태산골짜기에서-2연6행, 8) 성산별곡-자유시, 9) 비석거리-3연9행, 10) 송림탑-자유시, 11) 송림들백로-4연12행, 12) 승암여사시조집을읽고-3연9행, 13) 의기바위-2연6행, 14) 조산-자유시, 15) 진원마을의노래-자유시, 16) 진원성-4연12행, 17) 창촌정자나무-자유시, 18) 취가정에서-3연9행, 19) 풍암정-4연12행, 20) 홍길동전-4연12행, 21) 녹우당에서-3연9행, 22) 내변산에서-2연6행, 23) 농산정에서-3연9행, 24) 다산초당에서-5연15행, 25) 백도에서-자유시, 26) 백야김좌진장군(1889-1930) 생가에서-자유시, 27) 박달재에서-자유시, 28) 무등산에오르면서-자유시, 29) 새만금방조제-3연9행, 30) 5.18.공원에서-3연9행, 31) 의암사에서-자유시, 32) 죽녹원가는길-3연9행, 33) 탄금대에서-자유시, 34) 해금강에서-자유시, 35) 무주구천동적장산정상에서-6연18행, 36) 장성문학회세미나에서-3연9행, 37) 금강산옥류계곡에서-11연33행, 38) 해인사가는길-자유시, 39) 고추-3연9행, 40) 낚시-2연6행, 41) 내본향충효리-4연12행, 42) 내집이천국-2연14행, 43) 당신-3연9행, 44) 병자갑계에서-자유시, 45) 백발의농부-4연12행, 46) 부엌출입-자유시, 47) 귀뚜라미울어주겠지-2연6행, 48) 사진속에우리집-자유시, 49) 세월-4연12행, 50) 애모곡-1연3행, 51) 어이-자유시, 52) 연시-1연7행, 53) 정원-3연9행, 54) 좋은목민관이되어라-2연6행, 55) 조상님묘정에서-자유시, 56) 불태산정상에서-5연15행, 57) 추억의낚시-자유시, 58) 한치목구멍에-자유시, 59) 우리형제-자유시, 60) 홀아비-3연9행, 61) 계미년을보내면서-자유시, 62) 고해송-자유시, 63) 그것이먹고싶구나-자유시, 64) 기가차고-자유시, 65) 높이날아라-자유시, 66) 눈오는날에-4연12행, 67) 벗이없어라-자유시, 68) 술의예찬-자유시, 69) 술의폐단-자유시, 70) 시란무엇인가-1연3행,

71) 시집안간대-2연14행, 72) 꿈-1연3행, 73) 엄동설한에-1연6행, 74) 영원히묻혀둔사랑-자유시, 75) 이웃돕기-1연3행, 76) 인연-2연6행, 77) 잠자는 컴퓨터-2연6행, 78) 적선-3연9행, 79) 묵옹형님팔순잔치에-4연12행, 80) 저승가는길엔차례가없다-자유시, 81) 술, 너-자유시, 82) 현실에산다-1연3행, 83) 팔자-3연21행, 84) 후회없어라-1연3행, 85) 공짜-1연3행, 86) 가을비-4연12행, 87) 게발선인장-3연9행, 88) 물이너무맑으니-1연3행, 89) 꽃이너무화려하면-1연7행, 90) 달밝은밤에-자유시, 91) 며느리밑씻게-1연3행, 92) 미꾸라지-2연6행, 93) 백년적설-2연6행, 94) 산새소리-3연9행, 95) 산이높으니-1연3행, 96) 수탉-2연6행, 97) 여름날오후-3연9행, 98) 조롱박-자유시, 99) 자귀대나무-2연6행, 100) 죽림에밤이드니-2연14행, 101) 춘경-1연7행, 102) 춘계-2연6행, 103) 파리떼를-1연3행, 104) 할미꽃나도청춘-2연14행, 105) 황금들녁에서-6연18행, 106) 유비무환(有備無患)-1연6행,

II. 불태산 가실마당 2008.

1) 우리집터-2연6행, 2) 병상에서-2연12행, 3) 자식이사다준에어컨-2연14행, 4) 불쏘시개-1연11행, 5) 불효자는웁니다-3연9행, 6) 자식농사-3연9행, 7) 아내의충고-2연12행, 8) 흔적을남기고파-2연14행, 9) 세월을붙잡고-2연14행, 10) 이미때가늦었네-3연9행, 11) 흙-3연15행, 12) 흔적-3연9행, 13) 무자년을맞이하며-2연12행, 14) 자린고비(玼吝叩扉)-4연12행, 15) 벌초-2연12행, 16) 오해-1연9행, 17) 살림살이-1연9행, 18) 복이많은사람-4연12행, 19) 추석을앞두고-3연9행, 20) 저승의문턱에서-3연9행, 21) 잡초-2연14행, 22) 저마다제구실-3연9행, 23) 서울은타향-3연9행, 24) 용단호장(勇短虎長)-3연9행, 25단동-3연9행, 26) 내고향진원-2연12행, 27) 무덤가에강이되리-1연7행, 28) 깃봉에앉아-3연9행, 29) 그리운고향을찾아-3연9행, 30) 기우-(杞憂)-3연9행, 31) 고장잣은경운기-2연14행, 32) 대문없는집-3연9행, 33) 고사리채취-4연12행, 34) 시계-4연12행, 35) 허무-2연10행, 36) 우리감예찬-1연7행, 37) 일등신랑-3연9행, 38) 선령님듣조시오-3연9행, 39)

설-6연18행, 40) 산촌-1연9행, 41) 인간대사-2연6행, 42) 모정에우는조손-2연12행, 43) 극락이좋다해도-2연14행, 44) 콩타작-2연8행, 45) 요즘시어미-2연12행, 46) 우렁잡는아낙네-2연14행, 47) 백양사의가을-2연14행, 48) 백양골붉은단풍-1연12행, 49) 가을태풍-1연9행, 50) 솔-1연9행, 51) 홍단풍나무-1연11행, 52) 앵두나무-3연9행, 53) 옥수수-2연16행, 54) 복숭아-2연18행, 55) 민들레-2연14행, 56) 봄바람-2연16행, 57) 고드름똥-2연14행, 58) 정월대보름-4연12행, 59) 처녀농군-2연14행, 60) 차한잔-2연14행, 61) 제자리에섰을때-4연12행, 62) 잔설-2연14행, 63) 설경-1연9행, 64) 청풍명월(淸風明月)-1연11행, 65) 숲속에잔치-1연12행, 66) 돌담사이국화꽃-2연19행, 67), 동백꽃-2연17행, 68) 철쭉꽃과향나무-1연12행, 69) 토란-1연8행, 70) 고구마-1연13행, 71) 불교최초도래지-3연9행, 72) 단군왕검을-2연14행, 73) 소록도-3연9행, 74) 전기-3연9행, 75) 나그네스님-3연9행, 76) 평가승-2연18행, 77) 홍성울다녀와서-3연9행, 78) 홍길동축제-3연9행, 79) 해맞이기도문-5연15행, 80) 백수해안-2연12행, 81) 어도-4연12행, 82) 천관산에서-3연9행, 83) 여닫이해변-2연16행, 84) 천관산시비공원에서-2연12행, 85) 난고기념비앞에서-2연14행, 86) 보길도가는길-3연9행, 87) 현대판고려장-2연12행, 88) 묵옹-2연10행, 89) 휴휴암-2연12행, 90) 신향악선포대회-3연9행, 91) 하조대-2연12행, 92) 섬진강을지나며-2연14행, 93) 노출-2연12행, 94) 그소리를듣고싶다-3연9행, 95) 천당도이승에-1연9행, 96) 밤하늘-2연14행, 97) 산이높아야-1연9행, 98) 거울속의여자-2연15행, 99) 살얼음을걸었네-1연9행, 100) 뽕도따고임도보고-2연17행, 101) 척-2연12행, 102) 한남자사랑한죄로-3연9행, 103) 요즘며느리-2연14행, 104) 고속도로-1연9행, 105) 100원의향기-2연14행, 106) 부자돈(1)-3연9행, 107) 돌아오지않는제비-4연12행, 108) 행운을드립니다-1연9행, 109) 달라진아기사랑-2연14행, 110) 용재형영전에-4연12행, 111) 짧은인연-2연12행, 112) 소천-2연12행, 113) 저승에다녀온길-1연9행, 114) 우주에도삼권분립-3연9행, 115) 천당도지옥도-1연9행, 116) 극락이좋다해도-2연14행, 117) 멋진여자

-2연14행, 118) 한재골-1연9행, 119) 석불(石佛)-1연9행, 120) 문자메시지-3연9행, 121) 국보1호가불타던날-3연9행, 122) 시장버스속의대화-2연15행, 123) 조기대가리-3연9행, 124) 재승덕-1연9행.

〈작품해설〉1) 들머리. 2) 시조시인유재의해타와찰. 3) 데뷔작과연관된말. 4) 시조에대한관견과함께. 5) 꼬리말.

Ⅲ. 깊은 밤 부부 사이에 끼어든 반월 2010.

1) 육필-소쩍새우는밤에-1연6행, 2) 황혼에피는꽃-2연6행, 3) 진원제의여름-1연9행, 4) 진원제에서(2)-2연14행, 5) 봉하마을사자바위-1연9행, 6) 대원사가는길-3연18행, 7) 간월암의사계-2연14행, 8) 고군산열도-3연15행, 9) 고금대교-2연14행, 10) 금산보리암에서-2연14행, 11) 구기오단국-2연18행, 12) 누리마루-2연14행, 13) 평화의댐에서-2연18행, 14) 사성암-2연14행, 15) 삼성궁을찾아-2연14행, 16) 삼천포선상에서-2연14행, 17) 서암정사-3연9행, 18) 선유도-2연14행, 19) 상림공원-2연15행, 20) 수영당-2연14행, 21) 오도재-2연10행, 22) 해미읍성에서서-2연14행, 23) 꼼짝못한사람들-2연14행, 24) 후회는없다-1연9행, 25) 누정문학의산실-2연6행, 26) 세상에이런일이-1연12행, 27) 글벗내친구-1연9행, 28) 기대-1연9행, 29) 낱알을주우며-2연14행, 30) 노루친막대-2연14행, 31) 대도-2연14행, 32) 죽고사는것이명에있는데-2연14행, 33) 자린고비-2연14행, 34) 서울살이-3연15행, 35) 알아야면장-2연10행, 36) 장수덕담-2연14행, 37) 조상의향기-3연9행, 38) 종말이와도-1연7행, 39) 두향의사부곡-2연14행, 40) 황혼에피는꽃-2연18행, 41) 마주한세월-2연14행, 42) 개팔자-2연14행, 43) 갈길-2연13행, 44) 굽아살거나-1연9행, 45) 세월을묻고-2연14행, 46) 알송달송-1연9행, 47) 내마음-1연9행, 48) 독자의편지-2연14행, 49) 머슴살이-1연7행, 50) 거짓말전화-1연9행, 51) 임찾아여기왔네-3연18행, 52) 오는정가는정-1연9행, 53) 소쩍새-우는밤에-1연9행, 54) 손자에게배웠네-1연9행, 55) 앞가람-1연7행, 56) 행복한삶-3연9행, 57) 천둥번개치던날-2연14행, 58) 국화향-2연14행, 59) 매미소리-2

연14행, 60) 광양매화축제-3연15행, 61) 무너진천년아성-2연14행, 62) 하늘은별나라-2연14행, 63) 풍년들겠네-2연14행, 64) 향원익청-2연14행, 65) 격정도팔자-1연9행, 66) 김대중(1924-2009) 대통령을추모하며-3연12행, 67) 추기경말고다른소원-3연9행, 68) 매창의사부곡-3연15행, 69) 미당서정주시문학관-3연15행, 70) 바르게살기운동-3연15행, 71) 치매들지말거라-3연15행, 72) 효사랑병원에서-4연12행, 73) 여인천하-2연14행, 74) 우리유산-2연14행, 75) 할아버님영전에-2연14행, 76) 황씨가싫은사연-2연14행, 77) 입추유감-1연9행, 78) 백양단풍제-2연14행, 79) 꽃도지천이면-1연9행, 80) 기다림-1연9행, 81) 우리김치맛-2연14행, 82) 벼꽃-2연14행, 83) 남명매(1)-2연6행, 84) 남명매(2)-1연3행, 85) 반거치기-2연14행, 86) 날기다릴사람아-2연14행, 87) 벌안가백목련-2연14행, 88) 시화전에서-1연9행, 89) 내마음돌아보며-1연9행, 90) 옥상의밤-3연15행, 91) 완도항횟집에서-3연9행, 92) 절라도미나리-2연14행, 93) 진원내고향-2연12행, 94) 홍길동축제에서-2연18행, 95) 상사댐연가-1연7행, 96) 할아버지파리채-2연14행, 97) 아내를위한기도-2연14행, 98) 다시태어난다면-2연14행, 99) 만남-1연9행, 100) 늙은이의소원-1연9행, 101) 어미소의울음-3연15행, 102) 매정한납골당-3연15행, 103) 불효-1연9행, 104) 불효자는웁니다-2연14행, 105) 세상중심은나-2연14행, 106) 아내의푸념-2연14행, 107) 어머니-1연9행, 108) 아빠방귀에박수를-1연9행, 109) 자식-3연15행, 110) 임그리워-1연9행, 111) 임찾아-1연9행, 112) 임을보내며-3연15행, 113) 자식사랑-1연9행, 114) 자식맞이-2연14행, 115) 효열각앞에서-2연10행, 116) 이자리가좋아라-2연14행.

〈작품해설〉유재김창현시조세계-손광은.

Ⅳ. 장성유재의 현대시조

1) 장성문학-산촌-1연9행, 평생농사꾼-2연6행, 지상에씨뿌리고-3연15행,

2) 시조문예-앵두나무-3연9행, 잡초-2연6행, 섬진강을지나며-2연6행, 용단호장-3연9행, 옥상의밤-3연9행, 아내의푸념-2연6행, 세상의중심은나-2

연6행, 서울살이-3연9행, 행복한삶-3연9행, 삼성궁을찾아-2연6행, 국화-2연6행, 세상에이런일이-2연6행, 간월암사계-2연6행, 아내의푸념-2연6행, 선유도-2연6행, 황혼에피는꽃-2연6행, 승우네외가집-1연3행, 내이름은강아지-2연6행, 골병들라비켜서라-1연3행, 우리집에찾아온봄-1연7행, 만세-1연7행, 절개-1연3행, 섣달그믐밤-2연6행, 왕궁리석탑-2연14행, 자식등록금-2연6행, 불태산포도-2연6행, 가람이병기(1891-1968) 선생-2연10행, 간호사를보면서-3연9행, 병상일기-1연3행, 월천에게-1연3행, 지금이좋은시기-1연3행, 술이없는세상은무슨맛-1연3행, 동암김병효선생을추모하며-4연20행, 가계부-2연6행, 무더위고마워라-3연6행, 저세상-3연9행, 참깨털던날-1연3행, 백제시대(2)-3연9행, 저세상-3연9행, 형제의결투-2연6행.

3)문학춘추-백제시대-1연7행, 그것도내인생인걸-1연7행.

Ⅴ. 장성문학(長城文學) 2014 제25호

1) 산촌(山村)-1연9행, 2) 평생 농사꾼-2연6행, 3) 지상에서 뿔리고-3연15행.

Ⅱ. 시조문예

2007. 제37호-1) 앵두나무-3연9행, 2) 잡초-2연6행, 3) 섬진강을 지나며-2연6행, 4) 용단호장-3연9행.

2008. 제38호-1) 옥상의 밤-3연9행, 2) 아내의 푸념-2연6행, 3) 세상의 중심은 나-2연6행, 4) 서울살이-3연9행.

2009. 제39호-1) 행복한 삶-3연9행, 2) 삼성궁을 찾아-2연6행, 3) 국화-2연6행, 4) 세상에 이런일이-2연6행.

2010. 제40호-1) 간월암 사계-2연6행, 2) 아내의 푸념-2연6행, 3) 선유도-2연6행, 4) 황혼에 피는 꽃-2연6행.

2011. 제41호-1) 승우네 외갓집-1연3행, 2) 내 이름은 강아지-2연6행, 3) 골병들라 비켜서라-1연3행 4) 우리 집에 찾아 온 봄-1연7행.

2012. 제42호-1) 만세-1연7행, 2) 절개-1연3행, 3) 섣달 그믐밤-2연6행.

2013. 제43호-1) -왕궁리 석탑-2연6행, 2) 자식 등록금-2연6행, 3) 불태산 포도-2연6행.

2014. 제44호-1) 가람이 병기(1891-1968)-2연10행, 2) 간호사를 보면서-3연9행, 3) 병상일기-1연3행, 4) 월천에게-1연3행, 5) 지금이 좋은 시기-1연3행, 6) 술 없는 세상은 무슨 맛-1연3행.

2015. 제45호-1) 동암 김병효 선생을 추모하며-4연20행, 2) 가계부-2연6행, 3) 무더위 고마워라-3연6행, 4) 저세상-3연9행, 5) 참깨 털던 밭-1연3행, 6) 백제시대 2-3연9행.

2016. 제46호-1) 백제시대-3연9행, 2) 저세상-3연9행, 3) 형제의 결투-2연6행.

문학춘추 작가 2016. 제21호-1) 백제시대-1연7행, 2) 그것도 내 생인걸-1연7행.

VI. 유재 김창현의 현대시조창작형태조사

시조시	1연	2연	3연	4연	5연	사설	장시조	총계	비고
고향향해노래	16	17	21	11	2	36	3	106	
불태산가실마당	26	53	34	9	1		1	124	
깊은밤끼어든반월	33	62	20	1				116	
시조문학	2							2	
장성문학	1	1	1					3	
시조문예	10	19	11	1				41	
문학춘추	14	20	12	1				47	
총 계	102	172	99	23	3	36	4	439	
비 율%	23.2	39.1	22.5	5.2	0.6	8.2	0.9	99.7	

석우 김 준(石牛 金俊)박사의 현대시조창작형태조사

Ⅰ. 사십이장.1966-(자료없음).

Ⅱ. 인정은물일레.1974-(자료없음).

Ⅲ. 삼인사화집1989-꽃과 청우(자료없음).

Ⅳ. 진실로네앞에서는무엇을미워하랴(시조집).

1편 새로움을 위하여-1연3행

1) 겨울나들이-3연20행, 2) 고향을가다-3연21행 3) 남도가는길-3연18행, 4) 산에와서(1)-3연18행, 5) 산에와서(2)-3연18행, 6) 산에와서(3)-3연18행, 7) 산에와서(4)-3연21행, 8) 산에와서(5)-1연6행, 9) 산일(山日)-1연6행, 10) 겨울관악산에올라-3연18행, 11) 겨울나무로서기-3연18행, 12) 허수아비-3연18행, 13) 산행(山行)-1연3행, 14) 귀로(歸路)-1연7행, 15) 고향의 봄-1연7행 16) 새해를꽃피는마음으로-5연45행, 17) 봄바람에게-3연18행, 18) 눈보라에게-3연18행, 19) 사월은-3연18행, 20) 목련꽃-그늘에앉아-2연12행, 21) 봄아침-2연12행, 22) 개화(開花)-1연3행, 23) 어느봄날아침-2연12행, 24) 목련꽃은-2연12행, 25) 등불이되어밝혀주자-4연24행, 26) 새다짐의기지개를켜자-6연41행, 27) 이른봄아침에-2연12행, 28) 춘신(春信)-3연18행, 29) 향정(鄕情)-1연7행, 30) 우후요(雨後謠)-2연12행,2연12행, 31) 봄비오는날에-3연18행, 32) 무더운한때-1연6행, 33) 전시장의난을보고-2연14행, 34) 서울의 가로수-3연18행, 35) 바위(1)-1연6행, 36) 바위(2)-1연3행, 37) 새싹-1연6행, 38) 그대부르는노래-1연5행, 39) 어느가을날-1연6행, 40) 무더운날에-2연14행, 41) 홍시(紅柿)-1연6행, 42) 망부석(望夫石)-2연12행, 43) 눈오는밤에-2연14행, 44) 낙엽(1)-2연1·4행, 45) 낙엽(2)-1연6행, 46) 이슬-1연13행, 47) 이겨울-2연12행, 48) 나목(裸木)-3연18행, 49) 고목(枯木)-2연12행, 50) 겨울밤에-2연12행, 51) 단풍-2연12행, 52) 가을어느날

밤-2연12행, 53) 박꽃-1연6행, 54) 어머니의무덤에와서-1연6행, 55) 어떤사연(1)-박이청님에게-2연12행, 56) 어떤사연(2)-김문갑님에게-2연12행, 57) 어떤사연(3)-김영창님에게-3연20행, 58) 어떤사연(4)-구름재스승님께-1연6행, 59) 어떤사연(5)-1연6행, 60) 어떤사연-1연6행, 61) 석류-1연6행, 62) 낙일(落日)-황병태님이사가던날-2연12행, 63) 꽃등아래서-구름재스승님회갑날에-3연18행, 64) 이처럼서두는가-이욱종님의영전에-3연18행, 65) 사랑의열매주렁주렁하거라-고경식교수의혼정(婚庭)에-3연18행, 66) 열반에드시도다-노산님의영전에-4연24행, 67) 빛나라영원하리라-경희대학교음악대학논문집창간호에-3연18행, 68) 취선(醉仙)띄어-잠드시오-이상화시백의영전에-3연18행, 69) 동해수(東海壽)를 비옵니다-서정범박사님의회갑날에-3연17행, 70) 귀감으로받드네-월하선생정년퇴임하던날-2연12행, 71) 피어라세계속의대학으로-서울여대의종합대학승격을축하하며-7연42행, 72) 고독은당신의이웃-삼가김승렬교수의영전에-6연31행, 73) 뿌리깊은나무로서서-시조문학100호발간을축하함-4연25행, 74) 가장크신우리의스승-가람선생탄신100주년추모기녀의밤에-3연18행, 75) 편안히누우시다-사형(舍兄)님의무덤에와서-2연12행, 76) 한그루남누를심었네-의정부문화창간호에부쳐-3연9행, 77) 왕심리안개-2연12행,

〈작품해설〉 선비사상 과 자연 친화의 조화-김해성박사

Ⅴ. 쓸쓸하지않는연습(시조집) 1998.

1. 축시-구름재박병순-돌쇠(石牛)김준군회갑잔치-16연31행,
2. 축시-꽃잔을높이들고-긴해성교수-4연28행,
3. 축시-소년의꿈-김종-광주문협회장-6연22행,

1) 가을들녁에서-4연24행, 2) 가을산에와서-2연12행, 3) 새로움을위하여-3연18행, 4) 봄바람-2연 12행, 5) 사랑의말씀에는-3연18행, 6) 동해의 파도소리-3연18행, 7) 자화상-3연18행, 8) 쓸슬하지않는연습(1)-2연12행, 9) 쓸쓸하지않는연습(2)-4연24행, 10) 쓸쓸하지않는연습(3)-2연12행, 11) 꽃

이피어있는집-2연12행, 12) 봄소식이아닌가-2연12행, 13) 겨울간이역(簡易驛)-2연12행, 14) 아내얼굴-3연18행, 15) 사랑을위하여(1)-2연12행, 16) 사랑을위하여(2)-1연6행, 17) 산에게서듣는다(1)-3연 18행, 18) 산에게서듣는다(2)-3연18행, 19) 아침관악산-3연18행, 20) 외면(外面)-1연7행, 21) 그대그리워하네-1연7행, 22) 파도에게-1연6행, 23) 눈쌓인날-새벽달-1연7행, 24) 새벽달-1연7행, 25) 고향을생각하자-1연7행, 26) 다시꽃에게-1연6행, 27) 나의그리움은(1)-1연7행, 28)나의그리움은(2)-1연6행, 29)눈물-1연6행, 30) 돌아보는세월-1연6행, 31) 하얀빨래를보며-1연6행, 32) 그리움-1연7행, 33) 바닷가에서-1연6행, 34) 넘치는 마음으로-1연7행, 35) 고향가는길-4연24행, 36) 편지(1)-1연6행, 37) 편지(2)-1연7행, 38) 꽃소식-1연6행, 39) 구름-1연6행, 40) 어느봄날에-1연6행, 41) 봄소식-1연6행, 42) 강가에서-1연6행, 43) 꽃에게-1연6행, 44) 낙엽에게-1연6행, 45) 산의이미지-1연6행, 46) 잠-1연6행, 47) 사진을보며-1연6행, 48)어느겨울날-1연6행, 49) 저무는강가[서-1연6행, 50) 춘흥(春興)-1연6행, 51) 유유자적(悠悠自適)-1연7행, 52) 새벽의참새떼는-1연6행, 53) 청산을보며-1연3행, 54) 풍요로움-1연6행, 55) 뜰앞의매화는-1연7행, 56) 세종로를지나며-1연6행, 57) 겨울의문턱에서(1)-1연6행, 58) 겨울의문턱에서(2)-1연7행, 59) 겨울의문턱에서(3)-1연7행, 60) 어떤상황(1)-1연6행, 61) 어떤상황(2)-1연7행, 62) 어떤상황(3)-1연6행, 63) 어떤상황(4)-1연6행, 64) 어떤상황(5)-1연6행, 65) 어떤상황(6)-1연7행, 66) 어떤상황(7)-1연6행, 67) 어떤상황(8)-1연6행, 68) 어떤상황(9)-1연6행, 69) 어떤상황(10)-1연6행, 70) 어떤상황(11)-1연6행, 71) 어떤상황(12)-1연3행, 72) 소년이되어여기계시다-구름재스승님의喜壽를축하하며-5연15행, 73) 하늘의축복을받으시다-牛山李仁燮교수-회갑을축하하며-5연15행, 74) 크신스스의거울-최준기교장선생님 정년퇴임에 부쳐-4연 12행, 75) 팔순-월하리태극선생님팔순을맞으며-1연6행, 76) 오늘을새돌날로하여-신봉승사백의회갑에부치는노래-3연18행, 77) 東海壽를누리시게-고경식박사회갑을축하하며-3연21행, 78) 우람한나무를생각했네- 전규태박사회갑을축하하며-2연12행, 79) 내이제알겠구나-무애최종섭사백의 환갑을축하하며-2연13행, 80) 축복속행복한오늘-이영봉형의환갑을축하하며-3연18행, 81) 대바람소리-최병식형을생각하며-1연6행, 82) 키가큰내후배는-김영덕시인을생각하며-4연12행, 83) 연극패의향연-2연12행, 84) 노래패향현(1)-2연12행, 85) 노래패향현(2)-1연7행, 86) 아산의노래-2연12행, 〈시세계해설〉진솔한 인간미와 관조의 시학-이승원(문학평론가)

Ⅵ. 청산앞에서 -(자료없음).

Ⅶ. 석우 김준시조집 -(자료없음).

Ⅷ. 거울앞에 죽음의숨 소리를 2009.

1) 비오는날-1연7행, 2) 해돋이-1연7행, 3) 직지사의새벽-1연6행, 4) 산비탈빈집에는 -1연7행, 5) 알수없어요-1연6행, 6) 봄날의서정-1연6행, 7) 나도숲이되어-1연6행, 8) 여일(餘日)-1연6행, 9) 10월의노래-1연7행, 10) 봄의향현-1연6행, 11) 바이틈의풀꽃-1연6행, 12) 숲에서-1연6행, 13) 차라리바람처럼-1연6행, 14) 겨울허수아비-1연6행, 15) 보내는가을-1연7행, 16) 산이푸르러서-1연6연행, 17) 추석선물-1연7행, 18) 내고향칠보-1연6행, 19) 산정에서-1연7행, 20) 내고향이제일이다-1연6행, 21) 쓸쓸한오늘-1연7행 22) 저무는세월-1연6행, 23) 저무는가을-1연7행, 24) 바람같은세월-1연7행, 25) 미흡한인생-1연6행, 26) 너를보내고-1연6행, 27) 내앞에서는-1연7행, 28) 봄을맞는나무-1연7행, 29) 주름살-1연7행, 30) 어떤철학-1연7행, 31)오늘처럼좋은날-1연6행, 32) 꽃씨하나심는다-1연6행, 33) 이좋은봄날에-1연8행, 34) 수덕사를찾아서-1연6행, 35) 까치까치설날은-1연7행, 36) 혹한의밤-1연7행, 37)저무는세월앞에서-1연6행, 38) 어머니생각-1연7행, 39) 사랑의실체-1연7행, 40) 내고향전라도길-1연7행, 41) 사랑의기쁨-1연6행, 42) 설야(雪夜)-1연7행, 43) 겨울바람-1연7행, 44) 청산이여-1연7행, 45) 혹한-1연6행, 46) 시인의길-1연7행, 47) 화천가는길-1연6행, 48) 가는

길-1연7행, 49) 첫눈-1연7행, 50) 고향에다녀오다-1연6행, 51) 풀꽃하나-1연7행, 52) 쌍계사벚꽃길에-1연6행, 53) 위대한자연앞에서-1연6행, 54) 나의그리움-1연6행, 55) 사랑한다말하네-1연7행, 56) 이하루-1연7행, 57) 내고향의우물가-1연6행, 58) 야생화-1연 6행, 59) 어머니-1연7행, 60) 저녁길-1연6행, 61) 밤바다-1연7행, 62) 언제든가야할길-1연7행, 63) 편지-고향의김시인에게-1연6행, 64) 고향생각-1연6행, 65) 돌아가는세상-1연7행, 66) 뻐꾹새우는고향-1연7행, 67) 노시인의미소-김두수시인에게-1연6행, 68) 달-1연7행, 69) 춘분이후-1연7행, 70) 그리움의무게-1연7행, 71) 병실에서-1연7행, 72) 가을연가-1연7행, 73) 남쪽의꽃소식-1연6행, 74) 6시내고향-1연6행, 75) 꽃구경-1연6행, 76) 첫사랑-1연7행, 77) 그대생각-1연6행, 78) 오늘도네생각-1연7행, 79) 외로운날-1연6행, 80) 산마을-1연6행, 81) 봄의부활-1연6행, 82) 꽃소식-시집-〈산유월의연가〉에부쳐-1연6행, 83) 시골간이역-1연7행, 84) 산속에앉아-1연7행, 85) 나혼자가는길-1연7행, 86) 산행-1연7행, 87) 이사람-1연7행, 88) 요즈음의생활-1연6행, 89) 자연의섭리-1연6행, 90) 나혼자어유로움을-1연6행, 91) 그대그리움에-1연7행, 92)오동도의동백꽃-1연7행, 93) 매화꽃나들이-1연6행, 94) 장승되어있음이네-1연7행, 95) 나혼자서-1연7행, 96) 수첩속그대-1연7행, 97) 오소서쉬오소서-1연6행, 98) 요즘음나의아내-1연7행, 99) 청산은내앞에서-1연7행, 100) 아름다운이봄날에-1연7행, 101) 봄소식-1연6행, 102) 겨울산- 1연7행, 103) 그대생각-1연6행, 104) 기다리는봄-1연6행, 105) 잊혀진사람-1연6행, 106) 강촌의밤-1연6행, 107) 봄바중-1연7행, 108) 내발자국-1연7행, 109) 자연의이치-1연7행, 110) 사랑의탑-1연7행, 111) 앞서가던세월이-1연7행, 112) 꽃소식-1연7행, 113) 찾아간고향-1연6행, 114) 청산에게-1연7행, 115) 사랑의진실-1연7행, 116) 무서운세상-1연7행, 117) 눈의나라-1연7행, 118) 겨울바람소리-1연6행, 119)귀성길유감-1연7행, 120) 어제밤-1연7행, 121) 그대의세월속에-1연7행, 122) 겨울비-1연7행, 123) 눈덮힌세상-1연7행, 124) 언덕에올라-1연7행, 125) 그대뒷모습-1연7행, 126) 내가슴에있네-1연

7행, 127) 눈이내리네-1연7행, 128) 지나온세월-1연6행, 129)송년부-1연6행, 130) 산중문답-1연6행, 131) 어린이날에-1연7행, 132) 어버이날에-1연6행, 133) 변하는세상-1연6행, 134) 자연의경이-1연7행, 135) 마음비우기-1연3행, 136) 살아오는동안-1연3행, 137) 후회(1)-1연7행, 138) 후회(2)-1연7행, 139) 나무의숨소리-1연7행,

IX. 오늘은 적막을 배워 두려움을 놓았습니다 2009(제8집).

1) 매미-1연6행, 2) 강가에서-1연7행, 3) 연꽃피다-1연6행, 4) 낙엽을노래함-1연6행, 5) 다시청산에게-1연6행, 6) 늦가을에-1연6행, 7) 가을단풍길-1연7행, 8) 눈이오네-1연6행, 9) 낙엽길-1연7행, 10) 외암리고택-1연3행, 11) 가을햇살-1연7행, 12) 내장산가는길에-1연7행, 13) 단풍절경-1연7행, 14) 연주암가는길-1연7행, 15) 뻐꾸기우는시절-1연6행, 16) 야생화(1)-1연6행, 17) 야생화(2)-1연3행, 18)청산은-1연7행, 19) 아파트에걸린달-1연7행, 20) 마지막황제-1연6행, 21)가을편시-1연3행, 22)무주구천동-1연7행, 23) 저녁사당동-1연7행, 24) 가난한집-1연7행, 25)덧없는 것-1연6행, 26)적요(寂寥)-1연7행, 27) 감자밭-1연7행, 28) 이가을에-1연7행, 29) 고향유감-1연7행, 30) 시골길-1연3행, 31) 피서철-1연7행, 32) 우리집소나무-1연7행, 33) 바다의풍경-1연6행, 34) 연꽃편지-1연3행, 35) 학교가는길-1연6행, 36) 높은산깊은계곡-1연7행, 37) 무료한날-1연7행, 38) 운주사-1연6행, 39) 여름은-1연7행, 40) 기차여행-1연7행, 41) 내꿈의고향-1연6행, 42)고향집에와서-1연6행, 43)잊혀진사랑-1연7행, 44) 고향길-1연7행, 45) 나의아내-1연7행, 46) 세월이강물처럼-1연3행, 47) 산중유감-1연6행, 48) 친구의술-1연3행, 49) 코스모스길-1연6행, 50) 꽃밭-1연7행, 51) 깊은시름-1연6행, 52) 외로운사랑-1연6행, 53) 말복-1연7행, 54) 어머니말씀-1연7행, 55)이하루-1연6행, 56) 강원도어느산골-1연6행, 57) 우리집뜨락에는-1연6행, 58)더불어자연속에-1연3행, 59)오는가을-1연6행, 60) 내장사가는길에-1연6행, 61) 저녁노을-1연7행, 62) 감자꽃-1연7행, 63) 달밤-1연7행, 64) 새해아침에-1

연6행, 65) 세월이지난뒤에-1연3행, 66) 변덕스런날씨-1연7행, 67) 깊고아름다운꽃-1연6행, 68) 숨쉬는산-1연6행, 69) 늦더위-1연3행, 70) 제천가는길-1연7행, 71) 서울서찌든맷국-1연3행, 72) 그때그사람-1연7행, 73) 아침숲길-1연6행, 74) 외딴집-1연6행, 75) 눈감고귀닫고-1연7행, 76) 흰구름-1연7행, 77) 어머님진상서(1)-1연7행, 78) 어머님진상서(2)-1연3행, 79) 허수아비-1연7행, 80) 단풍이야기-1연7행, 81) 장대비-1연7행, 82) 그리움은목숨보다-1연7행, 83) 열아홉시절에는-1연7행, 84) 청산에게-1연7행, 85) 무서운세상에(1)-1연7행, 86) 무서운세상에(2)-1연7행, 87) 소나기오는날-1연6행, 88) 빈집-1연3행, 89) 대우스님(1)-1연6행, 90) 대우스님(2)-1연7행, 91) 대우스님(3)-1연7행, 92) 세월앞에서-1연3행, 93) 소나기-1연7행, 94) 인생은살아있어도-1연7행, 95) 허물씻으려고-1연3행, 96) 時友의죽음앞에-1연7행, 97) 고,김경식박사영결식에-1연7행, 98) 마음서러울 때-1연7행, 99) 어떤안부-1연7행, 100) 찾아가는고향-1연7행, 101) 이웃김노인-1연6행, 102) 해바라기-1연7행, 103)시골에머물면서-1연6행, 104) 조그마한마음-1연7행, 105) 독주(獨酒)-1연7행, 106) 정읍사랑-1연3행, 107) 정읍사한구절이-1연7행, 108) 내장산단풍-1연7행, 109) 세상일잊으려고-1연7행, 110) 마음을비우고-1연7행, 111) 철지난늦더위-1연7행, 112) 어려운일-1연3행, 113) 외로울때는-1연7행, 114) 숲속에서(1)-1연3행, 115) 숲속에서(2)-1연7행, 116) 숲속에서(3)-1연7행, 117) 숲속에서(4)-1연7행, 118) 고향회억-1연7행, 119) 나의젊음-1연7행, 120) 내고향-1연7행, 121) 그리움은파도처럼-1연7행, 122)인연이다하고나면-1연6행, 123) 가는세월-1연7행, 124) 호남선완행열차-1연7행 125) 산속에묻혀살면-1연7행, 126) 세월은떠나있어도-1연3행, 127) 단풍유감-1연7행, 128) 고향마을-1연7행, 129) 해와달친구하며-1연3행, 130) 구름도산에오면-1연7행, 131) 떠나는일에대하여-1연7해행, 132) 숲속의계곡-1연7행, 133) 어머니생각-1연7행, 134) 단풍-1연7행, 135) 저무는생각-1연7행, 136) 사람과사람사이-1연7행, 137) 시인들과의만남-1연7행, 138) 건강한내친구-1연6행, 139) 자기분수-1연3

행, 140) 옛날에-1연7행, 141) 당신같은-1연3행, 142) 산의겸손-1연7행, 143) 가을소식-1연7행, 144) 먼훗날-1연6행, 145) 먼나들이-1연6행, 146) 나이들어알겠네-1연7행, 147) 노고단에와서-1연7행, 148) 그사람-1연3행, 149) 죽음에대하여-1연7행, 150) 우리네인간사-1연3행, 151) 인생의종점에서-1연6행, 152) 생각이깊어갈수록-1연3행, 153) 발감같은세월-1연6행, 154) 마음을비우고나도-1연7행, 155) 나홀로-1연7행, 156)못가는길-1연7행, 157)무거운짐-1연6행, 155) 나홀로-1연7행, 156) 못가는길-1연7행, 157) 무거운짐-1연6행, 158) 오늘은쓸쓸하여라-1연3행, 159) 떠나간사람-1연3행, 160) 변하는계절-1연7행, 161) 저승길은언제가노-1연7행, 162) 전라도인심-1행7연, 163) 소나기지나간뒤-1연7행, 164) 무거운목숨을지고-1연7행, 165) 무더운날씨-1연6행, 166) 청산에살고싶다-1연7행, 167)지난일-1연7행, 168) 내살던옛집-1연7행, 169) 행복한사람-1연7행, 170) 까치한마리가-1연7행, 171)못다한말-1연7행, 172) 친구와마신술이-1연7행, 173) 요즘세상(1)-1연7행, 174) 요즘세상(2)-1연7행, 175) 나이가들고나니-1연6행, 176) 마음을비우고-1연3행, 177) 인생고개-1연3행, 178) 한가로운날-1연7행, 179) 고향친구-1연7행, 180) 달밤-1연7행, 181) 산에서-1연7행, 182)무료한하루-1연7행, 183)옛 생각이새로워서-1연3행, 184) 시골에서온박시인-1연7행, 185) 떠나는더위-1연7행, 186) 거울앞에서-1연7행, 187) 좋은바보-1연7행, 188) 꿈속에서-1연7행, 189) 고향에와서-1연7행, 190) 꽃보다-1연3행, 191) 가까이있을때는-1연6행, 192) 외로운날은-1연6행, 193)동행-1연7행, 194)우리는우리끼리-1연7행, 195) 살아가는일-1연3행, 196) 살기좋은내고향-1연6행, 197)그비통그무상-1연6행, 198) 웃음한번웃어보자-1연6행, 199) 허울을벗고-1연3행, 200) 작은일이큰 것-1연7행, 201) 오늘이라는하루-1연7행, 202) 도향산천-1연7행, 203) 꽃에대하여-1연7행, 204) 나들이-1연7행, 205) 눈으로말하리라-1연7행, 206) 인심따라음식찾아-1연7행, 207)현충일-1연7행, 208)마음을비우고나니-1연6행, 209) 청산과나-1연7행, 210) 나의바램은-1연7행, 211) 어제밤꿈-1연7행,

X. 고향에서 마신술 2010.

1) 강원도가는길에-1연7행, 2) 강원도겨울소식-1연7행, 3) 겨울고속도로-1연7행,#겨울나들이(2)-6연18행, 4) 겨울나무-1연7행, 5) 겨울속의서울시민-1연7행, 6) 겨울속의저청산-1연7행,7) 겨울바람-1연7행, 8) 겨울밤-1연7행, 9) 겨울산(1)-1연7행, 10)겨울산(2)-1연6행, 11) 겨울파도-1연7행, 12) 경칩이후-1연7행, 13) 고갯길-1연7행, 14) 고요로운적막-1연7행, 15) 고요한밤-거룩한밤-1연7행, 16) 고향가자-1연7행, 17) 고향에내린눈-1연7행, 18) 고향에는-1연7행, 19) 고향에서마신술-1연7행, 20) 꽃집아줌마-1연7행, 21) 과학도자연앞에서는-1연7행, 22) 귀성길-1연7행, 23) 그대생각-1연7행, 24) 그대에게가는길-1연7행, 25) 그리운고향-1연7행, 26) 그리움-1연7행, 27) 그리움의깃발-1연7행, 28) 꼭하고싶은말-1연7행, 29) 꽃-1연7행, 30) 꽃씨-1연7행, 31) 꽃소식-1연7행, 32) 나이-1연7행, 33) 남은세월-1연7행, 34) 내마음은-1연7행, 35) 노을-1연7행, 36) 눈꽃-1연6행, 37) 눈보따리-1연7행, 38) 눈소식-1연7행, 39) 눈오는밤에(1)-1연7행, 40) 눈오는밤에(2)-1연6행 41) 다시맞는하루-1연7행, 42) 달밤-1연7행, 43) 돈에게 1연7행, 44) 마지막하루-1연7행, 45) 매화-1연7행, 46) 못다한인연-1연7행, 47) 무구한세상-1연7행, 48) 문명에밀린사람-1연7행, 49) 바람소리-1연7행, 50) 바람에게(1)-1연7행, 51) 바람에게(2)-1연7행, 52) 방안의적막-1연7행, 53) 변하는이치-1연7행, 54) 봄길-1연7행, 55) 봄날-1연7행, 56) 봄아지랭이-1연7행, 57) 봄날의삽화-1연7행, 58) 봄날의신비-1연7행, 59) 봄날의풍경-1연7행, 60) 봄비오는날01연7행, 61) 봄소식(1)-1연7행, 62) 봄소식(2)-1연7행, 63) 봄소식(3)-1연7행, 64) 봄이오는길목에서-1연7행, 65) 비워둔시골땅-1연6행, 66) 빙판길-1연7행, 67) 사랑-1연7행, 68) 아지랑이란-1연7행, 69) 사랑하는 기쁨-1연7행, 70) 산에와서-1연7행, 71) 새해아침에-1연7행, 72) 서울하늘-1연7행, 73) 서울에돌아오면-1연7행, 74) 선술집-1연7행, 75) 선착장-1연7행 76) 설날아침에-1연7행, 77) 세월만가고-1연7행, 78) 속절없이가는세월-1연7행, 79) 속초항에서-1연7행, 80) 숙명-1연7행,

81) 시골간이역-1연7행, 82) 신나는학교-1연7행, 83) 신작로-1연7행, 84) 아내-1연7행, 85) 아내에게-1연7행, 86) 아침걸르기-1연7행, 87) 아침한때-1연7행, 88) 아침햇살-1연7행, 89) 안면도바닷바람-1연7행, 90) 애모-1연7행, 91) 어떤고요-1연7행, 92) 어머니생각-1연7행, 93) 연하장-1연7행, 94) 요지경세상-1연7행, 95) 우수절-1연7행, 96) 이봄따라-1연7행, 이좋은봄날에-1연7행, 98) 이런생각-1행7행, 99) 이별연습(1)-1연10행, 100) 이별연습(2)-1연7행, 101) 이별연습(3)-1연7행, 102)이별연습(4)-1연6행, 103) 이별연습(5)-1연7행, 104) 잊지못할세월-1연7행, 105) 자연의이치에앞서-1연7행, 106) 저무는산하-1연7행, 107) 정(情)-1연7행, 108) 제주단상-1연7행, 109) 조그만아차-1연7행, 110) 지난날-1연7행, 111) 지난세월-1연7행, 112) 진달래-1연6행, 113) 참새한마리-1연7행, 114) 청산도외로우면-1연6행, 115) 친구에게-1연7행, 116) 풀꽃-1연7행, 117) 행복한이야기-1연7행, 118) 허다한일상-1연7행, 119) 허물도-1연7행, 120) 허물있는인생-1연7행, 121) 헛된그리움-1연7행, 122) 호남선고속열차-1연7행, 123) 화천가는길에-1연7행, 124) 저무는한해-2연12행, 125) 폭설과한파-2연12행, 126) 겨울나들이(2)-6연18행,

XI. 훔쳐 본 아내의 얼굴에서 세상을 알겠구나 2011.

1) 옛생각-1연3행, 2) 어느날-1연3행, 3) 구름이나될까부다-1연3행, 4) 물난리-1연3행, 5) 내장산단풍-1연3행, 6) 처서 무렵-1연3행, 7) 추위를맞고-1연3행, 8) 아침은눈의나라-1연3행, 9) 떠나가는가을-1연3행, 10) 우러러보는하늘-1연3행, 11) 낯설음의마음으로-1연3행, 12) 가을코스모스-1연3행, 13) 가을길-1연3행, 14) 이른아침-1연3행, 15) 바다산책-1연3행, 16) 서울역대합실-1연3행, 17) 호남선고속열차-1연3행, 18) 그것이눈물이라도-1연3행, 19) 밤차-1연3행, 20) 봄하늘-1연3행, 21) 봄뜨락에서-1연3행, 22) 이른봄날-1연3행, 23) 사랑하듯이-1연3행, 24) 설레임-1연3행, 25) 부끄러운소식-1연3행, 26) 나의삶나의인생-1연3행, 27) 무더위-1연3행, 28) 봄날

의아침-1연3행, 29) 고향하늘-1연3행, 30) 우리집감나무-1연3행, 31) 외따로있는집-1연3행, 32) 감자밭에서-1연3행, 33) 저자길에-1연3행, 34) 산행-1연3행, 35) 산정에홀로서서-1연3행 36) 세상일잊고사는-1연3행, 37) 겨울생활-1연3행, 38) 겨울어느날-1연3행, 39) 겨울나그네로-1연3행, 40) 옛애기-1연3행, 41) 남은길-1연3행, 42) 게으름피우다가-1연3행, 43) 학교길-1연3행, 44) 낡은집-1연3행, 45) 비오는밤-1연3행, 46) 분재앞에서-1연3행, 47) 꽃앞에서-1연3행, 48) 구월하늘-1연3행, 49) 가을햇살-1연3행, 50) 가을의노래(1)-1연3행, 51) 가을의노래(2)-1연3행, 52) 가을의기도-1연3행, 53) 무료한하루-1연3행, 54) 이가을-1연3행, 55) 고향에돌아와도-1연3행, 56) 선문답-1연3행, 57) 딸네의방문-1연3행, 58) 이가을에-1연3행, 59) 가을바람-1연3행, 60) 사는이치-1연3행, 61) 숲속에앉아-1연3행, 62) 한세월보내는일-1연3행, 63) 봄날의설레임-1연3행, 64) 사는일-1연3행, 65) 늦은밤-1연3행, 66) 삼월에-1연3행, 67) 인수봉-1연3행, 68)바닷가-1연3행, 69) 맨발-1연3행, 70) 도봉산에서-1연3행, 71) 선암사가는길-1연3행, 72) 가을내장산-1연3행, 73) 봄날의아침-1연3행, 74) 산에서-1연3행, 75) 고향간다-1연3행, 76)밤기차-1연3행, 77) 이른봄날-1연3행, 78) 웃음-1연3행, 79) 뱀사골단풍-1연3행, 80) 사랑한다는말-1연3행, 81) 겨울내장산-1연3행, 82) 폭포-1연3행, 83) 입동 무렵-1연3행, 84) 겨울산-1연3행, 85) 저무는들녁-1연3행, 86) 저무는바다-1연3행, 87) 두고온마음-1연3행, 88) 섭리-1연3행, 89) 바위들은-1연3행, 90) 엄마야-1연3행, 91) 겨울이야기-1연3행, 92) 바닷가-1연3행, 93) 겨울하늘은-1연3행, 94) 제주도소식-1연3행, 95) 겨울산-1연3행, 96) 소낙비-1연3행, 97) 가을이익어간다-1연3행, 98) 가을어느날-1연3행, 99) 입추 무렵-1연3행, 100) 외롭고쓸쓸한길로-1연3행, 101) 석류-1연3행, 102) 내일은-1연3행, 103) 빗소리-1연3행, 104) 오늘은할일없어-1연3행, 105) 겨울강원도-1연3행, 106) 자연의경이-1연3행, 107) 아지랑이-1연3행, 108) 외딴집-1연3행, 109) 고향의봄-1연3행, 110) 바다-1연3행, 111) 그대있음이-1연3행, 112) 저구름-1연3행, 113) 연밭에앉아-1연3행,

114) 엽서한장-1연3행, 115) 적요-1연3행, 116) 정년-1연3행, 117) 푸씨하나-1연3행, 118) 이수용시인의죽음-1연3행, 119) 세상을바라보면-1연3행, 120) 그대생각-1연3행, 121)아침고양이-1연3행, 122) 가을에-1연3행, 123) 땅위의은행잎-1연3행, 124) 가을내장산에서-1연3행, 125) 가난한사람이야-1연3행, 126) 이푸른하늘아래서-1연3행, 127) 하늘과땅사이에는-1연3행, 128) 너와나-1연3행, 129) 사는날이즐겁다-1연3행, 130) 시골에머물면서-1연3행, 131) 어제만난사람-1연3행, 132) 목련꽃-1연3행, 133) 폭설에묻혀-1연3행, 134) 산언덕꽃밭-1연3행, 135) 고향실개천-1연3행, 136) 일터에게-1연3행, 137) 인생의길-1연3행, 138) 살아간일-1연3행, 139) 어느봄날-1연3행, 140) 우리네삶-1연3행, 141) 살아온일-1연3행, 142) 사는게짐이되는-1연3행, 143) 비정의시대-1연3행, 144) 사는일-1연3행, 145) 노숙자-1연3행, 146) 대관령휴게소-1연3행, 147) 지난달-1연3행, 148) 꿈을꾸다가-1연3행, 149) 푸념-1연3행, 150) 숲속의적막-1연3행, 151) 내장산단풍소식-1연3행, 152) 가을산에와서-1연3행, 153) 산정에서-1연3행, 154) 단풍소식-1연3행, 155) 지나간모든 것-1연3행, 156) 혼자서가는세월-1연3행, 157) 바람은-1연3행, 158) 밤비-1연3행, 159) 산은산을마주하고-1연3행, 160) 가는길-1연3행, 161) 적막-1연3행, 162) 세상도이쯤되면-1연3행, 163) 꿈같던세월-1연3행, 164) 세월은가고-1연3행, 165) 지는꽃-1연3행, 166) 편지한장-1연3행, 167) 서울별곡-1연3행, 168) 수수밭에서-1연3행, 169) 이른봄아침-1연3행, 170) 떠나고보내는일-1연3행, 171) 보리밭-1연3행, 172) 상치씨-1연3행, 173) 친구의말-1연3행, 174) 풀밭에서-1연3행, 175) 바닷바람-1연3행, 176) 고향간다-1연3행, 177) 술한잔-1연3행, 178) 궂은일-1연3행, 179) 싸락눈-1연3행, 180 대공원꽃빝에는-1연3행, 181) 여름무디위-1연3행, 182) 고달픈세상이야기-1연3행, 183) 고향의맑은물에-1연3행, 184) 철따라외로움은-1연3행, 185) 나무들의숨소리-1연3행, 186) 지난세월-1연3행, 187) 한평생외로움을-1연3행, 188) 옛생각에잠기다가-1연3행, 189) 보내고맞는하루-1연3행, 190) 분재-1연3행, 191) 찻집에서-1연3행, 192) 잊을수없는

사람-1연3행, 193) 무더운날씨-1연3행, 194) 마음이 가난하면-1연3행, 195) 부끄러운세상-1연3행, 196) 오늘도이하루를-1연3행, 197) 바르게살아가자고-1연3행, 198) 일상의행복-1연3행, 199) 이세상아름다움이-1연3행, 200) 이른새벽-1연3행, 201) 보람으로살으리라-1연3행, 202) 소나기-1연3행, 203) 운주사에서 -1연3행, 204) 미움도외로움도-1연3행, 205) 산에간다-1연3행, 206) 서울에살면서도-1연3행, 207) 서러워말자-1연3행, 208) 나의고행-1연3행, 209) 어린시절-1연3행, 210) 나의세월은-1연3행, 211) 때로는허전한마음-1연3행, 212) 나의젊은날-1연3행, 213) 그립고외로움이란- 1연3행, 214) 내눈물은-1연3행, 215) 오늘은외롬털고-1연3행, 216) 고향왔네-1연3행, 217) 평창동호화저택-1연3행, 218) 술한잔받아놓고-1연3행, 219) 이가을에-1연3행, 220)우리가사는동안-1연3행, 221)살아가는일-1연3행, 222) 만리포에서-1연3행,223) 지난세월-1연3행, 224) 감자밭에서-1연3행, 225) 홀로가는세월-1연3행, 226) 바람에게-1연3행, 227) 겨울밤-1연3행, 228) 마음을비운다고-1연3행, 229) 무서운세상이라-1연3행, 230) 철따라세월은 가고-1연3행, 231) 가난이란선물-1연3행, 232) 저무는나의세월-1연3행, 233) 사랑을알고부터-1연3행, 234) 사랑을하고-1연3행, 235) 누구를사랑하고-1연3행, 236) 산까치의문안-1연3행, 237) 길고도짧은세월-1연3행, 238) 나의시름-1연3행, 239) 오월아침-1연3행, 240) 새롭게맞는하루-1연3행, 241) 지나온세월-1연3행, 242) 봄맞이-1연3행, 243) 회한-1연3행, 244) 세월도-1연3행, 245) 차나한잔나누세-1연3행, 246) 자네늙어보았는가-1연3행, 247) 다시아내에게-1연3행, 248) 그찻집-1연3행, 249) 그바닷가에서-1연3행, 250) 가을소식-1연3행, 251) 세월이덧없다는말-1연3행, 252) 인간사온갖시름을-1연3행, 253) 남몰래깊은시름-1연3행, 254) 까치집-1연3행, 255) 들국화-1연3행, 256) 세간사잊고사니-1연3행, 257) 먼산을바라보면-1연3행, 258) 부음란-1연3행, 259) 봄바람-1연3행, 260) 이하루-1연3행, 261) 산촌의하루해가-1연3행, 262) 오늘은세월을떠나서-1연3행, 263) 보이는모든 것이-1연3행, 264) 무더운날씨처럼-1연3행, 265) 인생은짧다하고-1연3행, 266) 편안한마음으로-1연3행, 267)찬란한산하-1연3행, 268) 행여나더딜세라-1연3행, 269) 생각지않은일-1연3행, 270) 걱정-1연3행, 271) 봄날의고향-1연3행, 272) 오늘은그리움마저-1연3행, 273) 청산이외로울 때-1연3행, 274) 봄날의들녁-1연3행, 275) 내장산가는길에-1연3행, 276) 강물이풀리면-1연3행, 277) 부부-1연3행, 278) 정년맞는날-1연3행, 279) 나의아내-1연3행, 280) 소나무바람소리는 -1연3행, 281) 창호지한장으로-1연3행, 282) 두려움도없습니다-1연3행, 283) 생각이깊을수록-1연3행, 284) 만약에억만금을-1연3행, 285) 걸어논웃음-1연3행, 286) 보리밭에서-1연3행, 287) 세월은저혼자가고-1연3행, 288) 백련암-1연3행, 289) 아버지는 주무시고-1연3행, 290) 어렵게사는일이-1연3행, 291) 저청산-1연3행, 292) 때로는외로움을-1연3행, 293) 생각에잠기다가-1연3행, 294) 별을헤다-1연3행, 295) 이아침-1연3행, 296) 봄날의서정-1연3행, 297) 바위에앉았으니-1연3행, 298) 밤바다-1연3행, 299) 외로운 것-1연3행, 300) 봄을맞아-1연3행, 301) 세월은백발을헤다-1연3행, 302) 겨울의나무들은-1연3행, 303) 이런일저런일에-1연3행, 304) 우수가지나가자-1연3행, 305) 겨울이떠나는일에-1연3행, 306) 웃는얼굴-1연3행, 307) 언젠가한번쯤은-1연3행, 308) 꽃씨하나-1연3행, 309) 자연의이치에따라-1연3행, 310) 가진것없으면서-1연3행, 311) 안온한세상-1연3행, 312) 지나간세월- 1연3행, 313) 소나기지나간뒤-1연3행, 314) 내장산에서-1연3행, 315) 봄바람-1연3행, 316) 청산처럼-1연3행, 317) 때묻은옷소매를-1연3행, 318) 한고비지나가면-1연3행, 319) 꽃-1연3행, 320)우리네덧없는생각-1연3행, 321)고향그집-1연3행, 322) 하늘의깊은뜻은-1연3행, 323) 산마루나뭇잎-1연3행, 324) 세간사헤아려보면-1연3행, 325) 아이들학교길-1연3행, 326) 하루를보내면서-1연3행, 327) 지나간아픈흔적-1연3행, 328) 돌맹이하나라도-1연3행, 329) 그립고아귀움만이-1연3행, 330) 시름-1연3행, 331) 푸른산맑은물에-1연3행, 332) 망연자실-1연3행, 333) 겨울삼동-1연3행, 334) 남은인생-1연3행, 335) 허전한세월-1연3행, 336) 함께해요-1연3행, 337) 키가큰나무-1연3

행, 338) 말씀-1연3행, 339) 한평생살아가는길-1연3행, 340) 낯선정년-1연3행, 341) 겨울한파-1연3행, 342) 해마다겨울이면-1연3행, 343) 헌옷-1연3행, 344) 겨울을이기려면-1연3행, 345) 겨울강원도-1연3행, 346) 봄날의하루-1연3행, 347) 세상의분명함이-1연3행, 348) 남은세월-1연3행, 349) 겨울나무-1연3행, 350) 구룡사-1연3행, 351) 사과밭-1연3행, 352) 적장산에서-1연3행, 353) 기쁜일슬픈일-1연3행, 354) 덧없는세월마져도-1연3행, 355) 눈오는밤-1연3행, 356) 거꾸로가는세상-1연3행, 357) 가는길생지않고-1연3행, 358) 온누리평화가-1연3행, 359) 꽃이야피어나서-1연3행, 360) 뉘우침-1연3행, 361) 오늘은길을가다가-1연3행, 362) 겨울한파-1연3행, 363) 겨울고속도로-1연3행, 364) 폭설이후-1연3행, 365) 산의정상에서-1연3행, 366) 알았노라-1연3행, 367) 저녁노을-1연3행, 368) 어린새싹-1연3행, 369) 고향에가는날은-1연3행, 370) 아직도고향에는-1연3행, 371) 역겨운세상-1연3행, 372) 새싹-1연3행, 373) 뜰앞에멈추고서서-1연3행, 374) 눈쌓인겨울-1연3행, 375) 오늘은어쩔수없이-1연3행, 376) 봄햇살-1연3행, 377) 이른봄날-1연3행, 378) 덧없는생각-1연3행, 379) 삼동-1연3행, 380) 이나이에이르고나도-1연3행, 381) 아파트-1연3행, 382) 한세상뜻을누리며-1연3행, 383) 그런대로행복했네-1연3행, 384) 한낮의무더위가-1연3행 385) 하루가남이다르게-1연3행, 386) 뿌리면거두라던-1연3행, 387) 말을잊고나서-1연3행, 388) 산너머세월은가고-1연3행, 389) 고달픈하루-1연3행, 390) 내일은어떤의미로-1연3행, 391) 꽃이진자리마다-1연3행, 392) 무거운멍에를지고-1연3행, 393) 외롬도보배로운 듯-1연3행, 394) 저무는강나루에-1연3행, 395) 바다앞에서-1연3행, 396) 세종로길을가다-1연3행, 397) 바다위를딛고서서-1연3행, 398) 주어진우리에삶도-1연3행, 399) 하늘은푸르다못해-1연3행, 400) 우리네인간사도-1연3행, 401) 행여나병이될까-1연3행, 402) 세월은-1연3행, 403) 나이가들고나서-1연3행, 404) 우리집감나무는-1연3행, 405) 허망히보낸세월-1연3행, 406) 산이여청산이여-1연3행, 407) 기쁨이랑슬픔이랑-1연3행, 408) 사람다움-1연3행, 409) 장다리밭-1연3행, 410) 그사람-1연3행, 411) 네생각-1연3행, 412) 숲속의평화-1연3행, 413) 유채꽃뒤로하고-1연3행, 414)세상의무거운짐-1연3행, 415) 요즈음은너나없이-1연3행, 416) 구름-1연3행, 417) 부음소식-1연3행, 418) 서귀포귤밭에서-1연3행, 419) 행복의저편-1연3행, 420) 취하여오는날은-1연3행, 421) 그대가있으므로-1연3행, 422) 나뭇잎지다-1연3행, 423) 신록이푸른날은-1연3행, 424) 성근별-1연3행, 425) 산에와서있는동안-1연3행, 426) 들길-1연3행, 427) 강물-1연3행, 428) 바람에나뭇잎지고-1연3행, 429) 노후에는-1연3행, 430) 숲속에나무들-1연3행, 431) 서로다른사람-1연3행, 432) 말하지않고산다-1연3행, 433) 선물-1연3행, 434) 지리산철쭉꽃-1연3행, 435) 내시집-1연3행, 436) 봄비가내리고나면-1연3행, 437) 봄날생각-1연3행, 438) 강가에앉아-1연3행, 439)해바라기-1연3행, 440) 지난날-1연3행, 441) 어린이날에-1연3행, 442) 거리마다벚꽃-1연3행, 443) 하늘의뜻-1연3행, 444) 서산에는번지가없다-1연3행, 445) 보리밭을지나며-1연3행, 446) 눈이오네-1연3행, 447) 삼각산에서-1연3행, 448) 봄바람은-1연3행, 449) 당신은-1연3행, 450) 바람앞에서-1연3행, 451 내게는-1연3행, 452) 울창한숲-1연3행, 453) 목각장승에게-1연3행, 454)사랑하는마음으로-1연3행, 455) 비어있는산-1연3행, 456) 어릴적생각-1연3행, 457) 우리집-1연3행, 458) 밤하늘-1연3행, 459) 많은슬픔이-1연3행, 460) 아침바람-1연3행, 461) 세월은-1연3행, 462)나의세월은-1연3행, 463) 내게는-1연3행, 464) 탑-1연3행, 465) 지킬수없는약속-1연3행, 466) 산을보고있어라-1연3행, 467) 세월의무게-1연3행, 468) 강마을-1연3행, 469) 바닷가에서-1연3행, 470) 월미도-1연3행, 471) 가는봄에대하여-1연3행, 472) 큰비내리어서-1연3행, 473) 날고싶다-1연3행, 474) 커피를마시면서-1연3행, 475) 흰기로윈날-1연3행, 476) 가로수길-1연3행, 477) 산마루에서-1연3행, 478) 마음의깊이-1연3행, 479) 푸른하늘-1연3행, 480) 산에드니-1연3행, 481) 산은멀리있어라-1연3행, 478) 마음의깊이-1연3행, 479) 푸른하늘-1연3행, 480) 산에드니-1연3행, 481) 산은멀리있어라-1연3행, 482) 나무들-1연3행, 483) 가끔은-1연3행, 484) 돌아서보면-1연3행, 485) 야생화-1연3행, 486) 꽃앞에서-1연3행, 487) 울산바위-1연3행, 488) 산에와서-1연3행, 489) 덧없음-1연3행, 490) 이대로머물고말면-1연3행, 491) 사는것에대하여-1연3행, 492) 오월의산-1연3행, 493) 푸른산-1연3행, 494) 청계산입구에서-1연3행, 495) 신록앞에서-1연3행, 496) 이고요-1연3행, 497) 가야할길-1연3행, 498) 따뜻한마음으로-1연3행, 499) 청산을보면서-1연3행, 500) 하늘의뜻-1연3행, 501) 늙어서보는하늘-1연3행, 502) 강을건너면-1연3행, 503) 살구꽃-1연3행, 504) 작은허물-1연3행, 505) 봄비오는날-1연3행, 506) 오월에-1연3행, 507)무더운날-1연3행, 508) 나의하늘은-1연3행, 509) 엉산홍꽃이피어-1연3행, 510) 낙엽-1연3행, 511)청산을보고있으면-1연3행, 512) 눈을감고-1연3행, 513) 느티나무-1연3행, 514) 새싹-1연3행, 515) 가을비-1연3행, 516) 낮은곳-1연3행, 517) 꽃들은-1연3행, 518) 눈꽃-1연3행, 519) 먼저간친구에게-1연3행, 520) 들꽃-1연3행, 521) 참새이야기-1연3행, 522) 도다리쑥국-1연3행, 523) 빗소리-1연3행, 524) 산마을-1연3행, 525) 한낮의적막-1연3행, 526) 풀꽃은-1연3행, 527)신기록앞에서-1연3행, 528) 산을보고있노라면-1연3행, 529) 강물은-1연3행, 530) 잠깐사이-1연3행, 531) 가벼운마음 -1연3행, 532) 산에서내려오며-1연3행, 533) 아직도-1연3행, 534) 동해에앉았으니-1연3행, 535) 보슬비오다-1연3행, 536) 벚꽃은-1연3행, 537) 그리운사람-1연3행, 538) 가족나들이-1연3행, 539) 지는꽃을보며-1연3행, 540) 개미들의움직임-1연3행, 541) 여의도벚꽃-1연3행, 542) 새로운기도-1연3행, 543) 어느봄은-1연3행, 544) 아침비-1연3행, 545) 아내의마음- 1연3행, 546) 사랑하고싶은날-1연3행, 547) 나를위하여-1연3행, 548) 커피한잔-1연3행, 459) 고운동계곡-1연3행, 550) 산까치-1연3행, 551) 산아래풀꽃마을-1연3행, 552) 어린잎새-1연3행, 553) 허공을나는새-1연3행, 554) 풀들은-1연3행, 555) 하늘에서낮은마을-1연3행, 556) 새들의겨울살이-1연3행 557) 호숫가에서-1연3행, 558) 형수어머니떠나시다-1연3행, 559) 오늘은꽃에가리어-1연3행, 560) 오늘의낯설음-1연3행, 561) 비가오고나서-1연3행, 562)

하얀목련-1연3행, 563) 한겨울-1연3행, 564) 수양버들아래서-1연3행, 565) 순환-1연3행, 566) 허공을날던새-1연3행, 567) 하늘을이고앉아-1연3행, 568) 강변에앉아-1연3행, 569) 세월의뒤안길-1연3행, 570) 하늘을이고-1연3행, 571) 오대산의5월-1연3행, 572) 그대를생각하다가-1연3행, 573) 그리운날-1연3행, 574) 봄날의하루-1연3행, 575) 꽃길을걸어가며-1연3행, 576) 하루-1연3행, 577) 최백호의낭만을들으며-1연3행, 578) 떨어진나뭇잎-1연3행, 579) 설악산가는길에-1연3행, 580) 겨울과봄사이-1연3행, 581) 고향에와서-1연3행, 582) 그 자리-1연3행, 583) 언덕아래있는풀꽃-1연3행, 584) 거울앞에서-1연3행, 585) 불빛-1연3행, 586) 이렇게좋은날은-1연3행, 587) 황홀한마음-1연3행, 588)내게있는건-1연3행, 589) 별-1연3행, 590) 멀리있는꽃-1연3행, 591) 벚꽃아래서-1연3행, 592)겨울하늘-1연3행, 593) 4월의진달래-1연3행, 594) 벚꽃이한창이라는-1연3행, 595) 차라리산이되어-1연3행, 596) 새싹-1연3행, 597) 지난세월-1연3행, 598) 산에서-1연3행, 599) 점촌역에서-1연3행, 600) 요양병원-1연3행, 601) 늦은봄날-1연3행, 602) 즐거운날-1연3행, 603) 지난날-1연3행, 604) 산에드니-1연3행, 605) 우리가을-1연3행, 606) 비행기를타고-1연3행, 607) 우이동사람들-1연3행, 608) 가을산에서-1연3행, 609) 지난세월-1연3행, 610) 이제는-1연3행, 611) 산사에서-1연3행, 612) 치악산-1연3행, 613) 산에올라-1연3행, 614) 슬픔도1연3행, 615) 빈들녘-1연3행, 616) 바위고개-1연3행, 617) 산에서오는스님-1연3행, 618) 또다른오늘-1연3행, 619) 남은일정-1연3행, 620) 발걸음-1연3행, 621) 골목-1연3행, 622) 봄하늘-1연3행, 623) 개화-1연3행, 624) 겨울하늘-1연3행, 625) 봄날고향에서-1연3행, 626) 벚꽃아래서-1연3행, 627) 꽃밭에서-1연3행, 628) 삶의무게-1연3행, 629) 작은세월-1연3행, 630) 커피집에서-1연3행, 631) 도마소리-1연3행, 632) 올봄에피는꽃-1연3행, 633) 아침해노을로지다-1연3행, 634) 웃자-1연3행, 635) 한낮-1연3행, 636) 아침햇살-1연3행, 637) 푸른하늘-1연3행, 638) 창문을열고-1연3행, 639) 짧은세월-1연3행, 640) 계곡물-1연3행, 641) 이제는-1연3행, 642) 개나리꽃-1

연3행, 643) 그리움-1연3행, 644) 강마을-1연3행, 645) 진달래꽃을본다-1연3행, 646) 숲속에마물면서도-1연3행, 647) 나홀로-1연3행, 648) 겨울아침에-1연3행, 649) 그오랜세월-1연3행, 650) 뜬구름-1연3행, 651) 허물-1연3행, 652) 귀여운풀꽃-1연3행, 653) 다시그대생각-1연3행, 654) 냉이꽃-1연3행, 655) 살구꽃-1연3행, 656) 순대국밥-김두수시인에게-1연3행, 657) 기다리는아침- 1연3행, 658) 우리둘이서-1연3행, 659) 봄을맞고나서-1연3행, 660) 나도따라새롭다-1연3행, 661)그대가있으므로-1연3행, 662) 자연의신비-1연3행, 663) 간밤에비가내려-1연3행, 664) 남도길-1연3행, 665) 노래가하고싶어라-1연3행, 666) 마지막가는길-1연3행, 667) 봄을맞고나서-1연3행, 668) 빗소리-1연3행, 669) 쌓이는적막-1연3행, 670) 날마다적막-1연3행, 671) 머언산-1연3행, 672) 오솔길-1연3행, 673) 아름다운새싹-1연3행, 674) 봄-1연3행, 675) 삼월에-1연3행, 676) 봄의변신-1연3행, 677) 꽃은피어라-1연3행, 678) 창밖에서있는적막-1연3행, 679) 옛고향-1연3행, 680) 그옛날-1연3행, 681) 지난세월-1연3행, 682) 누구를사랑하기에-1연3행, 683) 슬픔을안고있기에-1연3행, 684) 시골에와서-1연3행, 685) 산제비-1연3행, 686) 꽃이지네요-1연3행, 687) 먼산을바라보며-1연3행, 688) 고단한삶-1연3행, 689) 살아가기-1연3행, 690) 바람소리-1연3행, 691) 봄비오는소리-1연3행, 692) 바람은어디까지갈까-1연3행, 693) 나의이력서-1연3행, 694) 소나기내리다-1연3행, 695) 세상에서는-1연3행, 699) 야생화-1연3행, 700) 네생각-1연3행, 701) 머언산자락에-1연3행, 702) 봄비가오다-1연3행, 703) 별-1연3행, 704) 만약에꽃이핀다면-1연3행, 705) 날마다쌓이는시름-1연3행, 706) 꽃소식-1연3행, 707) 봄하늘-1연3행, 708) 산에있는눈-1연3행, 709) 겨울은-1연3행 710) 친구에게하는말-1연3행, 711)비오는날-1연3행, 712) 봄뜨락-1연3행, 713) 지는 것-1연3행, 714) 생각하다가-1연3행, 715) 동산에올라-1연3행, 716) 산속에머물며-1연3행, 717) 아침은봄이라는말-1연3행, 718) 나의회한-1연3행, 719) 지나간세월-1연3행, 720) 마음의평정-1연3행, 721) 대바람소리-1연3행, 722) 그대를알고부터-1연3행, 723) 봄을

맞고있어도-1연3행, 724) 저무는세월-1연3행, 725) 차라리슬프다해도-1연3행, 726) 눈세상-1연3행, 727) 저무는세월에기대어-1연3행, 728) 그대를생각하느라-1연3행, 729) 버리고싶은마음-1연3행, 730) 진실로빛나는 것은-1연3행, 731) 인사동의밤-1연3행, 732) 상원사가는길-1연3행, 733) 봄나들이-1연3행, 734) 즐거운마음으로-1연3행, 735) 살아온날-1연3행, 736) 떠나는 것-1연3행, 737) 세월은나도모르게-1연 3행, 738) 겨울바람떠나다-1연3행, 739) 즐거운하루-1연3행, 740) 비가온뒤-1연3행, 741) 남도바람-1연3행, 742) 겨울나무-1연3행, 743) 겨울학교가는길-1연3행, 744) 내친구박사장-1연3행, 745) 세상의모든 것-1연3행, 746) 기쁨으로-1연3행, 747) 기쁜날-1연3행, 748) 빗소리-1연3행, 749) 봄이온다-1연3행, 750) 행복에관하여-1연3행, 751) 행복한날-1연3행, 752) 너에게서- 1연3행, 753) 저무는세월앞에서-1연3행, 754) 아내의굽은손-1연3행, 755) 산에는진달래-1연3행, 756) 웃는모습-1연3행, 757) 떠다니는 것은-1연3행, 758) 새싹은-1연3행, 759) 길위에-1연3행, 760) 봄을맞으며-1연3행, 761) 하늘을이고있어도-1연3행, 762) 하얀구름-1연3행, 763) 목련꽃피다-1연3행, 764) 안면도다녀오다-1연3행, 765) 세월은-1연3행, 766) 외딴집-1연3행, 767) 학교길근월-1연3행, 768) 아내와함께-1연3행, 769) 봄이라는말-1연3행, 770) 아직도-1연3행, 771) 나의가을-1연3행, 772) 꽃들은-1연3행, 773) 사랑할줄아는사람-1연3행, 774) 참새들은-1연3행, 775) 바람의종착역-1연3행, 776) 청산을바라보며-1연3행, 777)내게도새아침이있습니다-1연3행, 778) 무슨말을해야할까-1연3행, 779) 가는세월-1연3행, 780) 인생은아름답다-1연3행, 781) 가는세월-1연3행, 782) 아침빗소리-1연3행, 783) 눈앞에보이는 것-1연3행, 784) 겨울떠나다-1연3행, 785) 김영일님팔순잔치-1연3행, 786) 바위에앉아있어도-1연3행, 787) 친구여-1연3행, 788) 날마다맞는오늘-1연3행, 789) 빙판길-1연3행, 790) 나이가들고나면-1연3행, 791) 길위에있는낙엽-1연3행, 792) 진실로그대생각-1연3행, 793) 슬픔이내게있어도-1연3행, 794) 부질없는 것은-1연3행, 795) 외로운날-1연3행, 796) 봄바람-1연3

행, 797) 이추운겨울날에-1연3행, 798) 바람에날리는 것-1연3행, 799) 광화문에서-1연3행, 800) 하산길에-1연3행, 801) 아내와함께하며-1연3행, 802) 하얀세상-1연3행, 803) 서울에서산다-1연3행, 804) 어떻게살아갈까-1연3행, 805) 구름을보고-1연3행, 806) 새싹마을-1연3행, 807) 모든것을마음으로-1연3행, 808) 빛나는날-1연3행 809) 하산길에-1연3행, 810) 어느가을날-1연3행, 811) 흐리지않는날-1연3행, 812) 절구통-1연3행, 813) 사는이치-1연3행, 814) 꽃씨-1연3행, 815) 아침바다-1연3행, 816) 햇살을받고-1연3행, 817) 눈이온다-1연3행, 818) 산속의평화-1연3행, 819) 그옛날-1연3행, 820) 참새들의노래-1연3행, 821) 지나간겨울-1연3행, 822) 님하-1연3행, 823) 방황하는겨울하늘-1연3행, 824) 나이를먹어야사람이된다-1연3행, 825) 아내와함께살면-1연3행, 826) 날마다만나는 것은-1연3행, 827) 용산역에서-1연3행, 828) 서울에올라와서-1연3행, 829) 강물-1연3행, 830) 못다한이야기-1연3행, 831) 겨울햇살-1연3행, 832) 자연의경이-1연3행, 833) 넉넉한마음으로-1연3행, 834) 살아있다는 것-1연3행, 835) 만나는일-1연3행, 836) 뜨락에있는것들-1연3행, 837) 봄바람-1연3행, 838) 소나기-1연3행, 839)해질녁-1연3행, 840) 산들바람-1연3행,

*김준박사- 자료구하지못한 것

1. 사십이장. 2. 인정은물일레라. 3. 삼인사화집. 4. 청산앞에서. 5. 석우김준시조집.

*김준박사- 자료를 구하지 못한 것 모두 공제한 나머지 총자료 목록.

일중 김 충 현 (一中 金忠顯 1921-2006)의 현대시조

Ⅰ. 시조문학

1964. 제10집-1) 신륵사(神勒寺)-3연9행, 2) 대노사(大老祠)-2연6행.

Ⅱ. 현대시조 작품 감상

1) 신륵사(神勒寺)
부듯이 내린 비에 강물도 벌창하여
나루에 서성대며 바라다 돌았으니
지난해 섭섭했던 심정(心情) 다시 풀려 왔노라.

큰 다리 놓았다니 마음 놓고 찾아온다.
전번에 낯이 익어 아는, 듯 살펴보니
천년의 고찰이언만 담, 벽도 그대로다.

와탑에 석등이오, 잔비에 무량각, 을,
모두 다 국보라서 소중한 유물이니
옛것을 돌아보면서 앞길을 닦으리다.

2) 대노사(大老祠)
임강자 이학궁은 송부자 뫼신, 곳을
품품한 칠분상에 숙경이 절로인데
절하고 바라뵈오니 더 한층 든든하네.

점묘조 어제어필 정민에 휘황하고
양대에 걸친 원님 남달리 탐탐하다

선생의 당년웅지야 갈수록 위대하네.

Ⅲ. 일중 김충현(一中 金忠顯 1921-2006)의 현대시조 창작형태조사

시조시	1연	2연	3연	4연	5연	사설	장시조	총계	비고
시조문학		1	1					1首	
총 계		1	1					1	
비 율%		50.0	50.0					100	

〈참고 문헌〉

1. 한국 현대시조 큰사전-한춘섭, 박병순, 리태극-을지출판공사-서울 1985
2. 한국 현대시조 대사전(상 · 하. 별책)-박을수-아세아문화사-서울 1991
3. 근대 시조집람-임선묵-경인문화사-서울 1999
4. 한국시대 사전(개정증보판)-김창직, 윤해규-을지출판공사-서울 2004
5. 한국 현대시조 연구와 향방-김창현-오늘의문학사-대전 2014

김 태 수(金台洙 1924-2000)의 현대시조

Ⅰ. 거울을 보며-시조집. 1988.

1) 청동화로-2연12행, 2) 새벽산-2연12행, 3) 바다에서-2연12행, 4) 대별리-2연12행, 5) 관음죽-2연12행, 6) 어떤목자-2연12행, 7) 관악산에서-2연12행, 8) 허(虛)-2연12행, 9) 비오는 밤에-2연12행, 10) 거울을 보며-2연12행, 11) 노동-2연12행, 12) 커텐을 걷고-2연12행, 13) 산마루에서-2연12행, 14) 중환자실-3연18행, 15) 귀로-2연12행, 16) 효자비-2연12행, 17) 코스모스-2연12행, 18) 강둑길-2연12행, 19) 양로원-2연12행, 20) 가로등-2연12행, 21) 귀가-1연6행, 22) 회상-1연6행, 23) 아파트 설야-1연6행, 24) 빈집-1연6행, 25) 그래도-1연6행, 26) 옛벗과 마주 앉아-1연6행, 27) 비는 오고-2연12행, 28) 입춘 무렵-2연12행, 29) 신록-1연6행, 30) 오월 카네이션-2연12행, 31) 복숭아-1연6행, 32) 도봉산의 여름-2연12행, 33) 약수터-1연6행, 34) 초록 입고 섰는 절벽-1연6행, 35) 한강-1연6행, 36) 소나기-2연12행, 37) 산수(山愁)-1연6행, 38) 가을은-1연6행, 39) 들국화-2연12행, 40) 상국(霜菊)-2연12행, 41) 입동과 낙엽-2연12행, 42) 농촌의 하루-2연12행, 43) 겨울산에 올라-2연12행, 44) 세모-1연6행, 45) 영덕 복사꽃-1연6행, 46) 영덕 백목련-1연6행, 47) 월송정-1연6행, 48) 하조대에서-2연12행, 49) 동해에서-2연12행, 50) 천불동바위-1연6행, 51) 한계령 늦가을-2연12행, 52) 한계령을 넘으며-1연6행, 53) 사임당시비-1연6행, 54) 진부령 단풍-2연12행, 55) 경복 궁애가-3연18행, 56) 선릉-1연6행, 57) 월미도 앞바다-2연12행, 58) 신륵사-1연6행, 59) 월유봉 초당-3연18행, 60) 포은 묘소에서-2연12행, 61) 보문사에서-1연6행, 62) 임진각에서-2연12행, 63) 울릉도-3연18행, 64) 대흥사의 겨울-2연12행, 65) 표충사-2연12행, 66) 두륜산 풍설-2연12행, 67) 배티성지-2연12행, 68) 이국풍정-2연12행, 69) 갈레리 호수-2연12행, 70) 고성의 비-2연12행, 71) 어머님 오신 밤-2연12행, 72) 어머님을 생각하며-1연6행, 73) 성묘 1-3연18행, 74) 성묘 2-3연18행, 75) 언니 생각 1-2연

12행, 76) 언니 생각2-2연12행, 77) 오라버님 가신 후로 1-1연6행, 78) 오라버님 가신 후로 2-1연6행, 79) 오라버님 가신 후로 3-1연6행, 80) 대전엘 가며-1연6행, 81) 그날 이후 1-1연6행, 82) 그날 이후 2-1연6행, 83) 그날 이후 3-1연6행, 84) 성묘를 하고(한식)-2연12행, 85) 딸을 보며-1연6행, 86) 딸을 보내고-2연12행, 87) 아들의 돈보기-1연6행, 88) 형제들 길 떠나고-2연12행, 89) 고희-1연6행, 90) 무릎 베개-1연6행, 91) 어떤 생애-2연12행, 92) 어떤 죽음-1연6행, 93) 옛님-1연6행, 94) 고향하늘-2연12행.

〈후기〉 1988년 2월 김태수(金台洙 1924-2000)

II. 김태수(金台洙 1924-2000)의 현대시조 창작형태조사

시조시	1연	2연	3연	4연	5연	사설	장시조	총계	비고
거울을보며	37	51	6					94	1988
총 계	37	51	6					94	
비 율%	39.3	54.2	6.3					99.8	

〈참고 문헌〉

1. 한국 현대시조 큰사전-한춘섭, 박병순, 리태극-을지출판공사-서울 1985
2. 한국 현대시조 대사전(상 · 하. 별책)-박을수-아세아문화사-서울 1991
3. 근대 시조집람-임선묵-경인문화사-서울 1999
4. 한국시대 사전(개정증보판)-김창직, 윤해규-을지출판공사-서울 2004
5. 한국 현대시조 연구와 향방-김창현-오늘의문학사-대전 2014

김 태 희 (金兌曦 1924–2014)의 현대시조

Ⅰ. 시조문학

1960. 창간호-1) 거울-3연18행.

1960.제2호-1) 봄-3연30행.

1962. 제4호-1) 정(情)-1연6행, 2) 함박꽃-1연6행, 3) 올빼미-1연6행.

※ 한시 시조 역초-추야장천리낭만

1) 임을 그리며-이매창(李梅窓 1513-1550)-1연3행.

2) 내 계랑을 생각하며-유희경(劉希慶 1545-1636)-1연6행.

※ 1960. 한국일보-신춘문예(시조) 당선작가.

Ⅱ.

1) 거울

마주 선 거울 속에 나도 모를 얼굴이여
지우고 다시 봐도 알 길이 없다마는
감았다 뜨는 시울이 너였기도 하구나.

어쩌면 너는 나를 비웃는 듯도, 하고
나는 너를 도루 정(情)으로 불러본다.
돈 없이 건느는 지움새에 서글픔만 서리고.

보고 다시 보다 문득 흐려 오는 동자
지닌 말 차마 못해 떨려나는 다문 입술
헐은날 거울을 마주 얼클어진 비정(非情)이여.

2) 봄

봄은 정영 어디에 왔는가, 이 화려한 도심지

한가한 다방의 창변에 길다, 란 장의자에
여성(輿盛)한 공원의 보도에 진열장의 하많은 사람.

당신은 생각을 해 보았는가, 봄이 정영
어디에 오는 가를
Beati Pauperes spivitu
그는 또 생각을 해 보았는가.

봄은 정영 어디서 갈 건가. 봄이 정영 어디에 머무는
저문 날 홀로 고개 숙여 묵묵히 씨 뿌리는 이.
저에게 엄숙히 와서 머무른 저 만을 축복(祝福)하고 갈 것을.
가를 봄이 정영 어디에 머무는 가를.

III. 김태희(金兌曦 1924-2014)의 현대시조 창작형태조사

시조시	1연	2연	3연	4연	5연	사설	장시조	총계	비고
시조문학	5	2						7首	
총　계	5	2						7	
비　율%	71.4	28.5						99.9	

〈참고 문헌〉
1. 한국 현대시조 큰사전-한춘섭, 박병순, 리태극-을지출판공사-서울 1985
2. 한국 현대시조 대사전(상 · 하. 별책)-박을수-아세아문화사-서울 1991
3. 근대 시조집람-임선묵-경인문화사-서울 1999
4. 한국시대 사전(개정증보판)-김창직, 윤해규-을지출판공사-서울 2004
5. 한국 현대시조 연구와 향방-김창현-오늘의문학사-대전 2014

김 혜 배 (金蕙培 1925-1997)의 현대시조

Ⅰ. 현대시조

1990. 가을호-병든 몸-1연7행.

Ⅱ. 한국시조 큰사전. 1985.

1) 백설의 정-1연3행, 2) 병상에서-1연3행, 3) 봄의 교향악-3연9행, 4) 소망-1연3행, 5) 속삭임-1연3행, 6) 송춘-1연3행, 7) 입춘-1연3행, 8) 진홍의 여울-1연3행.

Ⅲ. 현대시조 감상

1) 병든 몸
나 이대로 바위처럼 움직이기 힘들다면
오늘 죽어 넋이라도 마음껏 훨훨 날아
창공을 가로지르는 새가 되고 싶구나.

2) 백설의 정
흩트려 마구 주네 하늘 문 활짝 열어
활활히 내리신다. 소복이 쌓이거라.
뽀얗게 솜 같은 정이 온 누리를 덮는다.

3) 소망
빛과 그늘 속에서 슬픔과 기쁨 속에서
어둠만 비껴갈 수 없었던 것일까
한줄기 타는 목숨이 마냥 밝게 살고파라.

4) 진홍의 여울

구원의 빛 고운임은 하늘 위에 계십니다.
진홍의 여울을 가득 끌려간 고궁의 전당
내 감히 당신 자리에 앉아 정에 겨워 아픕니다.

5) 속삭임

이 생각 저 생각 밤 서리 젖은 아픔
접어도 접어 봐도 줄지 않는 긴긴 자락
지친 몸 여미는 속삭임 가슴 속에 행복 있다.

6) 입춘

봄 내음 뜨락에 차니 나는 끌려 창가에 서네.
가슴 속 뛰는 고동 나는 어이 울었던가.
이제는 다시 태어나 첫돌잔치 기다리리.

IV. 김혜배(金蕙培 1925-1997)의 현대시조 창작형태조사

시조시	1연	2연	3연	4연	5연	사설	장시조	총계	비고
현대시조	1							1	
한국시조	7		1					8	
총 계	8		1					9	
비 율%	88.8		11.1					99.9	

〈참고 문헌〉

1. 한국 현대시조 큰사전-한춘섭, 박병순, 리태극-을지출판공사-서울 1985
2. 한국 현대시조 대사전(상 · 하. 별책)-박을수-아세아문화사-서울 1991
3. 근대 시조집람-임선묵-경인문화사-서울 1999
4. 한국시대 사전(개정증보판)-김창직, 윤해규-을지출판공사-서울 2004
5. 한국 현대시조 연구와 향방-김창현-오늘의문학사-대전 2014

벽송 김 홍 래(壁松 金洪來 1937-2012)의 현대시조

Ⅰ. 시조문학 2012 가을호.

1) 잎새-3연9해, 2) 고향가는길-2연6행, 3) 다 떠난 빈자리-3연9행, 4) 인연(因緣)-2연6행, 5) 관조(觀照)-1연9행.

Ⅱ. 무궁화는 피고 싶다-시조집. 2012

1) 유정무정(有情無情)-3연11행, 2) 관조(觀照)-1연9행, 3) 밀려나는농토앞에서-3연9행, 4) 바다는말한다-2연6행, 5) 만추(晩秋)의달-2연6행, 6) 범종(梵鐘)-1연9행, 7) 고목(枯木)의경륜(徑輪)-2연6행, 8) 부러운봄-1연9행, 9) 낙산사(落山寺)-1연9행, 10) 임종(臨終)-3연9행, 11) 죽마고우(竹馬故友)-3연9행, 12) 고향달빛-3연9행, 13) 차향에스민사랑-2연6행, 14) 벚꽃-2연6행, 15) 시골노파-1연3행, 16) 잎새-3연9행, 17) 솔바람-1연3행, 18) 매화나무-2연6행, 19) 고향길-1연7행, 20) 다원(茶園)의노객(老客)-2연6행, 21) 거제대교(巨濟大橋) 를거닐며-2연6행, 22) 정자나무밑에앉아-3연9행, 23) 흔적(痕迹)-1연9행, 24) 봄비젖은산수유꽃-2연6행, 25) 기다림-2연6행, 26) 휘파람-2연10행, 27) 자비(慈悲)의빛-1연9행, 28) 여명(餘命)-2연10행, 29) 설날이오면-2연6행, 30) 한가위달을보고-2연6행, 31) 이제서야(1)-1연9행, 32) 이제서야(2)-2연6행, 33) 공룡(恐龍)의편지-2연6행, 34) 삼오야서(三五野墅)-2연6행, 35) 폭포(瀑布) 에서-1연9행.36) 법문(法門)의숨결-1연7행, 37) 탑(塔)-1연9행, 38) 공룡(恐龍) 발자국-2연6행, 39) 인고(忍苦)의길을건다-3연9행, 40) 장마비 1연9행, 41) 복(伏) 날을맞이-2연6행, 42) 달빛시린옥천사(玉泉寺) (1)-2연6행, 43) 달빛시린옥천사(玉泉寺) (2)-1연7행, 44) 이산가족화상상봉-1연8행, 45) 고성오광대(固城五廣大)-6연18행, 46) 여울-2연6행, 47) 소낙비로우는달-2연6행, 48) 일몰(日沒)-3연9행, 49) 송림(松林) 길-3연9행, 50) 파도(波濤)-3연9행, 51) 고향(故鄕) 가는길-2연6

행, 52) 하현(下弦) 달-2연6행, 53) 찾아온소가야(小伽倻)-사설, 54) 상념(想念) 푸는문수암(文殊庵)-2연6행, 55) 살다보면-3연9행, 56) 시인(詩人)의투병(鬪病) 길에누운시(詩)-3연9행, 57) 사월의폭우-2연6행, 58) 매화마을-2연6행, 59) 사계절앉은자리-4연12행, 60) 구름길-3연9행, 61) 연필(鉛筆) 이여!-1연3행, 62) 정해년(丁亥年) 편지-2연6행, 63) 대흥사(大興寺) 가는길-3연9행, 64) 잊혀온야경(夜景)-2연6행, 65) 잊으랴-2연6행, 66) 친구야!달이운다-1연3행, 67) 부부-2연6행, 68) 노년의백발-3연9행, 69) 보길도(甫吉島)의숨소리-3연9행, 70) 삶의낚시-2연6행, 71) 우리누나-3연9행, 72) 개천예술제(開天藝術祭)의밤-3연9행, 73) 나이테-2연6행, 74) 성묘길에서-3연9행, 75) 길목에서서-3연9행, 76) 차잎의윤회-2연6행, 77) 차밭속의세월-3연9행, 78) 구름에띄워보내고-2연6행, 79) 촛불-2연6행, 80) 여섯꽃송이씨앗하나-2연10행, 81) 어머니-3연9행, 82) 저물어걷는길-3연9행, 83) 육순(六旬) 주름-3연9행, 84) 사돈(査頓)의영전에서-4연12행, 85) 문(門)-2연6행, 86) 실크로드를가면서-3연9행, 87) 속내(心)-2연6행, 88) 낙엽길-1연6행, 89) 식은밥-3연9행, 90) 인연(因緣)-2연6행, 91) 차의마음-1연9행, 92) 수목이이슬에젖어-2연10행, 93) 고향담은보름달-3연9행, 94) 한해가저물면-1연7행, 95) 삶의오솔길-1연7행, 96) 구화산(九華山) 성지(聖地) 에서-3연9행, 97) 동백꽃필무렵-2연6행, 98) 산수유영글었던자리-3연9행, 99) 한수시를들고-1연9행, 100) 이슬이우는사랑-1연9행, 101) 어느날밤-3연9행, 102) 중년(重年) 을넘으면-3연9행, 103) 늙은이-2연6행, 104) 운흥사영산재-2연6행, 105) 갈천서원-2연6행, 106) 낡은손수건-3연9행, 107) 바람따라가는배-3연9행, 108) 소록도벽송(小鹿島壁松)-3연9행, 109) 병상(病床)나무-3연9행, 110) 늦더위삶-1연7행, 111) 비(雨)-1연6행, 112) 소나기우는날-2연6행, 113) 파도의몸부림-3연9행, 114) 철새의고향-3연9행, 115) 세월죽장(竹杖)-3연9행, 116) 알사탕-1연3행, 117) 달빛으로-2연6행, 118) 꽃한송이씨앗하나-2연6행, 119) 노파(老派)의고독(孤獨)-2연6행, 120) 매화꽃잎지는날-2연6행.121) 잊으랴-2연6행, 122) 보길도(甫吉島) 에서-3연9

행, 123) 산수유꽃-2연6행, 124) 구름이되어-3연9행, 125) 달래임-2연10행, 126) 실크로드에서서-3연9행, 127) 유성으로날으는별-3연9행.

III. 벽송 김홍래(壁松 金洪來 1937-2012)의 현대시조 창작형태조사

시조시	1연	2연	3연	4연	5연	사설	장시조	총계	비고
시조문학	1	2	2					5	
무궁화	27	53	43	2		1	1	127	
총 계	28	55	45	2		1	1	132	
비 율%	21.2	41.6	34.0	1.5		0.7	0.7	99.7	

〈참고문헌〉

1. 한국 시조큰사전-한춘섭, 박병순, 리태극-을지출판공사-서울. 1985
2. 한국 시조대사전-(상 · 하. 별책)-박을수-아세아문화사-서울. 1991
3. 근대 시조집람-임선묵-경인문화사-서울. 1999
4. 한국시대 사전-김창직, 윤해규-을지출판공사-서울. 2004
5. 한국 현대시조 연구와 향방-김창현-오늘의문학사-대전. 2014

권오신(權五信 1946-2016)의 현대시조 조사연구

Ⅰ. 네 생각. 시집 1995.

1) 도화촌(桃花村)-3연9행, 2) 도화촌사계(桃花村四季)-봄-1연3행,여름-1연3행,가을-1연3행,겨울-1연3행, 3) 학심리(鶴心里)-4연28행, 4) 박꽃.1.-1연9행, 5) 박꽃.2.-1연9행, 6) 박꽃.3.-1연9행, 7) 고향시초.1.새-1연9행, 8) 고향시초.2.곳간-1연9행, 9) 고향시초.3.-다듬이소리-1연9행, 10) 고향시초.4.만병초-1연9행, 11) 고향시초.5.-찔레꽃-1연9행, 12) 성묘기-아버님영전에-6연18행, 13) 농부일기-2연6행, 14) 농촌.민들레꽃-1연9행, 15) 농촌.2.-진달래꽃-1연9행, 16) 농촌.3.호박꽃-1연9행, 17) 농촌.4.-궁구이-1연9행, 18) 농촌,5,-달맞이꽃-2연14행, 19) 농촌풍경-4.허수아비-1연9행, 20) 농촌풍경-이농-1연9행, 21) 농촌풍경.3.-원천(怨天)-1연9행, 22) 농촌풍경.4.-통곡(痛哭)-1연9행, 23) 농촌풍경.5.절망(絶望)-1연9행, 24) 수수밭에서-3연9행, 25) 바랭이풀-이농민을위한시-3연9행, 26) 도화촌일기-4연12행, 27) 작심(作心)-2연6행, 28) 거울앞에서-1연9행, 29) 구절초(九折草)-1연9행, 30) 자화상.1.-적과(摘果)를 하다가-1연9행, 31) 자화상.2.-회고(懷古)-1연9행, 32) 자화상.3.자탄(自嘆)-1연9행, 33) 병상일기.1.기우(杞憂)-1연9행, 34) 병상일기.2.서산선생님께-1연9행, 35) 병상일기.3.윤회(輪回)-1연9행, 36) 탁발-1연9행, 37) 낮달-1연12행, 38) 복사꽃환한날에-3연9행, 39) 바람에게-풀잎의노래-3연18행, 40) 네 생각.1.-1연9행, 41) 네 생각.2.-1연9행, 42) 네 생각.3.-1연9행, 43) 네 생각.4.-1연9행, 44) 네 생각.5.-1연9행, 45) 네 생각.6.-1연9행, 46) 네 생각.7.-1연9행, 47) 네 생각.8.-1연9행, 48) 남회룡리(南回龍里)-3연9행, 49) 문장대(文藏臺)를 오르며-3연9행, 50) 비로사(毘盧寺)가는길에-3연9행, 51) 월외리(月外里)에서-6연24행, 52) 개목사(開目寺).1.-3연18행, 53) 개목사.2.-1연9행, 54) 모운사(暮雲寺)-2연14행, 55) 오동도에서-1연9행, 56) 후포(厚浦)에서-1연9행, 57) 열차안에서.1.-1연9행, 58) 열차안에서.2.-1연9행, 59) 해후(邂逅)벗장

성구에게-1연9행, 60) 수몰민.1.-고향을떠나며-1연10행, 61) 수몰민.2.-4연12행, 62) 수몰민.3.-3연9행, 63) 수몰민.4.-2연16행, 64) 청음서미동우거기(淸陰西薇洞寓居記)4연24행, 65) 하회(下回)-2연14행, 66) 안동민속제.1.-차천놀이-2연14행, 67) 안동민속제.2.-놋다리밟기-2연14행, 68) 오치골애기장수-4연12행, 69) 고바우-사설, 70) 미라골(美羅谷)-사설, 71) 4월-3연9행, 72) 4월의꽃밭에서-2연14행, 73) 불사춘(不似春)-1연9행, 74) 송현주택단지-3연21행, 75) 소시민-3연16행, 76) 목수김씨-3연9행, 77) 석수김씨-3연9행, 78) 목련-2연14행, 79) 삶-1연9행,

II. 권오신(權五信 1946-2016)의 현대시조 창작형태조사

시집	1연	2연	3연	4연	5연	사설	장시조	총계	비고
네 생각	44	10	15	6		2	2	79	1995
총 계	44	10	15	6		2	2	79	
비 율%	55.6%	12.6%	18.9%	7.5%		2.5%	2.5%	99.6%	

〈참고문헌〉

1. 한국시조큰사전-한춘섭, 박병순, 리태극-을지출판공사-서울. 1985

2. 한국시조대사전-상 · 하. 별책-박을수-아세아문화사-서울. 1991

3. 근대 시조대전-임선묵-경인문화사-서울. 1999

4. 한국시대 사전-김창직, 윤해규-을지출판공사-서울. 2004

5. 한국 현대시조 연구와 향방-김창현-오늘의문학사-대전. 2014

권 영 국(權寧局 1939-2018)의 현대시조 창작형태조사

Ⅰ. 세월의 흔적, - 시조집 2018.

1) 길-1연3행, 2) 세월-1연3행, 3) 아버지산소-1연3행, 4) 어버이은혜-1연3행, 5) 오누이-1연3행, 6) 시골장터-1연3행, 7) 인연하나로-1연3행, 8) 이별연습-1연3행, 9) 친구의장례식장-1연3행, 10) 인연의끈-1연3행, 11) 들국화사랑-1연3행, 12) 석류-1연3행, 13) 편지가 되고 싶다-1연3행, 14) 사랑-1연3행, 15) 죽음-1연3행, 16) 눈물-1연3행, 17) 사람-1연3행, 18) 이름값-1연3행, 19) 봄바람-1연3행, 20) 소나무-1연3행, 21) 낙서(落書)-1연3행, 22) 진달래꽃-1연3행, 23) 초상집-1연3행, 24) 불효-1연3행, 25) 어머님제삿날-1연3행, 26) 삶-1연3행, 27) 시집살이-1연3행, 28) 상사화(相思花)-1연3행, 29) 고향집-1연3행, 30) 핏줄-1연3행, 31) 임종(臨終)-1연3행, 32) 흔적-1연3행, 33) 봉사활동-1연3행, 34) 해장국집-1연3행, 35) 산사(山寺)-1연3행, 36) 향수(鄕愁)-1연3행, 37) 자연의순리-1연3행, 38) 버릭고가기-1연3행, 39) 마지막편지01연3행, 40) 용서(容恕)-1연3행, 41) 작별(作別)-1연3행, 42) 몸살-1연3행, 43) 삶-1연3행, 44) 당신-1연3행, 45) 꽃-1여3행, 46) 불상한예수-1연3행, 47) 꿈속에서-1연3행, 48) 보릿고개-1연3행, 49) 능소화-1연3행, 50) 노을-1연3행, 51) 부메랑-1연3행, 52) 세월은흐른다-1연3행, 53) 명(命)-1연3행, 54) 아버지-1연3행, 55) 무식-1연3행, 56) 하얀저녁-1연3행, 57) 눈동자-1연3행, 58) 만남-1연3행, 59) 아내-1연3행, 60) 법당앞에서-1연3행, 61) 당신-1연3행, 62) 아내-1연3행, 63) 종말(終末)-1연3행, 64) 변덕쟁이-1연3행, 65) 지난일-1연3행, 66) 선비의길-1연3행, 67) 제자-1연3행, 68) 상여(喪輿)-1연3행, 69) 연민(憐憫)-1연3행, 70) 성모마리아님-1연3행, 71) 십자가예수님-1연3행, 72) 부처님-1연3행, 73) 호미-1연3행, 74) 지록위마(指鹿爲馬)-1연3행, 75) 생명(生命)줄-1연3행,76) 주석삼불(酒席三佛)-1연3행, 77) 버릇-1연3행, 78) 이식위천(以食爲天)-1연3행, 79) 예금계좌(預金計座)-1연3행, 80) 아기눈-1연3행, 81) 똑또한바보-1연3

행, 82) 만남-1연3행, 83) 병실에서-1연3행, 84) 사랑-1연3행, 85) 어머님산소-3연9행, 86) 단풍-2연6행, 87) 삶-6연18행, 88) 신오우가(新五友歌)-6연18행, 89) 인생허무(人生虛無)-5연15행, 90) 아내-5연15행, 91) 불효자는웁니다-1연36행, 92) 산에서사노라면-5연15행, 93) 고향가는길-4연12행, 94) 어머니사망신고-2연6행, 95) 화개장터에서-4연12행, 96) 부여(扶餘)를찾아서-4연12행, 97) 등산(登山)-2연6행, 98) 동생들아-2연6행, 99) 어머니-3연9행, 100) 아내와남편-3연9행, 101) 너-2연6행, 102) 그리운사람-2연6행, 103) 영동찬가(永同讚歌)-4연12행, 104) 여보야-2연6행, 105) 지우개-1연3행, 106) 바람-1연3행, 107) 칭찬-1연3행, 108) 새싹-1연3행, 109) 그네-1연3행, 110) 채송화-1연3행, 111) 저녁달-1연3행, 112) 옹달샘-1연3행, 113) 산골집-1연3행, 114) 박꽃-1연3행, 115) 봄바람-1연3행, 116) 꽃씨-1연3행, 117) 금붕어-1연3행, 118) 감꽃목걸이-1연3행, 119) 느티나무-1연3행, 120) 아, 궁굼하다-1연3행, 121) 세종이만드신훈민정음-3연9행, 122) 으뜸임금으뜸한글-2연6행, 123) 말(언어)-4연12행, 124) 빈가슴-1연3행, 125) 산도라지-1연3행, 126) 별똥-2연6행, 127) 복숭아꽃-1연3행, 128) 개나리울타리-1연3행, 129) 그네-2연6행, 130) 봄이오는길-2연6행, 131) 까치집-3연9행, 132) 엄마-1연3행, 133) 내마음-1연3행, 134) 웃음-1연3행, 135) 사랑꽃-1연3행, 136) 예쁜꽃-1연3행, 137) 꿈-1연3행, 138) 복실개-1연3행, 139) 파도-1연3행, 140) 대통령-1연3행, 141) 신작로-1연3행, 142) 넓은세상-4연12행, 143) 해돋이-1연3행, 144) 길-1연3행, 145) 엄마-1연3행, 146) 할머니약손-1연3행, 147) 봄-1연3행, 148) 마음-1연3행, 149) 단비-1연3행, 150) 별동네-1연3행, 151) 고운세상-1연3행, 152) 새싹-1연3행

II. 권영국(權寧局 1939-2018) 詩伯의 現代詩調 創作形態調査

시조시	1연	2연	3연	4연	5연	사설	장시조	총계	비고
세월의흔적	152	11	5	6	5		3	182首	

아동문예	3							3	
총 계	155	11	5	6	5		3	185	
비 율%	83.7	5.9	2.7	3.2	2.7		1.6	99.8%	

〈참고문헌〉

1. 한국 시조큰사전-한춘섭, 박병순, 리태극-을지출판공사-서울. 1985
2. 한국 시조대사전-(상 · 하. 별책)-박을수-아세아문화사-서울. 1991
3. 근대 시조집람-임선묵-경인문화사-서울. 1999
4. 한국시대 사전-김창직, 윤해규-을지출판공사-서울. 2004
5. 한국 현대시조 연구와 향방-김창현-오늘의문학사-대전. 2014

남궁벽(南宮壁 1895-1922)의 현대시조

Ⅰ. 한국시대사전. 2004.

1) 별의 아픔

님이시여! 나의 님이시여! 당신은,
어린아이가 뒹구를 때
감응 적으로 깜짝 놀란 일이 없으십니까?

님이시여! 나의 님이시여! 당신은,
세상 사람들이 세상의 꽃을 비틀어 꺾을 때에
천상의 별이 아파한다고는 생각지 않으십니까? (1921)

2) 자유시-대지의 찬, 생명의 비의, 별의 아픔, 풀, 말(馬).

Ⅱ. 남궁벽(南宮壁 1895-1922)의 현대시조 창작형태조사

시조시	1연	2연	3연	4연	5연	사설	장시조	총계	비고
한국시대사전		1						1	
총 계		1						1	
비 율%		100						100	

〈참고문헌〉
1. 한국 시조큰사전-한춘섭, 박병순, 리태극-을지출판공사-서울. 1985
2. 한국 시조대사전 (상 · 하. 별책) 박을수 아세아문화사 서울. 1991
3. 근대 시조집람-임선묵-경인문화사-서울. 1999
4. 한국시대 사전-김창직, 윤해규-을지출판공사-서울. 2004
5. 한국 현대시조 연구와 향방-김창현-오늘의문학사-대전. 2014

남 인 기 (南仁基 1940–2006)의 현대시조

Ⅰ. 시조 생활

2006. 가을호-1) 낙조 앞에서-3연9행, 2) 목련-4연12행. 3) 친구여-5연15행, 4) 당신은 나의 시-1연6행, 5) 불꽃 단풍-1연6행.

Ⅱ. 한국시 대사전. 2004.

1) 낙조 앞에서-3연9행, 2) 강아지-3연9행, 3) 꿈속의 베네치아-3연9행, 4) 노을 타는 사람-1연6행, 5) 서울 춘색(春色)-2연6행, 6) 가을순-1연7행, 7) 목백일홍(木百日紅)-3연12행, 8) 나부끼는 봄-3연9행, 9) 실성한 사월-2연6행, 10) 산다는 건-3연9행, 11) 바람의 연(緣)-3연9행, 12) 난지도-3연9행, 13) 비상의 추상화-3연9행.

Ⅲ. 현대시조 감상

1) 낙조 앞에서

하늘이 기우뚱 지는 해를 보아라.
바다 가득 출렁이는 금빛 물결 보아라.
그 속에 검은 종말을 휘젓는 손이 있다.

마지막 타오르는 불꽃은 아름답다.
끝 간 곳 하늘 새가 깃을 접어 내리듯
목젖에 걸린 촛불은 너를 위해 아껴 두마.

이글대는 용광로에 몸을 사룬 새가 뜬다.
하늘을 재고 있는 내일 너머 그 지평에
비상한 짜릿한 맛을 주워 담는 여일(餘日)은.

2) 노을 타는 사랑
내가 낙조 되어 저 하늘을 불태우면
아, 너는 바다 되어 타는 노을 바라본다.
거기엔 오늘을 담는 붉은 새가 울고 있다.

누가 노을이라 이름 지어 주었던가.
불나비가 불을 보듯 나는 너 곁에 있고
너는 또 끝동 사랑을 물들이고 있구나.

벼랑 끝에 타는 불꽃 저미도록 황홀해라
한세상 떠날 때는 한 줌 재로 남는 건데
마지막 내 남은 가슴 더욱 붉게 태우리라.

Ⅳ. 남인기(南仁基 1940-2006)의 현대시조 창작형태조사

시조시	1연	2연	3연	4연	5연	사설	장시조	총계	비고
시조생활	4	2	10	2	1			19	
총 계	4	2	10	2	1			19	
비 율%	21.0	10.5	52.6	10.5	5.2			99.8	

〈참고문헌〉

1. 한국 시조큰사전-한춘섭, 박병순, 리태극-을지출판공사-서울. 1985
2. 한국 시조대사전-(상 · 하. 별책)-박을수-아세아문화사-서울. 1991
3. 근대 시조집람-임선묵-경인문화사-서울. 1999
4. 한국시내 사전-김창직, 윤해규-을지출판공사-서울. 2004
5. 한국 현대시조 연구와 향방-김창현-오늘의문학사-대전. 2014

남준우(南駿祐 1915-1981)의 현대시조

Ⅰ. 청자(靑瓷)

창간호. 1965. -1) 속리산 단풍-1연7행, 2) 문장대-1연7행, 3) 산국화-1연 7행, 4) 강변(江邊)-2연14행, 5) 사향(思鄕)-4연28행.

제2호 1965-1) 제주풍경-서귀포-2연14행, 2) 천제연 폭포-2연14행, 3) 어느날-2연14행.

제3호 1965-1) 삼국지-3연18행, 2) 마의 태자-2연16행.

제4호 1966-1) 목련-5연30행.

제5집 1966-1) 버들꽃-1연7행, 2) 보슬비-1연7행, 3) 송화(松花)-1연7행, 4) 동학사-2연14행.

제6집 1966-1) 난향(蘭香)-3연21행 2) 바다-1연7행, 3) 칠석-2연6행.

제7집 1966-1) 추석달-3연21행, 2) 호심(湖心)과 연륜(年輪)-4연12행.

제8집 (시조문학 10집)-1) 다보탑-1연6행, 2) 석굴암-1연6행, 3) 관세음보살-1연6행.

제9집 1967-1) 삼팔선-1연6행, 2) 오죽헌-1연3행, 3) 신사임당 묵화-2연9행.

제10집 1970-1) 사진첩-2연14행.

Ⅱ. 시조문학(時調文學)

제10집(1964)-다보탑-1연6행.

제12집(1965)-부여(扶餘)-2연14행.

Ⅲ. 남준우(南駿祐 1915-1981)의 현대시조 창작형태조사

시조시	1연	2연	3연	4연	5연	사설	장시조	총계	비고
청 자	12	9	3	2	1			27	
시조문학	1	1						2	
총 계	13	10	3	2	1			29	
비 율%	44.8	34.4	10.3	6.8	3.4			99.7	

〈참고문헌〉

1. 한국 시조큰사전-한춘섭, 박병순, 리태극-을지출판공사-서울. 1985
2. 한국 시조대사전-(상 · 하. 별책)-박을수-아세아문화사-서울. 1991
3. 근대 시조집람-임선묵-경인문화사-서울. 1999
4. 한국시대 사전-김창직, 윤해규-을지출판공사-서울. 2004
5. 한국 현대시조 연구와 향방-김창현-오늘의문학사-대전. 2014

동 옥 균 (董玉鈞 1938-2007)의 현대시조 조사연구

Ⅰ. 아침에는 풀잎소리가 들린다. (시집), 1999.

1) 아침에는 풀잎소리가 들린다-2연14행, 2) 얼음골-3연18행, 3) 기도원 여인들-3연18행, 4) 칡즙-2연14행, 5) 돌맹이탑-4연24행, 6) 장산봉뻐꾸기-2연14행, 7) 세월-1연12행, 8) 미끌한세상에서-2연14행, 9) 지팡이로 짚어보는 세상-2연14행, 10) 외손자 젖니 도는 가을-4연24행, 11) 가을판소리인생-2연14행, 12) 인생도미노게임-2연14행, 13) 걸어도 끝도 없는길 -2연14행, 14) 석양에기대어-3연18행, 15) 하늘보려면-2연14행, 16) 손끝으로글 읽는 아버지-2연14행, 17) 마늘밭에사-2연14행, 18) 돌꽃-2연14행, 19) 아우라지 강나루-2연14행, 20) 치악산보은꿩-4연12행, 21) 자갈치물고기들-2연14행, 22) 사계-4연 28행, 23) 반가사유상과생각하는 사람상-2연14행, 24) 주먹쥔 외손자-2연14행, 25) 노루막이목련-2연14행, 26) 무척산철 쭉꽃-1연12행, 27) 자암산진달래-1연12행, 28) 자암산 마애불-2연14행, 29) 포속송-2연14행, 30) 현애송-2연14행, 31) 문익송-2연14행, 32) 곰솔-2연14행, 33) 반송-2연14행, 34) 도래솔-2연14행, 35) 곡간송-2연14행, 36) 만지송-2연14행, 37) 다복솔-2연14행, 38) 감국-2연14행, 39) 산국-2연14행, 40) 설국-2연14행, 41) 홍매화 와 봄바람-1연7행, 42) 왕죽-2연14행, 43) 맹종죽-2연14행, 44) 만파식적-2연14행, 45) 신라대금(지죽)-2연14행, 46) 포대죽-2연14행, 47) 오죽-1연12행, 48) 귀갑죽-1연11행, 49) 본죽-1연12행, 50) 춘란-2연14행, 51) 손바닥난초-2연14행, 52) 호접란-2연14행, 53) 양란옴시리움-1연12행, 54) 양란텐파레-2연14행, 55) 목란-2연14행, 56) 묵죽-1연12행, 57) 묵매-2연14행, 58) 동중 서 와이드 뷔시-2연14행, 59) 세월의이마를 적시는 식은땀-3연 18행, 60) 모든사람잠들며-2연 14행, 61) 뿌리로 훑껴안 듯이-2연14행, 62) 나무도 웅크렸다-2연14행, 63) 4.19가 혁명으로 기록되던 1995년-2연 14행, 64) 지구제 흙에 누워 썩다-3연18행, 65) 강물은 시커멓게 울었다-2연 14행, 66) 을숙도철새들-2연14행, 67) 매형의고향

-5연30행, 68) 살구꽃처럼 웃다가 배꽃처럼 울다가-4연24행, 69) 강마을술미(1)-2연14행, 70) 강마을술미(2)-2연14행, 71) 강마을술미(3)-4연28행, 72) 강마을술미(4)-사설, 73) 어머니와 굴밤나무-2연14행, 74) 사모곡-3연18행, 75) 옛노루막이 보릿고개-2연14행, 76) 경암거실에서-4연24행, 77) 사물놀이(1)-2연14행, 78) 사물놀이(2)-1연12행, 79) 풍물-5연 35행, 80) 강강술래-7연42행, 〈해설〉 동양적사유와달관의시학-홍문표교수.

II. 부산. (시조).2000.

1) un묘지-2연14행, 2) 신선대-2연14행, 3) 이기대-2연14행, 4) 의기대-4연28행, 5) 자성대-4연28행, 6) 용대(오륙도)-3연21행, 7) 황령산사자봉-4연28행, 8) 망선대-3연21행, 9) 박물관척화비-2연14행, 10) 황령산봉수대(2)-2연14행, 11) 황령산봉수대(2)-3연21행, 12) 봉화불-4연24행, 13) 물운대-2연14행, 14) 수영남문홍예석-2연14행, 15) 수영성박견조각-1연12행, 16) 수영곰솔-2연14행, 17) 수영푸조나무-2연14행, 18) 수영고당-2연14행, 19) 수영성빗돌숲-2연14행, 20) 수영25의용단-2연14행, 21) 점이대-점미대-2연14행, 22) 망경대-2연14행, 23) 겸효대-3연21행, 24) 정과정원두막-3연21행, 25) 장대-4연24행, 26) 옛수영팔경-4연42행, 27) 해운대-3연 21행, 28) 해운대팔경-6연 36행, 29) 태종대-4연21행, 30) 곤포-1연7행, 31) 강선대-2연14행, 32) 범어사당간지주-1연12행, 33) 부산야류(1)-2연14행, 34) 부산야류(2)-2연14행, 35) 복조리-2연14행, 36) 복주머니달기-2연14행, 37) 소금뿌리기-2연14행, 38) 연날리기-1연7행, 39) 달집태우기-5연35행, 40) 꿩알줍기빌기-1연7행, 41) 명태버리기-1연12행, 42) 귀밝이술-1연7행, 43) 다리밟기-1연12행, 44) 부럼깨물기-1연7행, 45) 귀신쫒기-1연12행, 46) 작은설묵은세배-1연12행, 47) 참새구워먹기-1연12행, 48) 바람올리기-1연7행, 49) 문구멍내기-1연12행, 50) 벌초하기-1연7행, 51) 첫눈받아먹기-1연12행, 52) 동지팥죽뿌리기-1연7행, 53) 애기동지-1연12행, 54) 봉선화물들

이기-1연7행, 55) 달밤에실꿰기-1연12행, 56) 겨울에옷벗는여인-2연14행, 57) 먹물묻은비단강물-2연14행, 58) 벼랑위몰린지구-2연14행, 59) 풋과일화상입다-2연14행, 60) 부황도환생도없는지구-2연14행, 61) 열린지옥문-3연21행, 62) 부산새벽을물어뜯는모기(1)-1연12행, 63) 부산의새벽을물어뜯는모기(2)-1연12행, 64) 부산의새벽을물어뜯는모기(3)-3연18행, 65) 부산의새벽을물어뜯는모기(4)-3연18행, 66) 찬물과사워-2연14행, 67) 한계령-2연14행, 68) 계룡산드라이브-2연14행, 69) 갓바위-2연14행, 70) 치악산영원섬-4연12행, 71) 치악산에숨긴마음-2연14행, 72) 댓잎으로살다가-2연14행, 73) 재가된증언-2연14행, 74) 치악산-1연12행, 75) 구룡소-1연12행, 76) 이제금강으로간다-2연14행, 〈발문〉 소설도어렵다는시대에 -1,2,3,4,5,6,7,8,9,10,11,

Ⅲ. 기다림은 풀꽃처럼. (3시조집).2006.

1) 강물에빠져죽은강물-2연14행, 2) 분대-2연14행, 3) 읍숙도가을-2연14행, 4) 공단강마을-1연9행, 5) 고로쇠수액빼앗기-1연9행, 6) 나무먹이가로채기-2연14행, 7) 소나무벌씌우기-1연9행, 8) 지금농촌에는(1)-1연9행, 9) 지금농천에는(2)-1연9행, 10) 지금농촌에는(3)-1연9행 11) 가뭄(1)-2연14행, 12) 가뭄(2)-2연14행, 13) 산불(1)-2연14행, 14) 산불(2)-1연9행, 15) 황사바람(1)-2연14행, 16) 황사바람(2)-2연14행, 17) 수해현장-2연14행, 18) 수해현장(2)-2연14행, 19) 수해현장(3)-2연14행, 20) 수해현장(4)-2연14행, 21) 수해현장(5)-2연14행, 22) 재앙누지-2연14행, 23) 기다림은풀꽃처럼-2연14행, 24) 강둑에앉아-2연14행, 25) 그리움결삭으면-2연14행, 26) 냉천동에서 황령산까지-2연21행, 27) 시를안고오는봄-3연18행, 28) 시에묻어오는 것-3연21행, 29) 한줄의시를써놓고-3연21행, 30) 수련의는오월이면-2연14행, 31) 가을을찾아간다-2연14행, 32) 봉수대에올라-2연14행, 33) 여름앓이-2연14행, 34) 글인과지조-1연9행, 35) 불꽃놀이-2연14행, 36) 릴레이와주자교대-2연14행, 37) 꽃처럼-2연14행, 38) 목마내리기-1연9행, 39)

증발하는사유-1연9행, 40) 빈손에바람꺾고-2연14행, 41) 요술쟁이이슬-2연14행, 42) 허무-1연9행, 43) 봄바람-1연9행, 44) 술미가는길-2연 14행, 45) 꽃없는봄-2연14행, 46) 빨간침묵-1연9행, 47) 황령산홍매-2연14행, 48) 봄동백꽃-2연14행, 49) 살구나무-1연9행, 50) 개나리-1연9행, 51) 버찌꿈-1연9행, 52) 황련산목련-2연14행, 53) 목련꽃길-2연14행, 54) 목련꽃그늘-3연21행, 55) 야생화-1연9행, 56)숲-2연14행, 57) 백록담꽃사슴-1연9행, 58) 백록담산노루-1연9행, 59) 앵두-1연9행, 60) 자두-1연7행, 61) 까치밥-1연9행 62) 낙화-1연9행, 63) 봄꽃-2연14행, 64) 예수님삽혈-2연14행, 65) 영원을그리며-1연9행, 66) 시신기증(1)-2연14행, 67) 시신기증(2)-2연14행, 68) 시신기증(3)-2연14행, 69) 시신기증(4)-2연14행, 70) 시신기증(5)-2연14행, 71) 어머니마중-2연14행, 72) 서러운숲속길지나-2연14행, 73) 백살-1연9행, 74) 백수-1연6행, 75) 늦운동하는아내들-2연14행, 76) 선비화나무-2연12행, 77) 비구니-2연14행, 78) 처진소나무-2연14행, 79) 하얀고통-2연14행, 80) 만근무게에눌린봄-2연14행, 81) 버린몸에채운성령-2연14행, 82) 지팡이버리고-5연35행, 83) 내세로-2연12행,

Ⅳ. 흔들리면시로채운다. (시조집).2006.

1) 천마총(1)-1연9행, 2) 천마총(2)-1연9행, 3) 천마총(3)-1연9행, 4) 천마총(4)-2연14행, 5) 천마총(5)-1연9행, 6) 천마총(6)-1연9행, 7)천마총(7)-1연9행, 8) 천마총(8)-1연9행, 9) 청마총(9)-1연9행, 10) 천마총(10)-1연9행, 11) 천마총(11)-1연9행, 12) 천마총(12)-1연9행, 13) 천마총(13)-1연9행, 14) 천마총(14)-1연9행, 15) 석굴암(1)-2연12행, 16) 석굴암(2)-2연12행, 17) 석굴암(3)-2연12행, 18) 석굴암(4)-1연9행, 19) 석굴암(5)-2연12행, 20) 석굴암(6)-2연12행, 21) 석굴암(7)-1연9행 22) 석굴암(8)-1연9행, 23) 석굴암(9)-2연12행, 24) 석굴암(10)-2연12행, 25) 석굴암(11)-2연12행, 26) 석굴암(12)-2연12행, 27) 석굴암(13)-1연9행, 28) 석굴암(14)-1연9행, 29) 석굴암(15)-2연14행, 30) 석굴암(16)-1연9행, 31) 석굴암(17)-2연14행, 32)

석굴암(18)-2연14행 33) 석굴암(19)-2연14행 34) 석굴암(20)-3연9행, 35) 석굴암(21)-2연14행, 36) 석굴암(22)-2연14행, 37) 석굴암(23)-1연9행, 38) 에밀레종(1)-1연9행, 39) 에밀레종(2)-1연9행, 40) 에밀레종(3)-2연14행, 41) 에밀레종(4)-2연14행, 42) 에밀레종(5)-2연14행, 43) 에밀레종(6)-2연14행, 44) 범어서(1)-2연12행, 45) 범어서(2)-2연12행, 46) 범어서(3)-2연14행, 47) 범어서(4)-2연14행, 48) 범어서(5)-2연14행, 49) 범어서(6)-2연14행, 50) 범어삼기(1)-1연9행, 51) 범어삼기(2)-1연9행, 52) 범어삼기(3)-1연9행, 53) 금정산팔경(1)-1연9행, 54) 금정산팔경(2)-1연9행, 55) 금정산팔경(3)-1연9행, 56) 금정산팔경(4)-1연9행, 57) 금정산팔경(5)-1연9행, 58) 금정산팔경(6)-1연9행, 59) 금정산산성마을설화-2연12행, 60) 대동장승-2연6행, 61) 금정산성-2연6행, 62) 통도사성보박물관(1)-2연6행, 63) 통도사성보박물관(2)-2연14행, 64) 통도사성보박물관(3)-1연9행, 65) 통도사성보박물관(4)-1연9행, 66) 통도사성보박물관(5)-1연9행, 67) 통도사성보박물관(6)-1연9행, 68) 통도사성보박물관(7)-1연9행, 69) 통도사성보박물관(8)-1연8행, 70) 산사풍경(1)-1연9행, 71) 산사풍경(2)-1연9행, 72) 산사풍경(3)-1연9행, 73) 산사풍경(4)-1연9행, 74) 산사풍경(5)-1연9행, 75) 산사풍경(6)-2연6행, 76) 산사풍경(7)-1연9행, 77) 산사풍경(8)-1연9행, 78) 산사풍경(9)-2연14행, 79) 사상팔경(1)-1연9행, 80) 사상팔경(2)-1연9행, 81) 사상팔경(3)-1연9행, 82) 사상팔경(4)-1연9행, 83) 사상팔경(5)-1연9행, 84) 사상팔경(6)-1연9행, 85) 사상팔경(7)-1연9행, 86) 사상팔경(8)-1연9행, 87) 발시(시심을부어놓고)-1연9행,〈석굴암시작노트〉

Ⅴ. 버리면 보인다. (5시조집).2007.

1)대학가현수막-2연14행, 2) 밤의늪에돌던지다-2연12행, 3) 위험한사람옆에-2연12행, 4) 밤이깊어가고밤이오다-2연14행, 5) 자유라는절망-2연14행, 6) 방황하는술래-2연14행, 7) 줄세우며서는벽-2연12행, 8) 버리면보일텐데-2연14행, 9) 산에서도배우련만-2연14행, 10) 무너지지않는벽-2연14

행, 11) 지금오기싫은통일-2연14행, 12) 유월이면생각나는사람(1)-2연14행, 13) 유월이면생각나는사람(2)-2연14행, 14) 유월이면생각나는사람(3)-2연14행, 15) 유월이면생각나는사람(4)-2연14행, 16) 유월이면생각나는사람(5)-2연14행, 17) 유월이면생각나는사람(6)-2연14행, 18) 유월이면생각나는사람(7)-2연14행, 19) 이한열걸개그림-2연14행, 20) 줄서기생존법-2연14행, 21) 2002월드컵축구포스터즈-2연14행, 22) 3월에가신분그리며-2연14행, 23) 4월가신분그리며-2연14행, 24) 2월에가신분그리며-2연14행, 25) 아지랑이-2연14행, 26) 쫓겨난진달래-2연12행, 27) 눈부신합성-2연14행, 28) 수련-1연9행, 29) 수선화-1연9행, 30) 이향원(里香園)-2연14행, 31) 이향원(2)-2연14행, 32) 석류맛-1연9행, 33) 연말풍경-1연9행, 34) 연말풍경(2)-1연9행, 35) 연말풍경(3)-1연9행, 36) 연말풍경(4)-1년9행, 37) 연말풍경(5)-1연9행, 38) 위양못이팝나무-2연14행, 39) 겨울표충사-3연9행, 40) 가을그환원의절차-2연12행, 41) 낙엽의정체성과개념-2연12행, 42) 여름이몰고온밤-2연14행, 43) 아침이오는방버-1연9행, 44) 이슬-1연9행, 45) 뜨거운그늘-1연9행, 46) 웅크리지않은시간-1연9행, 47) 가난은추하다-2연14행, 48) 신생아뱃속짓읽기-1연9행, 49) 애기옹알이통역-1연9행, 50) 백설-2연14행, 51) 초승달-2연14행, 52) 동래학춤(1)-1연7행 53) 동래학춤(2)-1연7행, 54) 동래학춤(3)-1연7행, 55) 전각-2연14행, 56) 석공예인-2연14행, 57) 추사부작난도감상-2연14행, 58) 단청-2연14행, 59) 강서고분사신도-2연14행, 60) 무용총수렵도-2연14행, 61) 왕실병풍일월오악도-2연14행, 62) 독수리박제-3연9행, 63) 손기정투구-3연9행, 64) 도자기조-2연12행, 65) 토기조-1연7행, 66) 도기조-1연7행, 67) 청자조-1연7행, 68) 백자조-1연7행, 69) 탄금대-2연12행, 70) 기야금(2)-1연9행, 71) 산조기야금-2연12행, 72) 풍류가야금-3연9행, 73) 우륵의죽음-2연12행, 74) 탄금대싸움-3연9행, 75) 다도신경(1)-1연7행, 76) 다도신경(2)-1연9행, 77) 푸른숨마시며-1연7행, 78) 녹차향푸른미소-1연7행, 79) 찻잔에서익는서정-1연7행 80) 차한잔미소한줌-1연9행, 81) 날마다찬물끓이며-1연7행, 82) 메밀녹차-1연

7행, 83) 수액약수차-2연14행, 84) 매화마을풍경-1연9행, 85) 낮술취한홍매-1년9행, 86) 발시(1)-1연7행, 87) 발시(2)-1연7행, 88) 발시(3)-1연7행,

Ⅵ. 살아있는 화석. (6시조집).2007.

1) 바다농장-2연14행, 2) 수중계곡화법-2연14행, 3) 심해환상-1연9행, 4) 해식절벽-1연9행, 5) 산호초-1연9행, 6) 너울곡선-1연9행, 7) 삼지창등대-1연9행, 8) 해조음-1연9행, 9) 바나낙조-1연9행, 10) 썰물밀물-1연9행, 11) 해면운동-1연9행, 12) 썰물-1연9행, 13) 밀물-1연9행, 14) 모래톱-1연9행, 15) 시간을찢는물-1연7행, 16) 물위를질주하는물-1연7행, 17) 마그마비상령-1연7행, 18) 경련하는지구-1연7행, 19) 알몸쓰나미-1연7행, 20) 바다쏙아지다-1연7행, 21) 엎어진바다-1연7행, 22) 바다넋새하다-1연7행, 23) 바다손-1연7행, 24) 삼각파-2연14행, 25) 지구낙상-1연9행, 26) 불평등쓸기-1연9행, 27) 바다반역하다-1연9행, 28) 누운바다가서다-1연9행, 29) 난폭한점령군-1연9행, 30) 바람난욕정처럼-1연9행, 31) 허기진바다-1연9행, 32) 시공침몰-1연9행, 33) 바다반란-1연9행, 34) 바다난동뒤-1연9행, 35) 가출하고싶은바다-1연9행, 36) 시지푸스가된파도-2연12행, 37) 섬-2연14행, 38) 파도와스콜-1연9행, 39) 질긴너울-1연9행, 40) 물속파도-1연9행, 41) 파도타기-1연9행, 42) 원드서핑-1연9행, 43) 돌풍계곡레프팅-1연9행, 44) 스쿠버다이빙-1연7행, 45) 파라세일-1연9행, 46) 갯마을-1연14행, 47) 조개구이-2연14행, 48) 낙지먹기-2연14행, 49) 물일에닳은지문-1연7행, 50) 파도의발굽솔이들으며-1연7행, 51) 석조현상-1연7행, 52) 갯마을새벽-2연14행, 53) 대변리에가면(1)-1연7행, 54) 대변리에가면(2)-1연7행, 55) 대변리에가면(3)-1연7행, 56) 대변리에가면(4)-1연7행, 57) 홍조식물-1연7행, 58) 갈조식물-1연7행, 59) 녹조식물-1연7행, 60) 바가신음-2연14행, 61) 바다에종말이오면-1연9행, 62) 지구에종말이오면-1연9행, 63) 무너지는빙하-1연9행, 64) 빙산위협-1연9행, 65) 꿈꾸는바다-1연9행, 66) 삶은추상화한장-1연7행, 67) 자연은평등하다-2연14행, 68) 생명은평등하다-2연14행, 69) 논

리가만든디스토피아-2연14행, 70) 심해에누운에코토피아-2연14행, 71) 정밀교감-2연14행, 72) 해룡-1연9행, 73) 살아있는화석(1)-2연14행 74) 해파리-1연9행, 75) 날지못하는새-펭귄-2연14행, 76) 해저화산-1연9행, 77) 고요한비밀-1연9행, 78) 바다지옥-1연9행, 79) 발시-해침과해퇴사이-1연9행,

〈참고〉2007년5월16일. 마지막 편지를 보내 주시며 이 시집이 마지막 일 것, 같소이다. 파키슨이 불어 쉬라고 하네요. 항상 건강에 유의하세요. 눈물 뚝뚝 떨어지며 참 안타까운 심정, 하소연 할 곳이 없었다. -동옥균. 드림.

동옥균(董玉鈞 1938-2007)의 현대시조 조사연구

시조시	1연	2연	3연	4연	5연	사설	장시조	총계	비고
아침풀잎	10	52	6	7	5			80	
부 산	25	33	9	8	2			76	
풀 꽃	26	51	5		1			83	
채 우 기	51	35	1					87	
버리면보임	35	48	5					88	
살음화석	62	17						79	
총 계	209	236	26	15	8			493	
비 율%	42.3	47.8	5.2	3.0	1.6			97.48%	

〈참고문헌〉

1. 한국 시조큰사전-한춘섭, 박병순, 리태극-경인문화사-서울. 1985

2. 한국 시조대사전-(상.중.하 별책)-박을수-아세아문화사-서울. 1991

3. 한국시대 사전-김창직, 윤해규-경인문화사-서울. 2006

4. 한국 현대시조 연구와 향방-김창현-오늘의문학사-대전. 2014

5. 근대 시조집람-임선묵-경인문화사-서울. 1999

랑 승 만(浪承萬 1933-2016)의 시, 현대시조

Ⅰ. 안개꽃 연가. 1987.

1) 시, 사설시조-60수.

Ⅱ. 한국시대사전. 2004.

1) 수록 시제-가을의 기도.
2) 안개꽃 연가.
3) 봄날의 초상.
4) 풀꽃설화.
5) 겨울새.

Ⅲ. 시, 사설시조 작품감상

1) 겨울새

모두가 떠나버린 바닷가에 서 있었다.
아니 가을 열매 다 져버린
---이하 생략 ---
조각난 달이 하나 떠올랐다
겨울새 한 마리는 무슨 노래를
남기고 갔을까.

Ⅳ. 랑승만(浪承萬 1933-2016)의 시, 사설시조 창작형태조사

시조시	1연	2연	3연	4연	5연	사설	장시조	총계	비고
안개꽃연가						60		60	1987
한국시대사전						5		5	2004
총　　계						65		65	
비　　율%						100		100	

〈참고문헌〉

1. 한국 시조큰사전-한춘섭, 박병순, 리태극-을지출판공사-서울. 1985

2. 한국 시조대사전-(상 · 하. 별책)-박을수-아세아문화사-서울. 1991

3. 근대 시조집람-임선묵-경인문화사-서울. 1999

4. 한국시대 사전-김창직, 윤해규-을지출판공사-서울. 2004

5. 한국 현대시조 연구와 향방-김장현-오늘의문학사-대전. 2014

운산 류공선(雲山 柳孔善 1927-1997)의 현대시조

Ⅰ. 전라시조

1993. 제10집-1) 이별 소곡-3연18행.

※ 앞 뒤, 연도, 제호-누락-자료 없음.

1966. 제17집-1) 입원실에서-6연18행, 2) 금산사-1연3행, 3) 만정. 김소희(1917-1995) 국창-2연6행, 4) 이혜정-가야금 독주회-1연3행, 5) 충렬사-1연3행.

※ 고창 판소리 박물관.

Ⅱ. 시(詩)하나 발자국 하나.

1) 귀향사-4연12행, 2) 잃어버린 고향-3연9행, 3) 망향정에 서서-3연18행, 4) 석별-3연9행, 5) 이별 소곡-3연9행, 6) 딸 생각-3연9행, 7) 동면-4연12행, 8) 소금강야곡-3연9행, 9) 영월행-2연6행, 10) 남해에서-4연12행, 11) 낙화암에서-2연12행, 12) 격려-4연12행, 13) 송축-4연12행, 14) 호암선생 수연-4연12행, 15) 김석천 선생을 기리며-5연30행, 16) 교목-호랑나비 버들-1연6행, 17) 석가탑-1연3행, 18) 다보탑-1연3행, 19) 동백을 심은 뜻은-1연3행, 20) 교목-다복솔-1연3행, 21) 완도항에서-1연3행, 22) 선상에서-1연3행, 23) 개화도에서-1연3행, 24) 보길도에서-1연3행, 25) 해수욕장에서-1연3행, 26) 땅끝에서-1연3행, 27) 고산. 고택에서-1연3행, 28) 대흥사에서-1연3행, 29) 작별-1연3행, 30) 선운사 동백꽃-1연6행, 31) 사모곡-15연90행, 32) 서울인상-2연12행, 33) 입원유감-4연24행, 34) 용양기-3연18행, 35) 주사실에서-1연3행, 36) 목포 나들이-2연6행, 37) 꽃 피워라 훨훨 날아라-2연6행, 38) 석양에-4연12행, 39) 사고-2연6행, 40) 김소녀의 죽음을 슬퍼함-2연6행, 41) 송. 계유액년-3연9행, 42) 새성주-1연3행, 43) 새집터-5연15행, 44) 금혼일에-1연6행, 45) 이매창(李梅窓 1573-1610) 유적을 탐방하

고-1연6행, 46) 남계. 임종수-4연24행, 47) 청학동-1연6행, 48) 영산성지-1연6행, 49) 영광 향토 문화 연구소-1연6행, 50) 이승만(李承晩 1875-1965) 건국전에 부쳐-1연6행, 51) 이리선원에서-1연6행, 52) 병을 한탄하며-1연6행, 53) 노회-1연6행, 54) 자연농원-2연12행, 55) 진도씻김굿-1연6행, 56) 조카의 급서에-1연6행, 57) 등회인생-1연6행, 58) 노처송-4연24행, 59) 금혼일즉흥-1연3행, 60) 명절-1연6행, 61) 계화정에서-1연6행, 62) 운동회-1연6행, 63) 불일폭포-1연6행, 64) 요양생활-1연7행, 65) 만학의자부에게-1연6행, 66) 임공사에서-2연18행, 67) 망향정회합-1연6행, 68) 서홍축제-1연6행, 69) 큰 별이 떨어졌네-2연12행, 70) 사모부정-2연14행, 71) 주암호에서-1연7행, 72) 노인 지도자 대회-1연7행, 73) 정읍망부상-1연7행, 74) 마산돌섬-1연7행, 75) 순창삼인데-2연14행, 76) 유관순(柳寬順 1902-1920) 열사사당-1연7행, 77) 운주사-1연7행, 78) 오거리당산제-1연7행, 79) 칠순을 보내며-1연3행, 80) 소쇄원-1연3행, 81) 식영정-1연3행, 82) 다산초당-1연3행, 83) 장수 논개(朱論介 1902-1920) 열사사당-1연7행, 84) 만정. 김소희(金素姬 1917-1995) 국창-2연6행, 85) 문익석을 세우며-1연3행, 86) 이혜정 가야금 독주회-1연3행, 87) 효자비에-1연3행, 88) 망월동의 오월-1연3행, 89) 동학혁명 발상지-1연3행, 90) 전봉준(全琫準 1855-1895) 장군 생가터-1연3행, 91) 나주회진임씨 옛터-1연3행, 92) 금산사-1연3행, 93) 학교노인회 나들이-1연3행, 94) 광양 제철소-1연3행, 95) 지리산 온천-1연3행, 96) 조부님 묘제에서-1연3행, 97) 형수님 장례에-1연3행, 98) 삼세오 충렬사-1연3행, 99) 진안죽도-1연3행, 100) 미륵산 약수-1연3행, 101) 입원실에서-6연18행, 102) 평설-정갈한 삶의 연치와 진실-정주환-호남대 교수, 평설-생활 시조를 표방한 간명하고도 투명한 서정-전원범 광주교대 교수.

Ⅲ. 시조문학-1997. 겨울호

1) 동면(冬眠)-4연12행.

Ⅳ. 현대시조 작품 감상

1) 석가탑

백제의 옛이야기와 무영탑의 슬픈 사랑
여기에 돌을 쌓아 탑으로 세웠으니
하나의 뜻으로 서서 영겁으로 이어라.

2) 다보탑

돌을 쪼아 흙 다루듯 솜씨 속에 넋을 섞어
인생은 짧았어도 예술은 길고 길어
눈부신 조상의 슬기 갈고 닦아 이으리.

3) 동면(冬眠) 〈문예시조. 1992. 당선〉

찬바람 매서워서 두더지가 되었네.
고적한 고을 찾아 구멍에 깊이 드니
내 벗은 질화로 속에 군밤이 하나, 둘,

눈보라 강추위에 조용히 잠자고자
눈 감고 입 다물고 귀까지 종그리니
내 벗은 지루한 밤에 시계소리 더디다.

겨울이 지나가면 따순 봄 온다기에
오늘도 구멍 속엔 기나긴 기다림
내 벗은 무료한 세월 정감록을 펼친다.

몰라서 모르는 척 알고도 모르는 척
참으며 기다리며 돌리고 속아 사네
내 벗은 고독에 겨워 막걸리 잔 찾는다.

V. 운산 류공선(雲山 柳孔善 1927-1997)의 현대시조 창작형태조사

시조시	1연	2연	3연	4연	5연	사설	장시조	총계	비고
전라시조	3	1	1				1	6首	
시하나발자국하나	67	12	9	10	2		2	102	
시조문학				1				1	
총 계	70	13	10	11	2		3	109	
비 율%	64.2	11.9	9.1	10.0	1.8		2.7	99.7	

VI. 끝맺음

1) 문예사조 신인상(1992. 7월호)으로 문단 진출.
2) 이우종(1925-1999)의 심사평-시조의 음률도 격조가 높아 소재들의 주제 의식을 제대로 갖추고 있다.
3) 잃어버린 고향은 〈주암호〉 건설 개발로 귀향사로 형상화 하였다.
4) 시조생활로 시조운동을 전개 전라시조시인협회 회원으로 활동하였다.
5) 아깝게도 자료가 없어 유고집, 전라시조, 시조문학에 한정하였다.

※ 전북 고창군 초등학교 교장 정년퇴임.

〈참고문헌〉

1. 한국 시조큰사전-한춘섭, 박병순, 리태극-을지출판공사-서울. 1985
2. 한국 시조대사전-(상 · 하. 별책)-박을수-아세아문화사-서울. 1991
3. 근대 시조집람-임선묵-경인문화사-서울. 1999
4. 한국시대 사전-김창직, 윤해규-을지출판공사-서울. 2004
5. 한국 현대시조 연구와 향방-김창현-오늘의문학사-대전. 2014

정산 류 태 환(鼎山 柳台煥 1923-93세)의 현대시조

I. 한국시조 큰사전. 1985.

1) 가을의환상-2연6행, 2) 겨울나무-3연9행, 3) 고비(古碑)-3연9행, 4) 난(蘭) 소녀-3연9행, 5) 눈이오는날은-3연9행, 6) 늦가을에-3연9행, 7) 달밤과녹음과사랑과-3연9행, 8) 바다에서-3연9행, 9) 백운상(白雲像)-3연9행, 10) 사월은-2연6행, 11) 산에서-3연9행, 12) 산엘가면-3연9행, 13) 삼매(三昧)-2연6행, 14) 아버님가신곳-2연6행, 15) 오늘-3연9행, 16) 일혼(日昏)의곡-3연9행, 17) 자화상-3연9행, 18) 타인상-3연9행, 19) 하심도심(夏心都心)-2연6행, 20) 하해(夏海)-3연9행.

II. 어머니 고향 그리고 꿈. 1990.

1) 어버이날일기-3연27행, 2) 세상에전-2연6행, 3) 상서(上書)-3연27행, 4) 노모님-1연3행, 5) 발머리선-1연3행, 6) 미수(米壽)-2연6행, 7) 이어(離於)-1연9행, 8) 회심곡(回心曲)-3연27행, 9) 생애편고(1)-1연3행, 10) 생애편고(2)-1연3행, 11) 생애편고(3)-1연3행, 12) 생애편고(4)-2연6행, 13) 생애편고(5)-2연6행, 14) 세춘(歲春) (1)-3연27행, 15) 세춘(2)-3연27행, 16) 설날-3연27행, 17) 하향(1)-3연27행, 18) 하향(2)-3연27행, 19) 하향(3)-2연6행, 20) 하향(4)-3연27행, 21) 하향(5)-3연27행, 22) 하향(6)-3연27행, 23) 삼도강곡(1)-3연27행, 24) 삼도강국(2)-3연27행, 25) 우수-3연32행, 26) 시향-3연27행, 27) 성묘-3연27행, 28) 빈하(貧夏)-3연27행, 29) 깻모-3연27행, 30) 산가(山家)-2연6행, 31) 나의요구-3연27행, 32) 난기(蘭記) (1)-3연27행, 33) 난기(蘭記) (2)-2연6행, 34) 소양호(2)-2연6행, 35) 소양호(3)-2연6행, 36) 소양호(4)-2연6행37) 소양호(5)-1연3행, 38) 야심(夜心)-2연6행, 39) 진달래피먹은사월-3연27행, 40) 아침산행-3연21행, 41) 서리든바람앞에-3연21행, 42) 무화과의갈증-3연27행, 43) 자란제자들-3연25행, 44) 나

의고독학-3연27행, 45) 애기(愛記(1)-2연20행, 46) 애기(愛記) (2)-1연10행, 47) 보름달-3연25행, 48) 어린놈들생각-3연27행, 49) 영언이-3연27행, 50) 돌이가빛나고나며-2연22행, 51) 자부(子婦)-3연25행.

Ⅲ. 산사(山史). 2003.

1) 산사(山史)-4연28행, 2) 한일(閑日) (1)-2연14행, 3) 한일(閑日) (2)-2연14행, 4) 한일(3)-2연14행, 5) 한일(5)-2연14행, 6) 정원에서-4연32행, 7) 자식-1연7행, 8) 계절에-3연21행, 9) 낙과-2연14행, 10) 시골사는이야기-4연28행, 11) 가을은-1연8행, 12) 산거(山居) 엔-1연8행, 13) 일상(日常) 에서-2연16행, 14) 구공(九空이하늘이게-1연8행, 15) 시골은달시리다-2연14행, 16) 상촌의환상-이슬-1연6행, 17) 안개-1연7행, 18) 낙목(落木)-1연7행, 19) 애호박-1연7행, 20) 풋것-1연7행, 21) 연하장-2연10행, 22) 꽃병은-1연6행, 23) 고향함박눈-4연28행, 24) 삭제꼴사랑-4연24행, 25) 그대사랑은-3연23행, 26) 기척-4연36행, 27) 노옥(老屋)-3연24행, 28) 황토지-호미-3연24행, 29) 황사(黃砂) 인마을-3연21행, 30) 여름날은-6연45행, 31) 인적없는산새울어-2연8행, 32) 나잊은한번쯤은-2연6행, 33) 도시인가끔씩은-4연28행, 34) 어느농부생애-사설, 35) 내고향나들이-4연48행, 36) 탐방사제-3연36행, 37) 동창회-3연34행, 38) 모교82주년개교기념일-2연25행, 39) 소양정에서-4연48행, 40) 그땐우린-6연52행, 41) 활활타서하나다-3연28행, 42) 등심(燈心)-3연9행, 43) 불혹에2연6행, 44) 수연(壽筵)-4연12행.

Ⅳ. 정산 류태환(鼎山 柳台煥 1923-93세)의 현대시조 창작형태조사

시조시	1연	2연	3연	4연	5연	사설	장시조	총계	비고
한국시조큰사전		5	15					20	
어머니고향	8	13	30					51	
산사(山史)	11	11	9	10		3		44	
총　계	19	29	54	10		3		115	
비　율%	16.5	25.2	46.9	8.6		2.6		99.8	

〈참고문헌〉

1. 한국 시조큰사전-한춘섭, 박병순, 리태극-을지출판공사-서울. 1985
2. 한국 시조대사전-(상 · 하 별책)-박을수-아세아문화사-서울. 1991
3. 근대 시조집람-임선묵-경인문화사-서울. 1999
4. 한국시대 사전-김창직, 윤해규-을지출판공사-서울. 2004
5. 한국 현대시조 연구와 향방-김창현-오늘의문학사-대전. 2014

문 무 열(文武烈 1948-2003)의 현대시조

Ⅰ. 경남시조

※ 연도, 제호, 누락-자료 없음.

1999. 제16집-1) 목련-3연9행, 2) 포장마차-3연9행, 3) 봄 계곡에-4연25행.

2000. 제17집-1) 아침-2연12행, 2) 도심의 고목(古木)-3연9행, 3) 겨울 아카시아-3연9행.

2001. 제18집-1) 무명의 새-1연6행, 2) 정월대보름-3연9행, 3) 오월의 아카시아-1연7행.

Ⅱ. 달가람 시조

2002. 제10집-1) 팔월 질경이-2연6행, 2) 휘파람새-4연12행, 3) 참외-1연3행, 4) 달팽이-1연5행, 5) 불면증-1연7행, 6) 첫 단추-2연9행, 7) 벌목소리-2연6행, 8) 재-2연6행, 9) 그리움-1연6행, 10) 비누-1연3행.

Ⅲ. 현대시조 감상

1) 그리움

도담한 편지 한 통 향미(香味)처럼 놓여 있다.
개봉도 하기 전에 마음 벌써 새물 같아
손가락 마디마디에 퐁퐁 솟는 그리움.

2) 비누

꾸리에 감긴 정을 물발로 헹궈본다.
올마다 배어 있는 하이얀 웃음들이
괴롤 땐 저 부르세요, 땟국 씻는 마음으로.

3) 불면증

내 안의 생쥐에 밤마다 열병이다.
요리조리 미꾸라지 허탕한 꿈 싸 부리더니
먼동도 다 갉아먹고 탄(嘆)가루만 남는다.

4) 참외

굶주림에 부황 돌던 어두운 어린 시절
더듬더듬 엉금엉금 출구 찾아 헤매는데
인고의 밭고랑 위에 밝혀주신 노란 연등.

5) 달팽이

날아가도 고행길인 저 가파른 우둠지여
생명 보시 맨살 보시 가뿐 숨 열등 메고
끈끈한 백팔 번뇌는 지팡이를 괴면서.

Ⅳ. 문무열(文武烈 1948-2003)의 현대시조 창작형태조사

시조시	1연	2연	3연	4연	5연	사설	장시조	총계	비고
경남시조	2	1	5	1				9	
달가람시조	5	4		1				10	
총 계	7	5	5	2				19	
비 율%	36.8	26.3	26.3	10.5				99.7	

〈참고문헌〉

1. 한국 시조큰사전-한춘섭, 박병순, 리태극-을지출판공사-서울. 1985
2. 한국 시조대사전-(상 · 하. 별책)-박을수-아세아문화사-서울. 1991
3. 근대 시조집람-임선묵-경인문화사-서울. 1999
4. 한국시대 사전-김창직, 윤해규-을지출판공사-서울. 2004
5. 한국 현대시조 연구와 향방-김창현-오늘의문학사-대전. 2014

석천 문복선(石泉 文福善)의 현대시조

Ⅰ. 또 하나의 그리움이. 2000.

1) 또하나의그리움이-3연19행, 2) 향수-3연15행, 3) 사향-3연18행, 4) 징검다리-4연28행, 5) 쌀독-3연18행, 6) 팥죽-3연16행, 7) 내고향비인성터-3연15행, 8) 가을들녁-3연28행, 9) 바다의존재-3연15행, 10) 고향그겨울달빛-5연15행, 11) 코스모스-2연14행, 12) 민들레-3연13행, 13) 모과-3연18행, 14) 가을언덕-3연15행, 15) 수덕사추억-2연14행, 16) 행운(行雲)-3연17행, 17) 굴뚝-2연18행, 18) 바다여어머니여-3연15행, 19) 바람으로달리다가-4연27행, 20) 조가비-2연16행, 21) 종소리를들으며-5연15행, 22) 은행나무-2연12행, 23) 춤-3연15행, 24) 바람은또혼자서만-4연24행, 25) 나그네-2연18행, 26) 하지소묘-3연18행, 27) 어부의꿈-3연18행, 28) 출근길-3연16행, 29) 연주암오르는길-3연17행, 30) 터미날광장-3연12행, 31) 청계천을지나며-3연12행, 32) 갑사로가는길-3연18행, 33) 꽃잎으로쉬었다가-4연28행, 34) 나는지금외출중-3연16행, 35) 인사동거리-3연18행, 36) 소사의추억-3연17행, 37) 대모산약수터-4연28행, 38) 탱자나무-3연18행, 39) 새벽출근길-3연12행, 40) 비인장날-3연17행, 41) 단군신화-3연18행, 42) 선교장-2연12행, 43) 경포대-3연18행, 44) 석류-3연18행, 45) 채송화-2연14행, 46) 백운대에오르며-3연16행, 47) 선운사-3연21행, 48) 녹우당찾아서-6연38행, 49) 달력-2연18행, 50) 해금강-3연15행, 51) 한라산등정-4연12행, 52) 연안부두-4연28행, 53) 섬-4연28행, 54) 촛불-3연21행, 55) 감의꿈-2연16행, 56) 넝쿨장미-2연14행, 57) 달과파도-3연18행, 58) 동백정에서-3연17행, 59) 소나기-4연28행, 60) 강물과바람의의미-3연15행, 61) 조약돌-2연14행, 62) 강물-3연18행, 63) 허수아비의반란-4연36행, 64) 날개의고향-2연14행, 65) 까치집-3연18행, 66) 눈내리는밤에-3연18행, 67) 여름바다-3연18행, 68) 다산초당-3연15행, 69) 대모산-3연21행, 70) 먼훗날하나되어-4연12행, 71) 맥파(脈波)-3연15행, 72) 내너를부르는뜻은-4연28행, 73) 밤비

-2연12행, 74) 해당화-2연14행, 75) 바람과나무그리고사계절-4연28행, 76) 강변소묘-2연12행, 77) 갈대꽃-3연15행, 78) 오죽헌-4연29행, 79) 눈(雪)의 서경-3연19행, 80) 낙화암-3연17행, 81) 채석강-2연13행, 82) 청령포-2연14행, 83) 우물의사계-4연25행, 84) 고향이그리울땐-5연25행, 85) 국립묘지앞을지나며-2연14행.

〈시집머리글〉향수와순수미심의발산-김해성.〈시집해설〉자연친화적인 고향체험의시적형상화-허만욱.

II. 마당. 2003.

1) 3월그고향-4연28행, 2) 하얀만남-4연26행, 3) 사모곡-5연31행, 4) 흙담-5연35행, 5) 사계, 그리운고향노래-4연28행, 6) 장마비-2연14행, 7) 남산길-3연18행, 8) 미루나무-3연18행, 9) 물향기-1연7행, 10) 담장밑아이들-4연24행, 11) 과천대공원-4연28행, 12) 월미도윤사월은-2연14행, 13) 바닷가소요-4연28행, 14) 거제도해금강-3연18행, 15) 밤바다-3연18행, 16) 시드니풍경-2연13행, 17) 호수의전설-4연28행, 18) 당신의가슴에전화를달아놓고-7연21행, 19) 장날-4연28행, 20) 화려한만남-2연14행, 21) 그리움-3연18행, 22) 질곡-4연28행, 23) 허리끈-3연18행, 24) 동강(東江)-3연12행, 25) 감심(江心)-3연12행, 26) 개구리울음-2연14행, 27) 소나무선담-3연15행, 28) 이사온구룡사-3연16행, 29) 바람이서있는곳-3연21행, 30) 임이여-2연14행, 31) 서해낙조-4연28행, 32) 소래포구풍경-4연28행, 33) 광천야누스-3연15행, 34) 하늘밑첫동네-2연14행, 35) 날개-4연28행, 36) 연꽃-2연14행, 37) 갯펄-3연18행, 38) 갈대꽃-2연14행, 39) 강변-3연21행, 40) 서귀포밀감나무-3연16행, 41) 성산일출봉에올라-3연15행, 42) 산정(山情)-3연18행, 43) 황지(潢池)-4연28행, 44) 강물로마주앉아-3연18행, 45) 용문사-2연14행, 46) 장생포그아이들-3연17행, 47) 참새-3연18행, 48) 등나무아래서-4연27행, 49) 돌담길-3연18행, 50) 깨어있는밤-4연28행, 51) 마당-10연70행,

52) 길-4연27행, 53) 눈오는길-3연19행, 54) 기다림-2연14행, 55) 단풍-1연 8행, 56) 수수목영근뜻을-3연15행, 57) 석화(石花)-1연7행, 58) 어부의눈빛 -4연28행, 59) 눈(眼)-3연15행, 60) 산정호수-2연14행, 61) 시월엔-1연7행, 62) 문장대에오르며-3연21행, 63) 촉석루-3연21행, 64) 독도여-3연18행, 65) 죽서루-2연14행, 66) 내소사에서-3연18행, 67) 춘삼월물오르면-3연21 행, 68) 도봉을오르며-3연18행, 69) 해풍(海風) 3연18행, 70) 한강낚시꾼-3 연21행, 71) 잿빛그림-3연18행, 72) 시력파괴-3연13행, 73) 벽의군살-4연 28행, 74) 게시판-4연16행, 75) 바다그사념-4연28행, 76) 돛살-3연15행, 77) 등산유정-(登山有情)-3연18행, 78) 뜨락축제-2연14행, 79) 오늘의운세 -2연13행, 80) 남대문시장-2연14행.

〈시평〉감수성의숲가꾸기혹은그리움의방향-채수영

III. 낯선 외출. 2004.

1) 고향길-3연15행, 2) 찔레꽃-2연14행, 3) 파란함성-3연18행, 4) 라일락 피는길-3연24행, 5) 두고온동백꽃-2연14행, 6) 비가오면-2연14행, 7) 비를 맞는장미꽃-2연14행, 8) 눈빛-2연14행, 9) 돌배나무꽃-3연15행, 10) 바람이 불거들랑-3연18행, 11) 세월(4)-3연18행, 12) 흙비여울목-3연16행, 13) 내 가좋아하는길-5연35행, 14) 눈감으면-1연12행, 15) 강물의미소-3연18행, 16) 대부도가는길-2연14행, 17) 보름달-1연12행, 18) 여름이오면-3연17행, 19) 시월-4연28행, 20) 아카시아꽃-2연14행, 21) 간이역-2연14행, 22) 웃는 갈대-1연10행, 23) 석모도보문사-4연28행, 24) 겨울나무-2연14행, 25) 집 어등(集魚燈)-2연15행, 26) 울산바위-3연18행, 27) 길을걸으며-5연35행, 28) 네가그리울땐-3연18행, 29) 볼펜을잡고-2연14행, 30) 닻줄-4연28행, 31) 낯선외출-4연28행, 32) 권태가나를잡고-3연15행, 33) 비오는날에-3연 15행, 34) 이사짐싸기-3연18행, 35) 창호지를바르며-3연24행, 36) 내마음 의나그네-1연12행, 37) 낯선창가에서-3연21행, 38) 둥지-3연18행, 39) 빨

랫줄-4연28행, 40) 할아버지달따주세요-5연29행, 41) 산방굴사아기부처-2연14행, 42) 간월도에서-3연15행, 43) 불타는바다-3연12행, 44) 촛불잔치-3연18행, 45) 산이높이솟은뜻은-4연46행, 46) 포도-2연14행, 47) 신촌로터리-4연28행, 48) 리포트-4연28행, 49) 밀물-4연28행, 50) 동대문시장-3연15행, 51) 와산교를지나며-2연14행, 52) 꽃씨하나뿌린땅-2연14행, 53) 장승의미소-3연18행, 54) 색칠하기-4연28행, 55) 네자리-4연28행, 56) 해송-2연14행, 57) 화석정(花石亭)-58) 율곡리-1연7행, 59) 안개-3연18행, 60) 청간정(淸澗亭)-1연12행, 61) 우도(牛島)-3연15행, 62) 바다의춤-3연15행, 63) 함상(艦上) 에서-4연16행, 64) 물허벅-3연21행, 65) 고란초(皐蘭草)-3연18행, 66) 늙은호박-1연10행, 67) 청국장-3연15행, 68) 질그릇-3연15행, 69) 지하철풍경-4연28행, 70) 서울의흙비-3연17행, 71) 중심잃은수은주-2연14행, 72) 농부의죽음-2연14행, 73) 양재동주민-3연15행, 74) 응암오거리-3연15행, 75) 고로쇠나무-2연12행, 76) 연신내자두빛-2연14행, 77) 하태도풍경-3연18행, 78) 마량-3연15행, 79) 살아있는섬-4연28행, 80) 북소리-2연14행, 81) 사투리네탓-3연18행, 82) 제주돌담-3연18행.

〈시평〉낯선외출의변증법-이호림.

Ⅳ. 장포 가는 길. 2006.

1) 해당화피거들랑-2연14행, 2) 편지쓰기-2연14행, 3) 들국화-3연18행, 4) 속리산도토리묵-2연12행, 5) 창문을열면-2연14행, 6) 기다림-2연14행, 7) 나팔꽃-2연14행, 8) 벼랑에핀꽃-3연15행, 9) 그리움하나-1연12행, 10) 홍도기행-4연28행, 11) 소양호-2연12행, 12) 사과-1연12행, 13) 가을언덕길-3연18행, 14) 가을달밤-3연12행, 15) 낙엽-4연24행, 16) 억새꽃하늘공원-3연12행, 17) 천변풍경-3연12행, 18) 겨울밤찬물을끓이며-2연13행, 19) 백합-2연12행, 20) 초가지붕-4연16행, 21) 장포가는길-4연28행, 22) 비인장날-3연15행, 23) 들길을걸으며-3연15행, 24) 살구나무-4연28행, 25) 멍

석-3연15행, 26) 감의꿈(2)-2연14행, 27) 향수-2연14행, 28) 빈집-2연14행, 29) 서리-5연20행, 30) 하지무렵-2연12행, 31) 구름이날기다려-2연14행, 32) 보리숭늉을마시며-3연12행, 33) 백마강에서-3연12행, 34) 땅끝마을-2연14행, 35) 법성포사람들-2연14행, 36) 유달산을오르며-4연28행, 37) 통일시낭송회-3연18행, 38) 달밤에-1연12행, 39) 예산골아이들-3연15행, 40) 추사고택을찾아서-4연28행, 41) 흙의계절-3연16행, 42) 밭이랑-3연12행, 43) 뻐꾸기울음소리-3연18행, 44) 강물과나무와나-3연12행, 45) 어둠은가슴풀고-4연12행, 46) 우스운내마음-2연12행, 47) 빗방울-3연12행, 48) 유월의구름꽃-3연15행, 49) 전지(剪枝)-3연15행, 50) 수평선-3연12행, 51) 바람부는밤에-3연18행, 52) 빈손-3연12행, 53) 단풍낙엽-3연15행, 54) 몽당연필-2연14행, 55) 흔적들-4연16행, 56) 월인천강(月印千江)-3연18행, 57) 그믐달-2연14행, 58) 흔들리는종묘공원-4연28행, 59) 내마음-2연14행, 60) 한탄강-3연17행, 61) 짓궂은봄비-3연18행, 62) 연꽃-1연14행, 63) 파도의욕망-3연12행, 64) 태풍-3연18행, 65) 어촌부부-2연14행, 66) 부용동-4연28행, 67) 무임승차-3연15행, 68) 가을바람-3연21행, 69) 가을밤에-3연16행, 70) 이가을에-3연15행, 71) 가을단상-3연18행, 72) 대흥사-3연15행, 73) 고향바다-3연12행, 74) 반구정-3연15행, 75) 서울의달빛-4연28행, 76) 버려진지갑-3연15행, 77) 흙상자-3연15행, 78) 인생의정오-3연13행, 79) 허기증-3연15행, 80) 흔들바위-1연12행, 81) 상실-2연12행, 82) 휴대전화-3연15행, 83) 나무와풀-3연12행, 84) 밤과마주앉아-5연25행, 85) 느티나무-5연32행, 86) 고장난내가슴풀고-3연12행, 87) 한쪽발로-3연18행, 88) 슬픈가로수-3연18행, 89) 아카사아낙엽-1연12행, 90) 서초동을지나며-3연15행, 91) 뒤뜰-2연14행.

〈해설〉장포가는길목에서-이호림.(성균관대교수)

Ⅴ. 징검다리. 2009.

1) 능수버들-1연12행, 2) 시월소사골추억-3연15행, 3) 별빛-3연15행, 4)

달빛-2연14행, 5) 진달래꽃-2연14행, 6) 운림산방(雲林山房)-2연14행, 7) 나의옛집-3연15행, 8) 꽃씨하나뿌려놓고-3연12행, 9) 달빛연가-3연15행, 10) 체온계-3연12행, 11) 징검다리-5연30행, 12) 바다-3연18행, 13) 고샅길-4연27행, 14) 색칠하기(2)-3연18행, 15) 마루-3연12행, 16) 바람소리-3연12행, 17) 찻잔을잡고-2연12행, 18) 가을하늘-2연14행, 19) 귀향길-4연16행, 20) 산머루-2연14행, 21) 봄길-1연10행, 22) 대금(大笒)-3연18행, 23) 가야금-3연18행, 24) 자유로(自由路)-3연15행, 25) 기다림(2)-3연15행, 26) 표정들-5연25행, 27) 명동나들이-4연16행, 28) 겨울나그네-2연12행, 29) 송사리의반란-3연12행, 30) 압송(押送)-3연15행, 31) 기다림(3)-1연12행, 32) 일기예보-3연12행, 33) 비뿌리는계절-3연18행, 34) 달과바람과-2연12행, 35) 슬픈탓-3연12행, 36) 창공-3연12행, 37) 빈집들-3연15행, 38) 산사에내리는비-4연24행, 39) 슬픈미소-2연12행, 40) 구름속의달-3연12행, 41) 마니산낙조-1연12행, 42) 눈꽃송이-3연15행, 43) 백록담에서-1연11행, 44) 하강의미학-2연12행, 45) 마애불의미소-3연15행, 46) 독서-2연16행, 47) 난(蘭) 이피는아침-2연12행, 48) 경포호수-1연12행, 49) 조개구이-2연12행, 50) 꽃이되어-4연28행, 51) 감자전-2연12행, 52) 박꽃-2연14행, 53) 눈(雪)-4연16행, 54) 원동골을지나며-3연16행, 55) 청산이그리좋아-2연14행, 56) 시월도봉-2연12행, 57) 눈내리던길-3연12행, 58) 내마음(2)-3연12행, 59) 바위산을오르며-2연14행, 60) 춘천댁-4연16행, 61) 참외밭-1연12행, 62) 산사가는길-3연15행, 63) 강물-4연16행, 64) 찢겨진달력-2연14행, 65) 나의주소는-3연15행, 66) 우물과여인-3연12행, 67) 굴따는아낙네-3연12행, 68) 바람부는날-4연16행, 69) 헹가레-3연12행, 70) 비상등을켜고-4연12행, 71) 나의목소리-3연15행, 72) 사다리-3연12행, 73) 고사(告祀)-4연16행, 74) 산길을걸으며-3연15행, 75) 껍질벗기-3연12행, 76) 담쟁이의꿈-2연14행, 77) 나의시간-4연24행, 78) 갈대의미소-2연14행, 79) 고갯길-3연18행, 80) 목련이지는아침에-3연12행, 81) 발자국-3연12행, 82) 발효의기교-1연8행, 83) 보리타작-2연14행, 84) 닭울음-1연11행, 85) 분재-3연15행, 86) 목련가지를흔드는사람-3연12행, 87) 가방속의명함-3연15행, 88) 현기증-4연12행, 89) 팔려간배롱나무-5연25행, 90) 겸한알씹으며-2연12행, 91) 부재중-3연12행, 92) 벽(壁)-3연15행, 93) 오토바이탁배아저씨-2연14행, 94) 얼레감는아이-3연15행, 95) 내이름바람끝에-3연12행, 96) 뻥튀기할아버지-3연12행, 97) 유통기한-1연8행, 98) 빈냉장고-3연18행, 99) 짜장면과아이들-2연14행, 100) 마음열기-4연16행, 101) 고구마순을뿌리며-1연12행.

〈작품해설〉손에젖은시혼-전기철(숭의여대교수)

VI. 꽃 그 아픔의 미소. 2013.

1) 장독-3연14행, 2) 수세미와조롱박-2연14행, 3) 그리운소리들-3연12행, 4) 바람쇄기-3연12행, 5) 고향탁배-3연15행, 6) 아이들소리(1)-3연12행, 7) 걷고싶은길-3연12행, 8) 빛속의미소-1연12행, 9) 신춘사계-4연28행, 10) 봄의유혹-2연12행, 11) 꿈길로만오는이-1연12행, 12) 그리움의깊이-2연14행, 13) 바람부는아침이면-1연12행, 14) 편지쓰기(2)-2연14행, 15) 사진찍기-1연12행, 16) 달이되어-5연25행, 17) 갈옷-3연12행, 18) 웃음-1연7행, 19) 장진포구-3연15행, 20) 밀물-3연12행, 21) 살구꽃피는밤-1연9행, 22) 바닷가소묘-1연7행, 23) 봄의향기-3연14행, 24) 백운대등정-4연14행, 25) 만남(1)-3연15행, 26) 수종사쪽마루에서-2연12행, 27) 나무꽃잎사귀-3연12행, 28) 꽃비오는아침-1연12행, 29) 그아픔의미소-6연22행, 30) 순두부기와집-1연8행, 31) 영상전화-2연14행, 32) 해변열차-4연28행, 33) 춤추는만경큰들-3연15행, 34) 팽나무와아이들-3연19행, 35) 늦가을들길에서-2연14행, 36) 옥로(玉露)-2연14행, 37) 꽃빛바람-2연12행, 38) 음성휴게소-2연14행, 39) 산정(山情) (2)-1연12행, 40) 방죽-2연14행, 41) 진눈깨비-2연12행, 42) 나이테-2연14행, 43) 가을단상-1연9행, 44) 소라껍질-3연15행, 45) 강마을-2연14행, 46) 갈증-2연12행, 47) 할머니의손-1연12행, 48) 나물파는할머니-3연15행, 49) 도토리나무밑에서-2연14행, 50) 지하철계단-2연12행, 51) 황태덕장-3연15행, 52) 가을비-2연14행, 53) 젖은시간-2연12행, 54) 늦

가을에(1)-1연12행, 55) 별똥별-3연18행, 56) 섬(2)-3연15행, 57) 해우소-2연14행, 58) 문풍지를바르며-3연12행, 59) 기다림(4)-7연21행, 60) 홍천수타사-2연14행, 61) 만해생가를찾아서-3연9행, 62) 제주의바람과여인-3연12행, 63) 만남(2)-5연18행, 64) 흙담장-3연14행, 65) 해안풍경-2연12행, 66) 해미읍성-2연12행, 67) 추임새-3연12행, 68) 대숲의노래-4연28행, 69) 오늘의노래-3연14행, 70) 때로는-2연14행, 71) 세종대왕동상앞에서-4연28행, 72) 삽질-3연15행, 73) 마늘한쪽먹고-2연12행, 74) 늦가을바닷가에서-3연15행, 75) 파종-2연14행, 76) 해당화꽃그늘에-3연15행, 77) 소쩍새는울지않아-3연15행, 78) 내가슴목마름을-3연15행, 79) 남은햇살로빗질하며-3연15행, 80) 헛걸음-1연13행, 81) 테헤란로-4연26행, 82) 남한산성을지나며-1연12행, 83) 뷔페음식-3연15행, 84) 모래밭-4연28행, 85) 남당리대하축제-2연14행, 86) 복집-2연12행, 87) 가락어시장-3연15행, 88) 퇴고-2연12행, 89) 시간을잡지말고-4연24행, 90) 시간의포로-3연12행, 91) 갓길-3연12행, 92) 느림의미학-4연24행, 93) 나무와물-3연12행, 94) 떡기계와모정-3연15행, 95) 동맥경화증-3연12행, 96) 잡초의아픔-2연14행, 97) 던져버린나막신-2연8행, 98) 아이들소리-2연14행, 99) 키질-3연15행.

〈작품해설〉자연과의교감에서얻은 신생의 진실-김준.

Ⅶ. 순간이 그린 그림. 2014.

1) 간이역-1연6행, 2) 가을언덕길-2연14행, 3) 발길을멈추고-2연12행, 4) 기다림(5)-1연7행, 5) 달무리-3연12행, 6) 감꽃향기-2연14행, 7) 넝쿨장미의유혹-2연12행, 8) 낙화-2연14행, 9) 노을-1연7행, 10) 밤바다-1연6행, 11) 솔바람소리-1연7행, 12) 아쉬움-3연12행, 13) 썰물과밀물-1연7행, 14) 봄밤의미소-2연12행, 15) 내일은-1연7행, 16) 산정(3)-1연6행, 17) 사랑의운석-2연8행, 18) 갈대숲-1연7행, 19) 오늘일랑-2연8행, 20) 환희대를찾아서-2연8행, 21) 한지-3연12행, 22) 눈내리는밤에-3연12행, 23) 봄비-2연12행, 24) 꽃빛바람-1연6행, 25) 백담계곡-3연9행, 26) 구들-3연12행, 27) 빗질하

기-2연12행, 28) 내마음연못에깔고-3연12행, 29) 여무는계절-2연12행, 30) 조각달-1연7행, 31) 가을사랑-3연12행, 32) 청산과강물과나와-3연15행, 33) 겨울산나무들-2연14행, 34) 낙엽-1연9행, 35) 산정(4)-3연11행, 36) 오월은시인이다-2연12행, 37) 달빛여무는강물-1연7행, 38) 밤3시에깨어있다-2연12행, 39) 양개천연가-2연12행, 40) 들밥-3연11행, 41) 볏짚의노래-6연30행, 42) 가로수길-4연12행, 43) 삼복을살다간선인-제자복-1연6행, 44) 화초복-1연6행, 45) 술복-1연6행, 46) 님그리워-1연6행, 47) 시간이그린그림-4연24행, 48) 강물-1연7행, 49) 손흔들리는것들-2연14행, 50) 쑥바구니-1연7행, 51) 내빛깔찾기-2연12행, 52) 아가의눈빛-1연7행, 53) 모롱이길-3연9행, 54) 진고갯길을넘으며-4연24행, 55) 햇살한줌훔쳐뒀다가-2연6행, 56) 소양강낚시꾼-3연12행, 57) 바람-3연12행, 58) 회심-3연9행, 59) 비오는길-1연7행, 60) 몸살기-3연9행, 61) 표정관리-3연12행, 62) 잡몽-2연12행, 63) 그때쯤돌아오리-3연9행, 64) 비오는날의산책-3연12행, 65) 꿈꾸는수평선-3연9행, 66) 빨랫줄유감-4연12행, 67) 햇살이여무는언덕-4연24행, 68) 굴렁쇠-1연7행, 69) 다랑논-3연9행, 70) 길을찾아서-3연9행, 71) 정그리워-2연14행, 72) 모닥불을피우자-3연12행, 73) 자전거타기-2연12행, 74) 바람과강물과-3연12행, 75) 벽을허물고-4연12행, 76) 들길-1연7행, 77) 별빛을만지며-2연6행, 78) 텅빈가슴-1연7행, 79) 선인장-2연8행, 80) 개심사-2연14행, 81) 바람과햇살과-2연12행, 82) 허수아비의독백-4연12행, 83) 연잎효과-2연6행, 84) 계절의숨결-1연7행, 85) 가파도청보리밥-2연10행, 86) 내항상너이고싶어-2연14행, 87) 내얼굴찾기-3연12행, 88) 보리-4연24행, 89) 종착역에서-2연12행, 90) 그래서그런지-2연6행, 91) 메모지-2연12행, 92) 이름값-2연6행, 93) 이정표-2연12행, 94) 고샅길청소-3연12행, 95) 분리수거-2연6행, 96) 내마음행가래치며-1연7행, 97) 세월의미소-3연9행, 98) 특진-2연8행, 99) 짝귀-2연10행, 100) 멀미-1연7행, 101) 도인(道人)-2연12행, 102) 소작농아들-2연8행, 103) 굽은나무-2연6행, 104) 비상등-2연8행, 105) 희아리근성-3연9행, 106) 세월을굽는할머니-2연12행, 〈작품 해설〉자연과 인생을통해바라본긍정적현실인식-김준.

Ⅷ. 석천 문복선(石泉 文福善)의 현대시조 창작형태조사

시조시	1연	2연	3연	4연	5연	사설	장시조	총계	비고
또하나의그리움		18	51	15	2		1	87	2000
마당	4	16	36	20	2		3	81	2003
낯선외출	7	12	37	14	3			73	2004
장포가는길	6	12	48	12	3			81	2006
징검다리	11	23	52	13	3			102	2009
꽃, 그아픔의미소	15	33	36	9	1		4	98	2013
시간이그린그림	27	42	28	8			1	106	2014
총 계	70	156	288	91	15		8	628	
비 율%	11.1	24.8	45.8	14.4	2.3		1.3	99.7	

〈참고문헌〉

1. 한국 시조큰사전-한춘섭, 박병순, 리태극-을지출판공사-서울. 1985

2. 한국 시조대사전-(상 · 하. 별책)-박을수-아세아문화사-서울. 1991

3. 근대 시조집람-임선묵-경인문화사-서울. 1999

4. 한국시대 사전-김창직, 윤해규-을지출판공사-서울. 2004

5. 한국 현대시조 연구와 향방-김창현-오늘의문학사-대전. 2014

한물 문 장 희 (一河 文章姬 1912-2006)의 현대시조

Ⅰ. 짧고도 긴 이야기-신원문화사-서울. 1983.

1) 옥가락지-6연36행, 2) 촛불 1-3연9행, 3) 촛불 2-2연6행, 4) 사철나무-2연6행, 5) 석류-2연6행, 6) 코스모스-2연6행, 7) 바람-2연6행, 8) 기러기-2연6행, 9) 논뚝길-3연9행, 10) 서호(西湖)-2연6행, 11) 스쿨버스-3연9행, 12) 갈매기-2연6행, 13) 주소없는 편지-2연6행, 14) 이별-2연6행, 15) 어머님 2-3연9행, 16) 거울-2연6행, 17) 세월-2연6행, 18) 새벽-2연6행, 총18수.

Ⅱ. 현대시조 작품감상

1) 어머님 2

아무리 생각해도 끝도 없는 실마리를
한도 없이 풀어 볼까 몸부림쳐 불러 봐도
어머님 계신 그곳은 영원한 안식처리.

생전에 못다 드린 불효 여식 이제 와서
사무치게 그려보나 갚지 못한 그 사랑을
혼자서 속죄하는 맘 불보다 뜨거워라.

어머님 백발 때에 구구절절 느껴진 일
그 큰 사랑 못 잊어서 불러 주신 음성들이
지금껏 영롱하게도 들리는 듯하여라.

2) 촛불 1

어둔 밤 밝혀주는 책상 위에 저 촛불은
시름 잃은 인간사를 속속들이 살펴보며

겉으로 흐르는 눈물 속 타는 줄 몰라라.

두어라 네 아무리 애간장을 태워 본들
세상사 혼자 못해 흔들리는 불꽃들을
잡을 길 막연하여서 조여드는 네 혼아.

바람은 문틈으로 살짝살짝 기어들어
잠잠해진 내 심사를 요리조리 꾀어 보나
저 임아 그믐 달빛도 나와 함께 지는가.

3) 촛불 2
초례청 밝혀주는 청실홍실 고운 촛불
사모관대 목화 신고 큰 절하던 초립동이
웃으면 딸 낳는다고 안 웃으려 애쓰네.

첫날밤 새색시 방 다소곳이 밝힌 촛불
무거워진 큰 머리는 서방님을 기다리네.
사랑의 맺은 인연이 백년해로 비는가.

4) 기러기
찬 하늘 줄을 지어 사이좋게 날아가는
기러기들 우애 좋다 소문나서 안행(雁行)이라
이름난 그늘 형제들 우리도 본받으라.

가을이 좋다 하고 서리 바람 활개 치며
같은 목청 기럭기럭 가는 곳은 어디기에
저처럼 구슬프게도 달그림자 따르나.

5) 거울

네 앞에 서고 보면 숨길 것이 하나 없네
잔주름도 큰 주름도 속속들이 환히 뵈니
숨겨서 무엇하리요. 고희 고개 넘었네.

생전에 네 앞에서 닦고 빗고 친한 친구
허물마저 닦아보려 잘못됨을 뉘우치려
한 평생 힘을 기울여 이대로 고이 가리.

Ⅲ. 한물 문장희(一河 文章姬 1912-2006)의 현대시조 창작형태조사

시조시	1연	2연	3연	4연	5연	사설	장시조	총계	비고
짧고도긴이야기		13	4				1	18首	1983
총 계		13	4				1	18	
비 율%		72.2	22.2				5.5	99.9	

〈참고문헌〉

1. 한국 시조큰사전-한춘섭, 박병순, 리태극-을지출판공사-서울. 1985
2. 한국 시조대사전-(상 · 하. 별책)-박을수-아세아문화사-서울. 1991
3. 근대 시조집람-임선묵-경인문화사-서울. 1999
4. 한국시대 사전-김창직, 윤해규-을지출판공사-서울. 2004
5. 한국 현대시조 연구와 향방-김창현-오늘의문학사-대전. 2014

민 홍 우 (閔弘祐 1942-2009)의 현대시조

Ⅰ. 현대시조

1983. 가을호-1) 추일오후(秋日午後)-3연18행(자작시 해설 3)

※ 1977. 창간호~1983 제6집까지-자료 없음.

Ⅱ. 볍씨

1983. 볍씨7집-1) 단수 2제(동, 動)-1연6행, 2) 공(空)-1연6행, 3) 오월의 바람-3연18행, 4) 가을 들녁에서-2연14행, 5) 청옥산(靑玉山) 등정기-3연21행.

1984. 볍씨8집-1) 사모곡 2-3연18행, 2) 사목곡 3 -3연21행, 3) 사모곡 4-3연18행, 4) 금정산의 봄-2연14행.

※ 볍씨 9집~제12집까지-자료 없음.

1989. 볍씨13집-1) 연가 57-3연18행, 2) 연가 58-1연9행, 3) 연가 59-4연 24행, 4) 연가 60-2연12행, 5) 연가 61-3연18행, 6) 좀 더 진실해지기 위하여-사설.

1993. 볍씨16집-1) 일요일에는-2연12행, 2) 거제도에서-3연18행, 3) 공(空)-3연18행, 4) 생각의 계단-2연12행.

1994. 볍씨17집-1) 봄-1연9행, 2) 아카시아-1연6행, 3) 생각이 헝클어지면-1연6행, 4) 지척에 너를 두고-3연9행.

1995. 볍씨18집-1) 안개에 묻힌 해운대-1연8행, 2) 구덕산과의 약속-2연 12행, 3) 하늘까지 문을 열다-4연12행.

1996. 볍씨19집-1) 둔치도의 겨울-2연12행.

1999. 볍씨21집-1) 베란다의 꽃-1연6행, 2) 여행-1연12행, 3) 신호리 바닷가에 봄이 오면-2연12행, 4) 너를 보내고-1연7행.

2002. 볍씨24집-1) 목련을 보며-1연7행, 2) 봄을 기다리며-1연9행, 3) 일상의 고독-1연3행, 4) 한 웅큼 쑥을 잡고-1연7행, 5) 한

바퀴 돌아가는 인생-2연12행.

2005. 볍씨27집-1) 봄-1연7행, 2) 현대시조 1983 가을호-추일오후-3연21행.

III. 부산시조

1990. 제2호-1) 거울 앞에서-3연18행, 2) 제주도의 겨울 풍경-2연11행, 3) 남천강을 굽어 보며-3연18행.

1997. 제9호-1) 금정산-2연12행, 2) 그리움-1연6행, 3) 장미-1연7행, 4) 유월의 어느날-2연11행, 5) 생각이 굽은 나무-3연9행, 6) 하늘을 나는 새-1연3행.

2015. 제37호-1) 친구-2연12행.

IV. 민홍우(閔弘祐 1942-2009)의 현대시조 현대시조 창작형태조사

시조시	1연	2연	3연	4연	5연	사설	장시조	총계	비고
현대시조			1					1首	
볍 씨	15	9	10	2		1		37	
부산시조	3	4	3					10	
총 계	18	13	14	2		1		48	
비 율%	37.5	27.0	29.1	4.1		2.0		99.7	

〈참고문헌〉

1. 한국 시조큰사전-한춘섭, 박병순, 리태극-을지출판공사-서울. 1985
2. 한국 시조대사전-(상 · 하. 별책)-박을수-아세아문화사-서울. 1991
3. 근대 시조집람-임선묵-경인문화사-서울. 1999
4. 한국시대 사전-김창직, 윤해규-을지출판공사-서울. 2004
5. 한국 현대시조 연구와 향방-김창현-오늘의문학사-대전. 2014

산전 모상철(山田 牟相哲 1932-85세)의 현대시조

Ⅰ. 기다리는 아이-아동시조집 2009.

1) 나눠주기-3연9행, 2) 빨래-1연6행, 3) 비누-1연6행, 4) 걸레-1연13행, 5) 바늘-1연7행, 6) 장갑-1연8행, 7) 철길-1연7행, 8) 밥알하나-1연7행, 9) 게-1연9행, 10) 얼굴숨기기-2연8행, 11) 산들바람-2연10행, 12) 봄나물-2연8행, 13) 뒷모습-1연7행, 14) 공원의백조-2연8행, 15) 조류독감그뒤-1연6행, 16) 자장면-2연6행, 17) 수제비-1연6행, 18) 아침-1연7행, 19) 웅가에서-1연11행, 20) 개잃은꿈-1연7행, 21) 기다리는아이.1.-1연3행, 22) 기다리는아이.2.-1연3행, 23) 기다리는아이.3.-1연3행, 24) 빛안에서자라요-1연8행, 25) 몰랐던이야기-3연9행, 26) 짐-1연10행, 27) 추운밤-1연7행, 28) 거푸집-1연6행, 29) 버려진신발-3연11행, 30) 먼나라어린이가-2연6행, 31) 베트남소년의말-2연6행, 32) 살풀이-2연9행, 33) 담배꽃-1연9행, 34) 고사리-1연7행, 35) 뽑아버린풀-2연8행, 36) 쥐똥나무꽃-2연6행, 37) 망보기-1연12행, 38) 연못의주먹밥-3연13행, 39) 부엉이야너는왜-1연3행, 40) 연꽃-2연6행, 41) 뱀딸기-3연13행, 42) 탱자나무가시-1연7행, 43) 보리싹-2연10행, 44) 장군-1연7행, 45) 콩타작-2연6행, 46) 욕심쟁이네감나무-1연3행, 47) 삘기껌-1연7행, 48) 요강-1연8행, 49) 누룽지-2연14행, 50) 흉터-3연11행, 51) 무서운골짜기-3연13행,

Ⅱ. 이야기 거울-2009.

1) 철쭉의노래-2연6행, 2) 상사리-2연7행, 3) 섬-2연10행, 4) 갈대-2연14행, 5) 방생을보며-3연11행, 6) 무명씨(無名氏)를 그리며-3연13행, 7) 덩굴손-3연9행, 8) 문병하고돌아오며-4연16행, 9) 밑그림-4연12행, 10) 과녁-사설, 11) 환멸기-1연5행, 12) 거품빼기-3연11행, 13) 천사를기다리며-불빛-1연7행, 14) 깨고싶지않은꿈-1연7행, 15) 옥서받자옵고-1연9행, 16) 화두삼

장(話頭三章)-1연3행, 17) 냉이의봄-2연12행, 18) 소-5연14행, 19) 몰모트의따져보기-4연12행, 20) 빈댕이의질문-1연5행, 21) 화분고추-1연16행, 22) 메뚜기절명사-5연14행, 23) 박제호랑이-3연12행, 24) 고로쇠의푸념-3연9행, 25) 어느사세-산짐승을위하여-4연15행, 26) 경고-2연14행, 27) 묻히는병아리들에게-2연12행, 28) 쑥을캐며-3연15행, 29) 분새한-3연14행, 30) 개를데리고-3연11행, 31) 새우눈-3연13행, 32) 기린선인장-3연17행, 33) 눈초리-3연9행, 34) 무릉댁(武陵宅)-1연8행, 35) 탄식산조-2연13행, 36) 안팍글월-3연9행, 37) 답장-2연7행, 38) 정신대할머니들께-3연13행, 39) 어느편지-3연9행, 40) 중강진생각-2연9행, 41) 대구지하철참사에-3연12행, 42) 카드뒷얘기-3연9행, 43) 어떤할머니-4연12행, 44) 안개꽃-2연13행, 45) 잔디-2연6행, 46) 칡뿌리-3연12행, 47) 하루살이-4연16행, 48) 어느역정소금이야기-3연13행, 49) 묻길레그뒤풀이-3연10행, 50) 귀무덤을보며-4연12행, 51) 김삿갓-3연9행, 52) 산성부(山城賦)-3연13행, 53) 절구-2연9행, 54) 이팝나무그이름-3연13행, 55) 전망대에서-3연14행, 56) 포로수용소터에서-4연12행, 57) 그네-3연9행, 58) 숯-3연12행, 59) 까치-3연15행, 60) 붉은악마-3연9행, 61) 증언-2연12행, 62) 겨울로가며-3연12행, 63) 사라진강-4연12행, 64) 이상한싸움-3연9행, 65) 보도사진을보고-3연11행, 66) 오늘을다시보니-사설, 67) 이상한데모-3연9행, 68) 뜨거운광장-3연13행, 69) 광복절의우울-3연9행, 70) 직녀(織女)에게-3연9행, 71) 성숙을향하여-3연12행, 72) 잔인한가을-3연18행, 73) 흐름속에서-3연9행, 74) 대보름날-(2003.2.15.)3연10행, 75) 쓸쓸한광장집회-2연6행, 76) 탄핵정국에-3연9행, 77) 2004.여름-3연9행, 78) 초인(超人)이오시면-4연8행,

평설-본성의 디진에 피어 닌 휴미니즘의 큰잔치-이석규

Ⅲ. 새길-자료없음.

Ⅳ. 우리 이웃들(동시조) 2011.

1) 햇빛에게-1연6행, 2) 반지하방에이사와서-2연6행, 3) 발고린내-1연7행, 4) 덤-1연5행, 5) 광고지-2연6행, 6) 고기반찬-1연7행, 7) 연탄집-2연6행, 8) 엄마,아빠-2연8행, 9) 방냄새-1연6행, 10) 모자파는아줌마-1연3행, 11) 임시직삼촌-2연6행, 12) 대리운전-2연8행, 13) 달동네옛애기-1연3행, 14) 언젠가-2연10행, 15) 바지랑대-1연6행, 16) 요-1연6행, 17) 구멍난이파리-1연5행, 18) 눈-1연 7행 19) 씨뿌리기-1연7행, 20) 자갈-1연3행, 21) 살갗색-1연4행, 22) 하루살이-1연8행, 23) 장작-1연6행, 24) 무궁화-1연6행, 25) 마침내-1연8행, 26) 제비꽃-1연7행, 27) 동요를부르다가-1연5행, 28) 교통사고-1연7행, 29) 무쇠콩알-1연5행, 30) 꿩에게-1연7행, 31) 하얀과녁-1연6행, 32) 귀엣말-1연5행, 33) 가을뱀-1연4행, 34) 산천어축제에-1연5행, 35) 늑대애기-1연4행, 36) 도룡뇽-1연3행, 37) 무당개구리-1연4행, 38) 등산길소나무-1연7행, 39) 너무한벌-2연14행, 40) 마음다리-1연4행, 41) 고맙고아까운-1연3행, 42) 어른도못웃겨-1연3행, 43) 갯마을아주머니-2연8행, 44) 시골즐거움-2연6행, 45) 겨울늪-1연8행, 46) 쓰레기-3연12행, 47) 새임자-1연6행, 48) 개학날-1연4행, 49) 동네-1연6행, 50) 보리를밟으며-2연6행,51)술래감자-1연6행,52)까치버릇-1연7행, 53) 담배나무-1연8행, 54) 입맛따라-1연4행, 55) 연잎이슬방울-1연3행, 56) 고사리.2.-1연3행, 57) 고사리.3.-1연6행, 58) 고사리.4.-1연3행, 59) 고사리.5.-1연5행, 60) 찔레의봄-1연7행, 61) 꽃이름-1연5행, 62) 개똥참외꽃-1연12행, 63) 눈속의냉이꽃-2연6행,

서문- 동심으로 조명한 세상의 빛과 그늘 이상현.

〈평설〉천진성과 이웃에 대한 사랑 −문복희(경원대 교수)

Ⅴ. 섬과 섬사이(시조집) 2011.

1) 섬과섬-1연4행, 2) 보따리-3연15행, 3) 마당놀이뒤안길-5연15행, 4)

늙은쏘냐의독백-2연6행, 5) 말없는영가-3연9행, 6) 묘지산책-3연13행, 7) 비손하는이를보며-3연13행, 8) 아쉬움-3연9행, 9) 대보름-3연9행, 10) 바지랑대-3연9행, 11) 봄앓이-2연6행, 12) 식탁앞에서-3연18행, 13) 손금보기-3연13행, 14) 깔닥고개-3연9행, 15) 길을가며-4연12행, 16) 개똥치우기-2연10행, 17) 임께서-3연9행, 18) 소리-1연9행, 19) 선운도중(禪雲道中)-2연10행, 20) 불!-1연6행, 21) 시(時)-1연9행, 22) 심경-3연15행, 23) 저꽃지면-2연14행, 24) 쥐-2연14행, 25) 허전한날-2연8행, 26) 환상의숲-3연9행, 27) 두군거림의기억-2연6행, 28) 더위팔기-3연12행, 29) 말뚝-4연12행, 30) 겨울강-2연14행, 31) 파도-3연9행, 32) 축제의그늘-3연9행, 33) 겨냥없이-2연12행, 34) 그대에게-3연10행, 35) 지뢰의말-3연9행, 36) 거리-1연8행, 37) 참대에게-2연6행, 38) 사라진비명(碑銘)-2연6행, 39) 일본구경그리고멸미-3연16행, 40) 열녀비소견-3연10행, 41) 장승의푸념-3연9행, 42) 보리밭-2연6행, 43) 애도-2연10행, 44) 광성보(廣城堡)에서-3연9행, 45) 헐릴아파트-6연18행, 46) 천장명(天葬銘)-1연11행, 47)말린꽃-2연6행, 48)모과-2연8행, 49)진혼곡(鎭魂曲)-2연8행, 50) 미더덕-2연14행, 51) 박-4연16행, 52) 보리밭-2연6행, 53) 빙어-2연6행, 54) 아득한곡소리-1연5행, 55) 파라오미라-1연3행, 56) 물-4연14행, 57) 늦가을-3연12행, 58) 마늘한톨-5연20행, 59) 넝쿨장미-3연9행, 60) 귀화식물-2연6행, 61) 부여에서-궁남지연꽃-1연7행, 62) 구드래그이름-1연3행, 63) 낙화암솔뿌리-1연9행, 64) 부소산모기-1연6행, 65) 백마강-1연4행, 66) 정림사지오층석탑-1연6행, 67) 용문사은행나무-3연9행, 68) 화분의고무나무에게-2연6행, 69) 풀한포기-2연8행, 70) 칡-2연6행, 71) 겨울오리-3연12행, 72) 비싸리구유-3연9행, 73) 자운영-3연12행, 74) 주막장승-2연13행, 75) 오월-2연8행, 76) 능소꽃 2연10행, 77) 삼월폭설-3연10행, 78) 산촌엽신(山村葉信)-2연8행, 79) 닭소리-2연12행, 80) 참새골에서-3연9행, 81) 뚝섬사막-3연9행, 82) 우스개-3연9행,

평설-언어의 조탁과 함축성과 소재의 다변화 -원용우 교수

Ⅵ. 빨강꽃 하양꽃(시조집) 2016.

1) 노숙자를보면서-2연10행, 2) 못죽는사람-4연19행, 3) 매미의고향-3연11행, 4) 비구름아-1연7행, 5) 그렇게도죽다니-1연7행, 6) 떡과연탄-1연7행, 7) 얕보다가-3연9행, 8) 엄마가날품팔이가신날-2연7행, 9) 아빠가아프신뒤-2연8행, 10) 아빠의꿈-2연8행, 11) 우리의소원을부르며-1연7행, 12) 사글세집에사는아이-1연8행, 13) 여러꽃이피는마당-2연9행, 14) 늦가을마른늪-2연8행, 15) 꽃씨를심으며-1연8행, 16) 산길에서-1연7행, 17) 실뱀장어-1연7행, 18) 그때를기다려요1연8행, 19) 달빛-1연8행, 20) 꽃보다-1연6행, 21) 꿈과꿈-1연7행, 22) 미안해서-1연7행, 23) 민들레피리소리에-1연7행, 24) 나비아저씨-2연8행, 25) 딸기끼리-1연5행, 26) 말-1연7행, 27) 맨먼저익은열매-1연8행, 28) 무지개-1연7행, 29) 봄날-3연9행, 30) 봄길교통사고-2연11행, 31) 산들바람-2연10행, 32) 밭갈이갈때에도-1연6행, 33) 바람이엉겅퀴에게-2연11행, 34) 잘들어야해-1연10행, 35) 참새야-1연7행, 36) 공원의귀뚜라꽃등불-2연9행, 40) 그땐그랬대-5연18행, 41) 손수레-1연3행, 42) 배롱나무의봄-1연6행, 43) 숲속소요-1연7행, 44) 싫었던나-1연9행, 45) 옛날의긴봄날에-1연7행, 46) 씨한톨-1연5행, 47) 쓰러진나무-2연11행, 48) 위어리-1연6행, 49) 아가에게-1연9행, 50) 손톱-1연7행, 51) 씨주머니-1연8행, 52) 좋은하루-1연8행, 53) 빨강꽃하양꽃-3연10행, 54) 날기연습-2연10행, 55) 처음가는길-1연5행, 56) 동시조재미있어요-2연11행, 57) 가랑잎편지-1연7행, 58) 내가뽑은-1연7행, 59) 구두한짝-2연13행, 60) 게으른줄알았더니-2연10행, 61) 까치발자국-1연8행, 62) 그늘꽃-1연5행, 63) 연필이바라는것-1연7행, 64) 개구리-1연8행, 65) 응원-1연7행, 66) 반사된햇빛을-1연6행, 67) 제기차기-1연6행, 68) 산과나-1연6행, 69) 삐뚤빼뚤-2연11행, 70) 그럴때도어쩐지-1연9행, 71) 궁굼한할아버지-2연9행, 72) 왠가했더니-2연17행, 73) 걱정-1연6행, 74) 가시의말-1연7행, 75) 꽃보기-1연8행, 76) 그소리그얼굴-2연10행, 77) 살찐죄-1연7행, 78) 삼박자-1연6행, 79) 우리집-1연8행, 80) 추운밤-1연8행, 81) 집앞길을보면서-2연10행, 82) 아빠뒷모습-2연

9행, 83) 지은이모습-1연9행, 84) 파랑하늘아래-2연11행, 85) 우리반그애-2연12행, 86) 마음화첩-1연8행,

〈해설〉어린이로 돌아가-허일(시조시인)

Ⅶ. 못다 부른 바람의 노래(시조집) 2016.

1) 날품팔이복덩방-2연10행, 2) 고인돌의임자에게-2연10행, 3) 고도생각-1연8행, 4) 그자들을보면-3연15행, 5) 들개사냥-3연13행, 6) 가랑잎-1연14행, 7) 또하나의눈-4연16행, 8) 그늘의부라보-3연15행, 9) 날며지며공양하며-2연13행, 10) 길- 1연9행, 11) 그날을꿈꾸며-4연15행, 12) 신화의경고-3연16행, 13) 사리(舍利)-2연6행, 14) 제목잃은노래-3연13행, 15) 지조-2연8행, 16) 시비선언-4연12행, 17) 삐뚤상사리-2연10행, 18) 세한앞에서-3연14행, 19) 소고기반의반절값과-2연11행, 20) 읕의고향-3연10행, 21) 편자-1연4행, 22) 평등을꿈꾸며-2연8행, 23) 뒤안의길그림자-2연6행, 24) 버려진집-2연9행, 25) 낙화암-2연11행, 26) 달맞이꽃이달에-2연10행, 27) 또하나의춤-3연14행, 28) 못지킨다짐-3연14행, 29) 에서로-2연11행, 30) 사월시초-4연17행, 31) 회귀의끝-3연9행, 32) 프라스틱꽃-3연12행, 33) 자물쇠파는노인-3연9행, 34) 어느신기료장수-3연10행, 35) 또하나의골동품-3연11행, 36) 길잃은제비-2연9행, 37) 무한천(無限川)징검다리-2연11행, 38) 미완의삼중창-(1)달너무밝아-3연15행, 39) 핑계-3연20행, 40) 넋두리-3연17행, 41) 불립문자-3연17행, 42) 인연의한-3연15행, 43) 외로운이파리들(1)-오라버님께-3연16행,(2)월명회신-3연16행, 44) 낡은메모쪽지들-3연16행, 45) 그시를읽고-2연10행, 46) 나의시에게-3연18행, 47) 도마위에서-3연18행, 48) 모래시계-3연17행, 49) 길라잡이-3연13행, 50) 두릅한숨짓다-3연9행, 51) 버렸던노래-3연13행, 52) 생각쪽지-3연9행, 53) 시에게-1연3행, 54) 먼길-3연14행, 55) 어쩌란말이냐-1연7행, 56) 조운(曺雲1900-1949)옛집에서-3연9행, 57) 시를짓는뜻-1연3행, 58) 시가되지않는밤에-2연6행, 59) 초심으로돌아가기-2연6행, 60) 서낭돌무지를보며-2연9행, 61) 치매에게-3연9

행, 62) 퇴고하려면-3연12행, 63) 버려졌던기억에서-6연19행, 64)칠석생각 (1)함께-1연4행,(2)베틀위아내에게-1연6행,(3)나,소를모는목동-1연8행, 65) 함관령-2연13행, 66) 나의베아트리체-3연14행, 67) 그림자메아리-1연8행, 68) 놓치다-1연11행, 69) 기억에게-3연10행, 70) 수렁에서-3연11행, 71) 버나재비-2연7행, 73) 일기일회-1연7행, 74) 꽃지고꽃피고-1연7행, 75) 옥서받자옵고-1연9행, 76) 젖짝꿍-2연10행, 77) 시외버스터미널-3연9행, 78) 외진땅의말-3연9행, 79) 시간화물-2연11행, 80) 환청에쫒기며-3연9행, 81) 잔디에게-2연6행, 82) 팽이-2연14행, 83) 존엄사생각-3연9행, 84) 꿈길의고려장-2연12행, 85) 돌아갈때-1연8행, 86) 화두삼장-1연3행, 87) 판도라에게-1연7행, 88) 깨고싶지않은꿈-1연8행, 89) 거울앞에서-1연8행, 90) 강촌을지나면서-3연12행, 91) 어떤길-3연9행, 92) 몰랐던일들-3연13행, 93) 못버린것-2연12행, 94) 득음을꿈꾸며-3연9행, 95) 허락하신다면-1연7행, 96) 천장명(天葬銘)-1연7행, 97) 하늘에매단굴비-2연11행, 98) 좁은길-3연15행, 99) 어떤산행-3연9행, 100) 어머님께-2연9행, 101) 오래된편지-3연11행, 102) 그꽃-2연14행, 103) 말없습표찍으며-3연12행, 104) 난과손-1연11행, 105) 녹두장군사발통문-1연12행, 106) 조선노을의족문(足紋)-3연14행, 107) 까끄라기-(1)꽈배기-1연3행,(2)하느님께-1연3행,(3)팔만대장경-1연3행,(4)돼지머리-1연3행,(5)드라큐라에게-1연5행,

평설-한 평생 시에서 추구한 인생의 의미와 가치

Ⅷ. 산전 모상철(山田 牟相哲 1932-85세)의 현대시조창작형태 조사

시조시	1연	2연	3연	4연	5연	사설	장시조	총계	비고
기다리는아이	31	14	7					52	2009
이야기거울	7	16	40	10	2	3		78	2009
우리이웃들	45	16	1					62	2011
섬과섬사이	16	28	33	5	1	1		84	2011
빨강꽃하양꽃	54	25	5	1			1	86	2016

못다부른바람노래	11	32	50	4			1	98	2016
총 계	164	131	136	20	3	4	3	460	
비 율%	35.6	28.4	29.5	4.3	0.6	0.8	0.4	99.7%	

〈참고문헌〉

1. 한국 시조큰사전-한춘섭, 박병순, 리태극-을지출판공사-서울. 1985
2. 한국 시조대사전-(상 · 하. 별책)-박을수-아세아문화사-서울. 1991
3. 근대 시조집람-임선묵-경인문화사-서울. 1991
4. 한국시대 사전-김창직, 윤해규-을지출판공사-서울. 2004
5. 한국 현대시조 연구와 향방-김창현-오늘의문학사-대전. 2014

명 수 남 (明壽男 1930-)의 현대시조

Ⅰ. 한국현대동시조선집. 2009.

1) 할머니머리

곱슬머리 할머니 머리
라면 같이 꼬불꼬불

감고서 빗질해도
언제나 꼬불꼬불

미장원
다녀오셔도
그대로 꼬불꼬불.

*출전(出典)현대동시조
2008. 제9집

2) 팔랑개비

내가 만든 팔랑개비
잘도 돈다. 뱅글뱅글

바람은 안 불어도
내가 뛰면 뱅글뱅글

뱅그르
돌아 갈 때는
내 마음도 뱅글뱅글.

*출전(出典)현대동시조
2010. 제10집

3) 새 아침

어두운 새벽 헤치고
붉은 해가 솟는다.

작년에 지는 해는
조그만 해 였는데

밤새에
큰 해가 되어
온 세상을 밝히네.

*출전(出典)현대동시조
2007. 제8집

Ⅱ. 한국현대동시조 창작형태조사.

현대시조	1연	2연	3연	4연	5연	사설	장시조	총계	비고
현대시조	3							3	
동 시 조	1							1	
총 계	4							4	

〈참고문헌〉

1. 한국 시조큰사전-한춘섭, 박병순, 리태극-을지출판공사-서울. 1985
2. 한국 시조대사전-(상 · 하. 별책)-박을수-아세아문화사-서울. 1991
3. 근대 시조집람-임선묵-경인문화사-서울. 1999
4. 한국시대 사전-김창직, 윤해규-을지출판공사-서울. 2004
5. 한국 현대시조 연구와 향방-김창현-오늘의문학사-대전. 2014

박 경 배 (朴景培 1942-2005)의 현대시조

Ⅰ. 시조문학

1992. 봄호-그를 믿고-3연19행.

〈참고〉한국시-시조 천료.

Ⅱ. 현대시조

1995. 겨울호-1) 영점 인생-1연7행, 2) 천렵하던 날-2연14행, 3) 굴삭기 -2연14행, 4) 쇠뿔 1-2연14행, 5) 쇠뿔 2-2연15행, 6) 대나무 가시-2연14행, 7) 시장 풍경-2연14행.

Ⅲ. 부여문학

2000. 제2호-1) 바위-4연18행, 2) 첫눈을 기다리며-3연18행, 3) 주택복권 -2연16행, 4) 시인촌-2연18행. 〈공저〉 오뉴월 들꽃이

2001. 제3호-1) 호박꽃-2연18행, 2) 안부-2연19행.

Ⅳ. 사비문학

1992. 제2호-1) 꽃뱀의 꿈-2연14행, 2) 푸른 언어-3연21행, 3) 꽃상여-3연21행, 4) 낙화암-3연21행, 5) 나상(裸像)-2연14행, 6) 고추꽃-1연8행, 7) 수염-1연7행, 8) 독침-2연14행, 9) 부여 땅 부여사람-3연21행, 10) 참게-3연21행, 11) 청마산 일출-2연14행, 12) 베틀바위-2연14행, 13) 소쩍새 우는 밤-2연14행, 14) 고사목(枯死木)-2연14행, 15) 아버님 산소에서-2연14행, 16) 푸른 통꽃-1연7행.

〈낙화암의 푸른 언어〉-박경배의 시 세계-리헌석(李憲錫).

1992. 제3호-1) 꽃가마 있는 마을-수필, 2) 누린내 나무-수필, 칡을 가꾸

며-수필, 새농민 대회를 보고-수필.

1993. 제4호-1) 찰거머리-2연14행, 2) 백마강 수박-4연28행, 3) 조룡대-3연21행, 4) 된장 뚝배기-1연7행, 5) 등잔바위-1연7행, 6) 풀마을-3연21행, 7) 안부-3연19행, 8) 손톱-2연14행, 9) 백눈-1연7행.

1993. 제5호-1) 애연가-2연14행, 2) 청마산 굴뚝새-2연14행, 3) 봉분제-2연14행, 4) 변비증 환자-2연12행, 5) 천렵 하던 날-2연12행, 6) 자동방범기-2연14행, 7) 까치내에서-2연14행, 8) 아이와 멧비둘기-2연14행, 9) 자갈의 애증-2연14행, 10) 시인초(詩人草)-2연14행, 11) 흰봉투-1연7행.

제7호-1) 된장 뚝배기-1연7행, 2) 나무를 가꾸며-2연14행, 3) 산을보며 강을 보며-2연14행.

제10호-1) 늦가을 허수아비-1연10행, 2) 영역(領域)-2연15행.

1999. 제11호-1) 동백꽃-2연14행, 2) 산나물-2연14행, 3) 나무는 서서 죽는다-2연14행, 4) 마늘까는 여인-3연21행, 5) 선태류-3연18행.

2001. 제13호-1) 잔대꽃-1연7행, 2) 표리-2연17행, 3) 자화상-2연14행, 4) 퇴직자들-2연14행, 5) 꿀벌-2연17행, 6) 그를 믿고-3연19행, 7) 하늘아 사랑을 말하렴-3연19행, 8) 인연의 고리-6연63행, 9) 어느 봄날 1-1연10행, 10) 어느 봄날 2-1연12행, 11) 어느 봄날 3-1연14행, 12) 어느 봄날 4-2연18행, 13) 찔레꽃 3-3연34행, 14) 가을 바람아-2연11행, 15) 구절초-2연10행.

Ⅴ. 박경배(朴景培 1942-2005)의 현대시조 창작형태조사

시조시	1연	2연	3연	4연	5연	사설	장시조	총계	비고
시조문학			1					1	
현대시조	1	6						7	
부여문학		4	2	1				7	
사비문학	13	37	13	1				64	
총 계	14	47	16	2				79	
비 율%	17.1	59.4	20.2	2.5				99.8	

〈참고문헌〉

1. 한국 시조큰사전-한춘섭, 박병순, 리태극-을지출판공사-서울. 1985

2. 한국 시조대사전-(상 · 하. 별책)-박을수-아세아문화사-서울. 1991

3. 근대 시조집람-임선묵-경인문화사-서울. 1999

4. 한국시대 사전-김창직, 윤해규-을지출판공사-서울. 2004

5. 한국 현대시조 연구와 향방-김창현-오늘의문학사-대전. 2014

박 경 선(朴慶善 1930-2013)의 현대시조

Ⅰ. 강(江)아-시조집. 1984.

1) 강(江)아-3연9행, 2) 겨울산-1연6행, 3) 강아-3연18행, 4) 겨울산-2연12행, 5) 촛불-2연12행, 6) 가을비-2연12행, 7) 석류-1연6행, 8) 한강-2연12행, 9) 어린솔-1연6행, 10) 청자-2연12행, 11) 매화-2연12행, 12) 목초(牧草)-2연12행, 13) 소망-2연12행, 14) 여심(女心)-2연12행, 15) 둥지-1연6행, 16) 바위에 부쳐-1연6행, 17) 남촌(南村)-2연12행, 18) 설일(雪日)-2연12행, 19) 어머님-1연6행, 20) 훈(勳)에게-2연12행, 21) 혜중(惠重)에게-2연12행, 22) 햇살 따라 퍼지거라-(지원에게)-2연12행, 23) 푸른 숲이 되어-해실(海實)에게-2연12행, 24) 우리 남매(男妹)-3연18행, 25) 누에-3연18행, 26) 고향(故鄕) 1-2연12행, 27) 고향(故鄕) 2-2연12행, 28) 노을-1연6행, 29) 달-1연6행, 30) 오늘-1연6행, 31) 송편-2연12행, 32) 오솔길-2연12행, 33) 어린날-3연18행, 34) 합창-2연12행, 35) 님 생각 1-2연12행, 36) 님 생각 2-1연6행, 37) 당신-1연6행, 38) 백목련-2연12행, 39) 목숨-1연6행, 40) 모정(慕情)-2연12행, 41) 눈물-3연18행, 42) 선산(先山)을 다녀와서-3연18행, 43) 문중(門中) 어른을 뵙고-2연12행, 44) 포트맥 강변에서-4연24행, 45) 설악산 계곡에서-3연18행, 46) 한려수도(閑麗水道)-2연12행, 47) 소양강 노을-2연12행, 48) 대흥사(大興寺)에 와서-2연12행, 49) 설악-2연12행, 50) 임진강(臨津江)-3연18행, 51) 골프를 치며-2연12행, 52) 일출봉(日出峰)-2연12행, 53) 동해(東海)-1연6행, 54)오끼나와에서-3연18행.

※ 서문(序文)-백수 정완영(白水 鄭椀永 1919-97세) 주부시조동인회.

Ⅱ. 박경선(朴慶善 1930-2013)의 현대시조 창작형태조사

시조시	1연	2연	3연	4연	5연	사설	장시조	총계	비고
강(江)아	13	30	10	1				54	1984
총 계	13	30	10	1				54	
비 율%	24.0	55.5	18.5	1.8				99.8	

〈참고문헌〉

1. 한국 시조큰사전-한춘섭, 박병순, 리태극-을지출판공사-서울. 1985
2. 한국 시조대사전-(상 · 하. 별책)-박을수-아세아문화사-서울. 1991
3. 근대 시조집람-임선묵-경인문화사-서울. 1999
4. 한국시대 사전-김창직, 윤해규-을지출판공사-서울. 2004
5. 한국 현대시조 연구와 향방-김창현-오늘의문학사-대전. 2014

박 구 하(朴龜夏 1946-2008)의 현대시조 조사연구

Ⅰ. 들어가며

시조문학 편집 주간을 맡아 열심히 뛰고 취재하며 논문도 많이 발표하였으며 1946년 부산에서 출생하여 사울대 법학과를 졸업하고 부산은행에 취업했다. 지점장을 역임했고 한국정가연구회 회자, (주)기아인터트래이드 사장, 등을 역임했고 1998년에 시조문학으로 천료되어 한국시조시인협회 회원이 되었다. 시조문학 편집간사를 맡아보면서 시조문학-올해의 시조문학 작품상을 수상하기도 하였다.

Ⅱ. 펼치며

1. 시조문학

1998-겨울호-천료, 작-사, 사부곡-5연15행.

〈미는 말〉 박구하님의 〈사, 사부곡〉을 천료, 작으로 민다. 남편에 대한 지극한 정성이 잘 형상화 되었다. 작품 구성의 솜씨가 돋보인다. 앞으로의 정진을 바라면서… (리태극, 유성규, 이근배). 〈천료 소감〉 이제 활주로를 떠난다. 고도를 알 수 없는 우주로 가려 한다. 동전을 세며 수많은 숫자 머리에 도장을 찍으며 살아온 나날, 돌아보면 오랜 조바심, 그 먼지와 그 냄새를 좇아 나는 너무 많은 것을 탐했고 너무 많은 것을 잃었다. 이제 나를 풀어 또 다른 낯설음에 익숙 코자 버리고 잃은 것을 찾아 떠나려 한다. 이 가을 어느새 가을 길에 들어선 내 인생 한 모퉁이에서 모든 꾸밈 버리고 최소한으로 수척하여 떠나는 가을을 닮고자 한다. 격려해 주신 운철이, 순백이, 동우, 안경환 교수님, 답산회원(회장-김정주)님, 들 그리고 심사위원님에게 감사드립니다.

1999. 봄호-1) 월동(越冬)-4연12행.

1999. 가을호-1) 뿌리-2연6행, 2) 대일(待日) -2연6행, 3) 퇴적암-3연9행, 4) 우사당 가는 길 -2연6행, 5) 고목(古木)-3연9행, 6) 민둥산 -3연9행,

1999. 겨울호-고전시가탐구-길 따라 시조 따라(1회 → 8회)연재.

2000. 가을호-시조의 문학성과 대중성의 회복-시조논단.

2001. 겨울호-기행시조-길 따라 시조 따라 4.

2002. 봄호-1) 재야(在野)의 솔-1연9행

2002. 여름호-1) 강둑-1연6행.

2002. 가을호-시조기행 길 따라 시조 따라 7.

2002. 겨울호-시조기행 길 따라 시조 따라 8.

2005. 봄호-강물은-1) 1연8행, 2) 파수꾼-1연9행.

2006. 여름호-1) 〈신작특집〉뿌리-2연6행,

2) 못-3연9행, 3) 마취-4연12행, 4) 절벽-1연8행, 5) 월성리에서-3연9행, 6) 풍매화-3연9행, 7) 대일(待日) -2연6행, 8) 퇴적암-3연9행, 9) 백년의 유랑-4연12행, 10) 어머니-2연6행, 11) 대나무-3연9행, 12) 인생 2-1연10행, 13) 영등포 보궐 선거-2연6행, 14) 월동-4연12행, 15) 북간도-3연9행, 16) 궁극적인 행복-3연9행 〈날 벼린 시선과 포용의 미덕〉

박구하 시인의 시 시계-김병희.

2. 부산 시조

2008. 제24호-1) 못-3연9행, 2) 고목 1-3연9행, 3) 편지-3연9행, 4) 외등 -3연9행, 5) 민둥산-3연9행, 6) 마취 3-4연12행, 7) 백년의 유랑-4연12행, 8) 북빙시편 3-4연12행, 9) 인생 1-1연3행, 10) 인생 2-1연3행, 11) 사, 사부곡 -5연15행, 12) 별자리-4연12행.

3. 박구하(1946-2008)의 현대시조 감상

1) 사, 사부곡(思, 思夫曲)

떨리는 고백이사 살아서는 못하리라.
설움의 꼭지점에서 영원 속에 묻은 사연
사백년 누워 있어도 삭지 못한 노래여.

지어미 겨운 한 뉘 혼불 이나 빠져나와
무망한 하늘 아래 청량 향(香)을 뿌리네.
사르르 상사 불 피워 소지 한 장 올리고.

생머리 신을 엮어 가는 님 신기우고
누운 자리 외로울까 말 벗 하라 남긴 편지
밤마다 벼갯잇 적시며 기다렸을 답신 한 장.

간절한 영과 육이 지표 한 겹 사이 두고
살아선 닿을 수 없는 거리 그저 바라만 보다
인습의 둘레를 돌아 사랑 불을 지폈네.

이름 없는 무덤도 그냥 묻힌것은 없는 밤
지각 밖의 음절로 숨죽여 온 노래들이
이제사 세월의 덧침을 열고 해일치고 있구나.
※ 시조문학. 1998 겨울호.

2) 퇴적암
꺼칠한 나의 표피 둔중한 이 무게를
내 작은 입술로야 어쩌라 말을 하랴
벼랑 끝 단층에서나 이 가슴을 보이리.

그대 짧은 팔로 이 두께를 재지 말라

묵묵히 침전해온 이 내 시름의 상고사(上古史)를
낱낱이 풀어 헤쳐 줄 먼 후대를 기다린다.

먼저 간 모든이의 눈물 섞인 그리움을
압축 파일처럼 켜켜이 가슴에 묻고
서러운 일상을 모아 퇴적암을 쌓는다.

※ 시조문학 1999 가을호.

3) 고목(古木)

이렇게 서 있으면 한(恨)도 꿈도 마를건가
첫 번의 부침(浮沈)에도 남는 것은 기다림뿐
우듬지 부는 바람에 잔명(殘命)을 확인한다.

이파리 떨어지면 가지 끝에 오는 서리
눈부신 만큼이나 역천(逆天)을 도모하랴
이명(耳鳴)의 하늘을 이고 등걸로나 사는 나.

옹이진 가슴팍에 쇠기둥을 박아 놓고
붙박혀 바람에 울며 깨진 이론으로
먼 땅에 안개 비로나 속잎들을 피우리.

※ 시조문학 1999 가을호.

4) 대일(待日)

하루에도 몇 번 씩 손끝이 저려오고
저린 손 불끈 쥐면 다시 눈물이 나고
무소식 텅 빈 하늘에 저녁 해만 붉어라.

손 끝에 스며드는 이 아픈 시간의 회귀

모필(毛筆)에 날을 세워 또 하루를 정서(淨書)하면
청리 밖 파도를 물고 먹물같은 밤이 온다.

5) 뿌리
허락이 없기로서니 이 손 길을 멈추랴
조금씩 낮게 낮게 지층을 파고 들어
햇빛이 그리울 수록 어둠 속을 가야한다.

지상에 까닭없이 피는 꽃을 보았는가
먼 먼 지유(地乳) 찾아 손 끝이 갈라져도
끝끝내 보일 수 없는 젖 어미의 속울음.

4. 현대시조 수록작품 참고자료

Ⅲ. 박구하(朴龜夏 1946-2008)의 현대시조 조사연구 창작형태조사

시조시	1연	2연	3연	4연	5연	사설	장시조	총계	비고
시조문학	5	7	10	4		1		27首	
부산시조	2		5	4		1		12	
총 계	7	7	15	8		2		39	
비 율%	17.9	17.9	38.4	20.5		5.1		99.8	논문8수

Ⅳ. 나오며

우리는 사회생활을 하면서 경험하고 생각하고 느끼고 잘못한 것을 반성하면서 생활하고 있다. 좀 더 차원이 높은 시인들은 생활의 감정을 시나 시조로 표출하여 자기 자신의 분출구를 삼고 스트레스를 해소하는 방법도 체득한다고 한다. 남에게 내 시(詩)를 읽고 감동을 받았다면 그로써 성취감을 맛볼 수 있고 삶의 활력소가 발생하는 원동력이 될 것이다. 자연을 형상화하여 작품을 창작하는 습관도 심신의 치유가 될 것이며 건강 요법에도 중요성을 강조하고 있는 일은 참으로 반가운 일이 아닐 수 없다. 자기의 내면화를 표출한 상상력은 남을 감동 시키는 에너지가 될 것이며 맑고 밝은 사회를 선도하는 핵심이 계승되었으면 좋겠다는 생각이 든다. 시조문학의 논문은 8편이 수록되었고 총39수를 창작하였다. 〈끝〉

〈참고문헌〉

1. 한국 시조큰사전-한춘섭, 박병순, 리태극-을지출판공사-서울. 1985
2. 한국 시조대사전-(상 · 하. 별책)-박을수-아세아문화사-서울. 1991
3. 근대 시조집람-임선묵-경인문화사-서울. 1999
4. 한국시대 사전-김창직, 윤해규-을지출판공사-서울. 2004
5. 한국 현대시조 연구와 향방-김창현-오늘의문학사-대전. 2014

박 금 옥 (朴金玉 1920-96세)의 현대시조

Ⅰ. 돌담의 민들레꽃. 1989.

1) 꽃을사들고와서-1연6행, 2) 돌담의민들레꽃-1연7행, 3) 철쭉꽃화분-1연7행, 4) 분란을받고-1연7행, 5) 비개인아침햇살-1연7행, 6) 불면의밤-1연7행, 7) 달과별이뜨는밤-1연7행, 8) 노을-1연7행, 9) 숲의노래-2연14행, 10) 계절앓이-2연14행, 11) 귀가-1연7행, 12) 낙막(落寞)-1연7행, 13) 허심-1연7행, 14) 올림픽보름동안-1연7행, 15) 천심부-1연7행, 16) 상처-1연7행, 17) 옛하늘을생각하며-1연7행, 18) 까치소리-1연7행, 19) 사진전에서본어떤영상-1연7행, 20) 올림픽개회식을보고-3연21행, 21) 완덕에서가신수녀님-2연14행, 22) 세모-1연7행, 23) 봄의서곡-2연14행, 24) 봄을기다리는나목들-1연7행, 25) 봄눈-1연7행, 26) 꽃샘-1연7행, 27) 삼월의창가에서-2연14행, 28) 삼월앓이-1연7행, 29) 오월찬가-2연14행, 30) 모란꽃지는뜨락-1연7행, 31) 달빛-1연7행, 32) 처서지내고-2연14행, 33) 구월하늘-1연7행, 34) 가랑잎-1연7행, 35) 빈들녘에서서-1연7행, 36) 갈매기-1연7행, 37) 겨울비-1연7행, 38) 고향하늘-2연14행, 39) 고향집을다녀와서-3연21행, 40) 무량지를거닐며-3연21행, 41) 이불을말리며-1연7행, 42) 감나무장농-2연14행, 43) 어머니산소가던날-1연7행, 44) 가신어머니-3연21행, 45) 유월-2연14행, 46) 당숙가시던날-1연7행, 47) 막내딸앓는밤에-2연14행, 48) (존) 에게부치는글-3연21행, 49) 아이들에게바라는소망-3연21행, 50) 막내를보내며-1연7행, 51) 외손주정욱에게-2연14행, 52) 친구는가고-3연21행, 53) 수도원에와서-1연7행, 54) 주여빛을주소서-1연7행, 55) 발안신부님-3연21행, 56) 주님당신은-1연7행, 57) 독백-3연21행, 58) 믿음의여정-3연21행, 59) 감사-2연14행, 60) 순례길비행기위에서-1연7행, 61) 로마의일몰-1연7행, 62) 서서(瑞西)의환상-2연14행, 63) 알라스카에서-1연7행, 64) 이스라엘에서애급으로-2연14행, 65) 사하라사막을보고와서-1연7행, 66) 갈리리호수-1연7행, 67) 루루드성지-2연14행, 68) 은총-1연7행, 69) 자비의주님-1연7행, 70) 차

창-1연7행, 71) 초겨울산-1연7행, 72) 해안에서-1연7행, 73) 회심-1연7행, 74) 한계령을넘으며-2연14행, 75) 설악의만추-1연7행, 76) 설악산주전골-1연7행, 77) 주전골을오르며-1연7행, 78) 천불동-2연14행, 79) 백담사를찾아-1연7행, 80) 진부령에서만난단풍-1연7행, 81) 소금강-1연7행, 82) 소금강을찾아와서-2연14행, 83) 지리산경관-2연14행, 84) 두륜산에서-2연14행, 85) 울릉도귀로에서서-2연14행, 86) 청령포의한-1연7행, 87) 화석정에올라-1연7행, 88) 독립기념관에다녀와서-2연14행, 89) 양수리연밭-2연14행, 90) 코스모스꽃밭에앉아-1연7행.

〈서문〉백수 정완영(1919-2016) 후기-해동비내리는날-지은이(1987)

1982-시조문학. 등단.-한국시조큰사전, 한국시대사전-작품없음.

II. 박금옥(朴金玉 1920-96세)의 현대시조 창작형태조사

시조시	1연	2연	3연	4연	5연	사설	장시조	총계	비고
돌담민들레꽃	56	24	10					90	
총 계	56	24	10					90	
비 율%	62.2	26.6	11.1					99.9	

〈참고문헌〉

1. 한국 시조큰사전-한춘섭, 박병순, 리태극-을지출판공사-서울. 1985
2. 한국 시조대사전-(상 · 하. 별책)-박을수-아세아문화사-서울. 1991
3. 근대 시조집람-임선묵-경인문화사-서울. 1999
4. 한국시대 사전-김창직, 윤해규-을지출판공사-서울. 2004
5. 한국 현대시조 연구와 향방-김창현-오늘의문학사-대전. 2014

석정 박 동 규(石汀 朴東圭 1928–2015)의 현대시조

Ⅰ. 한밭시조문학

2000. 제12집-1) 해바라기, 2) 산나라꽃, 3) 산국(山菊).

Ⅱ. 현대시조 작품 감상

1) 해바라기

흰구름 푸른 하늘
두둥실 떠 도는데

해 바라 쳐든 얼굴
해 따라 돌아가네.

이 가을 밝은 햇빛을
이 만에도 주소서.

서산에 해가 지면
노을에 고개 숙여

더 좋은 내일일랑
아침 일찍 일어나서

임 따라 꽃피워 들고
두 손 모아 맞으리.

2) 산나리 꽃

산나리 산나리꽃 강원도 산언덕에
가을을 흘기고 간 김하사 김하전사.
핏방울 밴 자리마다 산나리꽃 피었네.

3) 산국(山菊)

심심한 산 언덕에
갈 하늘 하얀 꽃잎

꽃대궁 머리 위에
번져가는 산의 향기

잔디도 성긴 성돗길에
외로이도 서 있네.

III. 석정 박동규(石汀 朴東圭 1928-2015)의 현대시조 창작형태조사

시조시	1연	2연	3연	4연	5연	사설	장시조	총계	비고
한밭시조	2	1						3	
총　계	2	1						3	
비　율%	66.6	33.3						99.9	

〈참고문헌〉

1. 한국 시조큰사전 한춘섭, 박병순, 리태극 을지출판공사 서울. 1985
2. 한국 시조대사전-(상 · 하. 별책)-박을수-아세아문화사-서울. 1991
3. 근대 시조집람-임선묵-경인문화사-서울. 1999
4. 한국시대 사전-김창직, 윤해규-을지출판공사-서울. 2004
5. 한국 현대시조 연구와 향방-김창현-오늘의문학사-대전. 2014

구보 박 두 익 (龜步 朴斗益 1925-2012)의 현대시조 조사연구

Ⅰ. 당신의 달빛-시조집. 1986.

1) 당신의 달빛-3연9행, 2) 딸네 집-3연9행, 3) 봄 소식-3연9행, 4) 봄 나들이-2연14행, 5) 봄 앞에서-2연12행, 6) 봄이 오는 나목(裸木)-2연12행, 7) 납량(納凉) 1-2연14행, 8) 납량(納凉) 2-2연12행, 9) 산성(山城)의 가을-2연12행, 10) 가을 호반-2연12행, 11) 상념(想念)의 뜰 1-1연6행, 12) 상념(想念)의 뜰 2-1연7행, 13) 상념(想念) 3-1연7행, 14) 제삿날 1-3연9행, 15) 제삿날 2-2연12행, 16) 휴전선의 가을-2연12행, 17) 신행길-2연12행, 18) 산방문안(山房問安) 1-2연12행, 19) 산방문안(山房問安) 2-2연12행, 20) 달밤에-3연9행, 21) 밤길-2연12행, 22) 선인화(仙人花)-2연12행, 23) 동제목(洞祭木)-3연9행, 24) 산가(山家)의 밤-3연9행, 25) 남도삼제(南道三題) 1-2연12행, 26) 남도삼제(南道三題) 2-2연12행, 27) 남도삼제(南道三題) 3-3연9행, 28) 남국인상(南國印象) 1-2연12행, 29) 남국인상(南國印象) 2-2연12행, 30) 남국인상(南國印象) 3-2연12행, 31) 마니산(摩尼山)에서-2연14행, 32) 불영계곡(佛影溪谷)-2연12행, 33) 학소대(鶴巢臺)의 밤-2연12행, 34) 정이품송(正二品松)-2연12행, 35) 관봉(冠峯)의 달맞이-2연14행, 36) 손녀(孫女)의 말-3연9행, 37) 이정표(里程標)-2연12행, 38) 새벽의 정거장-2연12행, 39) 고삐 잡힌 누렁이는-2연12행, 40) 꽃 밭에서-1연6행,

〈한시, 漢詩〉

1) 효대, 2) 송광사만종(松廣寺晩鐘), 3) 춘흥(春興), 4) 사형(思兄), 5) 단오(端午), 6) 월야(月夜), 7) 산가(山家), 8) 설악기(雪嶽己), 9) 추일(秋日), 10) 객사(客舍)

〈발문, 跋文〉 영혼의 초가에 뜬 당신의 달빛-유상덕.

Ⅱ. 문안 드리는 꽃 등 행렬. 1990.

1) 대춘(待春)-2연12행, 2) 수반(水盤)의 봄-2연12행, 3) 차창(車窓)에도 봄이-2연12행, 4) 대덕산 봄빛-1연6행, 5) 다시 낙화(洛花)-1연6행, 6) 아침바다-3연18행, 7) 산빛 물빛-3연18행, 8) 줄장미 피던 날-2연12행, 9) 여름밤-2연12행, 10) 모정(母情)-2연12행, 11) 공원의 아침-2연12행, 12) 별빛을 우러르며-3연18행, 13) 전적지의 봄-2연6행, 14) 봄은-2연6행, 15) 진혼(鎭魂)-3연10행, 16) 몸살-3연11행, 17) 심금(心琴) 울리네-2연6행, 18) 법당에 서면-2연6행, 19) 예불(禮佛)-2연12행, 20) 정토문(淨土門) 여는 소리-2연6행, 21) 시월의 맥(脈)-3연10행, 22) 강물에도 달이-2연6행, 23) 논개(論介祠堂)사당-2연6행, 24) 임진강(臨津江)-2연6행, 25) 불꽃놀이-2연6행, 26) 서설(瑞雪)-1연9행, 27) 정초기도-2연6행, 28) 달밤에-2연6행, 29) 거울에 얼굴을 묻고-2연6행, 30) 떠나는 마음 보내는 마음-2연6행, 31) 고향에-4연12행, 32) 설산(雪山)에 서면-3연10행, 33) 죽령설경(竹嶺雪景)-3연10행, 34) 포장집-2연6행, 35) 사랑의 별빛-2연6행, 36) 아침까지-2연6행, 37) 상견례(相見禮)-2연14행, 38) 별나라-2연14행, 39) 심등(心燈)-2연13행, 40) 삼포(三浦)가는 길-2연14행, 41) 꽃꽃이 1-2연14행, 42) 꽃꽃이 2-2연14행, 43) 꽃꽃이 3-3연10행, 44) 백일 잔치-3연9행, 45) 가을 무대-2연12행, 46) 가을 심상(心傷)-2연12행, 47) 가을 산-2연12행, 48) 가을 호반-2연12행, 49) 가을 산방(山房)-2연12행, 50) 너를 보내고-2연12행, 51) 옛날 얘기-2연12행, 52) 미로(迷路)-2연12행, 53) 부처나무-2연12행, 54) 잎편 지-2연12행, 55) 입동(立冬)무렵-2연12행, 56) 겨울 나무-2연12행, 57) 저무는 산사(山寺)-2연12행, 58) 외로운 물새-2연12행, 59) 사형(思兄)-3연18행, 60) 꽃 길-1연6행, 61) 눠우침-2연12행.

※ 발문-김몽선(金夢船 1940-2014)-체취기 문이나는 섬세한 시향(詩香).

Ⅲ. 물기 마른 옹달샘-시조집. 1994.

1) 정초에-2연15행, 2) 정초의 갓바위-2연18행, 3) 이월관봉(二月冠峯)-2연18행, 4) 삼월금오(三月金烏)-2연18행, 5) 초파일관봉-2연18행, 6) 오월의 메아리-10연48행, 7) 유월산방(山房)-3연15행, 8) 칠월임진강(臨津江)-2연18행, 9) 팔월의 북한산 계곡-2연18행, 10) 구월가야(伽椰) 1-2연18행, 11) 구월가야(伽椰) 2-2연18행, 12) 시월계룡(鷄龍) 1-3연15행, 13) 시월계룡(鷄龍) 2-2연12행, 14) 금오사계도(金烏四季圖)-5연25행, 15) 섣달에-2연18행, 16) 봄의 사자(使者)-2연12행, 17) 할미꽃-2연12행, 18) 춘화이제(春花二題)-2연16행, 19) 춘우(春雨)-2연18행, 20) 생존경쟁(生存競爭)-2연12행, 21) 꽃들의 축제-3연18행, 22) 호박꽃-2연16행, 23) 수박 이야기-2연14행, 24) 매미-2연18행, 25) 낙엽(落葉) 앞에서-2연18행, 26) 주왕산 풍경(周王山 楓景)-2연12행, 27) 가을산은 미인도(美人圖)-2연18행, 28) 알밤-1연12행, 29) 대덕설경(大德雪景)-2연18행, 30) 입동(立冬)-2연16행, 31) 서설(瑞雪)-2연18행, 32) 팔공산 여정(八公山 餘情)-통일대불(統一大佛)-1연6행, 33) 정상 조망-1연6행, 34) 서봉애상-1연6행, 35) 동봉 바라보며-1연6행, 36) 산로문답-1연6행, 37) 가라잎에 띄우는 마음-1연6행, 38) 염불암 스님-1연6행, 39) 수태골 내원-1연6행, 40) 파계령 하늘-1연6행, 41) 고사풍경(古寺風磬)-1연6행, 42) 도덕암수심-2연12행, 43) 한시린 한티고개-2연12행, 44) 청산을 찾아-3연16행, 45) 화왕산나들이-3연24행, 46) 지리산 가는길-3연8행, 47) 바람 앞에서-1연12행, 48) 장수대에 피는 구름-2연18행, 49) 금곡사의 산딸기-2연18행, 50) 권금성 거북바위-2연18행, 51) 파도 앞에서-2연14행, 52) 바닷가에서-2연18행, 53) 복을 심는 사람들-3연21행, 54) 학천사의 밤-3연18행, 55) 고견사의 가을-3연27행, 56) 용연사-청혼의 바람 소리-1연9행, 57) 심상한 진달래-1연9행, 58) 산사의 물소리-3연18행, 59) 기림사수상-3연18행, 60) 공자회의(空字懷疑)-2연14행, 61) 호거산(虎踞山)-2연18행, 62) 구도자의 생애-3연24행, 63) 공원의 오후-2연18행, 64)

다실의 오후-2연16행, 65) 감은사 세운 뜻은-2연16행, 66) 도고온천기(道高溫泉記)-2연18행, 67) 게이트 볼 세계 1-3연18행, 68) 게이트 볼 세계 2-2연18행, 69) 게이트 볼 세계 3-3연18행, 70) 게이트 볼 세계 4-3연24행, 71) 게이트 볼 세계 5-1연12행, 72) 게이트 볼 세계 6-4연28행, 73) 누렁이의 사색-2연18행, 74) 하외연서-낙원 하와이-1연5행, 75) 서러움 행군 바다-1연5행, 76) 활화산-1연5행, 77) 객수(客愁)-1연5행, 78) 설경에 마음 싣고-1연5행, 79) 파로호에서-2연18행, 80) 한밭잔치-2연18행, 81) 회상의 늪-2연18행, 82) 약수터-2연12행, 83) 의사기(義士記)-2연12행, 84) 효자각(孝子閣)-2연18행, 85) 별빛-2연16행, 86) 동문회 고향 얼굴-1연7행, 87) 모교의 느티나무-1연7행, 88) 마음의 창-2연18행, 89) 병상일기-2연12행, 90) 벗을 보내며-3연20행, 91) 나무에 기대서서-2연14행, 92) 고궁금석-3연12행, 93) 선릉 감돌던 바람-3연15행, 94) 불임산에 다리 뜬다-1연12행, 95) 형수님 선물-2연16행, 96) 꿀 한 잔-2연14행, 97) 회고(回顧)-6연36행, 98) 가뭄-3연27행, 99) 감우(甘雨)-2연18행.

〈서문〉 심재완(沈載完 1918-2011)박사.

Ⅳ. 모정의 언덕-시조집. 1999.

1) 삼마을 달빛-1연6행, 2) 비들기찬가-2연16행, 3) 원앙안심-2연14행, 4) 인생 여로-2연14행, 5) 주름진 자화상-2연16행, 6) 모정의 언덕-2연16행, 7) 술기등비신(戍岐嶝碑身)-3연16행, 8) 도래솔-2연16행, 9) 산정정취-2연14행, 10) 눈 덮힌 장아산(藏我山)-3연12행, 11) 고도의 봄맞이-2연16행, 12) 연습 없는 인생길-2연14행, 13) 한강송(漢江頌)-2연15행, 14) 청평호 뱃놀이-2연18행, 15) 구진산(九鎭山) 봄빛-2연18행, 16) 정을 쪼는 초승달-2연14행, 17) 점을 찍는 인생이 정-3연15행, 18) 선산의 바람소리-2연15행, 19) 심혼의 장-2연14행, 20) 동해의 메아리-3연12행, 21) 꿈 빛 서러운 땅-1연14행, 22) 황포공원-1연4행, 23) 오월동주(吳越同舟)-1연4행, 24) 풍교야박(楓橋夜泊)-1연9행, 25) 한신사 종이 운다-1연6행, 26) 졸정원 구경

-4연16행, 27) 진시 황제릉-3연12행, 28) 대안사 모탑-1연5행, 29) 굴원의 목소리-1연4행, 30) 강태공의 곧은 낚시-1연5행, 31) 계림삼보-1연7행, 32) 화방의 주인-2연8행, 33) 노적굴(蘆笛屈)-1연4행, 34) 상비산(象鼻山)-1연4행, 35) 향강천사-1연4행, 36) 계림예정-1연4행, 37) 홍구공원-2연8행, 38) 울릉단상-4연16행, 39) 얼음골 소일-2연16행, 40) 함백산 풍경-2연14행, 41) 청량산운(淸凉山韻)-3연12행, 42) 조령(鳥嶺)에서-2연16행, 43) 희방사 메아리-3연15행, 44) 산정(山情)-2연17행, 45) 구인삼제-3연12행, 46) 속리속정-3연17행, 47) 관동낙수-구룡사 가는 길-1연4행, 48) 망상욕장-1연4행, 49) 묵호항 물새들-1연4행, 50) 방아 다리 약수터-1연4행, 51) 월정사 구층탑-1연4행, 52) 오대산-1연7행, 53) 대관령 조망-1연4행, 54) 마이크로웨이 조망-1연4행, 55) 신사임당시비(申師任堂詩碑)-1연4행, 56) 나루터 시정-2연16행, 57) 하회마을-3연15행, 58) 오월의 향-2연14행, 59) 소한 땜-3연12행, 60) 대한 땜-3연12행, 61) 불면의 밤-2연14행, 62) 할머님의 나들이-2연16행, 63) 덕담마저 새롭다-1연11행, 64) 눈 내리는 밤-2연18행, 65) 일터 찾아 나설 때-3연18행, 66) 금 붙이 수합-2연18행, 67) 물난리-3연15행, 68) 삼풍참사에 붙여-7연28행, 69) 북창여는 사람들-4연23행, 70) 노천(怒天)-2연15행, 71) 기도하는 사람-2연16행, 72) 낙화 앞에서-2연14행, 73) 고목 앞에서-2연16행, 74) 모닥불-2연16행, 75) 우수(雨水)-1연10행, 76) 개구리의 화두(話頭)-1연12행, 77) 야생화(野生花)-2연14행, 78) 팔공의 여명-2연16행, 79) 관봉추정(冠峯秋情)-2연16행, 80) 법열(法悅)-2연17행, 81) 촛불 걸고 가란다-2연14행, 82) 부씨 잡힌 낭인들-1연9행, 83) 사교의 마당-1연11행, 84) 신구장 풍경-2연14행, 85) 파안(破顔)-2연14행, 86) 태풍일과올가-1연4행, 87) 배나무-1연4행, 88) 계사참경-1연4행, 89) 어느 황사에 붙여-1연4행, 90)우후산촌(雨後山村)-1연4행, 91) 이재민의 한숨소리-1연4행, 92) 감우(甘雨)-2연16행, 93) 구름나라 동창회-3연18행, 94) 호바꽃-2연12행, 95) 삼팔선 표석 앞에서-2연14행, 96) 해동 용궁사-2연14행, 97) 이정덕옹산수송-4연16행.

Ⅴ. 낙강-영남시조시문학회 1986.

※ 연도, 제호, 누락-자료 없음.

1986. 제19집-1) 다시 충혼탑 앞에-2연14행.

1996. 제29집1) 설산에 서면-2연6행.

1997. 제30집-1) 이사짐 챙긴 철새-2연12행, 2) 비둘기 찬가-2연12행.

2002. 제40집-1) 가을비는 하늘의 눈물이던가-3연14행, 2) 하나가 되고 싶습니다-2연12행, 3) 우후요(雨後謠)-3연12행, 4) 하인스워드 효행 나들이-3연12행, 5) 다시 현충일에-3연9행.

Ⅵ. 구보 박두익(龜步 朴斗益 1925-2012)의 현대시조 창작형태조사

시조시	1연	2연	3연	4연	5연	사설	장시조	총계	비고
당신의달빛	4	27	9		1			41	
문안드리는꽃등행렬	4	45	11	1	1			62	
물기마른옹달샘	24	52	19	1	1		2	99	
모정의언덕	34	43	15	4			1	97	
낙강		6	5	1				12	
총 계	66	173	59	7	3		3	311	
비 율%	21.2	55.6	18.9	2.2	0.9		0.9	99.7	

〈참고문헌〉

1. 한국 시조큰사전-한춘섭, 박병순, 리태극-을지출판공사-서울. 1985
2. 한국 시조대사전-(상 · 하. 별책)-박을수-아세아문화사-서울. 1991
3. 근대 시조집람-임선묵-경인문화사-서울. 1999
4. 한국시대 사전-김창직, 윤해규-을지출판공사-서울. 2004
5. 한국 현대시조 연구와 향방-김창현-오늘의문학사-대전. 2014

박 두 화 (朴斗嬅 1925-2012)의 현대시조

Ⅰ. 여강시가회 2011 제9호

1) 고향집오동나무-2연6행, 2) 마로왔노?-사설, 3) 회춘을생각하며-등나무-3연11행.

Ⅱ. 여강시가회 2014 제12호

1) 작은새-1연6행, 2) 아랫집여자-3연9행, 3) 한순간-1연9행.

Ⅲ. 바람의 손-정형시집. 2016.

1) 가을민들레-1연8행, 2) 노숙자-2연13행, 3) 가을해바라기-3연9행, 4) 감나무-1연7행, 5) 리시안서스-2연6행, 6) 만월-1연8행, 7) 석류-1연12행, 8) 아기빗방울-2연6행, 9) 구월-4연12행, 10) 대추나무-1연12행, 11) 억새-1연3행, 12) 울음이붉게탄다-사설, 13) 오륙도-1연12행, 14) 사이버공간-3연18행, 15) 코스모스-어머니-3연9행, 16) 한순간-1연8행, 17) 편지-1연8행, 18) 천문산에서-김대건신부생각-3연9행, 19) 딸에게-3연9행, 20) 부부-1연12행, 21) 고향생각-4연12행, 22) 맏며느리-4연24행, 23) 다시흐르는 청계천-1연13행, 24) 불새-1연10행, 25) 발레리나의꿈-담쟁이-2연6행, 26) 눈아!놀라지마라-1연6행, 27) 언니네집-3연20행, 28) 선물-2연14행, 29) 오월-3연18행, 30) 인생-1연7행, 31) 시를쓰려면-사설, 32) 어떤비상-사설, 33) 이따금눈인사하고-담쟁이-3연9행, 34) 자선-1연7행, 35) 겨울나무-2연12행, 36) 어떤가족-2연6행, 37) 서시-폭포-3연9행, 38) 삼팔선-2연12행, 39) 아버지-3연9행, 40) 수마가할퀴고간내린천에서-3연18행, 41) 어떤어부-5연15행, 42) 여우비-사설, 43) 재수없는날-1연4행, 44) 과메기-어느패션모델-2연6행, 45) 나도홍시-1연10행, 46) 고향집오동나무-2연6행, 47) 청계천-1연6행, 48) 해송-1연6행, 49) 현기증-사설, 50) 바람의손.1.-4연12행,

51) 바람의손.2.-3연9행, 52) 바람의손.3.-2연12행, 53) 고개숙인그사람-2연12행, 54) 의자-2연8행, 55) 오동나무날기다렸네-사설, 56) 새-사설, 57) 서울말어디에도없다-2연6행, 58) 슬픔도물이되는가?-1연12행, 59) 아랫집여자-3연9행, 60) 어머니, 그노래가락이-5연15행, 61) 독도-4연12행, 62) 동창회-4연12행, 63) 메아리-1연12행, 64) 민달팽이-4연12행, 65) 낙엽-1연7행, 66) 그여자-2연6행, 67) 안락사-2연18행, 68) 날아간꽃씨-사설, 69) 너-1연7행, 70) 봄눈내리는날-2연14행, 71) 철지난빨간장미-3연9행, 72) 황태덕장-2연12행, 73) 홍시-1연8행, 74) 새해가되었다-2연12행, 75) 밤12시에듣는비-2연17행, 76) 그리움-2연12행, 77) 나리꽃-사설, 78) 다시술래가되고싶다-3연9행, 79) 어느가을날-1연12행, 80) 달팽이-2연15행, 81) 입영-1연12행, 82) 입춘즈음에-1연7행, 83) 청송그개울가-3연21행, 84) 천상(天上) 에서노닐다-2연6행, 85) 평화-1연7행, 86) 할머니꽃상여-4연12행.

〈해설〉섬세한서정성과시대의역사성-이지엽-교수.

Ⅳ. 박두화(朴斗嬅 1925-2012)의 현대시조 창작형태조사

시조시	1연	2연	3연	4연	5연	사설	장시조	총계	비고
여강시가	2	1	2			1		6首	
바람의손	28	21	17	9	2	9		86	
총 계	30	22	19	9	2	10		92	
비 율%	32.6	23.9	20.6	9.7	2.1	10.8		99.7	

〈참고문헌〉

1. 한국 시조큰사전-한춘섭, 박병순, 리태극-을지출판공사-서울. 1985
2. 한국 시조대사전-(상 · 하. 별책)-박을수-아세아문화사-서울. 1991
3. 근대 시조집람-임선묵-경인문화사-서울. 1999
4. 한국시대 사전-김창직, 윤해규-을지출판공사-서울. 2004
5. 한국 현대시조 연구와 향방-김창현-오늘의문학사-대전. 2014

박 양 권 (朴良權 1926-2006)의 현대시조

Ⅰ. 해외시조

1999. 창간호-1) 내가 환갑되었네, 2) 점 하나-1연6행, 3) 철새가 고향 가는 날-2연12행, 4) 세월-2연12행, 5) 나는 아직 철부지-2연12행, 6)개만도 못한 양심-2연12행, 7) 통일전망대에서-4연12행.

Ⅱ. 현대시조 작품감상

1) 내가 환갑 되었네.
어머님 환갑 때는 간다 하고 못 가고
고희에도 팔순에도 벼르다가 또 못 가고
벼르고 또 벼르다가 내가 환갑 되었네.

2) 점이 하나
점이 하나 굴러간 자리가 선
선 위에 우주가 돌고 우주에는 선이 가득
선 따라 되돌아가면 점이 하나 게 있네.

3) 철새가 고향 가는 날
어제는 뻐꾸기가 고향을 울리더니
오늘은 제비 한 쌍 추녀 끝에 와 앉아
어머니 야윈 가슴을 또 할퀴고 있구나.

해마다 철새들이 고향 가는 날이면
철새들은 또 오는데 철새만도 못한 것들
어머님 그 말이 들려 내 가슴을 적시네.

4) 세월

덥수룩 자란 머리 이발하고 염색하니
한 십 년 젊어졌다 옆에서 하는 말이
세월이 거울 속에서 빙그레 웃는다.

오랜만에 서로 만나 반가워하는 말이
아니 넌 그대로야 그러는 너는 야
서로가 그대로라니 늙은 것은 세월뿐.

III. 박양권(朴良權 1926-2006)의 현대시조 창작형태조사

시조시	1연	2연	3연	4연	5연	사설	장시조	총계	비고
해외시조	2	3		1				6	
총 계	2	3		1				6	
비 율%	33.3	50.0		16.6				99.9	

〈참고문헌〉

1. 한국 시조큰사전-한춘섭, 박병순, 리태극-을지출판공사-서울. 1985
2. 한국 시조대사전-(상 · 하. 별책)-박을수-아세아문화사-서울. 1991
3. 근대 시조집람-임선묵-경인문화사-서울. 1999
4. 한국시대 사전-김창직, 윤해규-을지출판공사-서울. 2004
5. 한국 현대시조 연구와 향방-김창현-오늘의문학사-대전. 2014

박 용 삼 (朴龍三 1941–2007)의 현대시조

Ⅰ. 현대시조

제7호-겨울 1984-1) 탈. 산조(散調)-3연9행, 2) 산정(山頂)의 자입수(刺叺手)-5연15행, 3) 중앙탑(中央塔) 앞에서-8연24행, 4) 줄넘기-3연9행, 5) 무심천(無心川)-3연9행, 6) 가지치기-3연9행, 7) 겨울 밤바다-4연12행.

Ⅱ. 한국시조큰사전. 1985.

1) 가지치기-3연9행, 2) 겨울 밤 바다-4연12행, 3) 독도(獨島)-3연9행, 4) 목탄부족(木炭部族) 2-사설시조, 5) 목탄부족(木炭部族) 3-사설시조, 6) 무심천(無心川)-3연9행, 7) 밤의 긴 다리 위에서-3연9행, 8) 봄비 이야기-3연9행, 9) 엽총(獵銃)과 사랑-3연9행, 10) 줄넘기-3연9행, 11) 탈, 산조-3연9행.

Ⅲ. 독수리는 혼자서 난다. 1992.

1) 봄비 이야기-3연10행, 2) 인연(因緣)-3연21행, 3) 탈, 산조-3연21행, 4) 어떤 여정(旅情)-4연28행, 5) 밤바다 가에서-4연28행, 6) 달맞이-3연21행, 7) 가을 바람-3연21행, 8) 그리움-5얀35행, 9) 노을-4연28행, 10) 끊어진 다리-5연35행, 11) 겨울산정의 팔수-5연35행, 12) 법주사(法住寺)-4연28행, 13) 기도(祈禱)-3연21행.

Ⅳ. 충북시조

1996. 창간호. 제2집-자료 없음.

1998. 제3집- 고향비-5연35행, 애호박-4연25행, 난(蘭)-4연28행.

1999. 제4집-운천교에서-4연28행.

2000. 제5집-인연(因緣)-2연16행.

2001. 제6집-자료 없음.

2002. 제7집- 첫눈-사설시조-독도(獨島)-3연21행.

2003. 제8집-인연(因緣)-3연21행.

2004. 제9집-자료 없음.

2005. 제10집-독도(獨島)-3연21행. (시작 노트)

2006. 제11집-가을 햇살-1연10행.

2007. 제12집-박용삼 전 회장 추모 글.

※ 1963. 자유문학. 제6회 신인상-입상. 당선.
※ 1966. 조선일보 신춘문예(시조-독도) 당선.
※ 1967. 신아일보. 신춘문예(소설-부러진 이빨) 당선.

V. 박용삼(朴龍三 1941-2007)의 정형시 창작형태조사

시조시	1연	2연	3연	4연	5연	사설	장시조	총계	비고
현대시조			4	1	1		1	7首	
한국시조			8	1		2		11	
독수리시			7	4	4			15	
충북시조	1	1	3	3	1	1		10	
총 계	1	1	22	9	6	3	1	43	
비 율%	2.3	2.3	51.1	20.9	13.9	6.9	2.3	99.7	

〈참고문헌〉

1. 한국 시조큰사전-한춘섭, 박병순, 리태극-을지출판공사-서울. 1985
2. 한국 시조대사전-(상 · 하. 별책)-박을수-아세아문화사-서울. 1991
3. 근대 시조집람-임선묵-경인문화사-서울. 1999
4. 한국시대 사전-김창직, 윤해규-을지출판공사-서울. 2004
5. 한국 현대시조 연구와 향방-김창현-오늘의문학사-대전. 2014

학전 박재곤(鶴田 朴在 坤1933-2016)의 현대시조

II. 당산(堂山)골 달빛을 타고-시조선집. 2000.

1) 빗자루-3연21행, 2) 파도소리-3연21행, 3) 국화에게-2연6행, 4) 갈대꽃-3연9행, 5) 호접난-2연6행, 6) 할미꽃-3연9행, 7) 청개구리-3연21행, 8) 해바라기-3연9행, 9) 여우비 오는날-3연9행, 10) 낙수물 사연-3연9행, 11) 눈 내린 아침에-3연9행, 12) 동백꽃 지는 자리-3연21행, 13) 늦가을 호박꽃-3연21행, 14) 분재로 꽃 피우기-2연14행, 15) 목포 갈매기-3연9행, 16) 파도는 홍도를 유혹하네-3연21행, 17) 월출산을 오르며-2연6행, 18) 조국의 땅끝에 서서-2연6행, 19) 허수아비-3연21행, 20) 금남로 거리-3연9행, 21) 고무 풍선-2연6행, 22) 남도 갯벌-3연21행, 23) 털개회꽃-3연9행, 24) 망향-2연6행, 25) 무궁화-2연6행, 26) 울돌목의 여운-3연9행, 27) 땅끝 해돋이-3연9행, 28) 반야심-3연21행, 29) 강국에 서면-3연9행, 30) 경포대 계곡에서-3연9행, 31) 소쇄원에 와서-3연21행, 32) 보길도 기행초-3연21행, 33) 춘성정 풍경-3연9행, 34) 소파시비 앞에서-3연9행, 35) 농협 선구자 진도 기념비 앞에서-3연9행, 36) 고추잠자리-3연9행, 37) 철마산 풍경-3연21행, 38) 꽃샘바람-3연21행, 39) 낮달 서정-3연21행, 40) 사모곡-3연21행, 41) 달돋이산의 사연-3연9행, 42) 낚시터-2연6행, 43) 영등 축제-3연9행, 44) 나비-2연6행, 45) 나비의 꿈-2연6행, 46) 서편제 소리-3연9행, 47) 명상적 표현도-3연9행, 48) 당산 냇가-3연9행, 49) 당산나무 아래서-3연9행, 50) 솟대풀이-3연9행, 51) 눈꽃길을 걸으며-3연9행, 52) 나룻배-3연9행, 53) 봄맞이 포구-3연9행, 54) 봄처녀-3연9행, 55) 베틀 노래-3연9행, 56) 풍요로운 가을-2연6행, 57) 어머니 신록의 마음-3연9행, 58) 당산문학의 꽃밭-3연9행, 59) 침선보-3연9행, 60) 배래선-3연9행.

〈해설〉당산골 달빛을 타고에 부쳐-조영남-전남수필문학회장.

III. 학전 박재곤(鶴田 朴在坤 1933-2016)의 현대시조 창작형태조사

시조집	1연	2연	3연	4연	5연	사설	장시조	총계	비고
당산골달빛을타고		12	48					60	2000
총 계		12	48					60	
비 율%		20.0	80.0					99.8	

〈참고문헌〉

1. 한국 시조큰사전-한춘섭, 박병순, 리태극-을지출판공사-서울. 1985
2. 한국 시조대사전-(상 · 하 별책)-박을수-아세아문화사-서울. 1991
3. 근대 시조집람-임선묵-경인문화사-서울. 1999
4. 한국시대 사전-김창직, 윤해규-을지출판공사-서울. 2004
5. 한국 현대시조 연구와 향방-김창현-오늘의문학사-대전. 2014

남정 박 찬 옥(南亭 朴贊玉 1932–1994)의 현대시조

Ⅰ. 시조생활

1989. 봄호-1) 어떤 기도문-당선. 등단, 2) 입춘-1연6행, 3) 우수절-1연6행, 4) 가람의 파랭이꽃-1연6행, 5) 어떤 인생-4연12행, 6) 기약-2연14행, 7) 난(蘭)을 치며-1연6행, 8) 칠석-1연6행, 9) 히말라야-4연12행, 10) 아주 먼 날의 이야기-2연6행, 11) 나의 봄-3연18행, 12) 나와예왔나?-1연6행.

1993. 봄호-1) 데이돈의 안개, 2) 선암사-2연12행.

1993. 여름호-1) 서대문 형무소 자리엔-2연6행.

1994. 겨울호-추모특집-1) 어머니-1연3행, 2) 박찬옥 시조시인 영전에-이응백(1923-2010)-6연18행, 3) 함묵의 눈빛-한순보(1927-2014)-3연9행, 4) 자네 생각-유온규-2연14행, 5) 영안실에서-곽종혁(1924-2015)-2연14행, 6) 아! 친구 박찬옥 너 혼자 떠나니?-김은숙-3연9행, 7) 꽃이 되어가신 길에-양만규-3연9행.

유교시조-1) 나, 왜 예왔나?-1연6행, 2) 히말리야-3연9행, 3) 나의 봄-3연18행, 4) 선암사-2연12행, 5) 아주먼 날의 이야기-2연6행, 6) 서대문 형무소 옛 자리엔-2연6행, 7) 데이톤의 안개-1연6행.

Ⅱ. 매듭짓기(삼연회 동인지)

1992. 제1집-1) 어떤 기도문-3연9행, 2) 우수절-1연6행, 3) 가람의 파랭이꽃-1연6행, 4) 어떤 인생-4연12행, 5) 기약-2연14행, 6) 난(蘭)을 치며-1연6행, 7) 칠석-1연6행, 8) 먼날의 이야기-2연6행, 9) 나의 봄-3연18행.

1994. 제2집-어떤 기도문-3연9행.

1996. 제3집-어떤 기도문-3연9행.

1997. 제4집-입춘-1연6행.

Ⅲ. 현대시조 작품 감상

1) 어머니(묘비)

둥지에 도는 바람 물레야, 나의 물레야.
미움도 사랑 앞에 산국처럼 떨고 있구나.
잔주름 가꾸어 가며 후광으로 남고 싶다.

2) 입춘

개울이 풀리는 소리 곡진한 숨결소리
나는 그저 죄스러워 들풀로나 비껴 앉아
이제 막 봄은 일어서고 낙수물 뚝뚝 진다.

3) 우수절

나의 봄이 무겁네. 안경이 흐려 온다.
버릴 것 다 버리고 민들레로 남고 싶네.
님이여, 사랑이라는 말도 주체스런 우수절.

4) 난(蘭)을 치며

수수하게 차려 놓고 착한 사람 모아놓고
느슨히 살라한다. 먹물 배어 고운 선지(宣紙)
속살로 아픈 이야기 난(蘭)을 치며 살라한다.

5) 기약(期約)

살구나무 밑에선 수줍은 치맛자락
어느 하늘 밑에서 너 숨, 쉬고 있느뇨.
기약은 새끼손가락 상장(喪章)으로 아프다.

꽃그늘 남겨놓 말 조용히 세어 보라

눈물로 마주 서 본 저 산 너머 고운 나비
증언은 피리소리로 산굽이를 돌게 한다.

IV. 남정 박찬옥(南亭 朴贊玉 1932-1994)의 현대시조 창작형태조사

시조시	1연	2연	3연	4연	5연	사설	장시조	총계	비고
시조생활	10	9	7	2			1	29首	
매듭짓기	5	2	4	1				12	
총 계	15	11	11	3			1	41	
비 율%	36.5	26.8	26.8	7.3			2.4	99.8	

〈참고문헌〉

1. 한국 시조큰사전-한춘섭, 박병순, 리태극-을지출판공사-서울. 1985
2. 한국 시조대사전-(상 · 하. 별책)-박을수-아세아문화사-서울. 1991
3. 근대 시조집람-임선묵-경인문화사-서울. 1999
4. 한국시대 사전-김창직, 윤해규-을지출판공사-서울. 2004
5. 한국 현대시조 연구와 향방-김창현-오늘의문학사-대전. 2014

박 창 수(朴昌秀 1938-2016)의 현대시조

Ⅰ. 간도로 간다더니-시조집. 2007.

1) 간도로 간다더니-3연12행, 2) 향우회 하는 날-2연14행, 3) 약수터에서 만난 노인-3연12행, 4) 어느 인생-3연9행, 5) 리어카 할아버지-2연13행, 6) 빈대떡집 소묘-3연9행, 7) 돌담옆 살구나무-2연10행, 8) 돌감나무-3연9행, 9) 루사가 할퀸 내 고향-3연12행, 10) 뙤약볕에서-1연7행, 11) 외가집 돌배나무-3연9행, 12) 백두대간-10연30행, 13) 노점상 할머니-2연6행, 14) 캄보디아 국경에는-3연9행, 15) 푸른 신호등-3연9행, 16) 계동다리준공-4연12행, 17) 지팡이-2연14행, 18) 오래된 집-3연9행, 19) 앙코르와트-4연12행, 20) 백수(白手)-2연6행, 21) 그때의 제자들-3연9행, 22) 물리 치료실-1연7행, 23) 보릿고개 그때-사설, 24) 지하철에 신문-3연9행, 25) 남사당패 박우덕이-9연27행, 26) 깡마른 키다리-3연9행, 27) 홍어아줌마-3연9행, 28) 라면 봉지-3연15행, 29) 벼가 없는 논다랑이-2연10행, 30) 밭갈이-2연6행, 31) 난(蘭)의 희망-2연10행, 32) 톤레샵 호수-3연9행, 33) 콩타작-2연6행, 34) 채석강-3연9행, 35) 아침 안개-2연6행, 36) 수락은-3연9행, 37) 시끄러운 대밭-2연6행, 38) 발둑에 미루나무-2연12행, 39) 껍데기-2연6행, 40) 빙어-2연6행, 41) 작은어촌에는-2연14행, 42) 바람 파는 가게-3연9행, 43) 6.25는-2연10행, 44) 백시(白視)-3연9행, 45) 줄서기-1연7행, 46) 불암산-3연9행, 47) 그때의 유월-2연10행, 48) 두레박 우물-3연9행, 49) 품바타령-사설, 50) 통일 전망대-2연6행, 51) 북쪽을 바라보는 수복탑-3연9행, 52) 끄나풀-2연6행, 53) 가로수 327-2연6행, 54) 중독(中毒)-사설, 55) 골목길은-2연6행, 56) 스탠드-2연10행, 57) 틈새-2연12행, 58) 무너져가는 투프롬사원-3연9행, 59) 소음-2연6행, 60)시간을 넘어서-1연7행, 61) 환선굴의 신비-3연9행, 62) 강원도 죽서루-2연6행, 63) 정동진 해맞이-3연9행, 64) 고란사 약수터-2연10행, 65) 동강의 비경-3연9행, 66) 귀면판와-3연9행, 67) 아리랑-2연14행, 68) 삼족오-3연9행, 69) 나팔꽃-2연6행, 70) 우리들 꽃-2연6행, 71) 고구마꽃-2연6행, 72) 겨울바다-2연6행, 73) 고추잠자리-2연6행, 74)

연(鳶)-3연9행, 75) 다람쥐는-2연6행, 76) 작은 풀꽃-2연6행, 77) 숲속의 모기들-2연6행, 78) 고란초-2연6행, 79) 때까치-3연9행, 80) 강아지풀-2연6행, 81) 재롱잔치-3연15행.

〈해설〉전통과 현대성과 언어미의 조화-원용문.

II. 한국시 대사전. 2004.

1) 간도로간다더니-3연9행, 2) 지팡이-2연14행, 3) 고란사약수터-2연10행, 4) 리어카할아버지-2연10행, 5) 물리치료실-1연7행, 6) 향우회하는날-2연14행, 7) 빈대떡집소묘-3연9행, 8) 약수터에서만난노인-3연12행, 9) 어느인생-3연11행, 10) 루사가할퀸내고향-3연12행, 11) 홍어아줌마-3연9행, 12) 난(蘭)의희망-2연10행, 13) 돌감나무-3연9행, 14) 재롱잔치-3연9행.

III. 시조생활 2016 겨울호.

1) 첫차타는사람들-1연3행, 2) 벼가익는다는것-3연9행, 3) 보리밭-1연3행, 4) 신바람-1연3행, 5) 지도그린날-1연3행, 6) 섭리-2연6행, 7) 할머니무릎-2연6행, 8) 까치밥-1연3행, 9) 칡덩굴-1연3행, 10) 채송화-1연3행, 11) 아차산성오르며-1연3행, 12) 마애삼존불의미소-1연3행.

IV. 박창수(朴昌秀 1938-2016)의 현대시조 창작형태조사

시조집	1연	2연	3연	4연	5연	사 설	장시조	총 계	비 고
간도로간다더니	4	38	32	2		3	2	81	
한국시	1	5	8					14	
시조생활	9	2	1					12	
총 계	14	45	41	2		3	2	107	
비 율%	13.0	14.0	38.3	1.8		2.8	1.8	99.7	

〈참고문헌〉

1. 한국 시조큰사전-한춘섭, 박병순, 리태극-을지출판공사-서울. 1985

2. 한국 시조대사전-(상 · 하. 별책)-박을수-아세아문화사-서울. 1991

3. 근대 시조집람-임선묵-경인문화사-서울. 1999
4. 한국시대 사전-김창직, 윤해규-을지출판공사-서울. 2004
5. 한국 현대시조 연구와 향방-김창현-오늘의문학사-대전. 2014

박 태 일 (朴泰一 1940-2007)의 현대시조

I. 시조문예

1969. 영산강 창간호 → 1981. 시조문예 제11호-자료 없음.

1982. 제12호-1) 명사십리-3연18행, 2) 무등산에서-2연12행.

1983. 제13호-1) 못 잊으리-1연10행, 2) 실수(失手)-3연18행, 3) 술-2연18행, 4) 보리밭 가에서-2연18행.

1984. 제14호 → 1998. 제18호-자료 없음.

1989. 제19호~-1) 가을산사에서-3연18행, 2) 보길도에서-5연30행, 3) 목련-3연18행, 4) 간표(박)-3연18행, 5) 바다 마음-4연24행, 6) 문화병-3연18행, 7) 백련당기-3연18행.

1990. 제20호 → 2006. 36호-자료 없음.

2007. 제37호-1) 월곡이여-경철-2연12행, 2) 고, 박태일 시인을 애도하며-김병호-6연18행, 3) 월곡 추모시-김산중-3연19행, 4) 이제는 그리움 속에서-김옥중-1연6행, 5) 고, 박태일 시인 추모시-2연6행, 6) 고, 박태일 시인 추모에 부쳐-김철학-3연11행, 7) 박태일 시인 영전에-박재곤-1연7행, 8) 월곡과 복권-염광옥-2연12행, 9) 월곡 영전에-이남수-2연19행, 10) 마지막 출판 기념회-장민화-3연9행, 11) 월곡 박태일님-권태봉-2연12행, 12) 달이 떠서 계곡이 보였는데-최상환-3연18행.

II. 한국시대사전. 2004.

1) 들국화-3연13행, 2) 문화병(文化病)-2연13행, 3) 해인사에서-4연12행, 4) 만춘일기-3연9행, 5) 등잔불-3연21행, 6) 마지막 추수-3연10행, 7) 빨래터-2연8행, 8) 선암사 가는 길에-3연10행, 9) 보성 강가에서-4연18행, 10) 홍도에서-3연11행, 11) nsghkwo-3연11행.

III. 박태일(朴泰一 1940-2007)의 현대시조 창작형태조사

시조시	1연	2연	3연	4연	5연	사설	장시조	총계	비고
시조문예	3	8	11	1	1		1	25	
한국시		2	7	2				11	
총 계	3	10	18	3	1		1	36	
비 율%	8.3	27.7	50.0	8.3	2.7		2.7	99.7	

〈참고문헌〉

1. 한국 시조큰사전-한춘섭, 박병순, 리태극-을지출판공사-서울. 1985
2. 한국 시조대사전-(상 · 하. 별책)-박을수-아세아문화사-서울. 1991
3. 근대 시조집람-임선묵-경인문화사-서울. 1999
4. 한국시대 사전-김창직, 윤해규-을지출판공사-서울. 2004
5. 한국 현대시조 연구와 향방-김창현-오늘의문학사-대전. 2014

배 위 홍 (裵渭泓 1919-2014) 한국 여성 시조 작가

Ⅰ. 들어가며

경북 안동에서 출생하였고 경북여고를 졸업했으며 슬하에 5남1녀를 두었다. 조선문학에 1996년 〈시〉바람소리가 당선되어 문단에 나왔다. 시조동인 산다화회, 낙강, 여류시조문학회 회원으로 활동하였다. 그 동안 작품활동을 했던 흔적은 다음과 같다.

1) 강가에서-시조집-가람출판사-서울. 1988(자료 없음)

2) 조각보다 가을 꽃-시조집-토방-서울. 1995.

3) 태극선 푸른 바람-토방-서울. 2002.

4) 갈잎의 노래-시조집-토방-서울. 2008.

Ⅱ. 펼치며

1. 한국시대사전(개정증보판) 2004.

1) 도라지꽃-1연6행, 2) 목련-1연6행, 3) 풍경화-1연6행, 4) 초갈을-1연6행, 5) 청령포(淸怜浦)-1연6행, 6) 한적(閑寂)-1연6행, 7) 달-1연6행, 8) 닿을 수 없는 그대-1연6행, 9) 심지(心志)-1연6행, 10) 내시조는-1연6행, 11) 강가에서-2연12행, 12) 소심란(素心蘭)-2연12행, 13) 조각보-3연18행, 14) 바람 소리-3연18행.

2. 여류시조 → 여성시조

창간호. 1998-1) 가을밤-1연6행, 2) 애도라래-2연12행, 3) 성전암의 늦가을-3연18행.

제5호. 2002-1) 오디 익은 유월이 오면-1연6행, 2) 숙원-1연6행, 3) 먹물 무거운 거리-3연18행.

제11호. 2008-1) 햇살 아래서-1연6행, 2) 능소화 피는 뜻은-2연12행, 3) 추전(秋田) 일본 북부지방에서-1연6행.

제12호. 2009-1) 선물 1(합죽선)-1연6행, 2) 선물 2(만양금)-1연6행-포항제철 울타리만 양금으로 둘렀음.

제13호. 2010-1) 다시 새봄에-1연6행, 2) 거울 경(鏡)아-1연6행.

제15호. 2012-1) 연(蓮)꽃-1연7행, 2) 여일(餘日)-1연7행.

제16호. 2013-1) -염불암-2연6행, 2) 보리암에서-1연9행.

3. 한국현대동시조선집. 2009.

1) 대전동시조 2003. 제4집-골목안-1연7행.

4. 현대시조집.

(1) 강가에서-시조집. 1988-자료 없음.

(2) 조각보와 가을꽃-시조집. 1995.

1) 푸른날의 풀피리-2연12행, 2) 상념-1연8행, 3) 심지-1연9행, 4) 홀로 누린 이 가을-1연6행, 5) 정한-1연9행, 6) 박꽃 간은 정-1연9행, 7) 독백-2연14행, 8) 푸념-1연6행, 9) 역설-2연14행, 10) 사연은 낙엽이었네-2연14행, 11) 써래질-1연7행, 12) 시조(時調)-1연7행, 13) 꽃말-1연9행, 14) 옛기물(器物)에 부쳐-머리장(欌)-1연6행, 15) 뒤주-1연6행, 16) 반상(飯床)-1연6행, 17) 반짇고리-1연6행, 18) 조각보-3연18행, 19) 부뚜막-2연12행, 20) 물레야-2연12행, 21) 가락지-1연7행, 22) 시골 인정-2연12행, 23) 시루떡을 거두며-1연12행, 24) 속량(贖良)-2연12행, 25) 안동민속-처전놀이-1연6행, 26) 놋다리 밟기-1연6행, 27) 귀불놀이-1연7행, 28) 회귀의 꿈-1연9행, 29) 비망록-4연24행, 30) 나의 베이스 캠프-2연12행, 31) 해후(邂逅)-2연12행, 32) 오늘을 산다-3연18행, 33) 소일(消日)-1연7행, 34) 여백(餘白)-1연8행, 35) 행운(行雲)-1연9행, 36) 갈증-1연6행, 37) 환생-1연7행, 38) 벗을 또 보내고-2연12행, 39) 헉걸음-2연14행, 40) 지하철의 낮과 밤-2연12행, 41) 네

덕(德) 내탓-1연7행, 42) 마음 여밉니다-2연14행, 43) 춘소우(春宵雨)-1연6행, 44) 사계사(四季詞) 봄-1연6행, 45) 사계사(四季詞) 여름-1연6행, 46) 사계사(四季詞) 가을-1연6행, 47) 사계사(四季詞) 겨울-1연6행, 48) 입춘절-1연6행, 49) 오월-2연12행, 50) 흐린날-1연7행, 51) 청개구리-1연9행, 52) 백로무렵-1연6행, 53) 상강절(霜降節)-1연6행, 54) 심추(深秋)에-2연12행, 55) 눈 1-2연12행, 56) 눈 2-1연7행, 57) 겨울한경(閑景)-2연14행, 58) 세모(歲暮)-2연14행, 59) 풍경화-1연6행, 60) 달빛 1-1연9행, 61) 달빛 2-1연6행, 62) 달빛 3-1연8행, 63) 외로 뜬 달-1연7행, 64) 풍경(風景)-2연12행, 65)새야새야-2연12행, 66) 포도문(葡萄紋) 항아리-1연7행, 67) 촛불-1연6행, 68) 쓰르라미-1연6행, 69) 밤비-1연9행, 70) 녹우(綠雨)-1연6행, 71) 소심란(素心蘭)-1연7행, 72) 도라지꽃-1연9행, 73) 민들레-1연6행, 74) 목련-1연7행, 75) 덕수궁(德壽宮)-2연12행, 76) 모란의 꿈-1연9행, 77) 공작(孔雀) 선인장-1연6행, 78) 안개꽃-애(愛)-1연6행, 79) 수(愁)-1연6행, 80) 우리집 관음죽(觀音竹)-1연6행, 81) 산다화(山茶花)-1연7행, 82) 산국(山菊)-1연9행, 83) 코스모스-1연6행, 84) 서리꽃-1연7행, 85) 조화(造花)를 꽂으며-1연6행, 86) 억새풀 단상(斷想)-1연7행, 87) 산책길에서-1연8행, 88) 문막(문막)의 하루-2연12행, 89) 양평(楊平)에 와서-1연6행, 90) 연못가에서-1연6행, 91) 찻집 斷想-2연12행, 92) 명동 나들이-1연8행, 93) 숲에 들면-1연6행, 94) 뫼뻐꾸기-1연9행, 95) 단풍-1연6행, 96) 낙목(落木)-1연7행, 97) 서풍에 지는 가랑잎-1연6행, 98) 하얀소문-1연6행, 99) 바람소리-3연18행, 100) 고사목(枯死木)-1연8행, 101) 풀벌레 우는 밤-1연6행, 102) 한강(漢江)-3연18행, 103) 깨를 터는 날-2연12행, 104) 모정의 세월-1연6행, 105) 어머니의 강(江)-3연18행, 106) 어머님 청산에 모시고-2연12행, 107) 자식들을 보며-1연6행, 108) 셋째-1연6행, 109) 넷째-1연6행, 110) 다섯째-1연6행, 111) 둘째-1연6행, 112) 오뚜기의 인생-1연6행, 113) 인고의 세월-1연6행, 114) 지천명(知天命)-1연6행, 115) 부조(父祖)의 땅-2연12행, 116) 결혼 기념일(婚日)-5연30행, 117) 열일곱 번째 손자를 보다-2연12행, 118) 팡

파아르-1연9행, 119) 엄마의 독백-3연18행, 120) 로자리오-1연7행, 121) 고향생각-1연7행, 122) 가을 꽃 타는 연곡(蓮谷)마을-3연21행, 123) 향수(鄕愁)-1연9행, 124) 미망(未忘)-2연14행, 125) 성묘-2연14행, 126) 생각이 밀리는 날-2연12행, 127) 이장(移葬)을 모시고-3연21행, 128) 회억의잔-2연12행, 129) 머물다간 바람-2연12행, 130) 고희유감-전야-1연6행, 131) 거울앞에서-1연6행, 132) 향연의 밤-1연6행, 133) 은혜-1연6행, 134) 시조집-1연6행, 135) 노회(老懷)-5연30행, 136) 연오랑(延烏郞)과 세오녀(細烏女)처럼-2연12행, 137) 그대 떠나고-1연7행, 138) 병상에서-1연7행, 139) 낙일(落日) 앞에서다-2연14행, 140) 여일(余日)-2연12행, 141) 생각은 흩어진 갈대-2연16행, 142) 홀로 떠가는 배-1연9행, 143) 도배를 끝내고-1연9행, 144) 진골목 애사(哀史)-2연12행, 145) 무주구천동-1연6행, 146) 여정은 비에 젖어-1연6행, 147) 서귀포-1연6행, 148) 일출봉에 올라-1연6행, 149) 민속마을에서-1연6행, 150) 물 한 계곡-1연6행, 151) 반야사-1연6행, 152) 영국사-1연6행, 153) 선교장을 찾아-2연14행, 154) 경포호-2연14행, 155) 마니산에 올라-3연21행, 156) 해인사에 노을지고-3연21행, 157) 화양계곡-3연21행, 158) 무릉계곡-1연7행, 159) 부도암의 밤-2연12행, 160) 화석정-2연14행, 161) 예수재-2연12행, 162) 타지마할(인도)-3연20행, 163) 남미(南美)를 가며-2연14행, 164) 라오의 코파카나-2연12행, 165) 이과수폭포-3연18행, 166) 남구주(일본)-무도고원-2연12행, 167) 유럽-이태리-스페인광장-1연6행, 168) 꽃계단-1연6행, 169) 피사의 사탑-2연12행, 170) 모나코 왕궁-2연12행, 171) 여로-호주-1연6행, 172) 시드니해변-1연6행, 173) 여창(旅窓) 미국 LA에서-2연12행, 174) 그랜드캐넌-2연12행, 175) 그레데일산장-2연12행, 176) 리치몬드의 아침-1연9행, 177) 이역의 달-1연9행, 뉴질렌드-2연12행, 178) 외이토모 동굴-2연12행.

(3) 태극선 푸른 바람. 시조집. 2002.

1) 무심도정-2연12행, 2) 봄-1연6행, 3) 난분을 받아놓고-봄의전령-1연3행, 4) 달빛받은 순수-2연6행, 5) 추억속의 회유-2연12행, 6) 산사의 봄-1연

7行, 7) 애도래라-2연6행, 8) 가을밤-1연7행, 9) 적막-1연3행, 10) 화난(火難)-2연6행, 11) 산실-2연6행, 12) 그림엽서-1연7행, 13) 봄비-1연3행, 14) 난(蘭)-1연2행, 15) 회고(回顧)-1연3행, 16) 잠적한 내 푼수-1연7행, 17) 너어살-1연6행, 18) 유년의 화폭-2연12행, 19) 꿈(난초에게)-1연3행, 20) 아득히 먼 바램-2연6행, 21) 초가을-1연3행, 22) 망향의 노래-2연14행, 23) 운명-2연6행, 24) 세탁소에서-1연4행, 25) 복덕방-1연4행, 26) 슈퍼마켓-1연4행, 27) 인간사-1연6행, 28) 인기척은 없는데-1연3행, 29) 근황-3연9행, 30) 한옥의 꿈-2연6행, 31) 유월의 신부-2연6행, 32) 먹물 무거운 자리-3연9행, 33) 이사-2연12행, 34) 돋보기-2연6행, 35) 느티나무 아래서-3연9행, 36) 산마을 지나다가-3연9행, 37) 실화(實話)-2연6행, 38) 알기는 뭘 알아-2연6행, 39) 입동-1연3행, 40) 저기압-1연7행, 41) 용머리 마을에 와서 1-2연6행, 42) 용머리 마을에 와서 2-2연6행, 43) 가슴빗장 풀라심은-2연6행, 44) 무우행도(無憂行圖)-2연12행, 45) 음치기억-1연7행, 46) 세월의 흠집-1연3행, 47) 상축일(上丑一)-2연6행, 48) 욕구불만-2연12행, 49) 과일의 의미-3연9행, 50) 치료대 앞에서-2연12행, 51) 시집살이-2연6행, 52) 구불득(求不得) 굽은 허리-1연6행, 53) 어머니-2연6행, 54) 보길도-1연3행, 55) 세시풍속-1연3행, 56) 지신밟기-1연3행, 57) 자서(自敍)-2연6행, 58) 눈물의 명(銘)-3연18행, 59) 여든의 망발-2연12행, 60) 대형사건을 보며-2연12행, 61) 생일-2연6행, 62) 뭔가 달라져야 한다지만-3연9행, 63) 실상(實相)-2연12행, 64) 허수아비 잔치마당-2연8행, 65) 비 오는 지리산을 오르며-2연12행, 66) 한가리에서-만종(晩鐘)-1연3행, 67) 밤의 도나우강-1연3행, 68) 백야(白夜)-2연12행, 69) 동행-2연6행, 70) 백두산을 오르며-3연9행, 71) 대보름-2연14행, 72) 환절(換節) 머리-2연6행, 73) 가을이 오고있네-2연6행, 74) 가을의 뒷모습-2연6행, 75) 성전암(聖殿庵)의 늦가을-3연9행, 76) 마이산을 넘어 탑사로-3연9행, 77) 이것이 인생이란다면-3연9행, 78) 그넷줄-1연7행, 79) 닿을 수 없는 그대-시조에게-1연3행, 80) 아람이야기-1연7행, 81) 비룡폭포-2연6행, 82) 송이(松栮)-1연3행, 83) 법주사를 찾아-2연6행,

84) 중국운남성을 다녀와서-이강(漓江-계림, 桂林)-1연3행, 85) 천자산-장가계-1연3행, 86) 보봉호(寶峰湖-장가계, 張家界)-1연3행, 87) 석림(石林-곤명, 昆明)-1연3행, 88) 미속(迷俗)-占-1얀3행, 89) 객괴(客傀) 물림-1연3행, 90) 삼눈-1연3행, 91) 희망사항-1연7행, 92) 몬트레이바다(갤리포니아)-2연6행, 93) 사리나스-2연6행, 94) 상강절(霜降節)-2연12행, 95) 우물가의 새암바리-1연6행, 96) 적요(寂寥)-1연7행, 97) 캐나다-퀘백-3연18행, 98) 첫눈-2연12행, 99) 인도(印度)-1연6행, 100) 청령포(淸怜浦)-1연6행, 101) 중국을 다녀와서-장강삼협(長江三峽)-1연3행, 102) 동정호-1연3행, 103) 황산-1연3행, 104) 다듬이 장단-2연6행, 105) 골목안-1연7행, 106) 하오한 때-1연6행, 107) 오디익는 유월이 오면-1연3행, 108) 무연설(無緣設)-3연9행, 109) 은애(恩愛)하는 사람 보내고-2연12행, 110) 축시-사설, 내시조는-1연6행, 111) 삶은 깡 마른 잎새-1연3행, 112) 고인돌-1연7행, 113) 강둑(중랑천)-1연6행, 114) 귀로에-1연7행, 115) 기제(忌祭) 10주기에 부쳐-3연9행, 116) 무상(無常)-2연12행, 117) 달-1연6행, 118) 전통찻집에서-1연3행, 119) 물망초-1연3행, 120) 늙은 연적(硯滴)-1연7행, 121) 캐나다를 돌며-3연18행, 122) 낙엽-플라타나스-1연4행, 123) 은행잎-1연4행, 124) 오동잎-1연4행, 125) 단양 나들이-1연6행, 126) 리오의 달밤(南美)-2연14행, 127) 모스코바-1연3행, 128) 에메랄드사원-1연3행, 129) 이명(耳鳴)-1연3행, 130) 한적(閑寂)-1연7행, 131) 정 하나 보듬으면-1연3행, 132) 요람(搖籃)-1연3행.

(4) 갈잎의 노래-시조집. 2008.

1) 상국(霜菊)-1연6행, 2) 목련-1연7행, 3) 능소화-2연8행, 4)목련 지던 날 1-1연6행, 5) 이느 봄날에-1연7행, 6) 보문의 벚꽃-1연3행, 7) 골목안-1연3행, 8) 아지랑이-1연3행, 9) 개나리-1연4행, 10) 갈잎의 노래-1연7행, 11) 연꽃-1연6행, 12) 여일(餘日)-1연6행, 13) 영산홍-1연3행,14) 눈꽃-1연6행, 15) 라일락꽃은 지고-1연6행, 16) 봄꽃질때-1연6행, 17) 소나기-1연4행, 18) 산사의 새벽-1연7행, 19) 가을 초입에-1연4행, 20) 바람 부는 날-1연3

행, 21) 만추-1연6행, 22) 낙엽 1-1연3행, 23) 강촌에서-1연4행, 24) 한가위-1연7행, 25) 겨울 나그네-2연6행, 26) 창(窓)-1연6행, 27) 겨울산-2연6행, 28) 팔공산의 가을-1연4행, 29) 이 설경 앞에 두고-2연6행, 30) 불국사의 가을-1연6행, 31) 조춘(早春)-3연15행, 32) 간이역에서-1연3행, 33) 염불암(念佛庵)-2연6행, 34) 보리암에서-1연9행, 35) 산사에 오르면서-1연7행, 36) 달성공원에서-2연12행, 37) 설악의 달밤-1연7행, 38) 탄천(炭川)-소묘-2연6행, 39) 한강무심(漢江無心)-1연3행, 40) 햇살 아래서-1연7행, 41) 정선아리랑-2연12행, 42) 돌아보면-1연4행, 43) 등불-1연3행, 44) 먼 생각-1연4행, 45) 다리-1연6행, 46) 부다페스트에서-2연12행, 47) 새벽-1연3행, 48) 해넘이-1연3행, 49) 루미나리에-1연3행, 50) 세비야플라맹코-1연6행, 51) 여로(旅路)-1연3행, 52) 여행-1연7행, 53) 파티마의 고행-2연8행, 54) 그림엽서-1연3행, 55) 회상의 길목에서-5연20행, 56) 길위에서-3연12행, 57) 옛 생각-2연6행, 58) 새금 파리의 꿈-1연3행, 59) 그해 음 오월 이야기-3연9행, 60) 까치집-1연7행, 61) 당신은-1연5행, 62) 늦은 깨달음-1연6행, 63) 빨래-2연8행, 64) 혼일-1연3행, 65) 쌍춘년에-1연7행, 66) 귀 넘은 바람소리-2연8행, 67) 아이들 자랄 때-1연6행, 68) 애타는 마음-4연16행, 69) 해넘이-1연7행, 70) 제라늄-1연7행, 71) 환혼녁-3연9행, 72) 회억(懷憶)-1연7행, 73) 졸수(卒壽)에-2연6행, 74) 모정의 세월-3연12행, 75) 추억-1연3행, 76) 기다림-2연10행, 77) 체념-1연6행, 78) 빗소리-1연6행, 79) 일상(日常)-1연6행, 80) 눈물 맛-1연7행, 81) 노심초사-1연6행, 82) 노래(老來)-2연6행, 83) 땅끝에 선 심정-2연12행, 84) 믿을까 말까-3연15행, 85) 망령-1연7행, 86) 매병(梅病)-2연6행, 87) 알다가도 모를레라-2연10행, 88) 저승 이야기-1연7행, 89) 불망(不忘)-1연3행, 90) 청계천 복원-1연7행, 91) 무고(無告)-1연7행, 92) 너의 흔들 의자-1연4행, 93) 화해(和解)-1연3행, 94) 우매(愚昧)-1연3행, 95) 불고염치(不顧廉恥)-1연7행, 96) 낮잠-1연3행, 97) 노안(老眼)-1연7행, 98) 객기(客氣)-1연7행, 99) 보자기의 정리-3연9행, 100) 부정(否定)-1연3행, 101) 분당에 옮겨와서-2연8행, 102) 분당선(盆堂線)-1연3

행, 103) 소망-1연4행, 104) 소복(素服)-1연7행, 105) 숭례문 화란(崇禮門火難)-2연12행, 106) 희망사항-1연5행, 107) 사돈 구순에-2연12행, 108) 산황-1연7행, 109) 숙원-1연3행, 110) 이승길에서-2연8행, 111) 인생-3연9행, 112) 세상살이-2연10행, 113) 작은 행복-1연7행, 114) 제야(除夜)에-1연7행, 115) 혀(舌)-2연8행, 116) 삶의 끝자락에서-1연6행.

Ⅲ. 배위홍(裵渭泓 1919-2014)의 정형시 창작형태조사

시조시	1연	2연	3연	4연	5연	사설	장시조	총계	비고
현대시대사전	10	2	2					14	
여성시조	12	3	2					17	
한국현대동시조선	1							1	
강가에서									자료 없음
조각보와가을꽃	117	54	13	1	2			187	
태극선푸른바람	71	48	15			1		135	
갈잎의노래	82	25	8	1	1			117	
총 계	293	132	40	2	3	1		471	
비 율%	62.2	28.0	8.4	0.4	0.6	0.2		99.8	

Ⅳ. 나오며

귀여운 손자, 손녀에게 현대동시조를 권장하면서 현대시조집과 현대동시조(연간집)을 상호 부담없이 교환하였고 보내주신 현대시조집은 다음과 같다.

1) 조각보와 가을꽃(2002. 12. 21) 토방-서울. 1995.
2) 태극선 푸른 바람(2002. 12.21) 토방-서울. 2002.
3) 갈잎의 노래(2008. 12. 27) 토방-서울. 2008.

한국시조큰사전, 한국여류시조문학선집, 등에는 현대시조 작품이 없었고 충분한 참고자료가 부족해서 완전한 평설을 집필하지 못한 점을 독자께서는 넓은 도량으로 헤아려 주시기 바라며 삼가 고인의 명복을 기원하며 끝을 맺는다.

〈참고문헌〉

1. 한국 시조큰사전-한춘섭, 박병순, 리태극-을지출판공사-서울. 1985
2. 한국 시조대사전-(상 · 하. 별책)-박을수-아세아문화사-서울. 1991
3. 근대 시조집람-임선묵-경인문화사-서울. 1999
4. 한국시대 사전-김창직, 윤해규-을지출판공사-서울. 2004
5. 한국 현대시조 연구와 향방-김창현-오늘의문학사-대전. 2014

변 인 숙(邊仁淑 1948−2013)의 현대시조

Ⅰ. 들녁 산조(散調)

1) 들녁 산조-4연20행, 2) 홍천강가에서-3연21행, 3) 화조도-1연7행, 4) 새벽달-3연21행, 5) 그 여름 빗물이-2연14행, 6) 까치의 노래-1연12행, 7) 떠나는 마음-1연12행, 8) 봄 맞이-1연12행, 9) 꽃 소식-1연9행, 10) 어린이날 풍경-2연14행, 11) 넝쿨 장미-1연11행, 12) 포도 향기-2연14행, 13) 꽃 물들이기-2연14행, 14) 가을이 오는 길-2연14행, 15) 상달에는-1연11행, 16) 동짓달에-2연14행, 17) 한 해를 보내며-2연12행, 18) 새천년에-1연9행, 19) 대선유세장에서-3연21행, 20) 삶-1연9행, 21) 민통 선도라지꽃-1연12행, 22) 민통선애사면석불-2연10행, 23) 남방 한계선-3연9행, 24) 지금 신고려 장터라네-사설, 25) 백학산 O.P에서-2연14행, 26) 허준(許浚 1539-1615) 묘소에서-2연12행, 27) 2007. T. C 신년 인사회 축하 낭송시-4연16행, 28) 너머 저쪽 1-2연14행, 29) 너머 저쪽 2-2연14행, 30) 자유로를 지나며-2연14행, 31) 큰나무로 사시다-2연12행, 32) 파로호의 기다림-3연15행, 33) 그 문턱의 냉이-1연8행, 34) 파로호의 수호탑-1연12행, 35) 감악산(紺岳山)-2연14행, 36) 고향은 지금-1연7행, 37) 홍랑 양지 뜸에서-1연7행, 38) 내 고향 한 배미가 떠가네-4연16행, 39) 도랑나무 그늘에서-4연18행, 40) 홍수의 뒤안길-3연15행, 41) 항해-2연14행, 42) 백령도에서-3연21행, 43) 해병이-2연20행, 44) 콩돌 해안의 꿈-1연12행, 45) 두무진의 해층기암-3연9행, 46) 사곶해안에서-2연14행, 47) 두물머리에서-2연16행, 48) 섬진강 가는 길-1연7행, 49) 북동리 촌로(村老)-2연10행, 50) 북동리 옥계수-1연7행, 51) 그 해 북동리는-1연7행, 52) 대부도의 밤-3연9행, 53) 도루묵-1연7행, 54) 어느 길목-2연14행, 55) 갈매기는-2연14행, 56) 숲 길을 걸으며, 57) 거기 주춧돌이-3연19행, 58) 햇빛 동산에서 1-2연10행, 59) 햇빛 동산에서 2-2연16행, 60) 봄볕-1연6행, 61) 난정(亂疔)-1연6행, 62) 귀가-1연6행, 63) 생(生)-1연9행, 64) 이런 봄날-3연18행, 65) 햇살-1연10행, 66)

밀어-1연12행, 67) 민들레-1연12행, 68) 꽃샘 바람 부는 날-1연10행, 69) 그 날 밤-2연14행, 70) 봄 그리고 소리-1연7행, 71) 꽃샘-1연9행, 72) 불씨 하나-사설, 73) 매미의 저 노래는-2연12행, 74) 추수 끝에-1연7행, 75) 어머니 고희에-3연15행, 76) 남편의 회갑을 맞으며-3연15행, 77) 남편의 퇴임에 부쳐-4연20행, 78) 세월 저편-2연14행, 79) 선영이는-사설, 80) 정우에게-3연18행.

〈작품 평설〉 향토서정과 낙관적 상상력-김봉군.

II. 시조 생활

1999. 겨울호-세상보기-1연9행, 2000. 봄호-세상보기 3-1연9행.
2000. 여름호-세상보기-1연12행, 2002. 봄호-산수유 그늘에서-1연7행.
2008. 여름호-거기 주춧돌이-3연19행, 2008. 겨울호-동짓날에-2연14행.
2009. 봄 호-봄, 그리고 소리-1연7행, 2009. 여름호-꽃물 들이기-2연14행.
2009. 가을호-유성규 박사 팔순 축하-2연6행, 2009. 겨울호-비무장지대 -3연12행.

III. 현대시조 작품 감상

1) 내고향 한 배미가 떠나가네
어, 저기 어디지? 고향집이 홀쩍이네.
땟국 절은 살림살이 시렁에 달아 매고
빛바랜 양철 차양엔 빗소리가 비명인가.

틀에 밟나 만든 누룩 약쑥에 재워 두던
헐어진 광속에선 호밀밭 출렁인다.
할머니 내려온 손맛 마음 풀던 막걸리.

소담스레 자란 풀은 소 뜯기가 좋았는데
여기 저기 망치소리 마을을 깨는 소리
흩어진 새금파리들 들꽃들 몸부림친다.

음력 구월 여드레 시접소리 고요깨다.
고랫논 탈곡소리 홀씨되어 날아가도
그래도 노구매 정성 도당제를 올리다.

2) 화조도
산당화 환한 자리 사임당 계신 자리
벌, 나비, 그림 속에 오이 넝쿨 뻗어가고
먹이를 쪼아내려는 새의 눈이 살았네라.

3) 새벽 달 첫수
동짓달 열아흐레 고사목에 바람가듯
정화수 물 밑으로 가라앉은 달이 하나
질그릇 허술한 날이 살이 올라 둥글다.

4) 그 여름 비
강둑이 터졌다 짚더미가 떠나간다.
허옇게 배 뒤집는 생명의 저 몸부림
욕망이 타다만 자리 누가 다시 채울까.
짐자던 호수도 일그런진 꿈자락도
나의 시렁 저 아래 그 곱던 일기도
모두 다 침잠을 해 눈을 감아 버렸다.

IV. 변인숙(邊仁淑 1948-2013)의 현대시조 창작형태조사

시조시	1연	2연	3연	4연	5연	사설	장시조	총계	비고
들녘산조	30	29	14	4		3		80	2008
시조생활	5	4	2					11	
총 계	35	33	16	4		3		91	
비 율%	38.4	36.2	17.6	4.3		3.2		99.7	

〈참고문헌〉

1. 한국 시조큰사전-한춘섭, 박병순, 리태극-을지출판공사-서울. 1985
2. 한국 시조대사전-(상 · 하.별책)-박을수-아세아문화사-서울. 1991
3. 근대 시조집람-임선묵-경인문화사-서울. 1999
4. 한국시대 사전-김창직, 윤해규-을지출판공사-서울. 2004
5. 한국 현대시조 연구와 향방-김창현-오늘의문학사-대전. 2014

미당 서정주(未堂 徐廷柱 1915-2000)의 현대시조

Ⅰ. 현대시조

1.

1983. 가을호-옛날에 옛날에 영재(永才)의 모가지-3연9행.

※ 출전(出典)-한국일보. 1983. 10. 30

2. 조선일보

2014. 2. 12 가슴으로 읽는 시조-비는 마음-2연6행.

Ⅱ. 현대시조 감상

1) 비는 마음

버려지는 곳 흙 담 쌓고 아궁이도 손 보고
동으로 창을 내서 아침 햇살 오게 하고
우리도 그 빛 사이를 새 눈 뜨고 섰나니.

해여 해여 머슴 갔다 겨우 풀려오는 해여
오만 원 쯤 새경 받아 손에 들고 오는 해여
우리들 차마 못 본곳 그대 살펴 일르소.

Ⅲ. 미당 서정주(未堂 徐廷柱 1915-2000)의 현대시조 창작형태조사

시조시	1연	2연	3연	4연	5연	사설	장시조	총계	비고
현대시조			1					1	
조선일보		1						1	
총 계		1	1					2	
비 율%		50.0	50.0					100	

〈참고문헌〉

1. 한국 시조큰사전-한춘섭, 박병순, 리태극-을지출판공사-서울. 1985
2. 한국 시조대사전-(상 · 하. 별책)-박을수-아세아문화사-서울. 1991
3. 근대 시조집람-임선묵-경인문화사-서울. 1999
4. 한국시대 사전-김창직, 윤해규-을지출판공사-서울. 2004
5. 한국 현대시조 연구와 향방-김창현-오늘의문학사-대전. 2014

석 성 숙 (石成淑 1948-2006)의 현대시조

Ⅰ. 부산시조

2005. 여름호-1) 아버지-3연18행, 2) 여름 아이-2연12행, 3) 할아버지 안경-1연7행.
2005. 겨울호-1) 모오리 돌-1연9행, 2) 그 미소-1연9행.
2006. 여름호-1) 천수(天壽)의 나무-2연12행, 2) 달빛 아래서-2연14행, 3) 아기 벚꽃-2연12행.
2006. 겨울호-1) 새벽 길-2연14행, 2) 바람-1연7행.

Ⅱ. 현대시조 작품 감상

1) 아버지

포장마차 헌 탁자에 말없이 마주 앉아
장성한 아들 모습 보기만 해도 대견하여
사랑을 술잔에 채워 건네주는 아버지.

흰머리 깊은 주름 굵어진 그 손마디
좁아진 어깨 너머 기울어진 저 반생
두 손에 잔 받들어도 명치 끝은 아린다.

노래 가락 게걸음에 비틀거려 보면서
골목길이 비좁도록 당신과 걸어오면
열사흘 돋는 저 달빛 어둠도 물러난다.

2) 천수(天壽) 나무

내소사 천황문 지나 아름드리 느띠나무

천여 년 이야기를 한올 한올 풀어내어
이 봄이 더 푸르도록 가지마다 걸쳐둔다.

대웅전 독경 소리 달빛 속에 배어들고
능가산 맑은 물은 뿌리를 적시는가.
한 삶을 초연히 풀어 그 자리를 지켜섰다.

3) 불꽃 축제
광안리 바닷가에 화려한 불꽃 축제
백만 인파 모여들어 숨죽이고 기다린다.
우렁찬 카운트다운 축포가 터진다.

화려함을 깊이 묻고 인내로 버틴 시간
칠흑 같은 어둠 속을 별이 되어 날아간다.
하늘엔 신들린 오색 별들 작두 타고 춤을 춘다.

현란한 은실 금실 폭포수 쏟아지고
레이저 빛 사랑 마음 깊숙이 스밀 때면
슬픔도 환희의 꽃으로 도도히 피어난다.

III. 석성숙(石成淑 1948-2006)의 현대시조 창작형태조사

시조시	1연	2연	3연	4연	5연	사설	장시조	총계	비고
부산시조	4	5	1					10首	
총 계	4	5	1					10	
비 율%	40.0	50.0	10.0					100	

〈참고문헌〉

1. 한국 시조큰사전-한춘섭, 박병순, 리태극-을지출판공사-서울. 1985

2. 한국 시조대사전-(상 · 하. 별책)-박을수-아세아문화사-서울. 1991
3. 근대 시조집람-임선묵-경인문화사-서울. 1999
4. 한국시대 사전-김창직, 윤해규-을지출판공사-서울. 2004
5. 한국 현대시조 연구와 향방-김창현-오늘의문학사-대전. 2014

성 권 영(成權永 1940－1990)의 현대시조

Ⅰ. 현대시조

1991. 여름호-1) 바다-1연6행, 2) 기다림-1연6행, 3) 버섯-1연6행, 4) 마음-1연6행, 5) 백일홍-1연6행, 6) 버들강아지-1연6행, 7) 범 1-1연9행, 8) 봄 2-1연6행, 9) 저녁놀-1연6행, 10) 개나리-1연6행, 11) 먼 겨울-1연6행, 12) 어머니-1연6행, 13) 돌담-1연6행, 14) 버들피리-2연12행, 15) 마을-1연6행, 16) 아지랑이-2연12행, 17) 할미꽃-1연6행, 18) 새와 벌-1연6행, 19) 석류-1연6행, -1연6행, 20) 만추-1연6행, 21) 이상(異狀)-1연6행, 22) 소-1연6행, 23) 화부(火夫)-2연12행.

※ 현대시조 논단-정재호.

Ⅱ. 현대시조 작품 감상

1) 바다

그 무슨 그리움으로 밀려가고 밀려오고
너 너무나 넓은 가슴 끝내 미칠 길 없어
천마리 갈매기 되어 먼 기슭 헤맨다.

2) 어머니

멀리 가물가물 잦아드는 등잔 아래
설빔을 기우시던 가르마 훤한 어머니
이 밤도 그 뜨락에 빗소리가 들린다.

3) 마음

할 말을 잃어버렸다. 오히려 새삼스러운 것
차마 떨리는 손끝 비워둔 백지 한 장

속마음 사래진 이랑 드러낼 수 없어라.

4) 봄 2

이 봄 갓난 아지랑이 밟아오는 언덕 너머
사래길 골을 지펴 스물대는 아픈 몸짓
종달새 잦은 가락에 저 하늘도 트요라.

5) 개나리

누나는 앞산으로 아지랑이 캐러 가고
마당엔 햇병아리 발이 시려 삐약삐약
울 밑에 노란 개나리 그만 웃음 터진다.

6) 저녁놀

눈부신 그대 눈빛 마주 앉아 못 보거니
돌아앉은 가슴 숯불로 이는 사모
오늘도 그대 떠나간 저녁 하늘 태운다.

Ⅲ. 성권영(成權永 1940-1990)의 현대시조 창작형태조사

시조시	1연	2연	3연	4연	5연	사설	장시조	총계	비고
현대시조	20	3						23	
총 계	20	3						23	
비 율%	86.9	13.0						99.9	

〈참고문헌〉

1. 한국 시조큰사전-한춘섭, 박병순, 리태극-을지출판공사-서울. 1985
2. 한국 시조대사전-(상 · 하. 별책)-박을수-아세아문화사-서울. 1991
3. 근대 시조집람-임선묵-경인문화사-서울. 1999
4. 한국시대 사전-김창직, 윤해규-을지출판공사-서울. 2004
5. 한국 현대시조 연구와 향방-김창현-오늘의문학사-대전. 2014

백계 소재순(白溪 蘇在筍 1924-1997)의 현대시조 작품조사

Ⅰ. 한국시조큰사전. 1995.

1) 가을 만각-3연9행, 2) 계시(啓示)-3연9행, 3) 꽃들의 사랑이야기-3연9행, 4) 귀뚜라미-3연9행, 5) 기우응보(杞憂應報)-4연12행, 6) 내 고향(故鄕) 춘향(春香)골-3연9행, 7) 내 마음의 노래-3연9행, 8) 단풍(丹楓)-2연6행, 9) 달을 보며-3연9행, 10) 도보 장수(道步 長壽)-2연6행, 11) 동부새-3연9행, 12) 라일락-2연6행, 13) 문방사우(文房四友)-문방(文房)-1연3행, 14) 종이-1연3행, 15) 붓(筆)-1연3행, 16) 먹(墨)-1연3행, 17) 벼루(硯)-1연3행, 18) 바다-3연9행, 19) 백목련(白木蓮)이 피었내-3연9행, 20) 사철의 노래-매화(梅花)-1연3행, 21) 부나방-1연3행, 22) 낙엽(落葉)-1연3행, 23) 눈길-1연3행, 24) 산(山)-3연9행, 25) 산을 아이-2연6행, 26) 석류(石榴)-2연6행, 27) 수(繡)-2연6행, 28) 수선(水仙)-2연6행, 29) 숲 사이서-3연9행, 30) 아내-3연9행, 31) 안개 꽃-2연6행, 32) 촛불-2연6행, 33) 해돋이 노래-3연9행, 34) 회한(悔恨)-4연12행, 35) 효자로(孝子路)-3연9행, 36) 흙 열매 땀 열매-4연12행.

Ⅱ. 시조문학

1968. 제18집-1) 봄-2연15행.

1968. 제20집-1) 석류-1연6행.

1969. 제22집-1) 산골아이-2연18행.

1970. 제23집-1) 사랑도 함께-2연18행.

1970. 제24, 25집-1) 도부(到付) 장수(보부상)-2연15행.

1971. 제27집-1) 초여름-2연18행.

1971. 제28집-1) 노송(老松)-2연18행.

1972. 제30집-1) 가을-2연15행.

1972. 제31집-1) 약동(躍動)-3연28행.

1975. 봄호-1) 가등(街燈)-3연15행, 2) 낙엽 3-2연14행, 3) 하늘-3연15행.

1976. 봄호-1) 교목-3연18행, 2) 백합-2연12행.

여름, 가을호-1) 나팔꽃-2연14행, 까치-2연14행.

1977. 여름호-1) 바다-3연15행, 2) 촛불-2연14행, 3) 하지-2연15행.

1978. 봄호-1) 돐-2연14행.

1979. 봄호-1) 해저문 화재-2연14행.

1980. 봄호-1) 내고향 춘향골-4연22행.

여름호-1) 작약(芍藥)-3연12행.

겨울호-1) 가을 만각(晩覺)-3연15행.

Ⅲ. 흙과 꽃과 사랑-시조집. 1981.

1) 봄-2연15행, 2) 봄의 설램-2연14행, 3) 사철의 노래-매화-1연6행, 4) 부나방-1연6행, 5) 낙엽-1연6행, 6) 눈길-1연7행, 7) 매화-3연12행, 8) 수선-2연12행, 9) 동부새-3연15행, 10) 초여름-2연14행, 11) 협죽도(夾竹桃)-2연14행, 12) 강류곡(江流曲)-4연27행, 13) 단오절-3연12행, 14) 나팔꽃-2연14행, 15) 가을-2연15행, 16) 산은 철따라-4연24행, 17) 단풍-2연14행, 18) 낙엽 2-4연12행, 19) 낙엽 3-2연14행, 20) 나목(裸木)-3연12행, 21) 하늘-3연15행, 22) 일출송(日出頌)-2연12행, 23) 해돋이 노래 2-3연19행, 24) 까치-2연14행, 25) 동백(冬柏)-2연14행, 26) 산산-3연15행, 27) 노점(露店)-3연12행, 28) 작약(芍藥)-3연12행, 29) 백로(白露)-3연15행, 30) 노송(老松)-2연15행, 31) 사군자(四君子)-4연12행, 32) 교목(喬木)-3연18행, 33) 달밤 1-2연13행, 34) 달밤 2-2연12행, 35) 달밤 3-4연15행, 36) 달을 보며-4연18행, 37) 선인장(仙人掌)-3연15행, 38) 호수(湖水)-3연15행, 39) 낚시-2연14행, 40) 바다 1-3연15행, 41) 바다 2-3연15행, 42) 해저문화재-2연14행, 43) 송구영신(送舊迎新)-3연13행, 44) 계시(啓示)-3연15행, 45) 전광(電光)-3연19행, 46) 가등(街燈)-3연15행, 47) 거북선-3연12행, 48) 수(繡)-2연

14행, 49) 고려비색(高麗秘色)-3연21행, 50) 영란(鈴蘭)-2연13행, 51) 백합(白合)-2연12행, 52) 물망초(勿忘草)-2연12행, 53) 라일락-2연12행, 54) 카네이션-2연12행, 55) 이조백자(李朝白磁)-2연14행, 56) 촛불 1-2연14행, 57) 촛불 2-2연14행, 58) 촛불 3-2연13행, 59) 가을만각-3연15행, 60) 석별(惜別)-2연14행, 61) 진위허실(眞僞虛實)-4연25행, 62) 돌이켜 쥐우치며 1-6연26행, 63) 돌이켜 쥐우치며 2-2연13행, 64) 돌이켜 쥐우치며 3-2연10행, 65) 돌이켜 쥐우치며 4-4연12행, 66) 돌이켜 쥐우치며 5-2연14행, 67) 돌이켜 쥐우치며 6-3연15행, 68) 실조(失調)-5연30행, 69) 회한(悔恨) 1-3연12행, 70) 회한(悔恨) 2-2연14행, 71) 상충(相衝) 1-4연15행, 72) 상충(相衝) 2-2연16행, 73) 돐-2연14행, 74) 어머니 1-5연23행, 75) 어머니 2-5연23행, 76) 내리사랑-3연13행, 77) 백목련-3연15행, 78) 산골아이-2연13행, 79) 도부(到付)장수(보부상)-2연15행, 80) 내 고향 춘향골(1)-4연22행, 81) 내 고향 춘향골 2-2연10행, 82) 내 고향 춘향골 3-5연20행, 83) 들국화-3연20행, 84) 아내 1-3연15행, 85) 아내 2-3연15행, 86) 임의 손길-2연13행, 87) 고지대(高地帶)-2연14행, 88) 동문(同門)-2연13행, 89) 스승의 길 1-3연15행, 90) 스승의 길 2-2연12행, 91) 스승의 길 3-3연15행, 92) 효자로(孝子路)-4연15행, 93) 무궁화(無窮花)-3연15행, 94) 농자의 마음 1-2연14행, 95) 농자의 마음 2-3연13행, 96) 농자의 마음 3-3연14행, 97) 귀농(歸農)-3연15행, 98) 밭을 가는 날-3연15행, 99) 보리 밭-2연13행, 100) 하지(夏至)-2연15행, 101) 치자(梔子)꽃-3연15행, 102) 밤비-2연14행, 103) 기우응보(杞憂應報)-7연31행, 104) 우공(牛公)-4연15행, 105) 코스모스-2연13행, 106) 추색부(秋色賦) 1-2연12행, 107) 추색부(秋色賦)-2연6행, 108) 효도관광(孝道觀光)-3연15행, 109) 과수원의 가을-3연15행, 110) 부두가-3연15행, 111) 김장날-3연14행, 112) 흙의 찬가 1-5연21행, 113) 흙의 찬가 2-3연15행, 114) 흙의 찬가 3-2연14행, 115) 흙의 찬가 4-4연12행, 116) 고향의 추억-3연12행, 117) 이농(離農)의 죄책-3연15행. 〈시작메모-생략〉

Ⅳ. 한국시조선집

1972. 1) 낙엽 2-4연12행.

1972. 1) 시조작가-선집-노송(老松)-2연15행.

1973. 1) 사군자(四君子)-4연12행.

1975. 1) 호수(湖水)-3연15행.

1976. 1) 달을 보며-4연18행.

1977. 1) 들국화-3연20행.

1978. 1) 바다-3연15행.

1980. 1) 아내-3연15행.

Ⅴ. 백계 소재순(白溪 蘇在筍 1924-1997)의 현대시조 창작형태조사

시조시	1연	2연	3연	4연	5연	사설	장시조	총계	비고
한국시조	9	9	15	3				36	
시조문학	1	16	7	1				25	
흙꽃사랑	4	49	44	13	5		2	117	
시조선집		1	4	3				8	
총 계	14	75	70	20	5		2	186	
비 율%	7.5	40.3	37.6	10.7	2.6		1.0	99.7	

Ⅵ. 끝내며

백계님의 현대시조집을 〈한국 현대시조 연구와 향방〉을 발간한 이후에 비싼 값을 주고 구입해서 자료 보충을 하였고 그밖에 교육잡지, 각종신문, 등. 다양한 발표지가 많을 줄 사료되나 여러 곳에 현대시조 작품이 산재해 있지만 자료수집이 불충분하여 더 이상 자료를 찾지 못했다. 현대시조집 〈흙과 꽃과 사랑〉을 1981년 7월 7일에 새글사-서울에서 발간하고 인사 말씀을 옮겨 적으며 끝을 맺는다.

무더위와 장마 속에 고르지 못한 날씨에도 하나님의 은총 가운데 님의 건강하심을 축복하옵니다. 저는 님의 은혜와 염려를 입어 무사함을 감사하고 있습니다. 제가 지방에서 교직에 종사할 때는 그리도 따뜻한 사랑으로 보살펴 주시고 건강 관계로 교단에서 물러나 한동안 어려움을 겪을 때도 한결같이 돌봐 주셨음을 감사하오며 뒤늦게 문단에서 작품활동을 하게 되자 눈여겨 보시고 도움 말씀과 지면을 할애, 발표의 보람을 갖게 해 주신데 대하여도 감사 말씀 드립니다. 그동안 제가 발표한 작품을 엮고 또 월하 이태극 박사님께서 머리말 써 주신지도 몇 달이 지났는데 이제야 펴내게 되었습니다. 배우고 받기만 하다가 보잘것 없는 것을 보내드립니다. 넋두리에 지나지 않는 졸작이지만 제 마음의 노래이오니 웃음으로 받아 주시고 앞으로도 살피고 더욱 이끌어 주시기 바랍니다. 그러면 님의 건강하심과 행운과 영광이 귀댁에 언제나 충만하시기를 손모아 빌어 마지 않습니다.

1981. 7. 7 백계 소재순. 삼가 올림.

〈참고문헌〉

1. 한국 시조큰사전-한춘섭, 박병순, 리태극-을지출판공사-서울. 1985
2. 한국 시조대사전-(상 · 하. 별책)-박을수-아세아문화사-서울. 1991
3. 근대 시조집람-임선묵-경인문화사-서울. 1999
4. 한국시대 사전-김창직, 윤해규-을지출판공사-서울. 2004
5. 한국 현대시조 연구와 향방-김창현-오늘의문학사-대전. 2014

손 태 원(孫泰援 1960-2015)의 현대시조

Ⅰ. 시조문학

2003. 봄호-1) 송하석 경재-3연9행, 2) 병상 유념-3연9행.

Ⅱ. 울산시조

2003. 제8집-1) 토종에 대하여-2연6행, 2) 사리암 가는 길-3연9행.

2004. 제9집-1) 모심-3연9행, 2) 나의 연못-3연9행.

2005. 제10집-1) 문방사우-4연12행, 2) 밤 낚시-3연9행, 3) 어머니-3연9행, 4) 은둔-3연9행, 5) 태화강-3연9행.

2006. 제11집-1) 겨울 가로수-4연12행, 2) 여보게-1연3행.

2007. 제12집-1) 석남사-4연12행, 2) 통일의 기도-3연9행.

2008. 제13집-1) 난을 치며-3연9행, 2) 마지막 글씨-3연9행.

2009. 제14집-1) 한국의 달-옹기-3연9행, 2) 어느 가을-2연6행, 3) 가을 하늘-2연6행.

2010. 제15집-1) 초파리의 운명-1연6행, 2) 태화강의 봄-4연12행, 3) 사리암 가는 길-3연9행.

2011. 제16집-1) 비를 기다리며-3연9행, 2) 자전(字典)-2연12행, 3) 고래 고기-2연6행.

2012. 제17집, 제18집, 제19집-작품 없음.

2015. 제20집-1) 판전 앞에서-3연9행, 2) 난을 치며-3연9행, 3) 석남사-4연12행, 4) 겨울 가로수-4연12행, 5) 은둔-3연9행, 6) 밤 낚시-3연9행, 7) 문방사우-4연12행, 8) 사리암 가는 길-3연9행, 9) 토종에 대하여-2연6행, 10) 자전-2연12행, 11) 반구대암각화-2연14행.

Ⅲ. 한국시대사전. 2004.

1) 북(鼓)-1연6행, 2) 손수건-2연10행, 3) 세연정-4연24행, 4) 동백꽃 연정-2연10행, 5) 늦가을 단비-2연10행, 6) 숲속의 소리꾼-2연10행, 7) 마음의 꽃-3연15행, 8) 대한민국 50년-2연10행, 9) 고향집 다듬이돌-3연18행, 10) 고천암 갈대 축제-3연15행, 11) 죽담길-2연10행, 12) 저녁 노을 내 노을-2연10행, 13) 방초(芳草) 곁에서-3연15행.

Ⅳ. 손태원(孫泰援 1960-2015)의 현대시조 창작형태조사

시조시	1연	2연	3연	4연	5연	사설	장시조	총계	비고
시조문학			2					2	
울산시조	3	7	18	7				35	
총　　계	3	7	20	7				37	
비　　율%	8.1	18.9	54.0	18.9				99.8	

〈참고문헌〉

1. 한국 시조큰사전-한춘섭, 박병순, 리태극-을지출판공사-서울. 1985
2. 한국 시조대사전-(상 · 하. 별책)-박을수-아세아문화사-서울. 1991
3. 근대 시조집람-임선묵-경인문화사-서울. 1999
4. 한국시대 사전-김창직, 윤해규-을지출판공사-서울. 2004
5. 한국 현대시조 연구와 향방-김창현-오늘의문학사-대전. 2014

송 근 영 (宋根永 1925-2016) 동시작가의 현대시조

Ⅰ. 들어가며

대전 일보 신춘문예(1985)에 당선한 이후 본격적인 동시 창작을 시작하여 발간한 동시 저서는 다음과 같다.

1. 까치나무-동시집. 1990.
2. 좋으면 좋다고 하자-동시집. 2013.
3. 사랑아 퐁퐁퐁-동시집. 2014.
4. 할머니 나 집에 안가면 안돼?-동시집. 2016.

Ⅱ. 펼치며

중학교 1학년 도덕 교과서 〈동시-우리집 2000〉 수록.
대전시문화상. 대전문학상, 대일문학상을 수상하였다.

Ⅲ. 송근영(宋根永 1925-2016) 시비(詩碑)

노촌공(櫓村公) 송시(訟詩)
앞을 내다보시고 방두 마루 떠나시어
삼백년 뿌리 내린 평화로운 오물 마을
이끼 낀 우리 집 성촌 더욱 향기 짙습니다.

갑내 맑은 물에 낚싯대 들이우시고
자연 사랑 하시며 학문 닦으시며
벼슬도 뿌리치시고 곧게 굳게 사신 분.

노촌공 높은 은덕 마음에 깊이 새겨

대대로 줄기차게 선비정신 이어받아
서로들 힘을 모아서 영광 영광 누립니다.

은진송씨 팔대 손 근영 짓고
장암 이 곤 순 삼가 쓰고
공사원 기영 주관하고
은진송씨 노촌공후손 삼가 세우다.

2000년 경진 6월 17일.

Ⅳ. 송근영(宋根永 1925-2016)의 현대시조 창작형태조사

시조시	1연	2연	3연	4연	5연	사설	장시조	총계	비고
시 비			1					1首	
총 계			1					1	
비 율%			100					100	

〈참고문헌〉
1. 한국 시조큰사전-한춘섭, 박병순, 리태극-을지출판공사-서울. 1985
2. 한국 시조대사전-(상 · 하. 별책)-박을수-아세아문화사-서울. 1991
3. 근대 시조집람-임선묵-경인문화사-서울. 1999
4. 한국시대 사전-김창직, 윤해규-을지출판공사-서울. 2004
5. 한국 현대시조 연구와 향방-김창현-오늘의문학사-대전. 2014

송 지 영 (宋志英 1916-1989)의 현대시조

Ⅰ. 현대시조

1. 1984. 겨울호.

1) 자성(自省)

거울 속에 비친 나를
나 아닌 양 의심나는
나요, 나, 아님을
내 어이 모를까 만

알고도 모르는 나를
더욱 몰라 하노라.

Ⅱ. 송지영(宋志英 1916-1989)의 현대시조 창작형태조사

시조시	1연	2연	3연	4연	5연	사설	장시조	총계	비고
현대시조	1							1	1984
총 계	1							1	
비 율%	100							100	

〈참고문헌〉

1. 한국 시조큰사전-한춘섭, 박병순, 리태극-을지출판공사-서울. 1985
2. 한국 시조대사전-(상 · 하. 별책)-박을수-아세아문화사-서울. 1991
3. 근대 시조집림-임선묵-경인문화사-서울. 1999
4. 한국시대 사전-김창직, 윤해규-을지출판공사-서울. 2004
5. 한국 현대시조 연구와 향방-김창현-오늘의문학사-대전. 2014

송파 신승주(松坡 辛承周 1939-1964)의 현대시조

Ⅰ. 시조문학

1963. 제7집-1) 밤의 작위(作爲)-3연18행.

1964. 제10집-1) 파도-1연3행, 2) 강엽(降葉)의 서(書)-1연3행.

1965. 제11호-1) 기다림-1연11행, 2) 노을-2연17행, 3) 무제(無題)-2연13행, 4) 어떤 광고인의 영가-2연11행, 5) 투구-2연11행, 6) 우정-2연12행.

1964. 〈시조 향연의 밤〉-항아리-6연18행.

1959. 단국대학보 신춘문예 〈시〉 부정한 찻간-특선.

1960. 조선일보 신춘문예 〈시조-투구〉 당선.

Ⅱ. 송파 신승주(松坡 辛承周 1939-1964)의 현대시조 창작형태조사

시조시	1연	2연	3연	4연	5연	사설	장시조	총계	비고
시조문학	1	5	1					7首	
시조향연							1	1	
신춘문예		1						1	
총 계	1	6	1				1	9	
비 율%	11.1	66.6	11.1				11.1	99.9	

〈참고문헌〉

1. 한국 시조큰사전-한춘섭, 박병순, 리태극-을지출판공사-서울. 1985

2. 한국 시조대사전-(상 · 하. 별책)-박을수-아세아문화사-서울. 1991

3. 근대 시조집람-임선묵-경인문화사-서울. 1999

4. 한국시대 사전-김창직, 윤해규-을지출판공사-서울. 2004

5. 한국 현대시조 연구와 향방-김창현-오늘의문학사-대전. 2014

신 석 정 (辛夕汀 1907−1974)의 현대시조

Ⅰ. 시조문학

1964. 제10집-1) 애사삼장(哀詞三章)-3연18행.

Ⅱ. 현대시조 작품 감상

1. 앞서간 중영(仲永) 영전에

막상 백년을 살다가도 뼈맺히는 일 일것을
서른 두해 꿈 같은 이승이 뉘우치지 않으랴
더구나 널 앞세우다니 어디 이게 될 말이냐.

뜰을 바라봐도 네 가꾸던 풀과 나무
꽂아 놓은 책이며 네가 치던 짐승들
십자매 우는 소리가 더욱 가슴 외는구나.

메리가 꼬리치고 닭들만 몰려가도
뜰 앞을 오고 가던 네 소리 들리는 듯
우러러 무너진 하늘에 혼자 눈물 삼켰다.

Ⅲ. 신석정(辛夕汀 1907-1974)의 현대시조 창작형태조사

시조시	1연	2연	3연	4연	5연	사설	장시조	총계	비고
시조문학			1					1首	
총　계			1					1	
비　율%			100					100	

〈참고문헌〉

1. 한국 시조큰사전-한춘섭, 박병순, 리태극-을지출판공사-서울. 1985
2. 한국 시조대사전-(상 · 하. 별책)-박을수-아세아문화사-서울. 1991
3. 근대 시조집람-임선묵-경인문화사-서울. 1999
4. 한국시대 사전-김창직, 윤해규-을지출판공사-서울. 2004
5. 한국 현대시조 연구와 향방-김창현-오늘의문학사-대전. 2014

신 용 직(申容直 1936-1990)의 현대시조

Ⅰ. 현대시조

1990. 가을호-1) 가을 벌레-2연18행.

겨울호-1) 석굴암-3연18행.

Ⅱ. 시조문학

1964. 제10집-1) 석종(夕鐘)-3연18행.

1966. 제14집-1) 강(江)뚝의 상(想)-3연21행.

1967. 제15집-1) 낙엽-3연21행.

1967. 제16집-1) 삼월조(三月調)-3연21행.

1967. 제17집-1) 안동(安東)의 야정(夜情)-2연6행.

1968. 제18집-1) 세모의 언덕에서-4연28행.

1968. 제19집-1) 봄의 정숙(靜肅)-3연21행

1969. 제20집-1) 저녁무렵의 잡상(雜想)-4연28행.

1969. 제21집-1) 외나무 다리-2연12행.

1969. 제22집-1) 어떤 의미-2연14행, 2) 오월이-2연14행.

제26집-1) 농부의 삼복초 초복-1연7행, 중복-1연7행, 말복-1연7행.

1990. 제57집-1) 자동판매기-2연8행.

Ⅲ. 경북문인전집. 1996.

1) 길-3연12행, 2) 그냥, 돌아가네-3연12행.

Ⅳ. 신용직(申容直 1936-1990)의 현대시조 창작형태조사

시조시	1연	2연	3연	4연	5연	사설	장시조	총계	비고
현대시조		1	1					2首	
시조문학	3	5	5	2				15	
경북문인전집		2						2	
총　계	3	8	6	2				19	
비　율%	15.7	42.1	31.5	10.5				99.8	

〈참고문헌〉

1. 한국 시조큰사전-한춘섭, 박병순, 리태극-을지출판공사-서울. 1985
2. 한국 시조대사전-(상 · 하. 별책)-박을수-아세아문화사-서울. 1991
3. 근대 시조집람-임선묵-경인문화사-서울. 1999
4. 한국시대 사전-김창직, 윤해규-을지출판공사-서울. 2004
5. 한국 현대시조 연구와 향방-김창현-오늘의문학사-대전. 2014

해공 신익희(海公 申翼熙 1894-1956)선생 헌시(獻詩)

Ⅰ.

정의로운 기상
― 고, 신익희 선생에 부쳐

어제 밤 큰 별 하나 이 산하에 떨어지니
하늘도 땅도 슬퍼하고 강물도 따라 우네.
뜨거운 눈물 흘러, 흘러 창해에 가득하네.

첩첩이 쌓인 분노 태산조차 가벼웁고
씩씩한 그대 의기 평생의 업이었네.
뜨겁고 굳센 정신은 죽어서도 더 빛나네.

한시(漢詩)〉의기(義氣)
― 해공 신익희(海公 申翼熙 1894-1956)선생 헌시(獻詩)

추성작야낙강성 樞星昨夜落江城
천통지비수자명 天痛地悲水自鳴
열누진진창해할 熱淚津津蒼海闊
분심첩첩태산경 忿心疊疊泰山輕
당당의기생전업 堂堂義氣生前業
열열정신사후명 烈烈精神死後名

※ 대만총통(臺灣總統) 장개석(莊介石 1887-1975)
※ 출전(出典)-시조문학(時調文學) 2000 겨울호.

〈참고문헌〉

1. 한국 시조큰사전-한춘섭, 박병순, 리태극-을지출판공사-서울. 1985
2. 한국 시조대사전-(상 · 하. 별책)-박을수-아세아문화사-서울. 1991
3. 근대 시조집람-임선묵-경인문화사-서울. 1999
4. 한국시대 사진-김칭직, 윤해기-을지출판공사-서울. 2004
5. 한국 현대시조 연구와 향방-김창현-오늘의문학사-대전. 2014

신현득(申鉉得 1933-83세)의 현대시조

Ⅰ. 칠백 년 만에 핀 꽃

1) 아가의숨바꼭질-1연7행, 2) 우리집대장-1연3행, 3) 내자전거뒷자리-1연3행, 4) 꼬마의키-1연9행, 5) 코올코올잠자네-1연8행, 6) 자가용씽씽이-1연3행, 7) 책읽는아기-1연3행, 8) 배내옷지어놓고-1연10행, 9) 아빠도아기였네-1연9행, 10) 엄마는바빠-1연3행, 11) 우리유진이-2연6행, 12) 아가것은무엇이나-3연9행, 13) 작은웅덩이-1연9행, 14) 모기장-1연3행, 15) 달맞이꽃-1연3행, 16) 장마철엔우산을-1연7행, 17) 흔들려야잘큰다-1연9행, 18) 씀바귀고집-1연3행, 19) 차례대로먹여요-1연3행, 20) 여름숲-1연3행, 21) 캥거루엄마배주머니-1연3행, 22) 끼리끼리모여살게-2연6행, 23) 여름에는얼굴이-2연6행, 24) 줄맞추기키맞추기-2연6행, 25) 첫열매-1연6행, 26) 여름속에가을이-1연3행, 27) 밤송이-1연3행, 28) 오도독잘익었네-1연8행, 29) 가을숲-1연6행, 30) 도토리풍년-1연3행, 31) 씨앗고르기-1연3행, 32) 참새끼리모이면-1연3행, 33) 흙을덮고잠잔다-2연6행, 34) 첫눈은서너송이-2연6행, 35) 눈이불-2연6행, 36) 사진찰칵-1연10행, 37) 선수흉내-1연3행, 38) 일요일-1연3행, 39) 이웃동무-1연7행, 40) 칫솔한가족-1연6행, 41) 부침개-1연3행, 42) 덧버선-1연3행, 43) 드린것과받은것-1연6행, 44) 온세상이내밥상-1연6행, 45) 짝-1연3행, 46) 잃어버린필통-1연3행, 47) 자랑은조금씩-1연10행, 48) 뜨거운고구마-1연8행, 49) 고마운사람-1연3행, 50) 형노릇-1연3행, 51) 우린서로붕어빵-1연3행, 52) 돌맹이와바위-1연3행, 53) 주고받는시골-2연6행, 54) 배울것은여기저기-2연6행, 55) 늙어뵈는엄마-2연6행, 56) 엄마보다내가크면-2연6행, 57) 어머니업히세요-2연6행, 58) 두장이면넉넉한데-2연6행, 59) 아빠의학교길-2연6행, 60) 사랑은약이거든-2연6행, 61) 하모니카생긴날-2연6행, 62) 새운동회-2연6행, 63) 새로짓는교실-2연6행, 64) 바꾸어쓰기-2연6행, 65) 벌레잇자국-1연3행, 66) 농사준비옷준비-2연6행, 67) 노력나무가꾸기-2연6행, 68) 손의고마움-2연6행, 69)

꿀맛꽁보리밥-2연6행, 70) 물방망이몇천년-2연6행, 71) 배를타는제주도-2연6행, 72) 집지키는멍멍이-3연9행, 73) 이산가족살구나무-3연9행, 74) 칠백년만에핀꽃-2연6행, 75) 싱글벙글건널목-2연6행, 76) 일등병삼촌-4연12행, 77) 세상일은산오르기-2연6행.

II. 신현득(申鉉得 1933-83세)의 현대시조 창작형태조사

시조시	1연	2연	3연	4연	5연	사설	장시조	총계	비고
칠백년만에핀꽃	45	28	3	1				77	
총 계	45	28	3	1				77	
비 율%	58.4	36.3	3.8	1.2				99.7	

〈참고문헌〉

1. 한국 시조큰사전-한춘섭, 박병순, 리태극-을지출판공사-서울. 1985
2. 한국 시조대사전-(상 · 하. 별책)-박을수-아세아문화사-서울. 1991
3. 근대 시조집람-임선묵-경인문화사-서울. 1999
4. 한국시대 사전-김창직, 윤해규-을지출판공사-서울. 2004
5. 한국 현대시조 연구와 향방-김창현-오늘의문학사-대전. 2014

역당 심 혁 남(易堂 沈赫南 1925-2014)의 현대시조

Ⅰ. 시조문학

창간호(1960)-1) 고흑난(古黑蘭)-2연12행.

제2호(1960)-1) 매(梅)-2연12행.

제5호(1962)- 황려곡(黃驪曲) 1) 여강(驪江)-1연6행, 2) 영릉(英陵)-1연6행, 3) 영릉(寧陵)-1연6행.

제6호-속리산행(俗離山行)-1) 법주사(法住寺)-1연6행, 2) 능인전(能仁殿)-1연6행, 3) 상환암(上歡庵)-1연6행, 4) 문장대(門長臺)-1연6행, 5) 팔교(八敎)-1연6행, 6) 미완성 미륵보살(未完成 彌勒菩薩)-1연6행.

제7호-1) 삼우가(三友歌)-1) 고금(古琴)-1연6행, 2) 고송(古松)-1연6행, 3) 고석(古石)-1연6행.

제10호-1) 석류(石榴)-1연6행.

제12호-1) 아였던 사명대사집-3연18행.

제13호-병중한제(病中閒題)-1) 매화와 차-1연6행, 2) 삼제초로편을 읽다-1연6행.

제19집-1) 자세난(姿勢難)-2연12행.

제20집-1) 모란꽃-2연12행.

제23집-1) 아차산(峨嵯山) 대성암(大聖庵)에서-3연18행.

제24, 25 합본집-1) 설항(雪巷)-1연6행, 2) 한산섬 노래의 밤-1연6행.

제26집-1) 백악(白岳)-1연6행, 2) 고목(古木)-1연6행.

제28집-서창잡영(書窓雜詠)1) 한혼한재(韓魂漢才)-1연6행, 2) 녹수청산(綠水青山)-1연6행, 3) 임의 뜻 아니다-1연6행.

제29집-1) 서창잡영(속)(書窓雜詠)-1) 여의주(如意珠)-1연6행, 2) 산화(山花)-1연6행, 3) 야조(野鳥)-1연6행.

제30집-1) 문자(文字)-1연6행.

II. 역당 심혁남(易堂 沈赫南 1925-2014)의 현대시조 창작형태조사

시조시	1연	2연	3연	4연	5연	사설	장시조	총계	비고
시조문학	26	4	2					32首	
총 계	26	4	2					32	
비 율%	81.2	12.5	6.2					99.9	

〈참고문헌〉

1. 한국 시조큰사전-한춘섭, 박병순, 리태극-을지출판공사-서울. 1985
2. 한국 시조대사전-(상 · 하. 별책)-박을수-아세아문화사-서울. 1991
3. 근대 시조집람-임선묵-경인문화사-서울. 1999
4. 한국시대 사전-김창직, 윤해규-을지출판공사-서울. 2004
5. 한국 현대시조 연구와 향방-김창현-오늘의문학사-대전. 2014

안 문 섭 (安文燮 1926-90세)의 현대시조

Ⅰ. 살며 생각하며. 1996.

1) 내일을위한노래-3연9행, 2) 뒤안길-2연12행, 3) 메아리-2연12행, 4) 마음의소리-2연12행, 5) 거울-1연7행, 6) 나그네-1연7행, 7) 나이들자-1연7행, 8) 늦공부-1연7행, 9) 가랑잎-1연7행, 10) 시화전-1연7행, 11) 시간약속-2연12행, 12) 나의노래-3연9행, 13) 백발이되어-1연7행, 14) 도시의밤-2연12행, 15) 어느외국시인-2연12행, 16) 내시계-1연7행, 17) 이웃집에서가져온토마토-2연12행, 18) 한밭백일장-3연9행, 19) 낙엽소리-1연7행, 20) 유월아침에-1연7행, 21) 참회-1연7행, 22) 영화를누리고자-1연7행, 23) 체중-2연12행, 24) 영등포역에서-2연12행, 25) 병실에서받은시-1연7행, 26) 문명-1연7행, 27) 외다리-1연7행, 28) 담장-1연7행, 29) 목동오거리-2연12행, 30) 나의시-1연7행, 31) 사모곡-4연12행, 32) 잊지못할사랑-3연9행, 33) 기다리던그한때-4연12행, 34) 그날들이-3연9행, 35) 추억-3연9행, 36) 타향살이-2연12행, 37) 세월-1연7행, 38) 복날-2연12행, 39) 눈내리면-2연12행, 40) 어린이와잠자리-1연7행, 41) 가던길-1연7행, 42) 두소녀-1연7행, 43) 어린손자-3연9행, 44) 외숙모조시-2연12행, 45) 병실을넘나들던비둘기-2연12행, 46) 간호사님들-1연7행, 47) 미술대회에서-3연9행, 48) 철부지-1연7행, 49) 행복이었다면-2연12행, 50) 연금통장-1연7행, 51) 눈과옛추억-4연12행, 52) 인정-2연12행, 53) 고드름-1연6행, 54) 용서하며-1연7행, 55) 둥지-3연9행, 56) 쪽마루의정-1연7행, 57) 보고파-1연7행, 58) 기다림-1연7행, 59) 내고향-3연7행, 60) 고향집-3연9행, 61) 시댁-2연12행, 62) 옛고향친구-2연12행, 63) 쑥을뜯으며-1연7행, 64) 가을밤-1연7행, 65) 겨울소식-1연7행, 66) 고향벗-3연9행, 67) 나물-1연7행, 68) 잔디밭에서-1연7행, 69) 저수지-1연7행, 70) 여름밤이면-3연9행, 71) 성묘길-1연7행, 72) 통학친구-1연7행, 73) 유월은가는데-1연6행, 74) 고구마-고구마-1연7행, 75) 과일-3연9행, 76) 그리운번지-2연12행, 77) 꽃바람-2연12행, 78) 가을개나리꽃-2

연12행, 79) 목련화-1연7행, 80) 봄바람-1연7행, 81) 산딸기-1연7행, 82) 유월이면-1연7행, 83) 뻐꾸기-1연7행, 84) 뚝배기-1연7행, 85) 소나기-1연7행, 86) 포도송이-1연7행, 87) 산도라지-1연7행, 88) 황금벌판-1연7행, 89) 은혜-1연7행, 90) 조약돌-1연7행, 91) 해저문들녁-1연7행, 92) 땅거미-3연9행, 93) 칠월열중이-2연12행, 94) 파랑새-1연7행, 95) 종달새-1연7행, 96) 집을찾는새-1연7행, 97) 구름을바라보며-1연7행, 98) 가을잠자리-1연7행, 99) 해질녁-1연7행, 100) 도서실에서-2연12행, 101) 겨울산-3연9행, 102) 신록을위한노래-3연9행, 103) 전설의동백꽃-3연9행, 104) 여강의물소리-3연9행, 105) 여로-2연121행, 106) 가을소풍-2연12행, 107) 여행길에-4연12행, 108) 풍경소리-1연7행, 109) 오대산-=2연12행, 110) 올림픽-3연9행, 111) 여행-3연9행, 112) 무등산-2연12행, 113) 시적비(詩蹟碑)-1연7행, 114) 단발머리소녀-2연12행, 115) 충주땅에서-3연9행, 116) 수안보에서-2연12행, 117) 가람선생백주년에-2연12행, 118) 지리산-4연12행, 119) 속리산-3연9행, 120) 선방(禪房) 에서-2연12행, 121) 보암사에서-2연12행, 122) 동백섬-2연12행, 123) 구룡사(九龍寺)-1연7행, 124) 약수터-1연6행, 125) 해변에서-1연7행, 126) 젊은이에게-3연9행, 127) 충주별장에서-3연9행, 128) 산사에서-4연12행, 129) 강가에서-1연7행, 130) 섬진강-1연6행, 131) 만리포-1연7행, 132) 조각배-2연12행, 133) 부둣가에선배-2연12행, 134) 뒤돌아보며-2연12행.

작품해설〉자기성찰을통한삶의고백-이우종(1925-1999)

II. 보름달이 밝아 와도. 2005.

1) 할미꽃-1연9행, 2) 세월(1)-1연9행, 3) 세월(2)-1연9행, 4) 세월(3)-1연9행, 5) 추억-1연9행, 6) 설날-1연9행, 7) 찔레꽃(1)-1연9행, 8) 찔레꽃(2)-1연9행, 9) 찔레꽃(3)-1연9행, 10) 꿈을찾아서(1)-1연9행, 11) 꾸ㅁ을찾아서(2)-1연9행, 12) 아리아리고개(1)-1연9행, 13) 아리아리고개(2)-1연9행, 14) 하얗게쌓이는나이(1)-1연9행, 15) 하얗게쌓이는나이(2)-1연9행, 16) 혜심

(蕙心)-1연9행, 17) 혜심(2)-1연9행, 18) 행간에서-1연9행, 19) 도서실(1)-1연9행, 20) 도서실(2)-1연9행, 21) 도서실(3)-1연9행, 22) 고사목(1)-1연9행, 23) 고사목(2)-1연9행, 24) 독백(1)-1연9행, 25) 독백(2)-1연9행, 26) 꿈-1연9행, 27) 옛정으로-1연9행, 28) 공허감-3연9행, 29) 자아-1연9행, 30) 민들레꽃-1연9행, 31) 서예-1연9행, 32) 이시대의남성들(1)-1연9행, 33) 이시대의여성들(2)-1연9행, 34) 거미-1연9행, 35) 삶(1)-1연9행, 36) 삶(2)-1연9행, 37) 고락(苦樂)-1연9행, 38) 오월-1연9행, 39) 환상(1)-1연9행, 40) 환상(2)-1연9행, 41) 진리-1연9행, 42) 쑥-1연9행, 43) 서민-1연9행, 44) 여름정자(亭子)-1연9행, 45) 저울눈-1연9행, 46) 사랑(1)-1연9행, 47) 사랑(2)-1연9행, 48) 정화(淨化)-1연9행, 49) 민들레-1연9행, 50) 춤추는잡초-2연10행, 51) 선방(禪房)-2연12행, 52) 모래-1연9행, 53) 축구경기-2연10행, 54) 한밭백일장에서-4연12행, 55) 축임권신선생고희연-3연9행, 56) 미루나무-3연9행, 57) 한반도-1연9행, 58) 고향생각(1)-1연9행, 59) 고향생각(2)-1연9행, 60) 산사소(山寺霄)-1연9행, 61) 이른봄-1연9행, 62) 개구리-1연9행, 63) 숲-1연9행, 64) 민속마을(1)-1연9행, 65) 민속마을(2)-1연9행, 66) 물안개-1연9행, 67) 까투리-1연9행, 68) 갈매기-1연9행, 69) 갈대-1연9행, 70) 길-1연9행, 71) 흰구름-1연9행, 72) 검은암석-1연9행, 73) 석양-1연9행, 74) 초가을-가을-1연9행, 75) 늦가을-1연9행, 76) 겨울비-1연9행, 77) 설경(雪景)-1연9행, 78) 눈(雪)-1연9행, 79) 대합실-3연9행, 80) 용인도로문제-2연6행, 근작한시-8수.

III. 물소리 바람소리. 2009.

1) 꿈속에꿈-4연16행, 2) 꽃바람-2연10행, 3) 가을개나리꽃-2연10행, 4) 기다리던한때-4연16행, 5) 고향집-3연15행, 6) 가을소풍-2연10행, 7) 가람선생백주년-2연10행, 8) 강릉에서-1연9행, 9) 길-3연15행, 10) 가을놀빛-1연9행, 11) 강화도-1연9행, 12) 그리운친구-3연15행, 13) 귀뚜라미-1연9행, 14) 가을농부-1연9행, 15) 각본안에서-1연9행, 16) 거미-1연9행, 17) 고향

생각-2연15행, 18) 꾀꼬리-1연9행, 19) 개구리-1연9행, 20) 광명사가왔다가-3연15행, 21) 겨레의문화재-2연15행, 22) 걸었던길-2연15행, 23) 간호사-1연9행, 24) 굳은의지-1연9행, 25) 가을은행잎-1연9행, 26) 꿈을찾아-2연10행, 27) 과일나무-3연15행, 28) 그날들-3연15행, 29) 그리운번지-2연15행, 30) 근황-3연15행, 31) 겨울산-3연15행, 32) 꿈을안고-1연9행, 33) 꿈에그리던-1연3행, 34) 고사목-2연10행, 35) 김-1연9행, 36) 겨울바람(1)-1연9행, 37) 곤충-2연10행, 38) 가을달빛-1연9행, 39) 기다람-1연9행, 40) 겨울소식-1연9행, 41) 가을잠자리-1연9행, 42) 휘파람부는고목-1연9행, 43) 구름을보다-1연9행, 44) 검은암석-1연9행, 45) 갈매기-1연9행, 46) 광주세미나-2연10행, 47) 결혼한손자-2연19행, 48) 가을소나기-3연15행, 49) 고샃길-1연9행, 50) 갈대-1연9행, 51) 구룡사-2연10행, 52) 고추밭-1연9행, 53) 가을달밤-1연9행, 54) 고향이따로있나-1연9행, 55) 가를해-1연9행, 56) 경각심-3연15행, 57) 끊을수없는정-1연9행, 58) 가랑잎-1연9행, 59) 귀뚜리-1연9행, 60) 꽃을보면서-1연9행, 61) 겨울바람(2)-1연9행, 62) 과소비-1연9행, 63) 겨울-1연9행, 64) 겨울강-2연10행, 65) 고드름-1연9행, 66) 가을비-1연9행, 67) 겨울비-1연9행, 68) 까치소리-1연9행, 69) 그리운고향-1연9행, 70) 까투리한자웅-1연9행, 71) 꿈-1연9행, 72) 곰곰곰-1연9행, 73) 강가에서-1연9행, 74) 긴장마-1연9행, 75) 그날의미소-1연9행, 76) 내일을위한노래-3연15행, 77) 나의노래-3연15행, 78) 가뭄에-2연10행, 79) 강남친구-2연10행, 80) 강산-1연9행, 81) 고향길에-1연9행, 82) 국사봉-1연9행, 83) 늦공부-1연9행, 84) 내고향-3연15행, 85) 나그네-1연9행, 86) 나이들어-3연9행, 87) 내마음-1연9행, 88) 눈과옛추억-4연12행, 89) 님의그늘-1연9행, 90) 눈-1연9행, 91) 늘진길매기-3연15행, 92) 닉 엽소리-1연9행, 93) 니울빛-2연10행, 94) 나의시-1연9행, 95) 농촌풍경-1연9행, 96) 녹두밭-1연9행, 97) 낙엽-1연9행, 98) 나의타령-3연15행, 99) 낙산호텔-1연9행, 100) 내업인가-1연9행, 101) 날개젖은갈매기-1연9행, 102) 나의거울-1연9행, 103) 늦가을-1연9행, 104) 뒤안길-2연15행, 105) 도시의밤-2연15행, 106) 뚝배기-1연9행,

107) 단발머리-1연9행, 108) 땅거미-3연15행, 109) 둘이건너던길-1연9행, 110) 도서실두소녀-1연9행, 111) 단양갔다오다-4연12행, 112) 달빛쌓이면-1연9행, 113) 들국화-1연9행, 114) 돌미나리-1연9행, 115) 동두천동원병원-3연15행, 116) 둥지-3연15행, 117) 대합실-3연15행, 118) 더위-1연9행, 119) 독백-2연10행, 120) 보고파독백-1연9행, 121) 동백섬-2연10행, 122) 도서실에서-2연10행, 123) 들녁-1연9행, 124) 돌아보면-1연9행, 125) 들꽃-1연9행, 126) 들녁을바라보다-3연15행, 127) 담장-1연9행, 128) 대성암-1연9행, 129) 미술대회-3연15행, 130) 무등산에서-2연10행, 131) 물갈이-1연9행, 132) 민들레꽃-1연9행, 133) 물놀이갔다-1연9행, 134) 민속마을-2연10행, 135) 물에뜬달빛-1연9행, 136) 망향제단에서-3연15행, 137) 메아리-2연10행, 138) 마음의소리-2연10행, 139) 무정-1연9행, 140) 목련화-1연9행, 141) 망언-1연9행, 142) 미루나무-3연15행, 143) 만남의광장-3연15행, 144) 문명-1연9행, 145) 먼날이-1연9행, 146) 모래알-1연9행, 147) 만리포-1연9행, 148) 목동오거리-1연9행, 149) 물길-1연9행, 150) 민들레-1연9행, 151) 그리움-1연9행, 152) 물질에매달려-1연9행, 153) 물한계곡-1연9행, 154) 무상-1연9행, 155) 봄나물-1연9행, 156) 벽시계-1연9행, 157) 봄바람-1연9행, 158) 봉암사-2연10행, 159) 부두에선배-2연10행, 160) 버스에서-1연9행, 161) 복사나무-1연9행, 162) 병실에서-2연10행, 163) 긴긴날-1연9행, 164) 농가의함성-1연9행, 165) 다림질-1연9행, 166) 더위에밀려-1연9행, 167) 도시-1연9행, 168) 버드나무집에서-3연15행, 169) 보고픈얼굴들-4연12행, 170) 백발-1연9행, 171) 병실에서받은시-1연9행, 172) 뻐꾹새-1연9행, 173) 반구정-2연15행, 174) 비탈길-1연9행, 175) 부동인자-1연9행, 176) 바위고개-4연12행, 177) 바다가물이면-1연9행, 178) 벼이삭-1연9행, 179) 보고파-1연9행, 180) 선(禪)-1연9행, 181) 시간약속-2연10행, 182) 시화전-1연9행, 183) 쑥을뜯으며-1연9행, 184) 세월이비친거울-1연9행, 185) 사모곡-4연12행, 186) 밤시고향-2연10행, 187) 신록을위한노래-3연15행, 188) 섬진강-1연9행, 189) 속리산-3연15행, 190) 선방-2연10행, 191) 시적

비-1연9행, 192) 수안보-2연10행, 193) 상류를바라보다-2연10행, 194) 시숙모님댁-1연9행, 195) 소요산-1연9행, 196) 술-1연9행, 197) 시조의맥-1연9행, 198) 실의-1연9행, 199) 삶이란(1)-1연9행, 200) 서예-1연9행, 201) 세월(1)-2연10행, 202) 설경-1연9행, 203) 삼복더위-2연10행, 204) 삶이란(2)-2연10행, 205) 쑥뿌리-1연9행, 206) 서민-1연9행, 207) 산사의밤-1연9행, 208) 성장의길-1연9행, 209) 스승의조시-3연13행, 210) 사랑-2연10행, 211) 시린눈-1연9행, 212) 설계하던도서실-3연15행, 213) 산사에서-4연12행, 214) 산위에앉아-1연9행, 215) 새순-2연10행, 216) 산행-1연9행, 217) 심천면에서-1연9행, 218) 산도라지-1연9행, 219) 생각할수록-2연10행, 220) 십육쪽마늘-1연9행, 221) 라디오-1연9행, 222) 새벽놀-1연9행, 223) 씨앗-3연15행, 224) 사랑의마음-1연9행, 225) 시누님팔순-1연9행, 226) 소나기-1연9행, 227) 세월(2)-1연9행, 228) 석양-1연9행, 229) 세월(3)-1연3행, 230) 세월(4)-1연9행, 231) 세월(5)-1연9행, 232) 상상화-1연9행, 233) 이웃집토마토-2연10행, 234) 외국시인-2연10행, 235) 은혜-1연9행, 236) 여정-1연9행, 237) 여강의물소리-3연15행, 238) 무미한세월-4연12행, 239) 어린손자들-3연15행, 240) 연금통장-1연9행, 241) 옛고향친구-2연10행, 242) 양평나비패션-2연10행, 243) 여로-2연10행, 244) 향기-2연10행, 245) 오대산-2연10행, 246) 오뉴월이면-1연9행, 247) 옛고향-1연9행, 248) 라일락꽃-1연9행, 249) 묵고(黙考)-1연9행, 250) 물-3연15행, 251) 백내장수술-1연9행, 252) 백마강-1연9행, 253) 이시대의남성들-1연9행, 254) 올림픽-2연10행, 255) 온양-3연15행, 256) 아카시아향기-1연9행, 257) 어린손녀들-1연9행, 258) 요즘사십대-2연10행, 259) 외숙모조시-2연10행, 260) 원망은마음의싹-1연9행, 261) 인내심-1연9행, 262) 유월의아침-1연9행, 263) 유월은가는데-1연9행, 264) 예식장-1연9행, 265) 일상(1)-1연9행, 266) 이시대의여성들-2연10행, 267) 아리아리고개-2연10행, 268) 우산속에서-1연9행, 269) 인생-1연9행, 270) 허수아비-1연9행, 271) 옛정으로-1연9행, 272) 영화를누리자고-1연9행, 273) 여름밤-3연15행, 274) 안개-1연9행,

275) 유월이면-1연9행, 276) 용서하며-1연9행, 277) 우리생애-1연9행, 278) 양지-2연10행, 279) 어르신은혜-1연9행, 280) 용인도로-2연10행, 281) 옛학우-1연9행, 282) 일기장-1연9행, 283) 용맹-1연9행, 284) 일주문-2연12행, 285) 이승이좋은데요-1연9행, 286) 육이오-4연12행, 287) 백설-1연9행, 288) 벗을찾아-1연9행, 289) 영상편지-3연12행, 290) 외손자석사학위-3연15행, 291) 외다리-1연9행, 292) 어버이날-2연10행, 293) 일상(2)-1연9행, 294) 여름정자-1연9행, 295) 욕심-1연9행, 296) 어둠속에서-1연9행, 297) 윤달사-1연9행, 298) 영상-1연9행, 299) 자화상-1연9행, 300) 잔디밭-1연9행, 301) 전설의동백꽃-3연15행, 302) 지리산왕운리-4연12행, 303) 젊은이들-2연10행, 304) 집들이-1연9행, 305) 찔레꽃-3연15행, 306) 졸던달빛-1연9행, 307) 진리-1연9행, 308) 장홍원꽃축제-5연15행, 309) 저울-1연9행, 310) 제주도(1)-3연15행, 311) 제천갈대※ -2연10행, 312) 자연으로-2연10행, 313) 봉사활동-1연9행, 314) 어린이와잠자리-1연9행, 315) 질서-3연15행, 316) 자아-1연9행, 317) 조약돌-1연9행, 318) 저수지-1연9행, 319) 재이별-2연10행, 320) 졸업식-3연15행, 321) 쪽마루와나물-1연9행, 322) 진리속에서-1연9행, 323) 진달래꽃-1연9행, 324) 좌절-1연9행, 325) 조각배-1연9행, 326) 집을찾던새-1연9행, 327) 제주도(2)-3연15행, 328) 진중한사랑-1연7행, 329) 정겨운오월-2연10행, 330) 철부지시절-2연10행, 331) 첫눈-2연10행, 332) 춘천에서-3연15행, 333) 분신-2연10행, 334) 빈집-1연9행, 335) 산수유꽃-1연9행, 336) 소금-1연9행, 337) 숲길-1연9행, 338) 청산-1연9행, 339) 칠월향기-1연9행, 340) 축구경기-2연10행, 341) 축유엔사무총장(반기문)-2연10행, 342) 체증-2연10행, 343) 추억-2연10행, 344) 칠월열중이-3연15행, 345) 축고희-정승화선생님-2연10행, 346) 초가마을-1연9행, 347) 초저녁부엉이-1연9행, 348) 춤추는잡초-2연10행, 349) 축회갑-오승희교수님-2연10행, 350) 축고희-임권신선생님-3연15행, 351) 축고희-성지월선생님-1연9행, 352) 축-충현상-왕윤순선생님-2연10행, 353) 스타킹보다가-1연9행, 354) 칠월은가는데-1연9행, 355) 참회-1연9행, 356) 초겨울-1연9

행, 357) 타향살이-2연10행, 358) 태극기-타향살이-2연10행, 359) 태풍-1연9행, 360) 탁심-1연9행, 361) 시-고향-1연9향, 362) 행복-2연10행, 363) 한밭백일장-4연12행, 364) 할미꽃-1연9행, 365) 해변-1연9행, 366) 화암약수터-1연9행, 367) 힘겨운여행-3연15행, 368) 햇살받은손자들-1연9행, 369) 흙-1연9행, 370) 하얗게쌓이는나이-2연10행, 371) 환상-2연10행, 372) 흰구름-1연9행, 373) 혜심-2연10행, 374) 해녀-1연9행, 375) 행간에-1연9행, 376) 흰사랑-2연10행, 377) 한홉의이마음-2연10행, 378) 희망-1연9행, 379) 황금기에-1연9행, 380) 한반도-1연9행, 381) 해저문들녁-1연9행, 382) 해묵산-1연9행, 383) 해질녁-1연9행, 384) 풍경-1연9행, 385) 손녀-피아노은상-1연9행, 386) 푸른강변-1연9행, 387) 풍경소리-1연9행, 388) 파랑새-1연9행, 389) 파도소리-1연9행, 390) 폭행-1연9행, 391) 팔월향기-1연9행, 392) 여름바다-1연9행, 393) 손녀졸업식-3연15행, 394) 늙은마음-1연9행, 395) 뜻을몰라-1연9행, 396) 가을바람-1연9행, 397) 시비-2연9행, 398) 신선한바람-1연9행, 399) 액자를걸고-1연9행, 400) 없으면안될-2연10행, 401) 여로의시름-1연9행, 402) 열쇠-1연9행, 403) 이마음-1연9행, 404) 이민간사촌-2연10행, 405) 이웃정-1연9행, 406) 인생살이-2연12행, 407) 일생-1연9행, 408) 잠수함-1연9행, 409) 정주영(鄭周永1915-2001) 회장님기벽-4연16행, 410) 정화-1연9행, 411) 채울수없는길-1연9행, 412) 청포도-1연9행, 413) 총소리(1)-3연12행, 414) 총소리(2)-2연8행, 415) 칠칠산맥-1연9행, 416) 하얀미소-이은방(1940-2006) 선생님-3연15행, 417) 한계절-1연9행, 418) 황사-1연9행.419) 황혼-1연9행, 420) 한사-5수, 수필-어머니, 큰아들에게, 2편.

Ⅳ. 안문섭(安文燮 1926-90세)의 시조시 창작형태조사

시조시	1연	2연	3연	4연	5연	사설	장시조	총계	비고
살며 생각하며	67	36	25	6				134	
보름달이밝아와도	73	4	4	1		한시	8	90	

꿈꾸는 달맞이꽃	53	17	13	1				84	
이 짧은 세상에	58	14	12	2				86	
달빛줄다리기	52	19	9	5				85	
걸어도다시걸어도	54	17	12	2				85	
흔적 풀어쓰기	51	21	7	2				81	
별처럼 달처럼	178	6						184	
총 계	446	93	53	13				605	
비 유%	73.7	15.3	8.7	1.9				99.7	

〈참고문헌〉

1. 한국 시조큰사전-한춘섭, 박병순, 리태극-을지출판공사-서울. 1985
2. 한국 시조대사전-(상 · 하. 별책)-박을수-아세아문화사-서울. 1991
3. 근대 시조집람-임선묵-경인문화사-서울. 1999
4. 한국시대 사전-김창직, 윤해규-을지출판공사-서울. 2004
5. 한국 현대시조 연구와 향방-김창현-오늘의문학사-대전. 2014

안 을 현(安乙賢 1925-91세)의 현대시조

Ⅰ. 눈꽃으로 피려나. 1991.

1) 서운암(瑞雲庵) 화전놀이-삼천불사-2연8행, 2) 화전놀이-2연6행, 3) 법어사-고사등목-2연10행, 4) 설법-1연5행, 5) 석남사(石南寺)-2연12행, 6) 탑-3연9행, 7) 동기회-3연9행, 8) 졸업사진-4연12행, 9) 동경에서-4연12행, 10) 회상-2연18행, 11) 마지막잎새의기도-3연12행, 12) 파도에게-3연9행, 13) 아침-1연6행, 14) 일출-1연6행, 15) 돌할망-1연8행, 16) 천둥번개-1연12행, 17) 사과-1연9행, 18) 생멸치-1연7행, 19) 애석-2연10행, 20) 놋제기-3연9행, 21) 제각(祭閣)-1연6행, 22) 고서(古書)-2연12행, 23) 긍구당(肯構堂) 을오르며-3연9행, 24) 선구자-1연6행, 25) 육아일기-2연6행, 26) 종손을어르시는어머님-3연9행, 27) 시집살이-5연20행, 28) 설뫼(立山)-2연6행, 29) 시어머님의집짓기-2연13행, 30) 감따는날-4연12행, 31) 화초며느리-4연12행, 32) 종부(宗婦)-1연7행, 33) 제비-2연17행, 34) 낚시돔-2연17행, 35) 적야(寂夜)-1연6행, 36) 설-2연10행, 37) 송편을빚으며-1연6행, 38) 이월소경(二月小景)-1연9행, 39) 야경-1연6행, 40) 이른봄가로수-2연12행, 41) 삼월설봉(三月雪峰)-2연12행, 42) 삼월뜨락-2연12행, 43) 봄산길-1연7행, 44) 가을하늘(1)-1연7행, 45) 가을하늘(2)-2연12행, 46) 가을터미널-2연12행, 47) 고향가을(1)-2연14행, 48) 고향가을(2)-2연12행, 49) 가을뜨락-3연9행, 50) 가을공원-3연9행, 51) 산책-2연10행, 52) 만추단상(晩秋斷想)-1연6행, 53) 안개비오는산길-4연12행, 54) 가을풍경-1연7행, 55) 아키닐리스-1연9행, 56) 목련-1연6행, 57) 수선화-3연9행, 58) 옥수수-1연6행, 59) 탱자꽃-2연12행, 60) 진달래-3연9행, 61) 군자란(君子蘭)-1연7행, 62) 호접란(胡蝶蘭)-2연16행, 63) 소심화(素心花)-2연14행, 64) 치자꽃-2연12행, 65) 담쟁이덩굴-1연7행, 66) 고향집살구나무-1연6행, 67) 눈꽃으로피려나-1연8행, 68) 상사화-1연6행, 69) 겹벚꽃가로수-2연12행, 70) 퇴임선물-4연12행, 71) 퇴임식장에서-2연12행, 72) 송별회-2연14행, 73) 친환(親

患)-2연16행, 74) 딸-3연9행, 75) 고향집-7연28행, 76) 무제(無題)-3연9행, 77) 유학-3연9행, 78) 가지엔바람일어-3연12행, 79) 약수터에서-2연12행, 80) 초야(初夜)-2연16행, 81) 정(情)-3연9행, 82) 병실에서(1)-2연6행, 83) 병실에서(2)-2연6행, 84) 주사바늘을뽑고-1연4행, 85) 밤비-2연16행, 86) 병상에서-2연15행, 87) 모기장-1연7행.

〈책머리에〉 이태극(1913-2003) 발문-다감한 서정의숲-김광수.

II. 달빛배인쪽물치마. 1996.

1) 가을은행나무-1연7행, 2) 귀뚜라미별곡-1연8행, 3) 소심란운-1연7행, 4) 영취산꽃달님-2연12행, 5) 광안리(廣安里) 저녁나절-2연12행, 6) 물처럼살고싶다-3연18행, 7) 아침산길-2연12행, 8) 태종대-3연18행, 9) 산다화(山茶花)-2연12행, 10) 상처-1연7행, 11) 직조(織造)-3연128행, 12) 비오는양수리모임-2연12행, 13) 도라지꽃-1연7행, 14) 스키장에서-1연7행, 15) 시를읽는밤-1연7행, 16) 울장미-3연18행, 17) 물결-3연18행, 18) 오륙도등대섬-4연24행, 19) 설뫼앞길-1연7행, 20) 꽃삽-3연18행, 21) 섬-2연12행, 22) 비오는양평아침-1연7행, 23) 열아흐레달-1연7행, 24) 자귀나무-3연18행, 25) 돌밑에핀민들레-1연7행, 26) 죽순(竹筍)-1연7행, 27) 강설(降雪)-1연8행, 28) 조림산(造林山)-2연12행, 29) 내이름은젊은이-1연8행, 30) 비오는저녁나절-3연18행, 31) 애견-3연18행, 32) 경운기와여인-2연12행, 33) 고향가을아침-3연18행, 34) 거상일기-임종-3연18행, 35) 거상일기-삼진-3연18행, 36) 거상일기-장독대-3연18행, 37) 범연에걸린일력-2연12행, 38) 거상일기-새벽5시레드리는문안곡-1연7행, 39) 거상일기-22시에드리는문안곡-1연7행, 40) 거상일기-유품-2연12행, 41) 거상일기-생신차사-2연12행, 42) 거상일기-동지차사-1연7행, 43) 거상일기-탈상을앞두고-4연24행, 44) 거상일기-탈상-4연24행, 45) 거상일기-매혼-2연12행, 46) 고유(告由)-1연6행, 47) 회혼할아버님고조께-1연6행, 48) 판관할아버님증조께-1연6행, 49) 단목골할머님조모께-2연12행, 50) 아버님께-3연18행, 51) 작은아버님숙부께-4연

124행, 52) 떠날여행연습(1)-2연12행, 53) 떠날여행연습(2)-사설, 54) 떠날여행연습(3)-2연12행, 55) 떠날여행연습(4)-3연18행, 56) 이별곡-3연18행, 57) 농밀버선-3연18행, 58) 고희(古稀) (1)-3연18행, 59) 북원백추(北原白秋)-생가를찾아-6연30행, 60) 간병일기-1연7행, 61) 내요람-설뫼여라-산수-1연6행, 62) 효충원(孝忠園)-1연6행, 63) 새벽냇가-1연6행.64) 고산제(高山霽)-3연18행, 65) 꾀꼬리덤-1연6행, 66) 황새-1연6행, 67) 어머님송(頌)-3연18행, 68) 생율(生栗)을 치며-2연14행, 69) 오뉘별-3연18행, 70) 망백고갯길-입원실-3연18행, 71) 퇴원-1연6행, 72) 쪽물들인치마는-3연18행, 73) 애물-3연18행, 74) 이오의길-4연24행, 75) 한국통사-박은식선행외세분유해돌아오던날-3연18행, 76) 백두산천지-1연6행, 77) 각고적순례-1연6행, 78) 칠갑선(거북선)-1연6행, 79) 금강산2연12행, 80) 옛서울궁전내경-1연6행, 81) 옛서울전경-1연6행, 82) 궁내부-1연6행, 83) 대한의원과도지부-1연6행, 84) 광무제나들이때의성의-1연6행, 85) 한국황실-1연6행, 86) 강희왕후-1연6행, 87) 오적칠석-1연6행, 88) 열두공적-1연6행, 89) 나라위해돌아가신여러분-1연6행, 90) 비운의공주달웃음짓네-3연18행, 91) 오죽장죽-1연7행, 92) 유럽기행-기상에서-1연6행, 93) 네델란드-2연12행, 94) 버킹검궁전-2연12행, 95) 런던거리-1연6행, 96) 도버항-2연12행, 97) 프랑스-1연6행, 98) 세느강의밤바람-2연12행, 99) 추리히열차-2연12행, 100) 융푸라우-1연6행, 101) 고산꽃-1연6행, 102) 융푸라우얼음동굴-3연18행, 103) 산피에트로대성당-1연6행, 104) 나폴리로달리며-2연12행, 105) 피렌체-두오모-1연6행, 106) 아루노강물고기-2연12행, 107) 귀향길-2연12행, 108) 통관열차-(캐나다-워싱톤)-2연12행, 109) 나아가라폭포-3연18행, 110) 인디안보호령-2연12행, 111) 은빙울꽃들의합칭-4연24행, 112) 후쿠오가인상-2연12행, 113) 천하대장군의고백-1연7행, 114) 지하여장군의화답-1연7행, 115) 궁구당화수회-3연18행, 116) 대학칸나꽃밭-1연7행, 117) 소심회-2연12행, 118) 사우-3연18행, 119) 모교동기회-공항에서모교로가는길-1연6행, 120) 모교사무실에서-1연6행, 121) 교장실-3연18행, 122) 기숙사있던자리

-1연6행, 123) 보문단지아침산책-3연18행, 124) 집계약하던밤-3연18행, 125) 북으로가는쌀-3연18행, 126) 6인합작묵화송-4연24행, 127) 배웅의만찬-4연24행, 128) 마산선구자노래비-4연24행, 129) 내빛의부름에-4연24행, 130) 광안만대교공사장-3연18행.

〈작품해설〉 전통의온기와시의식의좌표-채수영(1942-2015)

Ⅲ. 자운영 피는 언덕. 2000.

1) 밤하늘-1연7행, 2) 서울입문(1)-1연3행, 3) 서울수은주-1연3행, 4) 부산수은주-1연3행, 5) 가습기-1연6행, 6) 경주-1연7행, 7) 적막-3연9행, 8) 일산가는길-1연6행, 9) 신당리모습-성묘-3연9행, 10) 촉석루새벽길-3연9행, 11) 탁아-관음죽-3연9행, 12) 이사와서-3연9행, 13) 떠날예행연습-(5)-옛집을떠나며-2연6행, 14) 지옥순례극락순례-2연6행, 15) 그호청시칩니다-2연6행, 16) 일산신도시-2연12행, 17) 정갈한웃음-1연6행, 18) 아세아공원-1연3행, 19) 아침산책-3연9행, 20) 난지도-2연6행, 21) 봄노래-5연15행, 22) 휜영산홍의말-2연6행, 23) 강릉-3연9행, 24) 아카시아꽃-3연9행, 25) 축제-3연9행, 26) 행복을위한서시-2연8행, 27) 공중전화박스에서-사설, 28) 제주도-2연12행, 29) 단란-2연6행, 30) 추석달-2연14행, 31) 재기-옷깊는날-3연9행, 32) 민속마을매미-2연12행, 33) 을숙도-3연9행, 34) 북해도기행-고개든아픈추억-3연9행, 35) 차창-1연10행, 36) 마주온천-1연4행, 37) 단정학-1연4행, 38) 하구-2연6행, 39) 은행나무-2연12행, 40) 등다방에앉아-3연9행, 41) 어떤인연-3연9행, 42) 반상회-3연9행, 43) 독도-2연6행, 44) 해바라기와메꽃-3연9행, 45) 목련핀창가-2연12행, 46) 적송-1연12행, 47) 용문사견옴통-3연9행, 48) 연구실불빛-3연9행, 49) 분수-2연6행, 50) 러시아황제동상-2연6행, 51) 배움의길떠나는날-3연9행, 52) 북유럽기행-스웨덴-2연6행, 53) 백야(白夜)-3연9행, 54) 시리야라인siljaline-2연6행, 55) 스톡홀롬-1연3행, 56) 오슬로밤-1연3행, 57) 레스토랑스톡홀롬서-1연3행, 58) 피오르트뱃머리-2연10행, 59) 해당화-2연10행, 60) 코펜하겐서-1연3

행, 61) 콩나물서정-3연9행, 62) 발아그리고성장-3연9행, 63) 오디아빛캐비아-1연12행, 64) 가을가족동산에서-3연9행, 65) 가을비-1연9행, 66) 중국기행시초-양자강-1연3행, 67) 간자약자(簡字-略字)-1연3행, 68) 황산의만물상-1연3행, 69) 부표등-1연3행, 70) 황산에서쿨리-2연6행, 71) 동정호-3연9행, 72) 적벽(赤壁)-2연6행, 73) 노신공원-2연6행, 74) 윤봉길의사의거현장-사설, 75) 동외곶아침-3연9행, 76) 동해의하늬바람-1연7행, 77) 꽃비-3연9행, 78) 봄날-2연10행, 79) 봄-3연21행, 80) 낮달-1연6행, 81) 들찔레꽃밭-1연5행, 82) 파랑새-3연9행, 83) 개안-백내장수술마치고-3연9행, 84) 오동꽃과뻐꾹새-2연6행, 85) 보길도운-예송리-1연3행, 86) 태풍-1연3행, 87) 세연정-1연3행, 88) 백로-5연15행, 89) 배를탄나를바다는-2연6행, 90) 다도해-2연12행, 91) 소매물도새벽-1연6행, 92) 꽃밭-1연6행, 93) 별-1연7행, 94) 용소(龍沼)-1연7행, 95) 폭포-1연6행, 96) 설악산단풍-1연7행, 97) 사랑은-3연18행, 98) 가을공원에서-3연9행, 99) 가을설악산-3연9행, 100) 10월3수-장미밭-1연3행, 101) 늦매미한마리-1연3행, 102) 홍엽-2연6행, 103) 아침공원-1연3행, 104) 마운트쿡의원경-1연3행, 105) 줄서기또한시간지키기-1연3행, 106) 풍광(風光)-1연3행, 107) 퀸스타운의해돋이-3연9행, 108) 남십자성-1연3행, 109) 기창(機窓)의일출(日出)-2연6행, 110) 알프스일출-1연3행, 111) 시드니-1연3행, 112) 골드코스트-호주-1연3행, 113) 뉴질랜드기행시-4연12행, 114) 진실이현실앞에무릎을꿇고-3연9행, 115) 아버지의병실-3연9행, 116) 빈소-3연9행, 117) 헌시-3연9행, 118) 떠나시는길목-6연18행, 119) 삼우제-3연9행, 120) 사슴-5연15행, 121) 섣달그믐날-사설, 122) 무대-2연12행, 123) 꿈-3연21행, 124) 피안을향해-2연6행, 125) 수실-3연9행, 126) 행주의노래-2연6행, 127) 모감주나무-3연9행, 128) 운암사-3연9행, 129) 대기는이순간도-3연9행, 130) 삶그리고울음바다-3연12행, 131) 오늘그리고내일-3연9행, 132) 문주란-1연9행, 133) 동창회-2연10행, 134) 초겨울풍경-1연9행, 135) 의암호(衣岩湖)의새벽-3연9행, 136) 4월불국사-1연6행, 137) 성급하신부르심이여-4연12행.

〈작품해설〉 맑음의미학-김삼주.

Ⅳ. 라일락은 눈꽃처럼. 2004.

1) 늦은봄날-1연6행, 2) 고추잠자리-1연5행, 3) 백일홍만붉은데-1연6행, 4) 근황(1)-1연9행, 5) 근황(2)-1연9행, 6) 꽃을보며-1연7행, 7) 겨울성묘길-1연9행, 8) 기창(機窓)-1연6행, 9) 노년의친정길-1연9행, 10) 2월매화-1연9행, 11) 고궁느티나무-1연6행, 12) 더딘밤빠른세월-1연3행, 13) 수명다한승강기-1연6행, 14) 숙년(熟年)에 부쳐-1연6행, 15) 차창가에서-1연6행, 16) 새벽기도-1연6행, 17) 가을공원(1)-1연6행, 18) 가을공원(2)-1연5행, 19) 겨울극락조-1연5행, 20) 첫눈-1연6행, 21) 쌈짓돈-1연6행, 22) 겨울단풍-1연3행, 23) 눈꽃처럼-1연6행, 24) 코스모스-1연7행, 25) 기도-1연3행, 26) 라일락꽃아래서-1연9행, 27) 어머님유고집-1연6행, 28) 친구-1연3행, 29) 벚꽃아래서-1연6행, 30) 교회문을두드리며-1연3행, 31) 입학식장유감-1연7행, 32) 물난리뒷모습-1연6행, 33) 거룩한역사(役事)-1연6행, 34) 동박새-1연6행, 35) 자식-1연9행, 36) 산울림-1연9행, 37) 망울망울꽃망울-2연6행, 38) 경주남산을오르며-1연6행, 39) 금오산-3연9행, 40) 이천년8.15.의오동도-1연6행, 41) 겨울수락산-3연9행, 42) 한계령가을-3연9행, 43) 가을주전골-1연6행, 44) 설악산에서(1)-2연6행, 45) 설악산에서(2)-1연7행, 46) 교기귀국하다-4연12행, 47) 교기가도로가던날-4연12행, 48) 부할-3연9행, 49) 싱거미싱분해소제-3연9행, 50) 와이키키불꽃놀이예술작품-3연9행, 51) 섭리앞에서-2연12행, 52) 진주만공격-3연18행, 53) 요람-3연18행, 54) 미로-2연12행, 55) 섣달그믐밤-3연9행, 56) 신정새벽-3연9행, 57) 홰나무마저흔적감추고-4연12행, 58) 어머니시집오시는날-5연15행, 59) 함박눈아래-3연9행, 60) 대공원의눈보라-3연9행, 61) 영치은사님-2연14행, 62) 시련은성장의스승-2연12행, 63) 타워펠리스의탄생-9연27행, 64) 짝잃은장갑한짝-3연9행, 65) 국도선44호선한마당(1)-1연12행, 66) 국도선44호선한마당(2)-사설, 67) 이런성묘-3연9행, 68) 무용발표회-2연12행, 69) 그대와나-1

연8행, 70) 찾아오는주말-1연9행, 71) 감자축제-2연12행, 72) 모자간농담-1연4행, 73) 허공에부치는말(1)-1연6행, 74) 허공에부치는말(2)-2연12행, 75) 허공에부치는말(3)-1연10행, 76) 허공에부치는말(4)-1연10행, 77) 허고에부치는말(5)-1연7행, 78) 허공에부치는말(6)-1연9행, 79) 허공에부치는말(7)-1연4행, 80) 허공에부치는말(8)-1연8행, 81) 허공에부치는말(9)-1연6행, 82) 허공에부치는말(10)-1연9행, 83) 허공에부치는말(11)-1연6행, 84) 허공에부치는말(12)-1연8행, 85) 허공에부치는말(13)-1연3행, 86) 허공에부치는말(14)-1연9행, 87) 허공에부치는말(15)-1연5행, 88) 허공에부치는말(16)-4연12행, 89) 허공에부치는말(17)-1연6행, 90) 허공에부치는말(18)-1연3행, 91) 허공에부치는말(19)-1연3행, 92) 허공에부치는말(20)-1연3행, 93) 허공에부치는말(21)-1연3행, 94) 허공에부치는말(22)-1연3행, 95) 허공에부치는말(23)-1연3행, 96) 허공에부치는말(24)-2연6행, 97) 허공에부치는말(25)-2연6행, 98) 윤회-1연6행, 99) 초승달-1연6행, 100) 못잊어-1연6행, 101) 기일-1연9행, 102) 바닷가에서-1연6행, 103) 2주기에없는시-1연3행, 104) 잎새-1연3행, 105) 이런인연-1연6행, 106) 성묘-1연9행, 107) 까치집사모곡-1연7행, 108) 무상-1연9행, 109) 추억-3연18행, 110) 마음은살아-1연7행.

〈작품해설〉 장대하고 아름다운 생명의 노래-안경환.

Ⅴ. 안을현(安乙賢 1925-91세)의 현대시조 창작형태조사

시조시	1연	2연	3연	4연	5연	사설	장시조	총계	비고
눈꽃으로 피려나	28	35	16	6	1		1	87	1991
달빛배인쪽물치마	54	29	35	10		1	1	130	1996
자운영피는 언덕	47	35	46	2	3	3	1	137	2000
라일락은눈꽃처럼	77	11	15	4	1	1	1	110	2004
총 계	206	110	112	22	5	5	4	464	
비 율%	44.3	23.7	24.7	4.7	1.0	1.0	0.8	99.7	

〈참고문헌〉

1. 한국 시조큰사전-한춘섭, 박병순, 리태극-을지출판공사-서울. 1985

2. 한국 시조대사전-(상 · 하. 별책)-박을수-아세아문화사-서울. 1991

3. 근대 시조집람-임선묵-경인문화사-서울. 1999

4. 한국시대 사전-김창직, 윤해규-을지출판공사-서울. 2004

5. 한국 현대시조 연구와 향방-김창현-오늘의문학사-대전. 2014

염 광 옥(廉光玉 1936-2015)의 현대시조

Ⅰ. 한국시대사전. 2004.

1) 첫눈-2연12행, 2) 원두막-2연12행, 3) 가을 소식-2연12행, 4) 이향(離鄕)-2연12행, 5) 향수(鄕愁)-2연12행, 6) 간이역-2연12행, 7) 초등시절-2연12행, 8) 상처-2연12행, 9) 맨 먼저-2연12행, 10) 양동시장-1연6행, 11) 광주천 추억-1연6행, 12) 야생초-1연6행.

Ⅱ. 양동시장. 2006.

1)겨울풍경 -2연12행, 2) 원두막-2연12행, 3) 첫눈-2연13행, 4) 눈깔 사탕-2연12행, 5) 그리운 시절-2연12행, 6) 고향역-2연12행, 7) 감마을-2연12행, 8) 고향생각-2연12행, 9) 개구리-1연6행, 10) 우리 아가-2연12행, 11) 추억-2연12행, 12) 다람쥐-1연6행, 13) 연못과 개구리-1연6행, 14) 연못과 잠자리-1연6행, 15) 양동시장-2연12행, 16) 신호등-1연6행, 17) 들풀-1연6행, 18) 단풍-1연6행, 19) 들풀-1연6행, 20) 단풍-1연6행, 21) 파초-1연6행, 22) 수제비-1연6행, 23) 코스모스-1연7행, 24) 시장통 초등학교-1연6행, 25) 살구꽃-1연7행, 26) 난초-1연6행, 27) 동백꽃-2연12행, 28) 옥잠화-1연6행, 29) 들국화-1연6행, 30) 할미꽃-2연12행, 31) 군자란-2연12행, 32) 호박꽃-2연14행, 33) 호박 나무-2연12행, 34) 석류-1연6행, 35) 옹달샘-1연6행, 36) 고추잠자리-2연12행, 37) 포도-1연6행, 38) 대나무-1연6행, 39) 청대밭-2연12행, 40) 상처-2연12행, 41) 나비-2연12행, 42) 사물놀이-2연12행, 43) 할미니 약손-2연12행, 44) 까치-2연12행, 45) 바닷가 지 나올 때-2연12행, 46) 바다게-2연12행, 47) 친구-2연12행, 48) 아가 그림-2연12행, 49) 연못-2연12행, 50) 새봄-2연12행, 51) 사진 한 장-2연12행, 52) 맨 먼저-2연12행, 53) 하얀 수염-2연12행, 54) 오는 봄-2연12행, 55) 차표-1연6행, 56) 산모롱이 길-1연6행, 57) 아가 손-2연12행, 58) 봄-1연6행, 59) 어제-1

연7행, 60) 아가웃음-1연6행, 61) 뒷마루-2연12행, 62) 추석명절-1연6행, 63) 매미-1연6행, 64) 별똥별-1연6행, 65) 친구 생각-1연6행, 66) 갈대-2연12행, 67) 무지개-1연6행, 68) 잊고 싶지 않은 고향-2연12행, 69) 가족 생각-2연12행, 70) 더딘 봄 소식-2연12행, 71) 떠난 고향 1-2연12행, 72) 버린 고향-2연12행, 73) 연꽃 2-1연6행, 74) 벼룩시장-1연6행, 75) 물 머금은 나무처럼-1연6행, 76) 부채-2연12행, 77) 우리집의 봄-2연12행, 78) 떠난 고향 2-2연12행, 79) 어머니-2연12행, 80) 봄-1연6행, 81) 봄 빛-2연12행, 82) 떡, 신자-2연12행, 83) 가을-2연12행, 84) 갈대-2연12행, 85) 염소-2연12행, 86) 외로움-1연6행, 87) 겨울 채비-2연12행, 88) 잊어버린 고향-1연6행, 89) 눈-1연6행, 90) 겨울 나무-1연6행, 91) 연못 2-2연12행, 92) 신세대-2연12행.

〈부치는 글〉우리의 양동시장 시인 염광옥의 인간과 문학-정대연.

Ⅲ. 시조문예

※ 연도, 제호, 누락-자료 없음.

1989. 제19호-가을 산사에서-1연9행.

1990. 제20호→2006 제36호-자료없음.

2007. 제37호-1) 짜장면-2연12행, 2) 곶감 만들기-2연12행, 3) 여름 나기-2연12행, 4) 봄 맞이-2연12행.

2008. 제38호-1) 봄-2연12행, 2) 인천 영종도-2연12행, 3) 유정-2연12행, 4) 순천 갈대밭 축제-2연12행, 5) 부안기행-2연12행.

2009. 제39호-1) 새봄-2연13행, 2) 계절의 전령-2연12행, 3) 우정의 비극-2연12행, 4) 노인-2연12행, 5) 지리산 기행-2연12행.

2010. 제40호-1) 진도의 노래-2연12행, 2) 황토 길-2연12행, 3) 박태일 시인의 18번-2연12행, 4) 상상의 세계-2연12행.

Ⅳ. 염광옥(廉光玉 1936-2015)의 현대시조 창작형태조사

시조시	1연	2연	3연	4연	5연	사설	장시조	총계	비고
한국시대사전	3	9						12	
양동시장	38	52						90	
시조문예	1	18						19	
총 계	42	79						121	
비 율%	34.7	65.2						99.9	

〈참고문헌〉

1. 한국 시조큰사전-한춘섭, 박병순, 리태극-을지출판공사-서울. 1985
2. 한국 시조대사전-(상 · 하. 별책)-박을수-아세아문화사-서울. 1991
3. 근대 시조집람-임선묵-경인문화사-서울. 1999
4. 한국시대 사전-김창직, 윤해규-을지출판공사-서울. 2004
5. 한국 현대시조 연구와 향방-김창현-오늘의문학사-대전. 2014

오 규 옥 (吳圭沃-본명-오규원, 吳圭原 1941-2007)의 현대시조

Ⅰ. 시조문학

1962. 제6집-1) 벽(壁)-4연12행.

Ⅱ. 현대시조 감상

1) 벽(壁)
꽃보다 순수하여 뭇사랑 괴롭던가.
일월(日月)을 영원으로 침전(沈澱)하는 그 영혼
도사려 깊은 의미를 귓속말로 속삭인다.

울먹여 쌓은 보람 여울지는 육심(肉心)은
훈풍에 잠기어도 오히려 무딘 정리(情理)
조용한 자각의 미소 안으로만 흐른다.

노을에 묻힌 말은 존재의 뜨거운 숨결
잇닿은 꿈 조각을 혈맥에 담아서
하늘만 바래고 섰는 묵묵한 신화여!

멍든 종(鐘)이 울고 있는 닫아진 문(門)둘레
살아있는 뜻 만큼 자랑 찬 신앙 섬겨
우주를 포용한 계시(啓示) 수희(隨喜)안에 넘친다.

※ 초회 추천 작품
※ 출전(出戰) : 시조문학 제6집.1992

Ⅲ. 오규옥(吳圭沃-본명-오규원, 吳圭原 1941-2007)의 현대시조 창작형태조사

시조시	1연	2연	3연	4연	5연	사설	장시조	총계	비고
시조문학				1				1	
총　계				1				1	
비　율%				100				100	

〈참고문헌〉

1. 한국 시조큰사전-한춘섭, 박병순, 리태극-을지출판공사-서울. 1985
2. 한국 시조대사전-(상 · 하. 별책)-박을수-아세아문화사-서울. 1991
3. 근대 시조집람-임선묵-경인문화사-서울. 1999
4. 한국 시대사전-김창직, 윤해규-을지출판공사-서울. 2004
5. 한국 현대시조 연구와 향방-김창현-오늘의문학사-대전. 2014

윷모 유동삼(庾東三 1925-91세)의 현대시조

Ⅰ. 한국 시조큰사전. 1985.

1) 가래질-1연3행, 2) 거미-3연9행, 3) 꽃나무들-3연9행, 4) 동해와설악-3연9행, 5) 범의귀-3연9행, 6) 병아리-4연12행, 7) 불두화-2연6행, 8) 산토끼-노래단합시조-2연6행, 9) 석류굴-3연9행, 10) 소쩍새-2연6행, 11) 수련-3연9행, 12) 시계-2연6행, 13) 어느쪽이이길까-2연6행, 14) 창-3연9행, 15) 풀돌-사설, 16) 훈민정음-15연45행.

Ⅱ. 한국 시대사전. 2004.

1) 구절초-1연3행, 2) 과꽃-3연9행, 3) 담쟁이-1연3행, 4) 칡-1연3행, 5) 진달래-1연3행, 6) 백제큰길-2연6행, 7) 백제큰다리-2연6행, 8) 병아리-4연12행, 9) 수선화-1연3행, 10) 세종대왕-15연45행, 11) 등불백을켠밝음이-6연18행, 12) 수련-3연9행, 13) 불두화-2연6행, 14) 수양버들-3연9행, 15) 예식장승강기-3연9행, 16) 청미래덩굴-2연6행, 16) 한밭내다리-3연9행.

Ⅲ. 유동삼시조집. 1967.

1) 하늘-1연6행, 2) 바다-2연6행, 3) 창-1연6행, 4) 봄바람-3연18행, 5) 신록송(新綠頌)-1연6행, 6) 차창을내다보며-3연18행, 7) 상아탑-1연6행, 8) 죽림(竹林)-1연6행, 9) 울화병-1연6행, 10) 산촌춘경(山村春景)-2연6행, 11) 오디-1연6행, 12) 소쩍새(1)-1연6행, 13) 소쩍새(2)-1연6행, 14) 버마제비-2연12행, 15) 토끼-2연12행, 16) 괴승아-3연18행, 17) 숙희-2연8행, 18) 추수-2연16행, 19) 운동회-1연6행, 20) 소나기-1연6행, 21) 꿩-1연6행, 22) 전깃병아리-1연6행, 23) 등대지기-1연6행, 24) 윷-2연12행, 25) 달챙이숟가락-2연6행, 26) 멱동구미-3연48행, 27) 영좌별곡(永座別曲)-6연18행, 28) 김칫국-1연6행, 29) 서표(書標)-1연6행, 30) 연필-1연6행, 31) 후발치-2연12행, 32) 수련

(睡蓮)-3연18행, 33) 불두화(佛頭花)-2연12행, 34) 함수초(含羞草)-4연12행, 35) 상사화(相思花)-4연12행, 36) 수양버들-3연18행, 37) 백일초-2연12행, 38) 수양버들-3연18행, 39) 채송화-1연6행, 40) 맨드라미-1연6행, 41) 소-1연6행, 42) 말-1연6행, 43) 때까치-1연6행, 44) 참새-1연6행, 45) 할미새-1연6행, 46) 비단벌레-1연6행, 47) 서서방-3연18행, 48) 소리개-1연6행, 49) 추석-1연6행, 50) 혈육-2연6행, 51) 오남매-4연12행, 52) 사향삼곡(思鄕三曲)-3연18행, 53) 연자방아터-2연6행, 54) 도란도란소리-1연6행, 55) 빗소리-1연6행, 56) 장마-1연6행, 57) 일기-화가나서-1연6행, 58) 하도안타까와서-1연6행, 59) 하루종일집보며-1연6행, 60) 충무공-3연18행, 61) 안중근의사(安重根義士)-2연14행, 62) 다보탑(多寶塔)-1연6행, 63) 석굴암(石窟庵)-1연6행, 64) 포석정(鋪石亭)-1연6행, 65) 반월성(半月城) 터-1연6행, 66) 석빙고(石氷庫)-1연6행, 67) 황룡사(黃龍寺) 터-1연6행, 68) 첨성대(瞻星臺)-1연6행, 69) 보문산-7연21행, 70) 대전역(大田驛)-1연6행, 71) 황지본선-1연8행, 72) 고향점경-사기점골-2연16행, 73) 도선바위-2연6행, 74) 떠나시는날-2연12행, 75) 기도(祈禱)-2연12행, 76) 가람스승님문병을하고서-2연12행,

(끝에 부치는글) 황희영. 〈작품해설〉개성이뚜렷한자기세계구축-이도현.

IV. 꽃마을. 1970.

1) 서시-정훈-꽃마을에부쳐-3연18행, 2) 꽃마을-2연12행, 3) 시계-1연6행, 4) 삼엽국화-1연6행, 5) 선풍기-1연6행, 6) 꽃기린-1연6행, 7) 꽃밭-4연24행, 8) 가짓잎해바라기-1연6행, 9) 엄마-2연12행, 10) 여름겨울-4연24행, 11) 내동생-2연12행, 12) 병아리-2연12행, 13) 우리언니-3연18행, 14) 일요일밤-1연6행, 15) 시간표-1연6행, 16) 그림자-1연6행, 17) 허수아비-1연6행, 18) 우산-1연6행, 19) 청개구리-5연30행, 20) 파리-1연6행, 21) 올라간다-고무풍선-1연6행, 22) 연기-1연6행, 23) 뜀뛰기-24) 팔매질-1연6행, 25) 줄넘기-1연6행, 26) 입-1연6행, 27) 귀-2연12행, 28) 저금통-1연6행, 29) 도막연필-1연6행, 30) 내필통-1연6행, 31) 아침청소-1연6행, 32) 게시판의오뚝이-1연6행,

33) 걸상-2연12행, 34) 꼭지꼭꼭-1연6행, 35) 양동이-1연6행, 36) 꽃마음-1연6행, 37) 거울-1연6행, 38) 교실-1연6행, 39) 거울과의대화-2연12행, 40) 닭아닭아몇이던-1연6행, 41) 개야개야찾느냐-1연6행, 42) 닭-2연12행, 43) 밤-1연6행, 44) 창(2)-1연6행, 45) 이순신장군동상-2연12행, 46) 물마네-1연6행, 47) 뻐꾹새-1연6행, 48) 식장산-4연24행, 49) 새마음새뜻으로-1연6행, 50) 쇠비듬-1연6행, 51) 시험-1연6행, 52) 비야비야-1연6행, 53) 추위-1연6행, 54) 더위-1연6행, 55) 뽕나무-1연6행, 56) 삼벌레-1연6행, 57) 개야개야-1연6행, 58) 엿장수똥구멍은-1연6행, 59) 기차-3연18행, 60) 다람쥐-2연12행, 61) 어항속의금붕어-2연12행, 62) 저녁놀-1연6행, 63) 무지개-3연18행, 64) 이슬-1연6행, 65) 꾀꼬리-1연6행, 66) 부엉이-1연6행, 67) 올빼미-1연6행, 68) 강물-1연6행, 69) 소리개-1연6행, 70) 바닷물-1연6행, 71) 과꽃-1연6행, 72) 함수초(含羞草)-1연6행, 73) 기생꽃-1연6행, 74) 봄비-1연6행, 75) 진달래-1연6행, 76) 붓꽃-2연12행, 77) 코스모스-1연6행, 78) 해바라기-1연6행, 79) 금잔화-1연6행, 80) 오월한낮-1연6행, 81) 주먹선인장-2연12행, 82) 들국화-2연12행, 83) 꽃마음-3연18행, 84) 꽃씨-2연12행, 85) 무궁화-=1연6행, 86) 충무공-1연6행, 87) 당아욱-3연18행, 88) 꽃밭을가꾸면서-2연12행, 89) 제라늄-1연6행, 90) 상사화-3연18행, 91) 며느리 미씨개-1연6행, 92) 소쩍새(3)-2연12행, 93) 한산섬의밤-2연12행, 94) 체타령-2연12행, 95) 충무해양대-3연18행, 96) 어둠은내촛불로-3연18행, 97) 거미-3연18행, 98) 자화상-1연6행, 99) 거미-3연18행, 100) 신탄진수영장-4연24행, 101) 속리산수정봉에올라-2연12행, 102) 보릿고개-2연12행, 103) 나제통문-2연12행.

Ⅴ. 새꽃밭. 1981.

1) 나무들-3연24행, 2) 꽃마을-2연16행, 3) 진달래-1연8행, 4) 새꽃밭-7연56행, 5) 범바위-3연24행, 6) 고춧모-2연16행, 7) 해바라기-1연8행, 8) 무궁화-2연17행, 9) 느티나무(1)-2연16행, 10) 느티나무(2)-3연24행, 11) 눈솔-2연12행, 12) 여주-2연16행, 13) 상사화-3연24행, 14) 달맞이꽃-7연56행, 15)

감-3연24행, 16) 족제비싸리-2연16행, 17) 꽃밭을개가-2연16행, 18) 자귀나무꽃-2연16행, 19) 제목없는-사설, 20) 꽃샘추위-3연24행, 21) 수련-3연24행, 22) 소쩍새(1)-2연16행, 23) 소쩍새(2)-2연16행, 24) 태극기-4연32행, 25) 거미-3연24행, 26) 세종대왕(1)-4연32행, 27) 세종대왕(2)-3연24행, 28) 세종대왕(3)-4연32행, 29) 세종대왕(4)-2연16행, 30) 세종대왕(5)-2연16행, 31) 훈민정음-15연120행, 32) 등불백을켠밝음이-6연63행, 33) 유금필장군-4연40행, 34) 충무공-4연32행, 35) 기차안독서실-3연12행, 36) 동해와설악-3연20행, 37) 성류굴-3연27행, 38) 경포대-2연16행, 39) 포항제철-4연36행, 40) 태종대-뭉게구름-1연7행, 41) 바람-1연9행, 42) 물결-1연9행, 43) 은진미륵-10연67행, 44) 너-1연8행, 45) 청양-3연21행, 46) 산토끼노래에이어서-2연16행, 47) 시계-2연16행, 48) 하늘-2연16행, 49) 별나라-2연12행, 50) 호수-2연12행, 51) 겨울-1연8행, 52) 모래-1연9행, 53) 배짱이-1연8행, 54) 개미(1)-3연27행, 55) 개미(2)-3연27행, 56) 발자국-2연8행, 57) 우리식구-2연8행, 58) 다듬이-2연6행, 59) 성냥-1연3행, 60) 모기-3연24행, 61) 바다처럼산처럼-2연16행, 62) 성격-2연12행, 63) 쥐불-2연12행, 64) 낙영당-2연12행, 65) 풀돌-3연34행, 66) 개미와쉬파리-사설.

〈작품해설〉 개성이 뚜렷한 자기세계 구축-이도현.

VI. 집게손가락. 1990.

1) 집게손가락-8연24행, 2) 부도리-6연18행, 3) 병아리-4연12행, 4) 씨암탁-5연15행, 5) 귀뚜라미(1)-2연6행, 6) 귀뚜라미(2)-2연6행, 7) 은모래성금그네-2연6행, 8) 여름밤-2연6행, 9) 찌르래기-4연12행, 10) 소-3연9행, 11) 김장-3연9행, 12) 윷-2연6행, 13) 농악소리-1연3행, 14) 점(획)-2연6행, 15) 시골학교-2연6행, 16) 산속은-3연9행, 17) 맥맥이-3연9행, 18) 까치-2연6행, 19) 시골버스-2연6행, 20) 완행열차-5연15행, 21) 파리-4연12행, 22) 날씨약-4연12행, 23) 하늘과땅은-3연9행, 24) 영학년짜리-4연12행, 25) 칠판지우개-2연6행, 26) 어항-2연6행, 27) 단비-1연3행, 28) 어느쪽이이길까-2연6행, 29) 기

와-1연3행, 30) 할아버지방-1연3행, 31) 연탄장수-1연3행, 32) 알림판(1)-1연3행, 33) 알림판(2)-1연3행, 34) 일요일오후-1연3행, 35) 연탄-4연12행, 36) 아파트(1)-4연12행, 37) 아파트(2)-3연9행, 38) 직행버스안에서-3연18행, 39) 하늘-5연15행, 40) 왕겨-2연6행, 41) 나무꾼-2연6행, 42) 할머니말씀-4연12행, 43) 왼손은-5연13행, 44) 저산은-12연36행, 45) 어르신네뜻받아-3연9행, 46) 바다-7연21행, 47) 물처럼-슬기롭게-3연9행, 48) 착하게-3연9행, 49) 성실하게-3연9행, 50) 서울올림픽-8연24행, 51) 꽃마음-3연9행, 52) 사랑이여-3연9행, 53) 새마음운동-4연12행, 54) 밝은마음-3연9행, 55) 남북이하나되어-3연9행, 56) 분단의장벽을넘어-3연9행, 57) 양산리삼동원-3연9행, 58) 큰기쁨만인에게-2연6행, 59) 꽃처럼별처럼-2연6행, 60) 착한보람-2연6행, 61) 순종을벼리로-2연6행, 62) 준수한그모습이-2연6행, 63) 전원에햇볕쬐며-2연6행, 64) 도닦아쌓으신탑이-3연9행, 65) 태산과같이-3연9행, 66) 민들레마음으로-3연9행, 67) 사랑을쏟으면서-3연9행, 68) 동쪽하늘큰별하나-3연9행, 69) 낙락장송-3연9행, 70) 재덕을닦으시고-2연6행, 71) 송근영님은-1연6행, 72) 윤석봉님은-1연6행, 73) 복된날-2연6행, 74) 샛별처럼-3연9행, 75) 큰소나무-3연9행, 76) 구름이재를넘어-2연6행, 77) 영원으로길을닦아-2연6행, 78) 이웃마저빛나라-2연6행, 79) 달비친강-2연7행, 80) 높은탑쌓는아침-3연9행, 81) 응결된의지로-3연9행, 82) 은혜는강물처럼-2연6행, 83) 가물면걱정되고-2연6행, 84) 한맘으로한일꾼-3연9행, 85) 여섯해의공-1연6행, 86) 회색이항상넘치게-2연6행, 87) 속좁은이앞에서도-3연9행, 88) 강석호-5연15행, 89) 꽃이바람을이기던날-3연9행, 90) 개나리-2연6행, 91) 향나무(1)-2연6행, 92) 섬잣나무-2연6행, 93) 장미꽃-2연6행, 94) 느티나무-2연6행, 95) 철쭉-2연6행, 96) 임목양묘장-사설, 97) 향나무(2)-3연9행, 98) 중학동홰나무-4연12행, 99) 양지꽃-2연6행, 100) 토끼거웃-2연6행, 101) 독새풀-2연6행, 102) 황새냉이-2연6행, 103) 돌나물-2연6행, 104) 망초-2연6행, 105) 며느리배꼽-2연6행, 106) 조팝나무-2연6행, 107) 싸리-3연9행, 108) 참나무-3연9행, 109) 대댕이-3연9행, 110) 회양목-2연6행, 111) 소나무-2연6행, 112) 산국-3연9행,

113) 사시나무-6연18행, 114) 작살나무-2연6행, 115) 백목련-1연3행, 116) 과꽃-1연3행, 117) 메-1연3행, 118) 미나리아제비-1연3행, 119) 참새포아풀-1연3행, 120) 소루장이-1연3행, 121) 그렁풀-1연3행, 122) 땅빈대-1연3행, 123) 강아지풀-1연3행, 124) 질경이-1연3행, 125) 엉겅퀴-1연3행, 126) 꽃다지-1연3행, 127) 꿩의밥-1연3행, 128) 기생꽃-2연6행, 129) 닭장의풀-3연9행, 130) 익모초-2연6행, 131) 쥐엄나무-2연6행, 132) 갑사계곡의단풍-2연6행, 133) 동학사계곡의신록-2연6행, 134) 쑥-8연24행, 135) 잔디-2연6행, 136) 겨울동산-2연6행, 137) 마을이름-2연10행, 138) 삼보실한마음-2연12행, 139) 고도리효열비-5연15행, 140) 시양골안효자정문-3연9행, 141) 정회당옛터-4연12행, 142) 구고운큰산소-3연9행, 143) 원두문-3연9행, 144) 국고개-3연9행, 145) 짚게다리-2연6행, 146) 통메-2연6행, 147) 시리티-1연3행, 148) 혈홀천-2연6행, 149) 쉰질바위-3연9행, 150) 얼굴바위-3연9행, 151) 거북바위-2연6행, 152) 형제바위-2연6행, 153) 금강-4연12행, 154) 어느전쟁미망인-3연9행, 155) 거북-2연6행, 156) 징검다리-2연6행, 157) 구름속-3연9행, 158) 중정기념관-3연9행, 159) 수상족-3연9행, 160) 층층나무-3연9행, 161) 페낭다리-3연9행, 162) 홍정(쇼핑)-3연9행, 163) 싱가폴칠삼빌딩-1연3행, 164) 싱가폴에서-3연9행, 165) 평촌동-2연6행, 166) 보자기-2연6행, 167) 시내버스에서-3연9행, 168) 통근버스에서-3연9행, 169) 벌곡통근길-4연12행.

Ⅶ. 물이랑 바위랑. 1996.

1) 진달래-2연12행, 2) 매듭풀-3연9행, 3) 마타리-4연12행, 4) 칭칭개-3연9행, 5) 콩고물나물-3연9행, 6) 할미질빵-3연9행, 7) 쇠뜨기-3연9행, 8) 맨드라미-3연9행, 9) 산국-3연9행, 10) 구절초-3연9행, 11) 돌마늘꽃-4연12행, 12) 자귀나무-2연6행, 13) 떡깔나무-3연9행, 14) 오동나무-4연12행, 15) 백목련-4연12행, 16) 개나리-1000그루와-5연15행, 17) 주간주나무-1연3행, 18) 때죽나무-1연3행, 19) 병꽃나무-1연3행, 20) 사철나무-1연3행, 21) 뽕나무-1연3행, 22) 엄나무-1연3행, 23) 튜립나무-2연6행, 24) 꽃모종-3연9행, 25) 상사

화-1연3행, 26) 산수유-1연3행, 27) 새앙나무-1연3행, 28) 할미꽃-1연3행, 29) 진달래-1연3행, 30) 꽃다지-1연3행, 31) 붓꽃-1연3행, 32) 아기똥풀-1연3행, 33) 밥티끼꽃나무-1연3행, 34) 조팝나무-1연3행, 35) 산당화-1연3행, 36) 꽃사과-1연3행, 37) 방가지똥-2연6행, 38) 뽀리뱅이-2연6행, 39) 벼룩나물-2연6행, 40) 복숭아나무-1연3행, 41) 구절초-1연3행, 42) 마타리-1연3행, 43) 겨우살이덩굴-4연12행, 44) 코딱지나물꽃-2연6행, 45) 이팝나무꽃-2연6행, 46) 새똥나물-3연9행, 47) 우산나물꽃-2연6행, 48) 옥잠화-1연3행, 49) 외솔-3연9행, 50) 느티나무-3연9행, 51) 용산두름밭골쌍소나무-2연6행, 52) 애기똥풀-1연3행, 53) 새똥나물-1연3행, 54) 쥐똥나무-1연3행, 55) 한마음으로-4연12행, 56) 용이되어-3연9행, 57) 느티나무-3연9행, 58) 착한빛-2연12행, 59) 고랑내나더라도-4연12행, 60) 어느양계장주인-4연12행, 61) 놀뫼신보여너는-6연18행, 62) 이규설님-3연9행, 63) 큰일꾼-3연9행, 64) 저렇게신났으면-3연9행, 65) 남을위해즐겁게-2연7행, 66) 어느신혼부부-3연9행, 67) 어느아가씨에게-4연12행, 68) 영산홍350그루-3연9행, 69) 별들이반짝이듯-3연9행, 70) 잘사는대전-2연12행, 71) 지극한정성-2연12행, 72) 한마음으로남을위해-2연12행, 73) 무던하게사는분-2연12행, 74) 기러기떼-2연12행, 75) 낙락장송처럼-2연12행, 76) 남이라도가족처럼-2연12행, 77) 희망은하늘과같이-2연12행, 78) 호수에떠있는밴가-2연12행, 79) 눈부신빛-2연12행, 80) 햇살처럼-2연12행, 81) 태산이서있듯-2연6행, 82) 평생지킨밝은맘-2연12행, 83) 운명을이겨낸의지-1연3행, 84) 백합향기-1연3행, 85) 하면이룬다-1연3행, 86) 별이되어-1연3행, 87) 한번맘먹으면-1연3행, 88) 봄날햇살에-4연12행, 89) 바위에부딛치면-2연6행, 90) 옥잠화마당가득히-2연6행, 91) 큰꿈을-1연3행, 92) 멀리멀리-1연3행, 93) 예순이다되어서-1연3행, 94) 호수에연꽃이-1연3행, 95) 협력잘돼가나-2연6행, 96) 경영이슬기로우면-2연6행, 97) 상냥한웃음으로(1)-2연6행, 98) 상냥한웃음으로-2연6행, 99) 태평을누리는바탕-2연6행, 100) 말씨도상냥하게-2연6행, 101) 하늘뜻으로-2연6행, 102) 선녀맘손끝에모아-2연6행, 103) 중천보언덕에서-3연18행, 104) 아침해모래봉에-3

연9행, 105) 내고향땅이름-3연9행, 106) 내고향땅이름(2)-5연15행, 107) 강량돌-4연12행, 108) 삼고께-3연9행, 109) 중벌다무락-3연12행, 110) 동문재-3연9행, 111) 매통골-봄-2연6행, 112) 여름-4연12행, 113) 가을-2연6행, 114) 겨울-2연6행, 115) 말자리말구렁이-4연12행, 116) 구들뜨기-4연12행, 117) 식장산-1연3행, 118) 보문산-1연3행, 119) 구봉산-1연3행, 120) 금강은-5연15행, 121) 모랫재옛터-2연12행, 122) 금수강산-3연9행, 123) 만인산휴양림-3연9행, 124) 물이랑바위랑-5연15행, 125) 길산도(吉山島)-4연12행, 126) 오대산-7연21행, 127) 처녀바위-4연12행, 128) 돌하루방-3연9행, 129) 맹사성옛집에서-4연12행, 130) 바다는-4연12행, 131) 상냥한말씨-11연33행, 132) 둔산동코스모스-4연12행, 133) 그날일(1)-3연9행, 134) 그날일(2)-5연15행, 135) 꿈돌이의고민-3연9행, 136) 집게손가락(2)-3연9행, 137) 일본의억지소리-4연12행, 138) 독립신문창간백돌되는해-5연15행, 139) 국어사랑-6연18행, 140) 국어순화-4연12행, 141) 이종국님-5연15행, 142) 촌밥집-3연9행, 143) 머리하는곳-4연12행, 144) 엄니손소머리국밥집-3연9행, 145) 밤갈미다리이름-5연15행, 146) 밤갈미큰밥집-3연9행, 147) 콩나물밥집-3연9행, 148) 한말글-6연26행, 149) 벙어리매미-4연12행, 150) 버드내둑길-2연12행, 151) 까치-6연18행, 152) 꿩-1연3행, 153) 까치-1연3행, 154) 종달새-1연3행, 155) 오리들의대답-3연9행, 156) 어미노릇-3연11행.

Ⅷ. 소쩍새. 2002.

1) 수선화-3연9행, 2) 해바라기-3연9행, 3) 왕바랭이-1연3행, 4) 오이풀-1연7행, 5) 개구리밥-4연12행, 6) 맹감-2연12행, 7) 방가지똥-3연9행, 8) 돌마늘-3연9행, 9) 봉숭아-3연9행, 10) 맨드라미-1연3행, 11) 구절초-1연3행, 12) 범의귀-1연3행, 13) 엉겅퀴-1연3행, 14) 소루쟁이-1연3행, 15) 상사화-1연3행, 16) 백양꽃-1연3행, 17) 돌마늘-1연3행, 18) 겨우살이덩굴-1연3행, 19) 댕댕이덩굴-1연3행, 20) 한삼덩굴-1연3행, 21) 쑥부쟁이-1연3행, 22) 구절초-1연3행, 23) 산국화-1연3행, 24) 딸기농사-2연12행, 25) 과꽃-3연9행, 26) 산

국화-2연14행, 27) 마타리-1연7행, 28) 왕골-2연12행, 29) 한삼덩굴-4연12행, 30) 백일초-1연8행, 31) 접시꽃-1연7행, 32) 소나무-4연12행, 33) 장태산휴양림(1)-3연9행, 34) 칡골짝-2연12행, 35) 뻐꾹채언덕-2연10행, 36) 한빛탑-2연12행, 37) 산불-6연18행, 38) 멸욌들-2연6행, 39) 백제큰다리-3연9행, 40) 달들-2연12행, 41) 도둑고양이-3연9행, 42) 빨래틀-2연12행, 43) 빨리먹기행사-1연12행, 44) 내다리-4연12행, 45) 쓰레기-3연9행, 46) 알았습니다-고맙습니다-3연9행, 47) 거픔-2연12행, 48) 망선루-3연9행, 49) 목욕탕-1연7행, 50) 구름-1연8행, 51) 큰사람-4연12행, 52) 눈길(1)-1연3행, 53) 눈길(2)-1연6행, 54) 가재-2연12행, 55) 학생들아!-2연6행, 56) 착한사람(1)-2연6행, 57) 착한사람(2)-2연6행, 58) 착한사람(3)-2연6행, 59) 착한사람(4)-4연12행, 60) 손님마다밝은맘-3연9행, 61) 상냥한말씨-3연9행, 62) 할머니께-4연12행, 63) 아버지께-3연9행, 64) 칼춤-5연17행, 65) 왕퉁이(말벌)-2연12행, 66) 거미-2연12행, 67) 떠나시는날-3연9행, 68) 충무공-4연12행, 69) 수양버들-3연9행, 70) 불두화-2연6행, 71) 수련-3연9행, 72) 후발치-2연6행, 73) 창-3연9행, 74) 기도-3연9행, 75) 상사화-3연9행, 76) 청개구리-5연15행, 77) 식장산-4연12행, 78) 거미-3연9행, 79) 절구-3연9행, 80) 신탄진수영장-4연12행, 81) 기차-3연9행, 82) 범의귀-3연12행, 83) 소쩍새-2연6행, 84) 세종대왕-15연45행, 85) 훈민정음-15연45행, 86) 등불백을켠밝음-6연18행, 87) 동해와설악-3연9행, 88) 개미-3연9행, 89) 풀돌-사설90) 개미와쉬파리-사설, 91) 찌르래기-4연12행, 92) 소-3연10행, 93) 맥맥이-3연9행, 94) 시골버스-3연9행, 95) 영학년짜리-4연12행, 96) 칠판지우개-2연7행, 97) 어항-2연6행, 98) 직행버스안에서-3연9행, 99) 하늘-4연12행, 100) 할머니말씀-4연12행, 101) 왼손은-5연15행, 102) 저산은-12연36행, 103) 어르신네뜻을받아-3연9행, 104) 바다-7연21행, 105) 물처럼슬기롭게-3연9행, 106) 착하게-3연9행, 107) 성실하게-3연9행, 108) 새마음운동-4연12행, 109) 밝은마음-3연9행, 110) 남북이하나되어-3연9행, 111) 분단의장벽을넘어-3연9행, 112) 싸리-3연9행, 113) 대댕이덩굴-3연9행, 114) 마을이름-3연9행, 115) 삼보실한마음-2연12행, 116) 참나무

-3연9행, 117) 섬잣나무-2연12행, 118) 지칭개-3연9행, 119) 백목련-4연12행, 120) 개나리1000그루-5연15행, 121) 상사화-1연3행, 122) 산수유-1연3행, 123) 새앙나무-1연3행, 124) 할미꽃-1연3행, 125) 진달래-1연3행, 126) 꽃다지-1연3행, 127) 외솔-3연9행, 128) 한마음으로-4연12행, 129) 용이되어-1연14행, 130) 놀뫼신보여-6연18행, 131) 물이랑바위랑-4연12행, 132) 저렇게신났으면-3연9행, 133) 남을위해즐겁게-2연7행.

IX. 육모 유동삼(庾東三 1925-91세)의 현대시조 창작형태조사

시조시	1연	2연	3연	4연	5연	사설	장시조	총계	비고
한국시조큰사전	1	5	7	1		1	1	16	
한국시대사전	5	4	5	1			2	17	
유동삼시조집	43	20	9	3			2	77	
꽃마을	64	23	11	4	1			103	
새꽃밭	10	28	15	6		2	5	66	
집게손가락	27	63	52	13	6	1	7	169	
물이랑바위랑	40	34	45	23	8		6	156	
소쩍새	33	26	43	18	4	2	7	133	
총 계	223	203	187	69	19	6	30	737	
비 율%	29.2	27.6	25.4	9.4	2.5	0.8	4.0	99.7	

〈참고문헌〉

1. 한국 시조큰사전-한춘섭, 박병순, 리태극-을지출판공사-서울. 1985
2. 한국 시조대사전-(상 · 하. 별책)-박을수-아세아문화사-서울. 1991
3. 근대 시조집람-임선묵-경인문화사-서울. 1999
4. 한국시대 사전-김창직, 윤해규-을지출판공사-서울. 2004
5. 한국 현대시조 연구와 향방-김창현-오늘의문학사-대전. 2014

유 상 덕 (柳相德 1940-2017)의 현대시조

Ⅰ. 바라보는 사람을 위하여-시집. 1996.

1) 이런근황-3연18행, 2) 겨울나무에게-3연18행, 3) 편지 -2연12행, 4) 가을편지.1.-3연9행, 5) 가을편지.2.-3연9행, 6) 가을편지.3.-3연9행, 7) 가을어스름-3연18행, 8) 오후 행(行)-3연18행, 9) 그리고 별리(別離)-3연18행, 10) 생각은부질없-3연9행, 11) 화답-3연18행, 12) 대구역주변-3연9행, 13) 저녁바다-3연9행, 14) 동해에와서-3연9행, 15) 무념(無念).1.-3연18행, 16) 무념.2.-3연 18행, 17) 무념.3.-3연18행, 18) 바라보는사람을위하여.1.-4연12행, 19) 바라보는사람을위하여.2.-4연12행, 20) 바라보는사람을위하여.3.-3연9행, 21) 바라보는사람을위하여.4.-4연18행, 22) 바라보는사람을위하여.5.-3연18행, 23) 바라보는사람을위하여.6.-2연6행, 24) 바라보는사람을위하여.7.-3연18행, 25) 바라보는사람을위하여.8.-2연12행, 26) 바라보는사람을위하여.9.-2연12행, 27) 바라보는사람을위하여.10.-3연18행, 28) 바라보는사람을위하여.11.-2연16행, 29) 바라보는사람을위하여.12.-3연9행, 30) 어느간이역에서-3연18행, 31) 당신채송화.1.-2연12행, 32) 당신채송화.2.-3연18행, 33) 생일여적(生日餘滴)-3연9행, 34) 산을내려오면서-3연9행, 35) 슬픈귀조(歸鳥)-3연9행, 36) 별리이후.1.(別籬以後)-3연18행, 37) 별리이후.2.-3연18행, 38) 폐허에서.1.-3연18행, 39) 폐허에서.2.-3연9행, 40) 시장풍경-3연18행, 41) 검사동(13)-5연15행, 42) 검사동.14.-3연9행, 43) 도라지꽃-2연12행, 44) 문을닫으며-2연12행, 45) 봄앞에서-3연18행, 46) 이상한봄-3연18행, 47) 다부원에서.1.-3연9행, 48) 다부원에서.2.-3연18행, 49) 팔공산꽃그늘을즐기다가-2연6행, 50) 벚꽃지는날에-3연18행, 51) 흔들리는봄-2연12행, 52) 폭서한때-3연12행, 53) 가을명상-3연9행, 54) 가을앞에서-2연12행, 55) 어느겨울날-3연18행, 56) 겨울나무-3연9행, 57) 겨울전등사-2연12행, 58) 무덤가에서.1.-3연9행, 59) 무덤가에서.2.-3연18행, 60) 세모에흘린말이-3연18행, 61) 쓸쓸한외출.1.-3연9행, 62) 쓸쓸한외출.2.-3연15행, 63) 쓸쓸한외

출.3.-4연24행, 64) 아득한세상-3연18행, 65) 임진강철새-3연18행, 66) 임진강이별-3연9행, 67) 남해통신.1.,2연12행, 68) 남해통신.2.-2연6행, 69)남해통신.3.-2연10행, 70) 남해유감-2연12행, 71) 겨울여행.1.-3연18행, 72) 겨울여행.2.-3연9행, 73) 겨울여행.3.-3행9연, 74) 겨울여행.4.-2연12행, 75) 지리산달-2연12행,

평론-김몽선-타고난 시재(시재-時才)해설-삶의 진실과 그리움의 정서-이승원교수.

II. 그제사 알 수 있었네 유고집 2017.

1) 노을앞에서-2연6행, 2) 강가에서-3연9행, 3) 두봉길가는길-4연18행, 4) 가을편지-3연9행, 5) 낙엽에게-2연12행, 6) 문안-3연9행, 7) 포장집달-3연15행, 8) 방문-3연16행, 9) 스카이라운지에서-3연9행, 10) 방문-3연9행, 11) 빈방-3연9행, 12) 가을여행-2연6행, 13) 다시교정에와서-3연12행, 14) 숲길에서-3연12행, 15) 봄비-3연9행, 16) 산길에서-3연9행, 17) 성터에서-3연9행 18) 우리는새에게물어야만-3연9행, 19) 섬에오시거든-2연6행, 20) 젯상을차려놓고-3연9행, 21) 지리산에오시려거든-2연10행, 22) 꽃소식-3연9행, 23) 다시봄앞에서-2연6행, 24) 제삿날-3연9행, 25) 바닷가에서-3연9행, 26) 뒷동산에서-3연9행, 27) 서해안이별-3연12행, 28) 입원실에서-3연12행, 29) 편지를쓰다가-2연6행, 30) 이도백하에서-3연9행, 31) 유등리에와서-3연9행, 32) 도주관척화비(道州館斥和碑)-3연14행, 33) 가을백두산-2연12행, 34) 패랭이꽃-3연9행, 35) 간이역에서-3연9행, 36) 외출-3연9행, 37) 대봉교-3연9행, 38) 이런만남-3연18행, 39) 한라산두얼굴-3연9행, 40) 꽃길찾아왔지만-3연9행, 41) 실크로드이별-3연9행, 42) 설악산가을-2연10행, 43) 풍경-3연9행, 44) 겨울소나무-3연11행, 45) 가야산뒤에서-3연12행, 46) 외과병동에서-3연9행, 47) 다시봄에게-2연14행, 48) 겨울나무-2연12행, 49) 낙조-3연9행, 50) 겨울벽방산-3연9행, 51) 눈오는밤-3연9행, 52) 동인지를보다가-3연15행, 53) 복사꽃아래서-3연16행, 54) 그옛날가을다방-3연15행, 55) 홍류동소리길-5연15행, 56) 다시금

호강노을-3연16행, 57) 봄비소리들으며-3연12행, 58) 목련앞에서-2연12행, 59) 신륵사강물-3연9행, 60) 금호강낙조-3연11행, 61) 재회-3연14행, 62) 흔적(2)-1연3행, 63) 그제사알수있었네-3연13행, 64) 금호강가에서-3연14행, 65) 쓸쓸한 편지-3연9행, 66) 잠시출타중-2연9행, 67) 노숙하는새-3연9행, 68) 새와꽃뱀-2연12행, 69) 내만약예약할수있다면-3연12행, 70) 묘비병-3연9행, 71) 다시돌아온후-3연15행, 72) 겨울나무는-3연9행, 73) 가을에두고가야-3연9행, 74) 나무가하는말-3연9행, 75) 청도유천에와서-3연9행, 76) 불갑사를가며-3연9행, 77) 단상(斷想)-2연12행,

〈해설〉 노래의 새혹은 새의 노래 –문무학박사.

III. 유상덕(柳相德 1940-2017)의 현대시조 창작형태조사.

시조집	1연	2연	3연	4연	5연	사설	장시조	총계	비고
바라보는 사람을위하여		18	52	4	1			75수	
그제사알수있었네	1	15	59	1	1			77	
총 계	1	33	111	5	2			152	
비 율%	0.6	21.7	73.0	3.2	1.3			99.8	

〈참고문헌〉

한국 시조큰사전-한춘섭,박병순,리태극,을지출판공사-서울. 1985

한국 시조대사전-상.하.별책-박을수-아세아문화사-서울. 1991

근대 시조집람-임선묵-경인문화사-서울. 1999

한국 시대사전-김창직,윤해균-을지출판공사-서울. 2004

한국 현대시조의 연구와 향방-김창현-오늘의문학사-대전. 2014

성암 **왕표순**(聖巖 王豹淳 1921-2016)의 현대시조

I.

1. 내 마음 노을 되어-첫시집. 1986. 자료없음.

2. 목동은 어디 가고-제2시집. 1987.

1) 목동은어디가고-2연12행, 2) 강산이-2연6행, 3) 여의도높은빌딩-2연6행, 4) 건원릉함홍갈래-4연12행, 5) 잠못드는이새벽에-2연6행, 6) 도선국사-1연3행, 7) 고요한밤-1연3행, 8) 까치집-1연3행, 9) 봄비는보슬보슬-1연3행, 10) 나의생애-2연6행, 11) 진리를찾으려고-2연6행, 12) 당쟁에시달리다-3연9행, 13) 두손합장하고-2연6행, 14) 목단화-2연6행, 15) 산같이높은욕심-2연6행, 16) 신년사-1연3행, 17) 신년하례-3연9행, 18) 인생이무상함을-4연12행, 19) 자유의큰일위해-3연9행, 20) 졸업을축하하며-2연6행, 21) 제야의밤-1연3행, 22) 추석-1연3행, 23) 그리운님-2연6행, 24) 나의친구-2연6행, 25) 찬란한이대지가-2연6행, 26) 해님의노래-6연36행, 27) 실처럼가는이상(理想)-3연9행, 28) 송강정철-1연3행, 29) 독서-2연6행, 30) 조국을향하는마음-3연9행, 31) 조국의앞날위해-2연6행, 32) 천사의좋은말씀-2연6행, 33) 주먹밥곱게싸서-4연12행, 34) 차맛-2연6행, 35) 조춘-1연3행, 36) 소나무-2연6행, 37) 전선위문시-2연6행, 38) 책장을넘기다가-2연6행, 39) 맹동단상-2연6행, 40) 효행(1)-3연9행, 41) 효행(2)-4연12행, 42) 효행(3) 3연9행, 43) 학덕높은율곡선생-1연3행, 44) 의지를굳게-1연3행, 45) 이육사생애-1연3행, 46) 소요산-6연18행, 47) 허균-1연3행, 48) 통도사-1연3행, 49) 꽃우산펼쳐들고-4연12행, 50) 국화-1연3행, 51) 정몽주-1연3행, 52) 금오산-1연3행, 53) 서희장군-1연3행, 54) 조국순례-2연6행, 55) 항몽순의비-1연3행, 56) 선인들의걸작들-2연6행, 57) 충무공이순신장군-1연3행, 58) 수정원집방석엔=4연12행, 59) 숭의전(1)-3연9행, 60) 숭의전(2)-3연9행, 61) 사랑의빛을밝혀-2연6행, 62) 신라의영주이신-1연3행, 63) 상원사

달밝은밤-2연6행, 64) 탑공원-7연21행, 65) 나비를기다린지-4연12행, 66) 개나리-4연12행, 67) 금강의참모습을-2연6행, 68) 수석(평원석)-1연3행, 69) 눈물진고향생각-3연9행, 70) 공평한대도(大道)-3연9행, 71) 마음의귀중한양식-2연6행, 72) 다산생가를돌아보며-2연6행, 73) 망향-2연6행, 74) 가로등-1연3행, 75) 무궁화-1연3행, 76) 우리옷곱기도해-1연3행, 77) 한평생여성위해-1연3행, 78) 하루살이인생-3연9행, 79) 삼다도-3연9행, 80) 수종사청동범종-2연6행, 81) 아침-1연3행, 82) 옥류천-2연6행, 83) 동방의슬기-2연6행, 84) 울산바위-1연3행, 85) 고향으로-2연6행, 86) 장미-1연3행, 87) 꽃-1연3행, 88) 마음을저들과같이-1연3행, 89) 제주도기행-5연15행, 90) 천지연폭포-1연3행, 91) 하늘을훨훨나는-2연6행, 92) 반공엔-2연6행, 93) 훈장의오솔길-3연9행, 94) 영축산자장암-1연3행, 95) 불국사-1연3행, 96) 첨성대-1연3행, 97) 인수동대설오니-3연9행, 98) 구미금오산-3연9행, 99) 나의생애-4연12행, 100) 난초-2연6행, 101) 글방-1연3행, 102) 바다-1연3행, 103) 아기사슴서성거려-1연3행, 104) 천마총-1연3행, 105) 바다(1)-3연9행, 106) 바다(2)-3연9행, 107) 벼루-3연9행, 108) 봄-1연3행, 109) 한강풍경-2연6행, 110) 봉은사-2연6행, 111) 제주항-1연3행, 112) 비룡폭포-3연9행, 113) 삼각산-(1)-5연15행, 114) 삼각산(2)-5연15행, 115) 송도피난-4연12행, 116) 을축원단-2연6행, 117) 임소식-1연3행, 118) 4연12행, 119) 자력-3연9행, 120) 내직장바친사랑-1연3행, 121) 초막에가을되니-3연9행, 122) 철쭉꽃-5연15행, 123) 코스모스-3연9행, 124) 한강-2연6행, 125) 영실기암-1연3행, 126) 호수-4연12행, 127) 회고-2연6행, 128) 책들을소중하게-2연6행, 129) 한라산-1연3행, 130) 화랑은-2연6행, 131) 맑은샘-2연6행, 132) 해수에수영하고-1연3행, 133) 서창을활짝열고-1연3행, 134) 백운봉바라보며-1연3행, 135) 맥아더동상-3연9행, 136) 우리님보고싶어-2연6행, 137) 봄바람세게부니-2연6행, 138) 고요한적멸보궁-2연6행, 139) 기다림-3연9행, 140) 까치-3연9행, 141) 바다-1연3행, 142) 꽃피는이동산에-2연6행, 143) 연꽃-1연3행, 144) 호명산높이올라-2연6행, 145) 달래산유신화랑-1연3행, 146) 가뭄엔물을주고-1연3행, 147) 마두라유전개발-1연3행, 148) 독립기념관에서-5연15행, 149) 망월사풍경소리-1연3행, 150) 목련-2연6행, 151) 난중에잃은아들-5연15행, 152) 바둑-4연12행, 153) 박혁거세-3연9행, 154) 봄바람-1연3행, 155) 봄비의시름-2연6행, 156) 꿈의실현-2연6행, 157) 비령산바라보며-1연3행, 158) 호우-1연3행, 159) 팔당호-1연3행, 160) 빈손으로세상에왔다-3연9행, 161) 서재필박사-2연6행, 162) 초막집-2연6행, 163) 성암산(聖巖山)-3연9행, 164) 약수를-2연6행, 165) 산야에눈이오니-1연3행, 166) 인생은아침이슬-1연3행, 167) 봄바람솔솔불어-1연3행, 168) 진달래-1연3행, 169) 일천만이산가족-2연6행, 170) 바다는말이없이-2연6행, 171) 외솔최현배-4연12행, 172) 지구를돌고돌아-2연6행, 173) 바람은마구불어-1연3행, 174) 간사한모든욕심-2연6행, 175) 간디성웅-2연6행, 176) 개선문-3연9행, 177) 대만에서-2연6행, 178) 프랑스-1연3행, 179) 독일의기둥들-2연6행, 180) 가야금열두줄에-2연6행, 181) 루우블미술관-2연6행, 182) 가마속타는불길-1연3행, 183) 이과수폭포-1연3행, 184) 무력왕조-3연12행, 185) 베를린에서-2연6행, 186) 동경에서-2연6행, 187) 비행기에서-1연3행, 188) 귀또리슬피우는=2연6행, 189) 손문동상-3연9행, 190) 신문팔이저소년아(에디슨)-3연9행, 191) 올림픽의노래-3연9행, 192) 인도녹야원-4연12행, 193) 워싱턴-2연6행, 194) 리마예수-1연3행, 195) 오끼나와-1연3행, 196) 장개석총통기념관에서-2연6행, 197) 코끼리타고-1연3행, 198) 이탈리아-3연9행, 199) 페스탈로찌-2연6행, 200) 시바이쩌박사-2연6행, 201) 야자수-1연3행, 202) 우정의종각-2연6행, 203) 금문도에서-2연6행, 204) 홍콩만국공원-1연3행, 205) 태국탑-1연3행, 206) 히말라야산-1연3행, 207) 생각-2연6행,

II. 현대시조

1984. 겨울호-1) 고향-1연6행, 2) 팔각정에서-1연6행, 3) 교목(校木)-1연6행, 1994. 여름호-백두산-7연68행, 1996. 가을호-1) 돌아앉은이강산아-2연

12행, 2) 소나무저소나무-5연30행, 3) 건원릉함홍갈래-4연12행, 4) 나비를 기다린지-4연12행, 5) 우리님-3연18행, 6) 철쭉꽃-5연15행, 7) 소나무높은 가지-4연12행, 8) 논개-2연12행, 9) 호수-1연6행, 10) 아름다운오클랜드-3연18행, 1998.가을호-1) 소나무-5연40행, 2) 호랑이-5연30행.

III. 성암 왕표순(聖巖 王豹淳 1921-2016)의 현대시조 창작형태조사

시조시	1연	2연	3연	4연	5연	사설	장시조	총계	비고
내마음노을되어								자료 없음	1986
목동은어디가고	74	74	35	15	6		3	207	1987
현대시조	4	2	2	3	4		1	16	
총 계	78	76	37	18	10		4	223	
비 율%	34.9	34.0	16.5	8.0	4.4		1.7	99.7	

〈참고문헌〉

1. 한국 시조큰사전-한춘섭, 박병순, 리태극-을지출판공사-서울. 1985
2. 한국 시조대사전-(상 · 하. 별책)-박을수-아세아문화사-서울. 1991
3. 근대 시조집람-임선묵-경인문화사-서울. 1999
4. 한국 시대사전-김창직, 윤해규-을지출판공사-서울. 2004
5. 한국 현대시조 연구와 향방-김창현-오늘의문학사-대전. 2014

육 고 수 (陸故樹-본명-육순경, 陸諄坰 1919-1998)의 현대시조

Ⅰ. 시조와 비평

1998. 여름호-1) 봄-1연7행, 2) 여름밤-1연7행, 3) 가을군상(群像)-1연6행, 4) 반달-1연7행, 5) 인연-1연7행, 6) 돋보기-1연3행, 7) 망각-1연3행, 8) 목숨-1연3행, 9) 죽음-1연3행, 10) 예술은-1연3행, 11) 시조인-1연3행, 12) 며느리-1연3행, 13) 삶-1연3행, 14) 김동인(金東仁 1900-1951)선생문학비-1연3행, 15) 노래-1연3행, 16) 며느리-1연3행, 17) 손자-1연3행.

Ⅱ. 현대시조

1991. 여름호-한일(閑日)-2연14행.

Ⅲ. 현대시조 작품 감상

1) 봄

지저분 눈이 녹고 또 오는 평범한 봄
쏟아지는 햇볕속의 대학촌 구내 안 밖
졸업철 나뭇가지엔 최루탄의 촉만든다.

2) 여름 밤

달이 붉은 칠월 백중 한 점 바람 없는 밤에
두 사람 귓전으로 한 통 속인 모기 소리
장기판 내기에 지면 따귀 한 대 맞는 법.

3) 반달

떨리는 턱을 묻고 두 어깨를 움츠리고
동장군 손을 들어 채찍질로 가는 세월

세모의 종로 일번지 노려보는 반달이여.

4) 며느리
귀여운 며느리는 꽤나 부른 배를 안고
절구통 걷는 고통 무거운 걸음으로
한 발짝 다가선다네. 먼 훗날의 보람 앞에.

5) 손자
걸음마 어설프게 더 예쁜 손주 놈은
뒤뚱뒤뚱 넘어질 듯 넘어지지 않으면서
자꾸만 내달아 간다. 저 산 보려 가는 건지.

6) 1984. 나래시조 회원
1991. 동양문학 – 시조 신인상
1991. 현대시조 신인상.

IV. 육고수(陸故樹-본명-육순경, 陸諄坰 1919-1998)의 현대시조 창작 형태조사

시조시	1연	2연	3연	4연	5연	사설	장시조	총계	비고
시조와 비평	18	1						19	
현대시조		1						1	
총 계	18	2						20	
비 율%	90.0	10.0						100	

〈참고문헌〉
1. 한국 시조큰사전-한춘섭, 박병순, 리태극-을지출판공사-서울. 1985
2. 한국 시조대사전-(상 · 하. 별책)-박을수-아세아문화사-서울. 1991
3. 근대 시조집람-임선묵-경인문화사-서울. 1999
4. 한국 시대사전-김창직, 윤해규-을지출판공사-서울. 2004
5. 한국 현대시조 연구와 향방-김창현-오늘의문학사-대전. 2014

고산 윤 병 태(古山 尹炳太 1920-1996)의 현대시조

Ⅰ. 시조와 비평

1993. 가을호-을숙도 정경-3연18행

1996. 겨울호-1) 산란(山蘭)의 뜨락-2연12행, 2) 무제(無題)-1연7행, 3) 꿈자리-2연14행.

1997. 봄호-보리고개-2연12행.

Ⅱ. 부산시조

2007. 여름호-1) 모천(暮天)-3연9행, 2) 청자(靑瓷)-2연12행, 3)낙강산책(봄)-3연18행, 4)낙강산책(가을)-3연18행, 5) 어머니의 성(城)-4연12행, 6) 먼 훗날-3연9행.

Ⅲ. 현대시조 작품 감상

1) 을숙도(乙淑島) 정경(情景)

저녁노을 빠알갛게 강(江) 바닥을 물들이고
점점이 섬 그림자 갈대 싣고 떠 있는데
사공(沙工)은 어디에 가고 길손들만 예 있는가.

구덕재(九德嶺) 허리담긴 하늘 한쪽 멀리 열어
무리져 퍼덕이는 새 밤하늘 뒤덮으니
새들의 낙원(樂園)이어라 을숙도가 을석도
(乙夕島)이어라.

오가는 철새 떼들 강(江) 시울에 줄을 잇고
난무(亂舞)하는 노래와 춤 노을빛 더 정겨운데

새들의 대교향악이 여기 펴져 흘러오네.

2) 무제(無題)
썼다가 지우고 지웠다가 또 써 봐도
길다란 주름살 위 젊음은 찾을 길 없고
다 늙은 그림자 뒤로 그려 놓은 자욱들.

3) 산란(山蘭)의 뜨락
잎줄기 가지런히 한 세상 가리 우고.
밤바람 차가워도 고절(苦節)에 찬 눈꽃 틔어
벼랑 끝 고고한 향내 절 푸르른 뿌리 뻗고.

돌 한 덩이 깍지 끼운 청초(淸楚)한 너 뜨락엔
군자의 기품 담은 향기 가득 풀어놓고
달빛에 잎 솔 귀, 바람 병풍가에 머물렀네.

4) 꿈자리
새벽이 강물 되어 넘쳐나 흐르던가.
망상으로 뒤척인 밤 맴돌다 사라지는
덧없이 머물다 가는 여기 남은 조각구름.

어둠살 건너야 할 햇빛마저 흐려 놓고
악몽은 허공에 누워 떨어지는 별을 본다.
신기루 환상의 나래 만가에 실어 보내면서.

5) 보리 고개
뚝배기 된장 국물 허기 잦던 풋보리 밥

쑴바귀, 나물 무침 주린 배, 봄을 채운
어머님 고달픈 사랑 눈물지며 넘던 고개.

무명베 바지 적삼 호롱불로 꿰맨 세월
구김살 매듭 풀어 누더기 메워 가며
험한 길 참담한 고개 몇 번이나 넘었을고.

Ⅳ. 고산 윤병태(古山 尹炳太 1920-1996)의 현대시조 창작형태조사

시조시	1연	2연	3연	4연	5연	사설	장시조	총계	비고
시조와 비평	1	3	1					5	
부산시조		1	4	1				6	
총 계	1	4	5	1				11	
비 율%	9.0	36.3	45.4	9.0				99.7	

〈참고문헌〉

1. 한국 시조큰사전-한춘섭, 박병순, 리태극-을지출판공사-서울. 1985
2. 한국 시조대사전-(상 · 하. 별책)-박을수-아세아문화사-서울. 1991
3. 근대 시조집람-임선묵-경인문화사-서울. 1999
4. 한국시대 사전-김창직, 윤해규-을지출판공사-서울. 2004
5. 한국 현대시조 연구와 향방-김창현-오늘의문학사-대전. 2014

윤 용 빈 (尹用彬 1940−2002)의 현대시조

Ⅰ. 시조생활

1992. 여름호-1) 철모와 도라지꽃-3연9행, 2) 백제와 당-1연7행, 3) 합장-1연6행, 4) 반딧불-1연6행, 5) 대추 환생-1연7행.

1992. 겨울호-1) 시간-1연7행, 2) 마지막 잎새-2연14행, 3) 늙은 밤 나무-3연21행, 4) 샛별-3연21행, 5) 어떤 인생-3연21행.

1993. 봄호-1) 무궁화-3연21행.

1999. 겨울호-1) 만리장성-1연7행.

2006. 가을호-1) 철모와 도라지꽃-3연9행, 2) 백제와 당-1연7행, 3) 합장-1연6행, 4) 반딧불-1연6행, 5) 대추 환생-1연7행.

추모시-1) 이웅백(1923-2010)-2연6행, 2) 박찬구(1948-)-5연15행.

Ⅱ. 현대시조 감상

1) 만리장성(萬里長城)

옥황상제 맞이하여
하늘 다리 놓았는가?

만리 길 구비 구비
산 허리 휘어 감고

때 보아
날아 오르려
도(道) 닦는 용(龍)이라네.

Ⅲ. 윤용빈(尹用彬 1940-2002)의 현대시조 현대시조 창작형태조사

시조시	1연	2연	3연	4연	5연	사설	장시조	총계	비고
시조생활	10	2	6		1			19	
총 계	10	2	6		1			19	
비 율%	52.6	10.5	31.5		5.2			99.8	

〈참고문헌〉

1. 한국 시조큰사전-한춘섭, 박병순, 리태극-을지출판공사-서울. 1985

2. 한국 시조대사전-(상 · 하. 별책)-박을수-아세아문화사-서울. 1991

3. 한국시대 사전-김창직, 윤해규-을지출판공사-서울. 2004

4. 한국 현대시조 연구와 향방-김창현-오늘의문학사-대전. 2014

윤 현 조 (尹鉉朝-본명-윤현갑 1945-2014)의 현대시조

Ⅰ. 한국시조큰사전. 1985.

1) 고민-2연6행, 2) 그 또래 다 어디가고-2연6행, 3) 길-1연3행, 4) 며느리-4연12행, 5) 신처용(新處容)-1연3행, 6) 종달새-2연6행, 7) 춘곡-1연3행, 8) 한강-5연15행, 9) 황지에서-3연9행, 10) 흉작-2연6행.

Ⅱ. 한국시대사전(개정증보판). 2004.

1) 대관령-사설, 2) 만월(滿月)-사설, 3) 까마등-사설, 4) 동다송(東茶頌)-3연18행, 5) 어떤 날-2연8행, 6) 어린 화가-사설, 7) 봄 이명-3연18행, 8) 막바지 눈발-3연16행, 9) 시도-3연19행, 10) 작은 서설-사설, 11) 우리도 이럴 때일수록-사설.

Ⅲ. 현대시조 작품 감상.

1) 그 또래 다 어디가고

깜부기 얼굴 칠하던 어릴 적 푸른 밀밭
십리길 가시 밤 털다 매 맞고 뛰던 철이
그 또래 다 어디가고 빈 가을을 지킨다.

일번 홈으로 떠난 친구 빈 몸으로 돌아오고
캐고 덮고 찍고 밀고 울고 웃고 이 생활 막장에서
그 또래 다 어디가고 홀로 빈 가을 떠난다.

2) 종달새

빈 박자 쉬다 쉬다가 문득 치솟는 춘일
산실의 봄을 위해 아지랑이로 울거라

구만리 창공 위에서 천 신령께 빌어라.

한 박자 울고 울다가 수직으로 흩어지는
보리 골 오선지에 쇼팡의 쉼표를 찾아
천지를 오르내려도 할미꽃은 말이 없네.

3) 신처용(新處容)
화장터 꽃밭에서 검은 음모 꾸민 뒤
짐승 이빨 보이다가 처용의 밤 훔쳐 넘고
구두 짝 흩어진 섬돌 위엔 명함 한 장 뒹군다.

4) 길
숙명의 수 갈래 길 가야할 길 한 갈래
엉키고, 설 킨, 인간사 돌아가야 할 길 여기
행, 불행, 푯말도 없이 선이 하나 그었다.

IV. 윤현조(尹鉉朝-본명-윤현갑 1945-2014)의 현대시조 창작형태조사

시조시	1연	2연	3연	4연	5연	사설	장시조	총계	비고
한국시조	3	4	1	1	1			10首	
한국시		1	4			6		11	
총 계	3	5	5	1	1	6		21	
비 율%	14.2	23.8	23.8	4.7	4.7	28.5		99.7	

〈참고문헌〉

1. 한국 시조큰사전-한춘섭, 박병순, 리태극-을지출판공사-서울. 1985
2. 한국 시조대사전-(상 · 하. 별책)-박을수-아세아문화사-서울. 1991
3. 근대 시조집람-임선묵-경인문화사-서울. 1999
4. 한국시대 사전-김창직, 윤해규-을지출판공사-서울. 2004
5. 한국 현대시조 연구와 향방-김창현-오늘의문학사-대전. 2014

석천 **윤황한**(石泉 尹晃漢 1927-89세)의 현대시조

Ⅰ. 허수아비와 아이들. 2009.

1) 민들레-1연7행, 2) 아기병아리-1연7행, 3) 피어라한글-1연7행, 4) 피구놀이-1연7행, 5) 나비-1연7행, 6) 수염인지꼬리인지-1연7행, 7) 운동화-1연7행, 8) 지하철타던날-1연7행, 9) 아빠는일만했대요-1연7행, 10) 꽃밭-1연7행, 11) 도서관가는길-1연7행, 12) 꽃집앞-1연7행, 13) 왜안닮지-1연7행, 14) 키대보기-1연7행, 15) 끼리끼리-1연7행, 16) 동화책-1연7행, 17) 멱감기-1연7행, 18) 소나기와천둥-1연9행, 19) 와갓집-2연14행, 20) 아가맘-1연7행, 21) 여름방학-1연7행, 22) 비오는날-1연7행, 23) 할아버지의꿈-2연10행, 24) 분꽃-1연7행, 25) 안개-1연7행, 26) 꽃마을잔치-1연7행, 27) 연꽃-1연7행, 28) 꽃들이우산을썼어요-1연7행, 29) 자맥질-1연7행, 30) 알밤삼형제-1연7행, 31) 은행알-1연7행, 32) 허수아비와아이들-1연7행, 33) 옥수수-1연7행, 34) 모과는어디에-1연7행, 35) 낙엽손님-1연9행, 36) 해바라기-1연7행, 37) 가을-1연7행, 38) 낙엽들의음악회-1연7행, 39) 낙엽과아이들-2연10행, 40) 무엇이가득-1연7행, 41) 연필과지우개-1연7행, 42) 솜사탕-1연7행, 43) 분수-1연7행, 44) 설날아침-1연7행, 45) 시계는언제자나요-1연7행, 46) 그네에오르면-1연9행, 47) 일기-1연6행, 48) 얼음경기-1연7행, 49) 겨울나그네-1연7행, 50) 진눈깨비-1연7행, 51) 공부벌레-사설, 52) 까치밥-1연7행, 53) 겨울나무야-1연7행, 54) 그림-1연8행, 55) 첫눈-1연7행, 56) 눈발자국-1연7행, 57) 불꽃놀이-1연6행, 58) 소리나는굴렁쇠-1연7행, 59) 과자한봉지-1연7행, 60) 책나라-1연8행, 61) 달나라자전거-1연7행, 62) 요맘때-1연7행, 63) 터널-1연7행, 64) 뻥튀기-1연7행, 65) 내가좋아하는방-1연9행, 66) 줄넘기-1연10행, 67) 내자리-1연7행, 68) 아들-1연7행, 69) 별명짓기놀이-1연8행, 70) 시험문제-1연7행, 71) 쌍둥이-1연7행.

〈해설〉동심으로 반죽되는 순수성의 미학-김창현.

II. 아침을여는 꽃. 2010.

1) 수통골대구리-2연14행, 2) 보문산성해맞이-4연12행, 3) 매화송-2연14행, 4) 입춘날-한밭수목원-3연9행, 5) 봄비-2연14행, 6) 봄을기다리는사람들-4연12행, 7) 민들레-2연14행, 8) 달맞이노래-해오름달-1연3행, 9) 시샘달-1연3행, 10) 물오름달-1연3행, 11) 잎새달-1연3행, 12) 푸른달-1연3행, 13) 누리달-1연3행, 14) 견우직녀달-1연3행, 15) 타오름달-1연3행, 16) 열매달-1연3행, 17) 하늘연달-1연3행, 18) 미틈달-1연3행, 19) 매듭달-1연3행, 20) 채송화-2연14행, 21) 정훈선생시비-3연18행, 22) 봄한나절-1연9행, 23) 함월산기림사-3연9행, 24) 함월산골굴사-3연9행, 25) 바다에서-2연14행, 26) 문무대왕릉-3연9행, 27) 감은사지-3연9행, 28) 외가가는길-2연14행, 29) 무소유-3연18행, 30) 기다림-사설, 31) 군자란-2연14행, 32) 벤쿠버의태극기-3연18행, 33) 그네-2연12행, 34) 소녀의눈물-3연18행, 35) 매미소리-2연14행, 36) 현충원묘비앞에서-3연15행, 37) 갑천-3연18행, 38) 연꽃-2연14행, 39) 동기간-3연21행, 40) 화장하는여인-2연14행, 41) 표지석앞에서-4연12행, 42) 책의빈자리-3연18행, 43) 내고향-3연12행, 44) 박용래시비앞에서-3연9행, 45) 장동산림욕장-2연18행, 46) 장모님영전에-4연12행, 47) 아내에게바치는노래-3연9행, 48) 사부곡-3연12행, 49) 아침을여는꽃-=2연14행, 50) 만인산행-3연18행, 51) 옥수수차한잔-2연14행, 52) 그리운어머니-사설, 53) 성묘-3연15행, 54) 산수유-2연14행, 55) 물리치료실-2연14행, 56) 강(江)-2연14행, 57) 그리움-3연18행, 58) 아침산책-2연14행, 59) 칠백의총참배기-4연12행, 60) 역사는흐른다-사설, 61) 내장산백양사-3연15행, 62) 참회-4연12행, 63) 짧은만남영원한이별-4연12행, 64) 손전화-1연9행, 65) 한가위-3연15행, 66) 구봉산-2연14행, 67) 멈추지않는걸음-사설, 68) 장애를넘어서-2연12행, 69) 견우화연가-3연9행, 70) 대전도시철도찬가-4연12행, 71) 판암역-2연14행, 72) 신흥역-2연14행, 73) 대동역-2연12행, 74) 대전역-2연14행, 75) 중앙로역-2연16행, 76) 중구청역-2연14행, 77) 서대전네거리역-2연18행, 78) 오룡역-2연16행, 79) 용문역-2연16행,

80) 탄방역-2연14행, 81) 시청역-2연16행, 82) 정부청사역-2연14행, 83) 갈마역-2연16행, 84) 월평역-2연14행, 85) 갑천역-2연18행, 86) 유성온천역-2연16행, 87) 구암역-2연14행, 88) 현충원역-2연16행, 89) 월드컵경기장역-2연12행, 90) 노은역-2연16행, 91) 지족역-2연18행, 92) 반석역-2연12행.

〈작품해설〉 잔광과 서정의 변주-리헌석.

Ⅲ. 동물나라 자동차는 누가 탈까요? 2016.

1) 창작동화-9편, 2) 구연동화-1편, 3) 동극-2편, 4) 기타-3편, 어린이들 상상의 날 새옷(총18편)

Ⅳ. 한밭아동문학. 2000.

2010. 제11호-비오는날-1연7행.

2011. 제12호-동화-토끼삼형제.

2012. 제13호-동화-아기잠자리 포로로.

2013. 제14호-동극-숲속의 동물음악회.

2014. 제15호-동화-고향을 떠난 아기비둘기.

2015. 제16호-동화-까치골아이들.

2016. 제17호-동화-아기코끼리 에코.

Ⅴ. 한말글사랑. 2010.

2010. 제19집-강아지풀-1연11행, 2011. 제20집-한글의 크나큰 숨결-5연15행.

2012. 제21집-우리말 길 이름-도로명 주소록. 2013. 제22집-아름다운 동요의 재현.

2014. 제23집-우리말 바른 호칭. 2015.제24집-(동시) 무엇이 가득-1연7행, 진눈깨비-1연7행, 은행알-1연7행, 소나기와 천둥-1연9행, 끼

리끼리-1연7행, 나비-1연7행.

2016. 제25집-아기의 꿈-2연14행.

VI. 한밭시조문학. 2011.

2011. 제23호-풍요의 강-2연14행, 가을에 생각나는 사람-3연15행, 달구벌의 개가-4연20행, 팔월의 기도-3연15행,

2012. 제24호-쌍청당맑은바람-2연14행, 노고산성에 올라-2연14행, 남간정사예향기-2연14행, 뿌리깊은나무-2연14행, 군자송-1연12행,

2013. 제25호-민통선진달래-3연12행, 새만금방조제에서-2연14행, 산과바다의 어울림-2연14행, 제26호, 제27호-작품없음.

VII. 대전문학. 2009.

2009. 여름44호-화장하는 여인-2연14행, 2009, 겨울46호-짧은 만남 영원한 이별-4연12행.

2010. 봄47호-입춘날의 한밭수목원-3연9행, 2010, 여름48호-동시-새싹-1연7행,

2010. 가을49호-동시-엄마냄새-1연9행, 2010.겨울50호-동시-엄마야 누나야-1연9행.

2011. 봄51호-수목송-봄-2연8행, 여름-2연8행, 가을-2연8행, 겨울-2연8행.

2011. 여름52호-동춘당산책-4연12행, 2011, 가을-53호-탄생 그리고 돌맞이-사설.

2011. 겨울54호-동시-둔지봉까치의 전설-1연15행, 2012, 봄55호-동시-평화비-소녀동상-3연16행, 2012.여름56호-동시-다람쥐골 아이들-3연14행, 2012, 가을-못찾고.

2012. 겨울58호-다문화가정-2연14행, 2013, 봄59호-동시-커가는 아기얼

굴-1연9행,

2013. 여름60호-동시-아가와 새-1연13행, 2013, 가을61호-아가와 비둘기-3연14행.

3013. 겨울62호-동시-숨바곡질-1연7행, 2014, 봄63호-동시-봄소식-2연13행.

2014 여름64호-동시-전설로피어난분꽃-3연17행, 2014, 가을65호-동시-사설

2014 겨울-66호-동시-나리나리 개나리-3연11행,

2015. 봄67호-동시-두번피어나는산수유꽃-4연16행, 2015여름68호-동시=민들레의꿈-4연16행, 2015가을69호-동화-민통선을 찾은 남북까치들(1)-동화

2015. 겨울70호-동화-민통선을 찾은남 북까치들(2)-동화.

2016. 봄71호-동화-민통선을 찾은 남북까치들(1~2회.종합)

2016. 여름72호-다람쥐골학교 아이들-동화, 2016가을73호-동물나라 자동차 누가 탈까요.

2016. 겨울74호-?

Ⅷ. 문학사랑. 2009.

2009. 여름88호-시조-강-2연14행, 시인과 비둘기-2연14행, 이별-2연14행, 그리움-3연21행, 제야의 종소리-3연18행, 2009 가을89호-시조-바다에서-2연14행, 겨울90호-시조-참회-5연15행, 2010봄91호-시조-달맞이노래-(1~12월) 1연3행, (총36행)

2010. 여름92호-부소산 고란사-2연14행, 2010가을93호 고향길열차에서-3연12행.

2010. 겨울94호-청초한 꽃이 시어-6연18행, 2011, 봄95호-못찾고.

2011. 여름96호-대백제의 부활(1)-4연12행, 대백제의 부활(2)-4연12행, 대백제의부 활(3) 4연12행, 대백제의 부활(4)-4연12행, 2011가을

97호-동화-바다로간 비둘기.

2011. 겨울98호-존경받는 고향지킴이의 고희연-4연12행, 2012봄99호-동화-서울동물공화국회의. 여름100호-문학사랑 얼씨구-3연21행, 가을101호-못찾고.

2012. 겨울102호-동시-할머니와 비둘기-3연12행, 2013봄103호-동시-빗방울은 구슬-1연11행,

2013. 여름104호-동시-아기의 꿈-1연12행, 2013가을105호-매일 크는 아이(날마다)-1연11행,

2013. 겨울106호-동시조-나팔꽃-1연7행, 2014봄107호-동시-아기의 꿈-1연15행,

2014. 여름108호-동시-전설로 피어난 꽃들-3연16행, 가을109호-동화시-눈물로 피어난 연꽃-5연15행, 겨울110호-동화사-새하얀 꽃옥잠화-3연12행, 2015, 봄111호-겨울을 이겨내는 인동초-5연15행(시조) 여름112호-까치집에는-3연16행, 가을113호-못찾고. 겨울114호-띠띠띠 나팔수-4연12행, 2015봄115호-입학하는날-3연15행(동시)

2015. 여름116호-봄날의 기도-3연12행, (시조) 가을117호-꽃들의 덩굴길을 터주다-2연12행,

2015. 겨울118-못찾고,

IX. 아동문예. 2008.

2008. (11~12월호)-소나기와천둥-1연9행, 피어라한글-1연7행, 우리말글-2연14행, 제221회아동문예문학상당선.

2009. (3~4월)-그집앞-1연6행, 과자한봉지-1연6행,

2009. (9~10월)-엄마손수레-1연7행, 책가방-1연7행,

Ⅹ. 가람문학. 2009.

2009. 제30집-채송화-2연14행, 그네-2연12행, 나무-2연14행,

2010. 제31집-백마강-2연18행, 궁남지연꽃-1연9행, 부소산 군창터-2연14행, 계백장군동상-2연14행, 2011 제32집-울릉도연가-4연12행, 추모의 길-3연9행, 대둔산등정-4연12행.

2011. 제33집-단재신채호-3연15행, 고향의 느티나무-1연7행, 잎 새달찬가-목련-1연7행, 살구꽃-1연7행, 2013 제34집-되살아난민족정기-2연10행, 춘란앞에서-2연14행, 어머니의 눈물-2연14행, 독도아리랑-3연15행, 2014, 제35집-꽃다운 넋이여-2연8행,

2015. 제36집-작품없음. 〈끝〉

Ⅺ. 석천 윤황한(石泉 尹晃漢-89세)의 현대시조 창작형태조사

시조시	1연	2연	3연	4연	5연	사설	장시조	총계	비고
허수아비와아이들	67	3				1		71	
아침을여는꽃	14	45	21	8		4		92	
동물나라자동차							1	18	
한밭아동문학	1						6	7	
한말글사랑	8	1			1		3	13	
한밭시조문학	1	7	3	1				12	
대전문학	7	7	6	4		2	4	32	
문학사랑	41	5	10	6	3		1	66	
아동문예	6	1						7	
가람문학	4	10	4	2				20	
총 계	149	75	44	21	4	7	15	314	
비 율%	47.4	23.8	14.0	6.8	2.2	2.2	4.7	99.8	

〈참고문헌〉

1. 한국 시조큰사전-한춘섭, 박병순, 리태극-을지출판공사-서울. 1985
2. 한국 시조대사전-(상 · 하. 별책)-박을수-아세아문화사-서울. 1991
3. 근대 시조집람-임선묵-경인문화사-서울. 1999
4. 한국시대 사전-김창직, 윤해규-을지출판공사-서울. 2004
5. 한국 현대시조 연구와 향방-김창현-오늘의문학사-대전. 2014. 6

이 계 상 (李啓祥 1927-2016)의 현대시조

Ⅰ. 시조집-화사목(火死木). 1992. 부엉이 우는 소리. 1987. 자료없음

1) 서시-1연10행, 2) 산문화-3연21행, 3) 매화-1연10행, 4) 눈물-2연14행, 5) 마지막재오르면-3연19행, 6) 충주팔경-탄금대-2연6행, 7) 청넝헌-2연6행, 8) 중앙탑-2연6행, 9) 충주호-2연6행, 10) 충주산성-2연11행, 11) 충렬사-2연6행, 12) 세계사미륵석불-2연6행, 13) 수안보온천-2연6행, 14) 천등산바라보며(1)-2연6행, 15) 천등산바라보며(2)-2연18행, 16) 천등산바라보며(3)-3연19행, 17) 천등산바라보며(4)-2연14행, 18) 천등산바라보며(5)-1연9행, 19) 천등산바라보며(6)-4연28행, 20) 남한강-3연21행, 21) 떠나자니-5연30행, 22) 거꾸로도는시계-2연12행, 23) 대작사-1연8행, 24) 이백의춘야연도리원에서-3연21행, 25) 최북가-3연9행, 26) 남사당패-사설, 27) 운보이야기-사설, 28) 지리산청학동-3연21행, 29) 대합실(1)-3연18행, 30) 대합실(2)-3연18행, 31) 뜨개질-3연20행, 32) 꽃사슴-2연14행, 33) 도도새이야기-사설, 34) 어머니-3연22행, 35) 작은정원-3연9행, 36) 세월-2연12행, 37) 작은집-3연21행, 38) 조약돌(1)-2연14행, 39) 조약돌(2)-2연14행, 40) 서실-3연21행, 41) 어느화가-2연18행, 42) 화사목-3연21행, 43) 다가오고있기에-2연12행, 44) 불타는모정-3연21행, 45) 천녕헌야경-3연18행, 46) 남도일주-출발-1연3행, 47) 도중-1연3행, 48) 해인사-1연3행, 49) 충무시-1연3행, 50) 한산도-1연3행, 51) 촉석루-1연3행, 52) 태종대-1연3행, 53) 용두공원-1연3행, 54) 포항제철-1연3행, 55) 경주-1연3행, 56) 동해-1연3행, 57) 외설악-1연3행, 58) 내설악-1연3행, 59) 시쓰는사람들-4연24행, 60) 책을챙기다가-3연21행, 61) 휴전선-4연28행, 62) 길을달리며-3연21행, 63) 미루나무숲-3연21행, 64) 탄광촌소묘-2연15행, 65) 월악산-4연28행, 66) 새벽-3연21행, 67) 양이고싶어-3연18행, 68) 이정표-2연17행, 69) 독립기념관참관기-4연28행, 70) 계명산에닭이운다-3연21행, 71) 학생야영장에서-7연21행, 72) 그소리천년소리-3연18행, 73) 아리랑(1)-3연21행, 74) 아리랑(2)-3

연21행, 75) 그날그때(1)-2연12행, 76) 그날그때(2)-2연12행, 77) 포스트모더니즘-3연23행, 78) 복날-2연16행, 79) 먼훗날-2연14행, 80) 칠석날-3연18행, 81) 할머니가시던날-4연24행, 82) 춘매-2연14행, 83) 백목련-2연16행, 84) 정-2연14행, 85) 가시버시-2연14행, 86) 달래강소묘-3연21행, 87) 교무수첩(1)-3연18행, 88) 교무수첩(2)-4연24행, 89) 봄의의미-2연14행, 90) 눈오는날에-2연14행, 91) 6월이면-3연18행, 92) 청죽-2연14행, 93) 나룻터-2연14행, 94) 청풍황석정-2연12행, 95) 바다의마음-2연14행, 96) 바람잔오늘이야-3연21행, 97) 강설-2연14행, 98) 내창장날-4연12행, 99) 소나무분재-3연21행, 100) 홀로앉아-3연21행, 101) 설화-3연21행, 102) 열두대-3연18행, 103) 산행(1)-2연18행, 104) 산행(2)-4연12행, 105) 아파트오늘-2연14행, 106) 밝은미소-2연12행, 107) 강가(1)-3연21행, 108) 강가(2)-2연13행, 109) 3월에-2연14행, 110) 집을보는데-2연14행, 111) 물놀이-3연18행, 112) 겨울문턱-2연14행, 113) 문둥바위큰여울-3연21행, 114) 고향-3연21행, 115) 파란산만그린동네-2연12행, 116) 봄비-2연14행, 117) 설빔-3연21행, 118) 별이빛나는밤에-4연24행, 119) 우리아기배고프지?-3연21행, 120) 쥐불놀이-3연21행, 121) 물난리-2연14행, 122) 닭장다리꽃-2연14행, 123) 칼국수-4연12행, 124) 채송화-2연14행, 125) 바다에살자-2연14행, 126) 코스모스-3연9행.

〈발문〉사기와인정의시-양채영. 시인.

II. 현대시조

1984. 겨울호-나무-3연9행.

1985. 가을호-꽃댕이 출생기-4연12행.

1990. 가을호-길을 가면서-3연21행, 물놀이-3연21행.

1994. 봄호-연하장-3연21행, 아파트그늘-3연21행.

1995. 겨울호-고목-3연21행, 바람-2연13행.

1996. 여름호-바람과 나무-2연14행, 겨울비-3연21행.

1997. 봄호-섬-3연18행, 눈오는 날에-3연9행.

III. 현대시조 작품 감상

1) 나무 / 이계상(1927~2016)

어느 때 어디서나 천성으로 살으련다.
돌 각담 등에 지고 삼동이면 어떠하리.
새파란 원생의 핏줄 잎맥 돋아 더운 꽃이

황토 빛 찌든 지붕 일그러진 삶은 쌓여
멧새도 시체 따라 포록포록 가버린 마을
지엄한 할아버지 교훈 종가 댁을 지킨 효자.

철없는 애들 소리 가난도 조상 탓가
어머니의 깨진 비석 그나마 시든 흰꽃
병이든 인정머리에 약사여래 손이 곱다.

2) 꽃댕이 출생기

누구에게 빚 구하랴 내어두운 자갈밭 머리
한 톨의 씨는 묻혀 삼동을 문지르면
금이 간 껍질의 예명 꽃, 댕이 어느 집에.

두 눈동자 하얀 진통 어찌 아랴, 울, 어머니
한 오리 당긴 산줄 산이 꺼져 내가 나고
문고리 녹슬은 땀은 아직도 송송이다.

쭉정이 세톨 낳아 구박 받던 이남박
모처럼 이 밤 쌀에 으깨 으깨 보얀 뜨물

가마솥 부지깽이는 덩달아 잘도 탄다.

식 론은 그만하고 글, 재주는 있데나.
할머니 십리 밖 길 당 사주 챙겨 오고
사립에 앗깔한 고추 높이 세고 자랑했다.

Ⅳ. 이계상(李啓祥 1927-2016)의 현대시조 창작형태조사

시 조 집	1연	2연	3연	4연	5연	사설	장시조	총계	비고
부엉이우는소리								자료없음	자료없음
화사목	17	49	44	11	1	3	1	126	
현대시조		2	9	1				12	
총 계	17	51	53	12	1	3	1	138	
비 율%	12.3	36.9	38.4	8.6	0.7	2.1	0.7	99.7	

〈참고문헌〉

1. 한국 시조큰사전-한춘섭, 박병순, 리태극-을지출판공사-서울. 1985
2. 한국 시조대사전-(상 · 하. 별책)-박을수-아세아문화사-서울. 1991
3. 근대 시조집람-임선묵-경인문화사-서울. 1999
4. 한국시대 사전-김창직, 윤해규-을지출판공사-서울. 2004
5. 한국 현대시조 연구와 향방-김창현-오늘의문학사-대전. 2014

이 기 균 (李基均 1921-2015)의 현대시조

Ⅰ. 해외시조

1999. 창간호-1) 수박-2연6행, 2) 가을-1연3행, 3) 팜츄리-1연3행.

Ⅱ. 현대시조 작품 감상.

1) 수박
작열하는 태양을 이 여름에 잉태했지
터질듯이 둥글게 만삭으로 차 오른 배
펴 올린 수맥 고랑마다 푸른무늬 줄 세우고.

폭염으로 달구어 분출하는 정열이
닿기가 무섭게 쩍 갈라지는 가슴
불 먹은 진홍빛 불덩이 생수 고여 녹는다.

2) 가을
쪽빛 하늘 내려와 호수에 쉬고 있다.
덤불 숲에 가을이 불을 질러 타고 있다.
호수의 꽃 잉어 등에 빨간 단풍잎 한 장.

3) 팜츄리
생각을 키우느라 덥수룩히 길린 머리
외발 딛고 목을 빼어 그리움만 탐색한다. 머리
머리채 바람 휘날리며 달려가는 남국의 정.

Ⅲ. 이기균(李基均 1921-2015)의 현대시조 창작형태조사

시조시	1연	2연	3연	4연	5연	사설	장시조	총계	비고
해외시조	2	1						3	
총 계	2	1						3	
비 율%	66.6	33.3						99.9	

〈참고문헌〉

1. 한국 시조큰사전-한춘섭, 박병순, 리태극-을지출판공사-서울. 1985
2. 한국 시조대사전-(상 · 하. 별책)-박을수-아세아문화사-서울. 1991
3. 근대 시조집람-임선묵-경인문화사-서울. 1999
4. 한국시대 사전(개정증보판)-김창직, 윤해규-을지출판공사-서울. 2004
5. 한국 현대시조 연구와 향방-김창현-오늘의문학사-대전. 2014

춘성정 이남수(春城亭 李南秀 1930-2011)의 현대시조

Ⅰ. 시조문예

※ 누락된 연도. 제호는 자료없음.

1983. 제13호-이산가족 상봉=1)희(喜)-강산도 울었다-1연8행, 2) 노(怒)-1연9행, 3) 애(愛)-1연8행, 4) 락(樂)-1연10행.

1989. 제19호-1) 백연당기(白蓮堂記)-3연23행, 2) 운계정추상-2연16행, 3) 노송찬가-3연24행, 4) 강변에 서서-3연24행, 5) 산골짜기 들국화-2연16행.

2007. 제37호-1) 춘성정의 하루-2연12행, 2) 백연(白蓮)을 심고-3연24행, 3) 돌옹벽-2연12행, 4) 텃밭에서-2연16행.

2008. 제38호-1) 쑥국새의 푸념-3연20행, 2) 옛 살던 나주역-2연16행, 3) 계절의 여왕-2연14행, 4) 춘성정의 봄-2연16행.

2009. 제39호-1) 후광은 가시고-1연6행, 2) 차 한잔의 향기-1연6행, 3) 하느님 품안-1연6행, 4) 내일의 호남시조-1연6행.

2010. 제40호-1) 춘성정의 가을 풍경-2연16행, 2) 국도횡단-2연16행, 3) 한글날에-2연16행, 4) 분꽃향기를 알고-2연16행.

2011. 제41호-1) 춘성정의 자미화-3연21행, 2) 이산가족 넋새 할머니-2연16행, 3) 백설 환상곡-3연20행.

Ⅱ. 광주. 전남시조

2008. 제7집-1) 매창 묘비 앞에서-1연10행, 2) 과자 봉지-2연18행, 3) 쑥국새 푸념-3연20행.

Ⅲ. 시조문학

2000. 여름호-1) 연꽃 합죽선-3연18행, 2) 봄날의 그리움-1연7행, 3) 부

엉이 우는 밤-1연7행, 4) 나무는 앓으며 서서-3연24행, 5) 산길을 가며-2연16행.

2001. 봄호-1) 배설 환상곡-3연21행.

2003. 봄호-1) 춘성정(春城亭) 달밤-1연10행, 2) 개나리-1연3행, 3) 소낙비-1연3행.

2005. 봄호-1) 접붙이기-2연14행, 2) 동백꽃 사연-2연20행, 3) 벼 이삭이 나올 때-2연13행, 4) 가을 전원에서-2연14행, 5) 서석봉을 바라보며-사설, 6) 명사초 연정(1)-2연14행, 7) 상사초연성(1)-2연14행, 8) 꽃 마을(花山) 내 고향-2연19행, 9) 노송찬가-3연20행, 10) 외로 핀 들국화-3연22행, 11) 보내온 합죽선-3연20행.

Ⅳ. 현대시조

2002. 봄호-내사랑 공산(公山)아-6연36행.

Ⅴ. 한국시 대사전. 2004.

1) 들국화 한 송이-3연20행, 2) 나무는 앓으며 서서-3연24행, 3) 노송찬가-3연20행, 4) 가을 전원(田園)에서-2연14행, 5) 연꽃 합죽선-3연20행, 6) 접붙이기-2연14행, 7) 동백꽃 사연-2연14행, 8) 벼이삭이 나올 때-2연13행.

Ⅵ. 시조와 비평.

※ 앞 뒤, 세호-연도-누락 → 사료 없음.

1991. 가을호-1) 단주불신(斷酒不信)-수필.

1996. 봄호-연꽃 합죽선-3연18행.

1997. 여름호-1) 접목(椄木)-3연20행.

1998. 봄호-1) 식목일의 노거수-1연13행.

1998. 여름호-1) 노송 한그루-3연22행.

1998. 겨울호-다인촌문인회 창립에 부쳐-2연12행.

1999. 여름호-1) 시조사랑(고두동 선생 5주기)-1연7행.

2003. 가을호-1) 신숙주(선생 생가터)-3연25행, 2) 옛 고향-2연16행, 3) 춘성정 배롱꽃-3연21행, 4) 노산님 뵙던 날-2연14행, 5) 마음 탓-1연8행, 6) 고속버스 안에서-1연8행.

VII. 춘성정 이남수(春城亭 李南秀 1930-2011)의 현대시조 창작형태조사

시조시	1연	2연	3연	4연	5연	사설	장시조	총계	비고
시조문예	8	13	7					28首	
광주전남시조	1	1	1					3	
시조문학	5	8	6			1		20	
현대시조							1	1	
시조와비평	4	4	5					13	
총 계	18	26	19			1	1	65	
비 율%	27.6	40.0	29.2			1.5	1.5	99.8	

〈참고문헌〉

1. 한국 시조큰사전-한춘섭, 박병순, 리태극-을지출판공사-서울. 1985
2. 한국 시조대사전-(상 · 하. 별책)-박을수-아세아문화사-서울. 1991
3. 근대 시조집람-임선묵-경인문화사-서울. 1999
4. 한국시대 사전(개정증보판)-김창직, 윤해규-을지출판공사-서울. 2004
5. 한국 현대시조 연구와 향방-김창현-오늘의문학사-대전. 2014

이 도 기 (李道基 1937-2004)의 현대시조

Ⅰ. 현대시조

1992. 목화-3연18행(제13회 신인문학상 당선).

2000. 청솔바람소리-2연14행(섬진시조문학회).

Ⅱ. 섬진시조

창간호-제10집-자료 없음.

1994. 제11집-1) 섬진강의 꿈-2연8행, 2) 옛집에 와서-2연8행, 3) 여름 섬진강-3연21행, 4) 소나무의 노래-3연9행.

1995. 제12집-1) 푸른 돌에 새긴 정-3연12행, 2) 피아골에서-2연14행.

1996. 제13집-1) 8월 섬진강-3연21행, 2) 12월 섬진강-1연7행, 3) 삼베 치마-2연6행.

1997. 제14집-1) 여름 섬진강-3연21행, 2) 1월 섬진강-1연7행, 3) 근심 없이 자라는 숲이 거라-3연21행, 4) 모시적삼-1연7행.

1999. 제15집-1) 목화-3연18행, 2) 청솔 바람(風)소리-2연14행.

2000. 제16집-1) 괘관송(掛冠頌)-2연8행, 2) 모시적삼-1연7행, 3) 해마다 민들레꽃은 피고 지고-3연21행.

2001. 제17집-1) 남강(南江)의 꿈-2연14행, 2) 이모님 사랑-2연14행, 3) 백두대간(白頭大幹) 열리면-3연9행, 4) 진교 쌀 애가(哀歌)-사설시조.

2002. 제18집-1) 11월의 섬진강-2연12행, 2) 고발(告發)-2연14행, 3) 직강공사(直江工事)-3연21행, 4) 오! 대한민국-1연7행, 5) 미나리 꽝 이야기-사설시조.

2004. 제20집-1) 여름 섬진강-3연21행, 2) 11월 섬진강-2연12행, 3) 섬진강 예찬-2연8행, 4) 모시적삼-1연7행, 5) 목화-2연14행, 6)

진고 쌀 애가-사설시조.

2005. 제21집-1) 검정소 살던 집-2연13행.

Ⅲ. 진주시조

2004. 창간호-옥잠화-3연9행.

Ⅳ. 이도기(李道基 1937-2004)의 현대시조 창작형태조사

시조시	1연	2연	3연	4연	5연	사설	장시조	총계	비고
현대시조		1	1					2	
섬진시조	7	16	13			3		39	
진주시조			1					1	
총 계	7	17	15			3		42	
비 율%	16.6	40.4	35.7			7.1		99.8	

〈참고문헌〉

1. 한국 시조큰사전-한춘섭, 박병순, 리태극-을지출판공사-서울. 1985

2. 한국시대 사전-김창직, 윤해규-을지출판공사-서울. 2004

3. 섬진시조. 제11집~제17집. 2011

4. 진주시조 창간호~제11호. 2014

5. 한국 현대시조 연구와 향방-김창현-오늘의문학사-대전. 2014

이 동 신(李東信 1952-2015)의 현대시조

Ⅰ. 향촌문학

1997. 제8집-1) 낙숫물-1연12행, 2) 야생화-2연14행.

1998. 제9집-1) 코스모스(2)-3연18행.

1999. 제10집-1) 아버지 정(부정-父情)-3연18행.

2000. 제11집-1) 고독-1연6행, 2) 낙화-2연12행, 3) 무덤-2연12행, 4) 삿갓계곡-3연18행, 5) 허공-2연12행.

2001. 제12집~2012. 제23집까지-작품 없음.

2013. 제24집-1) 가을-3연21행, 2) 님-2연14행, 3) 비-2연14행.

2014. 제25집-1) 난초-1연7행, 2) 님-2연14행, 3) 바람-1연7행, 4) 비-2연14행, 5) 산-1연7행, 6) 친구-1연7행.

2015. 제26집-1) 가을-3연21행, 2) 세월-1연7행, 3) 추석-1연7행.

Ⅱ. 현대시조 작품 감상

1) 가을

무더운 날 지나가고 시원한 바람 이니
벼이삭 춤을 추네. 고개 숙인 모습으로
날릴 듯 안고 돌면서 흰 구름을 반기네.

2) 세월

가라앉은 봉오리들 아우성은 조용하고
민심도 삶에 묻혀 세월 속에 잠겼는데
도적들 휴~ 하는 소리 축문되어 퍼지네.

언덕 넘어 오시는 이마의 땀 닦아주며

허리를 휘어 감고 가슴 깊이 안기는데
하늘에 고추잠자리 아름답게 날으네.

3) 추석
즐거운 터널 속을 고향이 스쳐간다.
추억에 사라져 간 그 옛날 모습들이
둥그런 명경되어서 달려 있네. 허공에.

가신님 오시는 듯 흰 구름 다가오니
산 넘어 밤송이들 손 흔들며 부르고
산소를 둘러보라고 갈대꽃도 춤추네.

III. 이동신(李東信 1952-2015)의 현대시조 창작형태조사

시조시	1연	2연	3연	4연	5연	사설	장시조	총계	비고
향촌문학	6	7	5					18	
총 계	6	7	5					18	
비 율%	33.3	38.8	27.7					99.8	

〈참고문헌〉

1. 한국 시조큰사전-한춘섭, 박병순, 리태극-을지출판공사-서울. 1985
2. 한국 시조대사전-(상 · 하. 별책)-박을수-아세아문화사-서울. 1991
3. 근대 시조집람-임선묵-경인문화사-서울. 1999
4. 한국시대 사전(개정증보판)-김창직, 윤해규-을지출판공사-서울. 2004
5. 한국 현대시조 연구와 향방-김창현-오늘의문학사-대전. 2014

이 명 자 (李明子 1942-2007)의 현대시조

Ⅰ. 꽃 속에 숨어 있는 분-시조집. 2005. 카톨릭출판사

1) 꽃 속에 숨어 있는 분-1연10행, 2) 그 길에서-3연9행, 3) 유리잔-1연6행, 4) 꽃빛 관상-1연8행, 5) 파란언어-1연6행, 6) 묵화(2연)-1연6행.

Ⅱ. 현대시조 감상

1) 꽃 속에 숨어 있는 분
단 한번의 꽃빛 생애
살아 내야 할 그 소명

세파를 헤치고
무심의 언덕에 올라

은총의 숨결 마시며
하늘 문을 여는 거야.

너 하나 행복 하라고
천지를 지어 주신 분

그 사랑 알아들으면
기쁨은 그대의 것

2) 그 길에서
새들은 숲속에서 초록색 편지를 쓴다.
가녀린 풀잎의 서원 반지 보는 순간

어찌나 맑고 고운지 울먹이며 날아간다.

꽃피는 소리에 움찔 놀란 결 고운 바람
물은 제 빛깔로 낮은 자리 채우고
잘 익은 모과 향기에 온 마을이 젖는다.

물빛 하늘 퉁기면 쏟아질듯 고운 멜로디
파장의 동그라미 번지는 그 길에서
구름이 가슴으로 쓴 긴 연서를 읽는다.

III. 지은이 이명자(李明子 1942-2007)

1962. 천주교에 입회 인모성체-수도원 종신 서원.
2003. 제5회 가람 이병기 추모 전국시조현상공모-장원.
2003. 제101회 월간문학 신인상.
2004. 경남신문 신춘문예 시조 당선.
2005. 꽃 속에 숨어 있는 분-시조집. 가톨릭출판사.

IV. 이명자(李明子 1942-2007)의 현대시조 창작형태조사

시조집	1연	2연	3연	4연	5연	사설	장시조	총계	비고
꽃속에숨어있는분	5		1					6	2005
총 계	5		1					6	
비 율%	83.6		16.1					99.7	

〈참고문헌〉
1. 한국 시조큰사전-한춘섭, 박병순, 리태극-을지출판공사-서울. 1985
2. 한국 시조대사전-(상 · 하. 별책)-박을수-아세아문화사-서울. 1991
3. 근대 시조집람-임선묵-경인문화사-서울. 1999
4. 한국시대 사전(개정증보판)-김창직, 윤해규-을지출판공사-서울. 2004
5. 한국 현대시조 연구와 향방-김창현-오늘의문학사-대전. 2014

무송 이민규(茂松 李玟奎 1927-2013)의 현대시조

Ⅰ. 시조문예

※ 연도, 제호 누락-자료 없음.

2007. 제37호-1) 초록 숲이 부른다-3연9행.

2008. 제38호-1) 휴양림 그늘 아래-3연9행, 2) 용(龍)의 꿈-3연9행.

2009. 제39호-1) 산은 아직 겨울빛-3연9행, 2) 봄 향기와 유년의 추억-3연9행, 3) 오동나무 꽃의 여유-4연12행, 4) 요, 맛에, 산행하제-4연12행.

2010. 제40호-1) 입춘에 희망을-3연9행, 2) 봄나물의 유혹-3연9행, 3) 부드러운 힘-3연9행.

2011. 제41호-1) 자운영의 꽃밭에서-3연9행, 2) 흐드러진 홍매화-3연9행, 3) 산수유 마을-3연9행, 4) 솔로 시티를 가다-3연9행.

Ⅱ. 광주. 전남시조

※ 연도, 제호 누락-자료 없음.

2004. 제3호-1) 발 빠른 계절 따라-3연9행, 2) 그림 같은 향일암-3연9행, 3) 배움터로 한몫한다고-3연9행.

2007. 제6호-1) 원시 계곡에 산다-3연9행, 2) 봄 향기에 취하다-3연9행, 3) 자귀 꽃 피었네-3연9행.

2008. 제7집-1) 눈을 감고 소리만 들어도-3연9행, 2) 민족혼 오롯이-3연9행, 3) 무등의 자존심-3연9행.

Ⅲ. 무송 이민규(茂松 李玟奎 1927-2013)의 현대시조 창작형태조사

시조시	1연	2연	3연	4연	5연	사설	장시조	총계	비고
시조문예			12	2				14首	
광주 · 전남시조			9					9	
총 계			21	2				23	
비 율%			91.3	8.6				99.9	

〈참고문헌〉

1. 한국 시조큰사전-한춘섭, 박병순, 리태극-을지출판공사-서울. 1985
2. 한국 시조대사전-(상 · 하. 별책)-박을수-아세아문화사-서울. 1991
3. 근대 시조집람-임선묵-경인문화사-서울. 1999
4. 한국시대 사전(개정증보판)-김창직, 윤해규-을지출판공사-서울. 2004
5. 한국 현대시조 연구와 향방-김창현-오늘의문학사-대전. 2014

이 무 식 (李武植 1944-2017)의 현대시조 창작형태조사

Ⅰ. 맷돌의 변. 1996 - 자료 없음

Ⅱ. 띄우지 못한 편지. 2014.

1) 띄우지 못한 편지-1연15행, 2) 띄우지 못한 편지-2연14행, 3)띄우지 못한 편지-2연14행, 4) 띄우지 못한 편지-2연 14행, 5) 띄우지 못한 편지-2연14행, 6)띄우지 못한 편지-2연14행, 7) 띄우지 못한 편지-2연14행, 8) 띄우지 못한 편지-2연14행, 9) 띄우지 못한 편지-2연14행, 10) 띄우지 못한 편지-2연14행, 11) 띄우지 못한 편지-2연 14행, 12) 띄우지 못한 편지-2연 14행, 13) 띄우지 못한 편지-2연14행, 13) 띄우지 못한 편지-2연14행, 14) 띄우지 못한 편지-2연 14행, 15) 띄우지 못한 편지-2연14행, 16) 띄우지 못한 편지-2연14행, 17) 띄우지 못한 편지-2연14행, 18) 띄우지 못한 편지-2연 14행, 19) 띄우지 못한 편지-2연 14행, 20) 띄우지 못한 편지-들꽃피는 언덕-1연7행, 21) 목련-1연4행, 22) 등대-1연7행, 23) 적막-1연7행, 24) 까치밥-1연7행, 25) 달빛 불면을 알아야-1연7행, 26) 구절초-1연7행, 27) 착발-1연7행, 28) 묘비명-1연7행, 29) 메밀꽃 필 무렵-1연7행, 30) 디딜방아-1연7행, 31) 구들장-1연7행, 32) 낙수-1연7행, 33) 길 위에서-3연 15행, 34) 어느다비식-2연14행, 35) 어느송덕비-2연14행, 36) 동행-2연14행, 37) 여인(旅人)-2연15행, 38) 청문회-1연7행, 39) 신분증-2연14행, 40) 명함-1연7행, 41) 지하철풍경-2연14행, 42) 죽렴-2연14행, 43) 와석리(臥石理)에서-2연14행, 44) 인터넷-2연14행, 45) 영점-1연7행, 46) 현주소-사설, 47) 번호표-1연7행, 48) 막장드라마-1연7행, 49) 만장굴-2연14행, 50) 거문여해면경승지-2연14행, 51) 도두항소묘-2연14행, 52) 애월항물빛-1연7행, 53) 방선문계곡-2연14행, 54) 바람같은집을짓다-2연14행, 55) 바람의모습-사설, 56) 눈의고향-2연15행, 57) 용담-2연14행, 58) 한림항소묘-2연14행, 59) 목석원에서-1연7행, 60) 괜히 왔다가네-1연7행, 61) 폐가-2연14행, 62) 완목신호기-2연14행, 63) 석문동-2연14행, 64) 도계를지나며-2연14행, 65) 백

담사-2연 14행, 66) 순천만-3연9행, 67) 죽계호단상-2연14행, 68) 어머니-3연21행, 69) 청풍호의아침-2연14행, 70) 백담사에서(1)-1연7행, 71) 부석사(1)-1연7행, 72) 부석사(2)-1연7행, 73) 부석사(3)-1연7행, 74) 부석사(4)-1연7행, 75) 부석사(5)-1연7행, 76) 비오는 우포늪-1연7행, 77) 봉정사황국-1연6행, 78) 연두빛잎이튼다-1연7행, 79) 주산지-1연7행, 80) 증도단상태평염점-1연3행, 81) 짱뚱다리-1연3행, 82) 낙조-1연3행, 83) 선비길구곡길달밭길-2연6행, 84) 학교길승지길방천길-2연6행, 85) 죽려옛길용부원길-장림말길-2연6행, 86) 가리섬마을옛길-2연6행, 87) 황금구만리길-2연6행, 88) 온달평강로맨스길-2연6행, 89) 십승지의풍옛길-2연6행, 90) 접경길대궐길-2연6행, 91) 방물길보부상길-2연6행, 92) 쌈지길소풍길-2연6행〈해설〉순수와역설의변증법-이지엽

Ⅲ. 이무식(李武植 1944-2017)시인 유고

1)봄-3연22행, 2)가을-3연9행, 3)역설37-2연14행, 4)역설44-2연14행, 5)역설45-2연14행, 6)역설49-사설, 7)역설50-1연7행, 8)역설53-1연7행, 9)역설54-3연15행, 10)역설55-2연14행, 11)역설62-1연7행, 12)싹들이전하다-3연9행, 13)스카이라운지에서-1연7행, 14)수도리가는길-사설, 15)구성비(構成比)-2연14행, 16)산아제한-3연15행, 17)낙엽-1연7행, 18)잎새의사계-1연7행, 19)별리(別離)-1연7행, 20)버들개지-1연7행, 21)키자랑-1연7행, 22)거울-2연14행, 23)입춘-1연7행, 24)대견사지(大見寺址)-1연3행, 25)강원도에쌓이는눈-사설, 26)고드름-1연7행, 27)갈림길-3연15행, 28)띄우지못한편지-2연14행, 29)소금쟁이-1연7행, 30)시간을죽이다-사설, 31)동의따위필요없다-1연7행, 32)무건리이끼폭포, 33)신선이되다-1연3행, 34)옥좌대(玉座臺)-1연3행, 35)미녀상(美女像)-1연3행, 36)석순(石筍)의기도-1연3행, 37)만리장성-1연3행, 38)무량수전(無量壽殿)-공포불(拱包佛)-2연14행, 39)연인-1연7행, 40)주모가있는풍경-4연16행, 41)덧씌우기-2연8행, 42)핑게-2연10행, 43)잡초-2연14행, 44)가천다랭이마을-2연14행, 45)길상사에서-2연

14행, 46)사랑바위-2연14행, 47)태평염전-1연3행, 48)짱둥어다리-1연3행, 49)낙조-1연3행, 50)유배(流配)를떠나며-4연12행, 51)사씨남정기를쓰다-3연9행, 52)하직인사를올리며-2연6행, 53)에필로그-4연12행, 54)주산지-1연7행, 55)향일암에서-1연7행, 56)약수님영전에-5연15행, 57)보상화피는곳에-4연12행, 58)싸늘한날-1연8행, 59)마지막편지-1연5행, 60)별하나떨어지다-3연16행, 61)단풍잎지듯-2연14행, 62)결빙의시간-사설, 63)느닷없이-사설, 64)국화꽃한송이-2연12행, 65)이무식시인님영전에-사설, 66)스승님전상서-사설, 67)고이무식선생님-2연14행, 68)꽃은지고별은뜨고-2연14행, 69)이무식사백님께-2연10행, 70)바쁜걸음-이무식시인영전에-사설, 71)순리-3연12행, 72)별나라간약수-2연14행, 73)약수선생님을그리며-2연14행,

Ⅳ. 이무식(李武植 1944-2017)의 현대시조 창작형태조사

현대시조	1연	2연	3연	4연	5연	사설	장시조	총계	비고
띄우지못한편지	51	39	2			2		94	자료없음
영주시조	33	29	10					72	
총 계	84	68	12			2		166	
비 율%	50.6	40.9	7.2			1.2		99.5	

〈참고문헌〉

1. 한국 시조큰사전-한춘섭, 박병순, 리태극-을지출판공사-서울. 1985
2. 한국 시조대사전-(상 · 하. 별책)-박을수-아세아문화사-서울. 1991
3. 근대 시조집람-임선묵-경인문화사-서울. 1999
4. 한국시대 사전(개정증보판)-김창직, 윤해규-을지출판공사-서울. 2004
5. 한국 현대시조 연구와 향방-김창현-오늘의문학사-대전. 2014

송남 이병기 (松南 李炳基 1934-2010)의 현대시조

Ⅰ. 신한국문학전집. 1975.

1) 벽골제십득-6연18행, 2) 석류초-4연35행, 3) 선인장-3연9행, 4) 낙화암-4연32행, 5) 야산 개발지-6연18행, 6) 거리(距離)-4연12행, 7) 정중동(靜中動)-4연12행.

Ⅱ. 한국시조큰사전. 1984.

1) 거리(距離)초(抄)-3연9행, 2) 낙화암-4연12행, 3) 바다-4연12행, 4) 벽골제십득-4연12행, 5) 석류초-4연12행(동아일보 신춘문예), 6) 선인장-3연9행, 7) 야산개발지(초)-3연9행, 8) 중바위-4연12행, 9) 풍란기-사설.

Ⅲ. 한국시 대사전. 2004.

1) 자화상-사설, 2) 단풍)-3연21행, 3) 일엽고사리-1연6행, 4) 속류-2연15행, 5) 촛불-사설, 6) 군무(群舞)-사설, 7) 기다람-3연20행, 8) 석류초-4연33행, 9) 동경(銅鏡))-3연22행, 10) 까치-2연17행.

Ⅳ. 시조문학(時調文學)

1969. 제22집- 여창(旅窓)-2연12행, 1969. 제26집-선인장-3연9행.

Ⅴ. 송남 이병기(松南 李炳基 1934-2010)의 현대시조 창작형태조사

시조시	1연	2연	3연	4연	5연	사설	장시조	총계	비고
신한국문학전집			1	4			2	7首	1975
한국시조큰사전			3	5		1		9	1984
한국시대사전	1	2	3	1		3		10	2004
시조문학		1	1					2	
총 계	1	3	8	10		4	2	28	
비 율%	3.5	10.7	28.5	35.7		14.2	7.1	99.7	

〈참고문헌〉

1. 한국 시조큰사전-한춘섭, 박병순, 리태극-을지출판공사-서울. 1985
2. 한국 시조대사전-(상 · 하. 별책)-박을수-아세아문화사-서울. 1991
3. 근대 시조집람-임선묵-경인문화사-서울. 1999
4. 한국시대 사전(개정증보판)-김창직, 윤해규-을지출판공사-서울. 2004
5. 한국 현대시조 연구와 향방-김창현-오늘의문학사-대전. 2014

이 병 준 (李炳駿 1931–85세)의 현대시조

Ⅰ. 황소의 심술. 2001.

1) 황소의심술-3연9행, 2) 달을찾는배-2연6행, 3) 대추나무-4연12행, 4) 팔월대추-2연6행, 5) 늦가을-2연6행, 6) 메밀농사-3연9행, 7) 금화조-2연12행, 8) 두이봉-3연9행, 9) 세속-1연6행, 10) 꼬인길-3연9행, 11) 낡은모자-3연9행, 12) 낙안읍성-3연9행, 13) 눈이내리네-3연9행, 14) 소금장이-2연6행, 15) 낙엽에눌린흙(1)-4연12행, 16) 낙엽에눌린흙(2)-2연6행, 17) 마부의재능-3연9행, 18) 이삭밤-3연9행, 19) 말복-1연6행, 20) 감포여항-1연3행, 21) 무석공방(撫石工房)-2연6행, 22) 가난에찌든비문-2연6행, 23) 손녀의그림-1연6행, 24) 손자의편지-3연9행, 25) 남천농월정(濫川弄月亭)-2연6행, 26) 새들의마을-3연9행, 27) 나무꾼-2연6행, 28) 나는양띠-3연9행, 29) 가을산-1연12행, 30) 구장리미륵-3연9행, 31) 기다리는봄-1연6행, 32) 달을찾는귀뚜라미-2연6행, 33) 미산의매화-3연9행, 34) 밀려나는언어들-2연6행, 35) 벌은무서운거야-1연9행, 36) 변신-2연6행, 37) 봄비-1연6행, 38) 백제의기상을-2연6행, 39) 봄이오는소리-1연6행, 40) 산을가는재미-2연6행, 41) 산천제(山天濟)-1연6행, 42) 삼무(三無)의땅-3연9행, 43) 새벽꿈-1연6행, 44) 선물받은바람-1연6행, 45) 설날에관한명상-3연9행, 46) 송악산가는길목-3연9행, 47) 송편과솔잎-3연9행, 48) 인연의끈-2연6행, 49) 마포나루-2연6행, 50) 불변속도의걸음-2연6행, 51) 장농-1연6행, 52) 장단마을에가다-2연6행, 53) 조계산-2연6행, 54) 참는매력-2연6행, 55) 흙이주는봄-1연6행, 56) 흙을벗삼는사람-3연9행, 57) 콩과잡초-3연9행, 58) 팔월더위-1연6행, 59) 얻어온야채-2연6행, 60) 엉겅퀴-1연6행, 61) 여장부의집-3연9행, 62) 연하산장-2연6행, 63) 온고지신(溫故知新)-3연9행, 64) 이른봄-3연9행, 65) 일요산책-2연6행, 66) 보름달-3연9행, 67) 맛의변질-2연6행, 68) 무이산구곡-5연15행, 69) 내갑성도(成都)-4연12행, 70) 무산협곡-3연9행, 71) 소삼협-3연9행, 72) 봄비는장강-4연12행, 73) 중경임정청사-3연9행,

74) 매정(梅亭)-3연9행, 75) 곡부는높다-2연6행, 76) 삼협댐-2연6행, 〈수필〉 1) 해변, 2) 매화) 3) 유왕산, 4) 그림, 5) 풍선, 6) 하루, 7) 제분수, 8) 백로9), 미려별서, 10) 신합댐.

II. 이병준(李炳駿 1931-85세)의 현대시조 창작형태조사

시조시	1연	2연	3연	4연	5연	사설	장시조	총계	비고
황소심술	16	27	28	4	1			76	2001
총 계	16	27	28	4	1			76	
비 율%	21.0	35.5	36.8	5.2	1.3			99.8	

〈참고문헌〉

1. 한국 시조큰사전-한춘섭, 박병순, 리태극-을지출판공사-서울. 1985
2. 한국 시조대사전-(상 · 하. 별책)-박을수-아세아문화사-서울. 1991
3. 근대 시조집람-임선묵-경인문화사-서울. 1999
4. 한국시대 사전(개정증보판)-김창직, 윤해규-을지출판공사-서울. 2004
5. 한국 현대시조 연구와 향방-김창현-오늘의문학사-대전. 2014

이봉록(李鳳祿 1908-1987)의 현대시조

Ⅰ. 인암시조선(忍庵時調選). 1987.

1) 해탈문-2연6행, 2) 귀의 삼보-3연7행, 3) 조계산 찬가-7연21행, 4) 낙수교-1연3행, 5) 삼기심사-1연3행, 6) 평천교-1연3행, 7) 수류십리-1연3행, 8) 경대교-1연3행, 9) 과석정지장-1연3행, 10) 외송교-1연3행, 11) 피안교-1연3행, 12) 송광교-1연3행, 13) 극락교-1연3행, 14) 청량각-1연3행, 15) 협회사항-1연3행, 16) 환인사-1연3행, 17) 승사차-1연3행, 18) 하마비-1연3행, 19) 일주문-1연3행, 20) 옥류폭포-1연3행, 21) 삼청각-1연3행, 22) 청류대-1연3행, 23) 거인소(踞隣沼)-1연3행, 24) 조주당-1연3행, 25) 세월각-1연3행, 26) 우화청풍-1연3행, 27) 흠정각-1연3행, 28) 송광삼절-1연3행, 29) 육감정-1연3행, 30) 육감관어-1연3행, 31) 여어동유-1연3행, 32) 비석거리-1연3행, 33) 구감천향-1연3행, 34) 침계루-1연3행, 35) 향단백수(香壇白樹)-2연6행, 36) 구산선사-1연3행, 37) 노산 이은상(露山 李殷相 1903-1982)-2연7행, 38) 비사리구시-1연3행, 39) 사천왕문-1연3행, 40) 종고루-1연3행, 41) 범종-1연3행, 42) 법고-1연3행, 43) 목어-1연3행, 44) 운판-1연3행, 45) 당간석주-1연3행, 46) 대웅전-1연3행, 47) 본존불-1연3행, 48) 관음전-1연3행, 49) 지장전-1연3행, 50) 설법전-1연3행, 51) 나한전-1연3행, 52) 약사여래-1연3행, 53) 낙사전(樂師殿)-1연3행, 54) 영산전(靈山殿)-1연3행, 55) 팔상정화-1연3행, 56) 불이문(不二門)-1연3행, 57) 상사당(上舍堂)-1연3행, 58) 하사당(下舍堂)-1연3행, 59) 삼일암-1연3행, 60) 국사전-1연3행, 61) 수선사(修禪社)-1연3행, 62) 불일문(佛日門)-1연3행, 63) 차안당-1연3행, 64) 선사각-1연3행, 65) 화장문(華藏門)-1연3행, 66) 화암전-1연3행, 67) 화엄회상구법도-1연3행, 68) 불조전-1연3행, 69) 성산각-1연3행, 70) 산신당-1연3행, 71) 월조헌-1연3행, 72) 빈간초월-1연3행, 73) 인견명성-1연3행, 74) 명성각-1연3행, 75) 명부십왕당-1연3행, 76) 선설문-1연3행, 77) 해청당-1연3행, 78) 사자루-1연3행, 79) 법성료-1연3행, 80) 영선문-1연3행, 81) 임경당-1연

3행, 82) 무념문-1연3행, 83) 도성당-1연3행, 84) 영루상월-1연3행, 85) 수월래-1연3행, 86) 등지문-1연3행, 87) 문수전-1연3행, 88) 적광문-1연3행, 89) 효봉선사 사리탑-1연3행, 90) 삼일영천-1연3행, 91) 감로보탑-1연3행, 92) 성행당지-1연3행, 93) 호기문-1연3행, 94) 진락문종-1연3행, 95) 부도심춘-1연3행, 96) 인담지주-1연3행, 97) 수석정지-1연3행, 98) 조계만풍-1연3행, 99) 송대청설-1연3행, 100) 천암쌍수-1연3행, 101) 극락문로-1연3행, 102) 모후낙조-1연3행, 103) 불일폭포-1연3행, 104) 이팝나무-1연3행, 105) 방비전암-1연3행, 106) 심감로암-1연3행, 107) 불일암-1연3행, 108) 자정국사탑-1연3행, 109) 광원암지-1연3행, 110) 청진암지-1연3행, 111) 보조암지-1연3행, 112) 심락암지-1연3행, 113) 망수봉-1연3행, 114) 병봉-1연3행, 115) 조계봉-1연3행, 116) 연화봉-1연3행, 117) 천자암-1연3행, 118) 대장봉-1연3행, 119) 선암사-1연3행, 120) 장전동-1연3행, 121) 고탑 순례-1연3행, 122) 조계 춘광절-1연3행, 123) 조계 영서절-1연3행, 124) 조계 중추-1연3행, 125) 조계 설경-1연3행, 126) 조계 사철-1연3행, 127) 송사 조경-1연3행, 128) 송사 오천-1연3행, 129) 송사의 저녁노을-1연3행, 130) 백일홍-1연3행, 131) 실편백-1연3행, 132) 편백나무-1연3행, 133) 상사란-1연3행, 134) 자연보호-1연3행, 135) 자연사랑-1연3행, 136) 혜란화-1연3행, 137) 채송화-1연3행, 138) 송광사 박물관-1연3행, 139) 목각 삼존불함-1연3행, 140) 고려 고종제서-1연3행, 141) 경칩-1연3행, 142) 경편-1연3행, 143) 금동요령-1연3행, 144) 의천속장경-1연3행, 145) 서장의 옥관음상-1연3행, 146) 청자사리-1연3행, 147) 금강오-1연3행, 148) 고봉국사원불-1연3행, 149) 청기와-1연3행, 150) 법루-1연3행, 151) 옥등잔-1연3행, 152) 은사향로-1연3행, 153) 독불-1연3행, 154) 불구요령-1연3행, 155) 패과경-1연3행, 156) 인도규-1연3행, 157) 환불교사원직인구-1연3행, 158) 조계수선아사중창기-1연3행, 159) 노비선급문-1연3행, 160) 팔사문자-1연3행, 161) 자운대장전공첩-1연3행, 162) 능견난사-1연3행, 163) 승보전-1연3행, 164) 서화감상-1연3행, 165) 고본명봉록-1연3행, 166) 건동법호인암-1연3행, 167) 고기순편영-1연3행, 168) 추고고금-1연3행, 169) 행자시절-1연3행, 170) 사미시절-1연3행, 171) 청장시절-1연3행, 172) 노초시철-1연3행, 173) 판로후과오-1연3행, 174) 감괴등직-1연3행, 175) 감자비집병거자-1연3행, 176) 감당시후고담시-1연3행, 177) 공전운살풍-1연3행, 178) 대책구수회의-1연3행, 179) 사산수목전폭계벌-1연3행, 180) 국보비장-1연3행, 181) 비장궁구-1연3행, 182) 비운반래-1연3행, 183) 피난출산-1연3행, 184) 우사충청-1연3행, 185) 난중제시-1연3행, 186) 난중생정-1연3행, 187) 의적피납-1연3행, 188) 화재삼승-1연3행, 189) 종조진화-1연3행, 190) 시도입주-1연3행, 191) 귀사여록-1연3행, 192) 수복입주-1연3행, 193) 약수삼일천-1연3행, 194) 국보물의운명-1연3행, 195) 보조국사가사장채-1연3행, 196) 문화재 임별통감-1연3행, 197) 문화재와 작결별-1연3행, 198) 문화재 점검-1연3행, 199) 통감소외-1연3행, 200) 연당고희-1연3행, 201) 천일기도문-1연3행, 202) 불사조난-1연3행, 203) 호사다마-1연3행, 204) 임오오월낙성식-1연3행, 205) 잔재원력-1연3행, 206) 서소장탄식-1연3행, 207) 산거서회-1연3행, 208) 염불견불-1연3행, 209) 임관계류-1연3행, 210) 요순청산-1연3행, 211) 관락회상-1연3행, 212) 상후관풍-1연3행, 213) 관순도쟁투-1연3행, 214) 서울역대합실-1연3행, 215) 세종일숙-1연3행, 216) 병상고회-1연3행, 217) 병중출문-1연3행, 218) 병상화병-1연3행, 219) 병상봉춘우-1연3행, 220) 병후대경-1연3행, 221) 병회에발도심-1연3행, 222) 구병자탄-1연3행, 223) 병중청천병력-1연3행, 224) 병상에낙뇌소리-1연3행, 225) 병중감실제자비-1연3행, 226) 자위작무-1연3행, 227) 승의루흔-1연3행, 228) 만구약효-1연3행, 229) 회한당초-1연3행, 230) 점괴무능-1연3행, 231) 목우의 경험-1연3행, 232) 노승실장지탄-1연3행, 233) 지분무육-1연3행, 234)성기오사-1연3행, 235) 책오사-1연3행, 236) 사간병지사일도군-1연3행, 237) 사시도시은-1연3행, 238) 감시주중은-1연3행, 239) 관시요-1연3행, 240) 환무상-1연3행, 241) 비망시은-1연3행, 242) 망자귀정-1연3행, 243) 염원-1연3행, 244) 해득-1연3행, 245) 수행-1연3행, 246) 중득-1연3행, 247) 함계귀성-1연3행, 248) 파열학

조롱-1연3행, 249) 향봉선사-1연3행, 250) 취봉선사입적추도-1연3행, 251) 취봉스님 영결 장송가-1연3행, 252) 구산선사열반-1연3행, 253) 구산선사추모-1연3행, 254) 참화장장-1연3행, 255) 사리친견-1연3행, 256) 차대방장화상추대-1연3행, 257) 풍절목-1연3행, 258) 왕풍요우-1연3행, 259) 추계청소운역-1연3행, 260) 회향삼처-1연6행, 261) 지요선도-1연3행, 262) 곡도우문곡-1연3행, 263) 책기성기-1연3행, 264) 오신영문계해년-1연3행, 265) 불행계해년사-1연3행, 266) 연고곡행도인-1연3행, 267) 계해난월제야한-1연3행, 268) 최종발원-1연3행, 269) 헌루공양-1연3행, 270) 관수감괴-1연3행, 271) 추회간운-1연3행, 272) 왕풍감목-1연3행, 273) 감아인최경행-1연3행, 274) 입산후최비염사-1연3행, 275) 입산오십오주년-1연3행, 276) 당계해제야-1연3행, 277) 갑자원단-1연3행, 278) 생의욕심-1연3행, 279) 환득재생-1연3행, 280) 을축원단-1연3행, 281) 탄황앵아-1연3행, 282) 한원병환재발-1연3행, 283) 재병중문면-1연3행, 284) 막내재수 고마움-1연3행, 285) 만년후회-1연3행, 286) 불차고위직-1연3행, 287) 사행자님들고행-1연3행, 288) 한글한탄-1연3행, 289) 땅급여 횡포-1연3행, 290) 송광사8차 중창불사-1연3행, 291) 산사진미-1연3행, 292) 자귀의불-1연3행, 293) 상피염약-1연3행, 294) 공연1-1연3행, 295) 공연(空然)2-1연3행.

II. 이봉록(李鳳祿 1908-1987)의 현대시조 창작형태조사

시조시	1연	2연	3연	4연	5연	사설	장시조	총계	비고
인암시조선	293	1	1				1	296	
총 계	293	1	1				1	296	
비 율%	96.6	0.3	0.3				0.3	99.9	

〈참고문헌〉

1. 한국 시조큰사전-한춘섭, 박병순, 리태극-을지출판공사-서울. 1985
2. 한국 시조대사전-(상 · 하. 별책)-박을수-아세아문화사-서울. 1991
3. 근대 시조집람-임선묵-경인문화사-서울. 1999
4. 한국시대 사전(개정증보판)-김창직, 윤해규-을지출판공사-서울. 2004
5. 한국 현대시조 연구와 향방-김창현-오늘의문학사-대전. 2014

이 수 정 (李守楨 1934-2017)의 현대시조

Ⅰ. 산다는 것, 이 긴 물음 시조집 1994.

1) 시간(1)-2연14행, 2) 환(環), 환상(幻想)-(1)모태(母胎)-1연6행, (2)출생-1연6행, (3)삶-1연6행, (4)죽음-1연6행, 3) 어느공사장의여공-1연7행, 4) 돌(1)-1연7행, 5) 돌(2)-어느사찰선방의돌-1연7행, 6) 7월담쟁이덩굴-1연7행, 7) 가을그리고낙엽의이미지-1연7행, 8) 고타마붓다-저녁놀에저으면서-2연14행, 9) 선분(線分)의미학-1연6행, 10) 가을여신-1연8행, 11) 어느백의천사의미소-1연7행, 12) 아침명상-1연6행, 13) 어느환경미화원-1연7행, 14) 비갠여름산-1연7행, 15) 책속에는-2연14행, 16) 미.소.우주경쟁-1연7행, 17) 물구나무서기-2연6행, 18) 자연으로돌아가기1연7행, 19) 난몰라밤막차-3연18행, 20) 건배(乾杯)-3연18행, 21) 시간(2)-2연14행, 22) 각설이타령-사설, 23) 산다는 것-3연21행, 24) 죽분(竹盆)-1연7행, 25) 꺾여진풀꽃한송이-2연15행, 26) 바닷가에서서-2연14행, 27) 세모(歲暮)의 역두(驛頭)에서-2연14행, 28) 오늘은-1연7행, 29) 풍경-1연7행, 30) 화장장의어느시신(屍身)-1연7행, 31) 비눗방울놀이-2연14행, 32) 이런일상(日常)-2연15행, 33) 5월의 비명(碑銘)-1연6행, 34) 가을고추잠자리-1연6행, 35) 시간(3)-2연14행, 36) 시간(4)-1연6행, 37) 푹푹찌는무더위-1연7행, 38) 지금도풀꽃은-1연7행, 39) 꿈꾸는초상화-1연7행, 40) 가을걷이들녁-1연8행, 41) 병원대기실에서-1연7행, 42) 신황제(新皇帝)타령-사설, 43) 귀뚜라미소리-1연7행, 44) 시간(5)-1연7행, 45) 파초를보면서-1연7행, 46) 4월의묘비명(墓碑銘)-사설, 47) 시간(6)-1연7행, 48) 5월의합창-1연7행, 49) 겨울아침이미지-U.R.태풍을맞는농촌-2연14행, 50) 오염된강물-1연6행, 51) 탐라환상(耽羅幻想)-(1)성산일출(城山日出)-1연7행,(2)천지연폭포-1연7행, 52) 쌍계사불일폭포(佛日瀑布)-1연8행, 53) 가야산홍류계곡에서-2연6행, 54) 해인사-가야산에서-2연14행, 55) 지리산청학동-묵계호-2연14행, 56) 섬진강-3연21행, 57) 따뜻한여행-1연7행, 58) 해남대흥사-어느산사의부도(浮屠)

곁에서-사설, 59) 지리산피아골단풍-1연6행, 60) 북녘땅을바라보며-3연9행, 61) 역사앞에서-2연14행, 62) 6월의들녘에서서-2연14행, 63) 어느재중(在中)교포작가의눈물-그의아리랑환상곡에부쳐-3연21행, 64) 배틱의미학-2연14행, 65) 꿈이여-통일환상-3연12행, 66) 이산가족-2연14행, 67) 아기곁에서(1)-1연7행, 68) 아기곁에서(2)-2연12행, 69) 어머니-1연8행, 70) 낙엽을밟으며-2연14행, 71) 고향생각-2연14행, 72)커피숍에서-1연6행, 73) 부부-1연7행, 74) 뜨개질하는아내곁에서-2연14행, 75) 아내에게4연12행,

〈작품해설〉 긴장과 전율의 이중주-정해송.

Ⅱ. 그 눈부신 절망의 사닥다리-제2시조집(자료 없음).

Ⅲ. 사랑의 눈빛들이 무늬져 흐르는 강물-시조집 2002.

1) 이광야(曠野)-1연9행, 2) 실존(實存)-2연14행, 3) 기도-1연7행, 4) 낙엽-1연7행, 5) 별-2연12행, 6) 가을정경(情景)-1연9행, 7) 그리운이여-1연7행, 8) 이가을-1연7행, 9) 겨울나무-1연9행, 10) 그산속그고요-2연10행, 11) 자굴산-2연14행, 12) 시집간외동딸-3연15행, 13)여명(黎明)-1연8행 14) 밤에내린눈(雪)-1연9행, 15) 하늘나라로떠난이도훈-2연14행, 16) 비오는날명동(明洞)거리를걷다-2연12행, 17) 꿈꾸는봄-1연7행, 18) 농심(農心)-2연14행, 19) 긴밤을헹구며-3연15행, 20) 시끄러운세상-3연18행, 21) 남북정상의만남-3연9행, 22) 의료대란-히포크라테스-2연 14행, 23) 지하도에서-3연9행, 24) 정보화(情報化)-1연8행, 25) 거미형제들-2연14행, 26)사화산(死火山)-2연6행, 27) 저녁놀깔린다리위를걸으며-2연6행, 28) 무제(無題)-2연14행, 29) 의로운소방관들의죽음-1연7행, 30) 수련(睡蓮)명상-1연7행, 31) 우울한도시의강-2연6행, 32) 아누스-2연14행, 33) 아이들이열린상수리나무-3연9행, 34) 참새-2연14행, 35) 서릿발-1연8행, 36) 금강산생수-2연10행, 37) 어떤춤사위-2연12행, 38) 해녀(海女)-1연7행, 39) 영세어민들-2연12행, 40) 대구지하철대참사-2연14행, 41) 즈문해제야(除夜)에-3연13행, 42) 탈북여

인-2연12행, 43) 샛강에봄이오는소리-3연9행, 44) 난센스-2연17행, 45) 친구여-3연18행, 46) 스페인교향곡작품21-1연7행, 47) 뜨락에지는동백꽃을 쓸면서-1연9행, 48) 봄빛스케치(1)-2연10행, 49) 봄빛스케치(2)-3연9행, 50) 봄빛스켓치(3)-1연7행, 51) 상락원(常樂園)(1)-3연9행, 52) 상락원(常樂園)(2)-1연7행, 53) 폐교(廢校)-2연10행, 54) 학생백일장-2연14행, 55) 조약돌-1연9행, 56) 병원응급실에서-2연14행, 57) 산골마을에서-3연15행, 58) 텃밭(이종姨從)누님-2연10행, 59) 보리(新反)들녁-2연14행, 60) 구름패랭이-1연7행, 61) 싱록의계절-1연7행, 62) 어느부부행상인-2연6행, 63) 사랑의거리(距離)-1연9행, 64) 굴렁쇠-1연7행, 65) 나이-1연7행, 66) 추억의 실타래-2연12행, 67) 벌초(伐草)-2연12행, 68) 효자상-3연15행, 69) 당신의 별자리를우러르며-2연 14행, 70) 게으름-1연8행, 71) 천리향나무곁에서-1연7행, 72) 모를일정말모를일-2연6행, 73) 내글움두고어디로떠나리-3연9행, 74) 추억의풍속도-2연6행, 75) 파도-1연7행, 76) 파란수염-1연7행, 77) 기도하는금붕어-1연7행, 78) 5월의어느유치원아이들-1연7행, 79) 코스모스-1연9행, 80) 하늘나라두루미-2연12행, 81) 해님이야기-4연12행, 82) 신문배달아이-3연9행,

〈작품해설〉 영성적 성찰의 시학-정해성.

Ⅳ. 이수정(李守楨 1934-2017)의 현대시조 창작형태조사

시조시	1연	2연	3연	4연	5연	사설	장시조	총계	비고
산다는것	43	20	7	1		4		75	
눈부신절망								자료없음	
사랑의눈빛	32	34	15	1				82	
진주시조	3	7	2			2		14	
총 계	78	61	24	2		6		171	
비 율%	45.6	35.6	14.0	1.1		3.5		99.8%	

〈참고문헌〉

1. 한국 시조큰사전-한춘섭, 박병순, 리태극-을지출판공사-서울. 1985
2. 한국 시조대사전-상 · 하. 별책-박을수-아세아문화사-서울. 1991
3. 근대 시조집람-임선묵-경인문화사-서울. 1999
4. 한국시대 사전-김창직, 윤해규-을지출판공사-서울. 2004
5. 한국 현대시조 연구와 향방-김창현-오늘의문학사-대전. 2014

이 숭 자 (李崇子 1913-2011)의 현대시조

Ⅰ. 해외시조

1999. 창간호-1) 수평에 부쳐, 2) 반딧불-8연24행, 3) 새(1)-3연21행, 4) 새벽 달-1연6행, 5) 미루나무 독백-1연6행, 6) 노송(老松)-1연6행, 7) 가을 나무에는-1연3행, 8) 낙조 앞에서-1연3행, 9) 수축(收縮)-1연3행, 10) 봄의 서곡-3연12행, 11) 하늘의 마스게임-1연3행, 12) 별 하나-1연3행.

Ⅱ. 현대시조 대표작품선 감상.

1) 수평에 부쳐

저 은빛 하늘자락 파도를 사려 안고
수평이여 아슴아슴 먼 한점 손짓이여
여린 꿈 수밀도 동산 만월처럼 떴다네.

마음은 잽싼 물새 손 잡을듯 달려가도
갈수록 물러나는 닿지못할 그리움
산산히 하얀 꽃잎으로 파도결에 부쳐라.

하늘이 몸 부비며 바다 안고 가로 누워
탯줄 한 금 벼개 삼아 나비처럼 잠든 물결
임종의 고운 숨결인양 하늘가에 조는 낙조.

은하빛 하늘 둘레 눈 감아도 선언하다
갈매기도 못 넘는곳 별만 잠겨 빛을 털고
묘연한 본향의 등불 천애(天涯)의 모정(母情)이여.

Ⅲ. 이숭자(李崇子 1913-2011)의 현대시조 창작형태조사

시조시	1연	2연	3연	4연	5연	사설	장시조	총계	비고
해외시조	8		2	1			1	12	
총 계	8		2	1			1	12	
비 율%	66.6		16.6	8.3			8.3	99.8	

〈참고문헌〉

1. 한국 시조큰사전-한춘섭, 박병순, 리태극-을지출판공사-서울. 1985
2. 한국 시조대사전-(상 · 하. 별책)-박을수-아세아문화사-서울. 1991
3. 근대시조집람-임선묵-경인문화사-서울. 1991.
4. 한국시대 사전(개정증보판)-김창직, 윤해규-을지출판공사-서울. 2004
5. 한국 현대시조 연구와 향방-김창현-오늘의문학사-대전. 2014

이 수 자 (李秀子 1957-2017)의 현대시조 조사연구

Ⅰ.여류시조 창간호1998. 작품없음.2002. 제5호.- 1) 가을맞이-1연3행, 2)한계령-3연9행.2017, 제 20호-꽃-1연3행, 일탈-1연3행,

Ⅱ.마디풀. (시집.2016.)

1)커피자판기-3연9행,2)연필로시쓰는밤-3연9행,3)산수유마을-1연3행,4)자벌레성자-3연9행,5)옥수수-1연3행,6)마다풀-3연9행,7)불청객-1연9행,8)무인도-1연9행,9)소녀상-3연9행,10)은행알-1연6행,11)틀니-1연3행,12)잡초밭-2연6행,13)인터넷-1연7행,14)일몰에서다-3연9행,15)저녁벌교-1연3행,16)황태-3연9행,17)우도-1연9행,18)이명(耳鳴)-3연9행,19)담쟁이-2연14행,20)소나기-1연6행,21)반구대-1연12행,22)여행-3연9행,23)막걸리-1연3행,24)빵덕타령-3연9행,25)읍내장-1연9행,26)장담그는날-3연9행,27)일탈-4연12행,28)갓바위-1연6행,29)눈꽃열차-1연12행,30)청소-1연9행,31)민달팽이-3연9행,32)나무-3연9행,33)풍경(風磬)-1연3행,34)링거꽂은나무-3연9행.,35)눈사태-1연8행,36)시집가는날-1연6행,37)시인-3연9행,38)거미-3연9행,39)첫휴가-1연7행,40)텃밭일기장-3연9행,41)문신-1연3행,42)못줄잡다가-39,43)한낮에-1연6행,44)호계장-4연12행,45)금연-1연6행,46)공책-3연9행,47)꽃샘추위-1연6행,48)오늘에게-3연9행,49)유모차-1연연7행,50)할매의겨울-2연6행,51)꽃피는날-2연6행,52)사춘기-1연3행,53)벽화그리는아파트-3연9행,54)달팽이-1연9행,55)저문시월-3연9행,56)어떤침--1연9행,57)기상이변-2연6행,58)겨울숲-1연6행,59)석류(石榴)-3연9행,60)겨울떼까치-1연6행,61)양귀비-2연12행,62)분꽃-1연행63)동빼기-39행,64)아들-1연3행,65)봄,수우도-3연12행,

〈해설〉동심과 해학이 빚어낸 맑고 환한 시편들이 주는 즐거움과 깊이-이경철평론가.

Ⅲ.이수자(李秀子 1957-2017)의 현대시조창작형태조사

시조시	1연	2연	3연	4연	5연	사설	장시조	총계	비고
여류시조	3		1					4	
마 디 풀	32	6	25	2				65	
총 계	35	6	26	2				69	
비 율%	50.7	8.69	37.6	2.89				99.9	

〈참고문헌〉

1. 한국시조큰사전-한춘섭,박병순,리태극-을지출판공사-서울. 1985.

2. 한국시조대사전-상,중,하,별책-박을수-아세아문화사-서울. 1991.

3. 근대시조집람-임선묵-경인문화사-서울. 1991.

4. 한국시대사전-김창직,윤해규-을지출판공사-서울. 2003.

5. 한국현대시조연구와향방-김창현-오늘의문학사-대전. 2013.

이 요 섭 (李耀燮 1927-1997)의 현대시조

Ⅰ. 시조문학

1981. 겨울호. 29호-1) 사모곡-3연9행.

1982. 봄호. 30호-1) 고궁휴의-3연9행.

1982. 겨울호. 32호-1) 기원-3연9행.

Ⅱ. 현대시조

1984. 여름호-1) 삐비꽃-2연6행.

Ⅲ. 한국시조큰사전. 1985.

1) 가을서정-3연9행, 2) 고궁유희-3연9행, 3) 기원-3연9행, 4) 독도-3연9행, 5) 사모곡-3연9행, 6) 아침 산책-3연9행, 7) 여름밤-2연6행, 8) 자목련-2연6행, 9) 지리산에서-3연9행, 10) 초동(草童)-1연3행.

Ⅳ. 현대시조 작품 감상

1) 삐비꽃

못 쓸 땅 아무데서나 꽃이라 피던 꽃이
가늘게 목을 뽑아 바람도 날리던데
하얗게 쇠어 핀 것이 효험 있는 약이라네.

한겨울 토방 가에 코피 쏟던 할머니
꽃물 다려 드시더니 나들이엔 그만이네.
목도리 감아 두르고 들 지나는 하얀 모발.

Ⅴ. 이요섭(李耀燮 1927-1997)의 현대시조 창작형태조사

시조시	1연	2연	3연	4연	5연	사설	장시조	총계	비고
시조문학			3					3	
현대시조		1						1	
한국시조	1	2	7					10	
총 계	1	3	10					14	
비 율%	7.1	21.4	71.4					99.9	

〈참고문헌〉

1. 한국 시조큰사전-한춘섭, 박병순, 리태극-을지출판공사-서울. 1985
2. 한국 시조대사전-(상 · 하. 별책)-박을수-아세아문화사-서울. 1991
3. 근대 시조집람-임선묵-경인문화사-서울. 1999
4. 한국시대 사전-김창직, 윤해규-을지출판공사-서울. 2004
5. 한국 현대시조 연구와 향방-김창현-오늘의문학사-대전. 2014

이용상(李庸尙 1935-2015)의 현대시조

Ⅰ. 남극성 별자리-시집. 2010.

1) 자격증-2연12행, 2) 유통기한-1연6행, 3) 지팡이-1연6행, 4) 기일(忌日)-2연12행, 5) 난(蘭)1-1연6행, 6) 난(蘭)2-1연6행, 7) 설날-1연6행, 8) 해장국집-1연6행, 9) 수평선과 나-1연6행, 10) 봄바다-1연6행, 11) 산불-1연7행, 12) 용문사-1연6행, 13) 만남-1연7행, 14) 늙은염소-1연6행, 15) 문 밖 세상-1연6행, 16) 아 땅은 모르리-1연6행, 17) 억새꽃1-1연7행, 18) 고목(古木)-1연6행, 19) 노인의 봄-1연6행, 20) 병실에서2연12행, 21) 강뭉소리-1연6행, 22) 한련화가 나를 당겨-2연12행, 23) 반딧불-1연6행, 24) 낮달-1연6행, 25) 작은새-1연6행, 26) 고향 가는 길1-1연10행, 27) 고향가는 길2-1연11행, 28) 서우봉-2연6행, 29) 황혼의 봄-1연6행, 30) 세월-1연10행, 31) 자비암-1연7행, 32) 신촌밑물-1연6행, 33) 겨울 한라산-1연7행, 34) 병실 까마귀-1연7행, 35) 창가에 난-2연14행, 36) 가문 이야기-1연6행, 37) 정화수-1연8행, 38) 엄마 찾는 파도 소리-1연7행, 39) 유채꽃-1연7행, 40) 포성소리-1연7행, 41) 오월의 시향-1연7행, 42) 두럭산-1연6행, 43) 종달리수국-1연7행, 44) 이승의 끈-2연12행, 45) 찔레꽃-1연6행, 46) 손수건-1연8행, 47) 한련화-1연7행, 48) 평대리시우(詩友)-1연7행, 49) 보랏빛 인연-1연6행, 50) 고향의 맛-1연7행, 51) 새소리-1연7행, 52) 남극성 별자리에-1연6행, 53) 시각장애인-1연9행, 54) 병원 가는 날-1연6행, 55) 억새꽃2-1연8행, 56) 가을 풍경-1연6행, 57) 어머니 생각-1연8행, 58) 폭설-1연6행, 59) 미당을 생각하며-2연13행.

〈해설〉 서늘한 깊이와 무애(無碍)의 시학-이지엽.

Ⅱ. 한국시대사전. 2004.

1) 시(詩)-1연8행, 2) 인연(因緣)-1연6행, 3) 꿈속길-1연8행, 4) 하얀죄-2

연14행, 5) 묵화(墨畵)-2연8행, 6) 바닷가 돌밭에서-2연8행, 7) 겨울바다-2연18행, 8) 물곶친새-2연13행, 9) 의식의 강가에 낚시를 드리고-2연14행, 10) 겨울밤-1연8행, 11) 정박(碇泊)-2연13행, 12) 꽃상여-2연18행.

Ⅲ. 제주시조

※ 연도, 제호, 누락-자료없음.

※ 창간호~제4집-자료없음.

1997. 제5집-1) 할머니 제삿날-1연6행, 2) 번뇌하는 꽃-1연7행, 3) 첫눈 온 날은 아내야-2연6행, 4) 병실-1연7행, 5) 중환자실-1연6행, 6) 전봉건(全鳳健1928-1988)의 돌-1연9행.

1998. 제6집-1) 약속-1연9행, 2) 아내일기-3연23행, 3) 횃김에-1연7행, 4) 가을 입문-2연18행, 5) 동백-3연21행.

1999. 제8집-1) 아내일기2-2연15행, 2) 녹는 눈1-1연3행.

2000. 제9집-작품없음.

2001. 제10집-1) 봄의 서곡(序曲)-2연12행.

2002. 제11집~2003. 제12집- 작품없음.

2004. 제13집-1) 봄바다-1연6행, 2) 신촌 큰물-2연6행.

2005. 제14집-1) 문풍지 바람-1연8행, 2) 고행 낮달-1연6행, 3) 작은새-1연6행.

2007. 제15집-1) 설날-1연6행, 2) 난(蘭)-1연6행, 3) 해장국집-1연6행, 4) 수평선과 나-1연6행, 5) 봄바다-1연6행, 6)산불-1연7행.

2008. 제16집~2010. 제18집-작품없음.

2011. 제19집-1) 영혼의 소리-1연7행, 2) 절하는 소나무-2연12행, 3) 세상사는 이야기-1연6행, 4) 돌빌레-1연6행, 5) 산염 불소리-1연6행.

2012. 제20집-1) 조감도(鳥瞰圖)-1연6행, 2) 시(詩) 생각-1연6행, 3) 막사발-1연6행, 4) 중절모-1연6행.

2013. 제21호-1) 노숙자-2연14행, 2) 묵시록-1연6행, 3) 바다경-2연14행, 4) 해녀의 꿈-1연7행.

2014. 제22호-1) 어머니-1연9행, 2) 달빛내린 창가에-1연6행, 3) 병실에서-1연7행, 4) 아침6시-1연6행.

2015. 제23호-추모특집.

Ⅳ. 열린시조

1997. 여름호-신촌큰물-4연21행.

1997. 가을호-1) 아내일기-3연21행, 2) 놓고 가신 안경-1연6행, 3) 약속-1연8행.

2001. 가을호-1) 홍시를 보며-1연12.

2001. 겨울호-1) 물수제비-1연11행, 2) 돌배나무-2연13행.

2002. 겨울호-1) 통원치료-2연6행, 2) 허공-1연6행.

2003. 겨울호-한련화가 나를 당겨-2연12행, 2) 돌을 읽고 나서-4연24행.

〈2003. 시조시학상〉

2004.봄호-1) 인연-2연14행, 2) 물굿친새-2연14행, 3) 놓고가신 안경-1연6행, 4) 약속-1연7행, 5) 아버님의 속리산-3연18행, 6) 아내의 일기2-2연10행, 7) 물수제비-1연7행,8) 병실-1연7행, 9) 중환자실-1연6행, 10) 춘란-1연6행, 11) 채송화-1연7행, 12) 홍시를 보며-1연10행, 13) 일출-1연10행, 14) 이어도처녀-1연10행, 15) 신촌 큰물-1연7행, 16) 감나무 그 긴가지-1연7행.

2007.겨울호-1) 난-1연6행, 2) 해장국집-1연6행, 3) 수평선과 나-1연6행, 4) 봄바다-1연6행, 5) 산불-1연7행, 6) 동백-3연21행, 7) 홍시를 보며-1연11행, 8) 아버님의 속리산-7연49행, 9) 수석(壽石)을 읽고 나서-4연26행, 10) 통원치료-2연6행, 11) 병실에서-2연13행, 12) 한련화가 나를 당겨-2연12행, 13) 설날-1연7행, 14) 시를 쓰는 사람의 길-산문.

Ⅴ. 이 용 상 (李庸尙 1935-2015)의 현대시조 창작형태조사

시조시	1연	2연	3연	4연	5연	사설	장시조	총계	비고
남극성별자리	46	13						59	
한국시대사전	4	8						12	
제주시조	38	8	2					48	
열린시조	24	9	3	3			1	40	
총　계	112	38	5	3			1	159	
비　율%	70.4	23.8	3.1	1.8			0.6	99.7	

〈참고문헌〉

1. 한국 시조큰사전-한춘섭, 박병순, 리태극-을지출판공사-서울. 1985
2. 한국 시조대사전-(상 · 하. 별책)-박을수-아세아문화사-서울. 1991
3. 근대 시조집람-임선묵-경인문화사-서울. 1999
4. 한국시대 사전-김창직, 윤해규-을지출판공사-서울. 2004
5. 한국 현대시조 연구와 향방-김창현-오늘의문학사-대전. 2014

송음 이 용 호(松音 李瑢浩 1935-)박사의 현대시조

Ⅰ. 점경시첩(點景詩帖) .1976

1) 청자-2연15행, 2) 가을밤에-2연15행, 3) 숨겨져있나-1연13행, 4) 외연도-2연16행, 5) 실연-1연8행, 6) 연(鳶)-1연10행.7) 창(窓)-1연8행, 8) 도시의가을-1연7행, 10) 바라소리-1연11행, 11) 백자-1연14행, 12) 월광곡-2연16행, 13) 목련-1연11행, 14) 춘경(春耕)-1연8행, 15) 점경(點景)-1연12행, 16) 조춘삼제(早春三題)-어린놈-1연7행, 17) 빨래터-1연6행, 18) 풀피리-1연9행, 19) 개나리-1연5행, 20) 모일(暮日)-2연17행, 21) 산(山) 창포-2연24행, 22) 곰나루-2연20행, 23) 시월산조(十月散調)-2연15행, 24) 산에서-4연43행, 25) 맨드라미-1연8행, 26) 얼굴-1연10행.27) 모과(木瓜)-1연12행, 28) 분매(盆梅)-1연10행, 29) 석류(石留)-2연15행, 30) 한가위-1연10행, 31) 밤강(江)-3연26행, 32) 숨소리-1연10행, 33) 어느 임종(臨終)에-2연21행, 34) 가람선생댁에서-3연32행, 35) 석불(石佛)-노산고회에-3연18행, 36) 향녹목단병-1연12행.

Ⅱ. 겨울대나무-시집. 2002.

1) 백제금동향로-1연9행, 2) 옥비녀-2연6행, 3) 어느임의말씀-1연3행, 4) 바람-4연12행, 5) 우러광곡-2연6행, 6) 달빛부서지는노래-1연6행, 7) 임종-3년9행, 8) 나무를심고-3연12행, 9) 만추(晩秋)-3연9행, 10) 청자기-2연24행, 11) 채송화-1연7행, 12) 연(緣) 2연13행, 13) 산새-4연17행, 14) 누님-1연6행, 15) 은행나무-사설, 16) 칸나-3연18행, 17) 꽃은-3연21행, 18) 곰나루산조-3연9행, 19) 산은산대로-3연9행, 20) 종(鐘)-1연3행, 21) 바다-1연3행, 22) 군반-1연3행, 23) 첫서리-1연3행, 24) 마해송(馬海松1905-1966) 1연3행, 25) 쌍수정-1연6행, 26) 맨드라미꽃-1연3행, 27) 얼굴-1연7행, 28) 창포(菖蒲)-1연6행, 29) 진달래-1연7행, 30) 대불(大佛) 앞에서-1연6행, 31)

옥양목(玉洋木)-1연7행, 32) 나물캐는아이-1연7행, 33) 채소밭-1연7행, 34) 강(江)-3연21행, 35) 3.1절에-2연6행, 36) 은행잎-2연6행, 37) 공산성(公山城)-2연6행, 38) 입동(立冬)-1연3행, 39) 곰나루-1연3행, 40) 박물관-1연3행, 41) 환혼-1연6행, 42) 꽃-1연8행, 43) 겨울대나무-2연6행, 44) 한계령-3연19행, 45) 하늘타리-2연6행, 46) 낙엽-2연6행, 47) 명자꽃-3연9행, 48) 갈대-1연6행, 49) 백송(白松)-1연3행, 50) 백일혼-1연3행, 51) 장미-1연3행, 52) 낙화암-2연7행, 53) 자유시-망향, 54) 권태-자유시, 55) 어머님께올리는시-5연16행, 56) 당신은마리아의아들-3연12행, 57) 오동나무꽃-1연6행, 58) 달무리-사설, 59) 모과꽃얼굴-3연9행, 60) 보문사-1연3행, 61) 금강비곡-5연30행, 62) 석불이웃네-2연12행, 63) 옥비녀-2연6행, 64) 별이된꽃잎-1연7행, 65) 곰나루산조-5연15행, 66) 사이판부벰베리아꽃-1연8행, 67) 개미-1연12행, 회상1집, 68) 눈길-2연12행, 69) 오월2연10행, 70) 아침-1연4행, 71) 산딸기-2연8행, 72) 산창포-1연7행, 73) 동경(憧憬)-2연14행, 74) 병석(病席)-6연22행, 75) 수밀도(水密桃)-1연8행, 76) 마지막선을넘은식(埴)-사설.

Ⅲ. 풀꽃 소묘(素描)-시집. 2005.

1) 신록-2연13행, 2) 경포대의아침-3연18행, 3) 강진의청자도요지-3연7행, 4) 계룡산분청자기-3연9행, 5) 천등산-3연18행, 6) 유달산에서-2연12행, 7) 낙산사-1연6행, 8) 월정사-2연12행, 9) 마애삼불존-5연30행, 10) 수덕사에서-3연9행, 11) 덕숭산-3연18행, 12) 가야산해인사-4연24행, 13) 송광사-2연12행, 14) 선암사-3연18행, 15) 속리산-2연12행, 16) 계족산성-2연12행, 17) 국사봉의구름-3연18행, 18) 태백산철쭉꽃-2연12행, 19) 한라산상봉향나무-1연6행, 20) 마곡사풍경-3연9행, 21) 예당저수지-3연18행, 22) 동백정-2연12행, 23) 서울도심에서참새를부른최종태-4연12행, 24) 내장산단풍-1연12행, 25) 장독대-2연12행, 26) 가랑잎-2연14행, 27) 솔밭에서-2연12행, 28) 대마도-5연15행, 29) 발자취-2연12행, 30) 버드나무존재-2연12

행, 31) 한그루나무-3연18행, 32) 화단정리-3연18행, 33) 정돈진에서-2연12행, 34) 가을비오는날-2연18행, 35) 별이진자리-4연12행, 36) 해수욕장-4연24행, 37) 장담그는 날-3연9행, 38) 벌초-2연14행, 39) 낮달-2연12행, 40) 춤사위-3연18행, 41) 가을의 점묘-2연12행, 42) 매 사냥-3연9행, 43) 초자공장-2연12행, 44) 봄비-2연12행, 45) 달나라에 땅을 사고-3연18행, 46) 그네-2연12행, 47) 야경(夜景)-3연18행, 48) 명동성당의 예수님-2연12행, 49) 전원주택-3연18행, 50) 공주박물관금송-2연12행, 51) 산골-2연12행, 52) 터미널-1연11행, 53) 김종영 미술관-1연6행, 54) 벗을 기다리는 마음-3연18행, 55) 치매-3연18행, 56) 암환자 옆에서-2연12행, 57) 부끄러움-3연18행, 58) 석가탄신일에-3연18행, 59) 바다-2연12행, 60) 가람댁 소묘-3연23행, 61) 산호의 노래-3연18행, 62) 신비로운 손 끝-2연12행, 63) 애기동자-3연19행, 64) 양젖짜는 소녀-2연12행, 65) 화진포-2연15행, 66) 토기-2연12행, 67) 장승제-3연9행, 68) 골동품-2연12행, 69) 청자매병 할미꽃-1연6행, 70) 떡살무늬-3연18행, 71) 분청사기잔대-2연17행, 72) 조각의 혼-3연18행, 73) 화석정-3연18행, 74) 저마다의 가슴에 밝은 태양을-4연24행, 75) 한줌의 흙-4연24행, 76) 혼자 사는 비둘기-3연18행, 77) 꽈리를 부는 소녀-32연12행, 78) 아기의 옹아리-2연12행, 79) 아버지의 눈물-4연12행, 80) 외할머니-5연30행, 81) 소쿠리를 든 노인-3연18행, 82) 날마다 즐기는 호연지기-7연21행, 83) 만추-3연18행, 84) 인연-3연18행, 85) 오구라심베이송(頌)-3연18행, 86) 추사적거지-3연18행, 87) 거문고-2연12행, 88) 이충무공의 새영정-3연18행, 89) 시(詩) 한줄을 위하여-2연12행, 90) 커피-1연6행, 91) 봄비가 내린다-3연18행, 92) 바다가 그리운 갈매기-2연12행, 93) 이산가족의 상봉-3연18행, 94) 문둥병환자-2연19행, 95) 차동리묘소-2연12행, 96) 편편한여인의 궁둥이. 이종수교수의 도자기-7연42행, 97) 풀꽃 소묘-3연18행, 98) 청미래덩쿨-2연12행, 99) 백자작의 노래-2연12행, 100) 칡꽃-3연18행, 101) 양귀비-2연12행, 102) 홍옥-1연7행, 103) 직지사의 갈대숲-1연6행(직지사에는 갈대가 없다), 104) 연꽃-2연12행, 105) 엉겅퀴-2연12행, 106) 태백산 철쭉제-4연24행, 107) 치자꽃-2연12행, 108) 난초가 필 때-4연24행, 109) 목수국(木水菊)-2연12행, 110) 보리-2연12행, 111) 할미꽃-2연12행, 112) 대명매(大明梅)-2연12행, 113) 냉이꽃-2연16행, 114) 강아지꽃-1연6행, 115) 삼색도-2연12행, 116) 물봉숭아꽃-1연10행, 117) 홍단풍-2연12행, 118) 춘란-2연15행, 119) 사르비아-2연15행, 120) 수세미-2연12행, 121) 해당화필 때-2연12행, 122) 민들레꽃-2연12행, 123) 미선나무꽃-2연12행, 124) 솔바람 소리-3연18행, 125) 풀잎반지-1연6행, 126) 벽오동푸른잎은-2연12행, 127) 달맞이꽃-2연12행, 128) 박꽃-2연12행, 129) 들풀-2연12행, 130) 행운의 크로바-3연18행, 131) 찔레순-2연12행, 132) 갑사은행나무-2연12행, 133) 찔레꽃향기-3연18행, 134) 아카시아-2연12행, 135) 참죽나무-2연12행, 136) 오죽(烏竹)-1연6행, 137) 자귀나무의 황홀-2연12행, 138) 느티나무 고목 아래서-4연12행, 139) 동물원에서-4연24행, 140) 잉꼬-1연6행, 141) 황새-1연6행, 142) 물방개-1연6행, 143) 거위-2연12행, 144) 새소리-3연18행, 145) 반딧불-2연12행, 146) 달팽이-2연12행, 147) 날개-2연12행, 148) 개미-3연18행, 149) 제비-2연12행, 150) 한쌍의 비둘기-4연12행, 151) 희망의 벌판에 꽃수레를 타고-4연12행, 152) 씨크라만꽃 한송이-2연6행, 153) 하늘에 떠있는 별-2연12행, 154) 고, 이근재 선생 영전에-3연9행, 155) 곡, 이정호 총장 영전에-4연24행, 156) 곡, 어효 선생-2연6행, 157) 지기의 부음을 접하고-(박영환)-6연18행.

Ⅳ. 한국시조선집-고시조, 현대시조-일본어판. 2008.

이영호-1) 군밤-1연6행, 2) 얼굴-1연6행, 3) 겨울 대나무-2연6행, 4) 낙엽-1연6행.

(1) 군밤

군밤을 사들고 십리길 걸어간다. 잠들은 어린놈을 깨워서 먹여준다. 어버이날 기른정성 눈 자리에 또 하나.

(2) 얼굴

뜨락에 지는 백장미 봄오면 또 피지만 흩날린 꽃잎바람에 스쳐가 버린 사람. 뻐꾸기 산에서 울면 떠 오르는 그 얼굴.

(3) 겨울 대나무

단한번 뿌리 내려 나무는 제자리서만 큰다. 겨울대나무 잎사귀 푸른 화음 엮은 노래여, 마침내 대금이 되어 그 목청 산빛이다.

흰눈발 내려부어 휘청이는 가지마다 온 새떼 품에 안고, 추위를 보내다가 초봄에 오는가 하니 죽순왕대로 솟다.

Ⅴ. 노랑꽃 개나리-시집 2008.

1) 나무전정하는 아내의 손-5연15행, 2) 아가야-5연15행, 3) 꽃과 대화-2연6행, 4) 복사꽃 피면-2연12행, 5) 밤마다 별을 보며-2연6행, 6) 태양이 눈부신 날-3연9행, 7) 소민이돌 날-3연9행, 8) 백자항아리-4연12행, 9) 파초도-2연6행, 10) 태극기와-2연12행, 11) 파꽃이 핀다-3연9행, 12) 그대 가슴에-2연6행, 13) 날마다 산에 가서-2연6행, 14) 나무-2연6행, 15) 들풀-2연6행, 16) 봄날에-3연9행, 17) 냉이꽃-2연6행, 18) 마당놀이-4연12행, 19) 하늘높아라-1연3행, 20) 장날-2연6행, 21) 노랑꽃 개나리-3연9행, 22) 장마가 오는 날이면-3연9행, 23) 파시(波市)-2연6행, 24) 토함산 석굴암-4연12행, 25) 우수(憂愁)-2연6행, 26) 냇물-3연9행, 27) 소리-2연6행, 28) 파도가 밀려온다-4연12행, 29) 해변에서-2연6행, 30) 무궁화-3연9행, 31) 나리꽃-1연3행, 32) 세종대왕 한글창제를 찬양함-2연6행, 33) 계룡산 주변-5연15행, 34) 고석기보고석장리-2연6행, 35) 김장 담그는 날-2연6행, 36) 토란잎-1연6행, 37) 나팔꽃-1연3행, 38) 송화가루-2연6행, 39) 밤마다 별을 보면-2연6행, 40) 어두운 밤-2연6행, 41) 다람쥐-1연3행, 42)잠자리 떼-1연3행, 43) 수박-1연3행, 44) 키다리 수수댕이-3연9행, 45) 한파-4연12행, 46) 내일을 위해 땀을 흘리자-5연15행, 47) 사주(四柱)에 보내는 날-5연15행, 48) 화창한 봄-5연15행, 49) 미선나무넝쿨-2연6행, 50) 완구-2연6행, 51) 계룡산 등정-5연15행, 52) 아! 언론계 큰 별 안세영(1922-2008) 사장 영전에-2연6행,

53) 황혼-5연15행, 54) 간다는 말도 없이-5연15행, 55) 외딴집-5연15행, 56) 어머니-5연15행, 57)시장에서-5연15행, 58) 조국-5연14행, 59) 정원-5연14행, 60) 월간 청풍지 창간 15주년-5연15행, 61) 어느날-5연15행, 62) 메아리-5연15행, 63) 청죽(青竹)-5연15행, 64) 전망대-5연14행, 65) 꽃밭-5연15행, 66) 아자방(亞字房)-2연6행, 67) 전정(剪定)-2연6행, 68) 초록색 나무잎이 피면-3연9행, 69) 편지가 없는 날은-3연9행, 70) 이 세상 제일 자랑거리-사설, 71) 홍매화-1연3행, 72) 무지문맹-2연6행, 73) 놀이방-2연6행, 74) 사랑이 무엇이기-2연12행, 75) 살구꽃-3연9행, 76) 오이도(烏耳島)-4연12행, 77) 호수공원의 시비-2연6행, 78) 김홍도(1745-1806)-2연6행, 79) 풍경화-1연3행, 80) 동백꽃-1연3행, 81) 우수-1연3행, 82) 계룡산 도자기-2연6행, 83) 공산성의 팽나무-1연3행, 84) 내고향 평리-2연6행, 85) 소풍-2연6행, 86) 소(牛)-2연6행, 87) 사모곡-14연42행.

VI. 산목련(山木蓮)-시집 2012.

1) 수채화를 품은 정원-4연12행, 2) 신록예찬-5연15행, 3) 마가목 빨간 열매-4연12행, 4) 목기러기노래-5연15행, 5) 황금들판-3연11행, 6) 맥아더(1880-1964) 장군 동상-5연15행, 7) 산 깊은 목장에서-5연15행, 8) 팔만대장경 목판본-5연15행, 9) 푸른나물-3연9행, 10) 공작새-5연15행, 11) 청벽떡깔나무-3연9행, 12) 귀소의 신비-3연9행, 13) 휴양지상그릴라호텔-2연6행, 14) 고려상감매병-2연6행, 15) 관대한 길거리-7연21행, 16) 태양엽록소-5연15행, 17) 빈판의 그림엽서-3연9행, 18) 백의민족-2연6행, 19) 남대문문지방-2연6행, 20) 현충원에서-3연9행, 21) 나무들 키 재보기-2연6행, 22) 파랭이꽃 벼개모-1연3행, 23) 거문고-3연9행, 24) 어린반달곰-1연3행, 25) 초봄 소나기-2연6행, 26) 학급편성-2연6행, 27) 동유럽건물들-2연6행, 28) 체코에서-2연6행, 29) 우리산하풍경-2연6행, 30) 마가목 가로수-2연6행, 31) 찻잔을 들며-1연3행, 32) 고갯길-2연6행, 33) 은행나무 암수나무-2연6행, 34) 바위옷-2연6행, 35) 한편의 시를 쓸 때-2연6행, 36) 하루하루 둥근

달-5연15행, 37) 누렁소-3연9행, 38) 우주로 살길을 찾네-5연15행, 39) 저승도 만원이리라-5연15행, 40) 내 얼굴 자색 노을되어-2연6행, 41) 자연보복-3연9행, 42) 야외무릇 백화점-3연9행, 43) 산아리랑-2연8행, 44) 회오리바람-2연8행, 45) 매화꽃 향기-1연3행, 46) 부러진 꽃 대궁-1연3행, 47) 과수목 병충해-3연9행, 48) 행복 속에 사는 길-3연9행, 49) 꽃대궁-2연5행, 50) 바람요술-5연15행, 51) 호류지의 조용한 사찰-2연6행, 52) 산목련-1연3행, 53) 넘는 달, 해 셋이 있네-2연6행, 54) 한글은 으뜸 글이다-5연15행, 55) 길을 가다가-1연3행, 56) 동백소곡-3연9행, 57) 황소-2연6행, 58) 자유로운 새-5연15행, 59) 돌아이가 벙긋 운네-5연15행, 60) 완구버스 노래-2연6행, 61) 흙놀이-2연6행, 62) 복숭아꽃 솎기-2연6행, 63) 꽃밭-2연6행, 64) 로버트 자동차-3연9행, 65) 봄이 오는 소리-5연15행, 66) 빨래 방망이 소리-2연6행, 67) 튤립피었네-2연6행, 68) 동물원 산책-5연15행, 69) 봄 언냉이밭-2연6행, 70) 꽃두레 무궁화꽃-5연15행, 71) 호박꽃-2연6행, 72) 내 그림자를 밟고-3연9행, 73) 칠월바다-2연6행, 74) 태평양 괌 섬-2연6행, 75) 가문 논에-2연6행, 76) 벌통 옆에서-4연12행, 77) 태산목 노을-3연9행, 78) 부용화-2연6행, 79) 천둥치는 소리-2연6행, 80) 붓다조는 양지 햇살-3연9행, 81) 태양조각 둥글렸네-2연6행, 82) 수십전목소리-1연3행, 83) 초록눈 버들잎-3연9행, 84) 금붕어-2연6행, 85) 남극의 눈-3연9행, 86) 얼은 하늘-3연9행, 87) 뗏꿩-3연9행, 88) 화엄사 산수유꽃-2연6행, 89) 풀나무꽃-3연9행, 90) 벌판 송아지-1연3행, 91) 봄의 교향곡-4연12행, 92) 한글자랑-5연15행, 93) 금강의 도 실비 줍기-5연15행, 94) 엉겅퀴꽃-2연6행, 95) 오늘은 누구랑 놀까?-2연6행, 96) 자운영-2연6행, 97) 아내 입원실-2연6행, 98) 국군의 시체-2연6행, 99) 수령-2연6행, 100) 쪽나무 물감-2연6행, 101) 혼인 풍속도-5연15행, 102) 김유정(1908-1937)의 동백꽃-5연15행, 103) 노들강변-3연9행, 104) 옹기꽃병-1연3행, 105) 경주 첨성대 벽돌-1연3행, 106) 비닐하우스 딸기-1연3행, 107) 창포꽃-1연3행, 108) 한편의 시-1연3행, 109) 볼 붉은 소녀-1연3행, 110) 배꽃 가랑비-1연3행, 111) 다섯 손가락-1연3행, 112)

새의 촉각-1연3행, 113) 산나물체험-1연3행, 114) 가랑비-1연3행, 115) 귀염떠는 아이-1연3행, 116) 거미줄-1연3행, 117) 꽈리 불기-1연3행, 118) 다식판문양-2연6행, 119) 초봄의 언덕-1연3행, 120) 강아지꽃-2연6행, 121) 봄 상차림-1연3행, 122) 펄렁대는 실버들-1연3행, 123) 솔방울-1연3행, 124) 과일나무-2연6행, 125) 돌나물-1연3행, 126) 꿀벌통-1연3행, 127) 봄바람-1연3행, 128) 완구게임기-2연6행, 129) 내가 살던 고향-2연6행, 130) 봄바람-1연3행, 131) 봄에 돋는 새싹-1연3행, 132) 동백 군락지-2연6행, 133) 무량수각시경루-2연6행, 134) 자기비문-1연3행, 135) 시내버스서 만난 사람-2연6행, 136) 새목척교-5연15행, 137) 하얼빈 안중근(1879-1910)-2연6행, 138) 보문산 시루봉석양-2연6행, 139) 행복은 늘 마음에 다 채워라-2연6행, 140) 축복의 노래-2연6행, 141) 할미꽃폈네-2연6행, 142) 퀴리부인(1867-1934)통곡소리-3연9행.

※ 점경시첩(點景詩帖). 1976.
서문(序文)-이은상(李殷相1903-1982)
책머리에-조종현(趙宗玄1906-1989)
작품해설-이근배(李根培1940-)
삽화(挿畵)-김화경(金華慶). 이인영(李仁榮).

Ⅶ. 신한국문학시조선집. 1975.

1) 석류-2연10행, 2) 청자-2연12행, 3) 시월산조-2연12행, 4) 어린놈-1연7행, 5) 빨래터-1연6행, 6) 풀피리-1연6행, 7) 춘경(春耕)-1연6행, 8) 모일(某日)-2연13행, 9) 숨소리-1연6행, 10) 정초-곰나루에서-2연12행, 11) 설화(雪花)-1연6행, 12) 모과(木瓜)-1연6행, 13) 계곡(溪谷)-1연6행.

Ⅷ. 한국시조큰사전. 1985.

1) 계곡-1연3행, 2) 모과-1연3행, 3) 석류-2연6행, 4) 설화-1연3행, 5) 시

월산조-2연6행, 6) 어린놈-1연3행, 7) 빨래터-1연3행, 8) 풀피리-1연3행, 9) 청자초-1연3행.

Ⅸ. 충남문학선집(시) 1989.

1) 석류-2연10행, 2) 시월산조-2연12행.

Ⅹ. 대전문학선집(시조) 1995.

1) 산에서-4연12행, 2) 칸나-3연18행, 3) 석류-2연10행, 4) 어린놈-1연7행, 5) 빨래터-1연6행, 6) 풀피리-1연6행.

Ⅺ. 한국시대사전. 2004.

1) 어린놈-1연7행, 2) 빨래터-1연6행, 3) 풀피리-1연9행, 4) 개나리-1연6행, 5) 석류-2연12행, 6) 산에서-4연42행, 7) 겨울대나무-2연12행, 8) 낙엽-2연12행, 9) 청자-2연15행, 10) 누님-1연6행, 11) 달빛 부시는 노래-1연6행, 12) 서울 도심에서 참새를 부른 최종태 교수-4연12행, 13) 신록-2연6행, 14) 석양-2연12행, 15) 경포대 아침-3연15행.

Ⅻ. 한밭시조문학

1995. 제7집-1) 명자꽃-3연9행, 2) 낙엽편지-2연6행, 3) 하늘타리-2연6행, 4) 한계령-3연9행, 5) 갈대-1연6행, 6) 금송과 백일홍.

2002. 제14집-1) 가을-2연6행, 2) 겨울대나무-2연6행.

2003. 제15집-1) 목수국-2연12행, 2) 물봉숭아-1연6행, 3) 골담초-3연18행.

2004. 제16집-1) 예당 저수지-3연18행, 2) 달나라에 땅을 사고-3연18행, 3) 난초가 필 때-3연18행.

※ 연도, 제호, 누락-작품 없음.

XIII. 대전문학

2002. 여름26호-1) 모과꽃 얼굴-3연9행.
2002. 겨울27호-1) 보웅대의 가을-2연6행.
2004. 여름34호-1) 가을의 딱다개비-2연13행.
2004. 겨울31호-1) 벌초-2연14행.
2005. 여름32호-1) 목동들의 노래-5연14행.
2005. 겨울33호-1) 회춘(回春)-2연12행.
2008. 여름40호-1) 복사꽃 피면-2연12행.
2009. 겨울46호-1) 당신얼굴은 잘 익은 탱자-2연6행.
2010. 49호-구관조-2연12행.

※ 연도, 제호, 누락-작품 없음.

XIV. 송음 이용호(松音 李瑢浩 1935)박사의 현대시조 창작형태조사

시조시	1연	2연	3연	4연	5연	사설	장시조	총계	비고
점경시첩(點景詩帖)	22	10	3	1				36	1976
겨울대나무	36	17	12	2	3	5	1	76	2002
풀 꽃	16	75	46	14	3		3	157	2005
한국시조선집	3	1						4	2008
노랑꽃 개나리	13	34	12	6	20	1	1	87	2008
산목련(山木蓮)	33	58	24	4	22		1	142	2012
총 계	123	195	97	27	48	6	6	502	6권
비 율%	24.5	38.8	19.3	5.3	9.5	1.1	1.1	99.6	

〈참고문헌〉

1. 한국 시조큰사전-한춘섭, 박병순, 리태극-을지출판공사-서울. 1985
2. 한국 시조대사전-(상 · 하. 별책)-박을수-아세아문화사-서울. 1991
3. 근대 시조집람-임선묵-경인문화사-서울. 1999
4. 한국시대 사전-김창직, 윤해규-을지출판공사-서울. 2004
5. 한국 현대시조 연구와 향방-김창현-오늘의문학사-대전. 2014

이 원 섭 (李元燮 1924-2009) 연대시조

Ⅰ. 한국시대사전. 2004.

1) 죽림도(竹林圖)

세상과 멀어 세상과 멀어
봄이란 제비조차 안오는 곳이 있다.

어찌 슬픔인들 없을까만
북두(北斗) 같이 드높이 위치한 곳이었다.

세움 조차 여기에는 만만 끽하여
한판의 바둑이 백년인 곳이었다.

Ⅱ. 자유시

– 그날1, 팔, 나팔소리 하늘에 있을 때, 애(哀) 흡다, 결산, 진주, 아침, 항케치, 내가 가는 길, 향미사.

Ⅲ. 이원섭(李元燮 1924-2009)현대시조 창작형태조사

시조시	1연	2연	3연	4연	5연	사설	장시조	총계	비고
한국시	1							1	
총 계	1							1	
비 율%	100							100	

〈참고문헌〉

1. 한국 시조큰사전-한춘섭, 박병순, 리태극-을지출판공사-서울. 1985
2. 한국 시조대사전-(상 · 하. 별책)-박을수-아세아문화사-서울. 1991
3. 근대 시조집람-임선묵-경인문화사-서울. 1999
4. 한국시대 사전-김창직, 윤해규-을지출판공사-서울. 2004
5. 한국 현대시조 연구와 향방-김창현-오늘의문학사-대전. 2014

성촌 **이우만**(城村 李愚萬 1932-2013)의 생애와 현대시조문학

Ⅰ. 가람문학

1980. 창간호-1) 향촌의 밤-2연6행.

1981. 제2집-1) 내 하늘의 별-2연12행.

1982. 제3집-1) 대화-2연12행, 2) 흔적-4연24행.

1983. 제4집-1) 하지-2연12행, 2) 곰티재-1연12행.

1984. 제5집-1) 강건너-2연12행, 2) 이별-1연12행, 3) 잿마루-1연12행.

1985. 제6집-1) 타작마당-1연12행, 2) 고개(嶺)-2연12행, 3) 그믐날 밤-1연12행.

1986. 제7집-1) 질주하는 자동차-1연6행, 2) 낙엽은 지고-1연6행, 3)사람다운 대접-1연11행.

1987. 제8집-1) 농촌의 일손-2연6행, 2) 모두의 숨결-2연6행, 3) 하늘의 뜻-3연9행.

1988. 제9집-1) 들에 핀 꽃-2연6행, 2) 기다리는 마음-3연9행.

1989. 제10집-1) 오늘의 세상-3연18행, 2) 새벽길-3연18행, 3) 깨끗한 마음-3연18행.

1990. 제11집-1) 내 하늘의 별-1연12행, 2) 보고픈 내 임-2연12행, 3) 찬바람 스치고-2연12행.

1991. 제12집-1) 못자리-2연13행, 2) 애정어린것-2연19행, 3) 그대 모습-3연9행, 4) 미더운 품안-2연6행, 5) 세월은 가고-2연6행. 〈시인의 말〉

1992. 제13집-1) 달라진 생활-2연12행, 2) 정분-2연12행, 3) 골라내는 것-2연12행, 4) 생명-2연19행.

1993. 제14집-1) 서로의 정-3연18행, 2) 국화꽃-2연12행, 3) 고독을 달래는 소쩍새-2연12행, 4) 꽃을 피우기 위해-2연12행.

1994. 제15집-1) 두레의 협동정신-2연18행, 2) 변함없는 마음-2연12행,

3) 그대 모습-3연18행, 4) 봄비-2연12행. 〈17집-작품없음〉

1995. 제16집-1) 촛불-3연18행, 2) 새벽길-1연9행, 3) 가을 일 손-3연18행, 4) 늦가을 줄가리-2연12행.

1997. 제18집-1) 생명-2연12행, 2) 출발-3연21행, 3) 회상-3연9행, 4) 가로등-2연12행, 5) 은행잎-2연14행.

1998. 제19집-1) 살아가는 환경-3연21행, 2) 마음의 움직임-2연12행, 3) 윤리도덕 지키자-3연21행.

1999. 제20집-1) 문을 열어라-3연9행, 2) 명분있는 생활-3연9행, 3) 마음의 움직임-2연12행.

2000. 제21집-1) 고향은 농촌-2연12행, 2) 일하는 즐거움-2연12행, 3) 문을 열어라-3연9행.

2001. 제22집-1) 눈을 뜨고-3연18행, 2) 버들가지-2연6행, 3) 일하는 즐거움-2연12행〈작품 해설〉

2002. 제23집-1) 목련꽃-2연12행.

2003. 제24집-1) 사철나무의 기백-2연12행, 2) 꽃향기-3연9행, 3) 바른세상-2연12행.

2004. 제25집-1) 여유 있는 생활-2연12행, 2) 조상의 힘-3연9행, 3) 연정의 마음-2연6행.

2005. 제26집-1) 연정의 마음-2연6행, 2) 꽃 선인장-2연12행, 3) 고개 숙인 벼이삭-2연12행.

2006. 제27집-1) 서로의 약속-3연18행, 2) 고마운 마음-3연9행, 3) 안개는 짙고-3연21행.

2007. 제28집-1) 평온한 세상-2연12행, 2) 한민족의 정신 자세-3연9행, 3) 변함없는 마음-3연9행.

2008. 제29집-1) 희망을 품고-2연6행, 2) 산고개-2연12행, 3) 맺어진 인연-2연6행.

2009. 제30집-1) 돌아온 모퉁이-2연6행, 2) 생긴것의 율동-2연12행, 3)

산마루 외딴집-2연6행.

2010. 제31집-1) 이고지고-1연6행, 2) 움직이면 살고 있다-2연6행, 3) 다랑이 노란벼-2연6행, 4) 기다림의 소음-2연6행, 5) 바쁜 오월 농촌-1연6행, 6) 파초-1연3행.

2011. 제32집-1) 월드컵의 열기-2연12행, 2) 즐거운 농악-2연6행.

2012. 제33집-1) 나비는 꽃을 찾고-2연6행, 2) 옛날과 현재의 이치-3연9행, 3) 파고 심고-1연6행, 4) 한국의 요지인 대전-1연6행.

II. 향운(香雲)시조시집. 1985.

1) 향촌의 밤-4연24행, 2) 강 건너-4연24행, 3) 그믐날 밤-4연24행, 4) 곰팃재-2연12행, 5) 타작마당-4연24행, 6) 하지-2연12행, 7) 내 하늘의 별-1연12행, 8) 잿마루-4연24행, 9) 익어가는 가을-10연69행, 10) 창락의 임종-1연6행, 11) 흑장미-2연24행, 12) 강변밭 언덕-2연18행, 13) 새벽녁-1연12행, 14) 겨울철 치마꼬리-2연24행, 15) 구절초-1연12행, 16) 나로도에서-1연12행, 17) 물방울-2연24행, 18) 마지막 어린새싹-4연36행, 19) 정자에 담긴 긴정-1연12행, 20) 속마음 드러내어-1연12행, 21) 내 하늘의 별-1연12행, 22) 옛길-2연24행, 23) 정열-1연12행, 24) 믿음의 아쉬움-1연12행, 25) 허무-2연24행, 26) 함박눈-1연12행, 27) 지렁이-2연24행, 28) 인연-2연24행, 29) 꿈의 향로-2연24행, 30) 새싹이 남긴 분노-2연24행, 31) 풋내기(등신)-2연24행, 32) 어린이 공포-2연24행, 33) 실없는 인간-2연24행, 34) 문을 열어라-5연60행, 35) 붓끝의 먹물-2연24행, 36) 세종대왕-2연24행, 37) 절개-1연12행, 38) 대화-2연24행, 39) 흔적-4연48행, 40) 놀속에 고깃배-1연12행, 41) 향운-1연12행, 42) 깃발-1연12행, 43) 다방가-2연24행, 44) 연기-2연24행, 45) 솟구친 불길-1연12행, 46) 버들피리-1연12행, 47) 믿음-1연12행, 48) 어버이 마음-3연26행, 49) 효심-1연12행, 50) 그리움-2연24행, 51) 한 여인의 일생-3연36행, 52) 이별-3연36행, 53) 설날제사-2연24행, 54) 형님의 혼-4연48행, 55) 새싹-1연12행, 56) 임의 사랑-2연24행, 57) 생

(生)-1연12행, 58) 만남-3연28행, 59) 번져진 정-1연12행, 60) 풍성한 계절-1연12행.

〈해설〉 정도로서의 시조문학-이동희

Ⅲ. 운광(雲光)시조시집. 1992.

1) 보금자리-5연35행, 2) 제목-인쇄탈고. 없음, 3) 세상살이-4연36행, 4) 바른 양심-5연15행, 5) 속마음-2연12행, 6) 약속-2연12행, 7) 괴로움-2연6행, 8) 철조망-2연12행, 9) 낚시-2연6행, 10) 명당-2연6행, 11) 매듭 짓고-2연6행, 12) 바쁜 걸음-3연9행, 13) 제 뜻-2연12행, 14) 정분-2연6행, 15) 믿음-3연9행, 16) 생명-2연18행, 17) 한약 두세첩-2연24행, 18) 기러기-2연22행, 19) 남향받아-2연12행, 20) 홍겨움-2연12행, 21) 서예전에서-1연6행, 22) 방구연 같구나-2연24행, 23) 노력-2연12행, 24) 변화-2연12행, 25) 제비-2연12행, 26) 내를 건너-3연9행, 27) 보릿고개-4연24행, 28) 숚음질-2연6행, 29) 자리-4연24행, 30) 헛물-2연12행, 31) 꼭대기-2연24행, 32) 소쩍새-2연6행, 33) 운광-2연12행, 34) 안개낀 마을-3연9행, 35) 가랑잎-2연12행, 36) 전통-3연18행, 37) 못자리-3연35행, 38) 호남평야-1연6행, 39) 직행버스-2연12행, 40) 색칠하고-2연12행, 41) 오늘날-3연18행, 42) 큰별-3연18행, 43) 완행열차-3연18행, 44) 거미-2연12행, 45) 다니던 길-2연6행, 46) 골짜기 마을-3연18행, 47) 나들이-2연12행, 48) 진달래꽃-2연12행, 49) 산에 핀 들벗-2연6행, 50) 미완성-3연18행, 51) 갈증-3연9행, 52) 철이 가고-3연9행, 53) 가을 걷이-2연12행, 54) 맑은 하늘-3연9행, 55) 함박눈 쌓이고-2연12행, 56) 세배-2연12행, 57) 호수-2연6행, 58) 귀향살이한 때-3연18행, 59) 자목련-2연12행, 60) 여울-3연15행, 61) 끝없는 고개-2연24행, 62) 같이 지내다가-2연12행, 63) 마무리-2연19행, 64) 약속-2연12행, 65) 헤어짐-2연18행, 66) 독풍-2연6행, 67) 풍경-2연12행, 68) 매화-2연24행, 69) 장대비-3연36행, 70) 바람-3연9행, 71) 빛깔-2연6행, 72) 차차익어가는 것-3연9행, 73) 충계-3연9행, 74) 땀방울-3연9행, 75) 뙤약볕-2연24행, 76) 눈물-3

연24행, 77) 어머니의 사랑-2연12행, 78) 내님-3연15행, 79) 애정어린것-2연12행, 80) 옛정-3연9행, 81) 미더운 품안-2연6행, 82) 스승의 눈웃음-3연17행, 83) 홍겨운 노래-2연6행, 84) 온기-1연6행, 85) 소식-3연9행, 86) 그이-2연12행, 87) 길림길-3연9행, 88) 서로의 정-2연24행, 89) 다정함-3연18행, 90) 냉이캐는 아가씨-2연12행, 91) 해후-2연12행.

〈해설〉 평이하고 시조의 형식을 존중한 산물-강병덕.

Ⅳ. 청절(淸絶)시조시집. 2002.

1) 명분있는 생활-3연9행, 2) 향촌문학의 혼-2연6행, 3) 생명-2연6행, 4) 생활의 쓰임-3연9행, 5) 출발-3연9행, 6) 새싹-3연18행, 7) 직분-3연18행, 8) 안전한 큰길-2연12행, 9) 진실한 약속-2연12행, 10) 북풍-2연24행, 11) 청절-3연18행, 12) 엷은미소-3연18행, 13) 비애-3연18행, 14) 텃밭-4연24행, 15) 두통-1연11행, 16) 앞치마-3연9행, 17) 원한-3연18행, 18) 세월따라 살아감-3연18행, 19) 일하는 즐거움-2연12행, 20) 보리밭-3연9행, 21) 종기-2연12행, 22) 무인도-2연6행, 23) 문을 열어라-3연9행, 24) 어른 찾는 설날-2연6행, 25) 도덕을 살리자-2연6행, 26) 윤리도덕 지키자-3연9행, 27) 예의를 찾아서-3연23행, 28) 주춧돌-2연12행, 29) 효심-2연6행, 30) 스승의 눈웃음-3연18행, 31) 새벽길-2연12행, 32) 번영-2연18행, 33) 잡초--2연18행, 34) 생존의 기쁨-2연19행, 35) 갈증-3연9행, 36) 어머니 마음-2연12행, 37) 상투를 틀고-3연24행, 38) 우리의 예절-2연12행, 39) 자연보호-5연15행, 40) 오르는 층계-3연9행, 41) 낙엽은 날리고-3연9행, 42) 녹이는 봄비-2연6행, 43) 은행잎-2연6행, 44) 한파는 가고-3연25행, 45) 한물-2연11행, 46) 모깃불-2연12행, 47) 추석-3연18행, 48) 통통거림-2연12행, 49) 두레의 협동정신-2연12행, 50) 소나기 삼형제-2연12행, 51) 한세상-2연6행, 52) 노을의 풍경-2연12행, 53) 봄나들이-4연12행, 54) 비 오는 소리-2연24행, 55) 봄나들이-4연12행, 56) 늦가을 줄가리-2연12행, 57) 가을의 일손-3연18행, 58) 잔디둑-3연18행, 59) 첫서리-3연18행, 60) 숲-2연12행, 61) 버들강아지

-2연6행, 62) 무주구천동-2연12행, 63) 보리가리논-2연12행, 64) 장마의 피해-3연18행, 65) 푸른하늘-3연18행, 66) 안개는 짙고-3연18행, 67) 하얀눈 쌓이고-3연9행, 68) 바람의 힘-3연9행, 69) 폭설-2연12행, 70) 앞내 얼음타기-2연12행, 71) 홍수-2연12행, 72) 바닷속-2연12행, 73) 차차 익어가는 것-3연9행, 74) 6고독을 달래는 소쩍새-2연6행, 75) 산 흔드는 진달래-2연12행, 76) 복숭아꽃 피고-2연12행, 77) 고독을 달래는 여자-2연12행, 78) 혼인마당-2연12행, 79) 장미꽃-2연12행, 80) 무궁화꽃-3연23행, 81) 백합꽃-2연12행, 82) 꽃을 피우기위해-2연12행, 83) 설토화-2연24행, 84) 계절에 맞는 꽃-4연12행, 85) 매화-2연12행, 86) 철쭉꽃-3연18행, 87) 개나리꽃 피고-2연12행, 88) 무꽃 피는 무꽁다리-2연12행, 89) 목련꽃-2연12행, 90) 꽃향기-3연9행, 91) 가로등-2연12행, 92) 노동-2연16행, 93) 편지-3연18행, 94) 단자-3연18행, 95) 높은 아파트-2연6행, 96) 개울가-3연18행, 97) 일의 결과-2연12행, 98) 외딴섬-2연12행, 99) 모교-3연9행, 100) 부산여행-2연12행, 101) 밤일-1연12행, 102) 첫날밤-2연6행, 103) 바닷가 여수-2연12행, 104) 고향은 농촌-2연12행, 105) 촛불-3연18행, 106) 추억속의 얼굴-3연18행, 107) 노처녀 시집 가는 날-3연18행, 108) 바람1-4연23행, 109) 바람2-3연17행, 110) 훈훈한 고향-2연6행, 111) 김장손길-3연18행, 112) 한민족혼-5연36행, 113) 돌잔치-3연18행, 114) 약속은 지켜야지-2연6행, 115) 옛적의 풍경-2연6행, 116) 즐거운 웃음-3연9행, 117) 기다림-3연18행, 118) 눈을 뜨고-5연15행, 119) 먼동이 틀 무렵-2연12행, 120) 기다림-2연12행, 121) 마음의 움직임-2연16행, 122) 회상-2연12행, 123) 살아가는 환경-3연20행, 124) 한가지 기술-2연6행, 125) 잠은 오지 않고-2연14행, 126) 혼자 집보기-3연18행, 127) 오솔길-3연18행, 128) 지친 몸 달래는 밤-2연17행, 129) 이땅의 통일-3연18행, 130) 생일-2연16행, 131) 마이산-1연6행, 132) 영원한 우정-2연12행, 133) 전주시민의 눈-2연17행, 134) 도민의 인심-2연17행, 135) 이사-2연18행, 136) 나물캐는 아낙-2연12행, 137) 그림자-2연12행, 138) 나들이-2연24행, 139) 어릴때의 생각-2연18행, 140) 너털웃음-1연

6행, 141) 앉은 자리-2연12행.

〈해설〉향토적 정감이 어우러진 소박미-유준호

V. 성촌 이우만(城村 李愚萬 1932-2013)의 정형시 창작형태조사

시조시	1연	2연	3연	4연	5연	사설	장시조	총계	비고
한국시조	15	58	26	1				100	
향운(香雲)	23	23	4	8	1		1	60	
호송(湖松)									자료없음
운광(雲光)	3	54	28	3	2			90	
청절(淸絶)	4	79	52	4	3			142	
이하시조시									자료없음
총 계	45	214	110	16	6		1	392	
비 율%	11.4	54.5	28.0	4.0	1.5		0.2	99.6	

〈참고문헌〉

1. 한국 시조큰사전-한춘섭, 박병순, 리태극-을지출판공사-서울. 1985

2. 근대 시조대전-임선묵-홍성사-서울. 1989.

3. 한국 시조대사전-(상 · 하. 별책)-박을수 -아세아문화사-서울. 1991

4. 근대 시조집람-임선묵-경인문화사-서울. 1995.

5. 현대 시조작법-김제현-새문사-서울. 1999.

이 우 출 (李禹出 1923-1985)의 현대시조

Ⅰ. 낙강(洛江)-영남시조문학회

※ 전년도, 제호 누락-자료 없음.

1968. 창간호-1) 영추송(迎秋頌)-2연12행.

1969. 제2집-1) 이 봄으로 오는 길-1연6행.

1970. 제3집-1) 구릉지대(丘陵地帶)-1연6행.

1971. 제4집-1) 개화-1연6행, 2) 휴화출(休火出)-1연6행, 3) 청추-1연6행.

1972. 제5집-1) 비상(飛翔)의 오월(五月)-2연12행, 2) 계단-1연6행.

1973. 제6집-1) 산등기(山登記)-1연6행.

1974. 제7집-1) 낙엽(落葉)2-1연6행.

1975. 제8집-1) 나와 너-1연6행.

1976. 제9집-1) 만추단상(晩秋斷想)-2연6행.

1977. 제10집-1) 권두언(卷頭言)

1978. 제11집-1) 송편을 빚으며-1연6행.

1982. 제14집-1) 이 여름에-2연14행.

1983. 제15집-1) 낙엽(落葉)-1연6행.

1985. 제18집 추모특집(追慕特輯)-1) 사은(師恩)-1연3행, 2) 떠나시는 사월(四月)-8연24행.

Ⅱ. 현대시조 감상

1) 이 여름에

원두막 들놀이에 하늘 깃이 내려앉고.
해변에서 불을 뿜는 파고의 울림소리
과수원 푸른 언덕에 익어가는 한더위.

아직은 다 못 다한 인연의 실끝마다
다짐한 마음들이 오늘따라 따가운데
계절은 또 저만치서 땀방울을 씻는다.

Ⅲ. 이우출(李禹出 1923-1985)의 현대시조 창작형태조사

시조시	1연	2연	3연	4연	5연	사설	장시조	총계	비고
낙 강	13	4				1		18	
총 계	13	4				1		18	
비 율%	72.2	22.2				5.5		99.9	

〈참고문헌〉

1. 한국 시조큰사전-한춘섭, 박병순, 리태극-을지출판공사-서울. 1985
2. 한국 시조대사전-(상 · 하. 별책)-박을수-아세아문화사-서울. 1991
3. 근대 시조집람-임선묵-경인문화사-서울. 1999
4. 한국시대 사전-김창직, 윤해규-을지출판공사-서울. 2004
5. 한국 현대시조 연구와 향방-김창현-오늘의문학사-대전. 2014

금당 이재복(錦塘 李在福 1918-1991)의 현대시조 조사연구

Ⅰ. 들어가며

한국의 현대시조 연구와 대전, 충청권 전통시조로 계승된 맥락의 논문을 여러 차례 지상 발표 수록된바 있다. 땡볕 무더운 여름 날씨를 무릅쓰고 한밭도서관을 탐방하여 현대시조 작품을 조사 연구하였다. 용봉 대종사 금당 이재복 전집8권을 탐독하던 중 제7권에서 현대시조 작품을 찾아내었다. 내 영혼 맑은 물소리-한밭시조문학 제26호(2013) 금당 이재복의 시인론(박헌오-대전문학관장)의 논문에서 현대시조 작품이 총48수로 기록되어 있으나 간행위원회에서 시, 시조, 산문으로 분류한 조사연구를 실행한 결과 2수를 추가로 찾아내어 총50수가 기록되었음을 밝혀내고 한국현대시조의 연구와 향방(평설집. 2014)에서 누락되어 후학들의 혼동이나 쟁점을 명료화 한다는 차원에서 이 논문을 작성 발표하게 되었다.

Ⅱ. 펼치며

1. 침묵 속의 끝없는 길이여! 문학 집

1) 단발령(斷髮嶺)-1연6행, 2) 장안사(長安寺)-1연6행, 3) 명경대(明鏡臺)-1연6행, 4) 진주담(眞珠潭)-1연6행, 5) 만폭동(萬瀑洞)-1연6행, 6) 마하연(痲河衍)-1연5행, 7) 비로봉(毘盧峰)-2연12행, 8) 배 바위에 앉아서-2연12행, 9) 마의 태자. 릉(痲衣太子. 陵)-3연9행, 10) 구룡연. 구룡폭포(九龍淵. 九龍瀑布)-1연6행, 11) 해금강(海金剛) 입석리(立石里)에서-1연6행, 12) 동해(東海)-2연14행, 13) 자마암(自磨巖)-2연12행, 14) 삼일포(三一浦)-1연3행, 15) 총석정(叢石亭)1-1연3행, 16) 총석정(叢石亭)2-1연9행, 17) 총석정(叢石亭)3-1연7행, 18) 만물상(萬物相)-1연8행, 19) 고려자기. 송(高麗瓷器. 頌)-3연9행, 20) 춘소원(春宵苑)-3연9행, 21) 낙화암(洛花

巖)-1연3행, 22) 평제탑(平濟塔)-오층석탑, 부여-1연3행, 23) 영월대(迎月臺)-1연3행, 24) 음악회(音樂會)-춤-1연3행, 25) 음악회(音樂會)-노래-1연3행, 26) 음악회-풍금-2연6행, 27) 아동작품(兒童作品)-송(頌)-5연15행, 28) 어느날-2연6행, 29) 향수(鄕愁)-3연9행, 30) 백상조(百祥朝) 선생-영전에-4연12행, 31) 덕숭산(德崇山)-1연3행, 32) 애도(哀悼)-구장(九章)-김구(金九 1876-1949)선생-서거를 애도하여 쓰다-9연27행, 33) 정혜사견성암(定慧寺見性庵)-2연12행, 34) 추우감별(秋雨感別)-4연12행, 35) 어머니-5연15행, 36) 범종(梵鐘)-3연18행, 37) 관음상(觀音像)-석굴암(石窟庵)-5연15행, 38) 촛불-4연12행, 39) 꽃밭-3연18행, 40) 눈 내리는 밤에-3연18행, 41) 지사총(志士塚)-1연12행, 42) 선죽교(善竹橋)-2연6행, 43) 가늘한 바람-1연11행, 44) 낮달1-1연12행, 45) 낮달2-1연10행, 46) 벌레소리1-1연12행, 47) 벌레소리2-1연10행, 48) 초추(初秋)-1연3행, 49) 봄잔디-1연3행, 50) 돌아오라-6연18행.

※ 출전(出典)-용봉대종사 금당 이재복 선생전집8권(龍峯大宗師 錦塘 李在福 1918-1991 先生全集八卷). 도서출판- 종려나무-대전. 2009. 시조비-꽃밭-3연9행.

2. 대전문학 선집. 1995.

1) 정사록초(靜思錄抄)1-사설, 2) 정사록초(靜思錄抄)2-사설, 3) 정사록초(靜思錄抄)3-사설, 4) 매화-2연12행, 5) 낮달1-1연12행, 6) 별-사설, 7) 눈 내리는 밤에-3연18행.

3. 현대시조 작품 감상

1) 어머니

아버지 일찍 여읜 두 남매를 재워 놓고
품갚음 바느질감 외로 밀어 던져두고
달 환한 창머리에서 몰래 울던 어머니.

서울로 올라가던 어디든 가슴 안에

나도 남 보란 듯이 모실 날을 믿었소만
세상일 속아 속아서 일흔 살이 넘다니.

끼니마다 산나물 죽 아무려면 어떠냐고
다만 믿어오기 이 몸 하나 뿐일러니
주름살 그늘진 오늘도 꾀죄죄한 그저 그 옷.

보람도 헛된 날로 넋은 반이 부스러져
간간히 망령의 말씀 꾸중보다 더 아픈데
서럽지 않은 눈물을 어이 주루 흘리시오.

갈퀴 같은 손을 잡고 서글퍼 하는 나를
고생이 오죽하냐 되려 눈물 지우시니
갈수록 금 없는 사랑 하늘, 땅 넓어라.

2) 꽃밭
노란 꽃은 노란대로 하얀 꽃은 하얀 그대로
피어나는 그대로가 얼마나 겨운 보람인가
제 모습 제 빛깔마다 어울리는 꽃밭이여.

꽃도 웃고 사람도 웃고 하늘도 웃음짓는
보아라. 이 한나절 다사로운 바람결에
뿌리를 한 땅에 묻고 살아가는 인연의 빛.

너는 물을 줘라 나는 모종을 하마
남남이 모인 뜰에 서로 도와 가꾸는 마음
나누운 슬픈 겨레여 이 길로만 나가자.

※ 시조비-대전문학관, 야외 학습장.

Ⅲ. 금당 이재복(錦塘 李在福 1918-1991)의 현대시조 창작형태조사

시조시	1연	2연	3연	4연	5연	사설	장시조	총계	비고
침묵속의끝없는길	25	9	8	3	3		2	50	
대전문학선집	1	1	1			4		7	
총 계	26	10	9	3	3	4	2	57	
비 율%	45.6	17.5	15.7	5.2	5.2	7.0	3.5	99.7	

〈참고문헌〉

1. 한국 시조큰사전-한춘섭, 박병순, 리태극-을지출판공사-서울. 1985
2. 한국 시조대사전-(상 · 하. 별책)-박을수-아세아문화사-서울. 1991
3. 근대 시조집람-임선묵-경인문화사-서울. 1999
4. 한국시대 사전-김창직, 윤해규-을지출판공사-서울. 2004
5. 한국 현대시조 연구와 향방-김창현-오늘의문학사-대전. 2014

이 재 철 (李在徹 1931-2011)의 현대시조

Ⅰ. 시조문학

1965. 제11집-1) 운문사(雲門寺)-3연18행.

대삿간 없이 지켰으니 아스라한 운문사(雲門寺)여
몇 번을 윤회(輪廻)했나 바라어진 돌 바위며
작압수(鵲鴨樹) 천년(千年)등컬에 하마 어린 그 옛 전설(傳說).

흰백(白)나한(羅漢)들이 외려 무료(無聊)에 겨운 법당(法堂)
허전한 미소(微笑) 속에 깃들여 온 찬 물결은
놓쳐 온 긴 세월(歲月)속에 소스라치는 나의 존재(存在).

말없이 불두화(佛頭花)는 사양(斜陽)의 꽃을 담고
먼 종언(終焉) 오솔길에 진달래 문 중년(中年)이여
구름도 그 먼 연유(緣由)에 탑(塔)을 돌아가는가.

Ⅱ. 이재철(李在徹 1931-2011)의 현대시조 창작형태조사

시조시	1연	2연	3연	4연	5연	사설	장시조	총계	비고
시조문학			1					1	
총 계			1					1	
비 율%			100					100	

〈참고문헌〉

1. 한국 시조큰사전-한춘섭, 박병순, 리태극-을지출판공사-서울. 1985
2. 한국 시조대사전-(상 · 하 별책)-박을수-아세아문화사-서울. 1991
3. 근대 시조집람-임선묵-경인문화사-서울. 1999
4. 한국시대 사전-김창직, 윤해규-을지출판공사-서울. 2004
5. 한국 현대시조 연구와 향방-김창현-오늘의문학사-대전. 2014

이 정 호 (李正浩 1927-1991)의 현대시조

Ⅰ. 현대시조

1991. 가을호-1) 박꽃-3연9행, 2) 낙타봉-5연15행, 3) 미륵사지-3연9행, 4) 빼꾸기-3연9행.

Ⅱ. 한국시대사전. 2004.

자유시-황소, 산비둘기 우는 사연, 귀성객, 마당흙년, 사과 돼지와 농부, 급매안내, 밤나무, 콩나물, 오월의 신록.

Ⅲ. 현대시조 작품 감상

1) 박꽃

정화수 사발가에 피어나온 숨결처럼
영롱한 이슬방울 맺혀있는 하얀 박꽃
소박한 어머님의 합장하는 그 모습.

한낮에 시들어서 생기 없는 박꽃 보면
뙤약볕 이기시고 콩밭을 매시다가
지친듯 밭두렁에서 졸고 계신 어머님.

새하얀 박꽃송이 노을에 물들이면
저녁 솥 아궁이에서 활활 타는 불꽃으로
땀방울 붉으레 반짝이는 어머니의 옆모습.

Ⅳ. 이정호(李正浩 1927-1991)의 현대시조 창작형태조사

시조시	1연	2연	3연	4연	5연	사설	장시조	총계	비고
현대시조			3		1			4	
총 계			3		1			4	
비 율%			75		25			100	

〈참고문헌〉

1. 한국 시조큰사전-한춘섭, 박병순, 리태극-을지출판공사-서울. 1985

2. 한국 시조대사전-(상 · 하. 별책)-박을수-아세아문화사-서울. 1991

3. 근대 시조집람-임선묵-경인문화사-서울. 1999

4. 한국시대 사전-김창직, 윤해규-을지출판공사-서울. 2004

5. 한국 현대시조 연구와 향방-김창현-오늘의문학사-대전. 2014

학산 이준구(鶴山 李俊求 1929-2016)의 현대시조

Ⅰ. 한국시조큰사전. 1985.

1) 낙화암-1연3행, 2) 고와(古瓦)-1연3행, 3) 꽃-2연6행, 4) 그리움-2연6행, 5) 그 입김 아쉬운 탓에-2연6행, 6) 낙화산-3연9행, 7) 낙화암-1연3행, 8) 다듬이 소리-1연3행, 9) 단풍-1연3행, 10) 들국화-2연6행, 11) 범종 소리-2연6행, 12) 분수-2연6행, 13) 사뇌초-3연9행, 14) 사향심서-2연6행, 15) 소-1연3행, 16) 소묘-3연9행, 17) 송편-1연3행, 18) 신록-1연2행, 19) 야상(夜想)-3연9행, 20) 에밀레종-1연3행, 21) 오월-1연3행, 22) 우음(偶吟)-2연6행, 23) 운등치우-2연6행, 24) 육교-1연3행, 25) 육화(六花)-3연9행, 26) 이질(異質)-2연6행, 27) 작은새-2연6행, 28) 증심사(證心寺)-1연3행, 29) 초설(初雪)-1연3행.

Ⅱ. 한국시 대사전. 2004.

1) 야상-3연9행, 2) 낙화-3연9행, 3) 산-1연9행, 4) 돌-1연9행, 5) 사뢰초-3연9행, 6) 구름-2연18행, 7) 육화-3연9행, 8) 꽃잎-2연18행.

Ⅲ. 산(山) 현대시조시집. 1987.

1) 산(山)-1연11행, 2) 별-1연11행, 3) 낮달 소묘-1연11행, 4) 돌-1연11행, 5) 꽃-1연11행, 6) 숲-1연11행, 7) 도라지꽃-1연11행, 8) 꽃이랑-2연22행, 9) 낙화-3연33행, 10) 환상끝에-1연10행, 11) 연상-1연10행, 12) 단조-1연12행, 13) 나비-1연10행, 14) 오월-1연10행, 15) 첫눈-1연10행, 16) 큰별-2연21행, 17) 송편-1연10행, 18) 그리움-2연21행, 19) 신록-1연11행, 20) 기억-2연22행, 21) 꽃-2연22행, 22) 분수-2연20행, 23) 소묘-3연32행, 24) 산꽃-1연11행, 25) 한-1연11행, 26) 사뇌초-3연33행, 27) 에밀레종-1연11행, 28) 사향노루-2연22행, 29) 구름-2연22행, 30) 이질(異質)-2연22행, 31) 바

람, 꽃, 소묘-3연32행, 32) 야상(夜想)-3연32행, 33) 부채-1연11행, 34) 육화(六花)-3연33행, 35) 눈물-1연11행.

Ⅳ. 사뇌초(思惱抄). 2011.

1) 사뇌초-3연21행, 2) 산(山)-1연7행, 3) 겨울 귀향-2연14행, 4) 꽃잎-2연14행, 5) 구름-2연14행, 6) 지리산행-2연14행, 7) 촉루-2연14행, 8) 이팝나무-2연14행, 9) 나무의 사념-2연14행, 10) 야상(夜想)-3연21행, 11) 별-1연7행, 12) 숭례문참화-2연14행, 13) 분수-2연14행, 14) 낙화기-3연21행, 15) 돌-1연7행, 16) 죽림(竹林)-1연7행, 17) 나비-1연7행, 18) 도라지꽃-1연7행, 19) 명가은(茗可隱)-1연7행, 20) 다실에서-2연14행, 21) 사향노루-2연14행, 22) 꽃이랑-2연14행, 23) 꽃 이미지-2연14행, 24) 그리움-2연14행, 25) 독도와 소쩍새-2연14행, 26) 필암서원-1연7행, 27) 낙화암-1연7행, 28) 소묘-3연21행, 29) 산꽃-1연7행, 30) 하지감자-2연14행, 31) 나비-1연7행, 32) 허수아비 그림자-1연7행, 33) 익산역에서-2연14행, 34) 가을의 시-2연14행, 35) 뽕나무 밭에서-2연14행, 36) 워낭소리-2연14행, 37) 코끼리와 개미-2연14행, 38) 포플러나무-2연14행, 39) 하얀종이-1연7행, 40) 물고기-1연7행, 41) 산불-1연7행, 42) 목련 관견-1연7행, 43) 육화(六花)-3연21행, 44) 멧새 소묘-1연7행, 45) 큰별-2연14행, 46) 기억-2연14행, 47) 무등골 당산나무-2연14행, 48) 일개미-2연14행, 49) 유목-1연7행, 50) 낮달 소묘-1연7행, 51) 가을과 치아-1연10행, 52) 해치상-2연14행, 53) 추사(秋思)-1연7행, 54) 교단을 떠나면서-1연7행, 55) 지산초북분교-1연7행, 56) 자화상-1연7행, 57) 낙과를 보며-2연14행, 58) 학의 울음소리-2연14행, 59) 고향을 떠나온 후-2연14행, 60) 서풍-2연14행, 61) 효령노인복지타운-2연14행, 62) 지리산 천황봉 아래서-2연14행, 63) 실상사(實相寺)-2연14행, 64) 청빈(淸貧)-1연7행, 65) 나무와 인간-1연7행, 66) 물레방아 앞에서-2연14행, 67) 무등산 관견-2연14행, 68) 바위-2연14행, 69) 연평도 이미지-2연14행, 70) 물-2연14행, 71) 가을산야-2연14행, 72) 인터넷-2연14행, 73) 봄과 IMF-2연14

행, 74) 명동성당-2연14행, 75) 빛바랜 사진 한장-2연14행, 76) 남대문-2연14행, 77) 백목련 앞에 서면-2연14행, 78) 강산의 아우성-2연14행, 79) 투계 소묘-2연14행, 80) 그림자의 경주-2연14행, 81) 시(詩)-1연7행, 82) 물처럼 살자꾸나-1연7행, 83) 둥근달-1연7행, 84) 재물-1연7행, 85) 평화의 종-2연14행, 86) 해님아-1연7행, 87) 고려청자-1연7행, 88) 신창동 유적지에서-1연7행, 89) 소쇄원 대봉대에서-1연7행, 90) 송병(松餠)-1연7행, 91) 협재굴-1연7행, 92) 귀조(歸鳥)-1연7행, 93) 기토라고분-1연7행, 94) 이미지 연습-2연14행, 95) 농촌 비극-2연14행, 96) 육교-1연7행, 97) 고속도로-1연7행, 98) 박달나무변-2연14행, 99) 돌개 바람-1연7행, 100) 하의도-1연7행, 101) 봄 소묘-2연14행, 102) 하늘빛 달무리 소묘-2연14행, 103) 불덩이-2연14행, 104) 억불산-1연7행, 105) 시조(時調)-1연7행, 106) 죽음의 기능-2연14행, 107) 소(牛)-1연7행, 108) 공생의 이미지-1연7행, 109) 신록(新綠)-1연7행, 110) 환상끝에-1연7행, 111) 오월(五月)-1연7행, 112) 첫눈-1연7행, 113) 탑(塔)-1연7행, 114) 에밀레종-1연7행, 115) 한가로움-1연7행, 116) 가야금 소리-1연7행, 117) 바람꽃 소묘-1연7행, 118) 단풍-1연7행, 119) 경외행-1연7행, 120) 숲-1연7행, 121) 북쪽 하늘-1연7행.

Ⅴ. 학산 이준구(鶴山 李俊求 1929-2016)의 현대시조 창작형태조사

시조집	1연	2연	3연	4연	5연	사설	장시조	총계	비고
한국시조큰사전	13	11	5					29	
한국시대사전	2	2	4					8	
산(山)	18	10	7					35	
사뇌초(思惱抄)	58	59	5					121	
총 계	91	82	21					194	
비 율%	46.9	42.2	10.8					99.8	

〈참고문헌〉

1. 한국 시조큰사전-한춘섭, 박병순, 리태극-을지출판공사-서울. 1985
2. 한국 시조대사전-(상 · 하. 별책)-박을수-아세아문화사-서울. 1991
3. 근대 시조집람-임선묵-경인문화사-서울. 1999
4. 한국시대 사전-김창직, 윤해규-을지출판공사-서울. 2004
5. 한국 현대시조 연구와 향방-김창현-오늘의문학사-대전. 2014

이채란(李采蘭 1918-98세)의 현대시조

Ⅰ. 한국시조큰사전. 1985.

1) 항아리를닦으며-1연4행, 2) 까치집-3연9행, 3) 겨울밤-1연3행, 4) 귀뚜라미우는밤에-2연6행, 5) 낙수(落水)-2연6행, 6) 동죽(冬竹)-3연9행, 7) 망북(望北)의노래-3연9행, 8) 먹물을갈며-2연6행, 9) 내장산(內藏山)-1연3행, 10) 목련핀뜰에서서-1연3행, 11) 법주사(法住寺)-2연6행, 12) 새벽-2연6행, 13) 송광사(松廣寺)-2연6행, 14) 수양버들-1연3행, 15) 영예의모란장-5연15행, 16) 와우산(蛙憂山散策)-3연9행, 17) 은행잎지는뜨락-2연6행, 18) 추정(秋庭)-2연6행, 19) 탑(塔)-1연3행, 20) 회고(懷古)-2연6행,

Ⅱ. 서강(西江)에 솟은 탑등(塔燈). 1990.

1) 63층의낙조-2연12행, 2) 창문을열고-2연12행, 3) 낮한때(1)-2연12행, 4) 봄비-2연12행, 5) 춘설(春雪)-2연12행, 6) 커피포드-2연12행, 7) 서강(西江) 뜰-1연6행, 8) 낮한때(2)-1연6행, 9) 추정(秋庭)-2연12행, 10) 창밖을내다보며-2연12행, 11) 낙엽-2연12행, 12) 상국(霜菊)-2연12행, 13) 고독(孤獨)-2연12행, 14) 오후의묵상-2연12행, 15) 귀뚜라미-1연6행, 16) 노을-1연6행, 17) 정원석(庭園石)-2연12행, 18) 설원(雪原)을 바라보며-2연13행, 19) 겨울밤-1연6행, 20) 삶의어느길목에서서-3연18행, 21) 은행나무-1연6행, 22) 삶의어느길목에서서(2)-2연12행, 23) 남산길-2연12행, 24) 광화문을지나면서-2연12행, 25) 혜화문을지나면서-2연12행, 26) 한강-2연12행, 27) 한강뚝에서서-2연12행, 28) 은행잎지는뜨락-2연12행, 29) 김포가도-2연12행, 30) 가로등(1)-1연6행, 31) 가로등(2)-1연7행, 32) 황국(黃菊)-1연6행, 33) 바위-1연7행, 34) 가을바람에부쳐-2연12행, 35) 동죽(冬竹)-3연18행, 36) 보시(布施)-1연6행, 37) 모과주(木果酒)-2연12행, 38) 소금-2연12행, 39) 경춘가도-1연6행, 40) 봉선사에가면서-2연12행, 41) 서강에솟은탑

등-2연12행, 42) 노모(老母) 곁에서-2연12행, 43) 사친(思親)-2연12행, 44) 산같은통곡을삼키며-3연18행, 45) 봉선사뜰에서서-1연6행, 46) 성묘길-2연12행, 47) 오대산월정사-2연12행, 48) 신륵사(神勒寺)-2연12행, 49) 보경사가는길-1연6행, 50) 갠지스강가에서-4연24행, 51) 인도교외버스창가에서-4연24행, 52) 아잔타석굴-3연18행, 53) 인도양의일출-1연6행, 54) 대만에내리면서-1연6행, 55) 북태평양-1연6행, 56) 노보리벳쯔온천-2연12행, 57) 동경하늘-2연12행, 58) 대관령에서-3연18행, 59) 재인폭포-1연6행, 60) 백암온천-1연6행, 61) 가을방문객-1연6행, 62) 하와이의물빛-2연12행, 63) 설악의밤-1연6행, 64) 하늘이여-3연18행, 65) 평초정(平楚亭)에서-1연6행, 66) 영예의모란장-5연30행, 67) 고희송(1)-3연18행, 68) 고희송(2)-2연12행, 69) 망북(望北)의노래-3연18행, 70) 편지-1연6행, 71) 축나래이십년사-2연12행, 72) 동창생-2연12행, 73) 쪽샘에뜨는얼굴-2연12행.

〈작품론〉 신앙위에 점화된 삶의 시혼-이은방(1940-2006)

III. 현대시조 작품 감상

1) 하와이의 물빛

푸르름도 더하고 보면 흑해라고 하던가.
아득한 수평선엔 배 한 척 띄워 두고
한 여심(旅心) 외로운 물새 망망대해 날고 있다.

펼쳐진 모래사장 눈부신 인어 떼가
젊은 날 낭만의 바다 이글대는 태양 위로
끝없이 춤추는 파도 부서져간 번뇌여.

2) 인도양의 일출

망망한 대자연 앞에 가슴 벅차 설레인다.
야자수 그늘 앉아 주마등같은 과거사들

외로움 괴로움일랑 인도양에 띄워두자.

※ 1집-은행잎지는 뜨락(1978), 2집-가을방문객(1989)-자료 없음.

IV. 이채란(李采蘭 1918-98세)의 현대시조 창작형태조사

시조시	1연	2연	3연	4연	5연	사설	장시조	총계	비고
한국시조큰사전	6	9	4		1			20	
서강에솟는탑등	23	40	9		1			73	
총 계	29	49	13		2			93	
비 율%	31.1	52.6	13.9		2.1			99.7	

〈참고문헌〉

1. 한국 시조큰사전-한춘섭, 박병순, 리태극-을지출판공사-서울. 1985
2. 한국 시조대사전-(상 · 하. 별책)-박을수-아세아문화사-서울. 1991
3. 근대 시조집람-임선묵-경인문화사-서울. 1999
4. 한국시대 사전-김창직, 윤해규-을지출판공사-서울. 2004
5. 한국 현대시조 연구와 향방-김창현-오늘의문학사-대전. 2014

이 태 용 (李泰龍 1924-2010)의 현대시조

Ⅰ. 한국시조큰사전. 1985.

1) 꽃샘-1연3행, 2) 낙엽을 밟으며-1연3행, 3) 목공(木工)-1연3행, 4) 바다-1연3행, 5) 산길-1연3행, 6) 산마을-1연3행, 7) 석류-1연3행, 8) 소나기 오는 밤에-1연3행, 9) 여인상-1연3행, 10) 서야-1연3행, 11) 청산 한-1연3행.

Ⅱ. 현대시조 작품 감상

1) 바다
가슴이 답답하여 바닷길에 나갔더니
흐른 물가 삭이고 서럽도록 푸른 파도
아득한 수평만 바라보고 하고 싶은말 잊고 왔소.

2) 목공(木工)
꽃이 피고 지매 웃고 울고 했는데
싯 떫은 모과 향기 내 마음 기우다니
오십년 매운 풍상이 이 몸 저린 탓일까.

3) 석류
선불리 될 수 는 없어 봄바람도 삼갔는데
찬서리 내린 뜰에 삶을 앓다 터져난 가슴
아직은 붉은 알알을 갈무리고 싶어라.

4) 송춘(送春)
바람도 불지 않는데 꽃은 왜 지는가

슬퍼할 까닭도 없이 눈물은 왜 고이는가.
가는 봄 다시 오련만 가고 안올 내 봄일레.

Ⅲ. 이태용(李泰龍 1924-2010)의 현대시조 창작형태조사

시조시	1연	2연	3연	4연	5연	사설	장시조	총계	비고
한국시조큰사전	6	9	4		1			20	
서강에솟는탑등	23	40	9		1			73	
총 계	29	49	13		2			93	
비 율%	31.1	52.6	13.9		2.1			99.7	

〈참고문헌〉

1. 한국 시조큰사전-한춘섭, 박병순, 리태극-을지출판공사-서울. 1985
2. 한국 시조대사전-(상 · 하. 별책)-박을수-아세아문화사-서울. 1991
3. 근대 시조집람-임선묵-경인문화사-서울. 1999
4. 한국시대 사전-김창직, 윤해규-을지출판공사-서울. 2004
5. 한국 현대시조 연구와 향방-김창현-오늘의문학사-대전. 2014

이 향 란 (李香蘭 1930–86세)의 현대시조

—(이설주, 李雪舟-본명-龍壽(1908-2001) 아버지, 주선아(딸) 수필가, 아래위로3대가 명문가

Ⅰ. 한국시조큰사전. 1985.

1) 아가(雅歌)-1연7행, 2) 가파도-1연3행, 3) 낙일(落日)-1연3행, 4) 모정(暮情)-1연3행, 5) 봄은가고-1연3행, 6) 정춘(情春)-1연3행, 7) 속리산새벽에서서-2연6행, 8) 아가(雅歌(1)-2연6행, 9) 아가(雅歌) (2)-1연3행, 10) 아가(雅歌) (3)-2연6행, 11) 화문석-1연3행.

Ⅱ. 세월의 숲속에 서서. 1988.

1) 봄과바다와등불의시-2연16행, 2) 학이여너의하늘-2연16행, 3) 바위자라나무되고-2연15행, 4) 겨울비-2연15행, 5) 문패를내리며-3연21행, 6) 눈보라치는밤에-1연9행, 7) 어떤풍경-1연9행, 8) 갈매기여름바다-2연14행, 9) 낙일(落日) 앞에서-5연35행, 10) 비젖은밤-2연15행, 11) 여름날에-2연14행, 12) 당주호물파초-2연17행, 13) 호반의밤비-2연16행, 14) 억새풀흩어진길-2연14행, 15) 가을은지고-2연16행, 16) 낙조를바라보며-2연14행, 17) 목련을보며-2연14행, 18) 칠석-3연21행, 19) 수선화-1연7행, 20) 별리(別離)-1연8행, 21) 만청산장=1연7행, 22) 손-1연7행, 23) 겨울강-2연14행, 24) 호엽란-1연7행, 25) 낮달-1연9행, 26) 전화를받고-2연14행, 27) 사랑아-1연9행, 28) 항아리-1연7행, 29) 수족관에서-3연21행, 30) 병상에서-2연16행, 31) 어느세모에-2연14행, 32) 선달-2연16행, 33) 유빙(流氷)-2연15행, 34) 광나루에앉아-2연14행, 35) 호엽란있는밤-2연16행, 36) 청사포연가-1연7행, 37) 봄있는풍경-1연7행, 38) 삼월의차-2연14행, 39) 봄물가에서-2연14행, 40) 수이불-1연7행, 41) 겨울장미-1연9행, 42) 자목련사(紫木蓮詞)-2연14행, 43) 백자에진홍받쳐1연8행, 44) 수국-1연9행, 45) 청령일기(蜻蛉日記)-2연16행, 46) 광나루소묘-1연9행, 47) 귀로-1연7행, 48) 난을보내며-1

연8행, 49) 석춘(惜春)-1연9행, 50) 백선(白線)-2연14행, 51) 이가을저물고-2연14행, 52) 세월의숲속에서서-2연16행, 53) 휘지섬엽서-2연14행, 54) 능등도일몰(能登島日沒)-2연13행, 55) 여숙(旅宿)-2연16행, 56) 모야역(茅野驛) 을지나며-1연8행, 57) 화양계곡-1연9행, 58) 추갑사오리숲-2연14행, 59) 소금강-2연14행, 60) 까치노을아침바다-2연15행, 61) 관동을다녀와서-1연7행, 62) 태백산-1연7행, 63) 산채파는노파(죽령)-1연7행, 64) 어느신혼부부-1연7행, 65) 대관령을넘으며-1연7행, 66) 죽령을딛고-1연7행, 67) 한계령에와서-1연7행, 68) 내장산아침-1연7행, 69) 금강에-3연21행, 70) 추갑사가는길-2연14행, 71) 홍도시-바다새-1연7행, 72) 노을섬-1연7행, 73) 밤파도-1연7행.

〈해설〉서정적 자아의 자발인화 그 균제미-서벌(1939-2005)

III. 구름해법. 1995.

1) 구름해법-1연9행, 2) 등대를보며-1연9행, 3) 가을단상-1연11행, 4) 고도(孤島)-1연6행, 5) 무덤이있는풍경-1연6행, 6) 창을닦으며-1연8행, 7) 늪-1연8행, 8) 공(空)-1연8행, 9) 겨울밤(1)-1연9행, 10) 어혈(瘀血)-1연6행, 11) 몸살-1연10행, 12) 자실(自失)-3연24행, 13) 회나무독백-2연16행, 14) 팔베개-1연8행, 15) 바위-2연14행, 16) 벌목장에서-3연24행, 17) 실제(失題)-2연16행, 18) 십장생도(十長生圖)-3연24행, 19) 겨울강을바라보며-2연16행, 20) 팔학군-4연32행, 21) 설목에부쳐-2연12행, 22) 이제그만-사설, 23) 피리구멍-1연9행, 24) 종생(終生)의날에도-1연9행, 25) 타다가남은밤-2연16행, 26) 밤의고동-3연24행, 27) 패각의노래-2연16행, 28) 가을은동심원그리며-3연24행, 29) 하얀등꽃-2연16행, 30) 침묵의뿌리를뽑아-사설, 31) 어룽진봄한철-1연10행, 32) 싸락눈내리는밤-3연24행, 33) 비오는밤의단상-2연16행, 34) 강물에흘린이야기-2연14행, 35) 푸른바람그한줄기-2연14행, 36) 고독은-1연9행, 37) 흑진주-1연8행, 38) 수국은피고-3연24행, 39) 숲이야기-3연24행, 40) 봄비-2연16행, 41) 사랑은-1연10행, 42) 일몰의

잔(日沒의盞)-사설, 43) 필드는푸른바다-공은흰갈매기-나이스샷-1연7행, 44) 행로에견주어-1연7행, 45) 공과홀컵-1연7행, 46) 머리없는날-1연7행, 47) 사직동편지-5연40행, 48) 가을환상-2연16행, 49) 정원반석-3연24행, 50) 너희들보내며-3연24행, 51) 펌프를 잡으며-2연16행, 52) 6월의회상-3연24행, 53) 꽃상여-1연9행, 54) 소문은낙엽되어-1연8행, 55) 진주-3연24행, 56) 어둠은천길바다-2연16행, 57) 허방다리-3연24행, 58) 겨울섭리-2연16행, 59) 하얀맨발-2연12행, 60) 바다는허허로워-너는등대-1연8행, 61) 해변에누워-2연16행, 62) 사임당묘소에서-4연28행, 63) 화석정(花石亭)-2연12행, 64) 양수리한경(閑景)-2연16행, 65) 약쑥-2연16행, 66) 바람문신(紋身)-3연24행, 67) 제야(除夜)에-사설, 68) 에메랄드의꿈(아르젠틴에서)-2연14행, 69) 크레타섬의낙일(落日)-4연24행, 70) 바람에게물어보리라-3연24행, 71) 이과수폭포앞에서-3연24행, 72) 리오의상(像)-4연32행, 73) 물고기화석(브라질에서)-2연12행, 74) 고독과허무는한빛깔-5연40행, 75) 헬싱키아침바다-사설, 76) 콜럼비아대빙원-3연18행, 77) 안개의스카그웨이-2연16행, 78) 쥬노찬가-아침-1연8행, 79) 낮-1연8행, 80) 저녁-1연8행, 81) 이스탄불의밤-2연16행, 82) 원죄(原罪)-2연16행, 83모래속에묻혀서-사설, 84) 노천탕의노부부-1연8행.

〈작품 해설〉사랑에 대한 천착.-이근배.

Ⅳ. 구름 동행 – 목숨무늬. 2006.

1) 세월의그늘-2연12행, 2) 삼십년의파도-4연24행, 3) 일몰의기도-3연18행, 4) 어디로가는길인가-3연18행, 5) 비망록(1)-1연9행, 6) 비망록(2)-2연12행, 7) 비망록(3)-2연12행, 8) 비망록(4)-2연14행, 9) 비망록(5)-2연12행, 10) 섬밖의섬-2연12행, 11) 파도에부쳐-2연14행, 12) 이승의강-2연12행, 13) 화려한고독-3연18행, 14) 종착역-3연18행, 15) 바람도비켜선봄-12연12행, 16) 안경을닦으며-2연12행, 17) 새목숨갈아입고-3연18행, 18) 소리없이흐르는적막-2연12행, 19) 구름동행-2연12행, 20) 독수리의노래-4연24행,

21) 산이요, 강산이신님-2연12행, 22) 어느추석-5연20행, 23) 설목(雪木)-3연15행, 24) 용인묘지에서-허무와손잡고-1연6행, 25) 고사목도아닌것이-1연6행, 26) 구름과꽃의사이-2연12행, 27) 상처는봄풀돋듯-2연14행, 28) 세월의앙금-2연14행, 29) 돛을풀어띄운다-2연12행, 30) 노을-2연12행, 31) 군소리-2연14행, 32) 시계탑-1연9행, 33) 쉬어가는길-2연14행, 34) 계절끝을밟고-2연12행, 35) 허무의강-2연14행, 36) 거리에는비내리고-2연12행, 37) 우리모두기다리마-2연12행, 38) 모란꽃흐드러져도-3연18행, 39) 흔적없는봄밤-2연12행, 40) 환생-2연12행, 41) 낙일(落日) 앞에서서-2연12행, 42) 세월의흔적-2연14행, 43) 추억하나있었으니-1연8행, 44) 단풍나무가지끝에-2연12행, 45) 먼약속-2연12행, 46) 절도(絶島)의밤-1연6행, 47) 파도소리-2연12행, 48) 던힐코렉트파이프-1연8행, 49) 지노하데에서서-6연24행, 50) 지워지지않는순간들-3연18행, 51) 어화(漁火) 가있는풍경-3연18행, 52) 먼훗날의노래-3연18행, 53) 여로(旅路) 에서서-2연12행, 54) 이승밖의노래-2연12행, 55) 주여데려가소서-3연21행, 56) 모천(母川)-2연15행, 57) 구름한장-2연12행, 58) 황혼에앉아-1연8행, 59) 체념의한끝-2연12행, 60) 가을에부르는노래-3연18행, 61) 저물녁-1연7행, 62) 극락조-2연14행, 63) 명사산에열사흘달이뜨다-4연24행, 64) 낙타를타고가리라-3연19행, 65) 월아천의노을-3연15행, 66) 돈황-4연25행, 67) 유채꽃소식-사설, 68) 캄보다아(1)-3연18행, 69) 캄보디아(2)-사설, 70) 캄보디아(3)-4연24행, 71) 가을여행(1)-3연18행, 72) 가을여행(2)-2연12행, 73) 따뜻한노래-2연12행, 74) 객석에서-사설, 75) 반란-4연20행, 76) 시간죽이기-사설, 77) 닻을내리기전에-4연21행, 78) 다시가을에-2연17행.

Ⅴ. 이승 밖의 노래 - 구름동행. 2006.

1) 아내-1연7행, 2) 적(寂)-1연7행, 3) 일기(2)-2연14행, 4) 일기(3)-2연14행, 5) 지환을끼고-3연21행, 6) 우렁이의노래-2연12행, 7) 아이집등불-3연18행, 8) 고사목눕힌밤에-2연12행, 9) 흑진주-1연8행, 10) 청미래덩쿨같이-

사설, 11) 막장-1연7행, 12) 목숨의무늬-1연8행, 13) 어떤풍경-1연9행, 14) 내가슴당신의제기(祭器)에-사설, 15) 허(虛)-1연7행, 16) 석일당시(惜日堂詩)-2연12행, 17) 낙과(落果)-1연7행, 18) 감꽃-1연7행, 19) 땅끝바다의시작-3연19행, 20) 귀뚜라미의노래-2연12행, 21) 문패를내리며-3연21행, 22) 알몸은곡선을그리며-2연12행, 23) 밀물과썰물사이-4연16행, 24) 구름해법-1연9행, 25) 회나무독백-2연16행, 26) 겨울비-2연14행, 27) 가고난세월-3연18행, 28) 타다가남은밤-2연16행, 29) 고도(孤島)-1연6행, 30) 가지많은나무-2연12행, 31) 현관이너무넓어-2연12행, 32) 정원반석-3연24행, 33) 해바라기-2연14행, 34) 마른꽃대궁에도-2연12행, 35) 벌목장에서-3연24행, 36) 낙일(落日) 앞에서-5연35행, 37) 밤의고동-3연24행, 38) 이제그만-사설, 39) 패각의노래-2연16행, 40) 가을단상-1연11행, 41) 절도(絶島)의밤-1연6행, 42) 그날의기도-2연16행, 43) 여로(旅路)에 서서-2연12행, 44) 크레타섬의낙일-4연16행, 45) 추억하나있었으니-1연8행, 46) 산이요강이신님-2연12행, 47) 강물은-2연12행, 48) 진혼곡-2연12행, 49) 어느추석-5연20행, 50) 용인묘지에서-허무와손잡고-1연6행, 51) 고사목도아닌것이-1연6행, 52) 세월의앙금-2연14행, 53) 돛을풀어띄운다-2연12행, 54) 상처는봄풀돋듯-2연14행, 55) 소리없이흐르는적막-2연12행, 56) 계절의한끝을잡고-2연12행, 57) 새목숨갈아입고-3연18행, 58) 이승의강-2연12행, 59) 쉬어가는길-2연14행, 60) 어화(漁火)가 있는풍경-3연18행, 61) 지워지지않는시간들-3연18행, 62) 직녀(織女)-1연7행, 63) 일몰앞에서-2연12행, 64) 노을-2연12행, 65) 일몰의기도-3연18행, 66) 비망록(1)-2연12행, 67) 비망록(3)-2연12행, 68) 비망록(4)-2연14행, 69) 비망록(5)-2연12행, 70) 어디로가는길인가-3연18행, 71) 허무의강-2연14행, 72) 섬밖의섬-2연12행, 73) 단풍나무가지끝에-2연12행, 74) 안경을닦으며-2연12행, 75) 파도에부쳐-2연14행, 76) 거리에는비내리고-2연12행, 77) 바람도비켜선봄-2연12행, 78) 세월의그늘-2연12행, 79) 바람의노래-1연6행, 80) 구름노래-1연6행.81) 환생-2연12행, 82) 화려한고독-3연18행, 83) 구름한장-2연12행, 84) 이승밖의노래-2연12행, 85) 구름동행-2연12행, 86) 세월의염전-2연12행, 87) 하늘도무겁고-3연18행.

〈해설〉하나의 흑진주로 남은 시인-임헌영(평론가).

VI. 기대어 사는 집 - 이승 밖의 노래. 2010.

1) 돌아가는길(1)-2연16행, 2) 돌아가는길(2)-3연12행, 3) 돌아가는길(3)-4연12행, 4) 돌아가는길(4)-2연14행, 5) 돌아가는길(5)-3연18행, 6) 돌아가는길(6)-2연14행, 7) 낙엽한장-2연16행, 8) 기러기떼바라보며-2연12행, 9) 찾아가는길-2연16행, 10) 날마다벼랑-2연14행, 11) 여일(餘日)-2연14행, 12) 낙엽을밟으며-2연16행, 13) 너를운다-2연16행, 14) 학의노래-3연12행, 15) 기대어사는집-3연12행, 16) 사직동-시-2연8행, 17) 해와달새겨넣고-2연12행, 18) 전야(前夜)-3연12행, 19) 수술실앞에서-3연12행, 20) 부활의노래-3연12행, 21) 가는길-2연16행, 22) 에리베이터-선물을받고-7연21행, 23) 젖은달-2연16행, 24) 서부자집그옆집-3연12행, 25) 마지막잎새-2연16행, 26) 나무의세한-2연16행, 27) 등뼈에대하여-3연9행, 28) 해와달그너머-4연12행, 29) 녹슨바람소리-2연16행, 30) 휴전선-2연14행, 31) 임진강진달래-2연16행, 32) 엽서-2연6행, 33) 바람에게길을묻다-2연12행, 34) 달은왜구름도못여나내가슴도못여는가-2연14행, 35) 절벽앞에서-2연16행, 36) 세월의저편-3연12행, 37) 흔적없는봄밤-2연16행, 38) 혜존-2연16행, 39) 시간의저쪽-2연12행, 40) 불꽃놀이-2연12행, 41) 하나의밀어-2연12행, 42) 하루해보내기-2연16행, 43) 저별빛-2연121행, 44) 수안보설일(雪日)-2연14행, 45) 만고장청가(萬古長靑歌)-2연14행, 46) 제일(祭日)-1연8행, 47) 실버들-1연7행, 48) 사랑이있는곳-1연9행, 49) 지상의시(詩)-1연8행, 50) 눈덮힌한라-1연6행, 51) 봄은-1연9행, 52) 밤이부르는노래-1연11행, 53) 잠잃은밤에-1연9행, 54) 녹차를마시며-1연8행, 55) 빈꽃밭-1연9행, 56) 망부석-1연7행, 57) 설악을등에지고-4연12행, 58) 사양(斜陽)-3연19행, 59) 루바이야트-5연35행, 60) 아름다운길-4연27행, 61) 오늘의시간-3연18행, 62)

사랑의이름으로-3연16행, 63) 거울앞에서-4연20행, 64) 유성(流星)-사설, 65) 닥터피시-3연17행, 66) 자하문-2연11행, 67) 실버타운에서-3연20행.

〈작품 해설〉 말의영혼과영혼의말-이근배.

Ⅶ. 사랑이 있는 곳 - 기대어 사는 집. 2016.

1) 사랑이있는곳-1연7행, 2) 피리구멍-1연9행, 3) 등대를보며-1연9행, 4) 어떤풍경-1연9행, 5) 가을단상-1연11행, 6) 무덤있는풍경-1연6행, 7) 제일(祭日)-1연8행, 8) 실버들-1연7행, 9) 지상(地上)의시-1연8행, 10) 봄은-1연9행, 11) 잠잃은밤에-1연9행, 12) 망부석-1연7행, 13) 지창(紙窓)-1연7행, 14) 허기-1연8행, 15) 적일(寂日)-1연7행, 16) 환청-1연7행, 17) 성묘-1연7행, 18) 단풍나무아래서-1연7행, 19) 오열(嗚咽)-1연7행, 20) 노천탕의노부부-1연9행, 21) 산길(1)-1연6행, 22) 산길(2)-1연6행, 23) 맷돌-1연7행, 24) 떡깔나무의봄-1연7행, 25) 벗은나무(1)-1연8행, 26) 벗은나무(2)-1연8행, 27) 벗은나무(3)-1연7행, 28) 벗은나무(4)-1연7행, 29) 벗은나무(5)-1연7행, 30) 겨울밤에쓰는시-1연7행, 31) 창살도여윈밤-1연8행, 32) 잃어버린노래-1연7행, 33) 독서-1연7행, 34) 겨울밤-1연7행, 35) 비탈진세월-1연7행, 36) 유성(流星)-1연7행, 37) 성당앞떡깔나무-1연7행, 38) 시(詩)-1연7행, 39) 노을에-1연8행, 40) 감꽃-1연7행, 41) 한낮-1연7행, 42) 봄밤(1)-1연7행, 43) 진달래꽃-1연7행, 44) 고해(告解)-1연7행, 45) 들꽃-1연7행, 46) 감꽃-1연7행, 47) 사랑은(1)-1연7행, 48) 팔벼개-1연8행, 49) 아내-1연7행, 50) 적(寂)-1연7행, 51) 병상을지키며-1연7행, 52) 허(虛)-1연7행, 53) 진솔옷-1연7행, 54) 석등-1연7행, 55) 묵주처럼-1연7행, 56) 직녀(織女)-1연7행, 57) 가을비-1연7행, 58) 막장-1연7행, 59) 낙과-1연7행, 60) 강(1)-1연7행, 61) 강(2)-1연7행, 62) 강이고하늘사이-1연7행, 63) 그사랑지상에내리면-1연7행, 64) 산뻐꾸기-1연7행, 65) 동행-1연7행, 66) 나무가있는풍경-1연7행, 67) 노을이있는풍경-1연7행, 68) 한목숨아끼던날도-1연9행, 69) 마음은제자리못얻고-1연9행, 70) 산숲엔저들만둘이서-1연9행, 71) 밤재운달빛이와

서-1연9행, 72) 그불빛노을에닿아-1연9행, 73) 강건너이산저산을-1연9행, 74) 나뭇잎한잎지우듯-1연9행, 75) 잔가득따르는말씀이-1연9행, 76) 뜨겁고은밀한야반이-1연9행, 77) 벽난로불지펴놓고-1연9행, 78) 가슴이잔이라면-1연9행, 79) 바람은구름싣고-1연9행, 80) 구름에이끌리어-1연9행, 81) 봄밤(2)-1 · 연9행, 82) 봄밤(3)-1연9행, 83) 기러기-1연9행, 84) 인왕산-1연9행, 85) 어느세모에-1연9행, 86) 장강수(長江水)-1연9행, 87) 차오르는나의달아-1연9행, 88) 저승꽃-1연6행, 89) 목숨의무늬-1연7행, 90) 밀물이썰물되든-1연10행, 91) 일몰에서서-1연9행, 92) 네바강의밤-1연9행, 93) 갈매기-1연9행, 94) 노을을보내며-1연9행, 95) 청전사계도-춘(春)-1연7행, 96) 하(夏)-1연7행, 97) 추(秋)-1연7행, 98) 동(冬)-1연7행, 99) 갈숲에바람실리듯-1연9행, 100) 아칸코(阿寒湖)의마리모-1연8행, 101) 녹차를마시며-1연8행, 102) 빈꽃밭-1연9행, 103) 구름해법-1연9행, 104) 창을닦으며-1연8행, 105) 바다는허허로워-1연8행, 106) 소문은낙엽되어-1연8행, 107) 꽃상여-1연9행, 108) 사랑은(2)-1연10행, 109) 고독은-1연8행, 110) 종생의불에도1연8행, 111) 몸살-1연10행, 112) 어혈-1연6행, 113) 공(空)-1연8행, 114) 늪-1연8행, 115) 사랑아-1연9행, 116) 눈보라치는밤에-1연9행, 117) 수련을보며(1)-1연7행, 118) 수련을보며(2)-1연7행, 119) 별리(別離)-1연8행, 120) 손-1연6행, 121) 석춘(惜春)-1연9행, 122) 호접란-1연7행, 123) 항아리-1연7행, 124) 봄있는풍경-1연8향, 125) 난을보며-1연8행, 126) 소금강(1)-1연7행, 127) 소금강(2)-1연7행.

Ⅷ. 사랑이 있는 곳

1) 아가(雅歌) 1983, 2) 지환(指環) 을 끼고, 1985, 3) 밀물과 썰물사이, 1990, 4) 석일당시초-1993, 5) 시간 속에서, 1998, 6) 그곳에서도, 2000, -자료 없음.

IX. 이일향(李一香 1930-86세) 현대시조 창작형태조사

시조시	1연	2연	3연	4연	5연	사설	장시조	총계	비고
한국시조큰사전	8	3						11	1985
세월숲속에서서	33	36	4		1			74	1988
구름해법	29	26	17	4	2	6		84	1995
목숨무늬	146	103	42	13	7	5	6	322	1998
구름동행	9	39	16	7	1	4	2	78	2006
이승밖의노래	19	46	15	2	2	3		87	2006
기대어사는집	11	33	15	5	1	1	1	67	2010
사랑이있는곳	127							127	2016
총　　계	382	286	109	31	14	19	9	850	
비　　율%	44.9	33.6	12.8	3.6	1.6	2.2	1.0	99.7	

〈참고문헌〉

1. 한국 시조큰사전-한춘섭, 박병순, 리태극-을지출판공사-서울. 1985

2. 한국 시조대사전-(상 · 하. 별책)-박을수-아세아문화사-서울. 1991

3. 근대 시조집람-임선묵-경인문화사-서울. 1999

4. 한국시대 사전-김창직, 윤해규-을지출판공사-서울. 2004

5. 한국 현대시조 연구와 향방-김창현-오늘의문학사-대전. 2014

이 효 상 (李孝祥 1906-1989)의 현대시조

Ⅰ. 한국시대사전. 2004.

1) 불국사(佛國寺)-6연18행.

Ⅱ. 현대시조 작품 감상

1) 불국사(佛國寺)

천년 옛 도읍을 다시 찾아 드옵더니
지새는 새소리와 함께 오른 토함산을
이 몸도 후손일세라 자랑 겨워 합네다.

동해 바다로다. 하늘 닿는 바다로다.
만경창파에 오르 내린 역사들을
부처님 모르시는 양 묵묵부답 하시다.

해님이 뜨올시다. 바다에서 뜨올시다.
물결을 헤치시고 구름 뚫고 오릅시다.
중생아 합장하소서 이 광명을 발과저.

금강역사(金剛力士) 사신상은 장하도 하올시고
십이면 관음보살 갸륵도 하옵시고
가운데 앉으신 여래 더욱 얌전하시다.

석상 앞에 서서 우러 보는 이 마음은
당신 발가락을 어루만져 보고지고
님이여 내려 오소서 듬뿍 안아주소서.

할아버지 이룩하신 옛 터전 귀한 곳에
깨끗이 남겨 섰는 상처 더욱 서러워라
울어도 한(恨)만 남거늘 부처님만 아소서.

Ⅲ. 이효상(李孝祥 1906-1989)의 현대시조 창작형태조사

시조시	1연	2연	3연	4연	5연	사설	장시조	총계	비고
한국시							1	1	
총 계							1	1	
비 율%							100	100	

〈참고문헌〉

1. 한국 시조큰사전-한춘섭, 박병순, 리태극-을지출판공사-서울. 1985
2. 한국 시조대사전-(상 · 하. 별책)-박을수-아세아문화사-서울. 1991
3. 근대 시조집람-임선묵-경인문화사-서울. 1999
4. 한국시대 사전-김창직, 윤해규-을지출판공사-서울. 2004
5. 한국 현대시조 연구와 향방-김창현-오늘의문학사-대전. 2014

이환룡 (李奐龍 1927-1998)의 현대시조

Ⅰ. 시조문학. 1960.

1963. 제3집-1) 황소-2연14행.

1962. 제4집-1) 조국(祖國)-2연14행.

1962. 제6집-1) 하늘-2연12행.

1967. 제17집-1) 호반(湖畔)-2연12행.

1968. 제18집-1) 전라도 예술풍토와 시조문학

1970. 제24집~제25집 합병호-천료 소감-전북대강사.

Ⅱ. 현대시조 작품 감상

1) 황소

인고한 육체 눌러 달구짓질 내리는 채찍
멍애짓이 두려워서 서럽잖은 짐승아
피부의 노을언덕을 눈물없이 넘노니.

수집움을 샌택으로 굳은 말문 못열고
안으로 쏟는 정을 멍애로서 풀거나
님이여 맺힌넋이사 바위로나 새길까.

2) 호반(湖畔)

짓푸른 여린가지 실바람 짖어오고
이슬진 풀섶으로 햇살 바른 오솔길
숨소리 부푸는 호심(湖心) 저어가는 한점 구름.

꽃여울 이는 향훈(香薰) 오지랍을 스밀고

번지는 정호 속에 떠오르는 그 얼굴
꾀꼬리 맑은 가락을 님의얼을 듣는다.

3) 조국(祖國)
다사한 볕 올올히 안가슴에 피워라
남루한 이름들 꿈앙으로 젖어 왔다
노을이 빛보라 속을 헤쳐나온 목숨들.

가야고 줄을 골라 천둥을 달래면서
잠 못한 나날이어 다시 본 얼굴들아
한 마음 태양을 우러러 어인 길이 다를까

어머님 더한 얼이 한 줌의 흙이어라
나뭇가지 피어서 산하의 채운일듯
푸르른 내일을 우러 하늘 더욱 설랜다.

Ⅲ. 이환룡(李奐龍 1927-1998)의 현대시조 창작형태조사

시조시	1연	2연	3연	4연	5연	사설	장시조	총계	비고
시조문학		4	1					5	
총　계		4	1					5	
비　율%		80.0	20.0					100	

〈참고문헌〉
1. 한국 시조큰사전-한춘섭, 박병순, 리태극-을지출판공사-서울. 1985
2. 한국 시조대사전-(상 · 하. 별책)-박을수-아세아문화사-서울. 1991
3. 근대 시조집람-임선묵-경인문화사-서울. 1999
4. 한국시대 사전-김창직, 윤해규-을지출판공사-서울. 2004
5. 한국 현대시조 연구와 향방-김창현-오늘의문학사-대전. 2014

이 희 춘 (李熙春 1926-2008)의 현대시조

Ⅰ. 석굴암(石窟庵)-서사시조. 2001.

1) 신들의 아침-30연180행-장시조, 2) 민족의 성지-32연192행-장시조, 3) 토함산 오르는 길-19연114행-장시조, 4) 일주문에서 석굴까지-12연72행-장시조, 5) 석굴의 구조-29연174행-장시조, 6) 팔부중-5연30행, 7) 가루라-5연30행, 8) 건달바-5연30행, 9) 천(하늘)-5연30행, 10) 마후라가-5연30행, 11) 아수라-5연30행, 12) 긴나라-5연30행, 13) 야차-5연30행, 14) 룡(龍)-5연30행, 15) 금강역사-5연30행, 16) 사천왕상-10연60행, 17) 지국천왕-8연48행-장시조, 18) 다문천왕-8연48행-장시조, 19) 중장천왕-8연48행-장시조, 20) 광목천왕-8연48행-장시조, 21) 보존불-70연420행-장시조, 22) 관세음보살-15연90행-장시조, 23) 천부상-10연60행-장시조, 24) 대범천-10연60행-장시조, 25) 제석천-10연60행-장시조, 26) 문수보살-9연54행-장시조, 27) 보현보살-9연54행-장시조, 28) 십대제자-9연54행-장시조, 29) 사리불-8연48행-장시조, 30) 목건련-8연48행-장시조, 31) 가섭-8연48행-장시조, 32) 수보리-8연48행-장시조, 33) 부루나-8연48행-장시조, 34) 가전연-8연48행-장시조, 35) 우바리-8연48행-장시조, 36) 아나율-8연48행-장시조, 37) 라후라-8연48행-장시조, 38) 아난다-8연48행-장시조, 39) 감실-6연36행-장시조, 40) 팔정도보살-5연30행, 41) 정견보살-5연30행, 42) 정사유보살-5연30행, 43) 정어보살-5연30행, 44) 정업보살-5연30행, 45) 정명보살-5연30행, 46) 정정진보살-5연30행, 47) 정념보살-5연30행, 48) 정정보살-5연30행, 49) 영원한 대우주-10연60행-장시조, 50) 겨레빛의 씨앗들-48연288행. 총563수x6=3378수(首)

II. 이희춘(李熙春 1926-2008)의 현대시조 창작형태조사

시조시	1연	2연	3연	4연	5연	사설	장시조	총계	비고
석굴암					19		31	50	2001
총 계					19		31	50	1권
비 율%					38.0		62.0	100	

〈참고문헌〉

1. 한국 시조큰사전-한춘섭, 박병순, 리태극-을지출판공사-서울. 1985
2. 한국 시조대사전-(상 · 하. 별책)-박을수-아세아문화사-서울. 1991
3. 근대 시조집람-임선묵-경인문화사-서울. 1999
4. 한국시대 사전-김창직, 윤해규-을지출판공사-서울. 2004
5. 한국 현대시조 연구와 향방-김창현-오늘의문학사-대전. 2014

운담 임억규(雲潭 林億圭 1932-2015)박사의 현대시조 작품조사

Ⅰ. 종이학을 접으며-시조집. 1998.

1) 추억의 밤-1연10행, 2) 난(蘭)-3연21행, 3) 홍매-1연9행, 4) 용문산 은행나무-2연14행, 5) 산(山)-3연24행, 6) 새벽길-3연26행, 7) 감꽃-3연24행, 8) 우중산경(雨中山景)-2연14행, 9) 비 오는 날의 백모란-2연14행, 10) 능소화-3연24행, 11) 가을샘-1연9행, 12) 감을 보며-2연14행, 13) 겨울바다-3연24행, 14) 눈 오는 날에-2연14행, 15) 한밤의 서정-2연14행, 16) 아기 얼굴-1연11행, 17) 산에서-1연9행, 18) 마이산의 빗방울-1연11행, 19) 아리랑 소나무-2연14행, 20) 서울 민들레-2연14행, 21) 모란이 필 때-4연28행, 22) 대나무-3연24행, 23) 감또개-3연24행, 24) 청단풍-3연24행, 25) 말바위-3연24행, 26) 그날-1연12행, 27) 아지랑이-2연14행, 28) 외딴섬에서-3연21행, 29) 서울쑥부쟁이-3연27행, 30) 가을숲-2연14행, 31) 가을해변-2연14행, 32) 가을해변-2연14행, 33) 어느날의 낚시질-2연14행, 34) 물망초-3연24행, 35) 호수-3연24행, 36) 달빛서정-4연28행, 37) 소낙비-3연24행, 38) 가을되면-5연35행, 39) 노을보며-3연27행, 40) 행로단상-3연24행, 41) 그림자-3연21행, 42) 봄의 서정-2연13행, 43) 안개 낀 섬에서-2연14행, 44) 눈빛에 별을 싣고-2연14행, 45) 메밀 씨를 뿌리며-2연14행, 46) 허공에 쓰는 이름-2연14행, 47) 종이학을 접다가-1연12행, 48) 산사의 꿈-2연14행, 49) 산(山) 사람들-4연28행, 50) 수몰민-4연28행, 51) 왜정이나루-4연28행, 52) 청산도 떨고-4연28행, 53) 옥잠화-4연28행, 54) 물레방아-3연24행, 55) 치잣빛 꿈-5연35행, 56) 성묘길-3연21행, 57) 벌초날에-3연21행, 58) 차례를 올리며-4연28행, 59) 가뭄 속에서-4연28행, 60) 텃밭-2연14행, 61) 과꽃-2연14행, 62) 할미꽃-2연14행, 63) 새벽을 열며-3연24행, 64) 서울의 물놀이-5연25행, 65) 백호선생-4연28행, 66) 장대비-2연14행, 67) 인천항의 바람-2연14행, 68) 파래 뜨는 군상-3연21행, 69) 도시풍경-3연24행, 70) 횟집에서-3연21행, 71) 모래재의 몸살-2연14행, 72) 찬란한 거리에서-1연12행, 73) 아

산고을에서-2연14행, 74) 백호선생을 찾아(백호임제(白湖林悌)1549-1587)-4연20행, 75) 안개 낀 백마강-3연21행, 76) 흑산도의 몸살-4연28행, 77) 옛 땅을 밟으며-15연75행.

II. 점과 선, 그리고… 시조집. 2004.

1) 겨울나무-3연15행, 2) 금줄의 기도-2연14행, 3) 안경테-3연15행, 4) 옹이를 보며-3연15행, 5) 눈 오는 날에-2연16행, 6) 어머니의 뜻-1연8행, 7) 그날-1연12행, 8) 손의 환상-4연21행, 9) 학(鶴)-3연21행, 10) 조약돌-1연9행, 11) 한가(閑暇)-1연8행, 12) 어머니의 화선지-3연21행, 13) 나그네 반주곡-2연14행, 14) 바다와 육지-2연14행, 15) 호롱불-3연21행, 16) 메밀꽃-1연11행, 17) 이산가족 상봉하던 날-3연21행, 18) 피아골 산새-3연21행, 19) 죽지 않는 새-3연21행, 20) 안개 낀 여의도-3연21행, 21) 목로 집 황태-3연21행, 22) 웃어도 좋은날을-5연25행, 23) 서울에 온 피카소-1연9행, 24) 아파트촌의 아침-3연19행, 25) 비 오는 날의 서사-6연24행, 26) 분재-3연21행, 27) 서울의 물놀이-5연30행, 28) 어느 꽃밭풍경-3연18행, 29) 내 가을 들판-1연9행, 30) 가을밤 단상-1연10행, 31) 사연-3연21행, 32) 추억의 꽃-3연21행, 33) 동백-2연14행, 34) 가을 샘-1연9행, 35) 윤사월의 앵두-3연15행, 36) 해변의 동산에서-3연18행, 37) 상사화-2연14행, 38) 벗님네 떠난 뜨락-2연14행, 39) 내 가을 들판-1연9행, 40) 풀벌레 목이 쉬는 밤-2연14행, 41) 어느 연상-1연8행, 42) 춘곤-3연18행, 43) 추억의 밤-1연9행, 44) 대숲에 걸린 달-2연12행, 45) 태백의 가을-2연14행, 46) 사월은 꽃-3연21행, 47) 종소리-3연21행, 48) 금강산 갔더니-3연21행, 49) 산사에 도는 바람-3연21행, 50) 어느절 마당-3연21행, 51) 큰스님 떠난자리, 52) 하늘에 올라보니-2연14행, 53) 디지털 그 하늘-2연12행, 54) 안개 속에서-3연21행, 55) 산사의 꿈-2연14행, 56) 마이산 빗방울-1연11행, 57) 침묵 여강-2연14행, 58) 할미꽃2-3연18행, 59) 징을 울리자-3연21행, 60) 고향의 뒷모습-3연15행, 61) 가늘게 살던 땅-3연15행, 62) 물이 맑아-3연16행, 63) 산(山) 사람들-4연28

행, 64) 왜정이 나루터-4연28행, 65) 청산도 떨고-4연28행, 66) 할아버지 뵙던 날-3연21행, 67) 맨드라미 피던 마을-2연14행, 68) 고향집이 헐리던 날-2연14행, 69) 모교가 헐리던 날-5연25행, 70) 수몰민-3연15행, 71) 눈먼 고향-2연14행, 72) 바람과 물-3연21행, 73) 망향가-5연25행, 74) 내하늘은 어디에-3연15행, 75) 그 산, 산이 있다-2연12행, 76) 내 고향은 물뿐이여-4연28행, 77) 주전 골에서-1연7행, 78) 서울 찔레꽃-1연9행, 79) 여울목에서-1연9행, 80) 심포리-풍경-2연14행, 81) 우중산경-2연14행, 82) 우리강산-2연14행, 83) 도시풍경-2연16행, 84) 반딧불과 키보드-2연14행, 85) 기우제-2연12행, 86) 건널목-1연7행, 87) 물망초-2연16행, 88) 산에서-1연9행, 89) 청산처럼 늙고 싶은 말더듬이-1연7행, 90) 감꽃-3연24행, 91) 안개 낀 뱃길에서-2연14행, 92) 점찍기-2연14행.

〈평설〉점과 선의 상상력 또는 멸망해가는 것에의 향수-김봉군 교수.

Ⅲ. 함께 그린 초상화-시조집. 2007.

1) 사랑의 밭갈이-1연7행, 2) 사랑하기위해-2연14행, 3) 미움도 정이려니-2연14행, 4) 아픔도 풀어 쓰면-2연12행, 5) 청산의 메아리-2연14행, 6) 파도타기-2연14행, 7) 꿈과 그림-3연21행, 8) 낯선 바다-3연18행, 9) 놓지 못할 끈-3연21행, 10) 나는 네불, 너는 내불-2연14행, 11) 부부어부-2연14행, 12) 천지조화-3연21행, 13) 만년초보-3연21행, 14) 정(情)사기-3연21행, 15) 정으로 사는 길-1연7행, 16) 함께 그린 초상화-2연14행, 17) 부부사이-3연21행, 18) 복사꽃 필 때에-3연21행, 19) 칼로 물 베기-3연21행, 20) 스트레스-2연14행, 21) 틈새로 드는 바람-2연14행, 22) 허파에 바람들라-2연12행, 23) 달아볼까 재볼까-2연14행, 24) 잊어진 시간속에-3연21행, 25) 달라서 좋은거-2연14행, 26) 낡아야 편한것-1연6행, 27) 온탕과 냉탕-3연15행, 28) 이유는 묻지마라-1연9행, 29) 그래서 좋은 팔자-2연14행, 30) 달이라도 좋아-2연14행, 31) 여심(女心)-3연21행, 32) 동동걸음치다보면-3연21행, 33) 산다는 것은-2연14행, 34) 살기나름-1연12행, 35) 지족이복-4연

28행, 36) 창과 거울-3연21행, 37) 도둑과 여자-4연28행, 38) 하늘이 까만 날에-2연14행, 39) 반의 반으로-3연21행, 40) 통행만으로도-2연12행, 41) 영원한 아날로그-2연14행, 42) 찰지게 살아야지-3연15행, 43) 연분과 악연-2연14행, 44) 떠오르는 달-2연14행, 45) 체온의 곱셈-2연14행, 46) 빛깔 고운 날-2연14행, 47) 말줄임표-2연12행, 48) 박수갈채 받아야지-3연18행, 49) 바느질 소리-2연14행, 50) 나그네 반주곡-2연14행, 51) 이정표 없는 길-2연14행, 52) 합환화(合歡花)-1연7행, 53) 반은 밤 반은 낮-1연7행, 54) 손끝과 발끝-1연7행, 55) 업어주고 업혀주고-2연14행, 56) 점찍기-2연14행, 57) 조락(凋落)을 보며-2연14행, 58) 황혼-2연14행, 59) 하얀사랑-2연14행, 60) 박꽃-2연14행, 61) 새싹과 갈잎-1연9행, 62) 사는 맛-2연14행, 63) 서사시 그리고-3연21행, 64) 부부화-1연9행, 65) 세월-1연9행, 66) 백년해로-2연12행, 67) 살다보면-2연14행, 68) 알롱달롱 조각보-2연14행, 69) 이별연습-3연21행, 70) 모성은-3연21행, 71) 아버지란 이름-3연21행, 72) 미완성-3연21행, 73) 금줄의 기도-2연14행, 74) 산책길-3연15행, 75) 정 때문에-1연7행, 76) 휴(休)-1연9행, 77) 텅빈 하늘-2연14행.

〈평론〉관조와 달관 속에 무르익은 사랑의 언어-이석규 교수.

Ⅳ. 바람과 물-시조선집 - 우면산 꿩소리. 2011.

1) 청산도 떨고-1연7행, 2) 부뚜막에 길든 흙-1연7행, 3) 눈먼 고향-2연12행, 4) 전설이 고인자리-2연10행, 5) 망향가-5연25행, 6) 고향의 뒷모습-3연15행, 7) 가늘게 살던 땅-3연15행, 8) 산사람들-4연20행, 9) 물이 맑아-3연15행, 10) 맨드라미 피던 마을-2연14행, 11) 왜정이 나루-4연20행, 12) 할아버지 뵙던 날-3연9행, 13) 고향집이 헐리던 날-2연10행, 14) 모교가 헐리던 날-5연25행, 15) 수몰민-3연15행, 16) 바람과 물-3연18행, 7) 그림자로 피고 지는 꽃-3연15행, 18) 내 하늘은 어디에-3연15행, 19) 내 고향은 물뿐이여-4연20행, 20) 용담호-3연15행, 21) 그 산 산이있다-2연10행, 22) 메밀꽃-1연11행, 23) 서울에 온 피카소-1연9행, 24) 나무와 사랑-1연7행, 25)

너도 나도 강강-1연7행, 26) 봄비-1연7행, 27) 엄마야 누나야-3연18행, 28) 분재-3연15행, 29) 뒤척이는 바다-1연8행, 30) 피아골산새-3연15행, 31) 죽지 않는 새-3연15행, 32) 안개낀 여의도-3연15행, 33) 낯선 바다-3연15행, 34) 비 오는 날 서사-4연20행, 35) 서울의 물높이-5연25행, 36) 목로집 황태-3연15행, 37) 아파트촌의 아침-3연15행, 38) 어느 꽃밭풍경-3연15행, 39) 낯선거리 풍경-3연15행, 40) 뿌리들의 합창-사설, 41) 가을밤의 단상-1연9행, 42) 가을 샘-1연9행, 43) 내 가을 들판-1연9행, 44) 어느 연상-1연8행, 45) 추억의 방-1연9행, 46) 동백-2연10행, 47) 상사화-2연10행, 48) 풀벌레 목이 쉬는 밤-2연14행, 49) 봄의 서정-2연14행, 50) 안개 낀 섬에서-2연10행, 51) 사연-3연15행, 52) 추억의 꽃-3연15행, 53) 윤사월의 앵두-3연15행, 54) 해변의 동산에서-3연18행, 55) 벗님네 떠난 뜨락-2연10행, 56) 춘곤-3연15행, 57) 대숲에 걸린달-2연10행, 58) 뿌연 하늘-2연10행, 59) 달빛 서정-4연20행, 60) 하늘에 올라보니-2연10행, 61) 권금성의 민초-1연9행, 62) 마이산의 빗방울-1연7행, 63) 태백의 가을-2연10행, 64) 백두산에서-3연15행, 65) 사월의 꽃-3연15행, 66) 종소리-3연15행, 67) 금강산 갔더니-3연15행, 68) 꿈에 보던 명경지수-3연15행, 69) 산사에 드는 바람-3연15행, 70) 어느 절마당-3연12행, 71) 큰스님 떠난 자리-3연15행, 72) 도산서원에서-2연10행, 73) 디지털 그 하늘-2연10행, 74) 안개 속에서-2연10행, 75) 산사의 꿈-2연10행, 76) 침묵의 강-2연10행, 77) 매화리에서-3연15행, 78) 백마강-4연16행, 79) 할미꽃-3연15행, 80) 징을 울리자-3연15행, 81) 산에서-1연9행, 82) 한가(閑暇)-1연9행, 83) 아기 눈에는-1연9행, 84) 어머니의 뜻-1연9행, 85) 조약돌-1연9행, 86) 그날-1연6행, 87) 과꽃-2연10행, 88) 눈 오는 날에, 89) 금줄의 기도, 90) 딧밭-2연16행, 91) 나그네 반주곡-2연10행, 92) 겨울나무-3연15행, 93) 안경테-3연15행, 94) 옹이를 보며-3연15행, 95) 손의 환상-4연12행, 96) 학(鶴)-3연13행, 97) 어머님의 화선지-3연15행, 98) 꿈 한번 뒤집어 놓고-3연15행, 99) 호롱불-3연15행, 100) 백호할아버지-4연20행, 101) 정 때문에-1연9행, 102) 정으로 사는 길-1연9행,

103) 별이 돋는 밤-1연8행, 104) 어느 빛깔-1연9행, 105) 반은 밤 반은 낮-1연7행, 106) 눈 감고 보기-1연7행, 107) 바느질 소리-2연10행, 108) 사랑을 생각하던 날에-1연10행, 109) 부부 사이-3연15행, 110) 천지조화-3연15행, 111) 허파에 바람 들라-2연10행, 112) 정(情) 심기-3연15행, 113) 반의 반으로-3연15행, 114) 체온의 곱셈-2연10행, 115) 하늘이 까만 날-2연10행, 116) 놓지 못할 끈-3연15행, 117) 도둑과 여자-2연10행, 118) 사는 맛-2연10행, 119) 서사시 그리고-2연10행, 120) 모성은-3연15행, 121) 지족이복-4연24행, 122)서울 찔레꽃-1연9행, 123) 여울목에서-1연9행, 124) 주전골에서-1연7행, 125) 건널목-1연9행, 126) 청산처럼 늙고 싶은 말더듬이-1연7행, 127) 외딴섬에서-3연15행, 128) 심포리 풍경-2연10행, 129) 우중산경(雨中山景)-2연14행, 130) 우리 강산-3연15행, 131) 바다와 육지-2연10행, 132) 도시풍경-2연10행, 133) 반딧불과 키보드-2연10행, 134) 기우제-2연10행, 135) 물망초-2연10행, 136) 함께 그린초상화-2연10행, 137) 이별연습-3연15행, 138) 그 오월 그리고 다음-3연15행, 139) 사월과 오월사이-사설, 140) 근조숙례-사설, 141) 팜스팅의 어스름-3연15행, 142) 우면산 꿩소리-1연7행, 143) 종이학을 접다가-1연8행, 144) 휴(休)-1연8행, 145) 점찍기-2연10행, 146) 찬비 그리고 다음-2연10행, 147) 우산을 수리하는 늙은이-2연10행, 148) 빗방울의 조화-2연10행, 149) 에비들의 놀이터-2연10행, 150) 어느 목동의 죽음-2연10행, 151) 시가 있는 마을-2연10행, 152) 시인의 뒷자리-2연10행, 153) 어정칠월-2연10행, 154) 텅빈 하늘-2연10행, 155) 안개 낀 뱃길에서-2연10행, 156) 종묘에 가면-2연10행, 157) 제야 편상-3연15행, 158) 감꽃-3연15행, 159) 마이산-3연12행, 160) 가위바위보-1연7행, 161) 노랑노랑 봄-1연7행, 162) 맹꽁이-1연7행, 163) 물방개들의 운동회-1연7행, 164) 빗방울과 참새-1연7행, 165) 우리아기-1연8행, 166) 코스모스-1연7행, 167) 팔씨름-1연7행, 168) 고마우신 해님-3연15행, 169) 고무풍선-3연9행, 170) 우리 집-4연20행, 171) 꽃이여 피어라-4연16행, 172) 고향집 우물-2연10행.

Ⅴ. 시조생활 2015-103호 - 바람과 물.

1) 시가 있는 마을-2연12행, 2) 산약을 보며-2연10행, 3) 팜스프링의 어스름-3연15행, 4) 조락(凋落)을 보며-2연14행, 5) 메밀꽃-1연8행, 6) 몰랑몰랑 인절미-1연6행, 7) 해저물녁-1연8행, 8) 푸른하늘-1연5행, 9) 엄마야 누나야-(이산가족 상봉하던 날)-3연15행.

Ⅵ. 시조생활

1) 밤하늘에 걸린 달-1연8행, 2) 가을밤의 단상-1연7행, 3) 메밀꽃-1연7행, 4) 겨울나무-3연15행, 5) 사월은 꽃-3연15행, 6) 이산가족 상봉하던 날-3연15행, 7) 윤사월의 앵두-3연15행, 8) I.M.F 그바람-3연15행, 9) 피아골 산새-3연15행, 10) 분재-3연15행, 11) 종소리-3연9행, 12) 학(鶴)-3연15행.

Ⅶ. 운담 임억규 (雲潭 林億圭 1932-2015)박사의 현대시조 작품조사 창작형태조사

시조집	1연	2연	3연	4연	5연	사설	장시조	총계	비고
종이학을접으며	9	25	24	14	3		2	77	1998
점과선그리고	18	27	35	8	4			92	2004
함께그린초상화	12	40	23	1				76	2007
우면산꿩소리	37	32	28	5	2	4	3	111	2011
바람과물	43	54	57	11	3	4		172	2011
시조생활	4	3	2					9	2015
한국시대사전	3		9					12	2004
총 계	126	178	178	39	12	8	5	549	
비 율%	22.9	32.9	32.4	7.1	2.1	1.4	0.9	99.7	

임 홍 재 (任洪宰 1942-1979)의 현대시조

Ⅰ. 한국시조 큰사전. 1985.

1) 개항의 아침-3연9행, 2) 두꺼비의 우화-3연9행, 3) 빙판을 가다-4연12행, 4) 소-3연9행, 5) 염전에서-4연12행(동아일보신춘문예), 6) 박꽃-3연9행, 7) 산천(山川)-3연9행.

Ⅱ. 현대시조 작품 감상

1) 염전에서

미친 파도를 가로 막을 제방도 없어
버려진 뻘밭에서 남모르게 열병 앓아
각이 진 인고의 자세 부활하는 몸이여.

젊음이 산파당한 때죽음의 모래톱에
이마를 맑게 씻고 물빛 연한 시간 열면
비탈진 목숨의 혼이 물살에 어린다.

어느 뉘 아린 뜻이 물보라로 넘치는가
간조(干潮)의 내안은 안개에 싸였는데
끈끈한 적의를 안고 재우치는 태풍을.

어기찬 노역(勞役)의 끝 밧줄을 휘감아도
세월은 어찌하여 술이 괴듯 괴는가
깨어진 등피를 닦고 짠 기운으로 버티자.

Ⅲ. 임홍재(任洪宰 1942-1979)의 현대시조 작품조사 창작형태조사

시조시	1연	2연	3연	4연	5연	사설	장시조	총계	비고
한국시조			5	2				7	
총 계			5	2				7	
비 율%			71.4	28.5				99.9	

〈참고문헌〉

1. 한국 시조큰사전-한춘섭, 박병순, 리태극-을지출판공사-서울. 1985
2. 한국 시조대사전-(상 · 하. 별책)-박을수-아세아문화사-서울. 1991
3. 근대 시조집람-임선묵-경인문화사-서울. 1999
4. 한국시대 사전-김창직, 윤해규-을지출판공사-서울. 2004
5. 한국 현대시조 연구와 향방-김창현-오늘의문학사-대전. 2014

오 종 훈 (吳鍾勳 ? -2017)의 현대시조

Ⅰ. 친구에게 들려주는 시조 2017 창간호.

1) 엘레지 순정

설익은 꽃샘바람 시리는 까닭인지
알싸한 속마음을 어쩔 수 없는 건지
펼치는 꽃잎 꽃잎은 볼그스레 물들어.

꽃바람 불어드니 꽃잎은 나폴나폴
헤프게 열어 젖힌 마음은 부풀어도
한마디 말도 못하고 다소곳이 수집어.

봄빛에 겨워 겨워 꽃고름 풀었으니
설레는 마음이야 산 넘어 뛰놀지만
산처녀 고운 눈길은 땅자락만 붙잡네.

2) 선운사 동백꽃 3.

산문(山門)에 결제(結制)하여
삼동(三冬)내 정좌하고

바람을 죽비 삼아
동안거 정진 후에

보란 듯 활짝 피어나
나를 보는 붉은 눈.

3) 안녕, 그 의미.

만날 땐 안녕했길
보낼 땐 안녕하길

만나도 헤어져도
안녕을 바라지만

두 가지 안녕 속에는
천만 가지 숨었지.

II. 우춘 오종훈(遇春 吳鍾勳 ? - 2017)의 현대시조 창작형태조사

현대시조	1연	2연	3연	4연	5연	사설	장시조	총계	비고
친구시조	2		1					3	
총 계	2		1					3	
비 율%	66.6%		33.3					99.9	

〈참고문헌〉

1. 한국 시조큰사전-한춘섭, 박병순, 리태극-을지출판공사-서울. 1985
2. 한국 시조대사전-상 · 하. 별책-박을수-아세아문화사-서울. 1991
3. 근대 시조집람-임선묵-경인문화사-서울. 1999
4. 한국시대 사전-김창직, 윤해규-을지출판공사-서울. 2004
5. 한국 현대시조 연구와 향방-김창현-오늘의문학사-대전. 2014

사봉 장순하(史峰 張諄河 1928-88세)의 현대시조

Ⅰ. 한국시조대사전. 1985.

1) 고무신-1연4행, 2) 관도-4연12행, 3) 구심-1연3행, 4) 노스트라다무스어눈-6연18행, 5) 뇌병원분원-사설, 6) 도깝아-7연21행, 7) 동물저-2연6행, 8) 동반-2연17행, 9) 동짓달바람-3연9행, 10) 무(無)-2연6행, 11) 무령임금행장-4연12행, 12) 묵계-4연12행, 13) 문법하는계절-3연9행, 14) 발신-3연9행, 15) 발치기-3연9행, 16) 배리-사설, 17) 백송의장-5연15행, 18) 복권-사설, 19) 봉천답타령-3연9행, 20) 비말의장-3연9행, 21) 산타령-3연9행, 22) 산청로소견-사설, 23) 상수리-2연6행, 24) 세종로수묘-3연9행, 25) 소금장수이야기-2연8행, 26) 소복의장-3연9행, 27) 시름있는저녁에-2연6행, 28) 신부-1연3행, 29) 실의시대-사설, 30) 앵두나무는(1)-5연15행, 31) 여벌-4연12행, 32) 연습곡-2연6행, 33) 울타리-5연15행, 34) 유방의장-2연6행, 35) 의식-사설, 36) 이런관계-3연9행, 37) 이런함수-4연12행, 38) 잘새의노래-5연15행, 39) 장택고씨부인전-사설, 40) 짐작가는나그네-1연3행, 41) 토요일엔비가-4연12행, 42) 하마비(下馬碑)-4연12행, 43) 행주치마의장-3연9행, 44) 혹(惑)-2연6행, 45) 휴일-3연9행.

Ⅱ. 한국시대사전. 2004.

1) 구심-1연3행, 2) 관도-4연12행, 3) 도깝아-7연21행, 4) 동짓달바람-3연9행, 5) 무령임금행장-4연12행, 6) 문법하는계절-3연9행, 7) 백송의장-5연15행, 8) 산타령-3연9행, 9) 상수리-2연6행, 10) 세종로소묘-3연9행, 11) 소복의장-3연9행, 12) 여벌-4연12행, 13) 이런관계-3연9행, 14) 이런함수-4연12행, 15) 잘새의노래-5연15행, 16) 장택고씨부인전-사설, 17) 짐작가는나그네-1연3행, 18) 토요일엔비가-4연12행, 19) 하마비-4연12행.

Ⅲ. 백두산 가는길. 1993.

1) 눈동자-1연7행, 2) 다리저는비둘기야-1연7행, 3) 쇠소리-1연7행, 4) 자연송-1연6행, 5) 복중일기-1연6행, 6) 여름한낮-1연7행, 7) 입원-1연7행, 8) 금토동소견-1연7행, 9) 이순-1연7행, 10) 예술이란-1연6행, 11) 숙명-1연6행, 12) 비명(碑銘)-1연6행, 13) 변학규선생에게-1연6행, 14) 녹우당에서-1연6행, 15) 보길도에서(1)-1연6행, 16) 보길도에서(2)-1연6행, 17) 보길도에서(3)-1연6행, 18) 선유-1연6행, 19) 요하네스버그에서-1연6행, 20) 손금-1연6행, 21) 선인장꽃-1연7행, 22) 케이프타운에서-1연7행, 23) 땅끝곡예-1연6행, 24) 닛코(日光) 화엄폭포-1연6행, 25) 일본왕궁-1연7행, 26) 중국인-1연6행, 27) 상하이(上海)-1연6행, 28) 홍구공원-1연6행, 29) 상해임시정부-1연6행, 30) 한산사(寒山寺)-1연7행, 31) 연변-1연6행, 32) 백두산가는길-1연6행, 33) 원시림(1)-1연6행, 34) 원시림(2)-1연6행, 35) 원시림(3)-1연6행, 36) 백두산-1연6행, 37) 정상(1)-1연6행, 38) 정상(2)-1연6행, 39) 천지(1)-1연6행, 40) 천지(2)-1연6행, 41) 장백온천-1연6행, 42) 위황궁-1연6행, 43) 자금성-1연6행, 44) 천안문의작은거인-1연6행, 45) 만리장성(1)-1연6행, 46) 만리장성(2)-1연6행, 47) 탐색끝-1연6행, 48) 황홀한눈빛-1연6행, 49) 아카시아꽃-1연6행, 50) 풍년가-1연6행, 51) 첫눈-1연6행, 52) 산수유-1연6행, 53) 무료-1연6행, 54) 체온-1연6행, 55) 받침의크기-1연6행, 56) 사진-1연6행, 57) 틈새-1연6행, 58) 기다림-1연6행, 59) 시계소리-1연6행, 60) 네모전화기-1연6행, 61) 신선한불안-1연6행, 62) 오기-1연6행, 63) 빗방울-1연6행, 64) 꿈이라망정-1연6행, 65) 놀란눈-1연6행, 66) 황금물살-1연6행, 67) 다짐하고지우고-1연6행, 68) 여운-1연6행, 69) 손가락걸기-1연6행, 70) 초파일에-1연6행, 71) 긴그림자-1연6행, 72) 밤빗소리-1연6행, 73) 불면의밤에-1연6행, 74) 빈항아리-1연6행, 75) 우수절비-1연6행, 76) 붉은마음-1연6행, 77) 달맞이꽃-1연6행, 78) 밤차-1연6행, 79) 옥수수-1연6행, 80) 다시산수유-1연6행, 81) 황홀한낙조속에-1연6행, 82) 국립묘지에서-1연6행, 83) 학, 예술원-1연6행, 84) 원로자문회의-1연6행, 85) 어

떤공화국-1연6행, 86) 부정제곱-1연6행, 87) 총선거-1연6행, 88) 중동전쟁-1연6행, 89) 대장위에소장-1연6행, 90) 뇌없는아이-1연6행, 91) 교수형-1연6행, 92) 정치인-1연6행, 93) 임수경양-1연6행, 94) 일왕히로히토-1연6행, 95) 호메이니-1연6행, 96) 6.25.42주년-1연6행, 97) 별값-1연6행, 98) 평화의댐-1연6행, 99) 율곡사업-1연6행, 100) 긴기차-1연6행, 101) 안주값-1연7행, 102) 체면치레-1연6행, 103) 큰일날뻔-1연6행, 104) 아까운것-1연7행, 105) 심술-1연7행, 106) 자린고비-1연6행, 107) 황금소-1연6행, 108) 닭을탄다-1연6행, 109) 단방-1연6행, 110) 칭찬과겸손-1연7행, 111) 전문의-1연6행, 112) 덩달아-1연6행, 113) 사나이결심-1연6행, 114) 바른셈-1연6행, 115) 진찰-1연6행, 116) 의심-1연6행, 117) 어울리지않는것-1연6행, 118) 도둑-1연8행, 119) 구두쇠-1연6행, 120) 욕심-1연7행.

Ⅳ. 길손. 1993.

1) 징검다리-3연12행, 2) 지쳐누운길아-3연18행, 3) 트고살자한다-3연18행, 4) 길아네길을-3연18행, 5) 눈길에서-2연12행, 6) 빛나는낙엽-2연12행, 7) 가을산책-2연12행, 8) 달팽이행보-3연18행, 9) 긴동반-3연18행, 10) 천도-2연12행, 11) 고향길-3연18행, 12) 시조의율격-2연12행, 13) 시조짓기-2연12행, 14) 하지말일-2연12행, 15) 시조사절요-6연18행, 16) 빙하의누룻터-3연18행, 17) 대파국앞에서-3연18행, 18) 노스트라다무스의눈-6연24행, 19) 영원한밤의미학-4연12행, 20) 탈출의계절-4연24행, 21) 부정회귀-3연18행, 22) 밤차-3연18행, 23) 신촌에비가온다-3연18행, 24) 진혼곡-3연18행, 25) 묵정밭-3연18행, 26) 숨죽인바람-사설, 27) 바람의실체종말의경고-사설, 28) 태풍의눈-사설, 29) 다시노스트라다무스의눈-사설, 30) 겨울저녁궂은비가-사설, 31) 난요새별꼴을다보고삽니다요-사설, 32) 인연이야기-모시풀사연-사설, 33) 최노인사연-사설, 34) 진이의사연-사설, 35) 아프리카의눈-사설, 36) 어느정박고아의눈-사설, 37) 바람주제-정읍삼절휘몰리조-사설, 38) 껄껄웃고간-녹장군큰바람-사설, 39) 천지에올라-3연13행, 40) 사

랑의뜻-3연18행, 41) 실락원-4연24행, 42) 그것이사랑인줄을-2연12행, 43) 사랑이제-1연6행, 44) 사랑이제-1연6행, 45) 어찌아니그러하라-3연18행, 46) 개벽하는아침-3연18행, 47) 체온충전-2연12행, 48) 이름할이름없던것-3연18행, 49) 상수리-2연12행, 50) 어찌도못하는날엔-2연12행, 51) 곡마단드는날-2연14행, 52) 질경이-2연12행, 53) 이뽑기-3연18행, 54) 잔디깎기-2연12행, 55) 하늘에서-3연18행, 56) 지구촌통신-3연18행, 57) 매미등에실려보내는푸른사연-5연15행, 58) 부채삼제-3연18행, 59) 입춘대길(立春大吉)-4연24행, 60) 천하장사-5연15행, 61) 동작동에서-3연9행, 62) 어둠속문답-1연10행, 63) 어두운시대의일기-1연7행, 64) 명사들의옛이야기-1연6행, 65) 갈매기의시각영상-1연6행, 66) 중국어의청각영상-1연6행, 67) 해다섯송이주저리열린해-2연12행, 68) 하나씩가슴에떠서-2연12행, 69) 마패같은해를들고-2연12행, 70) 육교위에서-2연12행, 71) 하늘말하늘가락-2연12행, 72) 청산에게-3연18행, 73) 운산무한-3연18행.

Ⅴ. 서울 귀거래. 1997.

1) 큰손-2연12행, 2) 잃은하늘찾은하늘-3연18행, 3) 장엄한교향악-2연12행, 4) 콩심은데콩나고-2연12행, 5) 하늘뜻-2연12행, 6) 가을에-2연12행, 7) 고추밭의논리학-2연12행, 8) 만남-2연12행, 9) 영어하는꾀꼬리-2연12행, 10) 해는져둥지에들고-3연18행, 11) 어제와오늘-2연12행, 12) 서울귀거래-3연9행, 13) 건강한신촌리-3연18행, 14) 신촌리자장가-2연12행, 15) 신촌리사람들-3연9행, 16) 태풍의눈동자-3연20행, 17) 가을호수에서-1연8행, 18) 축배드는저녁노을-3연19행, 19) 물이흐른다-2연12행, 20) 내일이란-2연12행, 21) 열매되어돌아온거품-3연13행, 22) 홍제동소견-4연12행, 23) 낙조-1연6행, 24) 풍경-2연12행, 25) 큰한손-3연20행, 26) 나는지금-2연12행, 27) 대한때-2연12행, 28) 윤초-2연14행, 29) 벼꽃-2연14행, 30) 남산해돋이-2연12행, 31) 길을가다가-2연12행, 32) 그영원한낙원에서고이쉬소서-5연30행, 33) 억새꽃-3연18행, 34) 발자국에고인빗물-1연8행, 35) 이사짐

싸고-1연6행, 36) 여름밤에-1연7행, 37) 가을밤에-1연7행, 38) 청과백-1연6행, 39) 삼삼타령조-1연6행, 40) 울먹이는바람아-3연18행, 41) 지구돌리기-3연18행, 42) 어느생가-2연15행, 43) 가을엽서-2연13행, 44) 복락원-3연18행, 45) 내사랑정이-3연21행, 46) 첫사랑경이-3연21행, 47) 그쓰라린날에-3연18행, 48) 지리산하늘-1연7행, 49) 내장산단풍-1연6행, 50) 설악산백담계곡-1연8행, 51) 속리산정이품송-3연23행, 52) 팔공산갓바위부처-2연14행, 53) 당신은(1)-1연6행, 54) 당신은(2)-1연6행, 55) 당신은(3)-1연6행, 56) 하늘잔치-1연8행, 57) 하늘장막-1연8행, 58) 자전거타기-1연8행, 59) 칼갈기-=1연6행, 60) 포신끝에앉은잠자리-1연8행, 61) 내게는고향이있다-1연6행, 62) 조바심만앞서고-1연6행, 63) 닫는기차-치닫는추억-1연6행, 64) 늙은소년의눈-1연6행, 65) 자연잃은전원풍경-1연6행, 66) 가시에찔리는추억-1연6행, 67) 초분골엔새묘비가-1연6행, 68) 가고뜨고비었고-1연6행, 69) 말라버린옹달샘-1연6행, 70) 정자가선놀이터-1연6행, 71) 내탯줄자른집-1연6행, 72) 오랫만의성묘돌기-1연6행, 73) 마을뒷산지나며-1연6행, 74) 한해를이하루위해-1연6행, 75) 탓하며원망하며-1연6행, 76) 박하다고죄송하다고-1연6행, 77) 세례명적힌위패-1연6행, 78) 휜꾸러미한봉지씩-1연6행, 79) 켰던불다시켜고-1연6행, 80) 고향있는실향민-1연6행, 81) 편지(1)-사설, 82) 편지(2)-사설, 83) 시데기네가승엮기-사설, 84) 바람아니날어쩔래-사설, 85) 백사장에널린소리-사설, 86) 박쥐의노래-사설, 87) 인연이야기-사설, 88) 우주여행, 89) 이삼로(李三老)-사설, 90) 새세기의문턱에서-사설.

VI. 후일담. 1997.

1) 풍파에놀란사공-1연6행, 2) 가뭄에콩심으니-1연6행, 3) 콩심은데콩나고-1연5행, 4) 피뽑기-1연6행, 5) 돼지팔아쌀을판다-1연6행, 6) 너도밤나무나도밤나무-1연8행, 7) 며느리밑씻개-1연8행, 8) 청개구리-1연6행, 9) 소나기-1연6행, 10) 가뭄-1연6행, 11) 도라지꽃-1연6행, 12) 불효-1연6행, 13)

저걸음에이걸음-1연7행, 14) 재담과철학사이-1연7행, 15) 한솔이네입학식-1연6행, 16) 저목소리-1연6행, 17) 공백-1연6행, 18) 45년-1연6행, 19) 공허-1연6행, 20) 천적-1연6행, 21) 길가의엉겅퀴-1연8행, 22) 속풍진기-1연6행, 23) 속학도가-1연6행, 24) 천자문새뒤풀이-1연6행, 25) 약, 약전쟁-(1)-1연8행, 26) 약, 약전쟁(2)-1연6행, 27) 비싼떡값-1연6행, 28) 어떤열반-1연6행, 29) 온통수수께끼-1연6행, 30) 땜질-1연6행, 31) 빈의자-1연6행, 32) 고장난녹음기-1연6행, 33) 내직업은-1연6행, 34) 산사람은살사람-1연6행, 35) 허망-1연6행, 36) 유행-1연6행, 37) 새세대-1연6행, 38) 복제인간-1연6행, 39) 필부황제-1연6행, 40) 삼과일-등소평(2)-1연6행, 41) 서울-북경-1연6행, 42) 북경공항(1)-1연8행, 43) 북경공항(2)-1연6행, 44) 중국사람(1)-1연6행, 45) 중국사람(2)-1연6행, 46) 중국사람(3)-1연6행, 47) 중국사람(4)-1연6행, 48) 이화원-1연6행, 49) 화청지-1연6행, 50) 착장정은병간정(1)-1연6행, 51) 착장정은병간정(2)-1연6행, 52) 중국열차(1)-1연6행, 53) 중국열차(2)-1연6행, 54) 황하-1연6행, 55) 중경임시정부(1)-1연6행, 56) 중경임시정부(2)-1연6행, 57) 악양루-1연6행, 58) 무산소삼협-1연6행, 59) 장강하류(1)-1연6행, 60) 장강하류(2)-1연6행, 61) 장강하류(3)-1연6행, 62) 장강하류(4)-1연6행, 63) 필담(1)-1연6행, 64) 필담(2)-1연6행, 65) 동행자(1)-1연6행, 66) 동행자(2)-1연6행, 67) 관습이란것-1연6행, 68) 초겨울동해안(1)-1연6행, 69) 초겨울동해안(2)-1연6행, 70) 파계사-1연9행, 71) 팔골산약사불-1연6행, 72) 나라(奈良) 에서-1연8행, 73) 남대문-1연7행, 74) 밤손님의대화-1연6행, 75) 못웃을일-1연6행, 76) 귀후비기-1연7행, 77) 무식-1연6행, 78) 하나마나-1연6행, 79) 헛고생-1연6행, 80) 모를일-1연6행, 81) 쉬운일-1연6행, 82) 비-1연6행, 83) 씰이디많아-1연6행, 84) 모자의행방-1연6행, 85) 질긴고기-1연6행, 86) 설마-1연6행, 87) 얼굴-1연6행, 88) 묘방-1연6행, 89) 해결책-1연6행, 90) 절약기(1)-1연6행, 91) 절약기(2)-1연6행, 92) 꽃초-1연6행, 93) 간단한처방-1연6행, 94) 생색-1연7행, 95) 다행한일-1연6행, 96) 공교롭게-1연6행, 97) 키스(1)-1연6행, 98) 키스(2)-1연6

행, 99) 키스(3)-1연6행, 100) 키스(4)-1연6행, 101) 사랑하면-1연6행, 102) 소문의길-1연6행, 103) 신부-1연7행, 104) 어느것도-1연6행, 105) 외출준비-1연6행, 106) 길(吉) 아니면흉(凶)-1연6행, 107) 앙갚음-1연6행, 108) 성금-1연6행, 109) 지나친공손-1연6행, 110) 해와달-1연6행, 111) 약장수-1연6행, 112) 셈-1연6행, 113) 무리한분부-1연7행, 114) 사람찾기-1연6행, 115) 하찮은일-1연6행, 116) 환갑기집애-1연6행, 117) 있음과없음-1연6행, 118) 같으면서같지않기-1연6행, 119) 후일담-1연6행, 120) 속옷속-1연8행,

VII. 이삭줍기. 2001.

1) 간이역에서-3연18행, 2) 옛성터에서-3연18행, 3) 거울그번증법적유전-사설, 4) 옛나루터풍경화-(2)-3연18행, 5) 옛나루터풍경화(3)-3연18행, 6) 작은행복-2연12행, 7) 얼룩지는마음심사-1연6행, 8) 만년청과하루살이-1연7행, 9) 신문도안오는날은-1연6행, 10) 인정있는체-1연6행, 11) 소름(1)-1연7행, 12) 소름(2)-1연7행, 13) 얼시구나절시구-사설, 14) 남한산성이게있음은-2연14행, 15) 산에산성을쌓고-4연28행, 16) 질풍노도같이-2연14행, 17) 화전공론만-6연42행, 18) 끝내성문은열리고-2연13행, 19) 패자는말이없다-4연24행, 20) 삼전도엔돌비한톨-2연15행, 21) 큰손-2연12행, 22) 잃은하늘찾은하늘-3연18행, 23) 가을에-2연12행, 24) 해는저둥지에들고-3연18행, 25) 서울귀거래-3연9행, 26) 건강한신촌리-3연18행, 27) 신촌리사람들-3연9행, 28) 축배드는저녁노을-3연19행, 29) 큰한손-3연20행, 30) 남산해돋이-2연12행, 31) 길을가다가-2연12행, 32) 지구돌리기-3연18행, 33) 가을연서-2연12행, 34) 복락원-3연18행, 35) 시데기네기승엮기그리고그행간읽기-사설, 36) 숨죽인바람-사설, 37) 태풍의눈-사설, 38) 태풍의눈-사설, 39) 백사장에널린소리-사설, 40) 이삼로(李三老)-사설, 41) 박쥐의노래-사설, 42) 징검다리-3연12행, 43) 지쳐누운길아-3연18행, 44) 트고살자한다-3연18행, 45) 길아네길을-3연18행, 46) 빛나는낙엽-2연12행, 47) 달팽이행로-3연18행, 48) 시조의율격-2연12행, 49) 시조사절요-6연18행, 50) 빙하

의나루터-3연18행, 51) 대파국앞에서-3연18행, 52) 신촌에실비가온다-3연18행, 53) 묵정밭일구기-3연18행, 54) 사랑의뜻-3연18행, 55) 사랑이제-2연12행, 56) 어찌도못하는날엔-2연12행, 57) 주저리열린해-2연12행, 58) 마패같은해를들고-2연12행, 59) 하늘말하는가락-2연12행, 60) 다시노스트라다무스의눈-사설, 61) 아프리카의눈-사설, 62) 바람을주제로한정읍삼절휘몰이조-사설, 63) 연습곡-이상근(李祥根) 에게-2연13행, 64) 산타령-3연18행, 65) 문법하는계절-3연18행, 66) 묵계-4연12행, 67) 혹(惑)-2연13행, 68) 짐작가는나그네-1연6행, 69) 신부-1연6행, 70) 바다-1연3행, 71) 구심-1연6행, 72) 동반-2연16행, 73) 의식-사설, 74) 실의시대-사설, 75) 배리-사설, 76) 앵두나무는(1)-5연15행, 77) 관도-4연12행, 78) 세종로소묘-3연9행, 79) 유방의장-2연12행, 80) 모시의장-4연12행, 81) 토요일엔비가-4연12행, 82) 피리-3연9행, 83) 장택고씨부인전-사설, 84) 뜨락에서-사설, 85) 고무신-1연5행,

〈작품해설〉생명의식길의 존재론적 탐구-이지엽.

Ⅷ. 사봉 장순하(史峰 張諄河 1928-88세)의 현대시조 창작형태조사

시조시	1연	2연	3연	4연	5연	사설	장시조	총계	비고
한국시조큰사전	4	9	12	7	4	7	2	45	
한국시대사전	2	1	6	6	2	1	1	19	
백두산가는길	120							120	
길손	7	24	21	4	2	13	2	73	
서울귀거래	39	22	17	1	1	10		90	
후일담	120							120	
이삭줍기	11	21	27	6	1	17	2	85	
총　　계	303	77	83	24	10	48	7	552	
비　　율%	54.8	13.9	15.0	4.3	1.8	8.6	1.2	99.7	

〈참고문헌〉

1. 한국 시조큰사전-한춘섭, 박병순, 리태극-을지출판공사-서울. 1985

2. 한국 시조대사전-(상 · 하. 별책)-박을수-아세아문화사-서울. 1991

3. 근대 시조집람-임선묵-경인문화사-서울. 1999

4. 한국시대 사전-김창직, 윤해규-을지출판공사-서울. 2004

5. 한국 현대시조 연구와 향방-김창현-오늘의문학사-대전. 2014

장 청 (張靑-본명-동수(東洙) 1941-2014)의 현대시조문학

Ⅰ. 들어가며

가람문학 2004 제25집 출판기념회 때 대전에 오셔서 처음 인사를 나누었고 〈지렁이의 노래〉 시조집을 지참하여 회원들에게 나누어 주었다. 명랑 쾌활하고 대포잔을 즐겼으며 수필도 넘나들었다. 시조집 끝머리에 〈낙동강 물길 따라〉 문학기행을 쓰고 있다.

Ⅱ. 펼치며

1. 한국시조큰사전. 1985

1) 군자란(君子蘭)-3연9행, 2) 대춘부(待春賦)-1연3행, 3) 독행(獨行)-1연3행, 4) 만해(卍海)-2연6행, 5) 말(馬)-1연3행, 6) 무제(無題)-1연3행, 7) 백묵(白墨)-2연6행, 8) 비추행(非秋行)-8연24행, 9) 사향보(思鄕譜)-3연9행, 10) 수리(修理)-2연6행, 11) 욥기(記)-13연39행, 12) 월인천강지곡(月印千江之曲)-5연15행, 13) 유엽도(柳葉道)-2연6행, 14) 해바라기 서정(抒情)-2연6행.

2. 가람문학

2003. 제24집-1) 지렁이의 노래-2연14행, 2) 향우서첩(鄕友西帖)-4연12행, 3) 맹처희보(猛妻戲譜)-4연12행.

2004. 제25집-1) 공산성(公山城)에서-2연6행, 2) 백사행(白沙行)-2연6행, 3) 법진선사(法眞禪師)-4연12행, 4) 정릉댁-4연12행, 5) 독작구곡(獨酌九曲)-9연27행.

2005. 제26집-1) 석북행(石北行)-2연7행, 2) 현몽 한지훈 시인께-2연7행, 3) 댄도롱꽃-2연6행.

2006. 제27집-1) 발안마-1연6행, 2) 갈매기-2연12행, 3) 까치내외-2연12행.

2007. 제28집-1) 동학사(東鶴寺)-2연6행, 2) 동혈사(東穴寺)-2연7행, 3) 새벽 산책-3연9행, 4) 사향(思鄕)-2연6행, 5) 카페낭띠에서-1연3행.

2008. 제29집-1) 뫼울림-4연12행, 2) 청화(青和)에게-2연12행, 3) 겨울엽신-2연12행.

2009. 제30집-1) 농암(聾巖)에 올라보니-4연12행, 2) 그사람-1연6행, 3) 혜련-1연6행, 4) 새벽산책-2연12행.

제31집, 제32집-작품 없음.

2012. 제33집-1) 너와 나-2연6행, 2) 재떨이-1연6행, 3) 균, 헤리코박터 균에게-1연3행.

3. 시조문학-수필

4. 바보의 노래-자료 없음.

5. 새벽 날개를 치며-자료 없음.

6. 지렁이의 노래-시조집. 2004.

1) 만해-2연12행, 2) 추사행-4연12행, 3) 말(馬)-1연6행, 4) 태몽-1연12행, 5) 한매-2연12행, 6) 수국-2연12행, 7) 고드름-2연6행, 8) 고운비학-사설시조, 9) 내 임이 가라하여-3연9행, 10) 군자란-3연9행, 11) 소설가 이문구 형을 보내며-4연12행, 12) 지렁이의 노래-2연14행, 13) 산거-1연8행, 14) 맹처희보-4연12행, 15) 공산성에서-2연6행, 16) 무제-사설시조, 17) 백사행-2연6행, 18) 법진선사-4연12행, 19) 정릉댁-4연12행, 20) 폭설-3연9행, 21) 옥수천-1연7행, 22) 매월당 부도앞에서-3연30행, 23) 시린이마로-1연7행, 24) 독행-1연11행, 25) 이도령을 보거라-4연12행, 26) 농부가-2연12행, 27) 영추사-3연9행, 28) 우담바라화-2연12행, 29) 옥련에게-2연12행, 30) 귀로탄-4연12행, 31) 밤소나기-3연9행, 32) 황포돛대 하나 달고-3연18행, 33) 물보라-2연12행, 34) 시에서 벗어나요-3연9행, 등잔불-1연7행, 35)

산속에 사노라니-3연9행, 36) 진미식당 허여인-3연9행, 37) 대춘브-1연3행, 38) 벽오장-3연18행, 39) 백묵-2연6행, 40) 사향보-3연9행, 41) 가을 나그네-7연21행, 42) 독수리-2연6행, 43) 월인천강지곡-5연15행, 44) 해바라기-2연14행, 45) 청산도-1연6행, 46) 오미지차-1연6행, 47) 달맞이꽃-1연6행, 48) 소동파-1연7행, 49) 어떤술꾼-1연6행, 50)엿장수-1연6행, 51) 소(이중섭을 생각하며)-2연9행, 52) 해변풍경-5연15행, 53) 유엽도-2연12행, 54) 유년수첩-2연6행, 55) 눈발이 흩날린다-4연12행, 56) 가만히잡은손이-2연12행, 57) 매정 앞에서-2연7행, 58) 흰고무신 변조-2연12행, 59) 양날 처세법-2연12행, 60) 참고인-2연6행, 61) 마곡사에서-2연6행, 62) 공초-2연6행, 63) 살아가는 모든것이-2연6행, 64) 사부곡-2연12행, 65) 유달산-1연3행, 66) 삼학도-1연3행, 67) 고하도-1연3행, 68) 영산강-1연3행, 69) 포구-1연3행, 70) 욥기(記)-13연39행, 71) 독작구곡-9연27행, 72) 움켜잡는 그 삽자루-15연45행, 73) 문학기행-수필-낙동강 물 길 따라-하회마을-2수,74) 병산서원-도산서원-3수, 75) 농암시비-1수, 76) 소수서원-1수.

Ⅲ. 장청(張靑-본명-동수(東洙) 1941-2014)의 현대시조문학 창작 형태조사

시조시	1연	2연	3연	4연	5연	사설	장시조	총계	비고
한국시조큰사전	4	5	2		1		2	14	
가람문학	6	15	1	6			1	29	
시조문학									수필
바보의노래									자료없음
새벽날개를치다									자료없음
지렁이의노래	21	27	13	8	2	2	4	77	
총 계	31	47	16	14	3	2	7	120	
비 율%	25.8	39.1	13.3	11.6	2.5	1.6	5.8	99.7	

〈참고문헌〉

1. 한국 시조큰사전-한춘섭, 박병순, 리태극-을지출판공사-서울. 1985

2. 한국 시조대사전-(상 · 하. 별책)-박을수-아세아문화사-서울. 1991

3. 한국시대 사전(개정증보판)-을지출판공사-서울. 2004

4. 근대 시조집람-임선묵-경인문화사-서울. 1999

5. 한국 현대시조 연구와 향방-김창현-오늘의문학사-대전. 2014

전 상 렬 (全尙烈 1923-2000)의 현대시조

Ⅰ. 대구시조

제2집-1) 여일(餘日)-3연9행, 2) 꽃놀이-3연9행.

Ⅱ. 현대시조 작품 감상

1) 여일(餘日)
하늘이 맑은 날은 마음도 맑아진다.
혼자서 거닐면서 지난날 돌아보니
이만큼 살아 온 인생 그지없이 고맙다.

힘겹게 살아 와도 즐겨서 시를 쓰고
망언(妄言)이 흠이 될까 분수를 지키면서
평생을 글 읽으면서 청빈하게 살았다.

살아 온 일흔 고개 살아 갈 여든 고개
넘기는 어렵지만 마음은 편안하다
여일은 고종명(考終命)말고 더바라 뭘하나.

2) 꽃놀이
살구꽃 흩날리는 초악당 풀밭에서
어릴 때 동무들이 꽃놀이 즐기는데
저만치 나무그늘이 그림자를 옮긴다.

아득히 세월 따라 살아 온 인생이라
산그늘 내리는 줄 뉘라서 모르겠나.

서산에 해지는 줄을 까마귀도 아는데.

목숨의 한쪽 끝은 하늘에 매어있고
명근(命根)을 아는 사람 아무도 없지마는
한바탕 멋들어지게 놀다가는 인생 길.

Ⅲ. 전상렬(全尙烈 1923-2000)의 현대시조 현대시조 창작형태조사

시조시	1연	2연	3연	4연	5연	사설	장시조	총계	비고
대구시조			2					2	
총 계			2					2	
비 율%			100					100	

〈참고문헌〉
1. 한국 시조큰사전-한춘섭, 박병순, 리태극-을지출판공사-서울. 1985
2. 한국 시조대사전-(상 · 하. 별책)-박을수-아세아문화사-서울. 1991
3. 근대 시조집람-임선묵-경인문화사-서울. 1999
4. 한국시대 사전-김창직, 윤해규-을지출판공사-서울. 2004
5. 한국 현대시조 연구와 향방-김창현-오늘의문학사-대전. 2014

※ 한국시대사전. 2004.
자유시-어머니, 내재율, 오월은 나에게, 오월의 목장으로, 생성의 의미, 고목과 강물, 비오는 강나루, 꽃밭, 생선가게, 봄바람, 10편 수록.

전 형 대 (全亨大 1942-1995)박사의 현대시조

Ⅰ. 시조문학

1960. 창간호-1) 눈보라-2연6행.

1964. 제9집-1) 거리의 심포니(symphomey)-4연12행.

1965. 제10집-1) 청산별곡-2연6행.

Ⅱ. 현대시조

1) 1989. 가을호-시조기행-전형대(1942-1995)주간.

※ 외로운 성(城)이 바다에 임한 고성(固城)

2) 고성 오광대민요-무형문화재 제9호(1970년, 지정)

3) 김수온(金守溫1409-1481)-안청루(晏淸樓)

4) 서거정(徐居正1420-1488)-낙열정(樂悅亭).

5)1995. 추모시-홍오선-누구의 부르심입니까?-5연35행.

-김옥정-그리운 이-3연25행.

-선정주(1935-2012)-구름-2연12행.

-유선-추모시-3연18행.

Ⅲ. 중앙일보

1983. 4. 29-설중매-2연6행.

1983. 9. 17-문자향(文字香)-1연6행.

Ⅳ. 전형대(全亨大 1942-1995)박사의 현대시조 현대시조 창작형태조사

시조시	1연	2연	3연	4연	5연	사설	장시조	총계	비고
시조문학		2		1				3	

현대시조		1	2		1			4	
중앙일보	1	1						2	
총 계	1	4	2	1	1			9	
비 율%	11.1	44.4	22.2	11.1	11.1			99.9	

〈참고문헌〉

1. 한국 시조큰사전-한춘섭, 박병순, 리태극-을지출판공사-서울. 1985
2. 한국 시조대사전-(상 · 하. 별책)-박을수-아세아문화사-서울. 1991
3. 근대 시조집람-임선묵-경인문화사-서울. 1999
4. 한국시대 사전-김창직, 윤해규-을지출판공사-서울. 2004
5. 한국 현대시조 연구와 향방-김창현-오늘의문학사-대전. 2014

제 해 만 (諸海萬 1944-1997)의 현대시조

Ⅰ. 시조문학

1967. 제17집-1) 꽃나무-2연12행.

1968. 제19집-1) 봄의 정적(靜寂)-3연21행.

1970. 제21집-1) 외나무다리-2연12행.

1970. 제22집-1) 어떤 의미-2연14행, 2) 오월이-2연14행, 3) 안동의 야정(夜情)-2연6행.

1971. 제31집 1회, 추천-1) 하늘 은유(隱喩)-3연9행.

Ⅱ. 제해만(諸海萬 1944-1997)의 현대시조 현대시조 창작형태조사

시조시	1연	2연	3연	4연	5연	사설	장시조	총계	비고
시조문학		5	2					7	
총 계		5	2					7	
비 율%		71.4	28.5					99.9	

〈참고문헌〉

1. 한국 시조큰사전-한춘섭, 박병순, 리태극-을지출판공사-서울. 1985
2. 한국 시조대사전-(상 · 하. 별책)-박을수-아세아문화사-서울. 1991
3. 근대 시조집람-임선묵-경인문화사-서울. 1999
4. 한국시대 사전-김창직, 윤해규-을지출판공사-서울. 2004
5. 한국 현대시조 연구와 향방-김창현-오늘의문학사-대전. 2014

정석주(鄭石柱-본명-鄭煥 아호-석주 1940-1987)의 현대시조 조사

Ⅰ. 한국시 큰사전. 1985.

1) 비구니-2연6행, 2) 빛과 소금의 장도여!-6연18행, 3) 산창일기(춘하추동)-4연12행, 4) 산하. 31-여궁(女宮)폭포-3연9행, 5) 산하. 32-(통일에 서면)-5연15행, 6) 산하. 45-(빤지볼에서)-3연9행, 7) 산하. 46-새재 산조-3연9행, 8) 산하. 49-(경회루)-3연9행, 9) 석양에 서면-3연9행, 10) 연가1-2연6행, 11) 연가2-(전화 받으면)-3연9행, 12) 청천벽력-8연24행.

Ⅱ. 시조문학

1) 연가(戀歌)-1연9행, 2) 하실 일 가실 길이 창창히 멀었거늘-만시, 3) 1980년-시조문학. 천료.

Ⅲ. 정석주(鄭石柱 1940-1987)의 현대시조 조사 현대시조 창작형태 조사

시조시	1연	2연	3연	4연	5연	사설	장시조	총계	비고
한국시		2	6	1	1		2	12	
시조문학	1	2	5	1	1		2	12	
총 계	1	4	11	2	2		4	24	
비 율%	4.1	16.6	45.8	8.3	8.3		16.6	99.7	

〈참고문헌〉

1. 한국 시조큰사전-한춘섭, 박병순, 리태극-을지출판공사-서울. 1985
2. 한국 시조대사전-(상 · 하. 별책)-박을수-아세아문화사-서울. 1991
3. 근대 시조집람-임선묵-경인문화사-서울. 1999
4. 한국시대 사전-김창직, 윤해규-을지출판공사-서울. 2004
5. 한국 현대시조 연구와 향방-김창현-오늘의문학사-대전. 2014

정 소 은(鄭素恩 1929-2000)의 현대시조

Ⅰ. 반딧불과 키보드 사이. 제3집. 1996.

1) 그날의 아픔-3연9행, 2) 또 하나의 인생(人生)-3연9행, 3) 새벽 기도-1연7행, 4) 천의 얼굴-중남미 박물관에서-3연9행, 5) 한국의 멋-3연9행.

Ⅱ. 환장(換腸)의 사월(四月)은 꽃. 제4집. 1997.

1) 또 하나의 인생(人生)-3연9행.

Ⅲ. 궁수(弓手)의 하늘. 제5집. 1998.

Ⅳ. 한국시대사전. 2004.

1) 그날의 아픔-3연9행, 2) 또 하나의 인생-3연9행, 3) 새벽 기도-1연7행, 4) 한국의 멋-3연9행, 5) 바닷가에서-1연7행, 6) 차 한 잔의 시간-3연9행.

Ⅴ. 정소은(鄭素恩 1929-2000)의 현대시조 현대시조 창작형태조사

현대시조	1연	2연	3연	4연	5연	사설	장시조	총계	비고
동인지3집	1			3				4	시조생활
동인지4집				1				1	
동인지5집				1				1	
한국시대사전	2			4				6	
총 계	3			9				12	1996
비 율%	25.0			75.0				100	

〈참고문헌〉

1. 한국 시조큰사전-한춘섭, 박병순, 리태극-을지출판공사-서울. 1985
2. 한국 시조대사전-(상 · 하. 별책)-박을수-아세아문화사-서울. 1991
3. 근대 시조집람-임선묵-경인문화사-서울. 1999
4. 한국시대 사전-김창직, 윤해규-을지출판공사-서울. 2004
5. 한국 현대시조 연구와 향방-김창현-오늘의문학사-대전. 2014

백수 정완영(白水 鄭梡永 1919-2016)의 현대시조

Ⅰ. 한국시조큰사전. 1985.

1) 가을아내-4연12행, 2) 가을앓이-3연9행, 3) 감-3연9행, 4) 감꽃-1연3행, 5) 강춘(江春)-1연3행, 6) 경주에와서-3연9행, 7) 고향생각-3연9행, 8) 꽃가지를흔들듯이-1연3행, 9) 귤과동불(童佛)-4연12행, 10) 귀고(歸故)-3연9행, 11) 낙화-1연3행, 12) 낚시에제하여-3연9행, 13) 낮귀뚜리울음소리-2연6행, 14) 내마음이있습니다-3연9행, 15) 달빛이풀어논밤-2연6행, 16) 대춘부(待春賦)-3연9행, 17) 만경낙일(萬頃落日)-1연3행, 18) 명탄자(名彈者) 가고나니-6연18행, 19) 바다앞에서-1연3행, 20) 버들꽃날리는날-4연12행, 21) 뻐꾸기-1연3행, 22) 뻐꾸기우는마을-3연9행, 23) 배밭머리-2연6행, 24) 봄바람에-3연9행, 25) 봄오는소리-2연6행, 26) 봉숭아-1연3행, 27) 부자상(父子像)-3연9행, 28) 부처-1연3행, 29) 분꽃-2연6행, 30) 분이네살구나무-1연3행, 31) 불국사봄에와서-3연9행, 32) 사란(思蘭)-1연3행, 33) 사모곡(봉분)-1연3행, 34) 시냇물-1연3행, 35) 감-1연3행, 36) 달빛-1연3행, 37) 산이나를따라와서-3연9행, 38) 서울의버들가지-3연9행, 39) 서울조춘-3연9행, 40) 석수들-4연12행, 41) 설화초-3연9행, 42) 세월이외로우면-1연3행, 43) 달과나무-1연3행, 44) 꽃과나무-1연3행, 45) 목옥-1연3행, 46) 가을나그네-1연3행, 47) 두고온불빛-1연3행, 48) 아버지-1연3행, 49) 아침한때-4연12행, 50) 야동등무(夜冬燈無)-1연3행, 51) 애모-3연9행, 52) 연못에노는바람-2연6행, 53) 연밭에서-3연9행, 54) 염주-1연3행, 55) 옛날우리할아버님은-3연9행, 56) 우리집석류나무는-2연6행, 57) 월령부(月嶺賦)-1연3행, 58) 을숙도이야기-3연9행, 59) 일월가환역(還歷)의노래-4연12행, 60) 자연(紫煙)-1연3행, 61) 잔양기(殘陽記)-3연9행, 62) 전등사-2연6행, 63) 젖냄새살냄새-1연3행, 64) 창파에떠서-1연3행, 65) 바람-1연3행, 66) 한라의달-1연3행, 67) 조국-3연9행, 68) 조그만날의곡조-3연9행, 69) 조인일기(釣人日記)-3연9행, 70) 종달새와할미꽃-1연3행, 71) 직지사그산그늘-4연12

행, 72) 직지사운-4연12행, 73) 직지사인경소리-2연6행, 74) 창포꽃있는못물-1연3행, 75) 천불동(千佛洞)-1연3행, 76) 초봄-1연3행, 77) 춘소우-3연9행, 78) 춘수에의상-1연3행, 79) 춘신-4연12행, 80) 큰나무밑에서면-1연3행, 81) 파계사추-4연12행, 82) 해바라기-4연12행, 83) 행기(行基)-4연12행, 84) 허일심서-3연9행, 85) 호박꽃-1연3행, 86) 환춘(歡春)-1연3행.

II. 시조창작법. 1981(중앙일보-복사본).

1) 꽃가지를흔들듯이-1연6행, 2) 분이네살구나무-1연6행, 3) 산골학교-2연6행, 4) 창파에떠서-1연3행, 5) 섬-1연3행, 6) 바람-1연3행, 7) 한라의달-1연3행, 8) 종달이가울었사면-1연6행, 9) 복사꽃-1연6행, 10) 창포꽃있는못물-1연6행, 11) 감꽃-1연6행, 12) 젖냄새살냄새-1연6행, 13) 옛집-2연12행, 14) 장마개었다-2연12행, 15) 달밤-1연6행, 16) 대추-1연6행, 17) 고추잠자리-1연6행, 18) 겨울갯마을-1연6행, 19) 봄오는소리-2연12행, 20) 옛날옛날옛적부터-3연9행, 21) 진달래-1연6행, 22) 부처-1연6행, 23) 낙산사소견-1연6행, 24) 금정조춘(金井早春)-2연12행, 25) 노어부(老漁夫) 에게-1연3행, 26) 바다앞에서-1연3행, 27) 나팔꽃일출-1연6행, 28) 파이프동해-1연6행, 29) 동백꽃선잠-1연6행, 30) 낙도야(落島夜)-1연3행, 31) 계명성(鷄鳴聲)-1연3행, 32) 홍도기행시초-1연6행, 33) 만경낙일(萬頃落日)-1연6행, 34) 천불동운해(千佛洞雲海)-1연6행, 35) 법주사-1연6행, 36) 간만의차-1연6행, 37) 유자-1연6행, 38) 사모곡-1연6행, 39) 시냇물-1연6행, 40) 달빛-1연6행, 41) 부자상-3연18행, 42) 옛날우리할아버님은-3연18행, 43) 삼동의시-3연18행, 44) 애모(愛慕)-3연18행, 45) 고목장춘(古木壯春)-1연6행, 46) 야동등무(夜冬燈無)-1연6행, 47) 귤과동불-4연12행, 48) 봄의수인(囚人)-1연6행, 49) 여일(麗日)-1연6행, 50) 종달새와할미꽃-1연6행, 51) 환춘(歡春)-1연6행, 52) 불각춘(不覺春)-1연6행, 53) 춘수(春水) 에의상(想)-1연6행, 54) 봄의좌표-1연6행, 55) 낙동에부쳐-1연6행, 56) 월령부(月嶺賦)-1

연6행, 57) 자연(紫煙)-1연6행, 58) 관산곡(觀山曲)-1연6행, 59) 황소-1연6행, 60) 세월이외로우면-1연6행, 61) 조국-3연18행, 62) 배밭머리-2연12행, 63) 내마음이있습니다-3연9행.

Ⅲ. 연(蓮) 과 바람. 1984.

1) 낚시에제(題) 하여-3연18행, 2) 창경원에와서-3연18행, 3) 봄의판타지-3연18행, 4) 우수절나들이-1연6행, 5) 봉화산언저리-1연6행, 6) 채마전눈발-1연6행, 7) 중앙선열차-1연6행, 8) 채석장풍경-1연6행, 9) 불암산과목-1연6행, 10) 봄이발-3연18행, 11) 목련-1연6행, 12) 개나리-1연6행, 13) 한강수-1연6행, 14) 봄을몰고오는노부-1연3행, 15) 봄을달고오는눈들-1연3행, 16) 배꽃보다밝은빨래-1연3행, 17) 봄편지-3연9행, 18) 돌아온산-1연6행, 19) 돌아온물-1연6행, 20) 추청(秋晴)-3연9행, 21) 구름-1연6행, 22) 언약(言約)-1연6행, 23) 종로-1연6행, 24) 판소리로가는가을-4연12행, 25) 겨울수심가-4연12행, 26) 초동(初冬)-2연12행, 27) 눈내리는밤-3연18행, 28) 연과바람-5연15행, 29) 갈밭에누워-3연18행, 30) 을숙도-3연18행, 31) 낮귀뚜리울음소리-2연12행, 32) 오동에부쳐-3연18행, 33) 목과(木瓜)-3연18행, 34) 현애국밝힌밤에-3연9행, 35) 가을은-4연12행, 36) 겨울산사에와서-3연18행, 37) 행여(行轝)-4연24행, 38) 주곡(鑄曲)-7연21행, 39) 망우리를떠나며-4연24행, 40) 대치동-4연24행, 41) 화곡동가는길-4연24행, 42) 조손(祖孫)의봄-3연18행, 43) 홍부신전-3연18행, 44) 분묘들-1연6행, 45) 둑아래집-1연6행, 46) 아내앓이-1연6행, 47) 낮잠을부르며-3연18행, 48) 향산심곡-3연9행, 49) 귀고(歸故)-3연18행, 50) 사모곡-봉분-1연6행, 51) 시냇물-1연6행, 52) 감-1연6행, 53) 달빛-1연6행, 54) 비(碑)-3연18행, 55) 치병(治病)-1연6행, 56) 취야(醉夜)-1연6행, 57) 단장(短杖)-1연6행, 58) 춘치(春雉)-1연6행, 59) 연륜(年輪)-1연6행, 60) 향기하며가는냇물-1연6행, 61) 부싯돌을치는바람-1연6행, 62) 징검다리가는노농(老農)-1연6행, 63) 강물

도입동철은-1연6행, 64) 황량이하늘아래-1연6행, 65) 알몸으로아뢰나니-1연6행, 66) 동백꽃불면-1연6행, 67) 암갈색고독-1연6행, 68) 고매도강둑-1연6행, 69) 춘분절새=1연6행, 70) 저물소리-1연6행, 71) 매화꽃등불-1연6행, 72) 안경(1)-1연6행, 73) 안경(2)-1연6행, 74) 안경(3)-1연6행, 75) 안경(4)-1연6행, 76) 안경(5)-1연6행, 77) 안경(6)-1연6행, 78) 안경(7)-1연6행, 79) 안경(8)-1연6행, 80) 안경(9)-1연6행, 81) 안경(10)-1연6행, 82) 안경(11)-1연6행, 83) 안경(12)-1연6행, 84) 대관령오르는산-1연3행, 85) 메밀꽃만하얀포말-1연3행, 86) 대관령에둥실떠서-1연3행, 87) 화전에서만난아이-1연3행, 88) 설악산소나무-1연3행, 89) 낙산사구월바다-1연3행, 90) 절벽에걸친동곡-1연3행, 91) 흰구름도는곁에-1연3행, 92) 한세상짐풀어놓고-1연3행, 93) 청학동가는길-1연6행, 94) 피아골뻐꾸기-1연6행, 95) 천황봉소리개-1연6행, 96) 나팔꽃일출-1연6행, 97) 파이프동해-1연6행, 98) 동백꽃선창-1연6행, 99) 갈매기도곡-1연6행, 100) 여주여주인-1연6행, 101) 영릉(英陵) 또영릉(寧陵)-1연6행, 102) 신륵사그리고강물-1연6행, 103) 봉암사에와서-3연18행, 104) 석남사-3연18행, 105) 오대산월정사탑-3연18행, 106) 경국사-승찰-1연3행, 107) 산방-1연3행, 108) 소요-1연3행, 109) 가을볕에찾은경주-3연18행, 110) 관기리(官基里)-4연12행, 111) 백사청송도(白沙青松圖)-1연6행, 112) 청강벽수도(淸江碧水圖)-1연6행, 113) 갈마용암도(渴馬龍岩圖)-1연6행.

IV. 시조 산책. 1955.

1) 감꽃-1연7행, 2) 파이프동해-1연6행, 3) 봄의판타지-1연6행, 4) 초봄-1연9행, 5) 기곡(祺曲)-1연3행, 6) 봄의판타지-1연6행, 7) 탑-1연3행, 8) 봉숭아-1연6행, 9) 아침한때-3연9행, 10) 초동(初冬)-2연6행, 11) 불암산신록-1연6행, 12) 수국(水菊)-1연6행, 13) 통매(痛梅)-1연3행, 14) 서울조춘-1연3행, 15) 창경원-1연6행, 16) 바둑시-1연3행, 17) 여행기-1연3행, 18) 낙산사구월바다-1연6행, 19) 융동(隆冬)의 장(章)-1연3행.

V. 오동잎 그늘에 서서. 1994.

1) 춘한(春寒)-1연7행, 2) 해조(海鳥)-1연7행, 3) 원경(遠景)-1연7행, 4) 용문사가는길-1연7행, 5) 저러다저꽃지면-1연7행, 6) 신록행-1연7행, 7) 파초앞꺾어놓고-1연7행, 8) 단장(短杖)-1연7행, 9) 만낭빛갚은하늘-1연7행, 10) 추갑사(秋甲寺)-1연7행, 11) 나무는-1연7행, 12) 산다바(山茶毘)-1연7행, 13) 고향은없고-1연7행, 14) 밝히는것-1연7행, 15) 동일(冬日)-1연7행, 16) 세월이무엇입니까-1연7행, 17) 양진암(養眞庵) 가는길-4연24행, 18) 눈물이아직남아-4연12행, 19) 남행열차에서-1연7행, 20) 강물이도네-1연7행, 21) 세월의먼곳-1연7행, 22) 뱃길을보며-1연3행, 23) 외따로앉아-1연3행, 24) 한바다수심=1연3행, 25) 까치밥등불-1연6행, 26) 시냇물정활(情活)-1연6행, 27) 고원(故園) 에서서-1연6행, 28) 홍천강자락부터-1연7행, 29) 불가마타고넘어-1연7행, 30) 들끓는울산바위-1연7행, 31) 속초항갈매기는-1연7행, 32) 등뒤에산남기고-1연7행, 33) 사사섶노을-1연7행, 34) 타오른쇠북-1연7행, 35) 물소리산사-1연7행, 36) 차오른만파-1연6행, 37) 어리묵산장-1연6행, 38) 유채꽃기약-1연6행, 39) 장릉(莊陵)-1연6행, 40) 청령포-1연6행, 41) 구름(1)-1연7행, 42) 구름(2)-1연7행, 43) 구름(3)-1연7행, 44) 가을(1)-1연7행, 45) 가을(2)-1연7행, 46) 한계령에불꺼지고-1연7행, 47) 주전골물과하늘-1연7행, 48) 진부령을넘으며-1연7행, 49) 오대에앉은구름-1연7행, 50) 동해에와서(1)-1연7행, 51) 동해에와서(2)-1연7행, 52) 동해에와서(3)-1연7행, 53) 무량심초-손금-1연7행, 54) 탑영(塔影)-1연7행, 55) 빈목(貧木)-1연7행, 56) 활처럼휘인세월-1연7행, 57) 고추잠자리떴네-1연7행, 58) 오동잎그늘에서서-1연7행, 59) 설악에와서-산수(山愁)-1연6행, 60) 산심(山心)-1연6행, 61) 산다(山茶)-1연6행, 62) 고향차표-1연7행, 63) 고향별밭-1연7행, 64) 고향민들레-1연7행, 65) 염춘사(念春詞)-2연6행, 66) 국약순오르는날-3연18행, 67) 양수리연밭-3연18행, 68) 겨울관악-3연18행, 69) 팔당에와서-3연18행, 70) 겨울이오면-3연18행, 71) 보문사에올라-3연18행, 72) 가을산-2연14행, 73) 가을답신-3연9행, 74) 공림사(空林

寺)-3연21행, 75) 숙조암-3연18행, 76) 관악산-3연18행, 77) 가리개를보내며-3연21행, 78) 관악에산다-4연24행, 79) 물소리섭섭한날-2연14행, 80) 가덕에와서-4연12행, 81) 오동꽃-4연28행, 82) 제주를가며-3연21행, 83) 청주행-3연21행, 84) 사향국-3연18행, 85) 물소리-1연6행, 86) 탑-1연6행, 87) 구월이오면-3연21행, 88) 봄밤-1연7행, 89) 가는봄-1연7행, 90) 무적(霧笛)-2연14행, 91) 사진-2연14행, 92) 어머님하늘-1연3행, 93) 월령가1월-연오른하늘-1연3행, 94) 2월꽃샘추위-1연3행, 95) 3월-개나리꽃철-1연3행, 96) 4월-목련꽃 개춘(開春)-1연3행, 97) 5월-진초록 연가-1연3행, 98) 6월-모란꽃 지고-1연3행, 99) 7월-고추꽃 사연-1연3행, 100) 8월-봉사꽃 환상-1연3행, 101) 9월-오색실 과꽃-1연3행, 102) 10월-달무리 황국-1연3행, 103) 11월-다듬이소리-1연3행, 104) 12월-기러기 야화(夜話)-1연3행, 105) 가을나무-10연30행.

VI. 세월이 무엇입니까. 2001.

1) 춘소우-3연18행, 2) 감-3연18행, 3) 부자상-3연18행, 4) 버들꽃날리는날-4연12행, 5) 하일장(夏 日長)-4연12행, 6) 조국-3연18행, 7) 애모-3연18행, 8) 조그만날의곡조-3연9행, 9) 낚싯대를손질하며-4연24행, 10) 산이나를따라와서-3연18행, 11) 채춘보(1)-봄의수인-1연6행, 12) 여일(麗日)-1연6행, 13) 종달새와할미꽃-1연6행, 14) 환춘-1연6행, 15) 불각춘-1연6행, 16) 아침-1연6행, 17) 춘수에의상-1연6행, 18) 인증수(人增壽)-1연6행, 19) 강춘(江春)-1연6행, 20) 봄의좌표-1연6행, 21) 목련-1연6행, 22) 화춘-1연6행, 23) 진달래-1연6행, 24) 호랑나비-1연6행, 25) 별춘(別春)-1연6행, 26) 고향생각-7연21행, 27) 창파에떠서-1연3행, 28) 섬-1연3행, 29) 한라산-1연3행, 30) 섬사람들-1연3행, 31) 목장풍경-1연3행, 32) 바람1연3행, 33) 주막-1연3행, 34) 성산포-1연3행, 35) 한라의달-1연3행, 36) 통심곡(痛心曲)-1연3행, 37) 삼천포에서-1연3행, 38) 남해를건너며-1연3행, 39) 바다의노스탤지어-1연3행, 40) 해조음을들으며-1연3행, 41) 두고온외갈매기-1연3행, 42) 묵

로도-4연24행, 43) 삼동우시-3연18행, 44) 대춘부-3연18행, 45) 강-3연18행, 46) 설화조-3연18행, 47) 해바라기-4연12행, 48) 직지사운-4연12행, 49) 병처에게주는시-3연30행, 50) 내마음이있습니다-3연9행, 51) 잔양기-3연9행, 52) 봄바람에-3연9행, 53) 가을앓이-3연9행, 54) 연밭에서-3연18행, 55) 가을아내-4연24행, 56) 춘신(春信)-4연24행, 57) 옛날우리할아버님은-3연18행, 58) 서울의버들가지-3연9행, 59) 세월이간다-3연9행, 60) 귤과동불-4연12행, 61) 전등사-2연12행, 62) 서울조춘-3연9행, 63) 배밭머리-2연12행, 64) 우리집석류나무는-2연12행, 65) 추청-3연9행, 66) 겨울수심가-4연12행, 67) 초동-2연12행, 68) 연과바람-5연15행, 69) 을숙도-3연18행, 70) 낮귀뚜라미울음소리-2연12행, 71) 모과-3연18행, 72) 현애국밝힌밤에-3연9행, 73) 화곡동가는길-4연24행, 74) 낮잠을부르며-3연18행, 75) 귀고(歸故)-3연18행, 76) 치병-1연6행, 77) 취야-1연6행, 78) 단장-1연6행, 79) 춘치-1연6행, 80) 연륜-1연6행, 81) 적일(寂日)-1연7행, 82) 적모(寂暮)-1연7행, 83) 적야(寂夜)-1연7행, 84) 초겨울설악에와서-3연21행, 85) 백일홍꽃빛-1연7행, 86) 가을빛한때-1연7행, 87) 능침봉노송-1연6행, 88) 고향행열차-1연7행, 89) 겨울나무-10연30행, 90) 천안-1연7행, 91) 나주-1연7행, 92) 진도-1연7행, 93) 대홍사-1연7행, 94) 주흘관뻐꾸기-1연7행, 95) 조곡관들찔레-1연7행, 96) 조관령뜬구름-1연7행, 97) 한계령단풍-1연7행, 98) 대청봉첫눈-1연7행, 99) 덧없는사계-1연7행, 100) 신록행-1연7행, 101) 파춧님꺾어놓고-1연7행, 102) 단장-1연7행, 103) 만냥빛갚은하늘-1연7행, 104) 나무는-1연7행, 105) 산차비-1연7행, 106) 고향은없고-1연7행, 107) 밝히는것-1연7행, 108) 세월이무엇입니까-3연21 · 행, 109) 가을(1)-1연7행, 110) 가을(2)-1연7행, 111) 활처럼휘인세월-1연7행, 112) 고추잠자리떴네-1연7행, 113) 오동잎그늘에서서-1연7행, 114) 산수-1연7행, 115) 산심-1연7행, 116) 산차-1연7행, 117) 오대산에앉은구름-1연7행, 118) 홍천강자락부터-1연7행, 119) 작약순오르는날-3연18행, 120) 겨울이오면-3연18행, 121) 팔당에와서-3연18행, 122) 겨울이오면-3연18행, 123) 가을산-2연12

행, 124) 가덕에와서-4연12행, 125) 제주를가며-3연21행.

Ⅶ. 이승의 등불. 2001.

1) 시암의봄-2연6행, 2) 봄눈내리는밤-1연3행, 3) 꽃과바다-1연3행, 4) 봄꽃가을꽃-1연3행, 5) 목련에게-1연3행, 6) 한강-1연3행, 7) 여의도-1연3행, 8) 반포대교에서서-1연3행, 9) 백로가있는풍경-1연3행, 10) 하일산중-1연3행, 11) 코스모스-1연3행, 12) 봄의전령-2연6행, 13) 봄나들이-3연9행, 14) 춘한-2연6행, 15) 목련심경-3연9행, 16) 다시봄에-2연6행, 17) 백담사봄-3연9행, 18) 목련꽃봐-2연6행, 19) 춘망제-2연6행, 20) 남현동시-1연3행, 21) 적막하늘-1연3행, 22) 떠나간봄-2연6행, 23) 내별자리-1연3행, 24) 다시가을에-1연3행, 25) 가을나그네-1연3행, 26) 가을고향-1연3행, 27) 가을강가에서-1연3행, 28) 낙엽을보며-1연3행, 29) 엄마의달-1연3행, 30) 낙향-1연3행, 31) 허일-1연3행, 32) 숙조-1연3행, 33) 엉겅퀴꽃-1연3행, 34) 패랭이꽃-1연3행, 35) 원추리꽃-1연3행, 36) 충청도귀뚜리-4연12행, 37) 까치에게-2연6행, 38) 가을이여-3연9행, 39) 돌한덩어리내려놓고-3연9행, 40) 코드와가로수와낙엽있는시-2연6행, 41) 한팔십산후에-3연9행, 42) 초막아래살고싶다-1연3행, 43) 중암가는길-1연3행, 44) 중암에올라-1연3행, 45) 강건너마을-1연3행, 46) 귀뚜리시인-1연3행, 47) 가을빛염주-1연3행, 48) 어머니콩밭-1연3행, 49) 강북을나가며-2연6행, 50) 선사고향-3연9행, 51) 하늘이지은절-2연6행, 52) 섬-2연6행, 53) 내눈은-2연6행, 54) 떠내려가지않는섬-3연9행, 55) 기러기행여-2연6행, 56) 귀로-1연3행, 57) 대추알-1연3행, 58) 깜박졸다-1연3행, 59) 내고향징검다리-1연3행, 60) 어머님성지-1연3행, 61) 모천에가고싶네-1연3행, 62) 월유봉찾아와서-1연3행, 63) 반야사가는길-1연3행, 64) 공주야등-1연3행, 65) 혼행길-1연3행, 66) 한갑사-1연3행, 67) 감을따내리며-1연3행, 68) 일귀가처(一歸伽處)-1연3행, 69) 황락-1연3행, 70) 설일-1연3행, 71) 수유(須臾)-1연3행, 72) 다시귀뚜리에게-1연3행, 73) 애벌레-1연3행, 74) 여일-1연3행, 75) 시인과고욤나무-2연6

행, 76) 가을을기다리며-2연6행, 77) 용배못물-3연9행, 78) 하늘아래살고싶다-3연9행, 79) 고향가는길-3연9행, 80) 대금산조-1연3행, 81) 울지않는나무-1연3행, 82) 무불행-1연3행, 83) 구름과낙엽사이-1연3행, 84) 풍경(1)-1연3행, 85) 풍경(2)-1연3행, 86) 풍경(3)-1연3행, 87) 갈대-1연3행, 88) 허공에빠지는새-1연3행, 89) 봉분앞에서-1연3행, 90) 시비를세운후로-1연3행, 91) 어린나무-1연3행, 92) 계명조고행-2연6행, 93) 당신은가고-1연3행, 94) 허기진산-1연3행, 95) 옛마을찾아와서-1연3행, 96) 옛고향에와서-3연9행, 97) 사하촌이야기-3연9행, 98) 살다보니세월이-3연9행, 99) 김천시민대종명-2연6행, 100) 하늘에서내려다보면-2연6행, 101) 엄마의아침-1연3행, 102) 까치집둥우리에서-1연3행, 103) 하늘은민들레꽃밭-1연3행, 104) 감나무속잎좀봐-1연3행, 105) 새로핀은행나무-1연3행, 106) 뻐꾸기울음소리에-1연3행, 107) 눈내리는밤-1연3행, 108) 하늘이하는일-2연6행, 109) 중앙선완행열차-2연6행, 110) 하늘동네-2연6행, 111) 이웃사촌-3연9행, 112) 우리학교운동장-1연3행, 113) 우리학교선생님-1연3행, 114) 우리학교친구들-1연3행, 115) 새=2연6행, 116) 매미-2연6행, 117) 옛날옛날옛적에는-2연6행, 118) 다대포항을뜨며-1연3행, 119) 온정리내려서서-1연3행, 120) 혼류동물빛-1연3행, 121) 구룡폭포에서-1연3행, 122) 상팔담바라보며-1연3행, 123) 만물상을내리며-1연3행, 124) 유점사옛터에서-1연3행, 125) 만폭동동천-1연3행, 126) 해금강바라보며-1연3행, 127) 비로봉못오르고-1연3행, 128) 통일을기원하며-1연3행, 129) 뱃머리를돌리며-1연3행, 130) 북경은너무크다-1연3행, 131) 만리장성에올라-1연3행, 132) 불빛이조용한나라-1연3행, 133) 백두산을오르며-1연3행, 134) 천지앞에서-1연3행, 135) 눈물젖은두만강-1연3행, 136) 해란강들국화-1연3행, 137) 연변에서만난어머니-1연3행, 138) 내가만난원형질-1연3행, 139) 은익(銀瀷) 에정을싣고-1연3행.

Ⅷ. 내 손녀 연정에게. 2005

1) 새해새아침에-1연3행, 2) 연하장-1연3행, 3) 초봄-1연3행, 4) 백제의새-1연3행, 5) 어머님비락-1연3행, 6) 개자추의봄-1연3행, 7) 암자가있는풍경-1연3행, 8) 봄풀처럼-1연3행, 9) 어머님생각-1연3행, 10) 내손녀연정에게-2연6행, 11) 우리집마당-2연6행, 12) 봄이찾아왔는데-2연6행, 13) 상원사종소리-2연6행, 14) 목련꽃바라보며-2연6행, 15) 봉두난발의노래-2연6행, 16) 광화문행-1연3행, 17) 한강수-1연3행, 18) 인수봉-1연3행, 19) 봄이온들뭘할까만-2연6행, 20) 그래도봄은오는데-3연9행, 21) 꿀따러가세-3연9행, 22) 세월의흔적-3연9행, 23) 무료한날-1연3행, 24) 김포오일장-1연3행, 25) 김포평야-1연3행, 26) 개구락지있는풍경-1연3행, 27) 후박나무꽃은지고-1연3행, 28) 김포벌에놓는바둑-1연3행, 29) 노을에도가닿는배-1연3행, 30) 감나무그늘에서면-1연3행, 31) 북대암다녀와서-1연3행, 32) 당신의비-1연3행, 33) 바다의울음-1연3행, 34) 또한번의이별-1연3행, 35) 성묘길에서-1연3행, 36) 능포리선물-1연3행, 37) 망월사의밤-1연3행, 38) 능소화-2연6행, 39) 비젖은날의회억-2연6행, 40) 진초록타는날에-2연6행, 41) 평창가는길-2연6행, 42) 가벼운몸으로-2연6행, 43) 장마갠날-2연6행, 44) 일산에내리는비-2연6행, 45) 허전한날에-2연6행, 46) 비는깃발되고싶다-2연6행, 47) 장마갠날아침-2연6행, 48) 익산의여인들-1연3행, 49) 격포앞바다-1연3행, 50) 춘천가는길-3연9행, 51) 참세떼바라보며-1연3행, 52) 코스모스-1연3행, 53) 천강에천의달그림자-1연3행, 54) 풍경-1연3행, 55) 허행-1연3행, 56) 꽃의적막-1연3행, 57) 황락-1연3행, 58) 용문사은행나무-1연3행, 59) 소양강뱃길-1연3행, 60) 그리운가을하늘-일품-1연3행, 61) 그리운가을하늘-이품-1연3행, 62) 그리운가을하늘-삼품-1연3행, 63) 그리운가을하늘-사품-1연3행, 64) 그리운가을하늘-오품-1연3행, 65) 그리운가을하늘-육품-1연3행, 66) 가을기다리며-2연6행, 67) 향수-2연6행, 68) 찻집이있는풍경-2연6행, 69) 광화문을나가며-2연6행, 70) 11월의시-2연6행, 71) 삼경우-2연6행, 72) 등불-1연3행, 73) 별빛-1연3행, 74) 혼자-1연3행, 75) 한가

위고향-3연9행, 76) 기일에-3연9행, 77) 조그만불빛-1연3행, 78) 또하나의 동락-1연3행, 79) 뜬눈으로새운불빛-1연3행, 80) 황소-1연3행, 81) 황악산 쇠북소리-1연3행, 82) 네바다사막을건너며-1연3행, 83) 아리조나를간다-1연3행, 84) 그랜드캐년-1연3행, 85) 갈대꽃-1연3행, 86) 까치밥-1연3행, 87) 달밤-1연3행, 88) 가을하늘-2연6행, 89) 겨울빛-2연6행, 90) 겨울밤에쓰는 시-2연6행, 91) 12월에-2연6행, 92) 겨울가면봄오느니-2연6행, 93) 다시사모곡-2연6행, 94) 설산앞에서-3연9행, 95) 종주-3연9행, 96) 상주로가는길-3연9행, 97) 시쓰는날-1연3행, 98) 이발을하고-1연3행, 99) 구름산방-1연3행, 100) 세월의바다-1연3행, 101) 누이의바다-1연3행, 102) 예불-1연3행, 103) 지리산가-1연3행, 104) 엄마의자리-1연3행, 105) 금강산다녀와서-1연3행, 106) 백두산다녀와서-1연3행, 107) 요즘내가바라보는건-1연3행, 108) 나사는이야기-2연6행, 109) 석굴암대불-1연3행, 110) 운주사석불-1연3행, 111) 석촌호수에서-2연6행, 112) 종각에서먼난시인-2연6행, 113) 낙치=2연6행, 114) 상실의노래-3연9행, 115) 정선아리랑-3연9행, 116) 고향가을 다녀와서-3연9행, 117) 섬-1연3행, 118) 바다-1연3행, 119) 갈매기에게-1연3행, 120) 새로터를다진다-3연9행.

IX. 구름산방. 2010.

1) 감을따내리며-1연3행, 2) 그리운가을하늘-1연3행, 3) 그리운가을하늘-삼품-1연3행, 4) 가을(1)-1연3행, 5) 가을(2)-1연3행, 6) 안경(6)-1연3행, 7) 안경(11)-1연3행, 8) 오동잎그늘에서서-1연3행, 9) 종달새와할미꽃-1연3행, 10) 춘수-1연3행, 11) 축로차를달이며-1연3행, 12) 조관령구름-1연3행, 13) 대포항에서-1연3행, 14) 여름은가고-1연3행, 15) 나무는(1)-1연3행, 16) 나무는(2)-1연3행, 17) 고추잠자리떴네-1연3행, 18) 꽃좀보소-1연3행, 19) 낮달-1연3행, 20) 기러기엽신-1연3행, 21) 백일홍꽃빛-1연3행, 22) 목욕을하고-1연3행, 23) 이발을하고-1연3행, 24) 추풍령-1연3행, 25) 가을향기-1연3행, 26) 설일-1연3행, 27) 겨울나무(1)-1연3행, 28) 겨울나무(2)-1연

3행, 29) 겨울나무(3)-1연3행, 30) 겨울나무(5)-1연3행, 31) 고향보다더먼 고향-1연3행, 32) 안경-1연3행, 33) 고향산바라보며-1연3행, 34) 한쌈싸서 먹고싶다-1연3행, 35) 귀고(1)-1연3행, 36) 사모곡-1연3행, 37) 다시사모곡 -1연3행, 38) 감자꽃-1연3행, 39) 패랭이꽃-1연3행, 40) 빈집-1연3행, 41) 향수-1연3행, 42) 호박꽃-1연3행, 43) 고추짱이쫓던소년-1연3행, 44) 향우 -1연3행, 45) 혼자-1연3행, 46) 풍설열차-1연3행, 47) 옛마을찾아와서-1연3행, 48) 무명한필구름한필-1연3행, 49) 내고향징검다리-1연3행, 50) 제일-1연3행, 51) 호박꽃초롱-1연3행, 52) 무일사-1연3행, 53) 이승의등불-1연3행, 54) 활처럼휘인세월-1연3행, 55) 삐꾸기울어-1연3행, 56) 파초잎꺾어 놓고-1연3행, 57) 늦잠자리있는풍경-1연3행, 58) 해바라기(1)-1연3행, 59) 해바라기(2)-1연3행, 60) 돌아눕는산-1연3행, 61) 아내의노을-1연3행, 62) 세워본그림자-1연3행, 63) 모른체하는세월-1연3행, 64) 한세상이야기(1)-1연3행, 65) 한세상이야기(2)-1연3행, 66) 한세상이야기(3)-1연3행, 67) 이명-1연3행, 68) 월령부-1연3행, 69) 못다한말-1연3행, 70) 꽃지는날에-1연3행, 71) 난보다푸른돌-1연3행, 72) 눈내리는밤-1연3행, 73) 꽃의적막-1연3행, 74) 춘분절새-1연3행, 75) 부싯돌치는바람-1연3행, 76) 진달래꽃-1연3행, 77) 낙화-1연3행, 78) 먼저온겨울-1연3행, 79) 반만보고반만듣고-1연3행, 80) 꽃과물이한세상-1연3행, 81) 한계령단풍-1연3행, 82) 산수-1연3행, 83) 산심-1연3행, 84) 대청봉에서서-1연3행, 85) 초겨울설악에와서(1)-1연3행, 86) 초겨울설악에와서(2)-1연3행, 87) 창파에떠서-1연3행, 88) 섬-1연3행, 89) 한라산-1연3행, 90) 바람-1연3행, 91) 한라산의달-1연3행, 92) 서귀포바다-1연3행, 93) 간만의차-1연3행, 94) 탐라개벽-1연3행, 95) 청황봉솔개-1연3행, 96) 거제도어부-1연3행, 97) 강릉설원-1연3행, 98) 귀정열차 -1연3행, 99) 간이역불빛-1연3행, 100) 염주대구름-1연3행, 101) 강릉에와서-1연3행, 102) 무인도-1연3행, 103) 오대에앉은구름-1연3행, 104) 세월이외로우면-1연3행, 105) 중암에올라-1연3행, 106) 반야사가는길-1연3행, 107) 운문사-1연3행, 108) 월정사석탑-1연3행, 109) 낙산사소견-1연3행,

110) 대홍사-1연3행, 111) 황악산쇠북소리-1연3행, 112) 망월사의밤-1연3행, 113) 동학사북소리-1연3행, 114) 적야-1연3행, 115) 석굴암대불-1연3행, 116) 운주사석불-1연3행, 117) 무불행-1연3행, 118) 예불-1연3행

Ⅹ. 청산아 너는 왜 말이 없이. 2013.

1) 조곡-3연9행, 2) 고향생각-7연21행, 3) 사모곡-4연24행, 4) 실일의명-3연18행, 5) 망산기-4연12행, 6) 답-3연9행, 7) 울우-3연9행, 8) 난보다푸른돌-1연7행, 9) 아침한때-4연24행, 10) 봄의수인-1연3행, 11) 여일-1연3행, 12) 종달새와할미꽃-1연3행, 13) 화초-1연3행, 14) 불각춘-1연3행, 15) 고향의봄-5연35행, 16) 낙화-1연6행, 17) 소식-1연6행, 18) 뻐꾸기-1연6행, 19) 감-3연9행, 20) 부자상-3연9행, 21) 애모-3연18행, 22) 황국-3연9행, 23) 묵로도-4연24행, 24) 대춘부-3연18행, 25) 강-3연18행, 26) 시암의봄-2연6행, 27) 해바라기-4연12행, 28) 직지사운-4연12행, 29) 배밭머리-2연6행, 30) 산이나를따라와서-3연18행, 31) 추청-3연9행, 32) 연과바람-5연15행, 33) 을숙도-3연18행, 34) 모과3연18행, 35) 설화조-3연18행, 36) 뻐꾸기우는날에-3연9행, 37) 적막한봄-2연6행, 38) 분이네살구나무-1연9행, 39) 꽃가지를흔들듯이-1연9행, 40) 가랑비-1연3행, 41) 어머니생각-1연3행, 42) 해바라기처럼-5연32행, 43) 엄마목소리-2연6행, 44) 북소리-1연3행, 45) 세월이무엇입니까?-3연9행, 46) 난보다푸른돌-1연7행, 47) 이승의등불-1연3행, 48) 원추리꽃-1연3행, 49) 내손녀연정에게-2연6행, 50) 감꽃-2연6행, 51) 풍경에게-2연6행, 52) 구름산방-1연3행, 53) 꽃좀보소-1연3행, 〈시론〉 백수 정완영(1919-2016)의 시론-민병도.

Ⅺ. 백수 정완영(白水 鄭梡永 1919-2016)의 현대시조 창작형태조사

시조시	1연	2연	3연	4연	5연	사설	장시조	총계	비고
한국시조	38	9	26	12			1	86	
시조창작	49	6	7	1				63	

연과바람	78	2	23	8	1		1	113	
시조산책	17	1	1					19	
오동잎그늘	79	5	15	5			1	105	
세월이무엇	71	6	33	12	1		2	125	
이승등불	98	25	15	1				139	
손녀연정	75	32	13					120	
구름산방	118							118	
청산말없이	19	7	17	6	3		1	53	
총 계	642	93	150	45	5		6	941	
비 율%	68.2	9.8	15.9	4.7	0.5		0.6	99.7	

〈참고문헌〉

1. 한국 시조큰사전-한춘섭, 박병순, 리태극-을지출판공사-서울. 1985
2. 한국 시조대사전-(상 · 하. 별책)-박을수-아세아문화사-서울. 1991
3. 근대 시조집람-임선묵-경인문화사-서울. 1999
4. 한국시대 사전-김창직, 윤해규-을지출판공사-서울. 2004
5. 한국 현대시조 연구와 향방-김창현-오늘의문학사-대전. 2014

백수 정완영(白水 鄭梡永 1919-2016)의 동시조 세계

Ⅰ. 들어가며

정완영 동시조작가, 시조시인이 하늘나라로 떠나셨다고 신문에 많이 나왔다. 각종 시조집을 자세히 살펴보면 여러 번 중복된 것을 골라내지 못했다. 1962년 조선일보 신춘문예에 당선된 시인은 가람문학상, 중앙시조대상, 육당문학상, 만해시문학상, 이육사시문학상, 이설주문학상, 등을 받았다. 한국시조시인협회장을 지냈고 1995년 은관문화훈장을 받았다. 시인은 깨달음에 이른 오도송(悟道頌) 과도 같은 정화된 시어의 세계를 선보였다. 말년에는 동심 세계를 표현한 작품들을 내 놓았다. 현대시조집 채춘보(採春譜), 묵로도(墨露圖), 산이 나를 따라와서, 세월이 무엇입니까?, 등이 있으며 산문집으로 나비야 청산가자, 차, 한잔의 갈증, 등을 냈다, 동시조집을 낸 것을 정리하면 다음과 같다.

1. 꽃가지를 흔들듯이(동시조집) 가람출판사-서울. 1978.
2. 엄마목소리(동시조집) 도서출판-토방-서울. 1998.
3, 가랑비 가랑가랑 가랑파 가랑가랑-(동시조집) 사계절출판사-경기파주. 2007.
4. 사바약 사비약 사비약눈-(동시조집)-문학동네-경기파주. 2011.

※ 초등학교 교육과정 동시조 주제와 형태

제4차 교육과정-분이네 살구나무-1연6행.

제5차 교육과정-바다 앞에서-2연12행.

제8차 교육과정-봄 오는 소리-1연6행.

제9차 교육과정-봄 오는 소리-1연6행, 풀잎과 바람-2연6행.

II. 펼치며

1. 꽃가지를 흔들듯이(동시조집)

1) 초봄-1연9행, 2) 앵두꽃-=1연9행, 3) 종달이가울었싸면-1연9행, 4) 창포꽃있는물못-1연9행, 5) 시골아침(1)-1연9행, 6) 시골아침(2)-1연9행, 7) 비온뒤맑은바람은-1연9행, 8) 외딴집-1연9행, 9) 아빠가취한달밤-1연9행, 10) 가을꽃밭-1연9행, 11) 고추잠자리-1연9행, 12) 가을-1연9행, 13) 겨울갯마을-1연9행, 14) 겨울항구-1연8행, 15) 꽃가지를흔들듯이-1연9행, 16) 분이네살구나무-1연9행, 17) 이렇게환한세상에-1연9행, 18) 감자-1연9행, 19) 복사꽃-1연9행, 20) 감꽃-1연9행, 21) 동백꽃-1연9행, 22) 호박꽃-1연9행, 23) 감-1연9행, 24) 밤-1연9행, 25) 대추-1연9행, 26) 탱자-1연8 행, 27) 젖냄새살냄새-1연8행, 28) 아버지-1연8행, 29) 팔베개-1연9행, 30) 스님-1연8행, 31) 빈집-1연9행, 32) 큰나무밑에서면-1연8행, 33) 새와하늘-2연18행, 34) 봄오는소리-2연18행, 35) 까치집-2연18행, 36) 봄편지-2연18행, 37) 새들이물고온봄-2연18행, 38) 달빛이풀어논밤-=2연18행, 39) 장마개었다-2연18행, 40) 눈아침-3연27행, 41) 옛집-2연18행, 42) 연못에노는바람-2연18행, 43) 새자전거-2연18행, 44) 산골학교-2연18행, 45) 바다앞에서-2연18행, 46) 옛날옛날옛적부터-3연27행, 47) 직지사인경소리-3연27행, 48) 고향에와서햇뻐꾸기-1연90행, 49) 달밤-1연9행, 50) 별밤-1연9행, 51) 빈집-1연9행, 52) 시인의고행-5연41행, 53) 직지사그산그물-7연63행,

※ 달빛이 풀어논 밤-작사-정완영(1919-2016) 작곡-신희숙-(미상)

2. 엄마목소리(동시조집)

1) 엄마목소리-2연6행, 2) 한강의봄-1연7행, 3) 봄비-1연7행, 4) 봄생각-3연9행, 5) 봄오는소리(1)-1연7행, 6) 봄오는소리(2)-1연7행, 7) 미리온봄-1연3행, 8) 울엄마봄-1연7행, 9) 관악산봄-1연3행, 10) 강나루풍경-1연7행, 11) 초봄-1연3행, 12) 봄-2연14행, 13) 목련꽃부푸는날-1연7행, 14) 아가야봄-1연3행, 15) 꽃장수아줌마-1연7행, 16) 목련필무렵-1연7행, 17) 봄날-1

연7행, 18) 삼월-2연6행, 19) 나무가그리는하늘-1연7행, 20) 감나무속잎피는날-1연7행, 21) 외가집이없었다면-2연14행, 22) 외갓집봄-1연3행, 23) 엄마생각-2연6행, 24) 여름은너무더워-1연3행, 25) 농촌풍경-지친밤-1연3행, 26) 지친산-1연3행, 27) 여름은즐거워-2연6행, 28) 개구리우는마을-1연7행, 29) 우물물-1연3행, 30) 바람은나무가집이래-2연14행, 31) 꽃과열매-3연21행, 32) 참새길-2연8행, 33) 눈내리는밤(1)-2연6행, 34) 옛날우리아빠엄마는-2연14행, 35) 은행잎철새-2연6행, 36) 버들붕어두마리는-2연6행, 37) 참외-1연7행, 38) 은행나무와새-1연7행, 39) 참외-1연7행, 40) 달-1연3행, 41) 에밀레종-1연3행, 42) 다보탑-1연7행, 43) 석굴암대불-1연7행, 44) 갈매기-1연3행, 45) 가을은서늘로워-1연7행, 46) 연-2연6행, 47) 가을밤-1연7행, 48) 과꽃-1연7행, 49) 귀뚜리울음소리(1)-1연3행, 50) 귀뚜리울음소리(2)-1연7행, 51) 귀뚜리울음소리(3)-1연3행, 52) 연잎우산아주까리우산-3연9행, 53) 허수아비-2연14행, 54) 울엄마빨래-2연14행, 55) 추위도달아요-1연7행, 56) 시쓰는밤-2연6행, 57) 보신각종소리-1연7행, 58) 설날아침(1)-1연7행, 59) 설날아침(2)-1연3행, 60) 제주도감귤밭도-2연6행, 61) 눈내리는밤(2)-2연4행, 62) 개구리울음소리-1연7행, 63) 배밭머리-2연14행, 64) 우리할아버지는-3연21행, 65) 할배구름손주구름-1연12행, 66) 고향의봄-1연3행, 67) 고향의여름-1연3행, 68) 고향의가을-1연3행, 69) 고향의겨울-1연7행, 70) 해바라기처럼-6연36행, 71) 덕수궁-3연21행, 72) 초봄-3연16행.

3. 가랑비 가랑가랑 가랑파 가랑가랑(동시조집)

1) 엄마의아침-1연7행, 2) 울엄마봄-2연6행, 3) 보리밭밟기-1연3행, 4) 가랑비-1연3행, 5) 봄오는소리-2연6행, 6) 초봄-1연3행, 7) 과수원에서-1연3행, 8) 비오리-2연6행, 9) 새가먼저-2연6행, 10) 집보는감나무-1연3행, 11) 봄빛은별자리에서-1연3행, 12) 들길에서-1연3행, 13) 애기똥풀-1연3행, 14) 나무랑바람이랑-1연3행, 15) 석수할아버지-2연6행, 16) 풀잎과바람-2

연6행, 17) 나무는-1연3행, 18) 우체통-1연3행, 19) 호박꽃바라보며-1연3행, 20) 염소-1연3행, 21) 산골마을-2연6행, 22) 연잎우산아주까리우산-1연3행, 23) 코스모스꽃길-1연3행, 24) 코스모스-1연3행, 25) 가을하늘(1)-1연3행, 26) 가을하늘(2)-1연3행, 27) 고추잠자리-(1)-1연3행, 28) 고추잠자리(2)-1연3행, 29) 고추밭가는길-1연3행, 30) 낮달-2연6행, 31) 울엄마장독대-2연6행, 32) 맨드라미꽃밭-1연3행, 33) 송편빚는밤-1연3행, 34) 첫눈-1연3행, 35) 눈내리는밤-1연3행, 36) 바다-2연6행, 37) 그림공부-1연3행, 38) 약수터-1연3행, 39) 할머니집가는길-1연3행, 40) 허리밟기-1연3행, 41) 연하장-1연3행, 42) 겨울의시-1연3행, 43) 까치-2연6행, 44) 아무리비행기가-2연6행, 45) 섬마을아이들(1)-1연7행, 46) 섬마을아이들(2)-1연7행, 47) 섬마을아이들(3)-1연7행.

4. 사비약 사비약 사비약눈

1) 봄비-1연3행, 2) 종달새와할미꽃-1연6행, 3) 봄꽃잔디-1연8행, 4) 감꽃-2연6행, 5) 제비야종달새야-1연6행, 6) 능소화-1연6행, 7) 참새길-2연6행, 8) 나무는(1)-1연9행, 9) 나무는(2)-1연9행, 10) 동구밖느티나무-1연3행, 11) 은행나무와새-1연3행, 12) 구름꽃구름궁궐-2연6행, 13) 배밭머리무논에서는-2연6행, 14) 귀뚜라미울음소리-1연3행, 15) 버들붕어두마리는-2연6행, 16) 물수제비2연6행, 17) 새우산-2연6행, 18) 사비약사비약사비약눈-1연3행, 19) 눈내리는밤-1연3행, 20) 그네-2연6행, 21) 친구목소리-1연3행, 22) 텔레비전-2연6행, 23) 창포꽃피는못물-1연8행, 24) 꿈을꾸나봐요-1연6행, 25) 공일-1연6행, 26) 시골버스-1연3행, 27) 외딴집-1연3행, 28) 외갓집가는날-1연9행, 29) 허수아비-2연14행, 30) 봄오는길새 2연6행, 31) 봄이오고있습니다-1연3행, 32) 골목길도풀어지고-1연3행, 33) 종달이가울었싸면-1연3행, 34) 뻐꾸기울어-1연3행, 35) 운주사석불-1연6행, 36) 석굴암대불-1연6행, 37) 에밀레종-1연6행, 38) 종-1연7행, 39) 개구리우는마을-1연7행, 40) 영머구리-1연3행, 41) 가을밤별하늘은-1연3행, 42) 별빛-1연3

행, 43) 귀뚜리-1연3행, 44) 매미-2연6행, 45) 갈매기-1연3행, 46) 배고픈새-1연6행, 47) 밤길-2연6행, 48) 창문에매달린밤-1연6행, 49) 가로등-1연6행, 50) 서울밤풍경-1연6행, 51) 할아버지의잠-2연6행, 52) 할아버지고향마을엔-2연6행, 53) 고향별밭-1연6행, 54) 무배추살찌는소리-2연6행, 55) 할배구름손주구름-1연3행, 56) 할아버지연못-1연3행, 57) 새순-1연7행, 58) 참외-1연7행, 59) 모과-2연12행, 60) 폐교에서서-2연6행.

III. 백수 정완영(白水 鄭梡永 1919-2016)의 현대동시조 창작형태조사

시조시	1연	2연	3연	4연	5연	사설	장시조	총계	비고
꽃가지흔들듯이	36	12	3		1		1	53	
엄마목소리	46	19	6				1	72	
가랑가랑가랑파	35	12						47	
사비약사비약	42	18						60	
총 계	159	61	9		1		2	232	
비 율%	68.5	26.2	3.8		0.4		0.8	99.8	

〈참고문헌〉

1. 한국 시조큰사전-한춘섭, 박병순, 리태극-을지출판공사-서울. 1985
2. 한국 시조대사전-(상 · 하.별책)-박을수-아세아문화사-서울. 1991
3. 근대 시조집람-임선묵-경인문화사-서울. 1999
4. 한국시대 사전-김창직, 윤해규-을지출판공사-서울. 2004
5. 한국 현대시조 연구와 향방-김창현-오늘의문학사-대전. 2014

※ 백수문학관 기증도서(현대동시조문학회-김창현. 2009.5.30)

현대동시조-창간호, 제2집, 제3집, 제4집, 제5집, 제6집, 제7집, 제8집, 재9집, 바람이밀어주는그네, 이승과저승사이, 세월의길목, 고향노래, 불당골메아리, 고향햇살밭, 달동네판소리여, 낮달뜨는고향언덕, 배흘림햇살기둥, 아지랑이일던가슴, 문턱너머지구촌, 햇살이길게누울때, 별꿈나라꽃대궐(총22권)

우초 정운작(于艸 鄭雲焯 ?-2015)의 현대시조

Ⅰ.

※ 2007년 이후 연도 누락-자료 없음.

2007. 제40집-1) 피안의 어머니-3연행, 2) 칠석의 상사몽-2연6행, 3) 여름의 추억-2연6행, 4) 며느리 낙원-2연6행.

2013. 제46집-1) 달관-2연6행, 2) 거미줄, 3) 이웃사촌-1연7행, 4) 연륜-1연7행, 5) 가을-1연7행.

2015. 제48집-1) 기러기-1연7행, 2) 어느 노숙인의 일기에서-1연6행, 3) 나목은-1연6행, 4) 낮달-1연9행.

Ⅱ. 현대시조 작품 감상.

1) 피안의 어머니

그럴싸 그러한지 구천도 지척인가
환영은 꼬리 달고 몰래 가락 꾸리처럼
새도록 허허한 가슴 만단정한 부푼다.

굴레여 업보였나, 시지푸스 사바언덕
세월의 여울물에 운명애를 체득하니
집착을 떨어 버리고 밤배 타신 어머니.

가다가 주춤 서서 쉬다가 또 한 걸음
피안길 유모차로 숨막히는 거북걸음
빨간불 없는 서방정토 마음 편히 주유하소서.

2) 가을
쨍그랑
소리 날듯 비 개인 청자하늘
농심이 응축되어 들판은 황금물결,
길섶엔 실비아 선혈도
눈 시리게 곱구나.

Ⅲ. 우초 정운작(于艸 鄭雲焯 ?-2015)의 현대시조 현대시조 창작형태조사

시조시	1연	2연	3연	4연	5연	사설	장시조	총계	비고
낙강시조	8	4	1					13	
총 계	8	4	1					13	
비 율%	61.5	30.7	7.6					99.8	

〈참고문헌〉
1. 한국 시조큰사전-한춘섭, 박병순, 리태극-을지출판공사-서울. 1985
2. 한국 시조대사전-(상 · 하. 별책)-박을수-아세아문화사-서울. 1991
3. 근대 시조집람-임선묵-경인문화사-서울. 1999
4. 한국시대 사전-김창직, 윤해규-을지출판공사-서울. 2004
5. 한국 현대시조 연구와 향방-김창현-오늘의문학사-대전. 2014

청아 **정 위 진**(青雅 鄭渭鎭 1924-병환중)의 현대시조

Ⅰ.한국시조 큰사전. 1985.

1) 둘째며느리-1연3행, 2) 막내며느리-1연3행, 3) 맥망(麥芒)-1연3행, 4) 사향(思鄕)-2연6행, 5) 우수경칩(雨水驚蟄)-2연6행, 6) 장마-1연3행, 7) 직지사(直旨寺)-2연6행, 8) 추억(追憶)-3연9행, 9) 큰며느리-1연3행.

Ⅱ. 소호리 소경(里 小景). 1987.

1) 고(孤)-1연6행, 2) 서재에서-2연12행, 3) 사우(思友)-2연12행, 4) 생인손-1연6행, 5) 실제(失題)-2연12행, 6) 산책길(1)-5연15행, 7) 산책길(2)-2연12행, 8) 삶-2연12행, 9) 마음밭갈이-2연12행, 10) 신작로-2연12행, 11) 어떤 배리(背理)-2연12행, 12) 밤(夜)-2연12행, 13) 인연(因緣)-2연12행, 14) 생애(生涯)의서(書)-3연9행, 15) 새우난(蘭)-2연12행, 16) 옥매(玉梅)-2연12행, 17) 추억-3연9행, 18) 묵적(墨跡)-2연12행, 19) 부침(浮沈)의서(書)-3연9행, 20) 회고(回顧)-3연24행, 21) 명동소묘-2연12행, 22) 김포공항-2연12행, 23) 강변애시-3연9행, 24) 밤한강을위한기도-2연12행, 25) 잠수교(1)-3연24행, 26) 잠수교(2)-2연12행, 27) 미리내흐르는밤-2연12행, 28) 낚시고(考)-2연12행, 29) 태풍의날에-2연12행, 30) 소나기(1)-2연12행, 31) 소나기(2)-2연12행, 32) 건들마-3연9행, 33) 초가을-2연12행, 34) 알밤-2연12행, 35) 늦시월-2연12행, 36) 낙엽(1)-2연12행, 37) 낙엽(2)-3연9행, 38) 가을비-2연12행, 39) 대추따는날 2연12행, 40) 한가위에생긴일-3연18행, 41) 도봉산-3연9행, 42) 남행-3연9행, 43) 산을내리면서-1연3행, 44) 직지사-1연3행, 45) 직지일야-1연3행, 46) 법주사가는길-1연3행, 47) 법주사-1연3행, 48) 눈사람-2연12행, 49) 설화(雪花) 된 입춘(立春) 방(榜)-2연12행, 50) 설화(雪話) (1)-2연12행, 51) 설화(雪話) (2)-2연12행, 52) 동절(冬

節)-2연12행, 53) 무념송(無念頌)-사설, 54) 무능고(無陵考)-사설, 55) 국제공항-사설, 56) 소호리小景-사설, 57) 차창(車窓) (1)-2연12행, 58) 차창(車窓) (2)-3연9행, 59) 삼화사(三和寺)-2연12행, 60) 차창(車窓) (3)-2연12행, 61) 대흥사(大興寺)-2연12행, 62) 실상사-2연12행, 63) 한계령(寒溪嶺)-2연12행, 64) 가을소양호(昭陽湖)-2연12행, 65) 뱀사골-2연12행, 66) 남설악-3연9행, 67) 아자(亞字) 바람-보문단지단상-1연6행, 68) 보문산내원암-2연12행, 69) 동해(東海) (1)-1연12행, 70) 동해(東海) (2)-강구앞바다-1연6행, 71) 영덕복사꽃-1연6행, 72) 팔공산(八公山)-3연9행, 73) 산정호수(山井湖水)-1연6행, 74) 비금계곡-3연9행, 75) 유채밭-1연6행, 76) 을숙도(乙淑島)-5연15행, 77) 천지연폭포-2연12행, 78) 경북여고-3연9행, 79) 독립문-2연12행, 80) 낙강백일장-2연12행, 81) 우산동천(愚山洞天)-4연24행, 82) 헌사모교60주년에-3연9행, 83) 백양대종(白陽大鐘)-2연12행, 84) 백연화(白蓮華) 송덕비-5연15행, 85) 귀향초(歸鄕抄)-2연12행, 86) 모정(母情)의세월-2연12행, 87) 민중전(閔中殿) 그리고홍릉(洪陵)-5연15행, 88) 고향시초(故鄕詩抄)-4연24행, 89) 지리산콘도미니엄-2연12행, 90) 묘사(墓祀)-3연9행, 91) 무상(無常) 은눈송이처럼-4연24행, 92) 사은비(師恩碑) 에새긴불꽃-3연18행, 93) 묘사(墓祀) (2)-3연9행,

〈서문〉견고한 서정의 은밀한 밭갈이-이상범.〈해설〉전통성 뿌리내 린서정-김광수.

1. 하늘문, 2. 수화하는가을바람, 3. 후박잎에 듣는 비-자료 없음.

Ⅲ. 아자창과 반향(半香).1998.

1) 다리미질-2연14행, 2) 사기오리-2연14행, 3) 난분(蘭盆) 이오던날에-2연14행, 4) 반향(半香)-3연21행, 5) 반상(飯床)-3연21행, 6) 앵두를따며-2연14행, 7) 봄비산조(散調)-2연14행, 8) 심상-3연21행, 9) 참선그리고나무-2연13행, 10) 건들마-2연14행, 11) 한가위단상-3연21행, 12) 모주(母主) 전

상살이-4연12행, 13) 초옥(草屋)-2연14행, 14) 연지빛그리고연옥색-2연14행, 15) 까치집명창-2연14행, 16) 불새의노래-2연14행, 17) 일상-다리미에게-2연14행, 18) 홀씨의변-2연14행, 19) 묵향(墨香)-2연14행, 20) 2호선전철-2연14행, 21) 음사월-상주-왕산에서-2연14행, 22) 경부선야간열차-3연18행, 23) 늦은출가(出嫁)-3연21행, 24) 전화벨-2연14행, 25) 세월곁에서-2연14행, 26) 하얀꽃-1연7행, 27) 정토여살촉처럼-4연12행, 28) 운필(運筆)-2연14행, 29) 신문이우리더러-2연14행, 30) 방(房)-1연7행, 31) 분당행-2연14행, 32) 간간히산을흔들며-1연9행, 33) 원앙의궁전-3연21행, 34) 파랑새-2연14행, 35) 재현아, 이꺾다리야-4연12행, 36) 풍경(風磬)-3연21행, 37) 어느초노(初老)의변(辨)-2연14행, 38) 백묵의세월-4연12행, 39) 빨래-2연14행, 40) 삽사리의기도-2연14행, 41) 백목련필무렵-3연21행, 42) 철새의넋두리-3연21행, 43) 우정에대하여-2연14행, 44) 명암(明暗)-2연14행, 45) 벽시계-3연21행, 46) 성묘-3연21행, 47) 귀향-3연21행, 48) 구천(九泉) 갈때엔-3연21행, 49) 파장(波狀)-4연12행, 50) 봄맞이삼절-오동도-1연3행, 51) 정령치(鄭嶺峙)-1연3행, 52) 향일암-1연3행, 53) 오월나들이-문경새재-3연21행, 54) 화북면(化北面) 가을빛-2연14행, 55) 들국-2연14행, 56) 소금강늦매미-2연14행, 57) 가을을관으로쓰고-2연14행, 58) 가을도썰물지고-3연21행, 59) 단풍길-한계령-1연7행, 60) 족두리바위-1연7행, 61) 큰불이났네-2연14행, 62) 가을발자취-2연14행, 63) 강바람낙엽-2연14행, 64) 한계령가을-2연14행, 65) 연봉(連峰) 을타고-2연14행, 66) 낙엽의거리에서서-2연14행, 67) 초동(初冬) (1)-2연14행, 68) 초동(初冬) (2)-2연14행, 69) 첫눈오던날-2연14행, 70) 섣달그믐-3연21행, 71) 능개비흩던날-2연14행, 72) 겨울까치집-3연21행, 73) 겨울새마디-소한-1연7행, 74) 대한-1연7행, 75) 입춘(立春)-1연7행, 76) 겨울입김-2연14행, 77) 산정호수(山井湖水)-1연8행, 78) 대보겨울바다-2연14행, 79) 상우산댁막내딸-사설, 80) 윷놀이-사설, 81) 아람번가을-사설, 82) 차선없는길-사설, 83) 다례(茶禮)-사설, 84) 기창(機窓) (5)-3연21행, 86) 기창(機窓) (7)-2연14행, 87) 나아가라폭포앞에서

-2연6행, 88) 밴푸-1연3행, 89) 록키산-2연6행, 90) 아이스필드(아스바스카빙하)-1연3행, 91) 빛그리고향(香)-부처드회원에서)-2연14행, 92) 비요르트만(노르웨이)-1연7행, 93) 스탈하임계곡-1연7행, 94) 오슬로비겔란드조각공원-1연7행, 95) 스톡홀롬(스웨덴)-1연7행, 96) 헬싱키(핀란드)-1연7행, 97) 런던-영국-1연7행, 98) 암스테르담(네델란드)-1연7행, 99) 코펜하겐(덴마크)-1연7행, 100) 발길따라구름밟고-동정호-1연3행, 101) 무한(武漢)의 달-1연3행, 102) 황산(黃山)-1연3행, 103) 풀잎기도-상해임시정부기념관-3연21행, 104) 역사를마신장강(長江)-3연21행, 105) 그옛날꽃사슴눈엔-3연21행, 106) 남구주(南九州) 를가다-4연12행, 107) 소용돌이-2연14행, 108) 강뚝에서-2연14행, 109) 바다의시(詩)-3연21행, 110) 한강(9)-2연14행, 111) 한강(10)-2연14행, 112) 한강(11)-2연14행, 113) 강물-4연12행, 114) 조춘(早春) (2)-2연14행, 115) 밤역사(役事)-2연14행, 116) 북한강의초봄-3연21행, 117) 지리산의신골-3연21행, 118) 해양대학소고(小考)-2연14행, 119) 강릉1박-2연14행, 120) 그윽하던그난향-5연15행, 121) 등불환히밝히소서-4연12행, 122)-먼길-4연14행.

Ⅳ. 어제 바람. 2002.

1) 주전골단풍-1연7행, 2) 모자이크글라스-1연7행, 3) 은행나무군무-1연7행, 4) 건들마들무렵-1연7행, 5) 원통은행잎-1연7행, 6) 보길도행-1연7행, 7) 보길도에서-1연7행, 8) 봉분(二基)-1연7행, 9) 낙엽-1연7행, 10) 장롱-1연7행, 11) 그래도내식탁은-1연7행, 12) 단양나들이-1연7행, 13) 다례(茶禮)-1연7행, 14) 이천도예전-1연7행, 15) 분당가로수길-1연7행, 16) 우전다(雨前茶)-1연7행, 17) 파랑새-1연7행, 18) 무제-1연7행, 19) 한강둔치에서-1연7행, 20) 눈을뜨신관음상-2연14행, 21) 발자취-1연7행, 22) 설원위에서-4연12행, 23) 만덕사종소리-2연13행, 24) 이제그만돌아온나-3연13행, 25) 기일(忌日)-1연7행, 26) 어제바람-2연14행, 27) 꿈-1연7행, 28) 연밭풍경-1

연7행, 29) 모과-2연14행, 30) 은행알고운염주-1연7행, 31) 피안행(彼岸行), 32) 잠안오는밤에-4연12행, 33) 승하차의변-2연14행, 34) 산은깊고-2연12행, 35) 그냥그대로-2연14행, 36) 여일(餘日)-3연21행, 37) 솥이야기-사설, 38) 야생화이야기-4연12행, 39) 일송정행-1연7행, 40) 풀꽃의노래-1연7행, 41) 광주-곤명가는길에-1연3행, 42) 서산(西山) 명용문-1연3행, 43) 석림(石林-곤명에서-1연3행, 44) 이강-계림(桂林) 에서-1연3행, 45) 관암동굴-1연3행, 46) 천자산(天子山)-장가계에서-1연3행, 47) 보봉호(寶峰湖) 장가계에서-1연3행, 48) 육용사(六榕寺)-1연3행, 49) 시인(詩人)의더듬이-2연14행, 50) 남한강-이른봄-1연7행, 51) 늦은봄-1연7행, 52) 응봉산정(應峰山亭) 에올라-2연14행, 53) 코스모스-2연14행, 54) 고사목-1연7행, 55) 가을한계령-1연7행, 56) 독도-2연14행, 57) 일일(一日) 스키어-2연14행, 58) 백일홍-1연7행, 59) 철쭉-2연14행, 60) 구월언덕-2연14행, 61) 드는정(情) 나는정(情)-2연14행, 62) 일본나들이시초-나라공원-1연3행, 63) 오노미찌문학의오솔길-1연3행, 64) 세도나이까이-2연6행, 65) 눈옆의복숭아나무-1연7행, 66) 태풍-1연7행, 67) 가습기-1연7행, 68) 애기봉에서-1연7행, 69) 석춘(惜春)-1연7행, 70) 백목련-2연14행, 71) 낙엽-1연7행, 72) 무제(無題)-2연14행, 73) 억새-2연14행, 74) 돌-단상-2연14행, 75) 한강-1연7행, 76) 초가을-1연7행, 77) 눈빛-=1연7행, 78) 봄나들이-2연14행, 79) 호한(幻)-2연14행, 80) 업보-3연12행, 81) 옛날을지우고서-2연14행, 82) 취우(驟雨)-1연7행, 83) 고독-5연15행, 84) 눈내린다-2연14행, 85) 작은토우-2연12행, 86) 사랑, 자랑, 보람-3연21행, 87) 한라산-2연14행, 88) 범섬그리고해안로-2연14행, 89) 마라도-2연14행, 90) 추수(秋愁)-2연14행, 91) 소매물도-3연21행, 92) 바다앞에서-3연21행, 93) 망초꽃흰숨결-3연21행, 94) 한강을굽어보며-2연14행, 95) 윤중제-2연14행, 96) 목련(木蓮)-2연14행, 97) 은방울꽃-2연14행, 98) 이천나들이-신록-1연3행, 99) 전철(반룡송)-1연3행, 100) 육괴정(六槐亭)-1연3행, 101) 붓통-2연14행, 102) 화석운-2연14행, 103) 좌불(座佛)-2연14행, 104) 보리암가는길에-1연7행, 105) 실제(失

題)-1연7행, 106) 섧다이우화-3연9행, 107) 이끼낀회억-4연12행, 108) 수락산(水落山)-2연14행, 109) 까치집-1연7행, 110) 빗돌-1연7행, 111) 만남-2연14행, 112) 의암천-1연7행, 113) 의암호-1연7행, 114) 러시아-모스코바의밤-1연3행, 115) 레린그라드(뻬쩨르부르크)-1연3행, 116) 레린묘-2연6행, 117) 전승관을돌아보며-2연6행, 118) 체코-2연6행, 119) 오스트리아-비엔나-1연3행, 120) 헝가리-2연6행, 121) 기창(機窓) (9)-2연14행, 122) 복사꽃-1연7행, 123) 태백산넘는현천(玄天)-2연14행, 124) 뉴질랜드-삼장-말포드사운드(남섬)-2연6행, 125) 제트보드-2연6행, 126) 비밀-이제(二題) (북섬)-1연3행, 127) 알파카-1연3행, 128) 다시본비네치아-산마르코-광장-1연6행, 129) 샤일록-1연6행, 130) 기창(機窓) (8)-2연14행, 〈해설〉순천(順天)의시(詩) 또는상고(尙古와불교적상상력의변주-김삼주.

Ⅴ. 입상(立像) 을 위하여. 2006.

1) 파적(破寂)-1연7행, 2) 도래질-1연7행, 3) 돌미나리변-1연7행, 4) 강노을-1연7행, 5) 무제(1)-1연7행, 6) 무제(2)-1연6행, 7) 청계천-2연14행, 8) 루미나리에-2연14행, 9) 사진-1연7행, 10) 원경-2연14행, 11) 가을잎단장-1연7행, 12) 귀소-2연14행, 13) 동천(冬天)-2연6행, 14) 욕심-1연7행, 15) 지하철-1연7행, 16) 가을이제(二題)-2연14행, 17) 무념(無念)-1연7행, 18) 입상(立像) 을위하여-1연7행, 19) 소떼생각-2연14행, 20) 녹차를마시며-1연7행, 21) 나의시는-1연7행, 22) 설일(雪日)-1연7행, 23) 정토소식-3연9행, 24) 겨울나무-1연7행, 25) 무상(無常)-1연7행, 26) 어떤회억-2연14행, 27) 그이치-1연7행, 28) 삶-2연14행, 29) 상주(尙州)-3연21행, 30) 낙조-1연7행, 31) 길-2연14행, 32) 세모유감-1연7행, 33) 흠모-1연7행, 34) 한강둔치에서-2연14행, 35) 동행-1연7행, 36) 연꽃-1연7행, 37) 인촌생가(仁村生家)-1연7행, 38) 소금-1연7행, 39) 오성고을대바우댁-4연12행, 40) 할미새의말-4연12행, 41) 그래, 친구야먼저갔니?-4연12행, 42) 지하철이호선-2연14행, 43) 산행-2연14행, 44) 춘설(春雪)-1연7행, 45) 조춘(早春)-1연9행, 46) 초춘(初

春)-1연7행, 47) 벚꽃-1연7행, 48) 신록(1)-1연7행, 49) 신록(2)-1연7행, 50) 신록(3)-1연7행, 51) 장미원묘소-1연7행, 52) 초여름낙엽-1연7행, 53) 풍경(1)-1연7행, 54) 풍경(2)-1연7행, 55) 풍경(3)-1연3행, 56) 건들마들무렵-2연14행, 57) 태풍매미-2연14행, 58) 초추(初秋)-1연7행, 59) 추석무렵-1연7행, 60) 늦가을소묘-2연14행, 61) 상강(霜降)-1연7행, 62) 초동(初冬)-2연14행, 63) 너어살-2연14행, 64) 행렬-2연14행, 65) 독도(獨島)-3연9행, 66) 팔월산-2연14행, 67) 경전선완행열차-1연7행, 68) 펼쳐놓은허리띠같은-1연7행, 69) 바다가창가에와서-1연7행, 70) 안면도낙조-1연7행, 71) 안면도일몰-1연7행, 72) 저승마을-1연7행, 73) 화진포호수-1연7행, 74) 백일홍-3연9행, 75) 청학공움길-1연7행, 76) 죄과-부산해동용궁사-1연7행, 77) 시화호를지나며-1연7행, 78) 강촌리조트에서-2연14행, 79) 한국지도-1연7행, 80) 골굴사에오르며-1연7행, 81) 보길도-1연7행, 82) 보시-1연7행, 83) 멀미-1연7행, 84) 파도를타고-2연14행, 85) 홍도노을들다-2연14행, 86) 불암사-1연7행, 87) 화엄동굴-1연7행, 88) 비구름-1연7행, 89) 매창묏등가에-1연7행, 90) 이중선묏등가에-1연7행, 91) 스페인마드리드후라멩고춤-2연6행, 92) 세르반데스-1연3행, 93) 히탈타탑-1연3행, 94) 투우-2연6행, 95) 가우디-1연3행, 96) 파티마성당-1연3행, 97) 까보따로까-땅끝마을-1연3행, 98) 카사불랑카-모로코-2연6행, 99) 기창(機窓) (10)-2연14행, 100) 이스탄불-터키를가며-2연14행, 101) 괴뢰메-터키-1연7행, 102) 안탈리아-터키-2연14행, 103) 스핑크스-이집트-2연14행, 104) 에베소-1연7행, 105) 파묵갈레-이집트-목화성온천-1연7행, 106) 갠지스강-3연21행, 107) 비애의궁-인도타지마할궁-2연14행, 108) 인도인-1연7행, 109) 기창(機窓-(11)-1연7행, 110) 딸쯔이박물관-1연7행, 111) 바이칼호-4연12행, 112) 기창(機窓-(12)-1연7행, 113) 바얀고비사막-3연21행, 114) 마우이섬에서-하와이섬에서-2연14행, 115) 진주만생각-2연14행, 116) 지도마을-1연7행, 117) 막고굴-2연12행, 118) 고비사막-2연14행, 119) 천산천지(天山天池)-중국-1연7행, 120) 아소온천-일본-1연7행, 121) 오월화구호-2연14행, 122) 시오바라(1)-2연14

행, 123) 시오바라(2)-2연14행, 124) 도야호-일본북해도-2연14행, 125) 도야호-1연7행, 126) 북해도에서-1연7행.

VI. 삼락장(三樂章)의 메아리. 2010.

1) 백로무렵-1연7행, 2) 목련-1연7행, 3) 이월의바다-2연14행, 4) 봄날에(1)-1연7행, 5) 봄날에(2)-1연7행, 6) 봄의이악장-2연14행, 7) 봄이오는길목에서-1연7행, 8) 가을단상-1연7행, 9) 가을감상-한계령휴게소-1연3행, 10) 권금성-1연3행, 11) 설악동-1연3행, 12) 초가을에-1연3행, 13) 가을주왕산-1연7행, 14) 한설(寒雪) 에도-1연7행, 15) 건들마-1연7행, 16) 트이는바다-1연7행, 17) 원경(遠景)-1연7행, 18) 노을녁에-1연7행, 19) 충주호-1연7행, 20) 폭포앞에서-2연14행, 21) 정혜에게-3연18행, 22) 할미는-2연13행, 23) 적(寂)-재현에게-3연18행, 24) 아가야-2연14행, 25) 등불되소서-1연8행, 26) 연어-2연12행, 27) 이육사문학관에서(1)-3연18행, 28) 이육사문학관에서(2)-4연12행, 29) 희(喜)도 애(哀)도-2연14행, 30) 길상사(吉祥寺) 에서-3연21행, 31) 소책자-2연14행, 32) 수밀도단상-2연14행, 33) 아직나-2연14행, 34) 별무리-2연14행, 35) 올추석은-2연14행, 36) 성묘-2연14행, 37) 실일(失日)의애(哀)-1연7행, 38) 그리운시절-3연9행, 39) 저물녁-1연7행, 40) 제비날아가고-1연7행, 41) 산책길에서-1연7행, 42) 물망초-2연14행, 43) 겨울나무-1연7행, 44) 젯상유감-1연12행, 45) 이우는봄에-1 · 연7행, 46) 이무슨-2연12행, 47) 주책-1연7행, 48) 매미-1연7행, 49) 나는누구인가-3연18행, 50) 컴퓨터단상-1연7행, 51) 까치설날에-3연18행, 52) 할미새의변-2연14행, 53) TV앞에서(1)-1연7행, 54) TV앞에서(2)-1연7행, 55) 도자기겨울-1연7행, 56) 물면-1연7행, 57) 미로-1연7행, 58) 허수아비-1연7행, 59) 내마음은-1연7행, 60) 화면도무상을-2연12행, 61) 무상(1)-4연12행, 62) 무상(2)-1연7행, 63) 무상(3)-1연7행, 64) 무상의울림-1연7행, 65) 욕심-2연14행, 66) 피안(彼岸)-3연18행, 67) 섣달그믐에-2연14행, 68) 고영(孤影)-2연14행, 69) 회억의샘-2연14행, 70) 우복집받아들고-2연14행, 71) 정(情) 그

리고정(淨)-1연7행, 72) 고사목-1연6행, 73) 별똥별-2연14행, 74) 삼층장-1연7행, 75) 휘액서원(輝額書院)-3연18행, 76) 독도(獨島)-1연7행, 77) 팽이-1연7행, 78) 커피를마시며-2연14행, 79) 섣달에부치는시-3연9행, 80) 여행을앞두고-2연14행, 81) 냉장고를바꾸며-2연14행, 82) 선풍기(1)-1연7행, 83) 신풍기(2)-1연7행84) 선풍기(3)-1연7행, 85) 바람의절규-2연14행, 86) 리언(俚言)-1연7행, 87) 태풍에위니아-지나가고-2연13행, 88) 용궁도-1연7행, 89) 겨울나들이-3연18행, 90) 제주나들이-2연14행, 91) 이웃나들이-공항가는길-1연3행, 92) 쇼오묘오가다끼-1연3행, 93) 다대야공원-1연3행, 94) 구로베협곡-2연6행, 95) 오니부로신사(神社)-2연14행, 96) 일본속의백제-2연14행, 97) 설국의산실-1연7행, 98) 일몰-1연7행, 99) 변방에서-방천마을-1연3행, 100) 훈춘방천늪지산장-1연3행, 101) 권하교-1연3행, 102) 대종교제단-1연3행, 103) 그래도반가운지-일본동경역사박물관-1연7행, 104) 빛의축제-2연14행, 105) 신천지-2연14행, 106) 기차를타고-2연14행, 107) 테백을지나며-2연14행, 108) 청평숨은이야기-2연12행, 109) 나들이길-1연7행, 110) 아쉽습니다-2연14행, 111) 국보1호떠나보내고-3연18행, 112) 현충원에서-2연14행, 113) 단짝을보내고-3연18행, 114) 대비우택-4연12행, 115) 명복을빕니다-1연7행, 116) 길이안식을-2연12행.

〈해설〉감성으로 그린 서정의 그림-김광수.

VII. 청아 정위진(靑雅 鄭渭鎭 1924-94세)의 현대시조 창작형태조사

시조시	1연	2연	3연	4연	5연	사설	장시조	총계	비고
한국시조	5	3	1					9	1985
소호리소경	13	49	20	3	4	4		93	1987
아자창반향	25	55	27	9	1	5		122	1998
어제바람	68	46	16	4	1	1		136	2002
입상을위하여	77	39	6	4				126	2006
이악장메아리	60	40	13	3				116	2010
총 계	248	232	83	23	6	10		602	
비 율%	41.1	38.5	13.7	3.8	0.9	1.6		99.7	

〈참고 문헌〉

1. 한국 현대시조 큰사전-한춘섭, 박병순, 리태극-을지출판공사-서울 1985
2. 한국 현대시조 대사전(상 · 하 . 책)-박을수-아세아문화사-서울 1991
3. 근대 시조집람-임선묵-경인문화사-서울 1999
4. 한국시대 사전(개정증보판)-김창직, 윤해규-을지출판공사-서울 2004
5. 한국 현대시조 연구와 향방-김창현-오늘의문학사-대전 2014

정 영 관(全榮寬 1950-2016)의 현대시조

Ⅰ.한국현대동시조선집. 2009.

1) 목련

가지에 흰 수건
한 장 씩
걸쳐놓고

겨울이 투항하여
산 너머로
물러났다.

그제야
기다렸다는 듯
조심스럽게
돋아난 잎 새들.

*출전(出典) 현대동시조 2000 창간호

Ⅱ.한국현대동시조 창작형태조사.

현대시조	1연	2연	3연	4연	5연	사설	장시조	총계	비고
현대시조	1							1	
목련	1							1	
총계	1							1	

〈참고 문헌〉

1. 한국 현대시조 큰사전-한춘섭, 박병순, 리태극-을지출판공사-서울 1985
2. 한국 현대시조 대사전-상·하. 별책-박을수-아세아문화사-서울 1991
3. 근대 시조집람-임선묵-경인문화사-서울 1999
4. 한국시대 사전(개정증보판)-김창직, 윤해규-을지출판공사-서울 2004
5. 한국 현대시조 연구와 향방-김창현-오늘의문학사-대전 2014

지산 정 재 호(芝山 鄭在琥 1929-87세)의 현대시조

Ⅰ. 한국시조큰사전. 1985.

1) 간이역-3연9행, 2) 거울-1연3행, 3) 고양이-1연3행, 4) 고향의동화-3연9행, 5) 나그네-1연3행, 6) 나이-2연6행, 7) 낙엽-1연3행, 8) 낚시질-3연9행, 9) 노송-1연3행, 10) 닭싸움-3연9행, 11) 등산객-1연3행, 12) 모래-2연6행, 13) 목련-3연9행, 14) 백령도-3연9행, 15) 부부-1연3행, 16) 사냥꾼-3연9행, 17) 성좌-3연9행, 18) 승객-2연6행, 19) 시간-1연3행, 20) 안경을닦으며-1연3행, 21) 어금니-2연6행, 22) 엽서-1연3행, 23) 우물을파면서-3연9행, 24) 월정사-2연6행, 25) 잡초-3연9행, 26) 제3악장-4연12행, 27) 조각보-1연3행, 28) 칼-3연9행, 29) 해바라기-3연9행, 30) 헤엄-3연9행,

Ⅱ. 한국시대사전. 2004.

1) 그말한마디-2연6행, 2) 마당-2연4행, 3) 소나기-2연17행, 4) 등산-2연17행, 5) 고추잠자리-2연10행, 6) 빨래-2연15행, 7) 산의높이-2연16행, 8) 회갑날아침에-3연18행, 9) 금을캐러-3연18행, 10) 봄이오는소리-2연14행, 11) 자화상(1)-2연14행, 12) 팽이(1)-1연7행, 13) 그네-1연6행, 14) 부부-1연6행,

Ⅲ. 천치가 부르는 노래. 1993.

1) 환갑날아침에-3연20행, 2) 편지-1연9행, 3) 굴렁쇠-2연15행, 4) 혼자달리기-2연19행, 5) 고무신-1연11행, 6) 팽이(1)-1연8행, 7) 자화상(1)-2연14행, 8) 다시찾아온봄-1연9행, 9) 산의높이-2연17행, 10) 낚시터에서-2연15행, 11) 장닭-2연13행, 12) 거리-2연16행, 13) 제자리-2연14행, 14) 초승달-2연12행, 15) 고향-2연14행, 16) 유년시절-5연45행, 17) 자화상(2)-2연13행, 18) 바보-5연37행, 19) 큰누님-5연34행, 20) 어머니-4연28행, 21) 바

퀴벌레-4연31행, 22) 기회-2연14행, 23) 수박-2연16행, 24) 쉰아홉살-2연19행, 25) 마음-1연10행, 26) 짐-2연12행, 27) 스승-1연6행, 28) 옛길-2연15행, 29) 하늘-1연8행, 30) 향나무-2연14행, 31) 지게-2연19행, 32) 그림자-2연14행, 33) 모내기-2연14행, 34) 먼지-1연9행, 35) 책에게-3연20행, 36) 병실에서-2연17행, 37) 인주한약방-4연23행, 38) 행복-3연21행, 39) 여름밤 삽화-3연19행, 40) 고향에서-2연15행, 41) 봄이오는소리-2연14행, 42) 작설차-2연12행, 43) 가을산-1연7행, 44) 패랭이꽃-1연7행, 45) 바람-2연16행, 46) 봄비-1연8행, 47) 봄눈-1연8행, 48) 도마-1연6행, 49) 행주-1연6행, 50) 백자항아리-1연9행, 51) 바둑한판-2연13행, 52) 발자국-1연6행, 53) 싸구려-2연16행, 54) 돌과수석-2연16행, 55) 혼혈아-1연9행, 56) 새구두-2연19행, 57) 다듬이질-4연25행, 58) 야간수업-4연25행, 59) 희망-1연8행, 60) 여백-2연13행, 61) 예술작품-1연6행, 62) 합창-3연15행, 63) 그릇(1)-1연6행, 64) 그릇(2)-1연6행, 65) 돌-2연12행, 66) 금을캐러-3연20행, 67) 꿩병아리-4연23행, 68) 팽이(2)-2연15행, 69) 올빼미-2연10행, 70) 백로-3연22행, 71) 우리집청소-5연25행, 72) 참새소리-1연7행, 73) 돼지-3연17행, 74) 오징어-1연7행, 75) 일본-3연18행, 76) 오니오시의풀-3연20행, 77) 일본도-3연21행, 78) 유월이오면-6연36행, 79) 교정을보면서-3연20행, 80) 칼-2연12행, 81) 명당자리-2연14행, 82) 땅(2)-2연16행, 83) 하수도-2연15행, 84) 비석-2연14행, 85) 가로수-2연14행, 86) 연탄-1연8행, 87) 고양이-2연14행, 88) 허수아비-3연18행, 89) 절규-3연20행, 90) 잡초-2연16행, 91) 풀-2연17행, 92) 문어-2연19행, 93) 고아원에서-2연16행, 94) 무등산-2연16행, 95) 숲속에서-2연17행, 96) 닭-2연13행, 97) 만남-2연16행, 98) 인간들에게-5연30행, 99) 타작마당-2연11행, 100) 동네북-2연10행, 101) 까치소리-4연28행, 102) 양담배-4연24행, 103) 심인광고-5연25행, 104) 비가내리는데-3연20행, 105) 돛을올리며-2연12행.

〈발문〉 1. 천진과 무욕-권국명.

〈발문〉 2. 이순의향연-이기철.

IV. 지산 정재호(芝山 鄭在琥 1929-87세)의 현대시조 창작형태조사

시조시	1연	2연	3연	4연	5연	사설	장시조	총계	비고
한국시조큰사전	11	5	13	1				30	
한국시대사전	3	9	2					14	
천치의노래	24	51	18	6	5		1	105	
총 계	38	65	33	7	5		1	149	
비 율%	25.5	43.6	22.1	4.6	3.3		0.6	99.7	

〈참고 문헌〉

1. 한국 현대시조 큰사전-한춘섭, 박병순, 리태극-을지출판공사-서울 1985
2. 한국 현대시조 대사전(상 · 하. 별책)-박을수-아세아문화사-서울 1991
3. 근대 시조집람-임선묵-경인문화사-서울 1999
4. 한국시대 사전(개정증보판)-김창직, 윤해규-을지출판공사-서울 2004
5. 한국 현대시조 연구와 향방-김창현-오늘의문학사-대전 2014

정 춘 호 (鄭春浩 1940-2002)의 현대시조

Ⅰ. 시조와 비평.

2002. 가을호-1) 안개1-3연9행, 2) 안개2-2연12행, 3) 안개3-3연4행, 4) 안개4-사설시조.

2008 봄, 여름(합병호)-1) 혼돈1-2연15행, 2) 혼돈2-2연6행, 3) 안개-사설시조, 4) 물안개-3연23행, 5) 시골길을 걸으며-3연18행.

Ⅱ. 현대시조 작품 감상

1) 안개2

도시의 불빛은 달콤하다. 혓바닥 날름거리며
가로등 핥고 있는 시퍼런 요정
서로를 삼키며 아스팔트 미끄러운 길 위에
언제나 젖어 있는 아랫도리가 슬프다.

2) 안개3

해를 몰래 따 먹고 달아나다가
해맑은 얼굴로 배시시 웃고 있다가
터진 옷자락 사이로 살큼 내비치는 허연 속살
신선한 욕정을 만나는 아침 이었다.

3) 안개4

짙은 안개로 도시는 맥없이 주저 앉아 있고
-사설-
스스로 할 일을 허물어 길을 열고 있는 여인이었다.

Ⅲ. 정춘호(鄭春浩 1940-2002)의 현대시조 창작형태조사

시조지	1연	2연	3연	4연	5연	사설	장시조	총계	비고
시조와비평		3	4			2		9	
총　　계		3	4			2		9	
비　　율%		33.3	44.4			22.2		99.9	

〈참고문헌〉

1. 한국 시조큰사전-한춘섭, 박병순, 리태극-을지출판공사-서울. 1985

2. 한국 시조대사전-(상 · 하. 별책)-박을수-아세아문화사-서울. 1991

3. 근대 시조집람-임선묵-경인문화사-서울. 1999

4. 한국시대 사전-김창직, 윤해규-을지출판공사-서울. 2004

5. 한국 현대시조 연구와 향방-김창현-오늘의문학사-대전. 2014

백강 정하경(白江 鄭夏庚 1927-89세)의 현대시조

Ⅰ. 한국시조 큰사전. 1985.

1) 개나리-1연3행, 2) 거미소고-5연15행, 3) 거북선-1연3행, 4) 꽃-4연12행, 5) 귀뚜라미-1연3행, 6) 귀로-5연15행, 7) 낚시-1연3행, 8) 낭화-3연9행, 9) 낮-1연3행, 10) 동매-2연6행, 11) 들국화-1연3행, 12) 맨드라미-1연6행, 13) 목련-1연3행, 14) 부소산-4연12행, 15) 불모의거리에서-3연9행, 16) 빗소리-1연3행, 17) 싸락눈-1연3행, 18) 쌍사석등(雙獅石燈)-3연9행, 19) 어느해그리고달밤-5연15행, 20) 어떤입명(立命)-3연9행, 21) 연(鳶)-1연3행, 22) 임진강(臨津江)가에서-2연12행, 23) 입동(立冬) 무렵-1연3행, 24) 잔디-1연3행, 25) 조약돌-1연3행, 26) 추석에-3연9행, 27) 코스모스-2연6행, 28) 호수-1연3행,

※ 한국시대사전-작품없음.

Ⅱ. 인왕(仁旺) 으로 서서. 1987. (서울신문 신춘문예 1965)

1) 사슬에서풀려-3연9행, 2) 솔개-1연6행, 3) 솔-2연6행, 4) 잠을놓치고-5연15행, 5) 그날밤춘향-4연24행, 6) 근황산제-관목-1연6행, 7) 변두리-1연6행, 8) 휴식-1연6행, 9) 샘물-1연6행, 10) 나들이-1연6행, 11) 아파트-1연6행, 12) 전생만큼-2연6행, 13) 넥타이를매며-5연15행, 14) 무대에올라-4연24행, 15) 묵향속에서-4연24행, 16) 과사(過斜) 를앓으며-6연18행, 17) 구름처럼-1연3행, 18) 약수터-1연7행, 19) 두루마기를입고-4연24행, 20) 산(山)-5연15행, 21) 야산(野山)-1연7행, 22) 우산-1연7행, 23) 건장마-1연7행, 24) 심심한비-2연12행, 25) 나목(裸木)-4연24행, 26) 아침버섯-5연15행, 27) 한식(寒食) 무렵-3연18행, 28) 무심을펴고-3연18행, 29) 바둑을지고-5연15행, 30) 받아놓은은총-4연12행, 31) 함박눈을보며-4연12행, 32) 은행나무-2연12행, 33) 한매(寒梅)-2연12행, 34) 교외(郊外) 에서-1연3행, 35) 창천(蒼

天)-1연3행, 36) 인왕(仁旺) 으로서서-2연12행, 37) 국화이우는뜰-2연6행, 38) 설화(雪花)-3연18행, 39) 오후한때-2연6행, 40) 모정을날라-2연12행, 41) 봄눈-1연6행, 42) 진눈깨비-1연6행, 43) 산수유-1연6행, 44) 신록-1연6행, 45) 넝쿨장미-1연6행, 46) 수레-1연3행, 47) 명분(名分)-1연3행, 48) 늪-1연3행, 49) 안개아침-3연9행, 50) 남대문-3연18행, 51) 밤풍경을가르며-4연24행, 52) 양로원에서-4연12행, 53) 치사한비-4연12행, 54) 호수로누워-4연12행, 55) 산정(山頂) 을딛고-5연15행, 56) 서울연착(軟着)-4연24행, 57) 낙화암-봄-1연3행, 58) 여름-1연3행, 59) 가을-1연3행, 60) 겨울-1연3행, 61) 굽이치는백마강-6연18행, 62) 붓을잡으면-2연12행, 63) 그만하면족하련만-3연9행, 64) 점하나여기찍고-5연15행, 65) 가까스로뜬연잎-5연15행, 66) 풍죽환청(風竹幻聽)-7연21행, 67) 성하서정-늦잠-1연3행, 68) 수박-1연3행, 69) 피서-1연3행, 70) 사군자-1연3행, 71) 이사-1연3행, 72) 임진강가에서-2연12행, 73) 낭화(浪花)-3연18행, 74) 시월단형-호수-1연6행, 75) 귀뚜라미-1연6행, 76) 빗소리-1연6행, 77) 쌍사석등(雙獅石燈)-3연18행, 78) 동매(冬梅)-2연12행, 79) 추석에-3연9행, 80) 불모의거리에서-3연18행, 81) 조약돌-1연3행, 82) 맨드라미-1연3행, 83) 목련-1연3행, 84) 들국화-1연3행, 85) 코스모스-2연12행, 86) 개나리-1연7행, 87) 가물거리는시름-3연18행, 88) 어느해가을그리고달밤-5연15행, 89) 낮-1연3행, 90) 낚시-1연3행, 91) 귀로-5연15행, 92) 거미소고-5연15행, 93) 봄의동화-산당화-1연6행, 94) 진달래-1연6행, 95) 호드기-1연6행, 96) 사월-1연6행, 97) 뻐꾸기-1연6행, 98) 감꽃-1연6행, 99) 보리누룸-1연6행, 100) 꽃상여-1연6행, 101) 여름동화-무지개-1연6행, 102) 개울-1연6행, 103) 목화-1연6행, 104) 하루살이-1연6행, 105) 모깃불 1연6행, 106) 매미 1연6행, 107) 멱-1연6행, 108) 징검다리-1연6행, 109) 우물가-1연6행, 110) 푸닥거리-1연6행, 111) 입동무렵-1연6행, 112) 시형(時亨)-1연6행, 113) 까마귀-1연6행, 114) 해-1연6행, 115) 길쌈-1연6행, 116) 술조사-1연6행, 117) 겨울동화-소-1연6행, 118) 연(鳶)-1연6행, 119) 싸락눈-1연6행, 120) 설청(雪晴)-1연6행, 121) 엿장수-1연6행, 122) 아침-1

연6행, 123) 화투-1연6행, 124) 윷-1연6행.

※ 〈후기〉서러운 유열(愉悅).

Ⅲ. 야산(野山). 2000.

1) 아기-4연12행, 2) 시인의길-2연12행, 3) 팽이-2연12행, 4) 해방-1연6행, 5) 나는-3연9행, 6) 소형사고-4연12행, 7) 잠-5연15행, 8) 태풍뒤-3연9행, 9) 이뭣고-3연9행, 10) 술-4연12행, 11) 그승에서그런것-5연15행, 12) 얼굴-2연12행, 13) 속셈학원앞에서-3연18행, 14) 산문(山門)을 서성이다-4연12행, 15) 반복법-연(鳶)-3연9행, 16) 꿈많고잠얕은밤-3연18행, 17) 다시못볼얼굴들-2연12행, 18) 기다림이기다리는-4연12행, 19) 산천무심-1연3행, 20) 월송정(月송松亭)-1연3행, 21) 동해(東海)-1연3행, 22) 낙산사-1연3행, 23) 아파트-4연12행, 24) 건강법-2연12행, 25) 나비의꿈-5연15행, 26) 코스모스를보며-3연18행, 27) 안방-1연3행, 28) 가을에-1연3행, 29) 민들레-2연6행, 30) 자연-3연9행, 31) 계절의징검다리-신록-1연3행, 32) 절벽-1연3행, 33) 우수(憂愁)-1연3행, 34) 풀밭-1연3행, 35) 더위-1연3행, 36) 겨울문-1연3행, 37) 은행잎-1연3행, 38) 벗은나무-1연3행, 39) 오늘은-1연3행, 40) 산길-1연3행, 41) 미량(微凉)-3연9행, 42) 산(山)-3연18행, 43) 무심치않는무심-4연12행, 44) 탁구-2연12행, 45) 모과차를들며-2연12행, 46) 오붓한오후한때-4연12행, 47) 장마철에-4연12행, 48) 시냇물-3연18행, 49) 야산(野山)-1연7행, 50) 유월에-2연12행, 51) 돈으로논지하면-5연15행, 52) 알고보니-4연12행, 53) 철마는달리고싶다-4연12행, 54) 눈뜨고뻐끔히-4연12행, 55) 금붕어-3연9행, 56) 물리-2연12행, 57) 쬐끄만사랑-3연18행, 58) 라면을끓이며-4연12행, 59) 손수운전-4연12행, 60) 오리-3연18행, 61) 가여운지성을밝혀-2연12행, 62) 임진강(臨津江) 가에서-2연12행, 63) 추석에-3연9행, 64) 거미소고-5연15행, 65) 불모의거리에서-3연18행, 66) 어느해가을그리고달밤-5연15행, 67) 치사한비-4연12행, 68) 양로원에서-4연12행, 69) 남대문-3연18행, 70) 인왕(仁旺) 으로서서-2연12행, 71) 함박눈을보며

-4연12행, 72) 받아놓은은총-4연12행, 73) 아침버섯-5연15행, 74) 두루마기를입고-4연12행, 75) 우산-1연7행, 76) 구름처럼-1연3행, 77) 와사를앓으며-5연15행, 78) 춘향소묘-4연24행, 79) 잠을놓치고-5연15행, 80) 무대에올라-4연12행, 81) 점하나여기찍고-홍도에서-5연15행, 82) 호수로누워-4연12행, 83) 무한향사(無限鄕思)-호드기-1연3행, 84) 뻐꾸기-1연3행, 85) 꽃상여-1연3행, 86) 개울-1연3행, 87) 모깃불-1연3행, 88) 먹-1연3행, 89) 입동무렵-1연3행, 90) 술조사-1연3행, 91) 해-1연3행, 92) 소-1연3행, 93) 싸락눈-1연3행, 94) 엿장수-1연3행,

〈해설〉 지사(志士)로서의 시인 그 의미론과 형태론-채희원.

Ⅳ. 백강 정하경(白江 鄭夏庚 1927-89세)의 현대시조 창작형태조사

시조시	1연	2연	3연	4연	5연	사설	장시조	총계	비고
한국시조큰사전	15	3	5	2	3			28	1985
인왕으로서서	73	13	12	12	11		3	124	1987
야산	32	13	17	22	10			94	2000
총 계	120	29	34	36	24		3	246	
비 율%	48.7	11.7	13.8	14.6	9.7		1.2	99.7	

〈참고 문헌〉

1. 한국 현대시조 큰사전-한춘섭, 박병순, 리태극-을지출판공사-서울 1985
2. 한국 현대시조 대사전(상 · 하. 별책)-박을수-아세아문화사-서울 1991
3. 근대 시조집람-임선묵-경인문화사-서울 1999
4. 한국시대 사전(개정증보판)-김창직, 윤해규-을지출판공사-서울 2004
5. 한국 현대시조 연구와 향방-김창현-오늘의문학사-대전 2014

조 오 현(曺五鉉 1932–2018)의 현대시조 조사연구

Ⅰ. 한국시조큰사전.1985

1) 계림사가는길-4연12행, 2) 관음기-2연6행, 3) 내가쓴서체를보니-2연6행, 4) 내몸에뇌신이와서-3연9행, 5) 몸살-4연12행, 6) 범어사전경-3연9행, 7) 봄2연6행, 8) 비슬산-3연9행, 9) 산거일기-7연 21행, 10) 산조-8연34행, 11) 심우도-20연60행, 12) 염원-6연18행, 13) 일색과후-9연27행, 14) 정(靜)-3연9행, 15) 존연사-6연18행, 16) 직지사기행초-8연24행, 17) 파환향곡-3연9행, 18) 할미꽃-6연18행.

Ⅱ. 산에 사는 날에. 2000

1) 내가나를바라보니-1연7행, 2) 가을사경-1연7행, 3) 무자화(1)-1연3행, 4) 무자화(2)-1연3행, 5) 무자화(3)-1연3행, 6) 무자화(4)-1연7행, 7) 무자화(5)-1연6행, 8) 무자화(6)-1연3행, 9) 만인고칙-10연30행, 10) 만인고칙(2)-8연24행, 11) 일색변(1)-1연6행, 12) 일색변(2)-1연6행, 13) 일색변(3)-1연6행, 14) 일색변(4)-1연6행, 15) 일색변(5)-1연6행, 16) 일색변(6)-1연6행, 17) 일색변(7)-1연6행, 18) 결구(8)-1연6행, 19) 달마의십면목-31연93행, 20) 무산심우-20연60행, 21) 무설설(1)-사설 22)무설설(2)-1연6행, 23) 무설설(3)-1연6행, 24) 무설설(4)-1연6행, 25) 무설설(5)-1연3행, 26) 산일(1)-1연6행, 27) 산일(2)-1연6행, 28) 산일(3)-1연6행, 29) 화두-3연9행, 30) 재한줌-3연9행, 31) 산에사는날에-3연9행, 32) 미천골이야기로-3연9행, 33) 산청을열면-3연9행, 34) 근음-2연6행, 35) 파지-1연7행, 36) 출정-1연7행, 37) 겨울산짐승-1연4행, 38) 파도-1연6행, 39) 인천만낙조-1연3행, 40) 타향-3연18행, 41) 내삶은헛걸음-4연12행, 42) 침묵-4연14행, 43) 보리타작마당에서-3연18행, 44) 실일-2연6행, 45) 견춘삼제-3연9행, 46) 고향당하루-2연6행, 47) 치악일경-1연7행, 48) 관등사-6연18행, 49) 내가쓴서체를보

니-2연6행, 50) 일색과후-2연12행,

〈해설〉 마음과 싸우기의 어려움과 아름다움-조오현 시조의 의미-이문재.

Ⅲ. 아득한 상자. 2007.

1) 시인의 말-2연 10행, 2) 아득한성자-2연12행, 3) 아지랑이-2연9행, 4) 허수아비-3연11행, 5) 이내몸-1연3행, 6) 이세상에서제일로환한웃음-사설 7) 오늘-1연4행, 8) 죽음기-3연13행, 9) 숨돌리기위하여-1연6행, 10) 춤그리고법뢰-1연3행, 11) 어미-사설, 12) 머물고싶었던순간들-1연3행, 13) 내가나를바로보니-1연7행, 14) 석굴암대불-3연12행, 15) 이소리는몇근이나됩니까?-사설, 16) 성,토요일의밤과낮-사설, 17) 2007서울의 대낮-1연4행, 18) 2007서울의밤-1연5행, 19) 사랑의물이-1연5행, 20) 오늘의낙죽-1연3행, 21) 떡느릅나무의달-1연6행, 22) 쇠뿔에걸린어스름달빛-1연3행, 23) 주말의 낙필-1연7행, 24) 어간대청의문답-1연6행, 25) 궁궐의바깥뜰-1연5행, 26) 늘하는말-2연16행, 27) 앵화-1연7행, 28) 내삶은헛걸음-4연12행, 29) 뱃사람의말-1연3행, 30)된새바람의말-1연3행, 31) 된마파람의말-1연3행, 32) 뱃사람의뗏말-1연6행, 33) 된바람의말-1연6행, 34) 부처-1연3행, 35) 바위소리-1연6행, 36) 고목소리-1연6행, 37) 몰현금한줄-1연8행, 38) 시간론-1연7행, 39) 사랑의거리-1연6행, 40) 취모검날끝에서-1연6행, 41) 말-1연6행, 42) 마음하나-1연6행, 43) 빛의파문-3연9행, 44) 침묵-4연14행, 45) 비슬산가는길-3연9행, 46) 한등-1연7행, 47) 적멸을위하여-1연6행, 48) 할미꽃-3연9행, 49) 오누이-1연3행, 50) 파도-1연6행, 51) 저물어가는풍경-1연3행, 52) 어스름이내릴때-1연3행, 53) 숲-1연3행, 54) 망월동에갔다와서-3연9행, 55) 인천만낙조-1연3행, 56) 죄와별-1연6행, 57) 내울음소리-1연6행, 58) 새싹1연3행, 59) 봄의불식-1연3행, 60) 봄의역사-1연3행, 61) 봄의소요-1연3행, 62) 살갗만살았더라-2연12행, 63) 내가쓴서체를보니-2연행, 64) 별경-2연6행, 65) 달마-1연3행, 66) 산에사는날에-3연9행, 67) 들오리와그림자-1연6행, 68) 무설설-사설, 69) 업아,네집에불났다-사설, 70) 재

한줌-3연9행, 71) 고향당하루-2연6행, 72) 신사와갈매기-사설, 73 백장과들오리-사설, 74) 다람쥐와흰고무신-사설, 75) 절간청개구리-사설, 76) 일색과후-2연12행, 77) 산창을열면-3연9행, 78) 염장이와선사-사설, 79) 물속에달라바라볼수있어도-사설, 80) 스님과대장장이-사설, 81) 불국사가나를따라와서-사설, 82) 자갈치아즈매와갈매기-사설, 83) 새벽종지기-사설, 84) 나는부처를팔고그대는몸을팔고-사설, 85) 수달과사냥꾼-사설, 86) 노승과도둑-사설, 87) 내몸에뇌신이와서-3연9행, 88) 눈을감아야세상이보이니-사설, 89) 너와나의절규-1연3행, 90) 너와나의애도-1연4행, 91) 탄생그리고환희-4연12행, 92) 들여우-1연3행, 93) 삶에는해갈이없습니다-3연9행, 94) 마지막옷한벌-사설, 95)내가죽어보는날-1연5행, 96) 제자리걸음-1연7행, 97) 아득한성자-2연12행,

〈정지용문학상 심사평〉 1. 창작과 일탈-김남조.

2.오현음의 높이-고은.

3.금릉에걸린한등-김윤식.

4.백록담 그리고 백담-이근배.

5.종교적 명상의 넓이와 깊이-김재홍.

〈수상소감〉피모대각-조오현.

Ⅳ.비슬산 가는길. 2008.

1)시비-3연9행, 2) 비슬산가는길-3연9행, 3) 아득한성자-2연12행, 4) 궁궐의바깥뜰-1연8행, 5) 아지랑이-2연8행, 6) 허수아비-3연11행, 7) 춤, 그리고법뢰-1연3행, 8) 내가나를바라보니-1연7행, 9) 삶에는해갈이없습니다-3연9행, 10) 탄생그리고환희-4연12행, 11) 오늘-1연4행, 12) 남산골아이들-1연6행, 13) 일월-1연6행, 14) 축음기-3연13행, 15) 석굴암대불-3연12행, 16) 성, 토요일의밤과낮-1연9행, 17) 오늘의낙죽-1연3행, 18) 뜩느름나무의달-1연6행, 19) 쇠뿔에걸린어스름달빛-1연4행, 20) 주말의낙필-1연7행, 21) 늘하는말-2연16행, 22) 앵화-1연7행, 23) 내삶은헛걸음-4연12행, 24)

무산심우도-20연60행, 25) 뱃사공의말-1연3행, 26) 된새바람의말-1연3행, 27) 된마파람의말-1연3행, 28) 뱃사람의뗏말-1연6행, 29) 된바람의말-1연6행, 30) 부처-1연3행, 31) 바위소리-1연6행, 32) 고목소리-1연6행, 33) 물현금한줄-1연8행, 34) 시간론-1연7행, 35) 사랑의거리-1연6행, 36) 취모검날끝에서-1연6행, 37) 말-1연6행, 38) 마음하나-1연6행, 39) 빛의파문-3연9행, 40) 침묵-4연14행, 41) 한등-1연7행, 42) 적멸을위하여-1연6행, 43) 어간대청의문답-1연6행, 44) 할미꽃-3연9행, 45) 오누이-1연3행, 46) 파도-1연6행, 47) 저물어가는풍경-1연3행, 48) 어스름이내릴 때-1연3행, 49) 숲-1연3행, 50) 망월동에갔다와서-3연9행, 51) 인천만낙조-1연3행, 52) 죄와벌-1연6행, 53) 내울음소리-1연6행, 54) 새싹-1연3행, 55) 봄의불식-1연3행, 56) 봄의역사-1연3행, 57) 봄의소요-1연3행, 58) 내가쓴서체를보니-2연7행, 59) 별경-2연6행, 60) 달마-1연3행, 61) 재한줌-3연9행, 62) 고향당하루-2연6행, 63) 산창을열면-3연9행, 64) 일색과후-2연12행, 65) 산에사는날에-3연9행, 66) 들오리와그림자-1연6행, 67) 무설설-사설, 68) 어미-사설, 69) 업아,네집에불났다-사설, 70) 신사와갈매기-사설, 71) 백장과들오리-사설, 72) 다람쥐와흰고무신-사설, 73) 절간청개구리-사설, 74) 염장이와선사-사설, 75) 물속에잠긴달을버러볼수는있어도-사설, 76) 스님과대장장이-사설, 77) 불국사가나를따라와서-사설, 78) 자길치아즈매와갈매기-사설, 79) 나는부처를팔고그대는몸을팔고-사설, 80) 수달사냥꾼-사설, 81) 노승과도둑-사설, 82) 눈을감아야세상이보이니-사설, 83) 마지막옷한벌-사설, 84) 이세상에서제일환한웃음-사설, 85) 이소리는몇근이됩니까-사설,

Ⅴ.마음하나. 2013.

1) 나의명상-1연5행, 2) 내가죽어보는날-사설, 3) 내울음소리-1연5행, 4) 죄와벌-1연6행, 5) 내가나를바라보니-1연7행, 6) 염장이와스님-사설 7) 아득한성자-2연12행, 8) 평화를위하여-1연6행, 9) 청개구리한마리-사설 10) 창문을열면-3연9행, 11) 새벽종지기-사설, 12) 수달사냥꾼-사설, 13) 늙은

중과도둑-사설, 14) 황류동늦진달래-사설, 15) 들오리와그림자-2연6행, 16) 허수아비-3연9행, 17) 산에사는날에-3연9행, 18) 타향-3연18행, 19) 효자의울음-사설, 20) 석가의생에-1연3행, 21) 졸고앉은사공-1연3행, 22) 들여우-1연3행, 23) 사랑의거리-1연6행, 24) 미화원김씨의물음에-1연6행, 25) 신사와갈매기-사설, 26) 미음하나-1연6행, 27) 스님과 대장장이-사설, 28) 비슬산가는길-3연9행, 29) 고궁의벽화-1연6행, 30) 반석에누워-1연6행, 31) 그대를만나기위해서-1연3행, 36) 아지랑이-2연8행, 37) 삶에는해갈이없습니다-3연9행, 38) 파도-1연6행, 39) 가을하늘은-1연3행, 40) 불국사가나를따라와서-사설, 41) 고목소리들으려면-1연6행, 42) 바위소리들으려면-1연6행, 43) 장부소리들으려면-1연8행, 44) 여자소리들으려면-1연7행, 45) 중놈소리들으려면-1연6행, 46) 궁궐의바깥뜰-1연5행, 47) 새싹-1연3행, 48) 하루-2연6행 49) 탄생 그리고 환희-4연12행, 50) 침묵-4연15행, 51) 잃어버린날-2연6행, 52) 보리타작마당에서-3연18행, 53) 이세상에서제일로환한웃음-사설, 54) 다람쥐두마리-사설, 55) 내가쓴서체를보니-2연7행, 56) 살갗만살았더라-2연12행, 57)목숨값-1연3행, 58) 내몸에뇌신이와서-3연9행, 59) 하룻밤에-1연3행, 60) 망월동에갔다와서-3연9행, 61) 육감-3연18행, 62) 내삶은헛걸음-4연12행, 63) 두두러기-1연5행, 64) 오늘의정가-1연4행,

VI. 무산.조오현(曺五鉉 1932-2018)의 현대시조 창작형태조사

시조집	1연	2연	3연	4연	5연	사설	장시조	총계	비고
한국시조큰사전		4	5	2			7	18首	1985
산에사는날에	28	5	8	2		1	6	50	2000
아득한성자	50	10	12	3		21		96	2007
비슬산가는길	43	7	11	3		19	1	84	2008
마음은하나	29	7	11	3		14		64	2013
총 계	150	33	47	13		55	14	312	
비 율%	48.0	10.5	15.0	4.1		17.6	4.4	99.6%	

〈참고 문헌〉

1. 한국 현대시조 큰사전-한춘섭, 박병순, 리태극-을지출판공사-서울 1985
2. 한국 현대시조 대사전(상 · 하. 별책)-박을수-아세아문화사-서울 1991
3. 근대 시조집람-임선묵-경인문화사-서울 1999
4. 한국시대 사전(개정증보판)-김창직, 윤해규-을지출판공사-서울 2004
5. 한국 현대시조 연구와 향방-김창현-오늘의문학사-대전 2014

조 순 규 (趙淳奎 1908–1994)의 현대시조

Ⅰ. 시조문학

1962. 제4집-1) 낙엽-3연9행.

1962. 제5집-1) 산사(山寺)1-2연14행, 2) 석굴암 관음상-2연14행.

1962. 제6집-1) 석류(石榴)-2연12행.

Ⅱ. 울산시조 2013.

1) 하추잡음(夏秋雜吟)-2연11행, 2) 망부석-1연6행, 3) 발자국-1연9행, 4) 님-3연15행, 5) 무궁화1-1연3행, 6) 무궁화2-1연6행, 7) 감꽃 필 무렵-1연3행, 8) 단오-1연3행, 9) 소꿉질-1연3행, 10) 귀향-2연6행.

Ⅲ. 조순규(趙淳奎1908-1994)의 연보

1) 조선일보(1929.9.15)-학생문예란-하추잡음(夏秋雜吟) 첫 시조.

2) 조선일보(1928)-일반문예-봉래유가(蓬萊遊歌) 연시조 7편.

3) 동래경찰서 1년 감옥살이(1928.

4) 전국민요채록(400여편)-무궁화(구전요집).

5) 아버지(1993) 어머니(1936), 여의고 홀로 가장.

6) 웅촌면장(1945.1.1~1946.12.30) 2년 재직.

7) 동래중학교-무예반(1949.

8) 시조연구 창간호-하늘.

9) 정식교사발령(1955) 경남여고(1959.10), 동아일보(1962)-바다.

Ⅳ. 조순규(趙淳奎 1908-1994)의 현대시조 작품 감상

1) 산사(山寺)

법당 안 늙은 스님 경상(經床) 앞에 조우는가.
한 종일 태고로 와 고요도 겨운 산사
뎅그렁 풍경소리만 한가로이 들리고,

깨끗이 쓸어놓은 불이문 넓은 뜨락
사뿐 떨어지는 목련꽃두 어송이
황홀한 법열에 싸여 산을 잊고 앉았다.

2) 무궁화

차라리 작열하는 뜨거운 태양 닮아
진한 빛깔로 한 번 타는듯 한번 피어나 보렴.
우리에 모습들마냥 진정 쓸픈 꽃이여.

3) 망부석

파란 하늘처럼 가까운듯 머언거리
한사코 따르다가 내가 죽을 뮤즈여
이토록 바람(희망)에 지쳐죽어가는 망부석

Ⅴ. 조순규(趙淳奎 1908-1994)의 현대시조 창작형태조사

시조지	1연	2연	3연	4연	5연	사설	장시조	총계	비고
시조문학		3	1					4	
울산시조	7	2	1					10	
총 계	7	5	2					14	
비 율%	50.0	35.7	14.2					99.9	

〈참고 문헌〉

1. 한국 현대시조 큰사전-한춘섭, 박병순, 리태극-을지출판공사-서울 1985
2. 한국 현대시조 대사전(상 · 하. 별책)-박을수-아세아문화사-서울 1991
3. 한국시대 사전(개정증보판)-김창직, 윤해규-을지출판공사-서울 2004
4. 한국시대 사전-김창직, 윤해규-을지출판공사-서울. 2004
5. 한국 현대시조 연구와 향방-김창현-오늘의문학사-대전. 2014

조 유 로(曺有路 1930-2004)의 현대시조

Ⅰ. 최초의 동시조

1) 젖은 베개 / 조유로
잠결에 익힌 버릇
저리로 더듬다가

새삼 눈을 뜨면
할머니 가슴이자

소롯이 손을 떼고는
돌아 젖인 아기 베개.

2) 하얀 칠판 / 조유로

하얀 분필은 칠판에 오락부장 김윤아라고 써서 친구들과 어울릴 수 있는 기회를 만들어 주었고 윤아는 하얀 분필로 칠판에 그림을 그리고 산수 문제를 풀면서 친구들과 가까워졌다.

마지막으로 윤아가 생일 맞은 친구들의 모습을 그리면서 하얀 분필은 가루가 되어 공기중으로 날아갔다.

II.

조유로(曺有路 1930-2004)의 동심문학은 전통시조의 고유문학을 동시조에 접목하는 일이다.

III. 조유로(曺有路 1930-2004)의 현대시조 창작형태조사

시조시	1연	2연	3연	4연	5연	사설	장시조	총계	비고
아동문학		2						2	
총 계		2						2	
비 율%		100						100	

〈참고 문헌〉

1. 한국 현대시조 큰사전-한춘섭, 박병순, 리태극-을지출판공사-서울 1985
2. 한국 현대시조 대사전(상・하. 별책)-박을수-아세아문화사-서울 1991
3. 근대 시조집람-임선묵-경인문화사-서울 1999
4. 한국시대 사전(개정증보판)-김창직, 윤해규-을지출판공사-서울 2004
5. 한국 현대시조 연구와 향방-김창현-오늘의문학사-대전 2014

조 재 업 (曹在業 1940-2004)의 현대시조

Ⅰ. 시조문학

1969. 제21집-1) 내전(內殿)의 촛불-1연6행.

1970. 제24, 25집-1) 마리아 상(像)-3연9행.

Ⅱ. 시조문학 작품 감상.

1) 내전(內殿)

그 무슨 업보인가 미칠 듯한 그리움은
뜨거운 눈물 자욱 회한(悔恨)마저 다스리며
여윈 몸 고이 태우는 깊은 밤의 소복 여인.

2) 마리아 상(像)

죄 짓고 병을 앓아 머리맡은 텅비어도
당신의 걱정스런 그 눈만은 있습니다.
이름도 성(姓)도 묻지 않고 가만히 울어줍니다.

고인 눈물 무게로 목 고개는 기울고
고인 눈물 깊이로 파아란 당신의 눈
모든 것 적셔주시는 자비로운 호수입니다.

우러러 쳐다보다 또 한번 쳐다보면
커다랗게 덮여 오는 화안히 밝은 얼굴
어느덧 구슬 보조개 아릿다운 내 여인입니다.

Ⅲ. 조재업(曹在業 1940-2004)의 현대시조 창작형태조사

시조지	1연	2연	3연	4연	5연	사설	장시조	총계	비고
시조문학	1		3					4	
총 계	1		3					4	
비 율%	25		75.0					100	

〈참고 문헌〉

1. 한국 현대시조 큰사전-한춘섭, 박병순, 리태극-을지출판공사-서울 1985
2. 한국 현대시조 대사전(상 · 하. 별책)-박을수-아세아문화사-서울 1991
3. 근대 시조집람-임선묵-경인문화사-서울 1999
4. 한국시대 사전(개정증보판)-김창직, 윤해규-을지출판공사-서울 2004
5. 한국 현대시조 연구와 향방-김창현-오늘의문학사-대전 2014

조 종 만 (曺鍾萬 1932-2013)의 현대시조 창작형태조사

Ⅰ. 한국시조큰사전. 1985.

1) 가을밤에 쓴 시-3연9행, 2) 강가에서-3연9행, 3) 겨울나무-3연9행, 4) 고향의 가을-3연9행, 5) 다리-2연6행, 6) 돌담-3연9행, 7) 등불을 끄고-3연9행, 8) 자화상-3연9행, 9) 여름 밤-2연6행, 10) 추억-2연6행.

Ⅱ. 한국시대사전. 2004.

1) 밤에 초대한 강변-사설시조, 2) 태양보다 밝은 그림자-사설시조, 3) 강(江)-사설시조, 4) 고발되지 않은 죄의 거리-사설시조, 5) 까치소리-2연16행, 6) 강의 흐느낌-3연16행, 7) 고향집에서-2연12행, 8) 바가지-1연12행, 9) 한상(閒想)의 무늬-3연22행.

Ⅲ. 진주시조

2004. 창간호-1) 저문날의 꿈-1연7행.

2005. 제2호-1) 진양호 풍경-1연8행, 2) 독도-2연12행, 3) 석갑산(石甲山)-1연7행.

2006. 제3호-1) 진주성-1연6행, 2) 마중-1연8행, 3) 팽이-2연12행.

2007. 제4호-1) 덕담-1연9행, 2) 연등열면 연꽃송이-1연9행, 3) 선비석의 세월-1연9행.

2008. 제5호-1) 진양호-1연9행, 2) 학교-1연9행, 3) 동구릉(東九陵)-3연9행.

2009. 6호-남강유등-1) 1연9행, 2) 진양호-1연7행, 3) 진주성-1연7행, 4) 진주에 살며-3연9행, 5) 월아산(月牙山)-1연10행, 6) 석갑산(石甲山)-2연8행, 7) 고향의 가을-3연9행, 8) 인천으로 이사가며-3연9행.

2010. 제7호-1) 도라지꽃-1연10행, 2) 인천에 와살며-2연12행, 3) 발자국 소리-1연9행.

2011. 제8호-1) 진주남강유등-1연9행, 2) 쉼터에서-1연9행, 3) 유년의 고향-1연7행.

2012. 제9호-1) 인천에 살며-1연8행, 2) 폭포-1연11행, 3) 장봉도 관광 길에-1연11행.

2013. 제10호-1) 겨울나무-3연9행, 2) 가을밤에 쓴 시-3연9행, 3) 등불을 끄고-3연9행.

2014. 제11호-1) 바람의 요술-2연6행, 2) 밥상머리에서-1연9행, 3) 소슬바람 따라 물든 갈-1연6행, 4) 해님의 미소-1연8행.

IV. 경남시조

1996. 제13집-1) 머물다간 자리-1연7행, 2) 등산-2연12행, 3) 땅이 살아야-사설.

1998. 제15집-1) 아침 바다-1연9행, 2) 등산-2연12행, 3) 아버지-2연12행.

1999. 제16집-1) 봄 산행-1연9행, 2) 일기-1연7행, 3) 산이 좋아-1연8행.

2000. 제17집-1) 이천년 새 마중-1연6행, 2) 동학사의 겨울-2연12행, 3) 진양호 풍경-1연6행.

2001. 제18집-1) 독도-2연12행, 2) 을지 전망대-1연6행, 3) 가을에-1연6행.

2002. 제19집-1) 계절의 향기-1연8행, 2) 바람개비-1연12행, 3) 월아산(月牙山)-1연8행.

2003. 제20집-1) 달-1연9행, 2) 햇살 짙은 가을동산-1연6행, 3) 낙엽-1연9행.

2004. 제21집-1) 월정리역에서-1연12행, 2) 부엉이로-2연14행, 3) 국내성의 목련-1연9행.

2006. 제23집-1) 그림자-1연6행, 2) 야경-1연7행, 3) 학춤-1연7행.

2007. 제24집-1) 수련-2연12행, 2) 꽃샘-2연8행, 3) 우포늪 사랑-1연9행.

2010. 제27집-1) 꿈 이야기-1연10행, 2) 약손-1연12행, 3) 엄지-1연10행.

Ⅴ. 조종만(曺鍾萬 1932-2013)의 현대시조 창작형태조사

현대시조	1연	2연	3연	4연	5연	사설	장시조	총계	비고
한국시조큰사전		3	7					10	
한국시대사전	1	2	2			4		9	
진주시조	22	12	8			2		44	
경남시조	24	8				1		33	
총 계	47	25	17			7		96	
비 율%	48.9	26.0	17.7			7.2		99.6	

〈참고 문헌〉

1. 한국 현대시조 큰사전-한춘섭, 박병순, 리태극-을지출판공사-서울 1985
2. 한국시대 사전(개정증보판)-김창직, 윤해규-을지출판공사-서울 2004
3. 시조문학, 현대시조
4. 섬진시조. 제11집~제17집. 2001
5. 진주시조. 창간호~제11호. 2014

차문정(車文貞-본명-文今 1961-2014)의 현대시조 작품조사

Ⅰ. 조선문학

조선문학-간이역 등 4편이 당선되어 문단에 등단.

1간이역-사설시조, 앙수리에서-사설시조, 말잔치-사설시조, 체크무늬사랑-사설시조, 바다로 가는길-사설시조, 산길-사설시조, 비닐하우스-사설시조.

Ⅱ. 차문정(車文貞-본명-文今 1961-2014)의 현대시조 창작형태조사

문학지	1연	2연	3연	4연	5연	사설	장시조	총계	비고
조선문학						7		7	
총 계						7		7	
비 율%						100		100	

〈참고 문헌〉

1. 한국 현대시조 큰사전-한춘섭, 박병순, 리태극-을지출판공사-서울 1985
2. 근대 시조대전-임선묵-홍성사-서울 1989
3. 한국 현대시조 대사전(상 · 하. 별책)-박을수-아세아문화사-서울 1991
4. 근대시조집람-임선묵-경인문화사-서울 1995
5. 대전문학연구총서(1)(2)(3)(4)(5)-오늘의문학사-대전 2006-2013

차 의 섭 (車義燮 1919-1993)의 현대시조 작품조사

Ⅰ. 현대시조

1981. 여름호-1) 부부(夫婦)의 정(情)-3연18행.

1984. 여름호-1) 동백꽃-2연24행.

1985. 가을호-1) 무료(無聊)-2연12행.

Ⅱ. 시조문학

1973. 제31집-1) 삼팔선(三八線)-3연18행.

※ 이후-자료 없음.

1990. 봄호-1) 무료(無聊)-2연12행, 2) 지구촌을 돌아본 아내-2연12행.

1990. 여름호-1) 천치보림농장(天峙寶林農場)-3연18행.

1991. 여름호-1) 승무(僧舞)-2연12행.

Ⅲ. 한국시조큰사전. 1985.

1) 거미줄의 역사(歷史)-3연9행, 2) 귀성(歸省)-1연3행, 3) 나비-3연9행, 4) 달팽이-1연3행, 5) 두메의 만춘(晩春)-3연9행, 6) 맨드라미꽃, 7) 영상(映像)-3연9행, 8) 모과(木瓜)-1연3행, 9) 박꽃-5연15행, 10) 석류(石榴)-3연9행, 11) 송광사(松廣寺)-4연12행, 12) 신록(新綠)의 증심사(證心寺) 언저리-3연9행, 13) 아내-3연9행, 14) 안경(眼鏡)-3연9행, 15) 5월의 명암(明暗)-3연9행, 16) 입암산성(笠巖山城) 단풍(丹楓)-1연3행, 17) 지리산(智異山) 수송(水頌)-1연3행, 18) 채송화(菜松花) 밭에서-2연6행, 19) 추일한경(秋日閑景)-1연3행, 20) 해바라기-3연9행, 21) 허일(虛日)-2연6행.

Ⅳ. 한국시대사전. 2004.

1) 용설란-3연16행, 2) 정숙-1연7행, 3) 세월-4연28행, 4) 아침-2연9행, 5) 만월-1연4행, 6) 달팽이-1연5행, 7) 무화과-4연24행, 8) 바둑-4연23행, 9) 닭-6연32행.

Ⅴ. 차의섭(車義燮 1919-1993)의 정형시 창작형태조사

시조지	1연	2연	3연	4연	5연	사설	장시조	총계	비고
현대시조		2	1					3	
시조문학		3	2					5	
한국시(큰)	6	2	10	1	1			20	
한국시(대)	3	1	1	3			1	9	
총 계	9	8	14	4	1		1	37	
비 율%	24.3	21.6	37.8	10.8	2.7		2.7	99.9	

〈참고 문헌〉

1. 한국 현대시조 큰사전-한춘섭, 박병순, 리태극-을지출판공사-서울 1985
2. 근대 시조대전-임선묵-홍성사-서울 1989
3. 한국 현대시조 대사전(상 · 하. 별책)-박을수-아세아문화사-서울 1991
4. 한국시대 사전(개정증보판)-김창직, 윤해규-을지출판공사-서울 2004
5. 한국 현대시조 연구와 향방-김창현-오늘의문학사-대전 2014

문곡 **채 병 화** (文谷 蔡秉華 19 -2002)의 현대시조

Ⅰ. 시조와 비평

1996. 여름호-1) 동학사-2연14행, 2) 쑥-1연7행, 3) 봄날에-1연7행.

1997. 여름호-1) 개암사(開巖寺)-2연14행.

1998. 겨울호-1) 경주남산에서-2연10행.

1999. 봄호-1) 얼굴이 있는 나무들-수필.

1999. 겨울호-1) 망4-2연9행.

2000. 겨울호-1) 바람아 춤추어라1-2연6행, 2) 바람아 춤추어라2-2연14행, 3) 바람아 춤추어라3-2연17행, 4) 도시의 거리-2연13행, 5) 농촌의 하루-3연14행.

2002. 여름호-1) 고운사의 정오-2연6행, 2) 용문사의 음덕-2연6행, 3)구인사의 광선(光禪)-3연9행, 4) 백두산 천지-4연12행, 5) 콩나물-2연6행, 6) 도시의 사각지대-3연9행, 7) 개암사-3연9행, 8) 괴목문신(槐木文身)-2연6행.

2002. 가을호-1) 연을 띄우며-2연17행, 2) 그리움-2연17행, 3) 초혼례-2연18행, 4) 권태-2연17행.

2005. 여름호-1) 하고 싶은 대로-3연22행, 2) 병원대기실-3연20행, 3) 어리석은 인생-4연25행, 4) 꽃은 피었는데-2연12행, 5) 매화-2연16행.

2008. 봄, 여름호(합병)-1) 향수(鄕愁)-4연12행, 2) 함월산-3연9행, 3) 반구대암각화-3연9행, 4) 수반 위에 핀 매화-3연19행, 5) 경포대의 속살-4연18행.

2010. 가을호-1) 낙조-3연9행, 2) 바람-3연9행, 3) 이렇게 살아갑니다-1연7행.

Ⅱ. 울산시조

1997. 제2집-1) 학성공원의 풍류-고운사의 정오-2연14행, 2) 용문사의 음덕2연14행, 3) 백두산천지-4연12행, 4) 콩나물2연14행, 5) 도시의 사각지대-3연21행.

1998. 제3집-1) 목련-4연18행, 2) 섬의 낙조2연14행, 3) 진도개-3연21행, 4) 탱자나무2연14행.

1999. 제4집-1) 가슴 삼킨 파도-3연18행, 2) 치욕의 삶-3연21행, 3) 설중정한(雪中情恨)-3연21행, 4) 나목(裸木)2연14행.

2000. 제5집-1) 보리밭-4연28행, 2) 함월산-3연21행, 3) 향수-4연28행.

2001. 제6집-작품없음.

2002. 제7집-추모특집-1) 보리밭-4연12행, 2) 함월산-2연6행, 3) 기도-사설, 4) 산다는 의미-사설, 5) 정년의 굴레-4연12행, 6) 바람-3연9행, 7) 부토(腐土)가 된 지금도-사설, 8) 애수의 소야곡-심칠성 추모시, 9) 채선생의 영전에-오민필-추모시.

Ⅲ. 현대시조 작품 감상

1) 봄날에

앞산들녘 푸르름이 와락 가슴에 안겨든다.
봄바람 맞으려고 문을 열고 나섰다가
복사꽃 벙그는 소리에 놀란 가슴재운다.

2) 쑥

따사론 햇살로 양지녘에 불 지피며
매화향내 머금고 지심밟고 오는 그대
춘궁의 허기진 넋이 떡잎으로 벙근다.

3) 동학사(東鶴寺)

천여년 풍상여파 나이테로 감은 세정

창살무늬 바래어도 죽림속에 학이 날고
국매란(菊梅蘭) 햇살에 피어 살며시 웃더이다.

계룡산 청룡백호 마귀를 쫓은 자리
상우, 회의, 두 분 넋이 불사로 자비 펴니
오늘도 아집의 속인 가슴을 찢더이다.

IV. 문곡 채병화(文谷 蔡秉華 19 -2002)의 현대시조 창작형태조사

시조지	1연	2연	3연	4연	5연	사설	장시조	총계	비고
시조와비평	3	18	11	4				36	
울산시조		7	10	6		3		26	
총 계	3	25	21	10		3		62	
비 율%	4.8	40.3	33.8	16.1		4.8		99.8	

〈참고 문헌〉

1. 한국 현대시조 큰사전-한춘섭, 박병순, 리태극-을지출판공사-서울 1985
2. 한국 현대시조 대사전(상 · 하. 별책)-박을수-아세아문화사-서울 1991
3. 한국시대 사전(개정증보판)-김창직, 윤해규-을지출판공사-서울 2004
4. 한국시대 사전-김창직, 윤해규-을지출판공사-서울. 2004
5. 한국 현대시조 연구와 향방-김창현-오늘의문학사-대전. 2014

채 희 석 (蔡喜錫 1919-1998)의 현대시조

Ⅰ. 청자(靑瓷)

1965. 창간호-1) 작품 없음.

1965. 제2호-1) 소나기 온 후에-3연18행, 2) 세정(世情)-1연7행, 3) 사랑-1연7행.

1965. 제3호-1) 가을과 소녀의 꿈-2연12행, 2) 밤나그네-2연14행.

1966. 제4호-1) 백설부-3연18행, 2) 강반음(江畔音)-2연12행.

1966. 제5호-1) 애사(哀史)-공주를 찾아서-2연12행, 2) 옥피리-2연12행.

1966. 제6집-1) 적망경-3연18행.

1966. 제7집-1) 달무리-2연12행, 2) 동심초(同心草)-2연12행.

제8집(시조문학제10집)-1) 칠석-2연13행.

1967. 제9집-1) 돌부처-1연6행, 2) 오작교-1연6행, 3) 사향(思鄕)-2연12행.

1970. 제10집(한국시조선집 1970)-1) 소(沼)-1연6행.

Ⅱ. 시조문학(時調文學)

1964. 제10집-1) 칠석-2연13행.

1965. 제12집-1) 가을 밤-1연8행.

1968. 제18집-1) 동심초-2연12행, 2) 옥피리-2연12행.

1968. 제19집-1) 이름을 부르면-4연12행.

Ⅲ. 채희석(蔡喜錫 1919-1998)의 현대시조 창작형태조사

시조집	1연	2연	3연	4연	5연	사설	장시조	총계	비고
청자	5	9	3					17	
시조문학	1	3		1				5	
총 계	6	12	3	1				22	
비 율%	27.2	54.5	13.6	4.5				99.8	

〈참고 문헌〉

1. 한국 현대시조 큰사전-한춘섭, 박병순, 리태극-을지출판공사-서울 1985
2. 한국 현대시조 대사전(상 · 하. 별책)-박을수-아세아문화사-서울 1991
3. 근대 시조집람-임선묵-경인문화사-서울 1999
4. 한국시대 사전(개정증보판)-김창직, 윤해규-을지출판공사-서울 2004
5. 한국 현대시조 연구와 향방-김창현-오늘의문학사-대전 2014

최 덕 원 (崔德源 1935-2011)의 현대시조

Ⅰ. 시조문학

1960. 제2호-1) 이날(6.25)-2연12행.

Ⅱ. 광주. 전남시조

2010. 제9집-1) 순천만 갈대밭-3연18행.

Ⅲ. 현대시조 작품감상

1) 무명 용사의 묘
오솔길 배암길 고지가 앞인데
풍상에 흘러갔나 이름없는 십자표
도도록 성한 풀섶에 그의 모습 어린다.

가만히 눈 감으면 피묻은 그대 넋이
장송곡 조포도 나에게는 없었냐고
피 젖은 최후의 그날 부엉이야 울어라.

2) 이날(6.25)
설운 님 연륜(年輪)인가 다시 살아 오늘인가.
재단 없는 통곡이라 울도 웃도 못한 이날
되돌아 꾀어 뚫은 듯 가슴 팍 멍이 솟네.

갈라진 내 강토가 하도록 서러워서
그려 본 내 정 네정, 오늘이야 새로울까.
남몰래 지어본 미소 하늘 따라 펴지네.

Ⅳ. 최덕원(崔德源 1935-2011)의 현대시조 창작형태조사

시조지	1연	2연	3연	4연	5연	사설	장시조	총계	비고
시조문학		1						1	
광주. 전남시조			2		1			3	
총 계		1	2		1			4	
비 율%		25.0	50.0		25.0			100	

〈참고 문헌〉

1. 한국 현대시조 큰사전-한춘섭, 박병순, 리태극-을지출판공사-서울 1985
2. 한국 현대시조 대사전(상 · 하. 별책)-박을수-아세아문화사-서울 1991
3. 근대 시조집람-임선묵-경인문화사-서울 1999
4. 한국시대 사전(개정증보판)-김창직, 윤해규-을지출판공사-서울 2004
5. 한국 현대시조 연구와 향방-김창현-오늘의문학사-대전 2014

※ 전, 순천대학교 총장.

매사 최말식(梅史 崔末植 1936-2012)의 현대시조

Ⅰ. 시조와 비평

2000. 봄호-1) 승선교(昇仙橋)-2연12행.

2000. 여름호-1) 소나기-1연12행.

2002. 가을호-1) 등대(燈臺)-3연9행.

2002. 겨울호-1) 파도(波濤)-2연12행, 2) 밤송이-3연9행.

2003. 겨울호-1) 세연정(춘하추동)-4연24행.

2004. 가을호-1) 성묘길-2연12행.

2004. 겨울호-1) 늦가을 단비-2연12행, 2) 전원일지-3연18행, 3) 물레방아-2연12행, 4) 계곡수-3연18행, 5) 신록을 안아보며-3연18행.

2007. 겨울호-1) 풀강아지-1연7행.

2010. 가을호-1) 석간수(石間水)-2연13행.

2010. 가을호. 이후- 자료 없음.

Ⅱ. 현대동시조. 2000.

2004. 제5집-1) 첫여름-2연12행, 2) 오월 우리집 꽃-1연7행.

2005. 제6집-1) 봄비오는 등곳길-2연12행.

2006. 제7집-1) 풀강아지-1연7행.

2007. 제8집-1) 이른 새벽 우물가-1연6행.

2008. 제9집-1) 시냇가-2연12행.

2009. 한국현대동시조선집-1) 오월 우리 집 꽃-1연7행.

Ⅲ. 한국동시조. 2005.

2005. 가을호-1) 꼬맹이 멍멍이 일기-2연12행.

Ⅳ. 한국시대사전. 2004.

1) 북(鼓)-1연6행, 2) 손수건-2연10행, 3) 세연정-4연24행, 4) 동백꽃 연정-2연10행, 5) 늦가을 단비-2연10행, 6) 숲속의 소리꾼-2연10행, 7) 마음의 꽃-3연15행, 8) 대한민국50년-2연10행, 9) 고향집 다듬이돌-3연16행, 10) 고천암 갈대 축제-3연15행, 11) 죽담집-2연10행, 12) 저녁 노을 내 노을-2연10행, 13) 방초 곁에서-3연15행.

Ⅴ. 노도(怒濤)-시조집. 2010.

봄-1) 봄비1-3연18행, 2) 봄이 오는 길-2연12행, 3) 꽃샘 추위-2연12행, 4) 아지랑이-2연12행, 5) 숲속의 소리꾼-2연13행, 6) 이른 봄 정취-2연12행, 7) 삐비꽃-2연12행, 8) 안면도 꽃박람회에서-2연14행, 9) 입춘-2연14행, 10) 벽에 걸린 새달력-2연12행, 11) 중춘-2연12행, 12) 백화애송-3연18행, 13) 돋아난 새쑥을 보며-3연18행, 14) 봄비2-2연12행, 15) 조춘-1연11행, 16) 늦은 봄 산책-2연12행, 17) 보리밭-1연11행, 18) 춘경-1연12행, 19) 새싹의 꿈-2연12행, 20) 나주골 지나며-2연12행, 21) 백사장-2연12행, 22) 벚꽃길-2연12행, 23) 개나리꽃-2연12행, 24) 여명의 산책-3연18행, 25) 새천년을 맞으며-3연18행, 26) 산사 백목련-2연12행, 27) 깨달음-1연12행, 28) 여름-옛날 아낙네들 우중이종-3연18행, 29) 아기를 잠재운 농촌 엄마-3연18행, 30) 첫 여름의 구름-2연12행, 31) 피서-3연18행, 32) 장마-4연24행, 33) 신록을 보며-3연18행, 34) 매미울음소리-2연12행, 35) 말복날 흑일도에서-3연18행, 36) 임 잃은 친우와 비오는 날-3연18행, 37) 이슬-2연12행, 38) 얄미운 폭풍우-2연12행, 39) 풀잎 강아지-3연18행, 40) 장마가 걷었는지-3연18행, 41) 강촌새벽 풍경-2연12행, 42) 노도(怒濤)-2연12행, 43) 태풍 훑고 간 자리-6연36행, 44) 춘성정-4연24행, 45) 따뜻한 고운 손-2연12행, 46) 산행숲길-3연18행, 47) 가락동 공판장에서-1연11행, 48) 구름-1연12행, 49) 낙화-2연12행, 50) 모닥불-2연12행, 51) 모란-1연12행, 52) 두우(杜宇)-1연10행, 53) 석류-1연12행, 54) 반딧불-1연12행, 55) 백일도해수욕장-3연18행, 56) 안개낀 사구포에서-2연12행, 57) 연화(蓮花)-3연18행, 58) 가을-추석명절-늦가을 풍경-4연24행, 59) 추분의 발걸음-3연18행, 60) 중추절 궂은 비-2연12행, 61) 늦가을 산사일지-2연12행, 62) 배동한 벼를 보며-4연24행, 63) 추야우-3연18행, 64) 제천골 박달재 모닥불-3연18행, 65) 늦가을 궂은 비-2연12행, 66) 가을-3연18행, 67) 고천암 갈대 축제-3연18행, 68) 풀벌레 소리-2연12행, 69) 대홍사 단풍-2연12행, 70) 희양산추경음-3연18행, 71) 노을에 젖은 용 샘-4연24행, 72) 붉은 고추-3연18행, 73) 추수절 어머니손-1연6행, 74) 추정(秋情)-1연12행, 75) 억새꽃-5연30행, 76) 코스모스꽃-2연24행, 77) 추야만월(秋夜滿月)-3연18행, 78) 별님께 띄운 시-4연24행, 79) 선영벌초-3연18행, 80) 귀뚜라미 울음소리-2연12행, 81) 가을 새벽길-2연12행, 82) 기도하는 여인-4연24행, 83) 국화-1연12행, 84) 모란꽃-2연16행, 85) 저물녁 호수-2연12행, 86) 들국화-2연12행, 87) 콩거두기-2연12행, 88) 허수아비-4연24행, 89) 산사설경-3연18행, 90) 한파-3연18행, 91) 초설-3연18행, 92) 강추위 한파-4연24행, 93) 폭설-3연18행, 94) 겨울밤-3연18행, 95) 겨울바다-2연12행, 96) 겨울산행-6연36행, 97) 동야우(冬夜雨)-2연12행, 98) 세모(歲暮)-1연12행, 99) 임진강 언덕에서-2연12행, 100) 연(緣)-1연12행, 101) 고엽(枯葉)-2연12행, 102) 고드름-1연12행, 103) 동백꽃-2연12행, 104) 여울-2연12행, 105) 기행-금수강산-5연30행, 106) 4.19 묘소에서-1연12행, 107) 땅끝-3연18행, 108) 백련사-3연18행, 109) 오동도에서-3연18행, 110) 통도사 일주문 앞에 선 고목-1연12행, 111) 홍교유수-2연12행, 112) 김옥균 선사 묘소에서-3연18행, 113) 서산대사-3연18행, 114) 국회의사당 노도에 붙여-2연12행, 115) 마음의 창-2연12행, 116) 그의 한 생일지-3연18행, 117) 청풍호반-3연18행, 118) 옛날 봉수대에서-4연24행, 119) 소양강에서-3연18행, 120) 만덕호-3연18행, 121) 수인산성-4연24행, 122) 호수산장의 밤-2연12행, 123) 산사의 풍경-2연12행, 124) 타루비(墮淚碑)-3연18행, 125) 진불암의 밤-3연18행, 126) 금강산 옥류동에서-3연18행, 127) 의상대 해돋이-2연12행, 128) 녹우당-2연12행, 129) 망향제단에서-3연18행, 130) 소쇄원-3연18행, 131) 옥불사-2연12행, 132) 한라산 분화구에서-2연12행, 133) 양양낙산사 해돋이-3연18행, 134) 동학사-5연30행, 135) 선암사 승선교-2연12행, 136) 내장사-2연12행, 137) 연자루-4연12행, 138) 울돌목-2연12행, 139) 금곡사-4연24행, 140) 보리암-3연18행, 141) 쌍계사 오르며-3연18행, 142) 맹정승 고택에서-2연12행, 143) 청남대-2연12행, 144) 영랑시인 생가에서-3연18행, 145) 봉암사-3연18행, 146) 향일암-3연18행, 147) 수성송(守成松)-3연18행, 148) 보길도세연정-4연12행, 149) 무위사-2연12행, 살며 생각하며- 150) 주름살-3연18행, 151) 다듬잇돌-3연18행, 152) 동경(憧憬)-2연12행, 153) 온정-2연12행, 154) 노숙자의 설움-3연9행, 155) 촛불-3연15행, 156) 원고지-2연12행, 157) 공작-3연18행, 158) 초가삼간-2연12행, 159) 암탁의 채병-1연11행, 160) 장독대-3연18행, 161) 갯마을-3연18행, 162) 뚝배기-3연18행, 163) 물레방아-2연12행, 164) 석간수(石澗水)-2연14행, 165) 갯가에서-2연12행, 166) 파도의 예찬-2연12행, 167) 등대-3연18행, 168) 어버이날 근음-3연18행, 169) 의병장 보성 최대선 장군-3연18행, 170) 개천절에 붙여-3연18행, 171) 거울-1연12행, 172) 산국화-2연12행, 173) 달마 기운-2연12행, 174) 메밀꽃-2연12행, 175) 두견새-1연11행, 176) 청자-1연12행, 177) 해무(海霧)-2연12행, 178) 부채-2연12행, 179) 달구지-3연18행, 180) 개미-2연12행, 181) 무궁화 2연12행, 182) 동백-2연12행, 183) 삶의 여정-2연12행 184) 병상세모음-1연6행, 185) 술-2연13행, 186) 그의 삶-3연18행, 187) 고향 생각-3연18행, 188) 삶의 이력서-4연24행, 189) 그리운 어머니-2연12행, 190) 폐교-2연18행, 191) 수녀딸 생각-2연12행, 193) 수평선-2연12행, 194) 시국탄음-1연11행, 195) 계영배(戒盈盃)-2연12행, 196) 경제난국-3연18행,

197) 제야우음-2연12행, 198) 청자찻잔-2연12행, 199) 다듬잇돌-3연18행, 200) 손수건-2연12행, 201) 평화-2연12행, 202) 가야금-2연12행, 203) 세월-2연12행, 204) 이별-2연12행, 205) 맷돌1-2연12행, 206) 맷돌2-4연24행, 207) 도청굿-3연9행, 208) 삼팔선-1연12행, 209) 녹슬은 기찻길-3연18행.

〈작품 해설〉자연과 인간, 그 조응의 시학-노창수.

VI. 매사 최말식(梅史 崔末植 1936-2012)의 현대시조 창작형태조사

시조지	1연	2연	3연	4연	5연	사설	장시조	총계	비고
시조와비평	2	6	5	1				14	
현대동시조	4	3						7	
한국동시조		1						1	
한국시대사전	1	7	4	1				13	
노 도	26	91	70	16	3		2	208	
총 계	33	108	79	18	3		2	243	
비 율%	13.5	44.4	32.5	7.4	1.2		0.8	99.8	

〈참고 문헌〉

1. 한국 현대시조 큰사전-한춘섭, 박병순, 리태극-을지출판공사-서울 1985
2. 한국 현대시조 대사전(상 · 하. 별책)-박을수-아세아문화사-서울 1991
3. 근대 시조집람-임선묵-경인문화사-서울 1999
4. 한국시대 사전(개정증보판)-김창직, 윤해규-을지출판공사-서울 2004
5. 한국 현대시조 연구와 향방-김창현-오늘의문학사-대전 2014

최 명 순(崔命洵 1951-2005)의 현대시조

Ⅰ. 시조생활

1999. 겨울호-1) 오대산(烏臺山)에 올라-2연10행, 2) 진고개에서-1연3행.

2000. 봄호-1) 어느 가을에-3연15행.

2000. 여름호-1) 쌍봉사(雙峰寺)의 꿈-2연18행.

2002. 봄호-1) 타이완에서-3연15행.

Ⅱ. 현대시조 감상.

1) 오대산에 올라

보궁에 경배하고 바라보는 비로봉
가파른 길 계단 길 고행하듯 오르면
산(山)사람 원색 물결이 단풍처럼 물들고.

능선에 올라서면 참나무 자작나무
몇 백 년 지새웠나 고난의 주름이여
중후한 노목 앞에서 아기 되는 칠십 줄.

2) 진고개 애서

깊은 계곡 지나서 가파른 오르막 길
불타는 단풍 앞엔 진눈개비 내리고
갓 쪄온 옥수수 맛에 포근하던 진고개.

대지는 넉넉해도 가슴은 메마르고
만삭의 아낙처럼 배추가 익어가면

가슴을 채우란다. 배추처럼 채우란다.

3) 어느 가을날에
쨍그렁 금이 갈듯 팽팽해진 가을빛
먼 산이 다가와서 귓가에 속삭인다.
마음을 비워야 한다. 하늘처럼 비우란다.

불붙은 단풍잎에 우수수 지는 소리
예명만 찬란하랴 낙조를 보려무나.
저무는 동구(洞口)에 서면 짙어가는 서산(西山)노을.

4) 쌍봉사(雙峰寺)의 꿈
옛꿈이 안개처럼 피어나는 주춧돌
행여나 사라질까 돌담 쌓아 둘렀다.
대웅전 목탑 보주엔 무지개나 어리렴.

숨소리가 들려오는 철감선사 부도탑
잃은 몸 찾다 지쳐 탑비는 주저 앉고
옛날엔 사자선문의 큰 문을 열었다던데.

5) 타이완에서
못잊을 고향 하늘 없느니라 접어 두고
집시되어 살아 온 땀의 세월 반세기
잃은 꿈 언제 이루랴 청천백일(靑天白日) 만지(滿地) 홍(紅).

원(元). 청(淸),도 삼켜버린 대하의 뚝심인데
금의환향 그 날은 장성(長成)같은 기다림

갈 길은 아직도 먼데 안개는 하욱하고,

황무지 돌려 받아 요. 순,(堯舜)의 뜻을 심고
노(老), 장(長), 맹(孟), 공(孔), 가르침 정성으로 가꿨어도
세월은 흐르는 구름 물어도 말이 없다.

Ⅲ. 최명순(崔命洵 1951-2005)의 현대시조 창작형태조사

시조지	1연	2연	3연	4연	5연	사설	장시조	총계	비고
시조생활	1	2	2					5	
총 계	1	2	2					5	
비 율%	20.0	40.0	40.0					100	

〈참고 문헌〉

1. 한국 현대시조 큰사전-한춘섭, 박병순, 리태극-을지출판공사-서울 1985
2. 한국 현대시조 대사전(상 · 하. 별책)-박을수-아세아문화사-서울 1991
3. 근대 시조집람-임선묵-경인문화사-서울 1999
4. 한국시대 사전(개정증보판)-김창직, 윤해규-을지출판공사-서울 2004
5. 한국 현대시조 연구와 향방-김창현-오늘의문학사-대전 2014

최 병 로 (崔秉魯 1915-1987)의 현대시조

Ⅰ. 호명산 농가(虎鳴山 農歌)-시조집. 1987.

1) 춘하추동(春夏秋冬)-101연606행(장시조).

2) 호명산가(虎鳴山歌)-82연492행(장시조).

3) 살어리 골-91연546행(장시조).

※ 호명산 농가(虎鳴山 農歌)-서사시조집(敍事時調集).

※ 은사(恩師) 김구용(金丘庸, 본명-김영탁(金永卓)1922-2011)경기 양주.

Ⅱ. 최병로(崔秉魯 1915-1987)의 현대시조 창작형태조사

시조집	1연	2연	3연	4연	5연	사설	장시조	총계	비고
호명산농가							274연1644행	274연1644행	1987
총 계							274연1644행	274연1644행	
비 율%								100	

〈참고 문헌〉

1. 한국 현대시조 큰사전-한춘섭, 박병순, 리태극-을지출판공사-서울 1985

2. 한국 현대시조 대사전(상 · 하. 별책)-박을수-아세아문화사-서울 1991

3. 근대 시조집람-임선묵-경인문화사-서울 1999

4. 한국시대 사전(개정증보판)-김창직, 윤해규-을지출판공사-서울 2004

5. 한국 현대시조 연구와 향방-김창현-오늘의문학사-대전 2014

최상근(崔相根 1945-2014)의 정형시 창작형태조사

Ⅰ. 진주시조

2009. 제6호-1) 창문을 여니-1연3행, 2) 내원사 찾아드니1-3연9행, 3) 명응대에 올라보니2-2연6행, 4) 천방지축-2연6행.

2010. 제7호-1) 잎짖는 프라타나스-1연6행, 2) 9월 비-1연6행, 3) 청곡사-1연6행, 4) 상사화(相思花)-1연6행, 5) 석류-1연6행, 6) 바위-1연6행, 7) 여름밤-1연6행, 8) 수련-1연6행.

2011. 제8호-1) 밤(栗)-1연6행, 2) 해당화 지다-1연6행.

2012. 제9호-1) 사리 꽃-1연6행, 2) 논개-1연6행, 3) 꽃망울-1연6행, 4) 비온 후-1연6행, 5) 시간-2연12행.

2013. 제10호-1) 여름 한낮-1연6행.

2014. 제11호-1) 신의 침묵-1연6행, 2) 공설운동장-1연6행, 3) 그리움-1연6행, 4) 유채꽃-1연6행, 5) 매화-1연6행, 6) 봄날 농장에 올라서니-1연6행, 7) 해운대 겨울바다-1연6행.

※ 호-토암(兎巖).

※ 문장21(2008. 봄호) 시조. 신인상. 자영업-최한약국

※ 제1회 고운 최치원(孤雲 崔致遠857-?)문학상. 본상(시조부문)

※ 2011. 시조집-까치소리, 2012. 시조집-겨울 밤 고향을 베고자니.

〈참고문헌〉

1. 진주시조 2009. 제6호~2011. 제11호까지.

최 상 환(崔相煥 1937-2015)의 현대시조

Ⅰ. 시조문예

※ 1969 영산강 창간호→시조문예 2005 제36호-자료 없음.

2006. 제37호-1) 고향 방문-2연12행, 2) 고희를 맞으며-5연30행, 3) 통일 조국 염원-3연18행, 4) 왕따-3연9행.

2008. 제38호-1) 매화 문화 축제-1연6행, 2) 벚꽃 아래서-1연6행, 3) 자연품에서-2연12행, 4) 인간세상-2연12행, 5) 빛난 흔적 찾아서-3연18행.

2009. 제39호-1) 적당이 좋은건데-3연18행, 2) 행복-3연18행, 3) 운동회를 보면서-3연18행, 4) 고향 방문 기행-3연18행.

2010. 제40호-1) 봄을 만끽하며-6연36행, 2) 인간관계-3연18행, 3) 아름다운 삶-3연9행, 4) 파도소리-3연12행, 5) 복수꽃-2연10행.

Ⅱ. 현대시조 작품 감상

1) 매화 문화 축제

다압골 매화축제 인산인해 잔치되어
지역이 환한 세상 관광객도 많구나
모두가 한마음되어 봄나들이 즐긴다.

2) 벚꽃 아래서

벚꽃이 활짝 피어 봄놀이 유혹한다.
어두운 마음들도 밝음에 가득차서
답답한 인생살이가 환하게 퍼졌으면.

3) 인간세상

깡그리 숨겨놓고 겉으론 깨끗한 척
알아 줄 양심들은 찾을 길 없는데도
자기만 최고라 하고 떠들다가 터졌다.

이기기 위해서는 수단 방법 다 하지만
체면을 지키면서 중용을 지켜야지
인간이 인간다워야 따르는 이가 있거늘.

III. 최상환(崔相煥 1937-2015)의 현대시조 창작형태조사

시조지	1연	2연	3연	4연	5연	사설	장시조	총계	비고
시조문예	2	4	10		1		1	18	
총 계	2	4	10		1		1	18	
비 율%	11.1	22.2	55.5		5.5		5.5	99.8	

〈참고 문헌〉

1. 한국 현대시조 큰사전-한춘섭, 박병순, 리태극-을지출판공사-서울 1985
2. 한국 현대시조 대사전(상 · 하. 별책)-박을수-아세아문화사-서울 1991
3. 근대 시조집람-임선묵-경인문화사-서울 1999
4. 한국시대 사전(개정증보판)-김창직, 윤해규-을지출판공사-서울 2004
5. 한국 현대시조 연구와 향방-김창현-오늘의문학사-대전 2014

최 우 림 (崔雨林 1931-1997)의 현대시조

Ⅰ. 현대시조

1997. 봄호-1) 산행(山行)-1연12행, 2) 겨울 아침-2연12행, 3) 일광(日光)-2연12행, 4) 문패(門牌)-3연9행, 5) 산다는 것-1연6행, 6) 소망(所望)-1연6행, 7) 백령도(白翎島)-3연9행.

Ⅱ. 한국시조큰사전. 1985.

1) 꽃밭 비유-현대시학. 1977, 2) 귀지봉에 와서-4연12행, 3) 솔개 그늘-사설, 4) 어느 여름-2연6행, 5) 옥상 유감-3연9행, 6) 육교 서정-2연6행, 7) 종소리-2연6행, 8) 지금은-3연9행.

Ⅲ. 현대시조 작품 감상

1) 산다는 것

고기는 바다 고긴 푸르름에 멱 감으며
짠물을 먹고 산다. 고기는 그런 고긴
가볍고 싱싱한 몸매로 자유로이 사느니.

2) 소망(所望)

푸르름을 잘 다스려 노랗고 곱게 곱게
하느작 나부끼며 뒹구는 저 은행잎
내 삶도 저렇게 저렇듯 연착륙이 되려나.

3) 겨울 아침

차거운 겨울 아침 떨리고 움추려질 때
창문을 열어 봐라 겹겹이 굳게 닫긴

잠금을 비틀어 따고 활짝 열어 봐라.

창 밖의 모과나무 우람한 보디 빌딩
동치며 줄기마다 곳곳에 힘이 뭉쳐
오히려 한천에 남루 벗고 제 모습 뽐내네.

Ⅳ. 최우림(崔雨林 1931-1997)의 현대시조 창작형태조사

시조지	1연	2연	3연	4연	5연	사설	장시조	총계	비고
현대시조	3	2	2					7	
한국시	1	3	2	1		1		8	
총 계	4	5	4	1		1		15	
비 율%	26.6	33.3	26.6	6.6		6.6		99.7	

〈참고 문헌〉

1. 한국 현대시조 큰사전-한춘섭, 박병순, 리태극-을지출판공사-서울 1985
2. 한국 현대시조 대사전(상 · 하. 별책)-박을수-아세아문화사-서울 1991
3. 근대 시조집람-임선묵-경인문화사-서울 1999
4. 한국시대 사전(개정증보판)-김창직, 윤해규-을지출판공사-서울 2004
5. 한국 현대시조 연구와 향방-김창현-오늘의문학사-대전 2014

최 재 호(崔載浩 1917-1988)의 현대시조

Ⅰ. 시조문학

1966. 제13집-1) 해인사 계곡-홍류동-2연12행.

1967. 제19집-1) 동기(東騎)사 백회갑-4연24행.

1967. 제20집-1) 낙화사(洛花詞)-2연12행.

1970. 제23집-1) 낚시터에서-2연12행.

1972. 제29집-1) 귀뚜리-1연6행.

Ⅱ. 신한국문학(전50권). 1975.

1) -진양호(晉陽湖)-2연12행.

2) 봄비-3연9행.

3) 가을-1연6행.

4) 무제(無題)-1연6행.

5) 엽전(葉錢)한 닢-2연12행.

6) 오류동(해인사 계곡)-2연6행.

Ⅲ. 최재호(崔載浩 1917-1988)의 현대시조 창작형태조사

시조지	1연	2연	3연	4연	5연	사설	장시조	총계	비고
시조문학	1	3		1				5	
신한국문학	2	3	1					6	
총 계	3	6	1	1				11	
비 율%	27.2	54.5	9.0	9.0				99.7	

〈참고 문헌〉

1. 한국 현대시조 큰사전-한춘섭, 박병순, 리태극-을지출판공사-서울 1985
2. 한국 현대시조 대사전(상 · 하. 별책)-박을수-아세아문화사-서울 1991
3. 근대 시조집람-임선묵-경인문화사-서울 1999
4. 한국시대 사전(개정증보판)-김창직, 윤해규-을지출판공사-서울 2004
5. 한국 현대시조 연구와 향방-김창현-오늘의문학사-대전 2014

외솔 **최 현 배**(崔鉉培 1894-1970)의 현대시조

Ⅰ. 시조문학-제10집(1964).

1) 고향의 노래 / 최현배(1984-1970)

내 고향은 병영이다. 경상도 좌병영이
날 길러준 이 고장이 언제나 나의 그림
그림을 한 아름 안고 또 다시 들렀어라.

십 칠세 홍안 소년 책보 끼고 떠났더니
칠십에 흰머리로 못 잊어 다시 왔네.
길거리 닫는 아이야 네가 누구 손자인가

저 집이 초등학교 옛날에 배운 털세.
서당을 파하고서 옮아 들은 일신학교
양, 숫자 처음 배우던 일 아직도 선하구나.

삼일사 여기로다 문을 열고 경례하니
을미년 만세 운동 어제, 인듯 도로 생각
왜 총에 쓰러진 충혼 이 고장을 지키누나.

자갈길 밟으면서 동문으로 가노라니
이집 저집 간데없고 배추밭이 되었구나.
어즈버 울산의 신흥도시 어이이리 처량한고.

고향 온 나그네가 옛 살던 집 찾아보니
아래채에 살던 사람 어디 가고 비었는데
몸체는 지붕마저 꺼졌으니 한숨에 눈물진다.

회포를 가득 안고 동문 성터 올라서니
동 문루는 간곳없고 가을바람 소슬하니
상전 물이고 가는 이 없이 더욱 답답하구나.

성곽은 허물어져 평지나 다름없고
이제 사람 밭을 갈아 고추가 붉어 있다.
갈바람 찾아 온 손이 못내 설워 하더라.

성 위에 둘러섰던 백년 고목 간데없고
망월루 옛터에는 초석조차 안 보인다.
좌병영 나라 지키던 일 꿈이런가 하노라.

비석 옆에 노송 하나 굽게 휘어 늙어 있다.
우리 엄마 이곳에서 아들 배웅 서울 갔다.
이 솔아 내가 정녕 그 솔이거든 말좀하여 주렴.

II. 외솔 최현배(崔鉉培 1894-1970)의 현대시조 창작형태조사

시조지	1연	2연	3연	4연	5연	사설	장시조	총계	비고
시조문학							10연30행	10수	
총 계							10연30행	10	
비 율%								100	

〈참고 문헌〉

1. 한국 현대시조 큰사전-한춘섭, 박병순, 리태극-을지출판공사-서울 1985
2. 한국 현대시조 대사전(상 · 하. 별책)-박을수-아세아문화사-서울 1991
3. 근대 시조집람-임선묵-경인문화사-서울 1999
4. 한국시대 사전(개정증보판)-김창직, 윤해규-을지출판공사-서울 2004
5. 한국 현대시조 연구와 향방-김창현-오늘의문학사-대전 2014

원정 하 영 필(園丁 河榮弼 1926-병환중)의 현대시조

Ⅰ. 한국시조큰사전. 1985.

1) 국화-2연6행, 2) 끈-2연6행, 3) 달맞이꽃-2연6행, 4) 북한산성에올라-2연6행, 5) 세시유정-대보름-1연3행, 6) 영동-1연3행, 7) 삼진날-3연9행, 8) 에밀레-3연9행, 9) 삼국유사-2연12행, 10) 장탄-2연6행, 11) 추정(秋庭)-1연6행, 12) 함박눈-2연6행, 13) 해바라기-2연6행.

Ⅱ. 한국시대사전. 2004.

1) 류광(流光)-2연12행, 2) 동리의소리-판소리-1연3행-사설.3) 개천-3연9행, 4) 하늘-2연6행, 5) 덧없는바람-2연6행, 6) 안개길-2연6행, 7) 까치밥-1연7행, 8) 출출할때-2연6행, 9) 내뜰에와핀민들레-3연9행, 10) 자정(慈情)-2연6행, 11) 냇돌의변-2연6행, 12) 에밀레-2연6행, 13) 경주남산-1연3행, 14) 국화-2연6행, 15) 연꽃-2연6행, 16) 관해우성(觀海偶成)-1연3행.

Ⅲ. 낙강(洛江)

1) 연도, 제호, 누락~자료 없음.

1978. 제11호-1) 운장대(雲藏臺)-2연12행, 2) 긴여로-1연7행, 3) 주여-1연7행.

1981. 제14집-1) 우거, 오누이시인의고장-3연9행, 2) 영일(靈日)-1연7행, 3) 영등-1연6행,

1984. 제15집-1) 서천(西天)-1연6행, 2) 나목(裸木)-1연6행, 3) 추정(秋庭)-2연12행.(인적없음)

1984. 제17집-1) 안개길-2연6행, 2) 기러기-2연6행, 3) 미목(眉目)-1연6행.

1985. 제18집-1) 자정(慈情)-2연14행, 2) 꿈-1연6행.

1986. 제19집-1) 입추감음-2연12행, 2) 어린 일-1연7행.

1987. 제20집-1) 園丁의노래-3연9행, 2) 출출할 때-2연12행. 3) 돌아온 해안-2연12행.

1988. 제21집-1) 빛을쫓는아이-2연12행, 2) 풍선세상-2연12행, 3) 별신굿-사설.

1990. 제23집-1) 갈대가되라고-1연7행, 2) 바둑유감-1연7행, 3) 수석유감-1연7행, 4) 왕피천계곡-3연9행, 5) 김금옥님수기-사설.

1991. 제24집-1) 거울닦기-1연6행, 2) 영일감홍-4연12행, 3) 산행-2연12행, 4) 어떤삶-1연6행, 5) 원정(園丁)-의노래-1연7행.

1993. 제26집-1) 추사체-2연12행, 2) 비둘기-2연12행.

1994. 제27집-1) 청풍을마시고-1연3행, 2) 하늘을보다-=1연3행, 3) 구름을보니-1연3행, 4) 석류-1연3행, 5) 호박-1연3행, 6) 오죽-1연3행, 7) 이승이좋아서-2연6행.

1995. 제28집-1) 행주산성-3연9행, 2) 사원(寺院) 을기웃대다-3연9행, 3) 우난인은-1연7행.

1996. 제29집-1) 날아간새-1연7행, 2) 내뜰에와핀민들레-3연18행, 3) 어느암자-1연6행,

1997. 제40집-1) 고운날-2연12행, 2) 고향-2연12행, 3) 연(蓮)-2연12행, 4) 분수-2연12행, 5) 칠석-2연12행,

2013. 제46집-1) 만종(晩種)-1연7행, 2) 다산초당-2연12행.

2015. 제48집-1) 대보름-2연12행, 2) 아내의병석에서-1연6행, 3) 등덩쿨이라서-1연6행, 4) 창녕고분-1연6행, 5) 내사랑-1연6행,

Ⅳ. 아사달의 빛살. 1987.

1) 개천-3연18행, 2) 삼국유사-2연12행, 3) 대왕암-2연12행, 4) 대불우러르며-2연12행, 5) 에밀레-2연12행, 6) 부천마도(賦天馬圖)-2연12행, 7) 무렬왕릉-1연7행, 8) 낙화암-3연9행, 9) 처용-2연12행, 10) 영릉-2연12행, 11)

효종대왕릉-3연9행, 12) 육신묘(六臣墓)-1연7행, 13) 초혼각-2연12행, 14) 도산(陶山)-5연15행, 15) 오죽헌-5연15행, 16) 칠백의총-3연9행, 17) 표충사-1연7행, 18) 부석사-2연12행, 19) 영지(影池)-4연12행, 20) 아랑각-1연7행, 21) 하회-1연7행, 22) 외숙-성당-조용승(曺瑢承) 선생기념비-7연21행, 23) 영추감음(迎秋感吟)-2연12행, 24) 자정(慈情)-2연12행, 25/) 길-2연12행, 26) 키세우는소리-2연12행, 27) 안개길-2연12행, 28) 숨막히는천지-2연12행, 29) 귀뚜리-2연12행, 30) 홍엽(紅葉)-1연7행, 31) 노을-1연7행, 32) 연꽃-2연6행, 33) 솔-2연6행, 34) 출출할때-2연12행, 35) 가을바다-1연7행, 36) 속도(俗道)-1연7행, 37) 어린일-1연7행, 38) 꿈-1연7행, 39) 냇돌의변-2연12행, 40) 이추명(秋明) 에-1연7행, 41) 나목(裸木)-1연7행, 42) 바보-1연7행, 43) 인과(因果)-1연7행, 44) 국화-2연12행, 45) 장님의피리소리-2연12행, 46) 코스모스-2연12행, 47) 대양(大洋) 에떠서-2연12행, 48) 추정(秋庭)-2연12행, 49) 이가을엔-1연7행, 50) 망향사-12연36행, 51) 몽유고원(夢遊古園) (1)-3연9행, 52) 몽유고원(2)-1연7행, 53) 봉서유고-9연27행, 54) 서천(西天)-1연7행, 55) 옛집-3연18행, 56) 새해-2연12행, 57) 대보름-1연7행, 58) 영등-1연7행, 59) 삼짓날-3연9행, 60) 사월초파일-3연9행, 61) 유두(流頭)-2연12행, 62) 한가위-사설, 63) 당신이계십기로-3연9행, 64) 성묘-3연9행, 65) 섣달그믐-2연12행, 66) 회한(悔恨)-1연7행, 67) 북한산성에올라-2연12행, 68) 장탄(長歎)-2연12행, 69) 생로(生路)-1연7행, 70) 미목(眉目)-1연7행, 71) 흘러간도라지꽃-3연9행, 72) 허일(虛日)-1연7행, 73) 산사야곡(山寺夜曲)-2연12행, 74) 해녀-2연12행, 75) 끈-2연12행, 76) 달맞이꽃-2연12행, 77) 함박눈-2연12행, 78) 해바라기-2연12행, 79) 바램-1연6행, 80) 적일(寂日)-1연7행, 81) 산사삽제-1연6행, 82) 내원암-1연7행, 83) 여수(旅愁)-1연7행, 84) 호월(湖月)-1연7행, 85) 봄은-1연7행, 86) 우거오뉘인시인고장-3연9행, 87) 전원하정(田園夏情)-3연9행, 88) 원정(園丁)의노래-3연9행, 89) 희방폭(喜方瀑)-1연7행, 90) 구만리의달-2연12행, 91) 앓고있는유달산-2연12행, 92) 한산도-1연6행, 약수-1연6행, 94) 점도-1연6행, 95) 어

촌-1연6행, 96) 대교-1연6행, 97) 오동도-1연6행, 98) 회수(回首)-1연6행, 99) 운장대-1연7행, 100) 비파담-1연6행, 101) 파회정-1연6행, 102) 일사대-1연6행, 104) 나제통문-1연6행, 104) 금만경-2연12행, 105) 누님영전에-3연9행, 106) 애도중제영백(哀悼仲弟榮百)-5연15행, 〈서문〉시의 뿌리그의 가슴-김몽선.(1940-2014) .

Ⅴ. 조선솔의 바람소리. 2002.

1) 개천-3연18행, 2) 조화의조국-1연6행, 3) 삼국유사-2연12행, 4) 광개토대왕-3연9행, 5) 우륵-2연12행, 6) 대왕암-2연12행, 7) 계백장군-3연9행, 8) 대불을우러르며-2연12행, 9) 에밀레-2연12행, 10) 여왕과지귀-2연12행, 11) 천마도부-2연12행, 12) 무령왕릉-1연7행, 13) 육신묘-1연6행, 14) 초혼각-2연12행, 15) 영릉(세종대왕릉)-2연12행, 16) 도산-5연15행, 17) 맘명(南冥)-4연12행, 18) 오죽헌-5연15행, 19) 칠백의총-3연9행, 20) 표충사-1연6행, 21) 김덕령장군묘소참배하고-4연12행, 22) 영릉(효종대왕릉)-3연9행, 23) 김삿갓-2연13행, 24) 단원-2연12행, 25) 추사(秋史)-2연12행, 26) 김정호선생-4연12행, 27) 동리(桐里)의소리-1연3행-사설28) 외숙성당조용승(曺瑢承) 선생기공비-7연21행, 29) 안중근의사상-2연6행, 30) 성철스님가신날-2연12행, 31) 테레사성녀-3연9행, 32) 조부님영전에-9연27행, 33) 성묘(1)-2연15행, 34) 성묘(2)-3연9행, 35) 선향에가서-2연12행, 36) 회상-2연12행, 37) 망향사-12연36행, 38) 고향은있었네-3연9행, 39) 옹유고원(夢遊故園) (1)-3연9행, 40) 몽유고원(2)-1연7행, 41) 서천(西天)-1연6행, 42) 옛집-3연9행, 43) 대보름-1연7행, 44) 영등-1연7행, 45) 삼짓날-3연9행, 46) 사월초파일-3연9행, 47) 유두(流頭)-2연12행, 48) 한가위-사설, 49) 섣달그믐밤-1연6행, 50) 당신이계십기로-3연9행, 51) 회한(悔恨)-1연7행, 52) 고향마을정자나무-4연12행, 53) 대나무-1연3행, 54) 호박-1연3행, 55) 석류-1연3행, 56) 누님영전에-3연9행, 57) 애도중제영백-5연15행, 58) 애도계제영수-3연9행, 59) 춘정-3연9행, 60) 하정-3연9행, 61) 추정-3연9행, 62) 동

정-3연9행, 63) 하늘-2연6행, 64) 사랑의길을-2연6행, 65) 내뜰에와핀민들레-3연9행, 66) 덧없는바람-2연12행, 70) 수석유정-2연12행, 71) 출근길-3연9행, 72) 조-갈매기-3연9행, 73) 사원을기웃대다-3연9행, 74) 출출할때-2연12행, 75) 냇돌의변-2연12행, 76) 국화-2연12행, 77) 장님의피리소리-2연12행, 78) 대양에떠서-2연12행, 79) 추정-2연12행, 80) 코스모스-2연12행, 84) 영추감음-2연12행, 85) 길-2연12행, 86) 구만리의달-2연12행, 87) 흘러간도라지꽃-3연9행, 88) 산사야곡-2연12행, 89) 해녀-2연12행, 90) 끈-2연12행, 91) 달맞이꽃-2연12행, 92) 함박눈-2연12행, 93) 해바라기-2연12행, 94) 우거오누이시인의고향-3연9행, 95) 제1연6행, 96) 산월-2연6행, 97) 계류-2연6행, 98) 길을찾아-2연12행, 99) 솔-2연6행, 100) 산행(1)-2연12행, 101) 산행(2)-2연12행, 102) 간병기-3연9행, 103) 어부-2연12행, 104) 이승이좋아서-2연12행, 105) 동성로-3연9행, 106) 푸른솔은서있나니-2연12행, 107) 화왕-2연12행, 108) 천공은낙원일까?-사설, 109) 춘우공-2연6행, 110) 동천-3연9행, 111) 원정의노래-(1)-3연9행, 112) 소요-5연15행, 113) 빛을좇는아이-2연12행, 114) 바다앞에서면-2연6행, 115) 풍선세상-2연12행, 116) 수학여행-2연12행, 117) 내가사는동산-2연12행, 118) 퇴임회고-3연9행, 119) 북한산성에올라-2연12행, 120) 장탄-2연12행, 121) 우리는문화인-1연7행, 122) 땅끝마을에가서-3연9행, 123) 미로-2연12행, 124) 행주산성-3연9행, 125) 삼청동길-2연6행, 126) 강화도-3연9행, 127) 만경벌-1연6행, 128) 청령포-2연12행, 129) 왕십리-3연9행, 130) 서울의전설(2)-3연9행, 131) 남한산성-3연9행, 132) 관풍루-3연9행, 133) 군화에밟힌교실-2연12행, 134) 찌푸린교실-2연12행, 135) 남북이손잡던날-3연9행, 136) 숨마히는천지-2연12행, 137) 새해-2연12행, 138) 처용-2연12행, 139) 낙화암-3연9행, 140) 일본도알고있더라-2연6행, 141) 일본대판성-2연12행, 142) 요지경-3연9행, 143) 일왕히로히토의죽음에부쳐-3연9행, 144) 붕괴의원인은-1연7행, 145) 왜인의포장-2연6행, 146) 천명-1연7행, 147) 비둘기-2연12행, 148) 경종은울리는데-3연9행, 149) 영일감홍-4연12행, 150)

관해우성-1연7행, 151) 까치밥-1연7행, 152) 남산-1연7행, 153) 나목-1연7행, 154) 연못-1연7행, 155) 수석유감-1연7행, 156) 천명-1연7행, 157) 봄은-1연7행, 158) 호월-1연7행, 159) 여수-1연7행, 160) 내원암-1연7행, 161) 적일-1연7행, 162) 허일-1연7행, 163) 생로-1연7행, 164) 미목-1연7행, 165) 홍엽-1연7행, 166) 노을-1연7행, 167) 구름세계바라보니-1연7행, 168) 옥잠화-1연7행, 169) 추억은아름답고-1연6행, 170) 대잎은서걱인다-1연6행, 171) 인과-1연6행, 178) 바보-1연7행, 179) 이추명에-1연6행, 180) 어린일-1연7행, 181·) 속도-1연7행, 182) 가을바다-1연7행, 183) 낙수-1연6행, 184) 나무의모수-1연6행, 185) 진달래-1연7행, 186) 어느암자-1연6행, 187) 어떤삶-1연7행, 188) 춘일쌍곡-1연7행, 189) 알룩-1연7행, 190) 항아리-1연7행, 191) 원정의노래-(2)-1연7행, 192) 꿈-1연7행, 193) 나팔꽃-1연7행, 194) (고향가야지-1연6행, 195) 나도자랑하고싶은데-1연6행, 196) 새해-1연7행, 197) 추석은다달-사설, 198) 일기-2연12행, 199) 조국-19연57행, 200) 무량수전-2연12행201) 희방폭포-1연7행, 202) 영지-4연12행, 203) 앓고있는유달산-2연12행, 204) 한산도-1연6행, 205) 약수-1연6행, 206) 점도-1연6행, 207) 어촌-1연6행, 208) 대교-1연6행, 209) 오동도-1연6행, 210) 회수-1연6행, 211) 비파담-1연6행, 212) 파회정-1연6행, 213) 일사대-1연6행, 214) 나제통문-1연6행, 215) 정살문-1연6행, 216) 목장-1연6행, 217) 천제연-1연6행, 218) 아랑각-1연6행, 219) 문장대-1연7행, 220) 소새원-1연6행, 221) 마이산-3연9행, 222) 왕피천-2연6행, 223) 운주사-2연12행, 224) 세검정-2연6행, 225) 하회-1연7행, 226) 도동향림-2연12행, 227) 서-1연3행, 228) 시랑공위공전-3연9행, 229) 원정공위집-2연6행, 230) 고헌공위윤원-1연3행, 231) 목옹공위자룡-1연3행, 232) 문충공위륜-1연3행, 233) 양정공위경복-1연3행, 234) 문효공위인-1연3행235) 충렬공위위지-2연6행, 236) 무궁화의모양-9연65행, 237) 축복원-망선루-3연9행, 〈산고〉서간, 잡서, 서기, 발, 봉안문, 행장, 비명.

Ⅵ. 삼보송. 2008.

1) 서-1연3행, 2) 천자천손-3연2행, 3) 홍익인간-2연6행, 4) 광명이세-2연6행, 5) 한-2연12행, 6) 고향-2연12행, 7) 대보름-1연7행, 8) 모교-3연9행, 9) 까치밥-1연7행, 10) 소요(1)-2연6행, 11) 소요(2)-2연12행, 12) 소요(3)-2연12행, 13) 소요(4)-2연12행, 14) 소요(5)-1연6행, 15) 소요(6)-2연12행, 16) 소요(7)-2연12행, 17) 소요(8)-1연6행, 18) 고운날(1)-3연9행, 19) 고운날(2)-2연12행, 20) 고운날(3)-2연12행, 21) 고운날(4)-2연12행, 22) 고운날(5)-2연12행, 23) 기쁜날(1)-2연6행, 24) 기쁜날(2)-2연6행, 25) 쌀-3연9행, 26) 시(1)-1연8행, 27) 시(2)-2연12행, 28) 새해-1연7행, 29) 기도-1연6행, 30) 설일-2연6행, 31) 희수에올라서서-2연12행, 32) 노욕-1연6행, 33) 없는듯이-1연7행, 34) 길-1연6행, 35) 80고지에올라서서-1연7행, 36) 해거름고개에서-2연12행, 37) 푸석돌-2연12행, 38) 겨울산-2연6행, 39) 물의길-2연6행, 40) 나무그늘에서서-3연9행, 41) 겨울강-2연12행, 42) 친해지고싶은데-2연12행, 43) 폐물모으는할머니-3연9행, 44) 매듭-1연7행, 45) 달-1연11행, 46) 그림속연인-1연11행, 47) 보금자리-3연9행, 48) 노추의변-2연12행, 49) 병상고음-1연6행, 50) 정이있어서-1연6행, 51) 제대로바람-1연7행, 52) 뜰의벗석류에게-3연9행, 53) 초목도유정하여-2연12행, 54) 매화를심고-1연6행, 55) 연-2연12행, 56) 호박꽃자랑-1연7행, 57) 상사화-1연7행, 58) 들국화-1연7행, 59) 목련-2연12행, 60) 장미-1연11행, 61) 칠석-2연12행, 62) 봄님께-2연6행, 63) 동자승-1연7행, 64) 섬-1연7행, 65) 분수-2연12행, 66) 봄나들이-1연6행, 67) 즐거운봄-2연12행, 68) 꿈길에서-2연6행, 69) 그리운청도-3연9행, 70) 애환의유산-2연12행, 71) 남산-2연12행, 72) 메밀꽃필무렵에가서-3연9행, 73) 금호강-3연9행, 74) 감은사지-2연6행, 75) 비룡산-회룡포-1연7행, 76) 포로수용소-2연6행, 77) 토지문학공원에서-1연7행, 78) 선운사를갔더니-1연7행, 79) 송-석송령-3연9행, 80) 암각화앞에서-3연9행, 81) 운조루-3연9행, 82) 북경-자금성-2연6행, 83) 13릉-2연6행, 84) 만리장성-2연6행, 85) 낙강은영원하다-2연12행, 86) 김상형사백영전에-2연6행,

87) 꿈-2연12행, 88) 사랑한죄-1연6행, 89) 유광-2연12행, 90) 노목-3연9행, 91) 소망-2연12행.

Ⅶ. 원정 하영필(園丁 河榮弼 1926-병환중)의 현대시조 창작형태조사

시조시	1연	2연	3연	4연	5연	사설	장시조	총계	비고
한국시조사전	3	8	2					13	
한국시대사전	4	10	2			1		17	
낙강	29	14	7	1		3		54	
아사달의빛살	46	39	15	1	3	1	3	108	
조선솔	89	64	45	6	4	4	5	237	
삼보송	30	47	14					91	
총 계	201	202	85	8	7	9	8	520	
비 율%	38.6	38.8	16.3	1.5	1.3	1.7	1.5	99.7	

〈참고 문헌〉

1. 한국 현대시조 큰사전-한춘섭, 박병순, 리태극-을지출판공사-서울 1985
2. 한국 현대시조 대사전(상 · 하. 별책)-박을수-아세아문화사-서울 1991
3. 근대 시조집람-임선묵-경인문화사-서울 1999
4. 한국시대 사전(개정증보판)-김창직, 윤해규-을지출판공사-서울 2004
5. 한국 현대시조 연구와 향방-김창현-오늘의문학사-대전 2014

두촌 한경수(杜村 韓暻洙 1929-2014)의 현대시조

Ⅰ. 산야(山野)에 이는 바람(3집)

※ 두촌(杜村)의 시조집-1집, 2집, 4집, 5집, 7집, 8집, 9집, 11집, 12집-자료 없음.

1) 순백의 길-5연31행, 2) 눈(目)-2연12행, 3) 바위-1연7행, 4) 길-2연12행, 5) 가을비-2연12행, 6) 가을 맞이-2연12행, 7) 길을 건네-2연12행, 8) 역대합실 구두닦이센터-2연12행, 9) 군밤 장수-3연18행, 10) 뻥튀기 사장-2연12행, 11) 열차 입석표-2연12행, 12) 미화요원-2연12행, 13) 무상(無常)-2연6행, 14) 공원 풍경-2연12행, 15) 도심의 초가을-1연6행, 16) 하늘이여! 하늘이여!-3연9행, 17) 황사(黃砂)-2연12행, 18) 순박한 사람들-2연12행, 19) 부모님의 고마움-3연9행, 20) 외딴집-1연6행, 21) 기다림-2연12행, 22) 손빨래-2연12행, 23) 감사의 기도-3연18행, 24) 풀벌레 맑은 소리-3연18행, 25) 노송(老松)-1연6행, 26) 바람 속에 나그네-1연6행, 27) 산바람 품에 안겨-1연6행, 28) 산바람-1연6행, 29) 늙은이-3연9행, 30) 감자꽃 필 때-2연12행, 31) 우박-2연12행, 32) 석양-3연9행, 33) 농지 정리-2연12행, 34) 빈집-3연9행, 35) 노년 행복-4연12행, 36) 들풀-3연9행, 37) 숲속의 촌가-4연12행, 38) 춘삼월-1연7행, 39) 봄의 노래-2연12행, 40) 가을 노래-1연6행, 41) 산촌을 찾아온 친우에게-2연12행, 42) 채약하는 즐거움-1연6행, 43) 너와 집-3연9행, 44) 눈 덮힌 산촌-2연12행, 45) 시골집-2연6행, 46) 효자 손수레-2연6행, 47) 가을향기-3연9행, 48) 봄소식-2연12행, 49) 허수아비-2연12행, 50) 감나무 풍경-2연12행, 51) 풍요의 메아리-3연9행, 52) 해빙기-2연12행, 53) 고무풍선-2연12행, 54) 풍년은 들었는데-1연6행, 55) 산(山)처럼 살리라-3연18행, 56) 분단의 언덕에서1-3연9행, 57) 분단의 언덕에서2-2연12행, 58) 겨레에게 띄우는 편지-5연30행, 59) 새천년 새해의 원가(願歌)-10연30행, 60) 애국지사 묘역에서-2연6행, 61) 칠백의 총-1연6행, 62) 버러지들-2연6행, 63) 당신-4연12행, 64) 헤어질 만남-3연9행, 65) 연못가에서-1연6행, 66) 모정(母情)-3연9행, 67) 석연(石蓮)-2연12행, 68) 정박아

보육원에서-2연12행, 69) 우주(宇宙)-1연6행, 70) 한계령 구름 속에-1연6행, 71) 청자(青磁)-2연12행, 72) 길 위에서-4연12행, 73) 태양(太陽)-3연9행, 74) 별들-2연12행, 75) 지구촌(地球村)-4연12행, 76) 메밀꽃-3연9행, 77) 잔디밭-1연6행, 78) 강(江)-3연9행, 79) 대자연-1연6행, 80) 고요(靜)-1연6행, 81) 자각(自覺)-1연6행, 82) 길 위에 뜨는 별-2연12행, 83) 인생사-3연9행, 84) 후회-1연6행, 85) 모두 내가 만든것-1연6행, 86) 고행(苦行)-2연12행, 87) 황혼창가-5연15행, 88) 인내(忍耐)-2연12행, 89) 피리소리-3연9행, 90) 강원도 동강 탐방-2연6행, 91) 동해바다 가는 길-2연12행, 92) 한라산 산바람-2연14행, 93) 가야산 마애삼존불 앞에서-3연9행.

〈작품해설〉 긍정의 시학 그 순수의 시 정신-오승희.

II. 지평(地平)을 여는 아침(6집)

1) 지평을 여는 아침-2연14행, 2) 꽃 피는 낙원-3연9행, 3) 눈(目)1-2연14행, 4) 눈(目)2-2연14행, 5) 가을 들녁-3연9행, 6) 영춘기원(迎春祈願)-2연14행, 7) 시발점-2연12행, 8) 희소식-2연14행, 9) 이런인생1-2연12행, 10) 이런인생2-2연12행, 11) 이런인생3-2연12행, 12) 촛불-2연12행, 13) 원경(遠景)-1연7행, 14) 동해 일출-3연21행, 15) 나의 생애-5연30행, 16) 인생길1-2연6행, 17) 인생 길2-1연3행, 18) 은총-3연9행, 19) 우리 학교-1연7행, 20) 효도하라-1연6행, 21) 단오제-3연9행, 22) 희망은 길이다-2연6행, 23) 네탓 내탓-1연7행, 24) 어느 편이 진실인가-4연12행, 25) 아는지 모르시는지-2연12행, 26) 높은 하늘-1연11행, 27) 마음1-1연6행, 28) 마음2-1연7행, 29) 빈(貧)-1연12행, 30) 빈손-1연12행, 31) 새길-1연12행, 32) 후조(候鳥)-3연9행, 33) 말벌집-3연9행, 34) 추수 감사-2연12행, 35) 충고(忠告)-1연12행, 36) 두얼굴-2연12행, 37) 천망제(天望祭)-2연6행, 38) 속죄-1연6행, 39) 행복은-3연9행, 40) 고락(苦樂)-2연6행, 41) 천수만 철새 떼-2연6행, 42) 노송(老松)-2연12행, 43) 마음의 행복-2연14행, 44) 광복은 왔는데-3연9행, 45) 배리(背理)-2연6행, 46) 무궁화예찬-2연6행, 47) 분단의 골-2

연13행, 48) 기다람-1연7행, 49) 4월의 꽃 피던 날-2연12행, 50) 오월의 그날-2연12행, 51) 그 묘역-2연12행, 52) 1950년 6월 25일의 겨울-5연15행, 53) 국립현충원에서-2연14행, 54) 월드컵 응원단-2연14행, 55) 월드컵 응원의 장한 모습-3연9행, 56) 동해의 상대에서-2연6행, 57) 헤어진 혈육-5연15행, 58) 광복의 그날-2연14행, 59) 분단의 능선에서-3연18행, 60) 춤(舞)-2연12행, 61) 미완성의 탑-3연9행, 62) 광복절에 부쳐-5연15행, 63) 이산가족 상봉-3연9행, 64) 실향민의 설음-2연14행, 65) 고요한 밤-2연14행, 66) 월색(月色)-2연6행, 67) 가을달 밤-2연14행, 68) 무암사(霧岩寺)-2연12행, 69) 설중의 백연사(白蓮寺)-2연12행, 70) 백련사-2연12행, 71) 정방사(靜芳寺)-2연12행, 72) 법흥사(法興寺)-2연12행, 73) 비구니(比丘尼)-3연9행, 74) 산사기행1-3연20행, 75) 산사기행2-2연15행, 76) 산사기행3-1연10행, 77) 산사기행4-2연12행, 78) 산사기행5-2연12행, 79) 산사기행6-2연14행, 80) 난초-3연18행, 81) 상당산성(上黨山城)-2연12행, 82) 익산미륵사지에서-3연9행, 83) 월악영봉 그늘에서-3연9행, 84) 식영정 노송 밑에서-3연9행, 85) 봉평장터-2연6행, 86) 아내1-2연6행, 87) 아내2-5연15행, 88) 떠나간 빈자리-2연6행, 89) 당신-2연12행, 90) 천생연분(天生緣分)-2연14행, 91) 님-2연6행, 92) 가을 노래-2연6행, 93) 선녀-2연6행, 94) 6.25 동란중에-3연9행, 95) 현모-1연7행, 96) 님의 빛-2연12행, 97) 님의 귀천-3연22행, 98) 달님-2연14행, 99) 박정우 화백 연꽃미전에 부쳐-3연9행, 100) 서녁하는 노을속에-3연21행, 101) 자녀에게-1연7행, 102) 부모님께-2연14행, 103) 못잊어-3연9행.

〈작품해설〉효용론적 시학에 의한 극치의 미학-신대주.

Ⅲ. 들풀들이 세운 갓발(10집)

1) 산아, 우리 산아-2연14행, 2) 정방사 풍경-2연14행, 3) 침묵-2연14행, 4) 노를 젓는 목선에서-3연9행, 5) 고사(古寺) 풍경-3연9행, 6) 백운동 소수서원-4연12행, 7) 소수서원(紹修書院)-2연12행, 8) 하회마을-5연15행, 9)

산사 풍경6-2연12행, 10) 낙산사 홍련암-3연9행, 11) 고란사 종소리-3연9행, 12) 태안 앞 기름 바다-3연9행, 13) 우암산 등산길-3연18행, 14) 용암천에서2-3연9행, 15) 삶을 찬미하며-3연9행, 16) 인연(因緣)-3연9행, 17) 서울 청계천에서-7연21행, 18) 태백상 정상에서-2연14행, 19) 산의노래-3연9행, 20) 들풀들이 세운 깃발-3연9행, 21) 새해 해맞이-3연9행, 22) 단풍-2연14행, 23) 연꽃-2연12행, 24) 들국화-2연14행, 25) 두메산가(山家)-2연14행, 26) 가을맞이-2연14행, 27) 산향(山香)-2연14행, 28) 진달래꽃 노래 소리-2연12행, 29) 시린 가슴-2연12행, 30) 하지 무렵-2연12행, 31) 대서(大暑) 무렵-2연12행, 32) 복지회관-3연9행, 33) 예감-2연12행, 34) 시장 풍경-2연12행, 35) 그리운 날-1연3행, 36) 그대가 있는 밤-1연3행, 37) 청명한 날-1연3행, 38) 윤회-2연14행, 39) 약속-2연13행, 40) 기도3-2연12행, 41) 삶의 향기-2연14행, 42) 아침-2연14행, 43) 나의 그림자-2연6행, 44) 꿈결 같은 이별-2연14행, 45) 허욕-2연12행, 46) 장한 모습-3연9행, 47) 인생의 바른 길-3연9행, 48) 진실과 거짓-1연7행, 49) 눈 오는 날-2연14행, 50) 효도-1연7행, 51) 경천애인-홍익인간-2연16행, 52) 인생의 길-4연12행, 53) 소녀의 기도-2연12행, 54) 고운 눈물-2연12행, 55) 희망의 샘터-4연12행, 56) 문화축제-4연12행, 57) 도공의 꿈-2연14행, 58) 모성애의 눈물-2연14행, 59) 사랑-3연9행, 60) 탑돌이-3연21행, 61) 가로등 불빛-2연13행, 62) 달빛1-3연9행, 63) 달빛2-3연9행, 64) 농부의 손길-1연7행, 65) 순리-1연7행, 66) 허수아비-2연14행, 67) 당신이 있기에-2연13행, 68) 잡초들의 텃세-2연14행, 69) 사랑을 위해-2연6행, 70) 하늘-3연9행, 71) 장승-2연6행, 72) 아름다운 경로당-5연15행, 73) 노인복지관-2연12행, 74) 민심(民心)-2연14행, 75) 황사(黃砂)-2연6행, 76) 도시의 풍경-1연7행, 77) 들을 보며-3연9행, 78) 인내-1연7행, 79) 들풀의 소망-3연9행, 80) 그날이 올 때 까지-3연9행, 81) 상봉의 고갯길-3연9행, 82) 조국의 상처-2연12행, 83) 두고 온 고향-3연9행, 84) 희망찬 배움터-3연9행, 85) 사랑의 꿈-2연14행, 86) 내고향-4연12행, 87) 지구촌에 봄은 오는가-3연9행, 88) 세모에-3연9행, 89) 재래시장-2연12행, 90) 그리운 고향-2연12행, 91) 내 마음 속엔-3연9행, 92) 관광 여행-3연9행, 93) 아픈 마음-2연14행, 94) 서로 손 잡고 살아야지-4연12행, 95) 동토(凍土)-2연14행.

〈작품해설〉향토적 정서에 심취된 서정시의 세계-홍석하.

Ⅳ. 충북시조

1996. 1997-창간호. 제2집-자료 없음.

1998. 제3집-1) 촛불1-3연18행, 2) 촛불2-4연24행, 3) 홍수(洪水)-2연6행, 4) 고갯길-1연6행, 5) 동지를 지나며-2연6행, 6) 단잠-2연12행, 7) 아가의 꿈-2연12행, 8) 참회-1연7행.

1999. 제4집-1) 공주의 예도읍지-공산성-2연6행, 2) 부여 부소산-2연6행, 3) 정림사 오층석탑-2연6행, 4) 백제 대향로-2연6행, 5) 낙와암-2연6행.

2000. 제5집-1) 새천년 새해의 원가-10연30행, 2) 모정(母情)-3연9행, 3) 부모님의 그리움-3연9행, 4) 외딴집-1연6행, 5) 바람 속의 나그네-1연6행, 6) 빈집-3연9행, 7) 노년의 행복-4연12행.

2001. 제6집-자료 없음.

2002. 제7집-1) 월드컵 응원단-2연14행, 2) 하늘의 뜻-2연12행, 3) 4월의 꽃 피넌 날-2연12행, 4) 길거리에 앉은 맹인-3연18행, 5) 시발점-2연12행, 6) 희소식-2연14행, 7) 향내-2연6행, 8) 추강월야(秋江月夜)-1연3행.

2003. 제8집-1) 입동무렵-3연9행, 2) 추수감사-2연12행, 3) 토함산 오르는 길-2연6행, 4) 바람-2연6행, 5) 산이여-3연9행, 6) 길몽(吉夢)-2연6행, 7) 어미소-2연6행, 8) 버려진 꽃송이-3연9행, 9) 출생의 아침-2연6행.

2004. 제9집-1) 나의 조국1-3연9행, 2) 안면도 국제 꽃 박람회-3연21행, 3) 국사봉의 푸른솔-2연14행, 4) 자녀에게-1연7행, 5) 부모

님께-2연14행, 6) 제주돌담-3연21행, 7) 탐라-물허벅-3연21행, 8) 인생무상-3연18행, 9) 해무(海霧)-3연21행, 10) 흙비-3연21행.

2005. 제10집-1) 하늘의 종소리-2연14행, 2) 기도1-3연9행, 3) 청풍호반에서-3연21행, 4) 단양에서-2연14행, 5) 인생길-4연12행.

2006. 제11집-1) 폭포-2연14행, 2) 능강산장-3연9행, 3) 장산묵언-3연12행, 4) 양생화3-3연9행, 5) 청간정(淸澗亭)-1연12행.

2007. 제12집-1) 불국사에서2-3연9행, 2) 빛나는 별이 되라-2연14행, 3) 변치 않을 참사랑-3연9행, 4) 농사꾼-6연18행, 5) 바람아 불어라-2연14행.

2008. 제13집-1) 산아, 우리 산아!-2연14행, 2) 잡초들의 텃세-2연14행, 3) 고려의 혼-2연14행, 4) 내 고향-4연12행, 5) 들풀들의 소망-3연13행.

2009. 제14집-1) 사랑 노래-3연9행, 2) 발자취1-3연9행, 3) 성당의 아침-3연9행, 4) 솟대공원-2연14행, 5) 가신님을 그리며-4연12행.

2010. 제15집-1) 산사 풍경-3연9행, 2) 외로운 장독대-3연9행, 3) 욕망-2연13행, 4) 어버이 은혜-3연9행, 5) 노숙자-3연9행.

2011. 제16집-1) 호반의 철쭉꽃-3연9행, 2) 당신이 있었기에-3연11행, 3) 홍매화-3연9행, 4) 철쭉꽃-3연9행.

2012. 제17집-1) 어버이 은혜-3연9행, 2) 노을빛을 받으며-3연9행, 3) 들국화-3연9행, 4) 돌아온 봄-4연12행, 5) 해인사에서-3연9행.

2013. 제18집-1) 산이여!-5연15행, 2) 태백의 아침-3연9행, 3) 개구리 소리-3연9행, 4) 모성애-3연9행, 5) 서라벌에 서울-2연6행, 6) 아리랑강산-2연6행.

2014. 제19집-자료 없음.

2015. 제20집-1) 교육자로 걸어온 발자취-3연9행, 2) 의림지 겨울 풍경-1연6행, 3) 대합실 풍경-2연6행, 4) 행복한 가정-2연6행, 5) 꽃피는 청풍호-2연6행, 6) 귀를 씻는 풍경소리-1연6행, 7) 지렁이의 꿈-2연6행, 8) 독도는-3연9행, 9) 고가(古家) 풍경-3연9행, 10) 하늘과 땅의 대화-3연9행, 11) 촛불의 혼-2연6행, 12) 묵언(默言)의 나무-3연9행, 13) 순백의 길-2연12행, 14) 산하는 알고 있나-1연7행, 15) 하늘에 귀를 대고-1연9행, 16) 지평을 여는 아침-2연14행, 17) 작은 돌탑-4연12행, 18) 들풀이 세운 깃발-3연9행, 19) 지금 이시간-3연9행, 20) 잠꾸러기-2연12행.

V. 한국시대사전. 2004.

1) 수(繡)-2연14행, 2) 순리(順理)에 살자-2연14행, 3) 농부가(農夫歌)-3연7행, 4) 아가의 꿈-2연12행, 5) 산촌의 일기-빈집-3연9행, 6) 산촌일기-들풀-3연9행, 7) 청자(靑磁)-2연12행, 8) 강(江)-3연9행, 9) 길 위에 뜨는 별-2연12행, 10) 산사의 기도-1연9행.

VI. 두촌 한경수(杜村 韓暻洙 1929-2014)의 현대시조 창작형태조사

시조집	1연	2연	3연	4연	5연	사설	장시조	총계	비고
산여에이는바람	21	41	21	6	3		1	94	
지평을여는아침	17	56	24	1	5			103	
들풀들이세운깃발	9	47	30	6	2		1	95	
충북시조	11	43	48	7	1		2	112	
한국시대사전	1	5	4					10	
총 계	59	192	128	20	11		4	414	
비 율%	14.2	46.3	30.9	4.8	2.6		0.9	99.7	

〈참고 문헌〉

1. 한국 현대시조 큰사전-한춘섭, 박병순, 리태극-을지출판공사-서울 1985
2. 한국 현대시조 대사전(상 · 하. 별책)-박을수-아세아문화사-서울 1991
3. 근대 시조집람-임선묵-경인문화사-서울 1999
4. 한국시대 사전(개정증보판)-김창직, 윤해규-을지출판공사-서울 2004
5. 한국 현대시조 연구와 향방-김창현-오늘의문학사-대전 2014

소정 한 순 보(素亭 韓淳輔 1927-2014)의 현대시조 조사

Ⅰ. 북관(北關)에 내리는 눈 시조집(2002)

1) 까치야, 까치야-2연14행, 2) 설날의 아침-1연7행, 3) 어느 소녀-3연15행, 4) 봄-2연14행, 5) 오수(午睡)-2연14행, 6) 동반자(同伴者)-2연14행, 7) 탈-1연7행, 8) 변방(邊方)의 밤-3연18행, 9) 여기는 만주벌(滿洲伐)-2연14행, 10) 잔설(殘雪) 속에-3연13행, 11) 부나방-1연7행, 12) 산장(山莊)에서 마신 차(茶)-2연12행, 13) 올해도 달은 뜬다-3연18행, 14) 시업(詩業)-1연7행, 15) 제자 생각-2연14행, 16) 바닷가의 밤-2연14행, 17) 독거노인(獨居老人)-2연14행, 18) 솔롱고스-3연15행, 19) 시베리아 벌목(伐木) 소리-3연21행, 20) 불알친구-3연21행, 21) 한국(韓國)의 선(線)은-3연18행, 22) 유언(遺言)-2연14행, 23) 정동진(正東進) 낙조(落潮) 앞에서-2연14행, 24) 신촌에 바람 인다고-3연15행, 25) 바라보던 해금강(海金剛)-3연15행, 26) 귀소(歸巢)-4연28행, 27) 돌아온 소녀-1연7행, 28) 농심(農心)-1연7행, 29) 빈자리-3연18행, 30) 함묵(含默)의 눈빛-3연15행, 31) 모정(慕情)-3연21행, 32) 이런 날은-2연14행, 33) 비천상(飛天像)-1연6행, 34) 수상(隨想)-1연7행, 35) 산 까치-1연6행, 36) 등나무 밑에서-3연21행, 37) 2002 새벽하늘-3연15행, 38) 어느 점지(點指)-1연9행, 39) 잠 못 이룬 밤-3연15행, 40) 바람-3연18행, 41) 세돌바기 손자놈-3연21행, 42) 속초(束草)에 띄운 편지(便紙)-3연21행, 43) 다시 찾아간 바다-3연18행, 44) 서편제에 부쳐-4연28행, 45) 이사(移徙)-2연14행, 46) 요즘 같으면-1연7행, 47) 어느 소녀 가장(家長)-3연18행, 48) 치악(雉岳)에서-3연18행, 49) 죽령(竹嶺)-1연16행, 50) 그렇게 가고 싶다-1연7행, 51) 사랑방 불꽃-3연19행, 52) 산수유 필 무렵-3연18행, 53) 어느 부정(父情)-2연14행, 54) 독백(獨白)을 씹고-2연14행, 55) 귀로(歸路)-3연18행, 56) 탈출기-4연28행, 57) 손자놈들의 성(城)-5연25행, 58) 퇴원하는 사람-2연14행, 59) 학망(鶴望)-1연7행, 60) 아스카이 하늘 밑-3연15행, 61) 친구여-1연7행, 62) 천지(天地)-4연28행, 63) 새해에는-3연

21행, 64) 발해(渤海)의 미소(微笑)-3연21행, 65) 내 고향(故鄕) 방치골-5연30행, 66) 첫눈-1연6행, 67) 오월은 나의 달-3연18행, 68) 독산역(禿山驛)을 지나며-1연7행, 69) 달 없는 밤-3연15행, 70) 다섯 돌 된 재현이-2연14행, 71) 고려촌(高麗村) 이야기-3연15행, 72) 반려자(伴侶者)-3연15행, 73) 유월의 오후-1연7행, 74) 스승과 제자-2연12행.

〈평론〉 모천회귀 욕과 목납의 시학-김봉군 교수.

II. 한국시 대사전. 2004.

1) 어느 소녀-3연9행, 2) 까치야, 까치야-2연6행, 3) 변방의 밤-3연9행, 4) 시업(詩業)-1연7행, 5) 시베리아 벌목 소리-3연9행, 6) 빈자리-3연9행, 7) 이런 날을-2연6행, 8) 치악에서-3연9행, 9) 탈-1연7행, 10) 자정(子正) 언저리-1연7행, 11) 바람-3연9행, 12) 어느 소녀 가장-3연9행, 13) 산수유 필무렵-3연9행, 14) 학망(鶴望)-1연7행, 15) 동반자(同伴者), 16) 산장에서 마신 차(茶)-2연12행, 17) 올해도 달은 뜬다-3연9행.

III. 소정 한순보(素亭 韓淳輔 1927-2014)의 현대시조 창작형태조사

시조집	1연	2연	3연	4연	5연	사설	장시조	총계	비고
북관에내리는눈	18	21	29	4	2			74	2002
한국시대사전	4	4	9					17	2004
총 계	22	25	38	4	2			91	
비 율%	24.1	27.4	41.7	4.3	2.1			99.6	

〈참고 문헌〉

1. 한국 현대시조 큰사전-한춘섭, 박병순, 리태극-을지출판공사-서울 1985

2. 근대 시조사전-임선묵-홍성사-서울 1989

3. 한국 현대시조 대사전(상 · 하. 별책)-박을수-아세아문화사-서울 1991

4. 근대시조집람-임선묵-경인문화사-서울. 1995

5. 한국시대사전-을지출판공사-서울. 2004.

허 둘 순(許乧順 1944－2010)의 현대시조

2007. 시조문학 등단. 경상대학교 평생교육원 시창작교실 수료.
2010. 소가야시조 회원-경남 고성.

Ⅰ. 시조문학

시조문학 2008. 봄호-1) 봄이 오는 소리-1연9행. 2) 나비-2연14행.

Ⅱ. 소가야시조

소가야시조 2010. 창간호-1) 봄이 오는 소리(시화전), 2) 시비-이슬-2연6행.

Ⅲ. 허둘순(許乧順 1944-2010)의 현대시조 창작형태조사

시조집	1연	2연	3연	4연	5연	사설	장시조	총계	비고
시조문학	1	1						2	
소가야시조	1	1						2	
총　계	2	2						4	
비　율%	50	50						100	

〈참고 문헌〉
1. 한국 현대시조 큰사전-한춘섭, 박병순, 리태극-을지출판공사-서울 1985
2. 한국 현대시조 대사전(상 · 하. 별책)-박을수-아세아문화사-서울 1991
3. 시조문학 2008 봄호. 시조문학사-서울
4. 소가야시조-소가야시조문학회-경남고성.-유성인쇄출판-경남진주.
5. 한국 현대시조 연구와 향방-김창현-오늘의문학사-대전 2014

임은 허 진(林隱 許眞 1928-2007)의 현대시조

Ⅰ. 은사기 꽃가루(시조집). 1995.

1) -3연21행, 2) 새싹-1연7행, 3) 돌조각-2연14행, 4) 눈-1연7행, 5) 낚시터-1연7행, 6) 숲 너머-1연7행, 7) 버들개지-1연7행, 8) 강물-1연7행, 9) 강-1연7행, 10) 세검정-1연7행, 11) 고국신문-1연7행, 12) 물-1연7행, 13) 숲바다-1연7행, 14) 은방울꽃-1연7행, 15) 영감(靈感)-2연14행, 16) 창 너머-1연7행, 17) 계절-2연14행, 18) 고향 행1-1연7행, 19) 고향 행2-2연14행, 20) 유언-1연7행, 21) 왕산-동시-2수-2연14행, 22) 금오산-2연14행, 23) 왕산-조서록을 보고-5연35행, 24) 성산, 묘, 비문-3연19행, 25) 임청각1-1연7행, 26) 임청각2-1연7행, 27) 북악선산-2연14행, 28) 인왕산에 올라-1연7행, 29) 망향애곡-2연14행, 30) 두 운명-2연14행, 31) 석굴암-2연14행, 32) 삼진(三眞)-1연7행, 33) 친구의 수술-1연7행, 34) 진(眞)자 이름-2연14행, 35) 돌아보면-1연7행, 36) K에게-2연14행, 37) 성인-1연7행, 38) 하동향-2연14행, 39) 마점촌 학교-2연14행, 40) 아자리아-1연7행, 41) 길-2연14행, 42) 내가 선 자리-1연7행, 43) 망향-1연7행, 44) 외할머니와 외손자-2연14행, 45) 고향 하늘-1연7행, 46) 마음의 고향-1연7행, 47) 구정 무렵-4연28행, 48) 러시아 93-1연7행, 49) 러시아 93-1연7행, 50) 러시아 93-5.1절-1연7행, 51) 러시아 93-2연14행, 52) 러시아 93-1연7행, 53) 폭군1-1연7행, 54) 폭군2-1연7행, 55) 먼 훗날의 상봉1-2연14행, 56) 먼 훗날의 상봉2-2연14행, 57) 먼 훗날의 상봉3-2연14행, 58) 먼 훗날의 상봉4-2연14행, 59) 진달래-2연14행, 60) 유길준(兪吉濬1856-1914) 개화 백 년 전을 보고-2연14행, 61) 매화분재-2연14행, 62) 검은 눈(黑雪)-1연7행, 63) 비행기 창 밖으로-2연14행, 64) 서애 유성룡(西涯 柳成龍1542-1607) 선생 글 한 폭-3연21행, 65) 눈 감으면-3연21행, 66) 하루-2연14행, 67) 자탄-2연14행, 68) 동지들께-1연7행,

69) 달임-1연7행, 70) 비-1연6행.

II. 임은 허진(林隱 許眞 1928-2007)의 현대시조 창작형태조사

시조집	1연	2연	3연	4연	5연	사설	장시조	총계	비고
은사시꽃가루	35	27	6	1	1			70	1995
총 계	35	27	6	1	1			70	
비 율%	50	38.5	8.5	1.4	1.4			99.8	

〈참고 문헌〉

1. 한국 현대시조 큰사전-한춘섭, 박병순, 리태극-을지출판공사-서울 1985
2. 근대시조대전-임선묵-홍성사-서울 1989
3. 한국 현대시조 대사전(상 · 하. 별책)-박을수-아세아문화사-서울 1991
4. 근대 시조집람-임선묵-경인문화사-서울 1995
5. 한국시대 사전(개정증보판)-김창직, 윤해규-을지출판공사-서울 2004

황 영 파 (黃暎破 1931-1993)의 현대시조

Ⅰ. 시조와 비평

2002. 가을호-1) 늦지 않으리-1연6행, 2) 간밤 꿈엔-1연7행, 3) 더러운 세상-1연7행, 4) 꿈같은 인생(人生)-1연6행.

Ⅱ. 황영파(黃暎破 1931-1993)의 현대시조 창작형태조사

현대시조집	1연	2연	3연	4연	5연	사설	장시조	총계	비고
시조와 비평	4							4	
총 계	4							4	
비 율%	100							100	

Ⅲ. 한국시조대사전. 한국시대사전-자료 없음.

〈참고문헌〉

1. 한국 시조큰사전-한춘섭, 박병순, 리태극-을지출판공사-서울. 1985
2. 한국 시조대사전-(상 · 하. 별책)-박을수-아세아문화사-서울. 1991
3. 근대 시조집람-임선묵-경인문화사-서울. 1999
4. 한국시대 사전-김창직, 윤해규-을지출판공사-서울. 2004
5. 한국 현대시조 연구와 향방-김창현-오늘의문학사-대전. 2014

평설

슬기 꽉 찬 절제미(切除美)와 직유법(直喩法)의 미학(美學)

- 시천(柴川)의 〈코코질 냄새〉, 〈연필 화났다〉 동시조집을 중심으로

1 들어가며

우리나라의 현대동시조는 사람의 생활 경험과 아름다운 상상을 통하여 얻어진 생각들을 운률, 리듬, 이미지가 들어 있는 틀 속에 담아낸 감정 으로서 읽는 사람에게 감동을 던져주는 시(詩)를 의미한다. 1934년 심훈(1901-1936)중앙〈달밤〉, 1935년 조연제(생몰연대 미상)사해공론〈봄비〉를 기성 시인들의 주축으로 처음 시도되었다고 밝힌바 있으나 이병기(1891-1968)〈가을〉을 최초 동시조로 주장하고 있는 학자도 있어 정확한 개념은 없고 양론이 대두되고 있는 실정이다. 그리고 한국 동시조(명칭)의 문헌적 근거 변천을 고찰해 보면 다음과 같다.

1) 이구조(李龜祚 1911-1942) 동아일보(1940.5.29.)아동시조의 제창

2) 이명길(李命吉 1928-1944) 어린이 시조

3) 이태극(李泰極 1913-2003) 현대시조작법(아동시조의 준말〈동시조〉)

4) 이석현(李錫賢 1925-) 아동문학 10집(1964)-캐나다 이민(1975) 아동문학의 미개지-동시조 개발 제의

5) 박경용(1940-) 가톨릭소년(1968. 3월호-5월호) 동시조이야기

그러므로 어른들이 어린이를 위해서 효행적, 교훈적으로 창작했다면 〈현대동시조〉 백일장에서 아이들이 직접 지었다면 아동시조라고 정해도 틀린 말은 아닐 것 같다.

2. 펼치며

1) 시천(柴川)의 현대동시조 자료조사

(1) 동방령가-구두-2년 12행(학예춘추-서울. 1985)

(2) 시천시조선집-우리식구-평동시조 7행

- 잠자리와 나-3연 9행
- 산바람들바람-평동시조 7행
- 새봄의 식탁-평동시조 7행
- 거꾸로 산다-평동시조 7행
- 저녁놀-평동시조 7행
- 선거-평동시조 7행
- 누나의 편지-평동시조 7행
- 구름-평동시조 7행
- 유치원 산수 시간-평동시조 3행
- 유치원 지리 시간-평동시조 3행
- 한국의 어린이는-평행시조 7행
- 하얀 지붕 밑-2연6행
- 새봄의 소원-2연6행
- 어느 날-평동시조7행
- 엄마의 장보기-평동시조 6행
- 나의 꽃밭-2연 12행
- 외가댁 가는 길-평동시조 7행
- 할머니 생각-2연6행
- 키 재기-평동시조 6행
- 내가 살 꽃마을-3연 15행
- 나의하루-평동시조 7행
- 미안해-2연 14행
- 내 동생-3연 9행

- 우리나라-평동시조 7행
- 꽃 앞에서-평동시조 7행
- 짝꿍과 단 둘이서-평동시조 7행
- 금붕어-평동시조 7행
- 누가 누가 잘하나-2연14행
- 내 인형-3연9행

(3) 한국동시조-1999. 제8호-내가 살 꽃마을-3연9행

- 2000. 제9호-금붕어-평동시조 36행
- 내 인형-3연 9행
- 나의꽃밭-2연 6행
- 누가누가 잘 하나-2연6행
- 저녁노을-평동시조 3행
- 누나의 편지-평동시조 3행
- 구름-평동시조-3행
- 내 동생-3연9행
- 새봄의 식탁-평동시조 6행
- 2004. 2ㅔ18호-하얀 지붕 및-2연 6행
- 나비-평동시조 3행
- 2009. 한국동시조선집-금붕어-2연6행

(4) 현대동시조-2005. 제6집-구두-2연12행

2007. 제8집-금붕어-평동시조 6행

2008. 제9집-우리식구-평동시조 7행

2009. 제10집-구름-평동시조 7행

한국현대동시조선집-구두-2연12행

(5)현대동시조집 (1)코코질 냄새(동시조집)-평동시조 72수

(6)연필 화났다(동시조집_0100주제 125수

2) 시천(柴川)의 현대동시조 세계

(1) 시청각적 이미지

우리나라의 어린이는 나라의 기둥이라고 한다. 어린이들이 씩씩하고 튼튼하게 자라야 나라도 건강하고 굳센 나라가 된다는 사실은 누구나 알고 있는 사실이다. 이와 마찬가지로 아이들에게는 〈읽을거리〉가 있어야 하며 〈읽을거리〉를 만들어 주는 일이 〈동시조 작가〉들이 하는 일이다. 이러한 맡은 구실이 제대로 척척 기계가 돌아가듯 움직여야 현대동시조의 활동이 전개되는 것이다. 유치원 아이들과 함께 〈읽을거리〉를 〈유아동시조〉라고 부르는데 우리나라에서 제일 처음 유아동시조를 리태극(1913-2003)박사가 그 작품을 남겼다고 생각하며 〈월하 동시조의 진실적 전개양상〉 시조문학 2005 겨울호-걸음마, 개구쟁이를 참고하면 좋을 것 같다. 그럼 유아와 엄마를 위한 유아동시조를 감상해 보자.

> 코코질 냄새 난다
> 살이 오른 아가 볼
>
> 촉촉한 지린내와
> 살이 오른 볼기짝
>
> 엄마의 뽀뽀소리가
> 아가 귀로 들어 간다.
>
> -「코코질 냄새」 전문

신문이 윤리강령을 준수한다면 현대동시조는 현행 개정 교육과정을 준수 할 수밖에 없다. 국정교과서와 다르다면 아이들은 혼동을 주기 때문이다. 현행 제8차 초·중고개정교육과정(2009. 12. 23)교육인적자원부 고시 제2009-41호 새 교과서로 개정되어 초장, 중장, 종장을 모두 분절 기사(記寫)하였다. 아이들은 구개음화가 발달하지 못했고 혀가 짧아 휴지가 짧기 때문에 정확한 발음으로 낭송 할 수가 없기 때문이다. 6행, 7행, 8행, 9행, 기사가 아무 제약이 없으나 종장의 〈틀〉을 인식 시키고 둘째 음절이 5-7자로 짜여져야 현대동시조의 늪에 빠지지 않기 때문이다. 그러므로 7행으로 기사함이 바람직하다고 제안한다.

(2) 시(詩)의 구성 요소

동시조 작가는 어린이들의 마음을 파고 들어가야 한다. 아동심리를 이해하고 동시조 짓기를 출발해야 한다. 시적 변용과 시적 도구, 새로운 기법과 방법도 어린이들이 일상생활에서 사용하는 사실적 언어가 아니라 상상을 초월한 감성적 언어를 구사해야 참맛이 있기 때문이다. 어린이들은 쪽빛 하늘을 바라 볼 때 자기 눈 안으로 들어온 그림 그대로 하늘을 본다. 그것이 동심이다. 아이들에게는 창조적인 상상력과 미래를 생각하는 원만함이 있다. 그들의 꿈이 곧 동시조 세계다. 꿈은 미래를 상징하고 상상력은 동시조의 원동력이 된다.

시는 리듬, 은유(비유), 상징, 아이러니, 원형, 이미지, 등 시적 요소가 필요하고 삐딱하게 보기, 낯설게 하기, 패쉬타쉬 등 기묘한 표현 기법도 있다.

삐딱하게 보기는 인유법(引喩法)이나 패러디, 혼성 모방 등으로 변질 되어 가는데 패쉬타쉬는 인유가 그 본질이며 인유법은 유명한 시나 문장, 어구 등을 끌어다 자신이 표현으로 대신하는 기법을 말한다.비틀어 짜기는 언어의 모순이다. 언어의 모순은 관념에서 일탈해 보고자하는 인간의 욕구일 수도 있다. 그래서 비틀어 짜기의 기법은 최대한의 언어의 모순이 일어났을 때 성공한다. 개그 쪽에서는 많이 사용하지만 내용이 곧 역설적이어야만 흥미를 끌게 되기 때문이다. 아이러니 기법이라고도 할수 있지만 거리가 좀 있다. 비틀어진 어법과 어휘를 사용했을 때 웃음을 자아내게 되는데 이것이 언어의 비틀어 짜기이며 시의 장르에서 이 기법을 활용한다. 곧 훌륭한 동시조란 변용된 언어, 비유된 언어, 상징된 언어를 차용해야 좋은 동시조가 되며 시적 요소를 잘 활용해야 시 맛이 있다. 우리나라 동시조에 틀(형식)과 내용 중 틀보다 내용을 중시하는 경우가 있다. 그러나 내용

보다는 틀이 훨씬 더 중요하다. 그 내용과 본질을 담아 낼 수 없기 때문이다.

그렇다면 초등학교 저학년에서 적당한 동시조를 감상해 보자.

"애 임마 아파 죽겠다
넌 왜 자꾸 내 살 깎니?"

"숙제를 해 가야지
그럼 어떻게 해"

"알았어, 졸기만 해 봐라
콕콕 찔러 줄거야"
-「연필 화났다」 전문

대화체 동시조를 의인법으로 표출했다. 순수한 동심을 의인화로 표출시켜 자연 사물(事物)과의 교감(交感)을 통한 의인화 방법으로 친근감을 이끌어 내고 있다. 아이들에게는 현대동시조의 읽는 즐거움을 주고 내용을 이해하기 쉬워 재미와 흥미를 유발시켜 주는데 도움을 준다.

3)현대동시조의 늪과 벽

전국한밭시조백일장에서 현대동시조 작품을 심사하다보면 지금도 현대동시조의 늪에 빠진 작품들을 만날 수가 있다. 내용보다 〈틀〉이 어긋난 작품들이 나오기 때문이다. 현대동시조의 독립된 장르 찾기, 동시로 편중된 교과서의 현대동시조 공동 수록문제, 통일된 명칭문제 등 이러한 현대동시조의 늪과 벽을 뛰어 넘어야 우주시대로 발전하는 현대동시조의 문제점과 해결 방안이다. 우리나라의 최초 동시조도 이병기(1891-1968)의 〈가을〉과 심훈(1901-1936)의 〈봄비〉가 아동문학에서의 주장과 시조문학에서의 주장이 제 각각으로 현재에 이르고 있는 실정이다. 이와 같은 문제점은 현대동시조의 벽이다. 하루 빨리 해결된다면 현대동시조를 발판 삼아 시조 생활로의 향상과 발전으로 전개될 것이다.

3. 柴川 柳聖圭의 現代童時調 創作形態調査

동시조집	평동시조	2연	3연	사설 동시조	장형 동시조	엇동시조	총계	비고
동방령가		1					1首	
시천시조선집	20	6	4				30首	
한국동시조	6	4	4				14首	
현대동시조	3	2					5首	
코코질냄새	72						72首	
연필이화났다	90	5	5				100首	
총계	191	16	13				222首	
비율%	86.0	8.1	5.8				222首丰	총266首
詩的傾向	自然現象의事物詩,思惟詩로變容또는變奏						중복선별못했음	

4. 柴川 柳聖圭의 현대동시조 특색

1) 짝짝, 쫌쫌, 삐약삐약, 앵앵앵, 까꿍까꿍, 뜸북뜸북, 딸랑딸랑, 토닥토닥, 싱글벙글, 콩당콩당, 콜록콜록, 출렁출렁, 포르릉, 아장아장, 훨훨, 냠냠냠 이와 같은 의성어나 의태어의 흉내말을 사용하여 리듬감을 심어주고 재미를 느끼게 하고 있다.

2) 의인법을 사용하여 독자와 친밀감을 유도하고 따옴표를 사용한 대화체 동시조가 특색을 이루고 있다.

2) 내용을 쉽게 알 수 있는 직유법이 많아 어린이들의 흥미를 유발시키고 평동시조로 창작되어 낭송법이 용이하며 현행개정 교육과정에 적합하다.

5. 나오며

시천(柴川) 동시조 작가는 오늘날까지 총 222주제 266수를 창작하였다. 그중에서도 평동시조(단형동시조)가 191수로 86.0%를 차지하였고 2연 동시조는 18수 8.1%, 3연 동시조는 13수 5.8%를 나타내고 있다. 지금 까지는 유치원 아이들의 〈유아동시조〉와 초등학교 저학년을 위주로 창작된 작품들이 많았고 앞으로 초등학교 고학년을 중심으로 수준 높은 현대동시조 〈읽을거리〉가 꼭 발간되기를 기대한다. 한국 최초 우주인 이소연 박사가 오뚜기 전기밥솥으로 만든 한국 쌀밥의 우주음식 이야기, 우주정거장, 한국천문대, 고흥나로우주센터, 농촌에서 콤바인, 트렉터, 이야기의 만능운전 초등학교 6학년의 효자이야기, 산촌, 어촌에서 감동이 숨어 있는 이야기, 사설동시조, 장형동시조, 엇동시조 등 우리 어린이들의 〈읽을거리〉가 하루 빨리 쏟아져 나왔으면 정말 좋겠다고 생각했다. 알고 있는 지식이 너무 짧아 수박겉핥기로 현대동시조 작품평설을 끝맺기로한다.

전통적 민속놀이가 승화된 동심의 미학

-「서로 웃는 닭싸움」 동시조집을 중심으로-

김 창 현(한밭아동문학가협회 고문)

Ⅰ. 들어가며

과학문명이 급속도로 발달한 오늘날의 컴퓨터 대중매체가 산업화, 도시화, 근대화, 개별화까지 내 앞에 다가왔다. 자수형(字數形) 문학으로 통계학적인 구시대의 흐름과 리듬의 맹종을 배격하고 자유로운 단형, 동시조 문학으로 정립시켜야 한다. 어린이들의 심리는 긴 연형 동시조보다 짧은 단형 동시조를 선호하기 때문이다. 그 선호도가 높은 이유는 아직까지 구개음화가 완전하게 발달하지 못했고 혀가 짧아서 정확한 발음으로 전달되지 않기 때문이다. 현대동시조가 보유할 수 있는 영역을 과감하게 개척을 시도하여 현대동시조를 감상 할 수 있는 미래 정치가 필요하다. 동시조의 초점을 어디에 맞추느냐에 따라 차이점이 있겠지만 아무리 효율적인 과감한 시안이 개척되었다 하더라도 동시조를 아끼고 사랑하는 시인이나 시조시인들의 호응 없이는 이룩될 수 없기 때문이다. 시조시인, 동시 작가들의 지조와 자발적인 참여 의식이 미흡하여 단결된 호응만이 현대동시조를 우뚝 서게 하리라고 확실성 있게 내다본다. 오늘날 동시조의 모순성을 주장한다면 규칙적인 율독미를 생명으로 대접하는 정형시가 동시조이므로 동시가 누릴 수 없는 정신세계를 동시조화 할 수 있는 독특한 형태를 개발해야 한다. 동시조의 외형적 형식을 음수율로 파악되는 형식미가 아니라, 음보율로 파악되는 형식미를 찾아야 한다. 그러므로 동시에서 느끼지 못하는 예술미를 동시조에서 느끼게 해야 한다. 동시조가 어느 시점에서 의미의 집합을 분명하게 이루어 냄으로서 동시조로서의 독특성을 확보하는 것이 동시와의 의미의 동시와의 의미의 통일된 형상화를 꾀하지 못하는 경우가 많은데 현대 동시를 닮으려는 시 작품으로 보아진다. 현대동시조에서 9음보를 한 음절로 처리하는 경우와 두 음절을 한음보로 처리하는 경우가 있다. 현대동시조의 묘미는 율독미(律獨美)에 있다. 9음절을 한 음보라고 하면 동시조로서의 안전된 율박감을 느기지 못하게 되므로 동요처럼 박자 맞는 장단이 절실하게 필요하며 요청된다. 그러므로 언어가 즉, 시어가 구체적으로 매력적이면 좋겠고 이미지가 선명하고 참신하되 리듬이 내면에 어떤 깊은 방향을 불러 일으킬 수 있는 감명과 사상적 함축성이 깃들어 있어야 할 것이다. 뛰어난 동시조의 작품 특성은 대화적인 적절한 사용으로 동시조 전개를 박진감 있게 처리하고 작품 구성의 소재 선택이 탁월함을 보여 주어야 하고 사물을 통한 감정 이입이 절제되어 부드럽고 자유스러워야 된다는 마음만 간절할 뿐이다.

II. 펼치며

1. 한국시조의 변천

1) 고려시조-고려충선와(1313) 성여완 1수(청구영언)→조선고종31년 갑오경장(1884).
2) 근대시조-1885년 이후부터→1905년 까지.
3) 현대시조-1906년(혈죽가-대구여사)→2006년(현대시조 100주년).
4) 새천년시조-2007년 이후 현재까지.

2. 한국현대동시조의 태동

1) 이구조(李龜祖 1911-1942)-동아일보(1940.5.20) 아동시조의 제창.
2) 이명길(李命吉 1928-1944)-어린이 시조.
3) 이태극(李泰極 1913-2003)-현대시조작법-아동시조의 준말(동시조),
4) 이석현(李錫鉉 1925-?)-캐나다 이민(1975)-아동문학의 미개지-동시조 개발제의.
5) 박경용(朴敬用 1940-?)-가톨릭 소년(1968, 3월호-5월호)-동시조 이야기.

3. 현대동시조의 성립조건

1) 초장, 중장, 종장이 1연으로 4음보 격이다.

2) 두 개의 호흡 단위로 나뉘어 6구로 짜여 있다.

3) 3.4조의 기본 음수율로 되어 있다.

4) 종장의 첫 음보는 5음보 이상, 7음보를 확보해야 한다.

참고로 우리나라는 현대시조(현대동시조)라는 확고부동한 정론(定論)이 없으며 학자마다 그 학설이 천태만상(千態萬象)이고 문학 장르가 없기 때문에 김상옥(金相沃 1920-2003)은 〈김상옥시전집〉에 (동시)라는 문학 장르에 넣었고 이태극(李泰極 1913-2003)은 〈이태극시조전집〉에서 현대시조의 문학 장르에 포함시켜 놓았다.

4. 현대동시조의 작품목록

■ 서로 웃는 닭싸움

1) 시조로 읊는 우리 가족-2연14행, 2) 봄비 가랑비-2연14행, 3) 바람은 혼자-2연14행, 4) 샛강물이 모여-2연14행, 5) 아침 이슬-1연9행, 6) 우리손자-2연14행, 7) 입연 우체통-1연9행, 8) 우리 어머니-2연14행, 9) 달콤한 솜사탕-1연7행, 10) 마음을 열자-2연14행, 11) 눈부신 아침 햇살-2연14행, 12) 봄날 분수대-1연9행, 13) 들판의 봄바람-1연9행, 14) 새 봄맞이-2연14행, 15) 살구꽃 웃던 자리-2연14행, 16) 개미집 이사-2연14행, 17) 진달래 꽃불-2연14행, 18) 가슴에 구름아-1연7행, 19) 안개꽃 한 다발-2연14행, 20) 못 이기는 떼쟁이-2연14행, 21) 우리 할아버지-1연9행, 22) 언제 반갑게 맞을까-2연14행, 23) 꿈이 큰 아이들-2연14행, 24) 아파트 놀이터-2연14행, 25) 온 집안 웃음소리-2연14행, 26) 우리 강아지-1연7행, 27) 바닷가에서-2연14행, 28) 바닷가 풍경-2연10행, 29) 내 짝과 다툰 날-2연14행, 30) 봄을 사는 아이들-2연14행, 31) 앙아리 김치-2연14행, 32) 모과나무 분재-2연14행, 33) 가고 싶은 고향-2연14행, 34) 어른들은 이상하다-1연7행, 35)

아침 산에 올라 봐-2연14행, 36) 성묘를 하며-2연14행, 37) 메두기 잡기-1연7행, 38) 여름 냇가-1연7행, 39) 가을 낮-1연7행, 40) 운동회 날-1연7행, 41) 고운 단풍-2연14행, 42) 가랑잎 하나-1연9행, 43) 속 타는 샐비어-2연10행, 44) 우리 가족 윷놀이-2연10행, 45) 서로 웃는 닭싸움-2연14행, 46) 바닷가 아침-2연10행, 47) 심심한 연필-1연9행, 48) 난초 꽃을 보며-2연10행, 49) 늦가을 마당-2연10행, 50) 시계탑 아래-2연10행, 51) 산사의 아침-1연9행, 52) 김밥할머니-2연10행, 53) 명찰이 없어도-2연14행, 54) 문패가 지키는 집-2연12행, 55) 김장 하던 날-2연14행, 56) 꽃샘 바람-1연7행, 57) 할머니 무릎-2연12행, 58) 어항 속 물고기-2연14행, 59) 머리 큰 해바라기-2연12행, 60)그래 내가 참자-2연12행, 61) 가을 뜰-1연9행, 62) 눈 내리는 날-2연12행, 63) 부석사 무량수전-2연14행, 64) 소수원 솔숲-2연14행, 65) 햇살의 웃음-2연14행, 66) 채점하는 날-2연12행, 67) 새끼 찾는 소-1연7행, 68) 소원 비는 돌탑-2연14행, 69) 장에 간 할머니-2연14행, 70) 나무의 겨울노래-2연14행, 71) 육교에서-1연9행, 72) 각설이 품바-2연14행, 73) 잘못 없는 사과편지-2연14행, 74) 나머지 공부-2연14행, 75) 겨울 아침-2연14행, 76) 내 동생 찾기-1연9행, 77) 간이역 풍경-2연14행, 78) 대추따기-1연9행.

※ 새로운 시정신이 깃든 동시조 읊는 행복감-최지훈.

■ 영주시조

2001. 창간호-1) 바람은 혼자-2연14행, 2) 샛강물이 되어-2연14행, 3) 봄날 분수대-1연9행, 4) 살구꽃 웃던 자리-2연14행, 5) 바닷가 풍경-2연14행, 6) 아침 산에 올라-2연14행, 7) 가을 낮-1연7행, 8) 서로 웃는 닭싸움-2연14행, 9) 난초 꽃을 보며-2연12행, 10) 산사의 아침-1연9행.

2012. 제2집-1) 가로등-2연10행, 2) 흰 머리카락-2연14행, 3) 한가위(성묘를 하며)-2연14행, 4) 조약돌-2연10행, 5) 개구리와 올챙이-2연14행, 6) 울엄마3-1연7행, 7) 울엄마4-1연7행, 8) 울

엄마5-1연7행, 9) 울엄마6-1연7행, 10) 울엄마7-2연14행, 11) 산사의 아침-1연9행.

2013. 제3집-1) 엄마 가슴엔-2연14행, 2) 신발 동무-1연9행, 3) 요술 말-2연18행, 4) 하얀 이빨-1연7행, 5) 닮은 얼굴-2연14행, 6) 그 작은 손가락-1연9행, 7) 다 알아듣지요-1연9행, 8) 두 눈망울-1연9행, 9) 온 종일 큰다-1연7행, 9) 엄마 나도 바빠요-2연14행.

2014. 제4집-1) 나비 한마리-1연9행, 2) 바람 이야기-1연7행, 3) 아기 발자국-1연7행, 4) 시골길 돌담-2연14행, 5) 달맞이 꽃-1연7행, 6) 꿈 많은 나무-2연18행, 7) 흥부네 둥근 박-1연9행, 8) 뻐꾸기-1연9행, 9) 안개꽃-1연9행, 10) 잔소리-2연14행.

■ 한국동시조

2003. 제16호-1) 산할아버지-1연7행, 2) 짝꿍-1연7행.

2004. 제18호-1) 멧새 한 마리-1연7행.

2005. 제20호-1) 달맞이 꽃-1연7행.

2010. 제27호-1) 짝꿍과 다툰 날-2연14행, 2) 햇살의 웃음-2연14행.

2011. 제29호-1) 가로등-2연14행, 2) 조약돌-1연7행.

■ 현대동시조의 우수작품 세계

우리나라의 〈국립국어원〉에서 우리 한글인 우리 글을 표준말, 바른말로 올바로 잡고 한글을 올곧게 세우는데 그 목적이 있고 현대동시조의 시어도 표준말, 바른말을 사용해야 한다는 원칙을 준수해야 할 것이다. 왜냐하면 초등학교 3학년부터 영어를 도입한 결과 우리 사회는 어떻게 변화 되었는가? 모든 간판이나 상업적 광고가 거의 영어로 변질되었고 순수한 한글로 된 우리말 한글 간판이나 상호는 찾아보기 힘들 정도로 현대사회가 변화되었다. 즉 사회 변동으로 보아야 할 것이다. 이러한 사회나 문학작품의 관점을 예리하게 살펴 보고 주옥같은 현대동시조를 감상해 보자.

감기로 앓아누워
힘들어 아파 할 때

재용아, 기운을 내
이마를 짚어주는

어머니
옆에 있으면
앓다가도 힘이 나요.

쉬다가 숙제해라
걱정스런 한 마디

걱정스런 마음으로
밤잠도 설치고

다정이
손 잡아주면
기운이 솟아나요
　　—「우리어머니」 전문

화자의 주인공 재용이는 감기에 걸려 앓고 있는 상태다. 괴롭고 아파해도 어머니의 손길은 〈약손〉이다. 어머니의 참사랑을 맛 볼 수 있는 좋은 시제이며 공동생활의 일차적 집단생활이 가정, 이차적은 사회, 삼차적은, 국가라는 공동생활로 연결된다. 그래서 전국 어디서나 백일장의 주제가 많고 전국한밭시조백일장에서도 어머니 주제가 초등, 중등, 고등부까지 시제로 제일 많이 선호하고 있다. 그러므로 훌륭한 어머니는 훌륭한 자식을 만들어 낼 수 있다는 교육적, 철학적 개념들이 내포되어 있다. 조선 시대의 신사임당(申師任堂 1504-1551) 신씨의 아들이 이율곡(李栗谷 1537-1584) 같은 대학자를 만들어 놓았고 한석봉(韓石峯 1543-1605)의 어머니는 가난을 무릅쓰고 떡장수를 하시면서 훌륭한 명필가로 탄생시켜 놓았다. 중국의 맹자 어머니도 맹자를 훌륭한 사람으로 만들어 교육환경이 좋은 사람을

만든다는 사실을 입증하였다. 그러므로 어린이들의 선호도가 가장 많은 차원 높은 지명도가 〈어머니〉시어다. 어린이들의 선호도가 가장 높은 시어를 골라내어 쉽고 재미있는 현대동시조로 알차게 창작하고 있다.

목욕탕에서
밀다 본
할아버지 야윈 등

입은 허허
웃지만
잔주름 투성이 얼굴

늙은이
몸에 때만 껴
힘이 빠진 목소리.
—「우리 할아버지」 전문

우리 사회가 새마을운동이 1960년대부터 시작하여 농업국가가 공업국가로 발버둥치고 있을 때였다. 새마을운동이 시작되고 공업국가에 접어들면서 대가족제도가 핵가족제도로 변화되었다. 함께 모시고 있는 대가족이 시골 농촌에서는 눈에 가끔 띠고 있지만 거의 핵가족으로 할머니 할아버지와 함께 살고 있는 가정이 드물다. 손자. 손녀가 그립고 보고 싶어 군밤이나, 과자, 누룽지를 뭉쳐놓았고 손자, 손녀들과 소통이 어려워 가슴 답답한 사회현상을 전국 어디든지 시청각을 통해 잘 엿볼 수 있는 사회 현상으로 나타나고 있다. 손자, 손녀들이 오면 용돈을 주려고 꼬깃꼬깃 주머니 속을 채워 놓은 쌈지돈 모은 것을 볼 때마다 핏줄은 진하다는 느낌이 든다. 목용탕에서 할아버지 등 때를 밀다보면 주름살이 많은 할아버지 얼굴을 쳐다볼 수 있고 목소리도 힘이 빠져서 잔주름처럼 힘이빠져 항상 허허 웃는 얼굴이다.

대전의 뿌리공원은 한국효행운동의 산 교육장으로 전국에서 하나 뿐인 자기 뿌리 찾기 운동이 전개되고 있다. 세계 여러 나라에서 자기의 뿌리를 찾기 위해 많이 탐방하고 있다.

할머니 무릎 베고
두 눈 감고 있으면

깊은 산 호랑이가
소곤소곤 달려온다.

동굴 속 새어 나오는
나직나직 옛날 얘기

할머니 이야기에
두 눈이 사르르

색동옷 입은 채
잠이 든 한가위 날

보름달 높이 올라서
빙그레 웃고 있다.
—「할머니 무릎」 전문

한가위 날 할머니 댁에서 깊은 산 호랑이 이야기를 듣다가 할머니 무릎을 베고 잠이 들었다. 색동옷 입은 채 보름달이 지켜보고 있을 것 같다. 1970년대를 전후해서 대가족 제도가 핵가족 제도로 변화 되었고 농업국가가 공업국가로 발전되어 사회변동이 국민들의 일일 생활권으로 진입하게 되었다. 농어촌에서는 시청각 매체가 부족했지만 오늘날은 시청각 매체가 충분하여 텔레비전을 시청하는 시간이 많아졌다. 할머니의 옛날 동화 이야기도 좋아했지만 오늘날은 만화를 더 즐겨보는 시대로 변화되었다. 전국의 대부분 어린이들이 만화나 텔레비전 시청에 매혹되어 부모님들의 관심 대상이 되고 있는 현실이다. 그러나 만화도 내용이 중요하다. 어린이들에게 만화는 무조건 나쁘고 해롭다는 결론은 숙고해야 할 문제이다. 내용 수준의 질적 향상이 우수한 만화는 권장되어야 하고 어린이들에게 유익한 만화를 골라주는 선택권이 있어야 갈등 해소를 손쉽게 처리 할 수 있을 것

같다. 옛날이야기 동화같은 화제로 핵가족의 중요성을 일깨우고 있는 참신한 현대동시조로 창작되고 있다.

두편으로 갈라 앉아
신나는 닭싸움

앙감질로 맞붙고
무릎으로 겨루고

싸우고
서로 웃는다
신이 나는 닭싸움.

밀어라 힘이 솟게
친구들이 응원하고

잘 했다 기운차게
선생님도 칭찬하고

호르르
호각 소리에
돌아서며 웃는 얼굴
— 「서로 웃는 닭싸움」 전문

우리나라 닭 품종은 재래닭, 토종닭, 야계(野鷄), 긴 꼬리닭, 싸움닭, 닭사모, 샤모, 오골계, 투계(鬪鷄) 등이 있다. 특히 오골계는 천연기념물 제265호(1968)로 지정되었고 닭의 피부가 검정색이 특징이다. 대한닭싸움협회가 있고 놀이방법, 경기규칙, 사진, 동영상을 볼 수 있다. 국립어린이박물관은 유래, 놀이방법, 체험게임, 제공 등을 만날 수 있다.

전통문화 〉 민속놀이 〉 대한닭싸움협회 〉 문화예술 〉 전통문화 〉 민속놀이(밀양).

닭싸움놀이는 해병대에서 2014. 7. 5 부산해운대구 송정동 483-11 송정해수욕장에서 홍겨운 병영휴식으로 해병대닭싸움놀이를 실시한바 있다. 일명 깨금발싸움이라고도 하는데 이 놀이가 한 쪽 발을 들고 싸우는데서

나온 말이다. 우리 마을 대동회 해와 달 사이 〈닭싸움놀이〉 소통과 관심으로 살기 좋은 동네 너와 내가 살고 싶은 동네 가꾸기 사업인 수완마을 등대지기 우리 마을 대동회가 있다 국민체육진흥공단-출전-놀이대백과. 전래놀이-닭싸움왕, 유치원(부여), 어린이 집 추석행사 추석 대보름날-전통놀이로 강강술래, 줄다리기, 가마싸움, 소놀이, 거북놀이, 소싸움, 닭싸움 같은 놀이를 한다. 한국일보 조사결과로 동티모르 사람들은 닭싸움이 국민놀이로 되어 있다. 전통적인 민속놀이를 승화시켜 놓았다.

Ⅲ. 현대동시조 유형별 창작형태조사

현대동시조	1연		2연				총계	비고
	7행	9행	10행	12행	14행	18행		
서로웃는닭싸움	10	2	8	6	52		78	
영주시조	10	10	2	1	15	2	40	
한국동시조	5				3		8	
총　계	25	12	10	7	70	2	126	
비　율%	19.8	9.5	7.9	5.5	55.5	1.5	99.7	

현대동시조의 창작 기법은 내용보다 틀(형식)이 훨씬 중요하다. 왜냐하면 내용과 그 본질을 담아 낼 수 없기 때문이다. 틀은 자연에 감추어진 능력을 끄집어내는 역할을 한다고도 한다. 시어가 구체적인 알기 쉬운 낱말로 골라 써야 하고 이미지가 선명한 구상, 리듬, 내면화의 율박감으로 감정과 사상적 함축성이 깃들어 있어야 한다. 감정을 사로잡는 의태어, 의성어가 현대동시조의 극치를 이끌어 내어 대화적 매체를 박진감 있게 처리함이 우선적이다. 현대동시조집에서 1연7행이 25수, 1연9행이 12수, 2연10행이 10수, 2연12행이 7수, 2연14행이 70수, 2연18행이 2수로 총 126수를 창작하고 있는바 그 중에서도 2연14행이 70수로 55.5%의 반절을 나타내고 있으며 제6차 교육과정 초등학교 3학년2학기(쓰기)에 〈나 혼자〉와 4학년2학

기 〈가랑잎 편지〉 동시가 수록된 바 있고 한국현대아동문학작가작품론-이재철 (1931-2011)에서 이무일(李茂一 1940-1992)론의 의지를 가슴에 보듬은 시가 수록되어 있음을 볼 수 있다. 지금까지 현대동시조로 창작한 결론을 집합시켜 본다면 원인이나 결과로 이어지는 빈틈없는 순리적 조건으로 짜여 있고 차원 높은 지명도나 선호도가 좋은 시어를 골라 쉽고 재미있는 현대동시조로 창작했으며 경로효친 사상이 뚜렷한 효행의 시청각 매체를 뿌리 찾기 운동으로 승화 시켰으며 대가족제도나 핵가족제도의 가정생활에서 행복추구권을 찾는 핵가족의 중요성을 일깨우고 있으며 문화예술의 전통문화와 민속놀이의 승화로 현대동시조를 창작하였다. 그러므로 현대동시조는 아름다운 상상을 통하여 얻어진 생각들을 은율, 리듬, 이미지가 들어 있는 틀 속에 담아 낸 감정으로서 읽는 사람에게 감동을 던져주는 시(詩)이며 어른들이 어린이들을 위해서 교훈적으로 창작하는 동시조와 어린이가 직접 백일장에서 지어내는 어린이 시조로 나누어진다.

〈참고문헌〉

※ 한국현대아동문학작가 작품론-이재철(1931-2011) 집문당-서울 1997

※ 한국현대시조의 연구와 향방-김창현. 오늘의 문학사-대전 2014

꽃 숨결로 대응, 상징미학을 추구한 동심의 접근

–「우리 집 철쭉꽃은」 동시조집을 중심으로

김 창 현(한밭아동문학-고문)

Ⅰ. 들어가며

현대동시조 창작운동을 펼쳤을 때 한국의 현대동시조가 가람 이병기(1891-1968)의 〈가을-신소년. 1925〉이 한국문학사에 오른 첫 작품이라고 주장하는 학설도 존재하고 1934년 심훈(1901-1936)의 달밤(중앙. 1935), 조연제(생몰미상)의 봄비(사해공론)를 주장하는 학설도 시조문학이나 현대시조, 기타 문학잡지를 통하여 짐작할 수 있을 것이다.

국제우주정거장을 답사한 이소연씨의 우주인도 탄생하였고 고흥나로 우주센터가 준공되어 과학위성을 발사, 지구 궤도를 돌고 있는 오늘날의 과학 상식이 내 앞에 다가섰다. 우리나라 현대시조 부흥운동이 판소리에서 전래된 재래동요가 예술동요로, 발전되었고 예술동요가 창가동요로, 변천되어 시적동요로 발달 된 것은 시대조류가 사회변동을 일으킨 주요 원인이 될 것이다. 아람 최숙영 작가는 1996년 현대시조 신인상으로 등단하였고 2004년 현대시조 좋은 작품상, 2014년 8월 한밭아동문학상(동시조, 부문), 2014년 12월 한국동요음악회 창립50주년 기념, YMCA주최, 제1회 개나리동요대상-작사 부문 수상, 제1회 양천구민 시낭송대회 은상, 가곡. 작사(가을 들녘에 서서-이안삼 작곡, 외10곡 작사), 동요(동요나라-원기수, 작곡, 외7곡 작사) , 묵향회 외원으로 한국서도협회 초대작가로 활동하고 있는 중견시인으로 〈북을 치듯이-시조집 2004〉과 〈우리 집 철쭉꽃은-동시조집(2012)을 발간하였다.〉

II. 펼치며

1.

1) 고대시조-고려충선왕(1313) 성여완. 1수(청구영언)
　→ 조선고종31년 갑오경장(1884).
2) 근대시조-1885년부터 → 1905년 까지.
3) 현대시조-1906년(혈죽가-대구여사) → 2006년(현대시조 100주년).
4) 새천년시조-2007년 이후 → 현재까지.

2. 우리나라 현대시조의 변천과정

1) 이구조(李龜祖 1911-1942)-동아일보(1940.5.20) 아동시조의 제창.
2) 이명길(李命吉 1928-1944)-어린이 시조.
3) 이태극(李泰極 1913-2003)-현대시조작법-아동시조의 준말(동시조).
4) 이석현(李錫鉉 1925-?)-아동문학10집(1964)-캐나다. 이민(1975). 아동문학의 미개지-동시조 개발. 제의.
5) 박경용(朴敬用 1940-?)-카톨릭 소년(1968.3~5월호)동시조. 이야기.

3. 자유시와 정형시의 판별성

■ 동요

1) 노래 한 것.
2) 가락을 고르게 뽑아 노래하기를 주로 한 것.
3) 느낌이나 생각이 밖으로 나타난다.
4) 박자의 아름다움.

■ 동시

1) 속삭인 것.
2) 그윽한 감정의 가는 물결을 속삭이듯 나타냄.
3) 안으로 생각하는 힘이 세다.

4) 생각의 흐름이 그윽하게 단조로움.

■ 동시조

현대동시조의 성립조건과 같으며 사람의 생활감정과 아름다운 상상을 통하여 얻어진 생각들을 리듬, 이미지가 들어 있는 〈틀〉 속에 담아낸 감정으로서 읽는 사람에게 감동을 던져주는 시(詩)이며 어른들이 어린이를 위해서 효행, 교육 목적으로 지어낸 동시조와 어린이가 직접 백일장에서 지어낸 〈어린이 시조〉로 나누어진다.

4. 현대동시조의 작품 고찰

할머닌 나만 보면
아빠 꼭 닮았다 하고

외할머닌 나만 보면
엄마 꼭 닮았다 하고

거울아!
누구 말이 맞니?
솔직하게 말해 봐.
—「붕어빵」 전문

어린이들에게 재미성, 흥미성을 이끌어 내는 좋은 시제(詩題)로 외적 형식미 보다 내적 형식미를 추구한 동심 세계가 돋보이고 진실성의 결론을 매듭짓는 원인과 결과를 평생선으로 연결되는 깜짝 놀란 눈설미가 필요한 좋은 시제거리로 창작했음을 엿볼 수 있고 제주도 김영기 작가의 동시집 제목이 〈붕어빵〉이다. 어렸을 때부터 상등, 비교, 견숨, 차이점을 발견해 내는 판별성의 기초가 되는 동시 힘을 길러주는 장래의 과제로 짜여 있다고 볼 수 있다.

아빠 한잎,
엄마 한잎,
동생 한잎,
나도 한 잎,

어머! 우리 가족
네 잎 클로버네

우리 집
믿음, 소망, 사랑,
행운을 찾았습니다.
　　　－「네 잎 클로버」 전문

평이한 언어의 병립식 구조가 사물의 동력화, 반전의 기법으로 자연과 더불어 주고받는 삶의 표현이 극치를 이끌어 낸다. 우리 가정의 행복감, 믿음, 소망, 사랑, 행운을 네 잎 클로버에서 찾은 기쁨을 솔직하게 표현, 아름다움의 미적 가치를 추구하였고 상상의 날개(희망)를 펼칠 수 있는 참 좋은 우수작품으로 평가되고 있다.

귀엽지
깜직하지
거기다 얌전하지

요렇게 예쁜 너를
오랑캐 꽃이라니

당당히
고개 들어 봐
도대체 뭐가 부끄러.
　　　－「제비 꽃」 전문

제비꽃과 여러해살이 풀이고 산과 들에 산재해 있으며 키 10cm정도 자란다. 밑동이 피뢰침형, 가장자리에 톱니모양 잎자루가 길다. 꽃은 4~5월에 보라색으로 꽃줄기 끝에 잎 사이에나와 한송이 씩 달리고 열매는 넓고

타원형 6~7월에 익는다. 여린 잎을 식용으로 쓰이고 꽃을 따서 말려 꽃차로 복용하면 열을 내리게 하는 해독작용의 효과를 얻어 약용식물로 알려지고 있다. 봄에 제비가 올때 꽃이 핀다고 해서 제비꽃이라 한다.

다른 이름으로 근채, 씨름꽃, 앉은뱅이꽃, 오랑캐꽃, 병아리꽃, 장수꽃 등 여러가지 이름이 많고 생약명은 자화지정(紫花地丁), 뿌리 전초를 말린 것이 지정(地丁)이며 꽃만 건조하여 꽃차로 복용한다. 한방약용이 다양해서 피부 미용에 좋고 전 세계 400여종이 있으나 우리나라는 64종이 분포되고 있다. 제비꽃 발효 추출물이 멜라린 생합성에 관하여는 효소로 염증, 향균작용의 논문이 많다.

자라나는 어린이들은 식용으로 먹을 수 있는 풀과 약용으로 쓰는 것, 독초를 분명히 알 수 있도록 지도 과정의 필요성을 강조해 둔다.

대화 속의 화자는 꿈을 꾸고 있는 미지수의 어린이를 귀엽고 깜찍하고, 얌전하며 예쁜 슬기 넘친 어린이로 비유(은유) 하였다고 생각하는 인유법이 뛰어나다. 당당하게 고개를 들고 부끄러울 것이 없다는 내세 사정을 울타리 밖으로 표출한 작품이기 때문이다.

> 내 마음 열어보면
> 하얀색일까?
> 파란색일까?
>
> 아마도
> 암콤쟁이
> 깜장색일지 몰라.
>
> 아니지
> 변덕쟁이니
> 알록달록 할 거야.
>
> —「내 마음의 색깔은」 전문

오늘날의 현대동시조가 관념시의 고집성이나, 달콤한 개인의 감성보다 난해시를 벗어난 은유 기법은 선명한 이미지(심상, 心象)의 조형미가 아름답다. 이 은유 기법을 동시조의 메타포어(Mertapher)기법이라고도 하는데 동시조의 율격이 절제와 균형미를 지탱해 주기 때문이다. 사물의 본체를 숨기고 그것을 비유하는 형상만을 내 세우는 은유법의 묘미를 살려내는 세목들(세목군, 細目群)을 이미져리(Imagery)라고도 한다. 초등학교 저학년이나 유치원 아이들에게 동시조의 틀(형식)을 이해시키기 위해서는 시어 선택이 가장 중요한 문제이다. 그 이유는 수준 높은 동시조를 좌우하기 때문이다.

클릭만 하면 척척 박사
무엇이든 물어 보래

천재들 모인 거기
밤새도록 노크하면

컴박사
나도 되겠지.
오늘 잠은 다 잤다.
—「클릭만 하면(1연)」 전문

컴박사를 앞장 세워 어린이들에게 자신감, 충만감을 심어주고 과학문명이 발달한 오늘날의 세계를 실감 할 수 있는 과학 동시조가 절실한 시대임을 입증하고 있다. 고흥나로우주센터를 견학 할 수 있는 기회를 맛보고 희망 꿈을 꼭 키워 나갈 수 있는 실력을 쌓아 내실의 명료화가 되기를 바라는 마음 간절할 뿐이다.

현대시조(새시대시조) 2007 여름호에 수록된 신작특집으로 우체통(2연 14행) 현대동시조가 성인시조의 틈 속에 끼워준 작품이다. 편지를 음식으로, 우체통을 빨간 옷으로 비유(은유)한 고도의 상상력이 돋보이고 편지를 가슴 속에 서려둔 속마음, 기쁜 편지, 슬픈 편지, 내색하지 않는 속 깊은 친구로 비유한 탁월한 의인화 작품이다. 성인시조의 신작특집에 동시조를 끼워준 마음씨는 너그러운 배려가 하늘처럼 미더운 마음이다. 〈시작노트〉를 성찰해 보면 첫째 동기가 초등학교 6학년 때 고시조를 외우도록 지도해 주신 담임선생님의 인연이 현대시조 창작의 원인이 되었고, 여성동아 독자의 투고란에 사봉 장순하 선생님의 만남이 1970년대부터 연찬해 왔다고 술회하였으며 토요동인회 회원으로 혜산 선정주(1935-2012) 선생님의 만남, 그리고 동아문화센터에서 유동 이우종(1925-1999) 선생님의 시조작법 강의를 듣게 되면서 오랜 세월동안 현대시조와 함께 살아 온 인생길이 현대시조 100년의 역사 속에 잠깐동안 스쳐간 이름이 묘비에 시조와 함께 행복한 삶이었노라고 새겨지기를 소망한다고 밝히고 있다.

■ 아람 최숙영 현대시조(동시조)의 창작형태조사

시조시	1연	2연	3연	4연	장시조	현대동시조			총계	비고
						1	2	3		
북을치듯이	20	39	19	6					84	2001
우리집철쭉꽃은					1	57	21	2	81	2010
총 계	20	39	19	6	1	57	21	2	165	2권
비 율%	12.1	23.6	11.5	3.6	0.6	34.5	12.7	1.2	99.8	

Ⅲ. 나오며

행복했던 파랑새의 현대시조를 찾아 오늘날까지 보살펴 주셨던 사봉, 장순하, 혜산 선정주(1935-2012), 유동 이우종(1925-1999), 허일 선생님의 만남으로 아름다운 세상에서 아름다운 언어로, 아름답게 노래하는 부끄럽지 않은 시인이 되겠다는 굳센 의지가 내포되어 자아인식의 내적 욕망을 진솔하게 표현하고 슬픔, 한숨, 그리움의 정제된 감정을 걸러내는 인내가 두드러져 시비로 남고 싶은 시인의 욕망이 능소화로 비유되는 내적 갈망도 삶에 반추되는 시적 기능을 중시하여 낭송대회로 표출하기도 했으며, 정신과 육체의 선악이 아름다움의 회복으로 현대동시조 창작에 정착되지 않았나 생각해 본다.

이도환 아동문학평론가와 박영교 시조시인의 문학평론은 성인시조의 발전상을 그려 본 미래세계의 밑그림으로 생각하며 아람의 현대동시조 특색은 첫째, 자기 자신의 내적 욕망을 아름다움으로 진술하게 표현하였고 둘째, 은유와 운율의 표현으로 상징미학을 추구했으며 셋째, 우리인간 사회의 삶에 대한 관조적 태도로 표출되었다는 장점을 앞세울 수 있을 것이다. 앞날의 무궁한 발전과 험난한 파도를 헤쳐 나가는 슬기로운 지혜가 옹달샘처럼 퐁퐁 솟아나기를 기대하며 끝을 맺는다.

〈참고문헌〉

한국현대시조의 연구와 향방-오늘의문학사-대전 2014, 현대시조 2016 가을호 수록

관촌.김창현, 아동문학의 심층적 탐구 통합조사

김 창 현(한밭아동문학-고문)

Ⅰ. 들어가며

내가 동시를 창작하게 된 동기는 초등학교 어린이들을 글짓기부(문예부)를 담당하면서 특별활동 시간을 지도하게 되었고 1977년 10월경 대전일보 〈어린이 동산〉에 동시를 처음으로 투고하기 시작하였다. 그 후 새 교실, 웅변 구현 동화 지도 집필위원을 지내면서 교육 자료에 현대시조를 추천받았으나 문학 장르로 인정받지 못하여 다시 등단하게 되었다. 이때에 조금만 뒷받침 해 주는 사람이나 인도자가 있었다면 1977년도에 동시작가로 출발했을 것이나 스스로 개척한 문학의 길이기에 뒤늦은 회상과 후회가 너무 큰 추억으로 남는다. 그러나 후회한들 무슨 소용이 있으랴! 구슬도 꿰어야 보배라는 속담처럼…나보다 더 늦은 시인이 너무 많고 내 손을 거쳐 시인으로 등단 된 추천작가가 많지만 농약중독후유증은 점점 악화되고 몸은 늙었어도 든든한 마음 한량없기 때문이다.

Ⅱ. 펼치며

1. 대전일보

1) 동시 - 1977-1978. (1) 외딴섬, (2) 글짓는 마음, (3) 가을 , (4) 우리언니, (5) 사진, (6) 매미, (7) 허수아비, (8) 추수. 〈총8편〉

2. 아동문학시대(아동문예)—오늘까지 각종 문학잡지에 발표된 현대동시조는 문학 장르가 없기 때문에 동시에 포함되었고 선행 참고도서를 살피면 이해하기 쉬울 것이다

〈김상욱 시전집(창비-석류꽃-56편)2005.〉

1994(동시)제13집 〈우리 동네 산 이야기〉 –갯바람, 봄바람, 〈2편〉

1997(동시)제14집 〈꽃밭에 내리는 비〉 –꽃피는 봄, 고향노래, 깍꿍 거리기, 꿈, 〈4편〉

1998(동시)제15집 〈손뼉 치는 봄동산-제호선정〉 –신나는 짠짠짠, 노래하는 바람, 뻥튀기,〈4편〉

1999(동시)제16집 〈흙묻은 색연필〉 –도깨비숲속, 씨앗, 봄바람 무들 타고, 새처럼,〈4편〉

2000(동시)제17집 〈하늘 잡으러 갈 거야〉 –안개업은큰산, 햇살어디쯤 왔나, 콩나물, 민들레 〈4편〉

2001(동시)제18집 〈나무에 걸터앉은 햇살〉 –꽃봉오리 마음, 햇살이 뒹구는 거야, 초롱 꽃, 바람노래, 〈4편〉

2002(동시)제19집 〈봉선화꽃잎물들이기〉 –장승 마을, 햇살이 그리는 그림, 금강어름치, 〈3편〉

2003(동시)제20집 〈금빛운동회〉 –노란 무지개 떴구나, 엄마 손잡고, 송아지도 노래 부른다.

2004(동시)제21집 〈갈매기가 밀어주는 통통배〉 –돌날아침, 갯벌이 게 집이야, 〈2편〉

2007(동시)제22집 〈아무에게도 말하지 마〉 –파도노래. 청계천 시냇물, 〈2편〉

2008(동시)제23집 〈어머니그림자〉 –꽃봉오리에게, 미끄럼타기 〈2편〉

2009(동시)제24집 〈꽃잎도 하늘을 날고 싶다〉 –우주정거장, 봄이 오는 오솔길, 〈2편〉

2010(동시)제25집 〈그림 그리는 햇살〉 –달동네, 핸드폰사진, 여름별자리, 〈3편〉 〈총40편〉

3. 아동문학시대-한국문예교육연구원(대전)

1) 2000.가을 제3호-바람이 꽃에게, 노래방.〈2편〉

4. 아동문예

1993-1월호-등대, 운동장, 귀뚜라미,〈3편〉

1993-6월호-개구리, 청개구리, 맹꽁이, 제비, 거미,〈5편〉

1993-12월호-가을〈1편〉

1994-5월호-시를 쓸 때〈1편〉

1994-7월호-갯바람, 개구리, 매미, 똑딱이, 봄바람,〈5편〉

1995-1월호-한국동시조문학상 수상.(바람이 밀어주는 그네)

1995-6월호-네 마음 내가알지, 봄 오는 소리,〈2편〉

1995-10월호-구름, 놀이터,〈2편〉

1995-12월호-꿈틀거린 동시조-동시와 동시조, 한국동시조의 시초-달밤, 봄비-맺는말.

1996-1월호-한국아동문예작가회(민족동시조문학상)〈한국동시조문학상-개명〉.

1996-7월호-소풍, 교실 안 풍경,〈2편〉

1996-11월호-할아버지,〈1편〉

1997-1월호-횃불, 손 흔들기,〈2편〉

1997-7월호-풀꽃, 바다, 고향노래, 꽃집, 꽃떨기, 구름, 놀이터,〈7편〉

1997-11월호-메아리, 조약돌, 매미, 도토리, 별지기,〈5편〉

1997-12월호-이달의 아동문학칼럼-동시조짓기. 제1회.

1998-2월호-이달의 아동문학교실-동시조짓기. 제2회.

1998-3월호-이달의 아동문학교실-동시조짓기. 제3회.

1998-4월호-이달의아동문학교실-동시조짓기. 4회.바람도쉬어야지,봄꽃도밥을먹어〈2편〉

1998-5월호-이달의 아동문학교실-동시조짓기. 제5회.

1998-6월호-이달의 아동문학교실-동시조짓기. 제6회.
1998-7월호-이달의 아동문학교실-동시조짓기. 제7회.
1998-8월호-이달의 아동문학교실-동시조짓기. 제9회.
1998-10-월호- 이달의 아동문학교실-동시조짓기. 제10회.
1998-11-월호- 이달의 아동문학교실-동시조짓기. 제11회.
1998-12-월호- 이달의 아동문학교실-동시조짓기. 제12회.
1999-1-월호- 이달의 아동문학교실-동시조짓기. 제13회.
1999-2-월호- 이달의 아동문학교실-동시조짓기. 제14회.
1999-3-월호- 이달의 아동문학교실-동시조짓기. 제15회.
1999-4-월호- 이달의 아동문학교실-동시조짓기. 제16회.
1999-5-월호-이달의 아동문학교실-동시조짓기. 제17회.(나비야, 꽃잎, 바람이나에게, 바람이 꽃에게, 할미꽃,) 〈5편〉
1999-6월호-이달의 아동문학교실-동시조짓기. 제18회.
1997-7월호-이달의 아동문학교실-동시조짓기. 제19회.
1999-9월호-이달의 아동문학교실-동시조짓기. 제 21회.
1999-10월호-이달의 아동문학교실-동시조짓기. 제22회.
1999-11월호-이달의 아동문학교실-동시조짓기. 제23회.
2000-12월호-이달의 아동문학교실-동시조짓기. 제24회.
2000-1월호-이달의 아동문학교실-동시조짓기. 제25회.
2000-2월호-이달의 아동문학교실-동시조짓기. 제26회.
2000-3월호-이달의 아동문학교실-동시조짓기. 제27회.
2000-4월호-이달의 아동문학교실-동시조짓기. 제28회.
※아동문예-지상강좌 1997. 12월호 →2000. 4월호까지(총28회)〈끝〉
2000-5월호-효자손, 태극기, 세상에서 제일 좋은 것, 백목련, 개나리.〈5편〉
2000-12월호-바다용궁, 꽃 나라 꽃 대궐, 〈2편〉
2001-3월호-판소리, 한꿈이와 꿈돌이, 〈2편〉
2001-10월호-우리는 쌍둥이, 꾀꼬리, 〈2편〉

2001-11월호-산 이슬과 꽃이슬, 고추잠자리, 콩풀, 파도소리가 사는 곳, 〈4편〉
2001-12월호-벼룩과 파리, 차례 상, 〈2편〉
2002-1월호-장수하늘소, 금강 어름치와 한강 쏘가리가 만났을 때, 〈2편〉

2002-2월호-개와 고양이, 염라대왕 감기, 〈2편〉
2002-3월호-태양, 공룡, 〈2편〉
2002-4월호-산타할머니, 고목나무와 산삼, 〈2편〉
2002-5월호-오월은 어린이 세상, 콩자루는 왜 없어, 〈2편〉
2002-6월호-반달가슴곰, 평창백룡동굴, 〈2편〉
2002-7월호-백령도장산곶매, 정이품송과 정부인송, 〈2편〉
2002-8월호-황새, 우주정거장, 〈2편〉
2002-9월호-울주천전리각석, 쇠고래, 〈2편〉
2002-10월호-크낙새, 오골계, 〈2편〉
2002-11월호-따오기, 설악산천연보호구역, 〈2편〉
2002-12월호-난중일기, 금제관식, 〈2편〉
2003-5월호-남극대륙, 할미꽃, 〈2편〉
2004-1월호-도깨비네 방망이공장, 도깨비네 호박꽃, 〈2편〉
2004-2월호-하늘다람쥐, 큰 소쩍새, 백령도두무진, 상백도하백도, 올빼미와부엉이, 〈5편〉
2004-4월호-도깨비네 종소리, 도깨비네만만세, 〈2편〉
2004-5월호-도깨비네 풍물놀이, 도깨비네 굴뚝서당, 〈2편〉
2004-8월호-숲속의 아침-(장시), 〈1편〉
2005-4월호-하늘 꽃도 피었네, 갯벌이 제집이야, 감자꽃, 분수들이 노래하자, 자운영과 파꽃, 〈5편〉
2005-8월호-민들레도 날씨 안다, 꽃망울 꿈, 꽃대궐 울타리, 알 수 없잖아, 〈4편〉
2005-12월호-작은 벌꼬, 허브 꽃밥, 〈2편〉

2007-9월 10월호-쌍무지개, 도깨비네 집으로 놀러갔으면, 피딱지, 은하수 눈초리들, 연꽃 필 때, 〈5편〉

2008-7월8월-꽃봉오리에게, 하늘그릇, 〈2편〉

2009-3월4월호-은하수, 줄 베짱이, 〈2편〉

2010-11월 12일-꿈 너머 꿈, 핸드폰 사진, 〈2편〉

2013-7월 8월-숲으로 간 꽃그늘, 꽃받침 위 꼬투리, 연못, 도깨비감투, 〈4편〉

2014-1월2일-햇살이 놀러 와서, 꽃씨를 심어놓고, 〈2편〉〈총128편〉(계속)

5. 한국동시조-광주

1995-창간호-꽃바람, 꽃밭, 청개구리, 봄바람, 별의 꿈, 가을바람, 동학사, 매미, 교실 안 풍경, 청소, 〈10편〉

1995-제2집-뻐꾸기, 네 마음 내가알지, 봄 오는 소리, 〈3편〉

1996-제3집-소풍, 놀이터, 〈2편〉

1997-제4집-횃불, 손 흔들기, 〈2편〉

1998-제5집-풀꽃, 꿈, 〈2편〉

1998-제6집-하늘 따먹기, 고향노래, 알 수 없잖아, 〈3편〉

(표지그림-대전양지초등학교 3 -황루비)

1999-제7집-제8집-작품 없음

2000-제9집-색종이나라, 〈1편〉

2000-제10집-색종이나라, 뒷동산에 오르면, 〈2편〉

2001-제11호-민들레, 선생님 마음, 전화, 새싹, 우산, 예방주사, 아저씨, 상상의 나라, 어머니, 까치, 풍선, -김창현의 동시조 세계. 〈11편〉

2001-제12호-작품 없음.

2001-제13호-바람이 나에게, 부침개, 〈2편〉

2002-제14호-작품 없음.

2003-제15호-뿌리공원, 금강 하구둑, 〈2편〉

2003-제16호-도깨비네 방망이공장, 〈1편〉

2004-제17회-돌날 아침, 하늘다람쥐, 〈2편〉

2004-제18호-작품 없음.

2005-제19호-봄 안개 피는 아침, 〈1편〉

2005-제20호-꽃망울 꿈, 꽃밭, 〈2편〉

2006-제21호-알 수 없잖아, 〈1편〉

2006-제22호-우리는 쌍둥이, 〈1편〉

2007-제23호-동박새, 〈1편〉

2007-제24호-피딱지, 〈1편〉

2008-제25호-장독대 쥐콩 도깨비, 〈1편〉

2010-제26호-박수치기, 〈1편〉

2010-제27호-사랑 밥, 〈1편〉

2011-제28호-겨울 딸기밭, 〈1편〉

2011-제 29호-작품 없음.

한국동시조선집-동학사, 〈1편〉〈총52편〉

6. 현대동시조-대전

2000창간호-나 때문에, 〈1편〉

2001-제2집-동시조 나무를 심고, 바다용궁, 꽃나라 꽃대궐, 〈3편〉

2002-제3집-벼룩과 파리, 〈1편〉

2003-제4집-부처님 나이, 〈1편〉

2004-제5집-돌날 아침, 〈1편〉

2005-제6집-민들레도 날씨 안다, 〈1편〉

2006-세7집-지금도, 〈1편〉

2007-제8집-보리 목을 뽑아 올릴 때, 〈1편〉

2008-제9집-하늘 그릇, 〈1편〉

2009-제10집-작은 별꽃, 〈1편〉 한국현대동시조선집-작은 별꽃〈1편〉

2010-제11집-피딱지, 〈1편〉

2011-제12집-고흥나로우주센터, 〈1편〉

2012-제13집-한국동시조글탑, 쟁반탑, 〈2편〉

2013-제14집-풀꽃, 과수원, 〈2편〉

2014-제15집-꿀벌은 바쁘다, 다람쥐, 등대도깨비, 〈3편〉〈총21편〉

7. **한국장애인문학도서총람**(2013)

1) 아동문학-글꽃피는꽃동네(도깨비네 호박꽃) 〈1편〉

8. **대전사랑-아동문학선집**(2014)

1) 아동문학-대전엑스포.1.,대전엑스포.2.,보문산.1.,보문산.2., 〈4편〉

9. **한국문학작품선**(**동시, 동화**) 1994

1) 동시-청개구리. 〈1편〉

10. **관촌-김창현 대표동시 감상**

1) 청개구리

올 여름 그렇게도
비가 자주 내리더니

목청껏 불렀건만
배운 노래 그걸 몰라

산하나 실려 가도록
울다 지친 청개구리

※아동문예. 1993. 6월호. ※한국문학작품선(동시) 1994.

2) 도깨비네 호박꽃

〈글꽃 피는 꽃동네〉는 저자가 문학 등단 20년을 맞이하여 발간한 현대동시조 선집이다 시조문학-시조, 아동문예-동시조, 문학사랑-평론, 당선으로

등단한 저자는 생활 주변에서 시제를 찾아 외래어나 한자, 속된 말 등을 삼가고 생기 넘치는 시어를 배열하여 시의 수준을 높였다는 평가를 얻었다.

〈한국 장애인문학도서총람〉 2013.

돌문이 열려라 또드락 똑딱
방망이 두드리고 중얼거리면

드르륵 문이 열리자
화장실 옆 호박꽃 한 쌍

눈썹에 노란불 켜고 서서
바람 깜박이네.

3) 풀꽃

파아란
들을 지나
꽃잎도 흔드는 바람

꽃가슴 빠알간 풀꽃
샛노랗게 피어나면

널따란
세상 하나를
풀꽃 향내로 채운다.

4) 숲속의 아침

숲과 숲이 마주 서서 새소리 메아리도
봄 안개 꿈결처럼 몸짓 틀던 둥지 안엔
솜 깃털 두서너 개 품고 앞발 굴려 찾는 봄.

소나기 쏟아놓고 넋을 잃은 하늘 한 켠
은하수 구름 벌판 별빛 하나 깜박일 때
별똥별 큰 숲 너머 너머 거친 숨결 저 달빛.

단풍 옷을 발가벗겨 꽃향내 담궈 놓고
물소리 까치 웃음 비워낸 마음자리

가슴 속 목을 뺀 응어리가 결삭았던 꽃샘추위. 뒷골목

온 하늘 처다보며 꿈을 키운 굽은 가지
푸른 자연 가슴 안아 감싸주는 목숨 하나
저 햇살 번지는 빗줄기 따라 맑은 향내 깃든다.

5) 보리 목을 뽑아 올릴 때

푸릇푸릇 보리 싹이
꽃샘추위 보듬다가

종달새 하늘 높이
새봄 노래 부를 때

보릿대
긴 목을 뽑아 올려
손짓하던 보리 숲.

※현대시조 2005. 여름호.

11. 관촌-김창현의 아동문학(동시)통합조사

동시문학	동시 수록 작품					장시조	총계	비고
	1연	2연	3연	4연	5연			
	1편	2편	3편	4편	5편			
대전일보	8						8	중복 있음
아동문학시대(서울)		10	6	24			40	
아동문학시대(대전)	2						2	
아동문예	5	61	3	12	40	7	128	
한국동시조	9	16	6			21	52	
현대동시조	11	4	6				21	
한국장애인문학도서	1						1	
대전사랑아동문학선집				4			4	
바람이밀어주는그네	200						200	
세월의 길목	12	1					13	
고향노래	100						100	

낫달뜨는고향언덕	101						101	
글꽃피는꽃동네	93	4			2	1	100	
등대도깨비	92	2	1		2	5	102	
총 계	634	98	22	40	44	34	872	〈계속〉

판소리의 눈 대목 같은 동시조

- 오순택 - 꽃발걸음소리 동시 조를 읽고

김 창 현(한밭아동문학-고문)

이 천 년대 새 시대에 접어들면서 고홍나로우주센터가 준공되고 과학위선을 쏘아 올린 우주시대에 살고 있는 오늘날의 우리 사회다. 어린이들도 판소리를 잘 불러서 판소리 명창이 쏟아진지 오래 되었다.

오순택-꽃발걸음소리 동시조를 읽고 판소리의 눈 대목 같은 느낌을 받았다. 동시조의 짜임새가 모두 단형이어서 어린이들에게 읽기 쉽고 어려운 시어가 없으며 재미있고 흥미로운 궁금증이 술술 풀리는 미래의 개안법이 마음에 쏙 들었다. 시청각적 이미지를 살려낸 순수한 우리말과 희망 꿈이 담겨 있어 활기차고 생기가 넘치는 시어를 만나 즐거웠다.

꽃발걸음소리 아침마중 동시문학을 다음과 같이 요약하고 본 대로, 느낀 대로, 감동 받은 대로, 그 내용을 적어 본다.

1. 순수한 동심의 의인화

가진 건
아주 작은
귀 하나 뿐이어도

실을 꿰어
해진 것 다
깁는다.
바늘 너는

너처럼
깨끗한 귀 하나
가졌으면 좋겠다.

—「바늘 귀」 전문

어린 아이들의 시청각적 오관을 동시조로 달관시킨 품격이 재미있다. 〈바늘귀가 하나뿐인데 해진 것 모두 깁는다.〉고 직유법을, 〈깨끗한 귀 하나 가졌으면 좋겠다고〉 희망 소원을 변용 시키고 있다. 대한민국 모든 어린이들은 귀가 없겠는가? 작은 바늘 귀를 어린이와 비유, 은유 시킨 친근감의 창작 수법이 매우 날카롭게 느껴진다.

〈깨끗한 귀〉는 착실하고 마음씨 고운 동심이 은유로 떠오른다.

2. 동심을 들어내는 직유와 은유

ㅉ ㅉ ㅉ,
새소리가
아침을 맑게 연다.

순한 햇살
눈을 뜨고
나팔꽃도 입을 연다.

아가야,
하늘만큼만
꼭 고만큼만 자라라.

—「꽃 발걸음 소리」 전문

꽃도 발걸음이 있다고 차원 높게 생각했다. 〈자박자박〉 걸어오는 발걸음소리를 주제에 숨바꼭질 시켜 숨겨 놓았다. 미궁 속을 찾는 아이들의 즐거움을 여기에서 맛보고 있다. 특히 동심의 절정은 〈분홍으로 걸어라〉 꽃빛깔이 깨끗하고 참신한 인어순화가 아름다운 눈 대목이다.

현대시조의 특징은 음수율에 파격을 보이고 시행의 배열이 다양하며 시어가 감각적 구체적이고 감동을 받을 수 있으며 쉽게 읽고 재미있는 시, 진솔한 경험에서 우러나온 동시조가 좋다. 그러므로 시의 감동은 동시조를 살리는 핵심 줄기다. 동시조를 읽고 아무런 감동을 느끼지 못한다면, 무슨

소리인지 이해가 안 된다면, 체험의 바탕이 들어 있지 않았다면, 겉만 동시조 틀이지 속이 텅 빈 표본실의 박제된 매미와 다를 것이 무엇이랴?

동시 조는 아이들 틈바구니에서 웃고, 울고, 즐거움과 기쁨을 함께 나누는 어깨동무 사이에서 이루어지며 아이들의 마음속을 꿰뚫어 보는 안목과 통찰력이 필요하고 막연한 감상적 동시 조와 아집적인 동시 조는 과감하게 지양해야 된다고 말하고 싶다.

신 미 의 현대시조

1. 시조집 – 아버지의 자전거 2016.

1) 청, 보리, 밭-1연7행, 2) 봄맞이-1연7행, 3) 새싹-1연행, 5) 봄,소풍-1연7행, 6) 벚꽃-1연7행, 7) 기차여행-1연7행, 8) 고향의,봄-1연7행, 9) 오월의장미-1연7행, 10) 장미-1연7행, 11) 연꽃-1연7행, 12) 보리-1연7행, 13) 보리밭-1연7행, 14) 단오-1연7행, 15) 단비-1연7행, 16) 친구-1연7행, 17) 계족산속담-1연5행, 18) 더위-1연7행, 19) 소나기-1연7행, 20) 장미(1)-1연7행, 21) 장미(2)-1연7행, 22) 청둥치던날-1연7행, 23) 태풍산바-1연7행, 24) 폭염-1연7행, 25) 아버지의저전거-1연7행, 26) 소나무-1연7행, 27) 노송-1연7행, 28) 새,희망-1연7행, 29) 아버지-1연7행, 30) 가신님을그리며-3연21행, 31) 현충원의소나무-1연7행, 32) 어머니(1)-1연7행, 33) 어머니(2)-1연7행, 34) 아버님-1연7행, 35) 종신(終身)-1연7행, 36) 자목련-1연6행, 37) 임종-3연21행, 38) 일편단심내남편-1연7행, 39) 퇴근길-1연9행, 40) 귀가-1연7행, 41) 부부싸움-3연9행, 42) 아들-1연7행 43) 첫눈-1연7행, 44) 나라지킴이-2연14행, 45) 군기반장-1연7행, 46) 이등병-2연7행, 47) 내동생-1연7행, 48) 막걸리심부름-1연7행, 49) 내,사랑은-1연7행, 50) 어릴적,꿈-2연14행, 51) 길-1연7행, 52) 꽃잎-1연7행, 53) 어느덧-1연7행, 54) 갈대-1연7행, 55) 가을강-1연7행, 56) 가을철-1연7행, 57) 늦더위-1연7행, 58) 가을-1연7행, 59) 가을들녘-1연7행, 60) 가을걷이-1연7행, 61) 문경새재-1연7행, 62) 가을뒷모습-2연14행, 63) 도토리-1연7행, 64) 겨울바다-1연7행, 65) 꽃게-1연7행, 66) 계족산-2연14행, 67) 홍시-1연7행, 68) 동춘당-1연7행 69) 항변-1연7행, 70) 어정-1연7행, 71) 우리들은1학년-1연7행, 72) 산사길을걸으며-2연18행, 73) 시골장터-2연14행, 74) 독도-2연14행, 75) 소록도-1연7행, 76) 동학사,운해-2연14행, 77) 태안1300리길-2연14행, 78) 첫사랑-1연7행, 79) 짝사랑-1연7행, 80) 화해-1연7행, 81) 인간관계-2연14행, 82) 장독대,왕

파리-1연7행, 83) 낙엽-1연7행, 84) 호랑이선생님-1연7행, 85) 웃음의,씨앗-1연7행, 86) 옛날애기-1연7행, 87) 용서-1연7행, 88) 독거-1연7행, 89) 독거노인-1연7행, 90) 선거-1연7행, 91) 선택-1연7행, 92) 무면허-1연7행, 93) 가난-1연7행, 94) 진자리-1연7행, 95) 금강시대-1연7행, 96) 꽃샘추위-1연7행, 97) 민통성-1연7행, 98) 현충원-1연7행, 99) 광복70년-3연21행, 100) 호국영령-1연7행, 101) 2014년4월16일.아침-1연7행, 102)뉴스속보-1연7행, 103) 환생-1연7행 〈2009-시조문학등단〉

2. 월정리역에서 - 시조집 2016.

1) 새내기-1연7행, 2) 계족산,오르는길-1연7행, 3) 꽃샘추위-1연7행, 4) 봄(1)-1연7행, 5) 봄(2)-1연7행, 6) 봄바람-1연7행, 7) 꽃잔치-1연7행, 8) 꽃동산-1연7행, 9) 산수화-1연7행, 10) 울산앞바다지진-1연7행, 11) 진달래-1연7행, 12) 유혹아카시아-1연7행, 13) 장미-1연7행, 14) 금강초롱-1연7행, 15) 연꽃-1연7행, 16) 포도-1연7행, 17) 매미-1연7행, 18) 이별-1연7행, 19) 갈대-1연7행, 20) 신성리갈대-1연7행, 21) 거울-1연7행, 22) 허드렛물-1연7행, 23) 돌게-1연7행, 24) 소나기-1연7행, 25) 열무김치-1연7행, 26) 철길놀이-1연7행, 27) 가을여인-1연7행, 28) 계곡-1연7행, 29) 계룡산-1연7행, 30) 대청호-1연7행, 31) 산책길-1연7행, 32) 식장산-1연7행, 33) 충주문학관-1연7행, 34) 바닷가-1연행, 35) 단오놀이-1연7행, 36) 기우제-1연7행, 37) 사춘기-1연7행

3. 현대시조의 깊은 맛

1) 동심의 비유나 은유를 자연 사물에 의인화한 수준 높은 동심 세계가 펼쳐 보였고,
2) 얼굴 내민 친구들, 새싹은 귀염둥이, 등, 시적 소재가 어린이들의 심리적 전개로 크고 넓은 세계로 유도했으며
3) 사물시를 꽃잔치, 아버지의 자전거, 꽃동산으로 표현 감화로 진취적 표

출 방법이 모범 적이며 우수했다.

4. 신미경의 현대시조 창작형태조사

시조집	1연	2연	3연	4연	5연	사설	장시조	총계	비고
아버지의자전거	89	10	4					94首	2016
월정리역에서	87	5						92수	2017
총 계	176	15	4					186	
비 율%	90.2	7.6	1.00					98.8%	

〈참고문헌〉

1. 한국 시조큰사전-한춘섭, 박병순, 리태극-을지출판공사-서울. 1985
2. 한국 시조대사전-(상 · 하. 별책)-박을수-아세아문화사-서울. 1991
3. 근대 시조집람-임선묵-경인문화사-서울. 1999
4. 한국시대 사전-김창직, 윤해규-을지출판공사-서울. 2004
5. 한국 현대시조 연구와 향방-김창현-오늘의문학사-대전. 2014

박순희시인 끝질긴 삶의 감동화로 엮은 동심의 미학

- 개끼바느질 시조집과 동시를 중심으로

김 창 현(현대동문학상임고문)

Ⅰ. 들어가며

우리나라의 고대시조를 쓸모 있게 정리한 자료집이나 고대시조집을 깊이있게 연구한 자료를 도서관에 찾아가도 자료가 없고 남은 흔적을 찾을 길이 없다. 학자마다 그 주장과 학설의 방법론이 제 각각 다르고 오늘날까지 명확한 자료가 없어 캄캄한 시조 세계다.

한국의 문학 장르마다 참고 서적이 많지만 특히 시조연구는 찾을 길이 없는 설정이다.

1. 우리나라 고대시조의 탄생

1) 태동형성기 – 고려고종때부터 공양왕까지(1230 - 1392)

2) 성장정착기 – 조선태조 – 성종까지(1393 – 1494)

3) 융성난숙기 – 연산조 – 선조까지(1495 - 1608)

4) 발전보급기 – 광해조 – 경종까지(1609 – 1724)

5) 가창선집기 – 조선영조 – 순종까지(1725 – 1910)

2. 우리나라 현대시조의 변천과정

1) 고려충선왕9년(1313) 성여완(청구연언-1수)→조선고종31년갑오경장(1884)

2) 고려시조-내용이 교훈적이고-음악중심의 창(唱)

3) 근대시조-1885년부터-1905년까지

4) 현대시조-1906년(혈죽가-대구여사)-2006년(현대시조100주년)

5) 새천년시조-2007년 이후-오늘날 까지

3. 현대시조의 구성

1) 음수율(音數律)-음절의 수가 규칙적으로 반복되는 시의 자(字),구(句),행(行)을 구성함에서 우리나라의 민요, 시조, 가사, 민요풍 시, 등은 3,4조 4,4조, 3,5조, 등, 기본틀은 초장, 3.4.4.4.중장, 3.4.4.4. 종장, 3.5.4.3.이고 음수율만 맞춘다는 것은 현대시조가 아니다.

2) 내재율(內在律)-외형율처럼 밖으로 나타나지 않고 속으로만 생명처럼 존재하는 시인의 호흡, 시의 호흡을 말한다. 내재율은 보편적으로 리듬속에 개인적 리듬이 흡수되어 버리는 정형률에 비해 훨씬 개성적이라 할 수 있는데 그 자체가 개인적 호흡의 생리적 필요성과 개인적 정감의 심리적 필요에 의해 조절되고 개인적 정신에 의해 듣게 한다

4. 우리나라 현대시조의 종류

1) 평시조-시조시학 2007 겨울호 – 현대시조의 장르적 특성과 행로-유성호교수

2) 엇시조-시조시학 2004 봄호

3) 사실시조-시조시학 2007 가을호

5. 현대시조의 창작형태

〈깨끼바느질〉박순희 시조집. 2015.

1) 모시적삼-2연6행, 2) 당의를만들며-3연9행, 3) 도포를만들며- 5연15행, 4) 저고리-2연10행, 5) 깨끼바느질-2연14행, 6) 한복집새-3연15행, 7) 동빈자-2연14행, 8) 마고자단추를달며-3연9행, 9) 축복의 옷-3연12행, 10) 나비가늙었다-6연18행, 11) 억지-3연9행, 12) 이불속이그립다-3연9행, 13) 임종-3연12행, 14) 선생님의종아리-3연9행, 15) 총각선생님-2연10행, 16) 가슴아픈날-3연9행, 17) 김연아금메달-3연9행, 18) 김연아은메달-3연12행, 19) 순간의행복-2연6행, 20) 생일-2연12행, 21) 보고싶다행순아-3연9행,

22) 시들지않는꽃-4연12행, 23) 눈물빛그리움-3연9행, 24) 글꽃밭-2연10행, 25) 바람난여자-3연9행, 26) 아버님진상서-사설, 27) 은젓가락-3연12행, 28) 그리운시어머니-5연15행, 29) 대들보-2연6행, 30) 비우자-3연9행, 31) 큰형님-3연15행, 32) 둘째형님-3연15행, 33) 순종이미덕인가-3연9행, 34) 첫아이를잃고-5연15행, 35) 눈물바다-사설, 36) 보금자리-2연6행, 37) 시베리아별판-3연9행, 38) 향기-2연10행, 39) 첫돌-3연9행, 40) 옥수수하모니카-1연5행, 41) 맞절-2연19행, 42) 손녀-1연7행, 43) 엄마찾아승강장-2연12행, 44) 화장실간엄마는돌아오지않으며-1연7행, 45) 까치들의합창-3연15행, 46) 어제밤꿈-2연6행, 47) 첫눈이메일을보낸다-2연10행, 48) 스키장에서-3연9행, 49) 잉태-2연6행, 50) 고모가좋아요-2연12행, 51) 날개(1)-사설, 52) 날개(2)-사설, 53) 배롱나무-3연9행, 54) 백년손님-2연6행, 55) 봄날-2연10행, 56) 대전문예대학-3연9행, 57) 눈길을달린다-3연12행, 58) 할머니생각-2연10행, 59)아버지교훈-3연9행, 60) 어머니목소리-5연15행, 61) 어머니(1)-2연6행, 62) 어머니(2)-2연6행 63) 어머니(3)-3연9행, 64) 어머니(4)-3연9행, 65) 어머니(5)-3연15행, 66) 어머니(6)-3연15행, 67) 알람전화-3연12행, 68) 천상화-3연9행, 69) 친정오빠-3연9행, 70) 올캐언니-3연15행, 71) 동생댁-3연15행, 72) 막내동생-3연15행, 73) 우애의꽃-3연9행, 74) 왕소나무-3연12행, 75) 늙은호박-3연12행, 76) 바람난여자(2)-5연15행, 77) 구설수-2연12행, 78) 삶-3연15행, 79) 냉동실가족-3연12행, 80) 웬일일까-2연9행, 81) 사주-3연9행, 82) 황혼의꽃-3연15행, 83) 인간관계-3연15행, 84) 가을하늘-2연10행, 85) 한파속에꽃소식-1연6행, 86) 할미꽃사랑-2연10행, 87) 사노라면-2연10행, 88) 별빛마을-3연12행, 89) 국화축제-3연9행, 90) 유림공원에서-3연12행, 91) 계족산황톳길-3연21행, 92) 천리포수목원-3연21행, 93) 뿌리공원에서-3연12행, 94) 영국사에서-3연9행, 95) 산사의시낭송-3연9행, 96) 청풍호에서-3연13행, 97) 의림지소나무-1연7행, 98) 대전-2연19행, 99) 거제에서-3연12행, 100) 변산에서-2연12행, 101) 미시령고개-2연10행, 102) 노천탕-2연8행, 103) 고성에서-3연12행, 104) 달아전

말대-3연12행, 112) 마무틱섬에서-3연15행, 113) 운문서소나무-3연9행, 114) 혜슬러냄비-3연9행, 115) 금동대향로-6연18행

〈해설〉시련을극복한침선의서정시학-리헌석

6. 현대시조 작가

1) 아동문예-동시, 등단(2012)

2) 문학사랑-현대시조 등단

3) 충남도시가스문예공모전-시부문 최우수상

4) 깨끼바느질-현대시조집(2016)발간하였다

5) 제8회 한밭아동문학상(현대동시조 부문) 2016

어릴 적 꿈을 가지고 싹 틔워, 자라나는 나무가 성장을 하려면 언제 쯤 큰 나무로 자랄수 있을까. 멀기만 했는데 글쓰기 공부를 가르쳐 주시는 문예대학 교수님들의 덕분에 하나하나 배우느 것은 제 인생의 활력소이고 보람을 느끼며 살아가며 생활속에 있는 것을 글로 표현 할 수 있는 것이 좋았습니다. 아동문학을 접할 때는 순수한 동심의 세계에서 꿈을 꾸며 희망을 키워 봅니다. 아직도 많이 부족한 저에게 상을 주신다는 소식을 들었을 때 기쁨 보다는 두려움이 더욱 컸습니다. 앞으로 잘 하라는 채찍으로 받아들이고 더 열심히 노력하겠습니다. 저를 추천해 주신 아동문학 회장님과 문예대학 교수님께 진심으로 감사드리며 모든 어린이들이 꿈을 가질 수 있는 아동문학 발전을 빌겠습니다.

7. 현대동시조의 탐구

1) 어린이 날 - 어린이들이 올비르고 슬기롭고 씩씩히게 지리도록 힘을 주기위하여 정한 날. 삼일운동을 계기로 어린이들에게 민족정신을 고취하기 위하여 방정환(方定煥1899-1931)을 비롯한 일본 유학생 모임인 색동회가 주동이 되어 1923년 5월 1일을 어린이날로 정하였다가 1927년에 5월의 첫 일요일로 변경하고 다시 1946년부터 5월 5일로 정하였으며 1975년부터

공휴일로 정하였다.

어린이들의 몸과 마음을 꽃, 나뭇잎, 함박웃음, 희망새싹, 꿈나무, 등 모든 사물들을 의인화시켜 어린이 마음을 즐겁게 하고 방실방실 웃음이 살아 있고 아이들의 함박웃음이 나뭇잎처럼 손짓하는 표현이 재미있게 표출하였다. 키 작은 나무도 꿈나무처럼 자라서 하늘을 향해 꿈을 키우는 어린이가 무럭무럭 자라기를 눈으로 직시 할 수 있는 동시조로 창작 한 일은 놀라운 창작활동이 돋보인다.

2) 보름달 – 어린이들은 유치원 다닐 때나 초등학교 1학년에 다닐 때는 언제나 동요노래를 재미있게 불러보는 노래들이다. 항상 어린이들 마음속에 자리 잡고 있어서 재미있고 정다운 글감이다. 〈달, 달, 무슨 달, 쟁반같이 둥근 달, 어디 어디 떴나. 남산 위에 떴지.〉 어린이들의 동심 세계를 끌어 당기는 동시조로 창작하여 무용 활동을 돕고 있는 창작품이다.

3) 꽃나비 – 꽃과 나비의 합성어를 모아 놓았다. 꽃이 따로 있고 나비가 따로 있지만 꽃나비를 합성어로 묶어 의태어나 의성어로 창작해 놓았다. 어린이들이 친근감이 있고 관찰학습의 욕구를 충족시켜 만족감을 느끼게 접목해 준다. 입가에 오르내리는 시어들이 재미있고 목구멍에 걸리는 것이 없어서 봄바람처럼 살랑살랑 굴러가는 모양을 나타낸 시어가 홍미롭게 느껴진다.

4) 뿌리 – 예쁘고 아름다운 꽃망울이 피어나 향기를 채우는 희망 꿈이 서려있고 의기양양하고 그토록 소중한 나무의 뿌리, 힘내야 세상을 살아가지요? 이처럼 어린이들의 마음을 다독거려 주고 뿌리도 세상을 살아가는 힘을 보태주는 아름다운 마음을 엿 볼 수 있는 빛깔 좋은 창작품이다.

5) 거울 – 날마다 거울 속을 바라보는 자기의 양심을 비교해 보고 잘잘못을 가려내는 양심을 테스트 해 본다. 양심을 속일 수 없다는 진실함이 숨어 있고 남을 비판하고 속이고 겁을 주고 마음이 하늘처럼 넓은 세상을 꿈꾸는 사람이 되기를 기대한다.

6) 동시조 작품속의 시상

1) 어린이들의 천진난만한 친근감을 끌어당기는 내면적 시상이 뛰어났고,

2) 시간과 공간을 초월하여 깨끼옷감을 손질하듯 동시조를 옷감 짜듯 직조했으며

3) 마음 속에 깃든 체험속의 영감과 직감을 연결하는 미학적 구조를 돋보이게 창작하였다

박순희 작가 현대시조 창작형태조사

시조시	1연	2연	3연	4연	5연	사설	장시조	총계	비고
깨끼바느질	5	31	67	1	5	5	1	115	
현대동시조	7	6	1					14	
총 계	12	37	68	1	5	5	1	129	
비 율%	9.3	28.6	52.7	0.7	3.8	3.8	0.7	99.7	

〈참고문헌〉

1. 한국 시조큰사전-한춘섭, 박병순, 리태극-을지출판공사-서울. 1985

2. 한국 시조대사전-(상.하. 별책)-박을수-아세아문화사-서울. 1991

3. 근대 시조집람-임선묵-경인문화사-서울. 1999

4. 한국시대 사전-김창직, 윤해규-을지출판공사-서울. 2004

5. 한국 현대시조 연구와 향방-김창현-오늘의문학사-대전. 2015

2000 한밭아동문학가협회

Ⅰ. 단체 소개

〈한밭아동문학가협회〉는대전동시조에서 뿌리를 찾아야한다. 초대 회장 김창현 회장의 창간 내역과 연혁을 먼저 살펴보기로 한다.

"대전동시조문학회를 2000년 5월 3일 창립하여 창간호 2집 3집을 모두 자비로 발간하게 되었다. 발간하게 된 동기와 까닭은 전국한밭시조백일장에 출천하여 서대전 야외음악당에서 상을 받았을 때 달기똥 같은 눈물을 보았고 노루처럼 펄쩍 펄쩍 뛰는 천진난만한 어린이들의 즐거움을 직접 경험해 보았기 때문이다. 어떻게 하면 어린이들에게 즐거움을 선물로 줄 수 있을까를 고민하고 숙제처럼 가슴에 품고 지내던 일이 항상 뼈저리게 느낀 이유가 바로 여기에 있다. 더구나 가람문학, 한밭시조문학, 옥로문학 등이 발간되어 시인, 시조시인 들의 경제적 부담을 가중시켜 협조를 받을만한 손길이 없었다. 대전동시조 창간호에 수록했다 발간 사를 참고로 소개한다." "새천년의 밝은 해는 하늘 높이 솟아올랐다. 이제 오천년의 새 역사를 창조 해 본 우리 조상들의 시조문학도 대전 땅에서 새 물결의 파도가 일렁거리게 되었다. 동시조가 태어난지 70년이 지난 오늘, 순수한 대전동시조가 햇빛을 보게 되기까지는 수많은 어려움이 있었으나 동시조를 심어야한다는 사명감으로 시작한 일이다. 창간 동기는 다음과 같다."

첫째 한밭시조의 뿌리를 찾고 대전동시조의 씨를 뿌리기 위해서이다. 대전 동시조가 시조의 씨를 심어 어린이의 마음 밭에 슬기 있고 재치 있는 마음씨를 길러 동시조 나무를 키워야하기 때문이다.

둘째 대전, 충남 대가족 시조에서 수준 높은 동시조의 뿌리가 내려 시조와 동시조가 공존하는 문학풍토를 조성하기 위해서다. 〈문학의 해〉에서처럼 국민의 시조가 함께 참여하는 시조 풍토를 하루 빨리 만들어야 된다는 사명감 때문이다.

셋째 백일장만 치러냈다고 동시조의 텃밭을 일구어 놓은 것은 아니다. 어른들의 수준 높은 시조는 어린이들이 즐겨 읽을 수도 없고 찾지도 않는다. 어린이들의 심신 발달 성향에 걸맞는 동시조라야 하며 어린이들에게 읽을거리를 만들어 주어야 한다. 그래서 대전동시조는 시조의 모든 가족이 함께 참여하여 살아 숨 쉬는 터전을 마련하고 먼 훗날까지 전승되는 동시조를 키워 한밭에 아름다운 동시조 꽃이 활짝 피도록 가꾸어 나가야 하겠다.

대전동시조 창간호의 특색은 시조시인들의 작품이 30명, 참여했고 재미있는 동시조짓기, 학교순례, 초등학교 1학년도 동시 조를 지어낸 작품들을 수록했다. 대전동시조 제2집 특색은 백제 땅에 우뚝 설 동시조나무 한 그루 깊게 심자.

대전동시조 제3집 특색은 학교순례 6회 수록했고, 제16회 전국한밭시조백일장, 초등부 작품, 3학년 동시조 작품, 사설동시조 시리즈, 평론, 연표, 연찬록, 연혁을 수록하였다.

대전동시조 제4집은 대전시 문예진흥기금 일부를 지원받았으며 특색은 학교순례 8회로 어린이 시조 짓기에 땀을 흘린 해이다.제17회 전국한밭시조백일장 초등부 작품, 학년별 4학년 동시조, 평론, 아동문학과 동시조의 접목, 대전동시조 뿌리찾기 3회가 수록되었다.

현대동시조 제5호 제호변경, 까닭은 2000년 전국시조백일장에 출전하는 어린이들이 동시를 지음으로 입상을 하지 못해 눈물을 흘리는 사례가 많았다.현대동시조로 제호를 바꾸어 학교순례, 어린이 시조 짓기를 전개하여 시조작가 동시조 작가에게 대환영을 받은바 있다. 어린이를 위한 동시조, 추모특집, 전국어린이 작품을 수록했다.

현대동시조 6집 특색은 앞날의 동시조 지향점을 앞세우고 초, 중, 고등학교 교육과정 법령과 그 변천, 중학교 교육과정 동시조 주체와 형태, 정완영(1919-2016)동시조의 시어적詩語的 이미지 연구 평론을 수록하였다.

현대동시조 제7집 특색은 충청권(대전,충남) 동시조 문학의 시대적 고찰, 충청권 동시 조문 학의 시대적 전개양상, 아쉬운 동심(정태모鄭泰摸 1923~2010) 평론을 수록했고 연표, 연찬록, 연혁 후기는 생략한다. 현대동시조 제8집 대전시 제작비 일부를 지원 받았다.

제9집 특색은 앞날의 현대동시조는 이렇게 발간사와 한국동시조사 연표, 지원금이 탈락하여 어려운 중에도 한국현대동시조선집을 발간하였다. 현대동시조 제 10집 특색은 현대동시조 창간 10주년 발간사, 제1회 한국동시조문학상 유동삼 수상작품 문풍지외 1편 평론, 동심으로 지어지는 순수성의 미학 현대동시조 짓기 교실 6시간 177명,5개 초등학교 작품이 실려 있다.

11집부터 사정이 어려워 한밭아동문학가협회로 제호를 변경하여 동시조,동시,동화,동수필,동극,아동문학 전체를 끌어안은 우량 문학지로 거듭났다.

김창현 전회장이 12살까지 곱게 키워놓은 현대 동시조는 윤황한 전회장이 바톤을 받아 2대 회장을 맡으면서 연표총정리 작업을 하였다. 40명의 회원들은 주옥같은 시를 보내주었고, 김창현, 윤황한 회장은 갑천초등학교,금산상곡초등학교,대전대신초등학교에 동시조 짓기와 역할놀이 지도 교사로 찾아가는 맞춤형 지도에 열정을 쏟으며 14집까지 발간하였다. 윤황한 전회장의 연세로 인하여, 2013년 10월 임시총회를 열어 김숙(본명 김숙자) 회장으로 임명하였다. 15호『들꽃은 참 좋겠다』16호『엄마도 꽃들처럼』17호『빨강색 책가방』18호『봄은 별사탕이야』을 발간하며 앞서 정해진 틀과 규율에 벗어남 없이 50명의 회원들이 아동문학에 정성을 쏟고 있다.

2017년에는 열여덟 번째 풀판기념회를 대전문학관에서 열게 된다. 제9회에 이르는 한밭아동문학상 수상자를 배출하였고 금년 9월이면 대전 도시철도지하철역 전시공간에서 한밭아동문학시화전을 열 계획을 갖고 있다.

2018년도 계획으로는 5월5일 어린이날 행사를 야외 공연장에서 할 예정 이다. 동시조 나무를 키우기 위해 순간순간 눈물어린 밑거름이 되어주신 김창현 초대회장의 정신을 디딤돌 삼아, 나비처럼 탈바꿈하여 20여년이 되어가는 한밭아동문학은 대전문단에서 아동문학의 중심이 되리라 기대해본다.

Ⅱ. 창립연도 및 연혁

1. 창립연도 : 2000년 5월 3일

2. 연혁

『대전동시조』 2000~2003

(제호변경) 『현대동시조』 2004~2009

(제호변경) 『한밭아동문학』 2010

Ⅲ. 역대회장 및 창립회원 명단

1. 역대회장

1대 김창현 / 2대 윤황한 / 3대 김 숙(본명 김숙자)

2. 창립회원

김광순,김개현,김동직,김순영,김영배,김영수,김영환,김재수,김창현,김환식,림헌도,박봉주,배정태,서영자,신재후,유동삼,유준호,이기동,이도현,이상덕,이종훈,이한식,장지성,전영관,조근호,조일남,조혜식,채정순,홍병선,홍윤표

3. 현재회원

강임구,구상회,김길순,김동훈,김명동,김선호,김성숙,김숙,김숙자,김영수,김유성,김장수,김창현,리헌석,문복선,문희순,박근칠,박순희,박종국,배정태,백명자,백민,서관호,서인원,송심순,신미경,신주희,신현창,심성보,엄

기창,우제선,유동삼,윤황한,이상덕,이상야,이순금,이미란,임승수,임자운,전선구,전영용,정이식,조혜식,최숙영,최영환,최재경,한금산,한영필,허일,홍미숙

Ⅳ. 소재지 및 활동범위

1. 소재지

2000~2011 김창현 회장댁 (동구 용전동)

2012~2013 윤황한 회장댁 (서구 황실타운 아파트)

2014~2017 김숙 회장댁 (동구 신흥동)

2. 활동범위

대전,세종,충남,충북 외 기타희망 회원

Ⅴ. 소재지 및 활동범위

1집 발간『대전동시조』2000년

2집 발간『대전동시조』2001년

3집 발간『대전동시조』2002년

4집 발간『대전동시조』2003년

5집 발간『현대동시조』회지명 변경 2004년

6집 발간『현대동시조』2005년

7집 발간『현대동시조』2006년

8집 발간『현대동시조』2007년

9집 발간『현대동시조』2008년

10집 발간『현대동시조』2009년

11집 발간『할머니의 텃밭』한밭아동문학으로 회지변경, 2010년

12집 발간『내 마음의 희망풍선』2011년

13집 발간『아기잠자리 포로로』2012년

14집 발간『숲속의 동물음악회』2013년
15집 발간『들꽃은 참 좋겠다』2014년
16집 발간『엄마도 꽃들처럼』2015년
17집 발간『빨강색 책가방』2016년
18집 발간『봄은 별사탕이야』2017년
※한국현대동시조선집 : 현대동시조창간 10주년기념, 2009년

Ⅵ. 문학행사 개최상황

1. 출판기념회

1집~12집까지 태화장
13집~17집까지 대전, 기독교연합봉사회관에서 출판 및 시상식 개최
18집 대전문학관에서 출판 및 시상식 개최

2. 문학기행

2017.4.7. 문학기행, 정지용문학관
2017.9.22.~29까지 대전도시철도 지하철역, 한밭아동문학 시화전
2018.5.5.어린이날 행사(신흥공원) 〈예정〉

3. 학교순례

대전충남지역 : 현대동시조 지도내용 2000~2015, 김창현,윤황한,김숙,대전유천초등학교 외30학교

대전충남충북지역 : 현대동시조, 동시지도내용 2016~2017김장수, 최재경, 남낙현,배경숙

4. 한밭아동문학상

제 1회 2009	한국현대동시조문학상 유동삼(기림글,공로상)
제 2회 2010	한국현대동시조문학상 조혜식
	한국동시조문학상 문복선(작가상)
	한밭아동문학상 신현창(신인상)
제 3회 2011	한국현대동시조문학상 서영자, 김숙
	한밭아동문학상 김장수
제 4회 2012	우제선(동시조) 한영필(동시조) 임승수(동화)
제 5회 2013	김창현(공로) 배정태(동시조) 한금산(동시) 정영용(동화)
제 6회 2014	최숙영(동시조) 윤황한(동화)
제 7회 2015	김동훈(동시) 심성보(동시조)
제 8회 2016	박순희(동시조) 이순금(동화)
제 9회 2017	신미경(동시조) 신주희(동시)

제 10회 2018 김유성-동시조, 조혜식-동시, 정이식-동화, 리헌석-공로상

관촌 현대시조 평론

- 현대시조(계간)을 중심으로

1. 현대시조 성립 조건

(1) 초장, 중장, 종장이 1연으로 4음보 격이다.

(2) 두 개의 호흡 단위로 나뉘어 6구로 짜여 있다.

(3) 3.4조의 기본 음수율로 되어 있다.

(4) 종장의 첫 음보는 3음절로 고정된다.

(5) 둘째 음보는 5음절 이상 7음보를 확보해야 한다.

2. 현대시조 2009 봄호.—논단-이봉수 평설.

안타깝게도 정형을 제대로 갖춘 시조는 드물고 사이비시조가 도처에 널려 있다. 대표적인 변형 시조로 〈곰나루에서-안영준〉, 〈축영산-화엄길-황다연〉, 〈이끼 지기 까지는-김기옥〉,〈가삼으로 만든 차-이은국〉,〈한 폭 그림-강수성〉 등을 꼽을 수 있겠다.

〈반론〉시조의 형식(틀)은 여러 형태가 있으나 유독 평시조의 초장-3.4.4.4. 중장-3.4.4.4. 종장-3.5.4.3.의 자수고(字數考)에 수학 공식처럼 대입한 정형시 평론이다. 현데시조에 논단으로 수록된 작품을 정리하였다.

3. 현대시조 2009 봄호-이봉수-논단.

이끼 꽃 – 김창혁

푸른 그늘 그믐처럼 겹겹 어두운
축축한 땅거죽 한 치 끝자락=4965

암꽃 수꽃 제 몸 따로 우뚝 서

망초 꽃을 그리나 햇살이 그리운가=4777

움추려 상처 위 올라앉은
반 뼘 흐른 비지 땀=3743

오 그리고 오는 어두운 밤도
산까치 새끼들 목쉰 숨소리=6545

움켜잡던 갈라진 살점 비비고
꿈꾸는 초록 세상 핥으며 뱉으며=4876

저 산 빛 빛바랜 동학사 뒷켠
그림자 껍질 일어섰나.=3854

시조 정형과는 거리가 멀다. 시어들이 서로 호응하지 않고 제 각각 움직인다 起承轉結의 흐름을 짐작해 볼 수도 없는 동문서답들이다.

4. 현대시조 2009 겨울호-정격시조만 정형시이다-이봉수-논단.

경주 청마도 – 김창현
자작나무판 그린 천마도 장니
흰색 천마 중앙에 그려 있고=525434

덩굴무늬 장식되어 테두리는 흰색
붉은색, 갈색, 그리고 검은색.=44423233

꼬리를 세우고 하늘 달려

천당으로 가고팠네=(두수 중 첫째수)=6444

5. 현대시조 2012 여름호-단시조 특집

(1) 늦봄-1연6행.
(2) 금동관음보살입상-1연6행
(3) 행복지수-1연6행.
(4) 핸드북카페(hand book cafe)-1연6행.
(5) 산딸나무꽃-1연6행.

〈논단〉조선 밥상-김창현
소나무 느티나무 은행나무 만든
통영 나전칠기 운각, 자개무늬

운학, 십장생, 亞,卍, 당초문
버선 코 살짝 올려 모양내고

상다리 구멍 파낸 옻칠 빛
나주, 해주, 꽃모양 밥상.

시조 잔치의 불청객이 볼품없이 앉아 있다. 두 말 할 필요 없이 정격 시조와는 천리 만리 거리가 멀고 횡설수설하는 자유시이다.

〈반론〉이봉수의 평설은 한국시조형태의 총괄적 시조평설이 아니라 평시조 3장6구12어절로만 창작된 정형시조로 한정되어 있고 관촌의 시조창작은 정형시조에 구애받지 않고 엇시조, 사설시조, 현대동시조로 다양한 표출 기법으로 창작했기 때문에 본 평설과는 아무 쓸데없는 공론(空論)일

수밖에 없어 신경 쓰지 않기로 작정했다. 그 이유는 우주시대에 접어든 오늘날의 한국정형시(시조)에는 정형시조만 시조로 인정하고 다른 엇시조, 사설시조, 양장시조, 동시조는 시조가 아니라고 부정한 평설은 통합성, 타당성이 없으며 엄연히 한국시조의 형태로 분류되고 있음을 명확한 성찰과 재조명 되어야 하기 때문이다.

구상솟대문학상〈대상부문〉 심사자료

헌시(獻詩)

김창현

차령의 산줄기들이 늘어 선
통트는 새벽의 기류 따라
천천히 밝아 오는 혼신의 아픔이
미덥게 대지를 여나니
우리들 교단의 반세기가 넘도록
이끌어 온 정열과 사도
황홀한 햇살을 담는다.
나지막한 교문에서
산간벽지 황토 흙을 일군
운동장을 가로 질러
망망한 황해 낙도분교 지붕까지
새롭게 울려 퍼지는 필력
여기에 미풍 같은 웃음으로
어쩌다 천둥소리 그 거셈을 가누어
목청을 가다듬은 저력이
미미한 어린이의 작은 손길에도
따스한 체온을 감싸주고
갸륵하신 순결한 천추의 불멸이여
지덕체를 부르짖던 교정에
끈끈힌 순리가 가슴마다 조명될 지니
아! 위대한 성직의 흔적
온누리 영겁을 두고 찬란히 빛날 지어라.

※ 원암 이시배(瑗岩 李時培)은사-정년퇴임 송시(頌詩)

※ 기념패-원안문. 1993-2.23 비인중학교 정년퇴임식장에서

초등학교동시조 지도실적(현대동시조문학회)

한국현대도이조연표참조(2000~2015)

지도 날짜	지도 장소	참가자	지도 시간
2003.12(15~7)	한밭초등학교	5년(1반~5반)216명	3일간-18시간
2009.4.23.	대전 대신초등학교	3.4년-54명-윤황한 5.6년-36명-김창현	2시간 2시간
2009.4.15.	대전동서초등학교	3학년-25명-윤황한 3학년 38명-김창현	1시간 1시간
2004.4.20.	문지초등학교	3학년-32명-윤황한 5학년-30명-김창현	1시간 1시간
2009.4.23.	대전하기학교	3년 32명-윤황한 5년-32명-김창현	1시간 1시간
2009.5.13.	대전용산초등학교	3년-35명-윤황한 5년-34명-김창현	1시간 1시간
2009.9.7.	대전하기초등학교	5-1-31명-윤황한 5-2-32명-김창현	1시간 1시간
2011.5.21.	금산용문초등학교	4.5.6.-32명-김창현	3시간
2011.5.27.	아산모산초등학교	5-1-32명-윤황한 6-6-31명-김창현	1시간 1시간
2011.7.13.	대전원앙초등학교	6-5-31명-김창현	1시간
2011.7.14.	대전 보운초등학교	6-1-31명-김창현	1시간
2011.9.27.	대전배울초등학교	5-6-32명-김창현	1시간
2012.5.23.	금산상곡초등학교	3.4.5.6.-12명-김창현	3시간
2012.10.10.	대전서부초등학교	1년-23명-동극-윤황한 5-2-28명-김창현	1시간 1시간
2012.10.22.	대전갑천초등학교	1년-23명-동극-윤황한 5-3-23명-김창현	1시간 1시간
2013.4.22.	대전대신초등학교	4-5년-10명-윤황한	1시간
2013.12.6.	가수원초등학교	2년-20명-동극-윤황한 5-3-28명-김창현	1시간 1시간
2014.5.26.	대전법동초등학교	5-3-35명-김창현	1시간
2014.11.10.	가수원초등학교	5-2-34명-김창현	1시간
2014.11.19.	진잠초등학교	5-1-31명-김 숙 1.2-동극-윤황한	1시간 1시간
2015.6.26.	금산상곡초등학교	3.4.5.6-28명-김창현	3시간
총지도일-23일	지도학교-21개교	총연인원-908명	총지도시간57시 간

관촌-창간호 문학작품

1. 공무원문학창간호-젓, 고란초.(사설시조)
2. 처인문학-용인민속촌-외줄타기줄광대
3. 한국시대사전-삶, 한밭골에는지금도, 한밭뿌리서설, 첨찰산쌍계사,한밭별곡,
4. 옥로문학-고향변주곡, 봄, 저승에가져갈사랑
5. 한국동시조선집-동학사
6. 현대동시조선집-작은별꽃
7. 아동문학시대(대전)—바람이 꽃에게, 노래방.
8. 비인문학-가슴녯가에흐르는사랑, 다사리풍경, 고향의봄, 고향달, 고향변주곡, 고향에봄이와도, 이승과저승사이,고사,관적사오층석탑, 세월의길목에서서
9. 백제권시화집제1권-정림사오층석탑,세월의길목에서서
10. 동구문학-계족산봉황정,보문산보문산성,홍농서당, 저승영가, 달빛소나타
11. 글탑-겹동안쌓인한, 법등, 낮달
12. 기행문학-우암사적공원,눈내리는고향아침
13. 어린이시조나라-풀꽃

대전사랑 아동문학 선집
- 우리의 미래인 어린이에게 주는 선물

김 창 현(동시, 동시조작가)

대전 엑스포 · 1

꿈돌이 꽃구름 타고
어디로 소풍가니

대전엑스포 구경
참 재미있었니

우리도
구름타고서
소풍 갔으면 좋겠다.

대전 엑스포 · 2

꿈돌이 꿈순이가
꿈돌이 꿈순이가

한빛탑 우뚝 솟아
한민족 통일 되면

희망찬
대전엑스포
온 세계에 떨친다.

보문산 · 1

아침해 밝아올 때
보문산에 올랐는데

산새 소리 물 소리
대전찬가 부르고

시원한
맑은 바람도
흰구름 몰고 떠 가요

보문산 · 2

보문산 정자 위에
짝꿍과 둘이 앉아

엑스포 한빛탑
우리 집도 찾았다.

우리집
십오층 아파트
손바닥만큼 작게 보여

Ⅰ. 솟대 문학 작품

* 2011.여름 82호-〈시티〉1회 추천. 꽃잎도 나비되고 파 / 김창현

봄바람 불어오면, 꽃잎이 살랑살랑, 춤추는 것은, 꽃잎도, 나비 되고 파.
몸짓도 날갯짓을 흔드는 흉내 내는 거야.

* 2011. 여름 82호-〈시터〉솟대와 장승 / 김창현

햇살이 쨍쨍 쬘 때는, 솟대와 장승이 함께 놀고, 달 밝은 밤에는 도깨비와 놀았는지, 장승은 째진 입 크게 벌리고, 솟대는 두 귀 쫑긋.

* 2012. 봄 85호-〈시터〉봄시. 2회 추천. 어머니 / 김창현

새벽마다 밤잠을 줄여가며, 베 짜고, 잉아소리 파도 소리, 합주가 되었어도, 육신이 오글도록 피, 땀 흘린 어머니, 지금은 우주정거장에 계시는지, 언제나 보고싶은 어머니

* 2012.봄 85호-〈시터〉대전역전시장(大田驛展示場) / 김창현

역전시장 골목 앞에 서면, 진외가 사람들이 고개 빠지게 산나물, 곶감, 푸성귀 보따리를 머리에 층층으로 이고 온다. 검정 가마솥. 앞. 입김이 북풍따라 획획 지나가도 재잘거림, 속삭임, 품앗이 인정보다 덤을 듬뿍 주는 재미가 쏠쏠한지 입가의 주름진 이랑 골에도 간질거린 웃음이 옷깃 타고 스며들고 좌판 빙 둘러 앉아 따뜻한 국밥 한 그릇, 외손에 받쳐 들고, 김치 덮밥을 포갠다. 꿀포도, 꿀곶감, 꿀참외, 꿀 자 빠진 것은, 팔리지도 않는지, 꿀자 풍년이 들었다. 천 원 짜리는 찾아보기 어렵고 한 더미가 이천원, 꿀사과에 외쳐댄다. 고속철의 기적소리에 파묻혀 싸구려 상품 선전 소리도 끝없는 노을 속으로 실려간다. 사람들, 사람들 속으로.

* 2012. 봄 85호-〈시터〉일제 강점기 때 / 김창현

해마다 흉년이 거듭되어, 보릿고개 넘기기가 어려웠다. 참쑥을 뜯으러 다녔고, 황해 바닷가에 나가 소라, 고동 게를 잡고 굶주림을 채웠지만 고동을 삶아 먹고 파란 독소를 몰라 밤새도록 설사로 생고생 한 일이 지긋지긋 하다. 산가재, 독버섯 먹고 죽을 고비를 몇 번이나, 뛰어 넘었는지 참외, 수박 서리하다, 아슬아슬한 추억은 지금도 영화 장면처럼 생생하게 스쳐간다.

* 2012. 여름 86호. 〈책방.글방〉

별꿈나라 꽃대궐 / 김창현-오늘의문학사-대전

동심으로 반죽되는 체험적 기초 위에서 동시조의 내적인 생명력을 찾고자 노력해 왔다. 사람의 육신도 흙으로 돌아간다면 자연을 공해 시키는 오염물이 될지 모른다. 그 오염물질에 내포된 영혼 따위는 잃어버리고 정신적 마음의 재산은 외면당하기 때문이다. 동시조는 시조의 야생화처럼 문학사회와 시조사회에서 소외되어 있어도 자라나는 어린이들이 희망

앞에서 삶의 활력소가 되기도 한다. 보잘 것, 없는 들꽃들이 반겨주는 즐거움이나 아름다움은 자라나는 어린이들의 고통을 씻어주고 하루 생황의 즐거움과 행복을 안겨주기 때문이다. 어린이와 시인들은 현실적이지만 동시조는 더 깊은 인간의 내적 성찰을 유발 시키고 생각과 깊이의 폭넓은 문학 속에 내재되어 있는 원인적인 삶의 고뇌를 승화 시킬 때 그 결과는 활짝 핀 농약중독후유증으로 시청각 장애를 가진 시인의 시조집.

1부- 오월은 어린이 세상. 2부-콩자루는 왜 없어. 3부-도깨비네 만만세.
4부-독도는 우리 땅.5부-은하수 별무리

〈숲속의 아침〉

숲과 숲이 마주 서서 새로운 메아리도
봄 안개 꿈결처럼 몸짓 틀던 둥지 안에
솜 깃털 두, 서너 개 품고 앞발 굴려 찾는 봄
소나기 쏟아놓고 넋을 잃은 하늘 한 켠
은하수 구름 별 밭 별빛 하나 깜박 일 때
별똥별 큰 숲 너머, 너머 거친 숨결 저 달 빛
- 중 략 -
큰 하늘 쳐다보며 꿈을 키운 굽은 가지
푸른 자연 가슴 안아 감싸주는 목숨 하나
저 햇빛 번져가는 빛, 줄기 따라 맑은 향내 깃든다.

- 본문 시 – 숲속의 아침 중에서 -

* 2013. 봄89호. 〈책방글방〉

문턱너머 지구촌 / 김창현- 오늘의문학사 – 대전
금강산, 중국, 일본, 캐나다, 미국을 다녀와서 보고 느낀 시제가 너무 많지만 생각이 좁아 모두 담지 못하고 시조작품 몇 수를 건져 왔는데 부끄럽다는 마음이 앞선다. 그래서 생을 두고 머릿속에 남아 있는 사설동시조를 정리하여 세상에 내놓는 꿈이 아직도 하나 남아 있을 뿐이다.

- 책머리 글에서-

꽃밭에

꽃들이 곱게 핀 꽃시계가 돌아가네.
재각재각 시,분,초 바늘, 빈틈없이 맞춰가다
눈, 덮힌, 추운 겨울 혼자 꽃 없을 때도 돌아갈까? 시- 꽃시계 전문
중화민국(태산, 금강산 기행시초. 일본 후쿠오카 기행시초, 캐나다 록키산맥, 미국- 자유의 여신상)

* 2013. 여름 90호. 〈책방 글방〉

한 많은 어머니 눈물 / 김창현-니네트워스-대전
섬진강 따라 화개 장터 앞, 꽃 피는 봄은 꽃바람 타고
노란 무지개 산수유꽃 과수원 길 하동 칠, 백리
채밀기 꿀통 할아버지 굵은 주름살 패인, 보조개.
- 봄문 시 - 봄은 꽃바람 타고 - 전문 -

- 1991년 〈 시조문학〉 시조 당선으로 문단에 나온 저자의 신작. 다른 저서로 시조집〈가슴냇가에 흐르는 사랑〉〈바람이 밀어주는 그네〉〈이승과 저승사이〉〈글꽃피는 꽃동네〉등이 있다.

* 2014. 여름 94호 〈동시〉

1. 도깨비 이야기 / 김창현

우리나라 도깨비 이야기는 삼국유사에 처음 기록 되었고
도깨비 얼굴 무늬 기와는 신라. 백제 때 도깨비 얼굴
청동화로는 고려 때 만들었지요?

2. 등대 도깨비 / 김창현.

숲속 도깨비는 산골짜기 숲속살고 등대 도깨비는 섬 마을에서 살지요.
밀물, 썰물 때 깜박이는 등대보고 등대 도깨비,귀신 도깨비 라고 불렀지요?
섬 많은 섬 마을 동네 등대 도깨비 너무 많지요?

김창현. 남. 1938년생. 시청각장애. 〈시조문학〉 시조 당선(1991)
아동문예- 동시조문학상. 한국시조문학상(1994).
현대동시조 회장, 외, 저서
시조집- 가슴냇가에 흐르는사랑, 바람이 밀어주는 그네, 글꽃피는

* 꽃동네. 외 공저. 10집 외. 2014. 가을 95호. 〈동시〉

1. 꿈돌이의 꿈 / 김창현.

하늘로 날아다니는 비행사가 제일 부러워요. 공군아저씨 젯트 비행기
올라가서 만져보고 비행사 운전해 보고 나도 어른되면, 훌륭한 비행사
가 되어 우주 정거장에 씽씽 날아가고 싶어요.
- 꿈돌이-93. 대전엑스포 캐릭터. -

2. 쟁반 탑 / 김창현.

우리 엄마 머리 위에 보름달, 둥근달, 국밥그릇 오층 쟁반 탑,
쟁반 탑이 보름달처럼 춤을 추며 걸어오네. 흰 수건 귀까지
덮어 쓰고 바쁜 걸음 재촉하네. 구슬 땀 흘리면서
수건으로 땀을 닦고 또 쟁반 탑 이고 가네.

* 2014.겨울. 96호. 〈동시〉 겨울시.

1. 안개 꽃 핀 아침 / 김창현.

오백리길 대청호에는 앞산, 뒷산에도 솜털 안개 꽃
떡가루처럼 곱게 피고 스몰스몰 움직이다. 봄바람 타고 올라
눈 쌀미, 꿰뚫어 볼 때는 산마루로 올라갔네.

2. 꽃길 / 김창현.

햇살처럼 희망 꿈이 살고 있는 꽃길에는
밤새 몰래 옥구슬이 새벽 꽃잎 위에 내려와
재미있는 애기도 들려주고
귓가에 맴도는 노래도 즐겁게 불러 줘요?

* 2015. 봄, 97호 〈동시〉

1. 눈사람 / 김창현.

첫눈 내린 앞마당에 눈사람 만들다가
손, 발 시려 언 손으로 눈덩이를 뭉쳤지만
손주 놈은 추운 줄도 모르고 멍멍이처럼 뛰어 논다.

2. 부침개 / 김창현.

노란 배추 잎 골라내어 부침개를 부치다가
뜨거운 손 호호 불다, 눈물방울 꾹 짜내다
입가에 먹여주는 부침개 한 점이
어머니 정성 깃들었네.

* 2015. 여름. 98호 〈동시〉 여름시.

1. 별들의 꿀잠 / 김창현.

뒷동산 소나무 숲속, 수 많은 별들이
은하수에서 반짝거리고 한 쪽 눈 깜박거리다

별똥별 쏟아지다 구름 낀 파란 하늘도
꿀 잠자는 작은 별들, 파란 하늘에서
꿀잠이 참 좋겠다.

2. 두부집 / 김창현.

콩나물 시루 들이 나란히 모여 살고
까만 가마솥엔 하얀 입김 수증기가
모락모락 피어오른다. 보오얀 네모진 사각형
두부가 맛있게 보여 묵은지 김치가 생각난다.

* 2015. 겨울. 100호. 〈시터-겨울시〉.

1. 하늘나라 꽃밭 / 김창현.

- 서정슬(1946~2015)시인을 추모하며
하늘나라에도 눈비가 내리고
비바람도 몰아치고 마음 착한 순이 얼굴처럼
예쁜 꽃도 피겠지요. 친구 만나러 곳곳을
찾아다니는 벌, 나비도
눈 내리는 추운 겨울에 먹을 양식을
피 땀 뻘뻘 흘리며 열심히 일하고 있겠지요.
우리가 살고 있는 이 땅에도 열심히 일하고
마음 좋은 꽃 과일을 가꾸듯
더 열심히 노력하고 있는 착한 사람만
떡가루처럼 마음씨도 하얗고
깨끗해 졌으면 얼마나 좋겠어요.
나도 하얀 눈꽃송이처럼
깨끗한 마음씨를 닮고 싶어요.
〈삼가 고인의 명복을 기원하며 두 손 모아 기도합니다.〉

2. 세계에 우뚝 서라, 솟대여! - 김창현

- 솟대문학창간100호를 축하하며
바람도 잔잔하여 고요가 고요를 몰고 와
햇살이 빛나는 아침 솟대의 손짓이
꿈속의 숨결처럼 커다란 나무숲으로
둘러싸인 솟대야, 일백호를 알뜰하게
층층 쌓기까지 피땀과 코피와 눈물로
장애인의 씨를 뿌려 메마른 돌밭을
일구고 가꾸듯 한국 땅의 장애인을

캄캄한 어둠을 뚫고 묵묵히 앞장 선 솟대야.
사랑의 따뜻한 힘으로 풀꽃 같은 연약한
끈질긴 목숨도 온 세상 끌어안는
솟대로 우뚝 서서 아름다운 솟대 꽃을 피워라.
찬란한 햇살처럼. 영원한 하늘처럼
무궁화로 꽃 피기를. 〈솟대문학〉

* 고성남씨 봉소루(固城南氏鳳巢樓)

과거 보던 젊은 선비
가슴 속 앓던 진사(進士) 바위
황조롱이 날아 와서
한가락을 들려주다
사운 댄 대잎소리도
시조창을 읊고 있다.

* 봉소루(鳳巢樓) : 문화재자료 제 35호 중구 석교동 61-2.

조선 인조 때 남분붕(南奮鵬, 1605~1674)이 제자를 가르치고, 静庵 趙光祖 학문을 이어받아 강학하던 곳, 형조참의 남분붕유허비, 進土 바위, 固城南氏參議公派宗中. 제1회(1997) 전국남여시조경창대회가 해마다 이곳에서 열리고 있다. 뿌리공원에는 고성남씨 번영의 상이 있음.

* 계족산 법천사(鷄足山 法泉寺)

- 불당골(佛堂洞)

산골짜기 서낭당 돌아
무늬 일찍 산자락 앞
부처댕이 촛불 켜고
소원 염불도 한창인 데
꽹과리 귀신을 쫒는 소리
하늘까지 번져 온다.

펄럭이던 붉은 깃발
석장승이 지켜 보고
퍼올리던 연꽃향을
허리 펴고 쉬던 한 때
북소리 천상의 하강 神
축하하던 그 기쁨.

* 찬사가(讚師歌)
\- 명예퇴임하던 날

천년 한(恨)도 덧삭히듯
이슬비는 흐느끼고

안개 속 누벼 온 길
울컥 솟던 서러움이

바다가 제 설움 삭히듯
참고 견딘 보람인걸.

서글프던 갈등 일어
눈물방울 흘릴 때면

등골이 오그라져
울분이 북받쳐도

꿈같은 한 세월 엮어
피눈물도 삼켰는 걸.

II. 꿈틀거린 동시조

1. 동시와 동시조

시와 동시가 있다면, 시조와 동시조도 각각 독립된 장르로 인정해야 마땅하다.

간혹 시인들마저 동시조에 대해 무관심과 냉대하는 일은 매우 슬픈 일이 아닐 수 없다. 동시라고 해서 어린이의 꿈과 용기와 슬기가 더 쑥쑥 자라고, 동시조라고 해서 그보다 못한 일은 없을 것이기 때문이다.

〈아동문예 10월호〉 김영기 시인의 〈무궁화〉외 5편울 감상하고 가슴 뭉클한 소용돌이가 불끈 치솟아 오르기에 반가운 마음으로 뜨거운 갈채를 보낸다.

동시조가 율격의 형식적 제약을 특징으로 하고 있지만, 현재의 동시조는 많이 발전을 거듭해 왔다. 특히 종장의 경우 18자에서 20자까지 읊어도

상관없다는 이론이다.

김영기 시인의 종장 처리를 어떻게 쓰셨는지 살펴보기로 하자.

① 무궁화 · 1

종장 : 무공화 숨어라 꼭꼭 숨어라.

꽃 속의 나비되어. 1연 : 3, 8, 3, 4

무궁화 피어라 활짝 피어라

이슬맺는 꽃으로. 2연 : 3, 8, 4, 3

② 무궁화 · 2

대문 앞 태극기 달고 만세를 부르고파. 종장 : 3, , 3, 4

③ 무궁화 · 3

우리도 한데 어우러져 꽃처럼 살라하네. 종장 : 3, 6, 3, 4

④ 말 한마디로

종장 : 너에게 아픔이 되고 상처가 되었다면. 1연 : 3, 5, 3, 4

너에게 웃음을 주고 기쁨을 줄 터인데… 2연 : 3, 5, 3, 4

⑤ 찔레꽃

종장 : 꽃잎은 마중길마다 그리움의 나비였네. 1연 : 3, 5, 3, 4

찔레꽃 그보다 하얀 꽃편지가 오겠네. 2연 : 3, 5, 3, 4

⑥ 가오리연

종장 : 당기며 물러설수록 팽팽한 줄다리기. 1연 : 3, 5, 3, 4

이어도 가는 길 찾아 기웃대는 가오리연. 2연 : 3, 5, 4, 4

위와 같이 동시조의 종장 기술은 변화무쌍하기 때문에 동시와 별다른 의미를 따로 갖지 않아도 무리가 없을 것으로 생각한다. 그렇다면 한국 동시조는 어떻게 발아되었는지 짚고 넘어가기로 하자.

2. 한국 동시조의 시초

일본 식민지 통치 밑에서 아동문학운동은 한마디로 어린이들에게도 민족의식을 각성시키고, 반일사상을 고취하려는 민족주의적 문화운동 또는 사회운동이었다. 그리고 이 운동이 시대적 여건에 의하여, 감정주의와 밀접한 관련성을 가지고 점차 문화운동으로 지향되어 갔다.

1930년대의 아동문학의 특징은 재래동요에서 예술동요로, 창가동요에서 시적동요로 발달되어 간 것이다.

1932년에는 최초의 작품집으로 윤석중 동요집이 나왔고, 1933년에는 최초로 윤석중에 의하여 동시집이란 장르명으로 〈 잃어버린 댕기〉가 나왔다.

또 잡지 〈어린이〉 〈신소년〉 등을 통하여 방정환, 마해송, 한정동, 이주홍, 이원수 등 많은 아동문학인이 아동문학 작품을 발표했다.

그러나 시조 문단에서는 동시조라는 장르조차 생각하지 못했던, 동시조의 황무지였다. 그러다가 심훈이 〈중앙 1934.4〉에 〈달밤〉이란 동시조를 발표했는데 이것이 동시조 작품으로는 처음인 것 같다. 그때 동시조 작품을 감상을 하기로 하자.

달 밤 - 심훈

저 달이 네 눈에는
능금으로 보이다냐

어린 것 등에 업혀
따 달라고 조르네

네 엄마 얼굴을 보렴
달 한송이 열렸고나.
〈동시조 작품감상〉

달밤이란 이 동시조 작품은 달을 능금으로 비유하고, 엄마 얼굴을 달로 직유(直喩)하여, 모성애를 통한 동심을 노래한 주관적 동심주의 의 작품이다.

유모어와 기지와 재롱에 찬 낙천적이며 초현실적 색채를 띠고 있다. 다음으로 나타난 동시조 작품이 조연제(趙淵劑)의 〈봄비, 사해공론(四海公論 1935.5)〉라고 할 수 있다. 그 작품과 감상을 맛보기로 하자.

봄 비 - 조연제

띄밭에 봄비가
보슬보슬 뛰논다

샛노란 띄싹은
흙덩이 헤치고

작은 손 목 넘겨 들어
나도나도 달라네.
〈동시조 작품감상〉

잔디밭에 봄비가 내리고 있는 평화로운 풍경을 '띄밭에 보슬보슬 봄비가 뛰논다'로 시의 화자가 동심 속에 몰입해, 잔디 새싹의 귀여움과 천진성을 의인화하여, 아기자기하게 표현하고 있다.

이 작품은 별의미성은 없으나, 간결하고 즉물적인 작품으로 감상적 요소를 배격하는데 공헌하고 있다.

이처럼 1930년대의 동시조는 기성 문인에 의하여, 미미하게나마 텃밭을 갈고 씨를 뿌려 발아되었다. 뒤를 이어 이구조가 동아일보에 〈아동시조의 제창. 1940. 5. 29〉이란 동시조론을 처음으로 피력하게 되었고, 1940년대는 동시조 운동이 소수 몇 사람의 입에 오르내리다가 그치고 말았다.

결론적으로 동시조의 황무지에 있던 한국문단에서 1930년대에 나타난 심훈의 〈달밤〉 조연제의 〈봄비〉는 동시조의 효시라고 할 수 있으며, 뒤를 이어 이구조의 동시조론이 발표되어 비로소 한국문단에 동시조의 씨를 뿌렸다고 할 수 있다.

3. 맺는 말

한국아동문학의 발전과 기여도에는 동시, 동화, 동극 등 성역이 따로 없다.

어린이의 꿈과 동심을 일깨우는 방향제시 방법도 다양해야 하며, 시대적 물결의 파도를 탈 수 있어야 한다.

활발하게 움직이는 〈21동행시〉 동인회가 부럽기만 하여, 콩알만한 동시조의 모임이라도 한자리 매김을 할 수 있는 기회가 마련 되었으면 더욱 좋을 것 같다.

날마다 발전되어 오는 동시조의 작품도 소나기처럼 쏟아지기를 바라는 마음 간절할 뿐이다.

* 공무원 문학 – 사설시조. 2001

2001. 겨울호- 누정시조.3.-계룡산만년송(鷄龍山萬年松) 누정시조.4.-치과의원(齒科醫院)

누정시조.5.-파출소(派出所) 누정시조.6.-만인산추부터널(萬引山秋富터널)

누정시조.7.-봉학오덕(鳳鶴五德)

2002. 봄호-누정시조.8.-꽃필 무렵. 누정시조.9.- 아름다운 맛

2002. 여름호-누정시조.10.-해맞이 누정시조-월상도와월신도(月上圖와月神圖)

2002. 가을호-누정시조.12.자린고비(玼吝叩扉) 누정시조.13.-무당(巫堂)굿.

2002. 겨울호-누정시조.14.이런사람이되게하여주소서.

누정시조.15.신선(神仙)이따로있나?

2003. 봄호-누정시조.16.꾀쇠아비, 누정시조. 17.불로불사약(不老不死藥)

2003. 여름호-누정시조.18.명승지(名勝地)누정시조. 19.구덕초(九德草)

2003. 가을호-누정시조.20.비석(碑石)타령-누정시조. 21.우저정거장(宇宙停車場)

2003. 겨울호-누정시조.22.한국적가훈(韓國的家訓) 누정시조.23.-장수촌(長壽村)

2004. 여름호-누정시조.24.꿈속의천렵(川獵)

누정시조.25.-신라충신박제상(朴堤上(353~418)과 치술령망부석(峙䘏嶺望夫石)

2004. 가을호-동시조-산들바람, 완도정도리구계등.

2004. 겨울호-사설시조-별똥별소나기,

2005. 봄호-사설동시조-할미꽃.

2005. 여름호-사설동시조-정이품송과정부인송(正二品松과貞夫人松)

2005. 가을호-사설시조-한국(韓國)의 멋, 비녀(妃女)

2006. 봄호-사설시조-서울의 궁궐(宮闕)

2006. 여름호-사설시조-백제금동대향로(百濟金銅大香爐)

2006. 가을호-사설시조- 떡타령(打令)

2006. 겨울호-사설시조-동양화(東洋畵)를 바라보며

2007. 봄호-사설시조-솟대.

2007. 여름호-사설시조-본죽(本粥)

2007. 가을호-사설시조-꽃과나비

2007. 겨울호-사설시조-한국풍물명무전(韓國風物名武展)

아동심리의 본질로 반죽된 어린이 특성

- 《아동문예》 2000년 3월호를 읽고

김 창 현(동시, 동시조작가)

1.

개나리 활짝 피어 아지랑이 어루만지는 3월, 특선으로 동시조가 선을 뵈었다. 《아동문예》 2000. 3월호에는 티없이 맑고 깨끗한 어린이의 동심 세계를 노래한 동시조인 허일 시인의 5편, 신현배 시인의 10편이 내 마음을 즐겁게 해주고 있다.

①

망울진 꽃눈들이
도톰 도톰
눈부시다

따스한 햇살이
한나절만 어루만지면

봄이다!
소리 지르며
눈뜨겠네 일제히.

허일 「개나리」 전문

따르릉
바퀴에 불 붙었다

세발 자전거
앞산이 달려온다
가로수가 뒷걸음친다

활짝 핀 코스모스 길
만국기가 펄럭인다.

달린다
따릉따릉
바람처럼 구름처럼

짱아를 동동 날리며
무지개 뜬 언덕 넘어

노을이 사월 때까지
별이 눈 뜰 때까지

허일 「세발 자전거」 전문

②

여름내 시원하겠다
높다란 까치네 집

소올솔 잠 잘 오겠다
선선한 까치네 집

소리개 맴도는 한낮
집을 비운 까치네

허일 「까치네 집」 전문

③

번쩍 꾸르릉 꽝!
이크, 하늘 터졌다

투두둑 툭탁 툭탁
아, 별이다 별 별 별

아이가 별을 줍다가
손을 본다 하늘을 본다

허일 「우박」 전문

④

아, 별똥미사일이다
시퍼런 저 꼬리불

바다가 뒤집히고
땅덩이가 갈라지고

화산이 폭발하는데
지진 아래 사람들이

인공위성 쏘아 올려
우주를 탐험하다

잠자는 사자자리
콧털을 건드렸나

지구촌 동 · 서 · 남 · 북이
온통 쑥대밭이 되나 보다

허일 「별똥소나기」 전문

2.

아동심리의 인과관계를 인지와 적용, 아동사고의 특징 중에 피아제의 인과관계 개념에 대한 발달과정의 설명에 현상론적 인과관계, 물화론, 목적론이 있다.

현상론적 인과관계는 동시에또는 근접해서 일어나는 두 사상(事象)사이에는 인과관계가 있다고 여기는 사고이다.

이런 사고의 유형으로 쓰인 동시조를 허일 시인의 「개나리」에서 찾아보면, '망울진 꽃눈들이 햇살이 어루만져서 봄 소리 지르며 눈 뜬다'고 읊고 있다.

햇살이 어루만졌기 때문에 눈을 떴다고 인과론적 사고로 해석하고 있다. 현상론적 인과관계에는 밀접한 관계나 무리없는 과정을 제시해야 독자를 감동의 세계로 몰입시킬 수 있는 방법이다.

3.

모든 사물은 생명을 가지고 있다는 것으로 여기는 물할론(物活論)을 들 수 있다. 피아제는 생명에 대한 개념이 발달하는 과정을, 4단계로 설명했다.

1단계 : 사람에게 영향을 미치는 모든 대상은 살아 있다고 믿는 단계

2단계 : 움직이거나 이동항 수 있는 것들은 살아 있다고 믿으나 움직이

지 않는 것은 살아 있지 않다고 믿는 단계

3단계 : 스스로 움직이는 것은 살아 있으며 스스로 움직이지 못하는 것들은 생명이 없다고 믿는 단계

4단계 : 생물만은 살아 있다고 믿는 단계로 구분하여 2세부터 6세까지의 전조작기 아동은 1 · 2단계의 사고를 많이 하며 6세부터 12세까지의 구체적 조작기 아동은 3 · 4단계

무생물을 생명체로 나타내거나 생명처럼 운문과 산문에서 시조와 동시조에서 두루 쓰이고 있지만 아동은 무생물을 사람처럼 사고하고 지각있는 대상으로 여긴다. 그래서 동시나 동시조에서는 무생물이 생물처럼 쓰이는 경우는 너무 많으므로 무생물이 의인화 된 것만 찾아 본다.

「세발 자전거」는 무생물이지만 자전거를 탄, 보이지 않는 주인공은 어린이다. '세발 자전거'를 생명체로 파악한 것은 2 · 3단계의 사고에 해당된다. '〈바퀴에 불 붙었다〉 〈바람처럼 구름처럼〉 〈무지개 뜬 언덕 넘어〉 〈노을이 사윌 때까지〉 〈별이 눈 뜰 때까지〉' 의 이 동시조 는 점층 형식으로 전개했다. 세발 자전거를 동심적 사고로 소재의 선택, 구성, 전개에 무리없이 적용시켰다. 보통 자전거는 어린이보다 큰 어른이 타고 세발 자전거는 어린이가 타는 자전거이다. 이와 같이 어린이 특성에 어울리게 표현해야 큰 감동을 얻을 수 있다는 사실은 누구나 다 아는 사실이다.

「범종 · 1」에서는 아동의 특성에 어울리게 표현했으나 새로움의 발견 묘미에 그치고 있을 때는 큰 감동을 얻지 못한다.

꼿꼿이 등을 세우고
종각 안에 앉은 범종

천년을 살았지만
주름 하나 없습니다

수없이 울고 울어도
눈물 자국 없습니다

신현배 「범종」 전문

'종각의 범종이 천년을 살았어도 주름이 없다, 수없이 울고 울어도 눈물 자국 없다'고 표현되고 있지만 여기에서 범종은 생명체로서의 의미보다는 감정이 전이된 작가이거나 관찰된 슬피 우는 아동이다. 범종을 동심의 시각에서 바라보는 슬픈 이미지로 포착하고 있으나 왜 울었는가의 이유가 제시되지 않았기에 슬피 우는 느낌에 함께 빠져들기 쉬워 절실한 감정이 약하다.

아무리 동심이 모든 사물에 대한 생명체로 지각하거나 의인화가 가능하다 해도 최소한의 합리성이나 근거 제시, 참신한 비유 등이 동반 되어야 한다. 그리고 나서 아동심리에 마련된 물화론적 상상력에 기대하여 과감한 환상 세계로 몰입해야 보다 큰 감동을 자아낼 수 있을 것이다.

4.

모든 사상(事象)에 목적이 있는 것으로 인지하려는 목적론이 있다. 모든 사물은 인간에 의해서 인간을 위해서 만들어졌다고 믿으며 모든 사상에는 원인이 있고 목적이나 이유가 있다고 믿는 사고의 유형이다. 아동은 삼라만상의 사물이나 모든 사상에서 이유나 목적을 찾기 위해 '왜?'라는 질문을 던진다.

그리고 호기심과 의구심으로 이해하고 파악하려 한다. 이런 동심에 바탕을 두고 쓰여진 동시조를 찾아보자.

「별똥소나기」에서는 별똥미사일이 '화산 폭발하는데 지진 아래 사람들이 인공위성을 쏘아 올렸는데 우주를 탐험하다 잠자는 사자 콧털을 건드렸기 때문에 지구촌이 쑥밭이 되었다'라고 이와 같이 목적이나 이유를 결론으로 맺고 있기 때문에 감동이 박진감 있고 숨차 오르는 느낌을 준다. 어린이들은 목적과 이유를 합리성에 관계없이 수용할 수 있는 특성을 가지고 있기 때문에 단정적인 결론에도 거의 무리가 없다.

아동문학은 단순, 명쾌한 점이 특성인데 동시조도 시조의 형식만 빌어서 쓸 뿐 별다른 이유가 없다. 우리는 아동의 심리 상태에 마련된 현상론적

인과관계, 물활론, 목적론의 특성이 있으므로 사상이 서로 관련을 짓거나 무생물에 생명을 부여하고 의인화 시킬 때에 목적이나 이유 까닭의 의미를 부여할 때는 동심의 수용 여부에 크게 구애받지 말고 과감하게 환상의 세계로 전개하는 편이 환상의 세계를 확대시켜 감동의 폭을 깊고 넓게 해야 할 것이다.

* 현대시조 2013 봄호(계간평) 박영교

대청호 노을 물속
먹어 버린 내 고향엔

빙어 떼 줄맞춘 행진
감나무 골 휘돌다가

살얼음 눈비 쏟아져도
펄펄 뛰는 저 빙어.

김창현 「빙어-氷魚」 전문

* 김창현 시인의 빙어(氷魚)는 그냥 물속의 빙어를 언급한 것이 아니라, 수몰된 물속의 고향을 돌아 나오는 펄펄 뛰는 빙어를 보면서 고향이 그리워지는 물밑의 향수를 떠 올림 것에 대한 그리움인 것이다. 〈첫 평론 수록〉

* 〈작품해설〉 해양문학의 시맥과해양시조의 태동-김창현

21. 대청호오백리길. 2016

1) 꽃피던아침-2연14행, 2) 대전칼국수축제-2연6행, 3) 한밭수목원-3연9행, 4) 정한수-1연6행, 5) 청명 무렵-2연12행, 6) 꿈을탕하다-1연6행, 7) 덩굴손-2연13행, 8) 이팝꽃-1연7행, 9) 대가야-2연6행, 10) 천년흐른금강처럼-2연12행, 11) 허브꽃가게-3연18행, 12) 솟대와장승-1연8행, 13) 산딸나무꽃-1연6행, 14) 작두칼-1연6행, 15) 바람도고향이있을게야-1연7행, 16) 한밭아침-2연12행, 17) 봄(1)-5연15행, 18) 봄(2)-4연12행, 19) 경복궁향원정-1연6행, 20) 보문산봄빛-2연10행, 21) 동춘당뒷뜰에핀꽃-2연12행, 22) 대청호-2연12행, 23) 그리움-1연6행, 24) 조선밥상-1연6행, 25) 핸드북카페-1

연6행, 26) 달팽이잠꼬대-2연12행, 27) 약초-원추리-2연12행, 28) 여름계룡산-2연12행, 29) 부여-서동-연꽃축제-1연6행, 30) 대청호운평선-2연12행, 31) 딸기밭-1연6행, 32) 시와연꽃의만남-1연6행, 33) 땡볕-1연7행, 34) 별꽃-2연12행, 35) 등꽃이피면-2연12행, 36) 뭘봐(응시)-2연12행, 37) 청량산남한산성-2연6행, 38) 천리포해수욕장-1연3행, 39) 한밭아침환타지-4연12행, 40) 정생동,장안동,백자가마터-2연12행, 41) 피뢰침-2연12행, 42) 동박새-2연8행, 43) 가을안개-1연6행, 44) 대청호오백리길-2연12행, 45) 곶감-2연12행, 46) 우담바라화-2연12행, 47) 국화꽃-1연11행, 48) 순천만-1연7행, 49) 가을햇살밭-1연7행, 50) 한밭수목원-팔각정-2연12행, 51) 이명(耳鳴)-1연6행, 52) 숙맥같은인생-1연6행, 53) 순천만갈대밭-2연12행, 54) 농약중독후유증-3연12행, 55) 부처님오신날-2연12행, 56) 세상을반쯤열고-2연6행, 57) 금동관음보살입상-1연6행, 58) 경기전-2연12행, 59) 승무(僧舞)-3연9행, 60) 대금산조-3연9행, 61) 남한상성한남루-2연6행, 62) 진천종(種)박물관-1연6행, 63) 갑천돌다리-2연12행, 64) 대전시민천문대-1연6행, 65) 대청호반물억새-2연12행, 66) 버섯필 무렵-2연12행, 67) 도깨비네공부방-5연15행, 68) 화회마을북촌댁-2연6행, 69) 장독대-2연12해으 70) 영일만호미곶-2연12행, 71) 무주구천동-일사대-2연8행, 72) 황금술잔꽃-1연9행, 73) 천상열차분야지도-4연12행, 74) 백재무열왕비은잔받침-2연12행, 75)백혼탑제-3연9행, 79) 영월장릉-단종제-2연6행, 80) 넘실대는금강-해오름달-1연3행, 81) 시샘의달-1연3행, 82) 물오름달-1연3행, 83) 잎새달-1연3행, 84) 푸른달-1연3행, 85) 누리달-1연3행, 86) 견우직녀달-1연3행, 87) 타오름달-1연3행, 88) 열매달-1연3행, 89) 하늘연달-1연3행, 90) 미틈달-1연3행, 91) 매듭달-1연3행, 92) 목포갓바위-1연6행, 93) 칠석제-3연9행, 94) 속리산국립공원-화양구곡-경천벽-1연3행, 95) 운영암-1연3행, 96) 읍굼암-1연3행, 97) 금사담-1연3행, 98) 첨성대-1연3행, 99) 능운대-1연3행, 100) 와룡암-1연3행, 101) 학소대-1연3행, 102) 파곶-1연3행, 103) 초혼-5연15행, 104) 대전팔경(박자임안)8연24행, 105) 대전팔경(송시열안)-8연24행 106) 대전팔경(대전시지정)-대청호-1연3행, 107) 계족산-1연3행, 108) 엑스포과학공원 -1연3행, 109) 유성온천-1연3행, 110) 보문산-1연3행, 111) 구봉산-1연3행, 112) 장태산-1연3행, 113) 식장산-1연3행, 114) 해공신익희(1894-1956)선생동상-2연6행, 115) 백제금동신발-2연12행, 116) 동지팥죽-2연6행, 117) 낙안읍성-1연6행, 118) 고려상감청자어룡주전자-2연12행, 119) 한빛탑-5연15행, 〈작품해설〉삶의여유와멋의깊이-김완하

* 관촌 김창현(冠村 金昌鉉 1938-通川)의 定型時調形態調査

정형시집	1연	2연	3연	4연	5연	사설	장시조	총계	비고
한국시대사전	2	8						10	2004
가슴냇가에흐르는사랑	5	44	29	2				80	1991
바람이밀어주는그네	200							200	1994
이승과저승사이	7	32	33			2	1	75	1995
세월의길목	13	65	5					83	1996
월명산달빛		4	9				1	14	1996
고향노래	100							100	1996
불당골메아리	40	50	8			1		99	2000
고향햇살밭	2	54	6		1	2		65	2001
달동네판소리여						61		61	2002
낮달뜨는고향언덕	100							100	2003
배흘림햇살기둥	35	34	1	2		15		87	2003
아지랑이일던가슴	125							125	2005
문턱너머지구촌	72	13				4		89	2006
햇살길게누울 때		6	1			1		8	2007
별꿈나라꽃대궐						72		72	2007
월명산진달래꽃	27	77	2			1		107	2010
글꽃피는꽃동네	100							100	2011
한많은어머니눈물	25	78	4	1	1			109	2012
그섬에살고싶다	54	45	7	3	3	5	2	119	2015
대청호오백리길	30	44	7	4	4		5	94	2016
관촌단형시조선집	200							200	2017

추억은 아름다워	20	43	21	12	17	7	1	121	2017
한국누정시조	15	43	6			5	11	76	2018
총 계	1172	640	139	12	17	176	11	2194	
비 율%	53.4	29.1	6.3	0.5	0.7	8.0	0.5	98.5	

* 단체장 수상 실적 상황

단체장 성명	김창현(金昌鉉)	생년월일	1938.11.25
단체명	현대동시조문학회	회원수	(31)명
홈페이지		전화	(042)822-4667
이-메일	kwanchon1@daum.net	휴대폰	011-9985-3667
상의종류	시상 주체	수상연도	비고
훈장.포장	대한민국국민훈장-동백장	1999	1회
장관급	부총리겸통일원장관 교육부 장관	1993,1994	2회
시-도 문화상			
시장.도지사	대전광역시장	2000	1회
교육감	대전직할시교육감 대전광역시교육감	1993,1994,1995	3회
총장	대구대학교 총장	1997	1회
초.중고 지도	( )초등학교	(별지참조)	(동시조)분야

가슴으로 읽는 시조

- 대전문예대학

김 창 현(사회공헌봉사자)

늦가을 나무 둥치 소리 여직 달려 있다
매듭이 뚝뚝 지는 굵고 성긴 울음
그 사이 하늘이 넓다
뿌리들이 보인다.

설익은 나날들도 푸르게 깊은 고요
채우지 못한 그리움 낙엽으로 쌓이고
투명한 줄기만 남아
시월을 채운다.

시간의 뼈마디 마다 성급히 열납(悅納)하고
집 떠난 알갱이 같은 하루가 모여 모여
고요히 굽는 등 너머
먼 길을 나선다.

정온유 「시간의 뼈」 전문

눈부시게 높푸르던 시월이 간다. 다 태울 듯 불타오르던 단풍들도 낙엽이 되어 남은 길을 떠난다. 여름내 들고 있던 잎을 내려놓은 도심의 가로수며 공원의 나무들은 팔이 한결 헐거워졌다. 남녘에는 단풍이 많이 남아 있다지만 도처에서 가을 끝자락의 스산함이 끼친다. 시간의 뼈처럼 성근 나뭇가지 사이로 하늘도 휑해지는 느낌이다. 우리네 골목으로 들어오는 건물들의 그림자도 한층 깊고 서늘해졌다. 이제 고요히 굽은 등 너머 / 먼 길 나서는 시월을 배웅해야 하리라. 시월의 마지막 밤이라고 괜스레 들썩대는 문자며 발길들이 난만할법한 날, 총총 들어선 포장마차가 시린 목을 덮어 주겠다. 그 사이 바람은 시리게 지나가도 불빛 들은 조금씩 더 따스해지겠지. 〈정수자-시조시인.〉 평설.

광평 소머리국밥집 맑은 햇살 따스하다
때 이른 점심을 먹다 창 밖을 본다
빈 뜨락 내리는 참새 부리짓이 바쁘다.
주섬주섬 옷 챙겨 자리를 일어나면
먹었던 뜨건 국물 땀으로 솟는 한 끼
또 한 해 건너는 길목 모두 바쁜 초겨울.

강인순 「입동(立冬)부근」 전문

어느새 입동(7일)이다. 겨울 입구에 섰다는 생각에 마음이 급해진다. 겨울은 우선 추워진다는 생각에 긴장감을 불러 일으킨다. 겨울 양식으로 부른 김장이며 방한용 외투에 땔감 등, 어느 계절의 몇배 준비도 우리를 긴장시킨다. 이런 입동에 먹는 광평 소머리국밥은 참 따끈한 별미겠다. 빈 뜨락 참새 부리짓이 바빠 보이는 것도 입동이기 때문, 그래도 뜨건 국물 땀으로 솟는 후끈한 한 끼, 국밥이 겨울로 가는 길목에 힘을 실어 주리라.

하얗게 뼈만 남아 육탈된 시(詩)를 보러
백포만 주머니 꼴 낮은 구름 찾아 갔어
가볍게 목례를 하고 조의를 표했지.

이미 화서되어 켜켜이 쌓인 퇴적층 속
긁개와 돌탕 든 사내 뒷모습이 외로웠어
손들어 웃는 모습이 낯선 변방 같았어.

고인돌과 두 무덤 사이 흘러 간 수 세기를
정을 비운 몸만으로 층층 쌓아 막아 선들
어찌 다 적을 수 있을까 원시의 숲 눈 먼 책들.

껍데기가 집이 되고 나라가 되는 동산
깡마른 음계의 바람 같은 말씀이여
논물이 그리운 봄날 재두루미 입술 묻는.

이지엽 「그리운 패총(貝塚)부근」 전문

〈심사평〉 / 유재영 , 정해송, 조동화

그리운 패총은 말 그대로 패총, 곧 해남지역 현산면 백포만 선사시대의 유적인 조개 무덤을 독특한 시인의 상상력을 풀어 낸 명편이다. 모두 4연시조인데 유적인 패총을 하얗게 뼈만 남아 육탈 된 시(詩)로 켜켜이 쌓인 퇴적층 속 / 긁개와 돌창 든 사내뒷모습으로 원시의 숲과 눈 먼 책들로 종당에는 깡마른 음계의 바람같은 말씀으로 까치 활달하게 풀어내고 있다. 사물과 거리를 두고 적당히 살피는게 아니라 시인의 상상력이 패총과 혼연의 일체가 되어 마치 떨어진 벚꽃이 막 불어 온 회오리에 뽀얗게 휘감기듯 한바탕의 숨가뿐 휘모리 장단을 연출해 내고 있다. 실로 표현의 극치를 다 했다 하지 않을 수가 없다.

내 생애 아무리 서럽고 괴로웠어도
임종만큼은 저 낙조처럼 고와야지
저녁놀 헤치고 깜박 숨지는 항홀한 저 한 점.
박병순 「낙조처럼」 전문

사람이 임종할 때에 만큼 중요한 순간은 없다. 도가 높은 선사들이야 앉아서 죽고 서서도 죽고 거꾸로 서서도 죽는다지만 범인의 우리네야 죽음 자체도 얼마나 두려운 일인가. 하물며 그 임종을 곱게 맞이하려는 마음을 어찌 갖는단 말인가. 낯조처럼의 시조를 읽으면 마음에 잔잔히 와 닿는 것은 죽음에 대한 모습이다. 이 시조의 빼어난 점은 초장에 있다. 사람의 한 생애는 아무리 좋은 운세를 가진자라도 그만큼의 나쁜 고통을 받게 되어 있다. 그래서 인생에 있어서는 끝내 가져갈 것도 두고 갈 것도 없다. 서럽고 괴로운 삶을 살지 않은 사람이 없다.

※남진원 애송시조 감상(7). 현대시조 2007 여름호.

기우는 꽃빛 받아 가실하는 바람 속에
오래 참은 약속처럼 잘 익은 가을 산에
뜨겁게 묻어둔 말이 등성이에 환하다.

잡힐 듯 내달리는 저만치 시간을 따라
열일곱 혹은 열여덟 볼이 붉던 그 시절에
한번쯤 말았음직한 그 내음이 묻어난다.

계절을 건너 와서 깃을 치는 단풍처럼
내 허물도 벗어 놓고 들국화에 들어 볼까
달큼한 속살의 향내가 다시 나를 달군다.

이남순 「감국향기」 전문

깊어가는 가을 따라 산도 들도 잘 익어간다. 가을빛의 향연처럼 찬란한 단풍 가운데 감국(甘菊)도 제 빛을 조촐히 얹고 있다. 가을의 향기로 불릴 만큼 향기 짙은 감국은 지천으로 피어 가을 고샅을 오래 비추던 친근한 꽃이다. 그래선지 오상고절(傲霜孤節)이라며 군자의 꽃으로 기려온 국화의 하나건만 감국은 꼭 시골 소녀나 촌부같은 느낌이다. 오래 참은 약속처럼 환히 핀 감국들 뜨겁게 묻어둔 말로 볼이 붉던 그 시절을 데려 온다. 배갯속 넣는다고 꽃을 따던 날도 있었던가. 항아리에 꽃으면 집안이 온통 노란 향기로 그윽했다. 들꽃은 거기 있어 들꽃이라고 이젠 함부로 데려오지 않았지만 말이다. 바람도 가실(가을걷이)하는 날 하루 잘 익으러 감국에게 간다. 〈정수자-시조시인〉 시조평.

그냥 두어야 될 걸 또 건드리고 말았다
속삭임도 느껴야 할 한 겹의 상피 세포를
미어도 미워하지 않으며 면봉으로 닦는다.
달팽이관 어지 쯤에 그리움이 사나 보다
한 쪽이 불편하면 다른 쪽도 따라 불편한
서로가 그리며 살아 사뭇 아픈 관계여.

권혁모 「귀」 전문

윤구월 드물게 만나는 구월 윤달이다. 윤사월은 박목월 시로 전해져 정감 어린 서정적 시어로 남아 있다. 그런데 윤구월이라니, 거듭 굴려보며 보너스 같이 온 윤구월에 가을 조금 더 길어지길 바란다. 언제나 빨리 가버리던 가을이 올해는 윤달만큼 더 남아 만추의 어딘가를 오래 거닐수 있기를 … 그런날 가을 숲은 어딜 가든 아직 찬란하지 않으랴! 그런데 귀가 밝으면 먼 가을도 창턱에 담아 놓을수 있겠다. 국화 피는 소리 기러기 길 뜨는 소리, 대추볼 마져 붉은 소리, 달빛 스치는 소리, 등을 옮기려면 귀를 맑게 가꿔야 한다. 속삭임도 느껴야 할 상피세포를 건드리면 얼른 닦아 섬길 일이다. 달팽이관 어디쯤에 산다는 그리움도 드리려면 그래도 서로가 그리며 살아 그리움에 다시 싸여 가을저녁 먼등불처럼 홀로 깊어가리

김창현(金昌鉉) 아호-관촌(冠村) 연보

* **본명** : 김창현(金昌鉉) 시인. 아호 관촌(冠村)
* **생년월일** : 1938년(음력) 3월 20일. 필명 금촌(金邨)
* **학력** : 국립군산사범학교, 한국방송통신대학교. 졸업.
* **교육** : 초등학교(1959. 4. 1~2001. 2. 28) 교사, 기간제교사, 교감.
* **훈장** : 대한민국국민훈장 동백장 수훈.

* **관촌 -인생론**(1938년(음)3월20일생)

Ⅰ. 명품- 시인이 탐생하기 위해서

※花香千里行,人德萬薰

* 꽃향기는 천리까지 날아가지만
  사람의 덕과 가치는 만년동안 향기로운 법

※관촌- 현대시조 지표

* 현대시조를 위해서는 피땀을 흘려야 하고
* 현대시조를 위해서는 눈물도 흘려야 하며
* 현대시조를 위해서는 코피도 흘려야 한다
* 筆落驚風雨,詩作泣鬼神
* 붓을 들면 비바람을 놀라게 하고
* 시를 쓰면 귀신도 울게 한다

※관촌 연보

Ⅰ. 출생

서기 1938년 11월 25일(음력3월 20일)충남서천군기산면막동리 139번지 외가에서 아버지 김중규(金重圭 1912~1986)통천전직공21세손, 어머니 교하노씨(盧庚女1910~1992) 사이에서 3남 2녀중, 장남으로 태어남 돌날 충남서천군비인면관리 344번지 조부댁으로 왔다고 함.

1. 일본 강점기시대 아버지 17살, 어머니19살에 혼인하고 분가시켜서 3년

동안 금강산온천과 명천약수를 잡수시고 홍역 앓다 내항기침병(천식)을 고친다고 가출하셨고 어머니는 친정살이를 했다고 함.

2. 기계새끼틀을 사주시지 않는다면 또다시 가출하겠다고 졸라서 쌀 다섯 가마니 연장리를 얻어 구입해서 기계새끼를 꼬아 빚 갚고 3년동안 600바퀴를 꼬아 충남서천군서면마량리 어업하시는 분에게 매각하여 귀틀집을 헐고 세 칸 접집을 신축했는데 일 년도 살지 못하고 분가했다고 함

3. 1940년(3세) 대전대동 고모님이 서너 살 때 조카를 업고 동네 모시하러 다니면서 〈둥가, 둥가 둥가야 두둥가 둥가 둥가야, 군수 할래, 도지사 할래, 둥가 둥가 둥가야 예쁜 애기 잘도 큰다.〉 자장가 동요노래가 지금도 생생하게 잊혀지지 않는다.

4. 1941년(4세)할아버지 훈장하실 때 석봉, 한호(右峯韓濩1543~1605千字文)을 배우는데 이슬로(露)맺을결(結)하위(為)서릿상(霜)을 배울 때 하위자를 까먹어서 목침 위에 올라서서 종아리를 맞고 눈물 많이 흘렸다. 그 후 종아리를 맞지 않으려고 암기력을 길렀던 것이 큰 재능이 된 것 같다. 동몽선습(童蒙先習) 첫 장을 배울 때 중단했고 제일 큰 장손자라 귀여움을 받았고 참외밭 원두막을 짓고 생활하실 때 개구리참외를 따 주신 기억이 남아 있다.

5. 1945년(8세)비인공립보통학교에 입학. 일본강점기 시대에 입학해서 일본말을 배우다 광복절을 맞이했고 한글독본으로 우리한글을 배웠다. 1950년 8월 15일 광복절, 날 비인공립국민학교를 졸업했다. 심청이 아버지 심봉사가 심청이를 동네 업고 다니면서 동냥젖을 얻어 먹여 키웠다는데 관촌도 어렸을 때 동냥젖을 얻어먹고 자랐다. 똑같은 동네에 살고 있는 제일 큰 외삼촌 집을 외할머니께서 업고 다니시며 외숙모가 나보다 한 달 빠른 외사촌 누나 젖을 함께 얻어먹고 자랐다.

 * 1956 서천중학교 졸업

 * 1958 사범학교 화재로 천막에서 공부했고 삼학년 2학기 때 교생실습을 다녔다

* 1959.2.24. 국립군산(群山)사범학교 사범과 졸업

* 1959.3.31. 전북금산군남일면초현리

남일초등학교 3학년1반 기와집 교실에서 남녀공학 어린이를 가르쳤다

* 1959.5.5. 어린이날. 전북금산군남이면석동리〈보석사〉처음 소풍을 갔다왔다

* 1959년 대전에서 금산까지 버스요금은 34원이고 막걸리 1되 값은 40원 받았다.

* 1959.3.31.`1959.7.17. 초현리 동네 막걸리 술집에서 밥을 먹고 숙직실에서 잠을 잤다 고향에서는 파도소리가 노래했고 학교숙직실에서는 시냇물소리가 노래했다

* 1959.7.19.~1960.7.27. 육군1사단제6915부대에서 군복무. 총377일간 복무하고 제대하였다

* 1960. 진중문에 입상-용감한 사나이-관창(화랑도)육군6915부대장

* 1960.9.30. 전북금산군진산면만악리 만악초등학교로 복직발령 되었다

* 1960(22세)만악초등학교 숙직실에서 자취, 기타를 배우고 새마을재건촉진회-노래자랑 심사위원으로 활동하였다.

오창근(吳昌根)선생님-자기 인삼밭에서 인삼 5뿌리 캐주시기에 논산시장에서 홍어 사다드렸다 소풍 때 솥단지 쌀국수 추어탕 끓이고 어린이들 고무신 속에 미꾸라지 잡기 발등 때 벗기는 날이 소풍날이다 만악 초등학교 6학년 1반 담임했는데 제4회 졸업생이다. 어디서 무엇하고 있는지 만나보고싶다

※ 운동회 노래

※ 범같이 날래고 나비처럼 예쁘게
랄라랄라 오늘은 우리학교 운동회
가슴 펴고 활개치고 뛰고 놀면서
태평양도 건너 뛸 힘을 기르세

* 1961.9월1일 전북금산군남이면석동리-석동초등학교로 전근되었다

* 1962.6.10. 화폐개혁
* 1963.1.1. 전북 금산군이 행정구역 변경으로 충청남도에 편입되었다
* 1963.9.30. 석동초등학교운동회-소고놀이(웃다리농악)지도
* 1964.3.1. 충남서천군 서면초등학교(3학년1반. 담임)로 전근되었다.
* 1965.5.1. 비남초등학교(1학년1반-담임)로 전근되었다.
※ 운동회 -소고놀이지도-웃다리농악(평택농악)
* 1969.3.2. 판교초등학교(1학년1반담임)로 전근되었다
* 1970.3.1. 장항초등학교(1학년4반담임)로 전근되었다
* 1971. 교단문학-아라비안나이트(수필2회)수록
* 1975. 새교실.9월호-개구리도배꼽이있나?-수필
* 1976. 새교실.6월호-도별수필릴레이-수필
* 1976. 서해방송-아침의 산책-작품 발표
* 1977. 새교실-웅변구연동화지도. 집필위원
* 1977.3.8. 서울신문-지긋지긋한 필화사건-게시판 벽보
서천경찰서정보과(장항)2회.호출-무슨 이유로 투고했나? 사유서 쓰라고
* 1977. 새한신문-오백자춘주-바른말 고운말
* 1977. 충남서천군장항읍화천동172번지에서 농사를 지어가며 물꼬선생으로 초등학교에 근무 했는데 농약중독 되어 저승관광을 다녀왔다
* 1977. 충남교육제25호. 〈시〉오열사-충남대오세영교수-시평(詩評)받음
최수룡 * 2002.7.20. 대전동시조,제3집.발간,대전도이조문학회장
* 2003.7.30. 대전동시조,제4집.발간,대전동시조문학회장
* 2004.7.30. 현대동시조,제5집.발간,대전동시조문학회장
* 2005.7.31. 현대동시조,제6집.발간, 중학교교육과정-주제와형대
* 2006.7.31. 현대동시조,제7집.충천권동시조문학의시맥과전개양상.
* 2007.7.31. 현대동시조제8집.현대동시조뿌리찾기 제5회
* 2008.11.1. 현대동시조제9집.충청권여류시조 작가를찾아서
* 2009.9.26. 현대동시조제10집.한국현대동시조문학상제정.

* 2009.8.31. 한국현대동시조선집. 현대동시조창간10주년기념문집. 총213명

* 문력

* 관촌-교육자료, 새교실, 대전일보, 중도일보, 작품조사〈별표〉참조.

* 시조문학. 1991. 여름호. 등단.

* 경력

1991. 한국문인협회, 한국시조시인협회, 회원.
한국불교문인협회중앙위원. 역임.

1991. 전국한밭시조백일장 심사위원. 대전시조시인협회. 사무국장. 역임.

1993. 한국아동문예작가회-동시조분과-회장.

2000. 아동문예문학상예심위원. 2000. 한밭아동문학. 상임고문.

2010. 문학사랑(계간) 신인작품상 심사위원.

2011. 한국문화예술위원회, 복권위원회, 공동보조금, 수혜.

※ 관촌 교육자료, 새교실. 대전일보. 중도일보. 작품조사

1971. 9. 동명이인(同名異人) 교단아라비안나이트. 76話. 새교실.

1975. 9. 개구리도 배꼽이 있나?-교단아라비안나이트. 183話. 새교실.

1976. 6. 동가홍상(同價紅裳) 도별수필릴레이. 새교실.

1977. 9. 16. 중추절을 분수에 맞게 지냅시다.〈독자의 광장〉충남일보.

1977. 10. 외딴섬 〈어린이 동산〉동시. 충남일보.

1977. 11. 가을. 〈시〉 충남일보.

1977. 11. 우리언니 〈동시〉 충남일보.

1977. 12. 글짓는 마음 〈동시〉 충남일보.

1978. 8. 생각나는 것. 〈동시〉 대전일보.

1978. 8. 매미 〈동시〉 대전일보.

1978. 8. 4. 동백정(冬柏亭) 〈시〉 대전일보.

1978. 8. 석양(夕陽) 〈시〉 대전일보.

1978. 9. 초추(初秋) 〈시〉 대전일보.

1978. 10. 늦가을. 〈시〉 대전일보.

1978. 10. 허수아비 〈시〉 대전일보.

1978. 11. 추수 〈시〉 대전일보.

1979. 2. 16. 소망(所望) 수필. 대전일보.

1979. 8. 국기와 물자절약 수필. 대전일보.

1979. 10. 골목길에서, 수필. 대전일보.

1980. 7. 전화유감, 수필 대전일보.

1980. 9. 망둥이 iQ 수필. 대전일보.

1980. 9 . 가을의 미소, 수필. 대전일보.

1980. 11. 금강포구. 수필. 대전일보.

1981. 3. 삼월이 오면 〈시조〉 대전일보.

1983. 5. 부처님, 오신날. 〈시조〉 대전일보.

1987. 7. 가보의 가치기준. 〈수필〉 대전일보.

1988. 8. 우리말을 바르게 사용하자. 〈수필〉 대전일보.

1988. 9. 8. 추석은 검소하게. 수필, 대전일보.

1989. 11. 13. 계족산 〈시조〉 대전일보.

1989. 11. 20. 고향 〈시조〉 대전일보.

1991. 6. 19. 별빛은〈시조〉 대전일보.

※ 중도일보

1989. 10. 28. 저녁놀〈시조〉

1990. 1. 13. 아침 〈시조〉

1990. 4. 4. 안개 덮힌 계룡산. 〈시조〉

※ 교육자료

1987. 시조 1회 추천.

1988. 시조 2~3회 추천. 완료.

※ 관촌 김창현. 저서

1. 가슴 냇가에 흐르는 사랑-시조집. 1991.
   수필집-개구리도배꼽이있나? 1982.
2. 바람이밀어주는그네-동시조집. 1989.
   수필집-말더듬이의하소연.1989.
3. 이승과저승사이-시조집. 1995.
4. 세월의 길목-시조집. 1996.
5. 고향 노래-동시조집. 1998.
6. 한국 현대동시조선집. 1999.
7. 불당골 메아리-시조집. 2000.
8. 고향 햇살 밭.-시조집. 2001.
9. 달동네 판소리여-시조집. 2002.
10. 낮달 뜨는 고향 언덕-동시조집. 2003.
11. 배 흘림 햇살 기둥-시조집. 2003.
12. 아지랑이 일던 가슴-장시조집. 2005.
13. 문턱 너머 지구촌-시조집. 2006.
14. 햇살이 길게 누울 때-공동시집. 2007.
14. 별 꿈나라 꽃 대궐-시조집. 2007.
15. 월명산 진달래꽃-정형시집. 2010.
16. 글 꽃피는 꽃동네-동시조선집. 2011.
17. 한 많은 어머니 눈물.-시집. 2012.
18. 한국 현대시조 연구와 향방(1)-평설집. 2014.
19. 등대도깨비-동시집. 2014.
20. 그 섬에 살고 싶다-정형시집. 2015.
21. 대청호 오백리길-정형시집. 2016.
22. 추억은 아름답다-정형시집. 2017.
23. 한국 현대시조의 연구와 향방(2) .2018.

※ 관촌 김창현. 문학상.

1. 전국 청소년의 달-내무부 치안본부장상-전국 표어 공모 입상. 1980.
2. 제23회 전국 통일 문예 현상 공모 최우수상
   -부총리겸통일원 장관상. 1992.
3. 아동문예 문학상. 한국아동문예작가회이사장. 1993.
4. 한국동시조 문학상. 한국아동문예작가회이사장. 1994.
5. 대한민국 국민훈장 동백장. 수훈. 대한민국교육부. 1999.
6. 한국 불교 문학상. 한국 불교문인협회장. 2003.
7. 한국 인터넷 문학상. 문학사랑협의회 이사장. 2003.
8. 황산 시조 문학상. 시조와 비평(계간)-부산. 2004.
9. 대전 문학상. 한국 문인협회 대전광역시지 회장. 2005.
10. 한국 청소년 문학상.본상.한국 아동문예 작가회 이사장. 2009.
11. 한국 시조문학 공로상.시조문학(계간) 김준.발행인. 2013.
12. 한국 동시조문학 공로상. 한밭아동문학가 협회장. 2013.
13. 대한아동 문학상.한국 아동문예작가회 이사장. 2013.
14. 한밭시조 문학상.대전시조시인 협회장. 2014.
15. 정훈 문학상.대상.문학사랑협의회 이사장. 2016.
16. 문학사랑(계간) 문학발전 공로상-문학사랑협의회 이사장. 2017

※ 관촌-논문(평론)

1. 어린이들에게 동시조를! 대전중리초등학교 신문 제7호. 1993. 2. 15.
2. 시조교육의 문제점과 개선 방향. 한밭시조문학 제7집. 1995.
3. 꿈틀거린 동시조-이달의 아동문학칼럼-아동문예. 1995. 12월호.
4. 우리 시조 문학의 시대적 고찰-시조집-거북선을 중심으로
   -가람문학 제8집. 1997.
5. 재미있는 동시조 짓기 지상강좌-아동문예. 1997. 12월호~2000. 4월호.
6. 채정순 동시세계-동시집 발문-바람개비는 바람을 좋아하나봐.
   아동문예. 1999.

7. 대전. 충남시조 사연표. 한밭시조문학 제11집. 1999.

8. 대전시조의 전개 양상과 맥락. 한밭시조의 뿌리 찾기
-가람문학 제21집. 2000.

9. 아동심리의 본질로 반죽된 어린이 특성-대전동시조 창간호. 2000.

10. 한국동시조사연표. 대전동시조 제2호. 2001.

11. 아동문학과 동시조의 접목-대전동시조 제4호. 2003.

12. 정완영동시조의시어적이미지연구.
문학사랑(평론부문-신인상) 겨울호. 2004.

13. 황산문학과 생애(3) 황산의 시조혼과 한밭의 흔적(문집) .
시조와비평. 2004.

14. 충청권동시조문학의시맥과전개양상. 현대동시조 제7집. 2006.

15. 충청권 동시조 작가를 찾아서(1) . 현대동시조 제8집. 2007.

16. 충청권 여류시조 작가를 찾아서(2) . 현대동시조 제9집. 2008.

17. 동심으로 반죽되는 순수성의 미학. 윤황한 동시조집.
아동문예. 2009.

18. 충청권 불연 시조문학의 시대적 고찰(1) . 현대동시조 제8집. 2007.

19. 자연환경의 신비를 버무리는 순수성의 미학. 조혜식 동시조집. 오늘의문학사. 2010.

20. 홍겨운 마음결의 노래 그 간결 미학. 채정순 동시조집. 아동문예. 2010.

21. 충청권 불연 시조문학의 시대적 고찰(2) . 중도문학. 제16호. 2010.

22. 논강 김영배(1931~2009)의 생애와 현대시조(동시조) 문학. 한밭아동문학 제11호. 2010.

23. 소산 신재후(1931~2010)의 생애와 현대시조(동시조) 문학. 대전문학 2011. 봄호. 2011.

24. 상상력을일깨우는동심의접근. 김숙동시조집. 오늘의문학사. 2011.

25. 슬기 꼭찬 절제미와 직유법의 미학. 시천 유성규 동시조집. 한밭아

동문학 제12호. 2011.

26. 작촌 조병희(1910~2002)의 생애와 현대시조(동시조) 문학. 향촌문학. 제22집. 2011.
27. 금산 박석순(1936~2011)의 생애와 현대시조(동시조) 문학. 한밭아동문학. 제13집. 2012.
28 .봉곡 박준명(1929~2008) 군수의 생애와 현대시조문학. 한촌문학. 제23집. 2012.
29. 만오 김영수(1913~1998)의 생애와 현대시조무학. 한밭아동문학제14집. 2013.
30. 친환경적 서정시와 사물시의 융합적 시학. 배정태 동시조집. 오늘의문학사. 2013.
31. 생동감이 꿈틀거린 정형시의 시적변용. 심성보 동시조집. 한밭아동문학. 제15집. 2014.
32. 전통적 민속놀이가 승화된 동심의 미학.박근칠 동시조집. 한밭아동문학 제16집. 2015.
33. 꽃 숨결로 대응, 상징 미학을 추구한 동심의 접근. 최숙영동시조집. 한밭아동문학 제17호. 2016.
34. 끈질긴 삶의 감동화로 엮은 동심의 미학. 박순희 시조집. 한밭아동문학 제18집. 2017

※ 김창현 아동문학 연보

1. 아동문학시대(아동문예(서울) 1976년 창간: 월간(1993)→격월간(2007~))

1994 동시제13집 『우리 동네 산 이야기』(갯바람: 2연14행, 봄바람: 2연16행, 한국문학작품선 : 동시,동화 -동시-청개구리:1연11행, p30)

1997 동시제14집 『꽃밭에 내리는 비』(꽃 피는 봄: 1연9행, 고향노래: 1연7행, 깍꿍거리기:1연 9행, 꿈:1 연9행)

1998 동시집15집 『손뼉 치는 봄동산(재호선정)』(손뼉치는 봄동산: 1연9행, 신나는 짠짠짠: 1연9행, 꿈: 1연9행)

1999 동시제16집 『흙 묻은 색연필』(도깨비 숲속: 1연9행, 씨앗: 1연9행, 봄바람무등타고: 1연8행, 새처럼: 1연10행)

2000 동시제17집 『하늘 잡으로 갈 거야』(안개 업은 큰 산: 1연9행, 햇살 어디쯤 왔나:1연9행, 콩나물: 1연9행, 민들레: 1연9행)

2001 동시제18집 『나무에 걸터앉은 햇살』(꽃봉오리 마음: 1연 9행, 햇살이 될 구는거야: 1연7행, 초롱꽃: 1연7행, 바람노래: 1연7행)

2002 동시제19집 『봉선화 꽃잎 물 들이기』(장승마을: 1연 6행, 햇살이 그리는 그림: 1연6행, 금강어름치: 1연6행)

2003 동시제20집 『금빛운동회』(노란 무지개 떴구나: 1연7행, 엄마 손잡고1연6행, 송아지도 노래 부른다: 1연7행, 부처님 나이:1연6행)

2004 동시제21집 『갈매기가 밀어주는 통통배』(돌날 아침: 1연7행, 갯벌이 게집이야:1연7행)

2007 동시제22집 『아무에게도 말 하지마』(파도 노래: 1연7행, 청개천 시냇물: 1연7행)

2008 동시제23집 『어머니 그림자』(꽃봉오리에게: 1연9행, 미끄럼타기: 1연9행)

2009 동시제24집 『꽃잎도 하늘을 날고 싶다』(우주정거장: 1연7행, 봄이 오는 오솔길:1연7행)

2010 동시제25집 『그림 그리는 햇살』(달동네: 1연7행, 핸드폰 사진:1연7행. 여름 별자리: 1연7행)

2. 아동문학시대(한국문예교육연구원(대전))

2000 가을 제3호 (바람이 꽃에게: 1연11행, 노래방:1연13행)

3. 아동문예 작품수록, 심사평 (월간 1993~)

1993 1월호 제53회 아동문예문학상 동시조 당선평 〈 고독한 몸짓〉 (등대: 1연7행, 운동장: 1연7행, 귀뚜라미: 1연7행)

1993 6월호 (개구리:1연10행, 청개구리: 1연11행, 맹꽁이: 1연10행, 제비:1연11행, 거미: 1연11행)

1993 12월호 (가을: 2연 14행)

1994 5월호 (시를 쓸 때: 1연7행(맨앞표지))

1994 7월호 (갯바람: 2연 15행, 개구리: 1연6행, 맹꽁이: 1연10행, 제비: 1연11행, 거미: 1연 11행)

1995 1월호 (바람이 밀어주는 그네 '민족동시조문학상(한국동시조문학상개명)' 수상)

1995 6월호 (네 마음 내가 알지: 2연 14행, 봄 오는 소리: 2연14행)

1995 10월호 (구름: 1연 7행, 놀이터: 1연7행)

1995 12월호 (꿈틀거린 동시조-동시와 동시조, 한국 동시조의 시초: 달밤, 봄비-맺는말)

1996 1월호 한국 아동문예작가회 '민족동시조문학상' (한국동시조문학상 개명)

1996 7월호 (소풍: 1연11행, 교실 안 풍경: 1연9행)

1996 11월호 (할아버지: 1연 10행)

1997 1월호 (횃불: 1연6행, 손 흔들기: 1연6행)

1997 7월호 (풀꽃: 1연7행, 바다: 1연10행, 고향노래: 1연7행, 꽃집: 1연8행, 꽃떨기: 1연7행, 구름: 1연7행, 놀이터: 1연7행)

1997 11월호 (메아리: 1연6행, 조약돌: 1연행, 매미: 1연6행, 도토리: 1연6행, 별지기: 1연6행)

1997 12월호 이달의 아동문학 칼럼-동시조 짓기(제1회)

1998 2월호 이달의 아동문학 교실- 동시조 짓기(제2회)

1998 3월호 이달의 아동문학 교실- 동시조 짓기(제3회)

1998 4월호 이달의 아동문학 교실- 동시조 짓기(제4회)
(바람도 쉬어야지: 1연6행, 봄꽃도 밥을 먹어: 1연6행)

1998 5월호 이달의 아동문학 교실- 동시조 짓기(제5회)

1998 6월호 이달의 아동문학 교실 동시조 짓기(제6회)

1998 7월호 이달의 아동문학 교실 동시조 짓기(제7회)

1998 8월호 이달의 아동문학 교실 동시조 짓기(제8회)

1998 9월호 이달의 아동문학 교실 동시조 짓기(제9회)

1998 10월호 이달의 아동문학 교실 동시조 짓기(제10회)

1998 11월호 이달의 아동문학 교실 동시조 짓기(제11회)

1998 12월호 이달의 아동문학 교실 동시조 짓기(제12회)

1999 1월호 이달의 아동문학 교실 동시조 짓기(제13회)

1999 2월호 이달의 아동문학 교실 동시조 짓기(제14회)

1999 3월호 이달의 아동문학 교실 동시조 짓기(제15회)

1999 4월호 이달의 아동문학 교실 동시조 짓기(제16회)

1999 5월호 이달의 아동문학 교실 동시조 짓기(제17회)
(나비야: 1연7행, 꽃잎: 1연7행 바람이나에게 : 1연7행,
바람이 꽃에게:1연7행, 할미꽃 : 1연 7행)

1999 6월호 이달의 아동문학 교실 동시조 짓기(제18회)

1999 7월호 이달의 아동문학 교실 동시조 짓기(제19회)

1999 8월호 이달의 아동문학 교실 동시조 짓기(제20회)

1999 9월호 이달의 아동문학 교실 동시조 짓기(제21회)

1999 10월호 이달의 아동문학 교실 동시조 짓기(제22회)

1999 11월호 이달의 아동문학 교실 동시조 짓기(제23회)

1999 12월호 이달의 아동문학 교실 동시조 짓기(제24회)

2000 1월호 이달의 아동문학 교실 동시조 짓기(제25회)

2000 2월호 이달의 아동문학 교실 동시조 짓기(제26회)

2000 3월호 이달의 아동문학 교실 동시조 짓기(제27회)

2000 4월호 이달의 아동문학 교실 동시조 짓기(제28회)
아동문예: 지상강좌 1997. 12월호→200. 4월호까지(총28회)

2000 5월호 (효자손: 1연7행, 태극기:1연7행, 세상에서 제일 좋은 것: 1연7행,
백목련: 1연7행, 개나리:1연7행)

2000 8월호 (햇살 어디쯤 왔나: 1연9행)

2000 12월호 (바다 용궁: 사설동시조, 꽃나라꽃대궐: 사설동시조)

2001 3월호 (판소리:1연6행, 한꿈이와꿈돌이-1연6행)

2001 10월호 (우리는 쌍둥이: 1연7행, 꾀꼬리: 1연7행)

2001 11월호 (산이슬과꽃이슬: 1연7행, 고추잠자리: 1연7행, 콩플: 1연7행,
파도소리가 사는 곳: 1연6행)

2001 12월호 (벼룩과 파리: 사설동시조, 차례상: 사설동시조)

2002 1월호 (장수하늘소: 1연7행, 금강어름치와 한강쏘가리가 만났을 때: 1연7행)

2002 2월호 (개와 고양이: 사설동시조, 염라대왕감기: 사설동시조)

2002 3월호 (태양: 사설동시조, 공룡: 사설동시조)

2002 4월호 (산할머니: 사설동시조, 고목나무와 산삼: 사설동시조)

2002 5월호 (오월은 어린이 세상: 사설동시조, 콩자루는 왜 없어: 사설동시조)

2002 6월호 (반달가슴곰: 사설동시조, 평창백룡동굴: 사설동시조)

2002 7월호 (백령도장산곶매: 사설동시조, 정이품송과 정부인송: 사설동시조)

2002 8월호 (황새: 사설동시조, 우주정거장: 사설동시조)

2002 9월호 (울주천전리각석: 사설동시조, 쇠고래: 사설동시조)

2002 10월호 (크낙새: 사설동시조, 오골계: 사설동시조)

2002 11월호 (따오기: 사설동시조, 설악산 천연보호구역: 사설동시조)

2002 12월호 (난중일기: 사설동시조, 금제관식: 사설동시조)

2003 5월호 (남극대륙: 사설동시조, 할미꽃: 사설동시조)

2004 1월호 (도깨비방망이 공장: 1연7행, 도깨비네 호박꽃: 1연7행)

2004 2월호 (하늘다람쥐: 1연7행, 큰소쩍새: 1연7행, 백령도 두무진: 1연7행,
상백도 하백도: 1연7행, 올빼미와 부엉이: 1연7행)

2004 4월호 (도깨비네 종소리: 1연7행, 도깨비네 만만세: 사설동시조)

2004 5월호 (도깨비네 풍물놀이: 1연7행, 도깨비네 굴뚝 서당: 1연6행)

2004 8월호 (숲속의 아침: 5연 30행)

2005 4월호 (하늘꽃도 피었네: 1연7행, 갯벌이 게집이야: 1연7행, 감자꽃: 1연7행,
분수들아 노래하자: 1연7행, 자운영과 파꽃: 1연7행)

2005 7월호 (동심으로 반죽되는 시적 변용-상동규(제193회 아동문예학상 심사평))

2005 8월호 (민들레도 날씨 안다: 1연7행, 꽃망울 꿈: 1연7행,
꽃대궐 울타리:1연7행, 알 수 없잖아: 1연9행)

2005 9월호 (진실성의 원형을 찾는 동심-가재순(제195회 아동문예문학상 심사평))

2005 12월호 (작은 별꽃: 2연14행, 허브꽃밥:2연12행)

2006 7월호 (상상력을 일깨우는 동심의 접근-김숙 (제204회 아동문예학상 심사평))

2006 12월호 (이달의 동시조 문학-박정식 (숨바꼭질은 슬기를 일깨우는 시〈서평〉)

(격월간)

2007 9 · 10월호 (쌍무지개: 1연7행, 도깨비네 집으로 놀러갔으면: 1연7행, 피딱지:
1연7행, 은하수 눈초리들: 1연7행, 연꽃 필 때:1연7행)

2008 7 · 8월호 (꽃봉오리에게: 1연7행, 하늘 그릇: 1연7행)

2008 11 · 12월호 품안같은 여유로움의 동시조- 권영국, 윤황환
(제221회 아동문예문학상 심사평))

2009 3 · 4월호 (은하수: 1연7행, 줄베짱이: 1연7행)

2009 11 · 12월호 꿈결같은 동시조의 즐거움-홍오선, 한영필
(제227회 아동문예문학상 심사평)

2010 7 · 8월호 하얀 마음결을 다듬는 노래-문복선(제231회 아동문예문학상 심사평)

2010 9 · 10월호 어린이에게 지극한 애정-채정순(제232회 아동문예문학상 심사평)

2010 11 · 12월호 자연 신비성 노래한 동심 세계-신현창(제223회 아동문예문학상 심사평) (꿈너머 꿈: 1연7행, 핸드폰 사진: 1연7행)

2011 3 · 4월호 꿈세상에 펼친 글꽃-김용진, 김장수(제235회 아동문예문학상 심사평)

2012 3 · 4월호 꿈이열리는꿈나무-석성환(제241회 아동문예문학상 심사평)

2013 7 · 8월호 (숲으로 간 꽃그늘: 1연10행, 꽃받침 위 꼬투리: 1연10행, 연못: 1연10행, 도깨비 감투: 1연11행)

2013 7 · 8월호 천리향 같은 글꽃-김옥자(제249회 아동문예문학상 심사평)

2013 9 · 10월호 생동감이 꿈틀거린 햇살밭-심성보(제250회 아동문예문학상 심사평)

2014 1 · 2월호 즐거운 꿈길로 홍얼거린 콧노래 −이희규(252회 아동문예문학상 심사평)
(햇살이 놀러와서: 2연12행, 꽃씨를 심어놓고: 1연6행)

4. 한국 동시조 - 광주

1995 창간호- 꽃바람, 꽃밭, 청개구리, 봄바람, 별의 꿈, 가을 바람,
- 동학사, 매미, 교실 안 풍경, 청소

1995 제 2집- 빼꾸기, 네 마음 내가 알지, 봄 오는 소리

1996 제3집- 소품, 놀이터

1997 제4집- 횃불, 손흔들기

1998 제5집- 풀꽃, 꿈

1998 제6집- 하늘 따먹기, 고향노래, 알 수 없잖아 (표지그림-대전 양지초3:황루비)

1999 제7집,제8집- 작품 없음

2000 제10집- 색종이나라, 뒷동산에 오르면

2001 제 11호- 민들레, 선생님 마음, 전화, 새싹, 우산, 예방주사, 아저씨, 상상의 나라,
어머니, 까치, 풍선- 김창현의 동시조 세계

2001 제12호- 작품 없음

2002 제13호- 바람이 나에게, 부침개

2002 제14호- 작품 없음

2003 제15호- 뿌리공원, 금강하구둑

2004 제16호- 도깨비 방망이공장

2004 제17호- 돌날 아침, 하늘다람쥐

2004 제18호- 작품 없음

2005 제19호- 봄 안개 피는 아침

2006 제21호- 알 수 없잖아

2006 제 22호- 우리는 쌍둥이

2007 제23호- 동박새

2007 제24호- 피딱지

2008 제25호- 장독대 쥐콩도깨비

2010 제26호- 빅수치기

2010 제27호- 사랑 밥

2011 제28호- 겨울 딸기밭

2011 제29호- 작품 없음

※한국동시조선집-동학사: 1연7행

5. 현대 동시조 – 대전

2000 창간호- 나 때문에

2001 제2집- 동시조 나무를 심고, 바다용궁, 꽃나라 꽃대궐

2002 제3집- 벼룩과 파리

2003 제4집- 부처님 나이, 평론- 아동문학과 동시조의 접목

2004 제5집- 돌날 아침, 평론- 아동문학과 동시조의 접목

2005 제6집- 민들레도 날씨 안다, 평론- 정완영 동시조의 시어적 이미지 연구

2006 제7집- 지금도, 평론-충청권 동시조 문학의 시맥과 전개 양상

2007 제8집- 보리목을 뽑아올릴 때, 평론- 현대동시조 뿌리 찾기

2008 제9집- 하늘 그릇, 평론- 동심으로 반죽되는 순수성의 미학

2009 제10집- 작은 별꽃, 평론- 동심으로 반죽되는 순수성의 미학

※한국 현대동시조 선집- 작은 별꽃

2010 제 11집- 피딱지, 평론- 자연 환경의 신비를 버무리는 순수성의 미학

2011 제 12집 고흥나로우주센터, 평론- 슬기 꽉찬 절제미와 직유법의 미학

2012 제13집 한국 동시조 글탑 · 쟁반탑, 평론- 한국동시조 작품집을 중심으로

2013 제14집 풀꽃, 과수원, 평론- 만오 김영수의 생애와 현대시조 문학

6. 한국장애인문학도서총람 (2013)

1) 아동문학- 글꽃 피는 꽃동네 (도깨비네 호박꽃: 1연6행)

관촌-인생론

Ⅰ. 명품-시인이 탄생하기 위해서.

※ 화향천리행(花香千里行), 인덕만년훈(人德萬年薰).

⁂ 꽃향기는 천리까지 날아가지만
사람의 덕과 가치는 만년동안 향기로운 법.

※ 관촌-현대시조 지표.

⁑ 현대시조를 위해서는 피땀을 흘려야 하고
⁑ 현대시조를 위해서는 눈물도 흘려야 하며
⁑ 현대시조를 위해서는 코피도 흘려야 한다.

※ 관촌-인생론

⁑ 필낙경풍우(筆落驚風雨), 시작읍귀신(詩作泣鬼神).
⁑ 붓을 들면 비바람을 놀라게 하고
⁑ 시를 쓰면 귀신도 울게 한다.

※ 관촌 연보

1. 출생

서기1938년 11월 25일(음력3월 20일) 충남서천군기산면막동리 139번지 외가에서 아버지 김중규(金重圭1912~1986) 통천전직공21세손, 어머니 교하노씨(盧庚女1910~1992) 사이에서 3남2녀 중, 장남으로 태어남.

돌날 충남서천군비인면관리344번지 조부댁으로 왔다고 함.

2. 일본 강점기시대 아버지 17살, 어머니 19살에 혼인하고 분가시켜서 3년 동안 금강산온천과 명천약수를 잡수시고 홍역 앓다 내항기침병(천식)을 고친다고 가출하셨고 어머니는 친정살이를 했다고 함.

3. 기계새끼틀을 사주시지 않는다면 또다시 가출하겠다고 졸라서 쌀 다섯 가마니 년장리를 얻어 구입해서 기계새끼를 꼬아 빚 갚고 3년 동안 600바퀴를 꼬아 충남서천군서면마량리 어업 하시는 분에게 매각하여 귀틀집을 헐고 세 칸 접집을 신축했는데 일 년도 살지 못하고 분가했다고 함.

4. 1940년(3세) 대전대동 고모님이 서너 살 때 조카를 업고 동네 모시하러 다니면서 〈둥가, 둥가 둥가야 두둥가 둥가 둥가야, 군수 할래, 도지사 할래, 둥가 둥가 둥가야 예쁜 애기 잘도 큰다.〉자장가 동요노래가 지금도 생생하게 잊혀 지지 않는다.

5. 1941년(4세) 할아버지 훈장 하실 때 석봉, 한호(石峯韓濩 1543~1605 千字文)을 배우는데 이슬로(露) 맺을결(結) 하위(爲) 서릿상(霜)을 배울 때 하위자를 까먹어서 목침 위에 올라서서 종아리를 맞고 눈물 많이 흘렸다. 그 후 종아리를 맞지 않으려고 암기력을 길렀던 것이 큰 재능이 된 것 같다. 동몽선습 첫 장을 배울 때 중단했고 제일 큰 장손자라 귀여움을 받았고 참외밭 원두막을 짓고 생활 하실 때 개구리참외를 따 주신 기억이 남아 있다.

6. 1945년(8세)비인공립보통학교에 입학. 일본강점기 시대에 입학해서 일본말을 배우다 광복절을 맞이했고 한글독본으로 우리한글을 배웠다. 1950년 6학년 때 한국전쟁(6.25전쟁)을 만났으며 1950년 8월 15일 광복절, 날 비인공립국민학교를 졸업했다. 심청이 아버지 심 봉사가 심 청 이를 동네 업고 다니면서 동냥젖을 얻어 먹여 키웠다는데 관촌도 어렸을 때 동냥젖을 얻어먹고 자랐다. 똑같은 동네에 살고 있는 제일 큰 외삼촌 집을 외할머니께서 업고 다니시며 외숙모가 나보다 한 달 빠른 외사촌 누나 젖을 함께 얻어먹고 자랐다.

1956. 서천중학교 졸업.

1958. 사범학교 화재로 천막에서 공부했고 삼학년 2학기 때 교생실습을 다녔다.

1959. 2. 24. 국립군산(群山) 사범학교 사범과 졸업.

1959. 3. 31. 전북 금산군 남일면 초현리. 남일초등학교 3학년1반 기와집 교실에서 남녀공학 어린이를 가르쳤다.

1959. 5. 5. 어린이날. 전북 금산군 남이면 석동리 〈보석사〉 처음 소풍을 갔다 왔다.

1959. 대전에서 금산까지 버스요금은 34원이고 막걸리 1되 값은 40원 받았다.

1959. 3. 31~1959. 7. 17. 초현리 동네 막걸리 술집에서 밥을 먹고 숙직실에서 잠을 잤다. 고향에서는 파도소리가 노래했고 학교숙직실에서는 시냇물소리가 노래했다.

1959. 7. 19~1960. 7. 27. 육군 7사단 제6915부대에서 군복무. 총 377일간 복무하고 제대하였다.

1960. 진중문예 입상-용감한 사나이-관창(화랑도) 육군6915부대장.

1960. 9. 30. 전북 금산군 진산면 만악리. 만악초등학교로 복직발령 되었다.

1960(22세) 만악초등학교 숙직실에서 자취. 기타를 배우고 새마을재건촉진회-노래자랑 심사위원으로 활동하였다. 오창근(吳昌根) 선생님-자기인삼밭에서 인삼5뿌리 캐주시기에 논산시장에서 홍어 사다드렸다. 소풍 때 솥단지 쌀국수 추어탕 끓이고 어린이들 고무신속에 미꾸라지 잡기 발등 때 벗기는 날이 소풍날이다. 만악초등학교 6학년1반 담임했는데 제4회 졸업생이다. 어디서 무엇하고 있는지 만나보고 싶다.

※ 오창근선생님-운동회 노래.

범같이 날래고 나비처럼 예쁘게.
랄라랄라 오늘은 우리학교 운동회
가슴 펴고 활개치고 뛰고 놀면서
태평양도 건너 뛸 힘을 기르세.

1961. 9월1일. 전북 금산군 남이면 석동리-석동초등학교로 전근 되었다.

1962. 6. 10. 화폐개혁.

1963. 1. 1. 전북금산군이 행정구역 변경으로 충청남도에 편입 되었다.

1963. 9. 30. 석동초등학교 운동회-소고놀이(웃다리농악) 지도.

1964. 3. 1. 충남 서천군 서면초등학교(3학년1반. 담임)로 전근 되었다.

1965. 5. 1. 비남초등학교(1학년1반-담임)로 전근 되었다.

※ 운동회-소고놀이지도-웃다리농악(평택농악)

1969. 3. 2. 판교초등학교(1학년1반담임)로 전근 되었다.

1970. 3 .1. 장항초등학교(1학년4반담임)로 전근 되었다.

1971. 교단문학-아라비안 나이트(수필-2회) 수록.

1975. 새교실. 9월호-개구리도 배꼽이 있나?-수필.

1976. 새교실. 6월호-도별 수필 릴레이-수필.

1976. 서해 방송-아침의 산책-작품 발표.

1977. 새교실-웅변구연동화지도집필위원.

1977. 3. 8. 서울신문-지긋지긋한 필화사건-게시판 벽보.
서천경찰서정보과(장항) 2회. 호출-무슨 이유로 투고했나?
사유서 쓰라고?

1977. 새한신문-오백자춘추-바른말 고운말.

1977. 충남 서천군 장항읍 화천동에서 농사를 지어가며 물꼬선생으로 초등학교에 근무했는데 농약중독 되어 저승 관광을 다녀왔다.

1977. 충남교육제25호. 〈시〉오열사-충남대오세영교수-시평(詩評)받음.

1978. 3. 1. 송석초등학교(3학년1반-담임) 전근 되었다.

1978. 대전일보-시, 수필, 작품발표.

1978. 개구리도 배꼽이 있나?-수필집-우일사-군산.

1981. 5. 1. 장항 중앙초등학교3학년2반-담임)로 전근 되었다.

1982. 전국 청소년 강조주간-전국 표어 공모 입상-내무부치안본부장 상.
1983. 도가니문학 제8집-아내와 제자-수필.
1984. 오늘의문학(도가니 9집)-낚시질-수필.
1984. 오늘의문학(도가니 제10집)-명당-수필.
1985. 칠성초등학교(6학년 담임) 전근되었다.
1986. 3. 1. 대전용전초등학교로 전근되었다.
쪽반교실-75명 3학년5반담임.(한반교실20평.복도5평)
1988. 교자문원(교육자료)(50세)-시조3회 천료.
1988. 5. 1. 대전중리초등학교(3학년3반-담임)로 전근되었다.
1989. 말더듬이의 하소연-수필집-대전문화사-대전.
1989. 호서문학 제15집-대전충남거주문인발표작품총색인.
1989. 호서문학 조사-중도일보(1989.6.20) 어느 아이의 일기(수필)수록.
1989. 가람문학 제1회 신인작품상.
1990. 시조문학 가을호-초회추천.
1991. 시조문학 여름호-천료.
1991. 가슴 냇가에 흐르는 사랑(시조집)-호서문화사-대전.
1991. 출판기념회(1991. 7. 17) 대림관광호텔-대전.
1992. 3. 1. 대전유천초등학교(6학년5반-담임)로 전근 되었다.
1994. 바람이 밀어 주는 그네(동시조집)-아동문예-서울.
1995. 3. 1. 대전양지초등학교(3학년1반-담임)로 전근 되었다.
1995. 이승과 저승사이-시조집.
1996. 세월의 길목-시조집.
1998. 고향 노래-동시조집.
1999. 2. 28 (초등학교 교감) 경로퇴임.
1999. 8. 31 대한민국 국민훈장 동백장 수훈.
1999. 현대동시조선집-오늘의문학사-대전.

관촌 김 창 현(冠村 金昌鉉 1938-통천)의 현대시조

Ⅰ. 한국시대사전. 2004.

1) 삶365-1연7행, 2) 한밭골에는지금도-2연12행, 3) 한밭뿌리서설(序說)-1연6행, 4) 첨찰산쌍계사-2연12행, 5) 한밭별곡-2연12행, 6) 갈대밭협주곡-2연12행, 7) 빌딩유리창닦기-2연12행, 8) 여름한나절-2연12행, 9) 대장간협주곡-2연12행, 10) 그리움탁본-2연12행,

Ⅱ. 가슴 냇가에 흐르는 사랑. 1991.

1) 망설이고있을때-2연12행, 2) 가야금산조-3연18행, 3) 여운(餘韻)-3연18행, 4) 시를못쓴이한밤에-3연18행, 5) 물소리(1)-2연12행, 6) 대(竹) 나무-2연12행, 7) 망각(忘却)-2연12행, 8) 석불(石佛)-2연12행, 9) 난(蘭)-2연12행, 10) 단오(端午)-2연12행, 11) 까치-2연12행, 12) 편지-2연1・2행, 13) 생명(生命)-2연12행, 14) 봉숭아-2연12행, 15) 꽃필무렵-3연18행, 16) 불여귀(不如歸)-2연12행, 17) 정(情) (1)-3연18행, 18) 정(情) (2)-2연12행, 19) 정(情) (3)-3연18행, 20) 정(情) (4)-2연12행, 21) 정(情) (5)-2연12행, 22) 삶(1)-3연18행, 23) 삶(2)-2연12행, 24) 삶(3)-2연12행, 25) 삶(4)-2연12행, 26) 삶(5)-2연12행, 27) 삶(6)-2연12행, 28) 삶(7)-2연12행, 29) 삶(8)-2연12행, 30) 삶(9)-2연12행, 31) 삶(10)-3연18행, 32) 삶(11)-2연12행, 33) 삶(12)-2연12행, 34) 새벽-3연18행, 35) 아침-3연18행, 36) 산사(山寺)-3연18행, 37) 강(江)-2연12행, 38) 하루-2연12행, 39) 홍도(紅島)-3연18행, 40) 봄이오는소리-2연12행, 41) 가슴냇가에흐르는사랑-2연12행, 42) 봄비-2연12행, 43) 번뇌(煩惱)-3연18행, 44) 풀잎이슬-2연12행, 45) 백목련(白木蓮)-2연12행, 46) 옛꿈-2연12행, 47) 갈대-2연12행, 48) 권태(倦怠)-2연12행, 49) 저녁놀-3연18행, 50) 노여움을삭이며-2연12행, 51) 다사리(多沙里) 풍경(風景)-2연12행, 52) 어머니-3연18행, 53) 고향(故鄕)-3연18행, 54) 저녁놀

-3연18행, 55) 물소리-2연12행, 56) 바느질-3연18행, 57) 연(鳶)-3연18행, 58) 추억(追憶)-2연12행, 59) 고향(故鄕)의봄-3연18행, 60) 아버님영전에-3연18행, 61) 휘파람-3연18행, 62) 산새=2연12행, 63) 바닷가에서-1연13행, 64) 계룡산(鷄龍山)-3연18행, 65) 이승과저승사이-3연18행, 66) 한밭에사는여치-1연13행, 67) 바람과돌부처이야기-1연10행, 68) 씨앗-2연12행, 69) 녹두꽃-1연12행, 70) 동학사(東鶴寺)-3연18행, 71) 계족산(鷄足山)-3연18행, 72) 산사(山寺)-3연18행, 73) 중도(中道)의하늘-4연24행, 74) 휴전선에서-4연23행, 75) 노을을보면-2연12행, 76) 금강(錦江)-3연18행, 77) 시인(詩人) 들의이야기-1연10행, 78) 겨레의가슴에는-2연12행, 79) 별빛은-2연12행, 80) 별이빛나는밤에-2연12행.

〈작품해설〉겨레의아픔을승화시킨곡진한서정-이도현.

Ⅲ. 바람이 밀어 주는 그네. 1994.

1) 현대동시조 200선. 2) 팔려나간 동시조. (1) 아침해(2) 꽃바람(3) 시를쓸때(200수)

〈발문〉인생은길고아름다운길-아동문예-박종현.

Ⅳ. 이승과 저승사이. 1995.

1) 고향생각-고향의베틀소리-3연15행, 2) 농악-2연14행, 3) 민들레-2연12행, 4) 여름한나절(1)-3연15행, 5) 여름한나절(2)-2연14행, 6) 하얀벼꽃-2연14행, 7) 가슴냇가에뜨는달-(1)-3연15행, 8) 가슴냇가에뜨는달(2)-2연14행, 9) 이승의별랑길오르며-3연12행, 10) 비인팔경-8연32행, 11) 금강하구둑-3연15행, 12) 봄-2연14행, 13) 고향의봄-3연15행, 14) 고향달-3연15행, 15) 저하늘영그는-2연18행, 16) 노을하나-2연14행, 17) 고향변주곡-3연15행, 18) 고향에봄이와도-3연15행, 19) 추억-2연14행, 20) 산문(山門)-2연14행, 21) 바라춤-3연15행, 22) 살구빛감도는봄내-2연14행, 23) 봄에쓴편지-1

연8행, 24) 여운(餘韻)-3연15행, 25) 어머님영전에-2연10행, 26) 묵정밭에 봄을심고-1연12행, 27) 월하선생생각-3연21행, 28) 천대산영국사(天台山寧國寺)-3연15행, 29) 가야산해인사(伽倻山海印寺)-2연14행, 30) 저승에가져갈사랑-3연15행, 31) 낙산사의상대(洛山寺義湘臺)-1연12행, 32) 설악산신흥사(雪嶽山神興寺)의밤-1연12행, 33) 한계령(寒溪嶺)-2연14행, 34) 송광사(松廣寺) 북소리-2연12행, 35) 향일암(向日庵)-2연14행, 36) 눈내리는오동도(梧桐島)-2연14행, 37) 어느관광지에서-사설, 38) 문상(問喪)-사설, 39) 재산상속(財産相續)-3연15행, 40) 새벽(2)-2연12행, 41) 그게바보냐천치지-3연12행, 42) 된장국-1연12행, 43) 생각저끝에는-3연12행, 44) 땀절은삶을붙잡고-3연12행, 45) 성주탄광(聖住炭鑛)-3연12행, 46) 은적골-2연14행, 47) 사랑이뭐길래-2연14행, 48) 사랑과함께오는봄-3연21행, 49) 이승과저승사이-3연12행, 50) 비오는날에도꽃은웃고있었지-2연12행, 51) 계족산성(鷄足山城) 칼바람스칠때-2연12행, 52) 산사(山寺) 에달은밝고-3연12행, 53) 설악산비룡폭포(雪嶽山飛龍瀑布)-2연12행, 54) 문풍지하찮던동지-2연12행, 55) 침묵을알고있는낙엽-2연12행, 56) 봄-사설, 57) 수우재(守愚齋) 뜰에서-3연13행, 58) 계족산(鷄足山) 안개꽃-2연12행, 59) 수묵화(水墨畵)-3연12행, 60) 메아리(1)-3연18행, 61) 백제(百濟)의목소리-3연12행, 62) 저, 달너머-3연12행, 63) 구월이오면-1연12행, 64) 세상살이-1연12행, 65) 은빛내리는들녁-2연14행, 66) 내영혼떨고있을때-3연12행, 67) 한밭벌갈바람-3연12행, 68) 한밭벌봄바람-3연12행, 69) 유업(遺業)-2연14행, 70) 홍시-2연14행, 71) 법주사사자석등(法住寺獅子石燈)-2연14행, 72) 고사(告祀)-3연12행, 73) 꿈꾸는한밭벌-2연14행, 74) 한민족하나되는날-3연12행, 75) 무궁화-3연36행

Ⅴ. 세월의 길목. 1996.

1) 봄(1)-2연14행, 2) 봄(2)-2연14행, 3) 봄(3)-2연14행, 4) 봄(4)-2연14행, 5) 법문(法問)-2연13행, 6) 봄(6)-2연14행, 7) 봄(7)-2연14행, 8) 봄새벽

-2연14행, 9) 고향-2연14행, 10) 불효(不孝)-2연14행, 11) 탑(塔)-2연14행, 12) 서러워진오늘-2연14행, 13) 이승에서할일-2연14행, 14) 이좋은이승-2연14행, 15) 이승길-2연14행, 16) 꿈-2연14행, 17) 세월의길목에서서-2연14행, 18) 섭리(攝理)-2연14행, 19) 촌지(寸志)-3연21행, 20) 산사(山寺)의새벽-2연14행, 21) 사랑의환희-2연14행, 22) 사모(思慕)-2연14행, 23) 마음일으킨갈등-2연14행, 24) 긴밤동안타는가슴-2연14행, 25) 사유(思惟)-2연14행, 26) 못이룬꿈무늬-2연14행, 27) 새벽달-3연21행, 28) 고독(孤獨)-2연14행, 29) 별무리-2연14행, 30) 이승에서서성이다가-2연14행, 31) 천애(天涯) 를보듬다가-2연14행, 32) 초승달울린불여귀-2연14행, 33) 하늘끝에뒹굴다가-3연21행, 34) 이승먼저떠난시름-2연14행, 35) 허공의나래-2연14행, 36) 설래인가슴늪아래-2연14행, 37) 뜨락에비집고드는꿈-2연14행, 38) 온몸멍든핏줄-2연14행, 39) 하늘끝머무는이승-2연14행, 40) 동이튼보얀예명-2연14행, 41) 햇살거둔산빛-2연14행, 42) 이승여는신비-2연14행, 43) 소야곡(小夜曲)-2연14행, 44) 세월은이승에있고-2연14행, 45) 설악산(雪嶽山)-2연14행, 46) 농촌한담(農村閑談)-2연14행, 47) 사재기-3연21행, 48) 농약(農藥)-2연14행, 49) 천지연폭포(天池淵瀑布)-2연14행, 50) 동해일출(東海日出)-2연14행, 51) 금강하구(錦江河口) 건설이후-2연14행, 52) 비례사옥루각-2연14행, 53) 계족산봉황정(鷄足山鳳凰亭)-2연14행, 54) 산행법(山行法)-2연14행, 55) 추억(追憶)-2연14행, 56) 이가슴에는-2연14행, 57) 뒹구는삶-2연14행, 58) 차를마시며-2연14행, 59) 화답(和答)-1연7행, 60) 충주-이계상-1연7행, 61) 하늘도반쯤열고-2연14행, 62) 대청호(大青湖) 비치랜드-2연14행, 63) 눈덮힌노적봉(露積峰)-2연14행, 64) 태종대(太宗臺)-1연7행, 65) 예명(叡明)-2연14행, 66) 추풍령(秋風嶺)-1연7행, 67) 산정(山情) 과함께-2연14행, 68) 한빛탑-2연14행, 69) 키타치던장님-2연14행, 70) 무주초(茂朱抄)-3연18행, 71) 꽃바람-1연7행, 72) 꽃밭-1연7행, 73) 청개구리-1연7행, 74) 봄바람-1연7행, 75) 별의꿈-1연7행, 76) 가을바람-1연7행, 77) 동학사(東鶴寺)-1연7행, 78) 매미-1연7행, 79) 교실안풍경-1연7행,

80) 청소-1연7행, 81) 갯바람-1연6행, 82) 뻐꾸기-1연7행, 83) 네마음내가 알지-2연13행.

Ⅵ. 월명산(月明山) 달빛. 1996.

1) 가슴냇가에흐르는사랑-2연14행, 2) 다사리(多沙里) 풍경-2연14행, 3) 고향의봄(1)-3연21행, 4) 고향(故鄕)-3연21행, 5) 금강(錦江)-3연21행, 6) 비인팔경(庇仁八景)-8연56행, 7) 고향의봄(2)-3연21행, 8) 고향(故鄕) 달-3연21행, 9) 고향변주곡(故鄕變奏曲)-3연21행, 10) 고향에봄이와도-3연21행, 11) 이승과저승사이-3연21행, 12) 고사(告祀)-3연21행, 13) 관적사(觀蹟寺五 層石塔)-2연14행, 14) 세월의길목에서서-2연14행.

Ⅶ. 고향 노래. 1998.

1) 봄오는소리-1연7행, 2) 봄노래-1연7행, 3) 연못-1연9행, 4) 꽃떨기-1연7행, 5) 시냇물-1연9행, 6) 하얀민들레-1연7행, 7) 꽃집-1연9행, 8) 봄비(1)-1연7행, 9) 봄비(2)-1연9행, 10) 꽃피는고행-1연9행, 11) 꽃놀이-1연7행, 12) 풀꽃-1연7행, 13) 해와구름-1연7행, 14) 민들레-1연9행, 15) 꽃피는마음-1연7행, 16) 봄(1)-1연7행, 17) 봄(2)-1연7행, 18) 봄바람(1)-1연9행, 19) 봄바람(2)-1연7행, 20) 바닷가에사는봄-1연7행, 21) 산새-1연9행, 22) 갯바람(1)-1연7행, 23) 갯바람(2)-1연9행, 24) 딸기-1연9행, 25) 매미(1)-1연9행, 26) 매미(2)-1연7행, 27) 바다-1연9행, 28) 개구리놀이터-1연7행, 29) 꽃순이-1연9행, 30) 무지개타는아이-1연7행, 31) 메아리-1연9행, 32) 구름-1연7행, 33) 교실안풍경(1)-1연7행, 34) 교실안풍경(2)-1연7행, 35) 교실안풍경(3)-1연9행, 36) 고무줄놀이-1연7행, 37) 골목길-1연7행, 38) 널뛰기-1연7행, 39) 뻐꾸기(1)-1연7행, 40) 뻐꾸기(2)-1연7행, 41) 가을(1)-1연9행, 42) 가을(2)-1연7행, 43) 가을(3)-1연9행, 44) 노을-1연7행, 45) 가을바람-1연9행, 46) 감-1연7행, 47) 단풍잎-1연9행, 48) 김장-1연7행, 49) 말

똥구리-1연9행, 50) 게운동회-1연7행, 51) 양지뜸산골짝-1연9행, 52) 친구만들기-1연7행, 53) 다람쥐-1연9행, 54) 흉내내기-1연9행, 55) 저희들끼리 말하고산다-1연7행, 56) 손흔들기-1연9행, 57) 네마음내가알지(1)-1연8행, 58) 네마음내가알지(2)-1연9행, 59) 엄마목소리-1연7행, 60) 도토리-1연9행, 61) 고향노래-1연9행, 62) 딸꾹질-1연7행, 63) 겨울새-1연9행, 64) 깍꿍거리기-1연7행, 65) 눈꽃-1연9행, 66) 고향-1연7행, 67) 연(鳶)-1연9행, 68) 겨울노래-1연9행, 69) 짝꿍-1연9행, 70) 겨울나무-1연7행, 71) 낮달(1)-1연9행, 72) 낮달(2)-1연7행, 73) 약수터-1연9행, 74) 내동생-1연9행, 75) 고향바람-1연7행, 76) 조약돌-1연9행, 77) 할머니-1연7행, 78) 자장가-1연9행, 79) 몸과맘이깨끗해봐-1연7행, 80) 좋은세상-1연9행, 81) 별의꿈-1연9행, 82) 마음씨-1연7행, 83) 집보기-1연9행, 84) 나이-1연7행, 85) 가슴펴고어깨걸고-1연7행, 86) 빙어-1연7행, 87) 물레방아-1연9행, 88) 대청호-1연7행, 89) 공원-1연9행, 90) 내생일-1연7행, 91) 지구가아프데요-1연9행, 92) 책-1연7행, 93) 놀이터-1연9행, 94) 별지기-1연7행, 95) 달동네-1연9행, 96) 내꿈-1연7행, 97) 산골아이들-1연9행, 98) 동학사-1연7행, 99) 꿈-1연9행, 100) 횃불-1연9행.

Ⅷ. 불당골 메아리. 2000.

1) 고사(告祀)-3연12행, 2) 아버님영전에-3연18행, 3) 어머님영전에-2연12행, 4) 삼각산조계사(三角山朝啓寺)-2연12행, 5) 북한산도선사(北漢山道詵寺) 1연11행, 6) 정족산전등사-1연12행, 7) 팔복산본오사-1연6행, 8) 낙낙산낙산사-1연12행, 9) 설악산백담사-1연10행, 10) 낙산사보타전-2연12행, 11) 신흥사계조암-1연10행, 12) 낙산사해수관음보살-2연12행, 13) 건봉산건봉사-2연12행, 14) 설악산신흥사-2연12행, 15) 계족산연화사-1연6행, 16) 보현사석굴암-사설, 17) 수도산청화사-1연6행, 18) 보문산불광사-1연6행, 19) 계족산죽림정사-1연6행, 20) 보문산송학사-1연6행, 21) 계족산용화사-2연12행, 22) 보문산덕수암-1연6행, 23) 괴정산청우사-2연12행,

24) 보문산원각사-1연6행, 25) 계족산옥정사-1연7행, 26) 보문산만보사-1연6행, 27) 식장산고산사-2연12행, 28) 보문산보문사-1연7행, 29) 계족산법성사-1연10행, 30) 보문산고촉사-1연6행, 31) 안봉산비례사-2연12행, 32) 식장산구절사-1연7행, 33) 보문산구암사-1연6행, 34) 속리산법주사-2연12행, 35) 민주지산황룡사-1연11행, 36) 법주산복천암-2연12행, 37) 천태산영국사-3연12행, 38) 법주사쌍사자석등-2연12행, 39) 계룡산동학사-3연18행, 40) 천방산천방사-1연7행, 41) 계룡산연실사-1연7행, 42) 갑하산안정사-1연7행, 43) 계룡산청량사-1연7행, 44) 천호산개태사-1연7행, 45) 진악산영천암-1연11행, 46) 월명산보현사-2연12행, 47) 태조산각원사-2연12행, 48) 계룡산월인사-1연6행, 49) 정림사오층석탑-2연12행, 50) 부소산고란사-2연12행, 51) 간월도간월암-1연11행, 52) 부소산법화사-2연12행, 53) 만수산무량사-2연12행, 54) 계룡산신원사-3연18행, 55) 덕숭산수덕사-2연12행, 56) 고불산성곡사-2연12행, 57) 계룡산등운암-3연12행, 58) 칠갑산장곡사-2연12행, 59) 덕숭산만공탑-2연12행, 60) 반야산관촉사-2연12행, 61) 대둔산태고사-3연18행, 62) 태화산마곡사-2연12행, 63) 월명산관적사-2연12행, 64) 대둔산개심사-2연12행, 65) 계룡산갑사사-2연12행, 66) 월명산성불사-2연12행, 67) 구운산만복사-2연12행, 68) 갈마산덕원사-1연6행, 69) 진악산보석사-2연12행, 70) 계룡산학림사-1연7행, 71) 모악산금산사-2연12행, 72) 용화산미륵사-1연7행, 73) 두솔산선운사-1연11행, 74) 내장산내장사-1연9행, 75) 지리산화엄사-2연12행, 76) 유달산청명사-1연7행, 77) 백운산옥천사-1연7행, 78) 영구산향일암-2연12행, 79) 모악산불갑사-2연12행, 80) 지리산쌍계사-2연12행, 81) 조계산송광사-2연12행, 82) 화엄사각황전-2연12행, 83) 첨찰산쌍계사-2연12행, 84) 토함산불국사-2연12행, 85) 천축산불영사-1연6행, 86) 명활산분황사-1연7행, 87) 황악산직지사-2연12행, 88) 금오산해운사-1연9행, 89) 팔공산산신각-2연12행, 90) 내영산보경사-2연12행, 91) 만불산만불사-2연12행, 92) 토함산석굴암-2연12행, 93) 팔공산동화사-2연12행, 94) 금정산범어사-2연12행, 95) 통도사

천왕문-2연12행, 96) 영취산통도사-2연12행, 97) 가야산해인사-2연12행, 98) 통도사복발탑-2연12행, 99) 산방산산방사-1연7행, 1) 마하반야밀다경 2) 부모은중경3) 대보부모은중경.

〈작품해설〉법화(法華)의시학적경지-리헌석

IX. 고향 햇살 밭. 2001.

1) 꽃보라노을피듯-2연12행, 2) 바람이달을몰아가는가-1연7행, 3) 봄그리는발돋움아-2연12행4) 내생각가슴만핥고-2연12행, 5) 울고예는음표-2연12행, 6) 꿈결타고넘는꿈결-2연12행, 7) 두견시읊다말고-2연10행, 8) 가는정도있으련만-2연12행, 9) 그리운꿈-2연8행, 10) 곰팡이하룻밤꿈인걸-2연8행, 11) 고독만남는가슴섶-2연12행, 12) 한으로휜초승달-2연12행, 13) 천명(天命) 으로앓는숨결-2연12행, 14) 꽃-2연14행, 15) 봄저녁-2연14행, 16) 주왕산-2연14행, 17) 껴안을용꿈처럼-2연14행, 18) 천리향향그레일면-3연15행, 19) 사색의꿈을짜면-2연14행, 20) 앗아가는여운-2연14행, 21) 서러워진꿈길-2연14행, 22) 오그라진넋-2연14행, 23) 침묵속의세월-2연12행, 24) 쪽빛눈망울-2연12행, 25) 겁(怯) 동안쌓인한(恨)-2연12행, 26) 지난일꿈깬추억-2연12행, 27) 고향강변-2연12행, 28) 피멍지던흐득임-2연14행, 29) 겨울밤에쓰는시-2연14행, 30) 후회하던미운오후-2연14행, 31) 내영혼이승건너에는-2연14행, 32) 텅빈하늘텅빈가슴-2연14행, 33) 천년묵은허물벗고-2연14행, 34) 파고드는외로움-2연14행, 35) 꿈마져엮은가락-2연14행, 36) 사랑도봄이슬지듯-2연14행, 37) 북받치던울분-2연14행, 38) 겁동안밀린뭄결-2연14행, 39) 여운소리내소리-2연12행, 40) 풀꽃씨-2연12행, 41) 생각저끝-2연10행, 42) 반겨흔들손길-2연12행, 43) 꽃밭-3연18행, 44) 떨고있는석불(고두동시조문학상)-2연12행, 45) 머나먼지친고행-2연12행, 46) 아지랑이허리휘면-2연12행, 47) 흐느낌수놓던너-2연10행, 48) 잠못이룬이밤-2연9행, 49) 봄바람-2연10행, 50) 목메인지친고요-2연10행, 51) 두

고온고향-2연19행, 52) 이승밤을지새울때-2연10행, 53) 파고드는순정이여-2연10행, 54) 참얼의한줌흙-2연10행, 55) 흐느낌에묻혀버린꿈-2연10행, 56) 고란초-사설, 57) 지푸재약수터-사설, 58) 웃는갈대-1연7행-문복선, 59) 글다듬는선비-2연6행-유동삼, 60) 씨앗뿌려야-3연9행, 김영환, 61) 봄햇살로피는문도(文道)-2연14행. 신재후(1931-2015) 62) 당신의큰가슴엔-5연15행, 문복선, 63) 지워지지않을향기-3연9행, 서영자64) 햇살밭을가꾸다가-3연15행, 65) 오후의해살-3연18행조근호, 66) 이승과저승사이를받아읽고-허욱(1935-1998) 1995.5.30.

〈작품 해설〉 변주된 아픈 삶의 흔적들-신웅순.

X. 달동네 판소리여. 2002.

1) 꽃필무렵-사설, 2) 어느관광지에서-사설, 3) 봄-사설, 4) 고사(告祀)-사설, 5) 젖-사설, 6) 고란초(皐蘭草)-사설, 7) 휘파람을부세요-사설, 8) 누정시조.81.-해신(亥神)-사설, 9) 누정시조.66.-자린고비(玼吝叩扉)-사설, 10) 생활속의아이들-사설, 11) 기국정(杞菊亭) 노래-사설, 12) 들놀이-사설, 13) 경칩(驚蟄)-사설, 14) 사랑의무늬-사설, 15) 보릿고개-사설, 16) 탑제(塔祭)-사설, 17) 남사당놀이-사설, 18) 문상(問喪)-사설, 19) 무화과(無花果)-사설, 20) 법등(法燈)-사설, 21) 신들린넋두리노래-사설, 22) 박정자(朴亭子)-사설, 23) 한밭별곡(2)-사설, 24) 연자방아-사설, 25) 돌할머니-사설, 26) 고창읍성답성놀이-사설, 27) 판소리-사설, 28) 신(神)의눈빛-사설, 29) 군자론(君子論)-사설, 30) 무명초(無名草)-사설, 31) 입원하던날-사설, 32) 인생의길-사설, 33) 계룡산만년송(鷄龍産萬年松)-사설, 34) 죄(罪)-사설, 35) 인생은껍데기여-사설, 36) 저승관광-사설, 37) 어머니자격증-사설, 38) 파출소-사설, 39) 국화빵-사설, 40) 극락과속세의한계-사설, 41) 무좀-사설, 42) 개심사(開心寺)의가을-사설, 43) 역임과접수의차이-사설, 44) 오행설-사설, 45) 해맞이-사설, 46) 바구니홰싸움놀이-사설, 47) 치과의원-사설, 48) 이런사람이되게하여주소서-사설, 49) 아산맹사성고택-사설, 50) 시를

쓰는내친구-사설, 51) 이런시는안써야되는데-사설, 52) 운동회-사설, 53) 신라의페인트장이-사설, 54) 불조심-사설, 55) 징이여!울림이여!징소리!-사설, 56) 바구니홰싸움놀이-사설, 57) 목척교(木尺橋)-사설, 58) 한빛탑하늘-사설, 59) 봉학오덕(鳳鶴五德)-사설, 60) 아산만방조제(牙山灣防潮堤)-사설, 61) 마이산탑사(馬耳山塔寺)-사설, 62) 신(神) 이여!-사설, 63) 짚신-사설, 64) 진안용담댐(鎭安龍潭潭) 댐-사설, 65) 한산소곡주(韓山燒穀酒)-사설, 66) 대전탑(大田塔)-사설, 67) 목척교유래비-사설, 68) 추억의노래여-사설, 69) 부도탑-사설, 70) 만인산추부터널-사설, 71) 천마도(天馬圖)-사설, 〈작품해설〉사설시조의현재적의미-박명용(1940-2008)

XI. 낮 달 뜨는 고향 언덕. 2003.

1) 봄-1연7행, 2) 이슬운동회-1연7행, 3) 노란무지개떴구나-1연7행, 4) 꿀벌떼-1연7행, 5) 내생각컴퓨터가된다면-1연7행, 6) 금강어름치-1연7행, 7) 꽃잎-1연7행, 8) 할미꽃-1연7행, 9) 송아지도노래한다-1연7행, 10) 나비야-1연7행, 11) 올챙이노래-1연7행, 12) 산이슬과꽃이슬-1연7행, 13) 곶봉오리마음-1연7행, 14) 꽃망울눈초리좀봐-1연7행, 15) 꿈꾸는봄-1연7행, 16) 꽃피는봄-1연7행, 17) 꽃잎편지-1연7행, 18) 봄바람-1연7행, 19) 물방울-1연7행, 20) 봄꽃도밥을먹어-1연7행, 21) 놀이터-1연7행, 22) 달님-1연7행, 23) 한강황쏘가리-1연7행, 24) 물총새-1연7행, 25) 여름-1연7행, 26) 푸른오월-1연7행, 27) 멀리뛰기-1연7행, 28) 이슬밥-1연7행, 29) 콩풀-1연7행, 30) 초롱꽃-1연7행, 31) 줄넘기-1연7행, 32) 배꼽참외-1연7행, 33) 천둥이소리치던날-1연7행, 34) 고향노래-1연8행, 35) 아카시아-1연7행, 36) 잠자리-1연7행, 37) 호박꽃-1연7행, 38) 바다-1연7행, 39) 풀잎-1연7행, 40) 소나기삼형제-2연14행, 41) 가을-1연7행, 42) 개개비와갈게-1연7행, 43) 가로등-1연7행, 44) 참새도웃는다-1연7행, 45) 우리아기-1연7행, 46) 숲속나라도깨비-1연8행, 47) 물박치기-1연7행, 48) 공룡후손코모도-1연7행, 49) 무슨물이들었을까-1연7행, 50) 고추잠자리와코스모스-1연7행, 51) 메뚜기

와방아깨비-1연7행, 52) 가을맞이-1연7행, 53) 나때문에-1연7행, 54) 햇살이그리는그림-1연7행, 55) 유리창-1연7행, 56) 콩나물-1연7행, 57) 하늘따먹기-1연7행, 58) 태극기-1연7행, 59) 고추잠자리-1연7행, 60) 햇살이어디쯤왔나-1연7행, 61) 깃발-1연7행, 62) 이렇게태어났으면-1연7행, 63) 대청호-1연7행, 64) 금붕어파는집-1연7행, 65) 비닐터널-1연7행, 66) 스케이트-1연7행, 67) 방울토마토-1연7행, 68) 널뛰기를하는한라산-1연7행, 69) 쥬키니호박-1연7행, 70) 파도소리가사는곳-1연7행, 71) 딱지치기-1연7행, 72) 로울러스케이트-1연7행, 73) 세상에서제일작은것-1연7행, 74) 내꿈-1연7행, 75) 어머니-1연7행, 76) 도깨비네숲속-1연7행, 77) 노래방-1연7행, 78) 길거리농구-1연7행, 79) 씨앗-1연7행, 80) 바람도쉬어야지-1연7행, 81) 눈웃음-1연7행, 82) 그림글씨-1연7행, 83) 부처님나이-1연7행, 84) 내가도술을부린다면-1연7행, 85) 콧노래-1연7행, 86) 엄마손잡고-1연7행, 87) 등대가파도무등타기-1연7행, 88) 우리는쌍둥이-1연7행, 89) 판소리-1연7행, 90) 장승마을-1연7행, 91) 넌몰라-1연7행, 92) 고향바다-1연7행, 93) 도깨비네떡집-1연7행, 94) 알수없잖아-1연7행, 95) 돌탑-1연7행, 96) 효자손-1연7행, 97) 새처럼-1연7행, 98) 뒷산에오르면-1연7행, 99) 색종이나라-1연7행, 100) 한빛탑-1연9행, 〈작품해설〉꿈과사랑그리고순수의결정-조근호.

XII. 배 흘림 햇살 기둥. 2003.

1) 한밭뿌리서설(序說) (1)-1연6행, 2) 그리움이살고있는사랑일번지-2연12행, 3) 봄뜰의늪가-2연12행, 4) 쑥꽃-사설, 5) 또봄을덥석잡고-1연11행, 6) 고석정(孤石亭)-1연6행, 7) 망선루(望仙樓)-2연12행, 8) 운주산비암사-사설, 9) 계족산광제사-2연10행, 10) 그리움(1)-1연6행, 11) 정월대보름당산제-사설, 12) 그리움(2)-1연6행, 13) 안면도앞바다그너머-2연12행, 14) 금강너머백마강-2연12행, 15) 우암사적공원-2연12행, 16) 안개꽃-사설, 17) 그리움(3)-2연12행, 18) 빌딩유리창닦기-2연12행, 19) 꾀쇠아비-사설, 20) 미녀봉을오르며-2연12행, 21) 그리움(4)-1연6행, 22) 생선시장-2연12

행, 23) 그리움꿈결속에-2연12행, 24) 그리움(5)-1연6행, 25) 먹을갈다가-2연12행, 26) 법고무(法鼓舞)-2연12행, 27) 제2땅굴-1연6행, 28) 갈대밭협주곡-2연12행, 29) 그리움(6)-1연6행, 30) 강원정선아리랑-사설, 31) 밀양아리랑-사설, 32) 그리움(7)-1연6행, 33) 겨울대청호-2연12행, 34) 그리움(8)-1연6행, 35) 여름한나절-2연12행, 36) 동춘당-2연12행, 37) 능가산내소사-2연12행, 38) 추임새와너름새-사설, 39) 대장간협주곡-2연12행, 40) 용추폭포-2연12행, 41) 구봉산구각정-2연12행, 42) 배흘림햇살기둥-사설, 43) 천년사랑느낌-2연12행, 44) 고향언덕-3연18행, 45) 불타는철쭉꽃-사설, 46) 저하늘끝에살아도-2연12행, 47) 진도아리랑-사설, 48) 그리움(9)-1연6행, 49) 대청호용왕제-사설, 50) 강원도아리랑-사설, 51) 오월초승달-2연10행, 52) 대전팔경-대청호-1연3행, 53) 계족산-1연3행, 54) 엑스포과학공원-1연3행, 55) 보문산-1연3행, 56) 구봉산-1연3행, 57) 장태산-1연3행, 58) 식장산-1연3행, 59) 설봉산겨울-1연6행, 60) 호거산운문사-2연12행, 61) 그리움(10)-1연10행, 62) 회한곡(悔恨曲)-1연6행, 63) 계족산성-2연12행, 64) 신월령가-연(鳶)-1연3행, 65) 꽃샘추위-1연3행, 66) 꽃밭-1연3행, 67) 아카시아꽃-1연3행, 68) 초록들판-1연3행, 69) 뻐꾸기-1연3행, 70) 별-1연3행, 71) 추석-1연3행, 72) 국화-1연3행, 73) 단풍잎-1연3행, 74) 곶감-1연3행, 75) 눈보라-1연3행, 76) 관음탑-일묵임영창(1917-2011)-2연12행, 77) 저승문턱서성이다가-1연7행, 78) 그리움탁본(11)-2연12행, 79) 북한산국립공원-2연12행, 80) 그리움환상곡(12)-2연12행, 81) 무운시조-사설, 82) 송애당-2연12행, 83) 법사탑-사설, 84) 노을물들무렵-2연12행, 85) 독도-4연12행, 86) 그리움도취법(13)-2연10행, 87) 독도는우리땅-4연12행,

〈작품해설〉그리움의여로와율(律)의조화-조남익.

XIII. 아지랑이 일던 가슴. 2005.

1) 한가(1)-1연10행, 2) 한가(2)-1연9행, 3) 한가(3)-1연9행, 4) 한가(4)-1연9행, 5) 한가(5)-1연9행, 6) 한가(6)-1연9행, 7) 한가(7)-1연9행, 8) 한가

(8)-1연9행, 9) 한가(9)-1연9행, 10) 한가(10)-1연11행, 11) 한가(11)-1연11행, 12) 한가(12)-1연11행, 13) 한가(13)-1연10행, 14) 한가(14)-1연10행, 15) 한가(15)-1연11행, 16) 한가(16)-1연9행, 17) 한가(17)-1연9행, 18) 한가(18)-1연9행, 19) 한가(19)-1연9행, 20) 한가(20)-1연9행, 21) 한가(21)-1연6행, 22) 한가(22)-1연6행, 23) 한가(23)-1연7행, 24) 한가(24)-1연7행, 25) 한가(25)-1연7행, 26) 한가(26)-1연7행, 27) 한가(27)-1연7행, 28) 한가(28)-1연7행, 29) 한가(29)-1연7행, 30) 한가(30)-1연7행, 31) 한가(31)-1연7행, 32) 한가(32)-1연7행, 33) 한가(33)-1연7행, 34) 한가(34)-1연7행, 35) 한가(35)-1연7행, 36) 한가(36)-1연7행, 37) 한가(37)-1연7행, 38) 한가(38)-1연7행, 39) 한가(39)-1연7행, 40) 한가(40)-1연7행, 41) 한가(41)-1연7행, 42) 한가(42)-1연7행, 43) 한가(43)-1연7행, 44) 한가(44)-1연7행, 45) 한가(45)-1연7행, 46) 한가(46)-1연7행, 47) 한가(47)-1연7행, 48) 한가(48)-1연7행, 49) 한가(49)-1연7행, 50) 한가(50)-1연6행, 51) 한가(51)-1연7행, 52) 한가(52)-1연7행, 53) 한가(53)-1연6행, 54) 한가(54)-1연6행, 55) 한가(55)-1연7행, 56) 한가(56)-1연7행, 57) 한가(57)-1연7행, 58) 한가(58)-1연7행, 59) 한가(59)-1연7행, 60) 한가(60)-1연7행, 61) 한가(61)-1연6행, 62) 한가(62)-1연7행, 63) 한가(63)-1연6행, 64) 한가(64)-1연6행, 65) 한가(65)-1연6행, 66) 한가(66)-1연6행, 67) 한가(67)-1연6행, 68) 한가(68)-1연6행, 69) 한가(69)-1연6행, 70) 한가(70)-1연6행, 71) 한가(71)-1연6행, 72) 한가(72)-1연6행, 73) 한가(73)-1연6행, 74) 한가(74)-1연6행, 75) 한가(75)-1연6행, 76) 한가(76)-1연6행, 77) 한가(77)-1연6행, 78) 한가(78)-1연6행, 79) 1연6행, 80) 한가(80)-1연6행, 81) 한가(81)-1연6행, 82) 한가(82)-1연6행, 83) 한가(83)-1연6행, 84) 한가(84)-1연6행, 85) 한가(85)-1연6행, 86) 한가(86)-1연6행, 87) 한가(87)-1연6행, 88) 한가(88)-1연6행, 89) 한가(89)-1연6행, 90) 한가(90)-1연6행, 91) 한가(91)-1연6행, 92) 한가(92)-1연6행, 93) 한가(93)-1연6행, 94) 한가(94)-1연6행, 95) 한가(95)-1연6행, 96) 한가(96)-1연6행, 97) 한가(97)-1연6행, 98) 한가(98)-1연

6행, 99) 한가(99)-1연6행, 100) 한가(100)-1연6행, 101) 한가(101)-1연6행, 102) 한가(102)-1연6행, 103) 한가(103)-1연6행, 104) 한가(104)-1연6행, 105) 한가(105)-1연6행, 106) 한가(106)-1연6행, 107) 한가(107)-1연6행, 108) 한가(108)-1연6행, 109) 한가(109) 1연6행, 110) 한가(110)-1연6행, 111) 한가(111)-1연6행, 112) 한가(112)-1연6행, 113) 한가(113)-1연6행, 114) 한가(114)-1연6행, 115) 한가(115)-1연6행, 116) 한가(116)-1연6행, 117) 한가(117)-1연6행, 118) 한가(118)-1연6행, 119) 한가(119)-1연6행, 120) 한가(120)-1연6행, 121) 한가(121)-1연6행, 122) 한가(122)-1연6행, 123) 한가(123)-1연8행, 124) 한가(124)-1연8행, 125) 그게바보냐천치지-3연12행.

〈작품해설〉한의기능과시조의역할-이규식.

XIV. 문턱 너머 지구촌. 2006.

1) 자금성천황문-2연12행, 2) 포돌천백설루-1연7행, 3) 태산이바로여긴데-사설, 4) 산동황하강-1연7행, 5) 태산케이불카-1연7행, 6) 옥황려-1연7행, 7) 태산옥황정-1연7행, 8) 태산에오르다-1연7행, 9) 포돌천공원-1연7행, 10) 박예원-1연7행, 11) 천불산만불동-1연7행, 12) 천불산홍국사-2연14행, 13) 만수산불향각-사설, 14) 곤명호지춘정-1연7행, 15) 공부정차장-1연7행, 16) 중국산동성태산-1연7행, 17) 북경공항-1연7행, 18) 명, 십삼릉정릉지하궁전-1연7행, 19) 만리장성오르다-2연12행, 20) 천불산와불상-사설, 21) 중국제남공항-1연7행, 22) 설봉산-개골산겨울-1연7행, 23) 금강산귀면암-2연14행, 24) 금강산만물상-2연14행, 25) 금강산천해관-1연7행, 26) 금강산천일문-1연7행, 27) 금강산천선대-1연7행, 28) 신선이따로있나-사설, 29) 나뭇군과선녀-1연7행, 30) 금강산망장천-1연7행, 31) 금강산만상정-1연7행, 32) 만물상실안개-2연12행, 33) 금강산하늘다람쥐-2연12행, 34) 망장천산골짜기-2연12행, 35) 석공의징노래-2연12행, 36) 금강산온정리온천-1연6행, 37) 하늘문오르다보면-2연13행, 38) 대한해협-1연6행, 39) 타카사

키국립공원-1연6행, 40) 타카사키임종제만수사-1연6행, 41) 관음사-1연6행, 42) 용천폭포-1연6행, 43) 후쿠오카해수욕장-1연6행, 44) 해지옥산지옥-1연6행, 45) 카멜리아선상에서-1연6행, 46) 오이타고속도로휴게소-1연6행, 47) 후쿠오카여객터미날-1연6행, 48) 아소산활화산-1연6행, 49) 산지옥-1연6행, 50) 후쿠오카대호공원-1연6행, 51) 새벽붓배항-1연6행, 52) 웅본성천수각-1연6행, 53) 새벽그랜드스카이호텔-1연6행, 54) 후쿠오카호수-1연6행, 55) 후쿠오카100주년기념관-1연6행, 56) 매목산광련사-1연6행, 57) 캐나다벤쿠버-1연6행, 58) 퀸엘리자베스공원-1연6행, 59) 벤쿠버항구-1연6행, 60) 카피날로서스펜션부릿지-1연7행, 61) 벤쿠버저녁노을-1연7행, 62) 콜롬비아호여객선-1연6행, 63) 밴쿠버섬해안-1연6행, 64) 빅토리아부둣가-1연6행, 65) B.C.주의사당-1연6행, 66) 부차드가든-2연12행, 67) 장엄한꽃공원-1연7행, 68) 밴프국립공원-보우폭포-1연6행, 69) 유황산유황온천-1연6행, 70) 미네완카호수-1연6행, 71) 갤러리공항-1연6행, 72) 밴프빅토리아빙원-1연6행, 73) 토론토공항-2연12행, 74) 토론토시청분수대-1연6행, 75) 씨엔투어-1연6행, 76) 나이아가라야경-1연6행, 77) 미국폭포의물새들-1연6행, 78) 꽃시계-1연6행, 79) 호텔11층창가에서-1연6행, 80) 나이아가라시포도밭-1연6행, 81) 스미스소니언박물관-1연6행, 82) 워싱턴박물관-1연6행, 83) 아브라함링컨기념관-1연6행, 84) 토마스제퍼슨기념관-1연6행, 85) 필라델피아시청앞거리-1연6행, 86) 자유의종-1연6행, 87) 미국독립기념관-1연6행, 88) 뉴욕자유의여신상-1연6행, 89) 대장간합주곡-2연12행.

XV. 햇살이 길게 누울때. 2007.

1) 태평무-3연18행, 2) 개태사삼존석불입상-2연12행, 3) 백제금동대향로-2연12행, 4) 한양에서웅진으로(백제사람들)-사설, 5) 버섯필무렵-2연12행, 6) 분청사기상감화문병-2연12행, 7) 유성온천수신제-2연12행, 8) 대청호반물억새-2연12행.

XVI. 별 꿈 나라 꽃 대궐. 2007.

1) 꽃과나비-사설, 2) 할미꽃-사설, 3) 섬노루귀-사설, 4) 지리산산수유마을-사설, 5) 열목어-사설, 6) 가마-사설, 7) 금제관식-사설, 8) 식장산-사설, 9) 물자라-사설, 10) 난중일-사설, 11) 설악산천연보호구역-사설, 12) 며느리주머니-사설, 13) 함박꽃나무-사설, 14) 고목나무와산삼-사설, 15) 태양-사설, 16) 흰줄납줄개-사설, 17) 오골계-사설, 18) 매미-사설, 19) 황새-사설, 20) 콩자루는왜없어-사설, 21) 크낙새-사설, 22) 벼룩과파리-사설, 23) 바다용궁-사설, 24) 쥐-사설, 25) 백령도장산곶매-사설, 26) 평창백룡동굴-사설, 27) 명태-사설, 28) 오월은어린이세상-사설, 29) 왜솜다리-사설, 30) 차례상-사설, 31) 미선나무-사설, 32) 메뚜기-사설, 33) 삽살개-사설, 34) 따오기-사설, 35) 옻나무-사설, 36) 부처님나이-사설, 37) 의좋은형제-사설, 38) 한국의늪-사설, 39) 울릉도국화와섬백리향-사설, 40) 쑥꽃-사설, 41) 방울새-사설, 42) 도깨비네만만세-사설, 43) 큰바위얼굴조각상-사설, 44) 염라대왕감기-사설, 45) 임사체험-사설, 46) 판소리-사설, 47) 서천해양박물관-사설, 48) 쭈구리-사설, 49) 너도바람꽃-사설, 50) 제주도한란-사설, 51) 남극대륙-사설, 52) 정이품송과정부인송-사설, 53) 쇠고래-사설, 54) 반달가슴곰-사설, 55) 산할머니-사설, 56) 개와고양이-사설, 57) 독도는우리땅-사설, 58) 빛입자--광자(光子)-사설, 59) 한국의인공위성-사설, 60) 경인지방환경청-사설, 61) 100년만의폭설-사설, 62) 태양계5행성한꺼번에-사설, 63) 별똥별소나기-사설, 64) 배흘림햇살기둥(1)-사설, 65) 배흘림햇살기둥(2)-사설, 66) 울릉도앞바다용오름-사설, 67) 공룡화석-사설, 68) 은하수별무리-사설, 69) 울주천전리각석-사설, 70) 공룡-사설, 71) 우주정거장-사설, 72) 숲속의아침-5연34행, 〈작품해설〉삶의체험으로반죽되는 동심-1) 사설시조의파생, 2) 시조와사설시조의차이점, 3) 사설시조의조건, 4) 사설시조의특색5) 사설시조의정의6) 동시조창작과정7) 동시조의이미지형태

XVII. 월명산 진달래꽃. 2010.

1) 삶365-2연12행, 2) 봄25-3연18행, 3) 꽃다령그후-2연12행, 4) 순결-2연10행, 5) 백목련(市花)-2연12행, 6) 민들레홀씨꿈-1연7행, 7) 죽순(竹筍)-2연10행, 8) 한밭골에는지금도-2연12행, 9) 제주도한라산-2연12행, 10) 낮달-2연12행, 11) 유성이팝나무거리-1연6행, 12) 우암사적공원-2연12행, 13) 채독-2연12행, 14) 풍어제-2연12행, 15) 동백피던아침-2연12행, 16) 달마산미황사-2연12행, 17) 보문산한밭도라지꽃-2연12행, 18) 저승에가봤더니-2연12행, 19) 바람이울던날-2연12행, 20) 태풍매미울음가-2연12행, 21) 백마강-2연12행, 22) 영랑김윤식(1903-1950) 생가-2연12행, 23) 세상은아직도-2연12행, 24) 제삿날-2연12행, 25) 보문산마애여래좌상-2연12행, 26) 노을꿈먹는서해대교-2연12행, 27) 보령호-1연7행, 28) 성덕대왕신종맥놀이-2연12행, 29) 계룡산팔색조-1연7행, 30) 걱정도업어오고-2연12행, 31) 징소리-2연12행, 32) 목화꽃-1연6행, 33) 세월이업어줘서-2연12행, 34) 고요일던도마소리-2연10행, 35) 오월초승달-2연10행, 36) 금강파도소리-2연10행, 37) 안면도앞바다그너머-2연12행, 38) 경복궁근정전-2연12행, 39) 천개동가을-2연12행, 40) 대전시장-2연12행, 41) 흙-2연12행, 42) 원각사사리탑-2연12행, 43) 실솔가-2연12행, 44) 산신제-2연12행, 45) 고성남씨봉소루-1연6행, 46) 계족산범천사불당골-2연12행, 47) 금정산성-2연12행, 48) 진도대교-2연12행, 49) 덕진산성제-3연18행, 50) 창주사적공원-2연12행, 51) 대전문화예술전당-2연12행, 52) 세천산골짜기그오솔길-1연6행, 53) 금강-군장국가공단-2연12행, 54) 장수회관앞뜰-1연6행, 55) 남선정-2연12행, 56) 회한곡-2연12행, 57) 이어도수정궁-2연12행, 58) 한라산백록담-2연12행, 59) 세상을반쯤열고-2연12행, 60) 갈마공원평정루-2연12행, 61) 담양호-1연6행, 62) 장항어객선-2연12행, 63) 우담바라화-2연12행, 64) 정민역유허비-2연12행, 65) 동춘당선비마을-2연12행, 66) 세상항변기-2연12행, 67) 달빛세레나데-2연12행, 68) 성산별곡-2연12행, 69) 동춘당한옥타임캡슐-2연10행, 70) 마량포동백나무숲-2연12행, 71) 제주한란-2연6행,

72) 꿈결환상소나타-사설, 73) 겨울계룡산은선폭포-2연12행, 74) 계룡산갑사삼존불탱화-1연7행, 75) 눈내리는고향아침-2연12행, 76) 환생-1연7행, 77) 농경문청동기-2연12행, 78) 비파산성-1연6행, 79) 남간정사-2연12행, 80) 강진청자박물관-2연10행, 81) 낭혜화상백월보광탑비-1연7행, 82) 종묘제례악-2연12행, 83) 박팽년(1417-1456) 선생유허비-2연10행, 84) 고려공민왕금배-1연6행, 85) 담양소쇄원-2연12행, 86) 남산골인수재-2연12행, 87) 백제창왕명석조사리감-2연6행, 88) 한치만다가서도-2연12행, 89) 애기봉-2연13행, 90) 공주의당금동보살입상-2연12행, 91) 신월령가-연-1연3행, 92) 꽃샘추위-1연3행, 93) 꽃밭-1연3행, 94) 아카시아꽃-1연3행, 95) 초록들판-1연3행, 96) 뻐꾸기-1연3행, 97) 별-1연3행, 98) 추석-1연3행, 99) 국화-1연3행, 100) 단풍잎-1연3행, 101) 곶감-1연3행, 102) 눈보라-1연3행, 103) 필경사-2연12행, 104) 찬사가-2연12행, 105) 숭현서원-1연6행, 106) 대전양반얼씨구-2연12행, 107) 대전선사박물관-2연12행, 〈작품해설〉관촌김창현의정형시세계-조남익.

XVIII. 글꽃 피는 꽃동네. 2011.

1) 봄안개피는아침-1연7행, 2) 꽃집-1연9행, 3) 꽃망울꿈-1연7행, 4) 꽃밭(1)-1연7행, 5) 새싹-1연7행, 6) 대청소-1연7행, 7) 하늘그릇-1연7행, 8) 봄오는소리-1연7행, 9) 꽃밭(2)-1연7행, 10) 꽃바람-1연7행, 11) 햇살이그리는그림-1연7행, 12) 봄이오는오솔길-1연7행, 13) 노란무지개떴구나-1연7행, 14) 덩굴손-1연7행, 15) 안개업은큰산-1연9행, 16) 꽃피는봄-1연9행, 17) 햇살이뒹구는거야-1연7행, 18) 봄바람-2연17행, 19) 손뼉치는봄동산-1연9행, 20) 풀피리-1연7행, 21) 꽃봉오리마음-1연7행, 22) 고향노래-1연9행, 23) 사랑밥-1연7행, 24) 물총새-1연6행, 25) 뻐꾸기-1연7행, 26) 엄마목소리-1연7행, 27) 우리는쌍둥이-1연7행, 28) 말똥구리-1연9행, 29) 땡볕-1연7행, 30) 콩풀-1연7행, 31) 청개구리-1연7행, 32) 여름별자리-1연7행, 33) 청계천시냇물-1연7행, 34) 파도노래-1연7행, 35) 금강어름치-1연7행, 36)

초롱꽃-1연7행, 37) 민들레-1연9행, 38) 햇살어디쯤왔나-1연9행, 39) 신나는짠짠짠-1연9행, 40) 숲속의아침-5연15행, 41) 풀꽃-1연7행, 42) 도토리-1연9행, 43) 조약돌-1연9행, 44) 과수원-1연7행, 45) 동박새-1연7행, 46) 하늘다람쥐-1연7행, 47) 도깨비방망이공장-1연7행, 48) 금강하구둑-1연7행, 49) 어머니-1연7행, 50) 도깨비네호박꽃-1연7행, 51) 내짝꿍-1연7행, 52) 뜀틀-1연7행, 53) 색종이나라-1연7행, 54) 하늘따먹기-1연7행, 55) 꿈-1연9행, 56) 다람쥐-1연9행, 57) 가을바람-1연6행, 58) 갯벌이게집이야-1연7행, 59) 귀뚜라미-1연7행, 60) 벼룩과파리-사설, 61) 자장가-1연9행, 62) 알수없잖아(1)-1연7행, 63) 뿌리공원-1연6행, 64) 부침개-1연6행, 65) 바람이나에게-1연6행, 66) 상상의나라-1연7행, 67) 예방주사-1연7행, 68) 선생님마음-1연7행, 69) 뒷산에오르면-1연7행, 70) 알수없잖아(2)-1연7행, 71) 놀이터-1연11행, 72) 물박치기-1연7행, 73) 네마음내가알지-2연15행, 74) 피딱지-1연7행, 75) 나때문에-1연7행, 76) 아침해-1연7행, 77) 씨앗-1연9행, 78) 별의꿈-1연7행, 79) 겨울딸기밭-1연7행, 80) 횃불-1연12행, 81) 꽃봉오리에게-1연9행, 82) 돌날아침-1연7행, 83) 등대-1연7행, 84) 뻥튀기-1연6행, 85) 엄마손잡고-1연7행, 86) 바람노래-1연7행, 87) 내이름-2연14행, 88) 손흔들기-1연10행, 89) 작은별꽃-2연14행, 90) 운동장-1연7행, 91) 송아지도노래부른다-1연7행, 92) 장승마을-1연7행, 93) 미끄럼타기-1연9행, 94) 우주정거장-1연7행, 95) 핸드폰사진-1연7행, 96) 달동네-1연7행, 97) 시름쓸때-1연7행, 98) 동학사-1연7행, 99) 도깨비숲속-1연8행, 100) 오월은어린이세상-사설. 〈작품평설〉관촌김창현의현대동시조창작과평설.

XIX. 한 많은 어머니 눈물. 2012.

1) 해맞이-2연12행, 2) 생동의아침-2연12행, 3) 봄은꽃바람타고-1연6행, 4) 고유제-2연12행, 5) 대청호반물억새-2연12행, 6) 꿈결환상소나타-2연9행, 7) 매화마을-2연12행, 8) 불당골종소리-2연12행, 9) 뒷동산-1연7행, 10)

서해대교해맞이-2연12행, 11) 그리움이반짝일때-2연12행, 12) 보문산봄빛-2연10행, 13) 동춘당뒷뜰에핀꽃-2연12행, 14) 금강갑천발원지-2연12행, 15) 대청호-2연12행, 16) 꽃잔디-1연7행, 17) 강릉한송사-4연12행, 18) 반석산에올라-2연12행, 19) 아름다운침묵그뒤의꼬리-2연12행, 20) 어머니눈물-2언10행, 21) 여름계룡산-1연10행, 22) 세상이깜박일때01연7행, 23) 꿈꾸는덩굴손-1연6행, 24) 계룡산동학사-2연12행, 25) 세상살이-3연18행, 26) 산너머넘어-2연12행, 27) 약천정-3연12행, 28) 계룡산만년송-2연12행, 29) 다보탑-탑돌이-2연12행, 30) 고양벽제화장장-2연12행, 31) 부산항방파제-1연7행, 32) 대전시민천문대-1연6행, 33) 33) 백당나무-2연12행, 34) 설록차-1연7행, 35) 금강산만물상-1연9행, 36) 오솔길-2연12행, 37) 쉼터에앉아서-2연12행, 38) 연산백중놀이-2연12행, 39) 상사곡-2연12행, 40) 솟대-2연12행, 41) 가을문턱에서-2연12행, 42) 약령제-2연12행, 43) 부안격포항-2연12행, 44) 탄신제-2연12행, 45) 주악천녀상-2연12행, 46) 부산광안대교-2연12행, 47) 원촌골북장이-2연12행, 48) 거제도해금강, 외도-2연12행, 49) 귀뚜라미메타포=2연12행, 50) 연평도심청각-2연12행, 51) 유성온천수신제-2연12행, 52) 칠갑산대장승-2연12행, 53) 한밭벌장승거리제-2연12행, 54) 새만금방조제(야미도)-2연12행, 55) 경남사천팔경-창선삼천포대교-1연6행, 56) 남일대코끼리바위-1연6행, 57) 와룡산철쭉-1연6행, 58) 사천읍성명월-1연6행, 59) 실안낙조-1연6행, 60) 성진리성벚꽃-1연6행, 61) 봉명산다솔사-1연6행, 62) 비토섬갯벌-1연6행, 63) 탑(塔)-2연12행, 64) 솟대-1연7행, 65) 능가산내소사-2연12행, 66) 부산영도다리-현인(1919-2002) 노래비-1연6행, 67) 지리산천년송-2연12행, 68) 잠자던돌이꿈을말할때-2연13행, 69) 버싯필무렵-2연12행, 70) 피딱지-1연7행, 71) 계룡산분칭사기-2연12행, 72) 운주산천불탑-2연12행, 73) 계룡산자연사박물관-2연12행, 74) 상소동돌탑-2연12행, 75) 각목돌대문토기-2연12행, 76) 영일만호미꽂-2연12행, 77) 승무(僧舞)-2연12행, 78) 선인장꽃-1연6행, 79) 동생을하늘나라로떠나보내고-5연30행, 80) 사랑과정으로사는게야, 가족은-1연6행, 81) 풍경(風磬)-2연12행, 82) 배제도깨비기와-2연12행, 83) 하늘굴전천일문-2연8행, 84) 까치향가-1연6행, 85) 태평무(太平舞)-3연18행, 86) 천애를보듬다가-2연12행, 87) 한밭골양지뜸-2연12행, 88) 영랑김윤식(1903-1950) 생가-2연12행, 89) 청동빛아침바람-2연12행, 90) 법문(法門)-2연12행, 91) 좌선(坐禪)-3연12행, 92) 금강산소나무-2연8행, 93) 백제무령왕왕관-2연12행, 94) 팔공산석굴암-2연12행, 95) 분청사기상감화문병-2연12행, 96) 백제금동대향로-2연12행, 97) 개태사삼존석불입상2연10행, 98) 백제금동신발-2연12행, 99) 백제무령왕은잔받침-2연12행, 100) 청동호우-2연12행, 101) 미륵산미륵사지석탑-2연12행, 102) 백제금동관-2연12행, 103) 고려상감청자어룡-2연13행, 104) 보련산보탑사-2연12행, 105) 청자상감용봉모란문개합-2연12행, 106) 덕유산칠연폭포-2연12행, 107) 태안마애삼존불상-2연12행, 108) 수월관음도정병-2연12행, 109) 그섬에살고싶다(관매도)-1연6행.

XX. 그 섬에 살고 싶다. 2015.

1) 강화낙가산보문사-2연6행, 2) 연평도심청각-2연6행, 3) 부둣가항구-2연6행, 4) 진혼곡-국립대전현충원-2연6행, 5) 인천팔미도등대-2연6행, 6) 백령도두무진-2연6행, 7) 바다용궁-사설, 8) 영종하늘도시-2연6행, 9) 강화화문석-사설, 10) 세계자연유산-백령도-사설, 11) 제부도황금노을-2연6행, 12) 낙가산보문사-2연6행, 13) 강화갯벌노랑부리저어새-1연3행, 14) 백령도장산곶매-서설, 15) 영종도삼목선착장-3연9행, 16) 정족산전등사-1연3행, 17) 안면도황도붕기풍어제-사설, 18) 안면도앞바다그너머-2연6행, 19) 도다리가광어에게-2연6행, 20) 간월도간월암-1연3행, 21) 비인만쌍도-3연9행, 22) 무창포석대도-1연3행, 23) 해뜨고지는왜목마을-2연6행, 24) 외연도상록수림-1연3행, 25) 완당-탁묵-수선화-2연6행, 26) 새만금방조제(야미도)-2연6행, 27) 군산비응항-1연3행, 28) 새만금전망대(신시도)-1연3행, 29) 해저유물(1)-2연6행, 30) 청산도-3연9행, 31) 고흥나로우주센터-2연6행, 32) 홍도-3연9행, 33) 진도아리랑-사설, 34) 비내리는오동도-2연6행, 35)

오동도향일암-2연6행, 36) 진도대교-2연6행, 37) 삐에르랑디공원-1연3행, 38) 진돗개와뽕할머니상-3연9행, 39) 장보고공원-2연6행, 40) 웅본성천수각-1연3행, 41) 그랜드스카이호텔-1연3행, 42) 후쿠오카100주년기념관-1연3행, 43) 후쿠오카호수-1연3행, 44) 장보고동상-2연6행, 45) 동박새-2연6행, 46) 세방낙조휴게소-1연3행, 47) 신안도고기잡이-1연3행, 48) 압해도천사선분재공원-1연3행, 49) 미륵도관해정-1연3행, 50) 미륵도달아전망대-1연3행, 51) 보길도예송리해수욕장-1연3행, 52) 보길도세연정-1연3행, 53) 운림산방-2연6행, 54) 상백도하백도-1연3행, 55) 사옥도-지신계-선착장-1연3행, 56) 소금밭-2연6행, 57) 청산도돌담길-2연6행, 58) 촛대바위걸친낮달-1연3행, 59) 청산도-1연3행, 60) 큰해오라비난초-1연3행, 61) 파도앞에서-2연6행, 62) 동해일출-2연6행, 63) 등대-2연6행, 64) 이어도수정궁-2연6행, 65) 서귀포새연교-새섬-1연3행, 66) 문무대왕-대왕암-1연3행, 67) 독도는우리땅(1)-4연12행, 68) 독도는우리땅(2)-사설, 69) 독도-4연12행, 70) 울릉국화와섬백리향-사설, 71) 울릉도시골버스-2연6행, 72) 해맞이손조각상-2연6행, 73) 창선-삼천포대교-1연3행, 74) 남일대-코끼리바위-1연3행, 75) 와룡산철쭉-1연3행, 76) 사천읍성명월-1연3행, 77) 실암낙조-1연3행, 78) 성진리성벚꽃-1연3행, 79) 봉명산다솔사-1연3행, 80) 비토섬갯벌-1연3행, 81) 송정리해수욕장-1연3행, 82) 신지도대교-1연3행, 83) 다도해-1연3행, 84) 한산도-망산-휴월정-사설, 85) 거제도남부해안-1연3행, 86) 거제포로수용소유적공원-2연6행, 87) 녹도-모충공원-1연3행, 88) 거제신선대앞에서-1연3행, 89) 거제도해금강, 외도-2연6행, 90) 연화도연화사-2연6행, 91) 거문도새우난초-2연6행, 92) 소록도앞바다-2연6행, 93) 가을비내리는송정리-2연6행, 94) 초령목-사설, 95) 문주란꽃-사설, 96) 풍란초-사설, 97) 부산영도다리현인(1919-2002) 노래비-1연3행, 98) 남해콘도창가에서-3연9행, 99) 보물섬찾아가다-2연6행, 100) 송정솔바람해변-2연6행, 101) 한국의아름다운길-2연6행, 102) 남해앞에서-2연6행, 103) 남해군보물섬-4연16행, 104) 한국의보물섬-남해도-3연11행, 105) 바람의언덕-2연6행, 106) 대한해협-3연9행, 107) 벤쿠버섬해안-2연

6행, 108) 후쿠오카해수욕장-1연3행, 109) 다대포앞가덕도-2연6행, 110) 오이타현벳부시명반온천-1연3행, 111) 부산영도항-사설, 112) 부산동백섬-사설, 113) 후쿠오카여객터미널-1연3행, 114) 카멜리아선상에서-1연3행, 115) 후쿠오카대호공원-1연3행, 116) 새벽붓베항-1연3행, 117) 제주흑자-2연6행, 118) 제주도성산일출봉-사설, 119) 제주도산방산산방사-1연3행, 120) 제주도용암동굴지대-1연3행, 121) 제주-서귀포용과-2연6행, 122) 제주도용천동굴-123) 제주도천지연폭포-2연6행, 124) 한라산백록담-2연6행, 125) 제주도한라산사설, 126) 제주도한란(2)-2연6행.

〈작품해설〉해양문학의 시맥과해양시조의태동-김창현,

XXI. 대청호 오백리 길. 2016.

1) 꽃피던아침-2연14행, 2) 대전칼국수축제-2연6행, 3) 한밭수목원-3연9행, 4) 정한수-1연6행, 5) 청명무렵-2연12행, 6) 꿈을탕하다-1연6행, 7) 덩굴손-2연13행, 8) 이팝꽃-1연7행, 9) 대가야-2연6행, 10) 천년흐른금강처럼-2연12행, 11) 허브꽃가게-3연18행, 12) 솟대와장승-1연8행, 13) 산딸나무꽃-1연6행, 14) 작두칼-1연6행, 15) 바람도고향이있을게야-1연7행, 16) 한밭아침-2연12행, 17) 봄(1)-5연15행, 18) 봄(2)-4연12행, 19) 경복궁향원정-1연6행, 20) 보문산봄빛-2연10행, 21) 동춘당뒷뜰에핀꽃-2연12행, 22) 대청호-2연12행, 23) 그리움-1연6행, 24) 조선밥상-1연6행, 25) 핸드북카페-1연6행, 26) 달팽이잠꼬대-2연12행, 27) 약초-원추리-2연12행, 28) 여름계룡산-2연12행, 29) 부여-서동-연꽃축제-1연6행, 30) 대청호운평선-2연12행, 31) 딸기밭-1연6행, 32) 시와연꽃의만남-1연6행, 33) 땡볕-1연7행, 34) 별꽃-2연12행, 35) 등꽃이피면-2연12행, 36) 뭘봐(웅시)-2연12행, 37) 청량산남한산성-2연6행, 38) 천리포해수욕장-1연3행, 39) 한밭아침환타지-4연12행, 40) 정생동, 장안동, 백자가마터-2연12행, 41) 피뢰침-2연12행, 42) 동박새-2연8행, 43) 가을안개-1연6행, 44) 대청호오백리길-2연12행, 45) 곶감-2연12행, 46) 우담바라화-2연12행, 47) 국화꽃-1연11행, 48) 순천만-1연7행, 49) 가을햇살밭-1연7

행, 50) 한밭수목원-팔각정-2연12행, 51) 이명(耳鳴)-1연6행, 52) 숙맥같은인생-1연6행, 53) 순천만갈대밭-2연12행, 54) 농약중독후유증-3연12행, 55) 부처님오신날-2연12행, 56) 세상을반쯤열고-2연6행, 57) 금동관음보살입상-1연6행, 58) 경기전-2연12행, 59) 승무(僧舞)-3연9행, 60) 대금산조-3연9행, 61) 남한산성한남루-2연6행, 62) 진천종(鐘) 박물관-1연6행, 63) 갑천돌다리-2연12행, 64) 대전시민천문대-1연6행, 65) 대청호반물억새-2연12행, 66) 버섯필무렵-2연12행, 67) 도깨비네공부방-5연15행, 68) 하회마을북촌댁-2연6행, 69) 장독대-2연12행, 70) 영일만호미곶-2연12행, 71) 무주구천동-일사대-2연8행, 72) 황금술잔꽃-1연9행, 73) 천상열차분야지도-4연12행, 74) 백제무열왕비은잔받침-2연12행, 75) 백제금동대향로-4연12행, 76) 꿈꾸는모래톱-1연6행, 77) 익산미륵사지유물전시관-2연12행, 78) 충혼탑제-3연9행, 79) 영월장릉-단종제-2연6행, 80) 넘실대는금강-해오름달-1연3행, 81) 시샘의달-1연3행, 82) 물오름달-1연3행, 83) 잎새달-1연3행, 84) 푸른달-1연3행, 85) 누리달-1연3행, 86) 견우직녀달-1연3행, 87) 타오름달-1연3행, 88) 열매달-1연3행, 89) 하늘연달-1연3행, 90) 미틈달-1연3행, 91) 매듭달-1연3행, 92) 목포갓바위-1연6행, 93) 칠석제-3연9행, 94) 속리산국립공원-화양구곡-경천벽-1연3행, 95) 운영암-1연3행, 96) 읍궁암-1연3행, 97) 금사담-1연3행, 98) 첨성대-1연3행, 99) 능운대-1연3행, 100) 와룡암-1연3행, 101) 학소대-1연3행, 102) 파곶-1연3행, 103) 초혼-5연15행, 104) 대전팔경(박자임안)-8연24행, 105) 대전팔경(송시열안)-8연24행, 106) 대전팔경(대전시지정)-대청호-1연3행, 107) 계족산-1연3행, 108) 엑스포과학공원-1연3행, 109) 유성온천-1연3행, 110) 보문산-1연3행, 111) 구봉산-1연3행, 112) 장태산-1연3행, 113) 식장산-1연3행, 114) 해공신익희(1894-1956) 선생동상-2연6행, 115) 백제금동신발-2연12행, 116) 동지팥죽-2연6행, 117) 낙안읍성-1연6행, 118) 고려상감청자어룡주전자-2연12행, 119) 한빛탑-5연15행.

〈작품해설〉 삶의여유와멋의깊이-김완하.

관촌 **김창현**(冠村 金昌鉉 1938-通川)의 정형시 창작형태조사

시조시	1연	2연	3연	4연	5연	사설	장시조	총계	비고
한국 시대사전	2	8						10	2004
가슴 냇가에 흐르는사랑	5	44	29	2				80	1991
바람이 밀어주는 그네	200							200	1994
이승과 저승사이	7	32	33			2	1	75	1995
세월의 길목	13	65	5					83	1996
월명산 달빛		4	9				1	14	1996
고향 노래	100							100	1996
불당골 메아리	40	50	8			1		99	2000
고향 햇살 밭	2	54	6		1	2		65	2001
달동네 소리여						61		61	2002
낮달 뜨는 고향 언덕	100							100	2003
배흘림 햇살 기둥	35	34	1	2		15		87	2003
아지랑이 일던가슴	125							125	2005
문턱 너머 지구촌	72	13				4		89	2006
햇살길게 누울때		6	1			1		8	2007
별꿈나라 꽃 대궐						72		72	2007
월명산	27	77	2			1		107	2010

진달래꽃									
글꽃 피는 꽃동네	100							100	2011
한 많은 어머니눈물	25	78	4	1	1			109	2012
그 섬에 살고싶다	54	45	7	3	3	5	2	119	2015
대청호 오백리 길	30	44	7	4	4		5	94	2016
총　　계	937	554	112	12	9	164	9	1797	
비　　율%	52.1	30.8	6.2	0.6	0.5	9.1	0.5	99.8	

관촌-현대시조의 평론화 작품조사

※ 관촌학파(冠村學派)

2000년 5월 3일 대전동시조(現代童時調) 를 창간하여 아동문예(격월간)로 시인 등단시킨 순시조인(동시조) 문학을 전수한 시조시인들의 학파를 의미한다.

〈한국현대시조의연구와향방(1권) 2014.(2권) 2017.

Ⅰ. 리태극(李泰極 1913~2003) 평론

1) 삶. 1991.

밤새 익은 상념들을 기지개로 쏟아놓고
곰실대는 속울음 짓 텅 빈 가슴 다 채워도
싱싱한 봄을 심으며 굴러가는 삶의 하루.〈첫수〉

※ 위 작품과 같이 그 기사법도 시조의 율조(律調)를 토대로 하였고 상(想)도 유기적으로 다룬 것을 볼 수 있다. 그리고 매일 매일의 삶은 싱싱한 봄을 심어가고 있다고 하여 희망적이고 未來 指向的임을 보여주고 있다. 이는 김, 시인의 인생관이기도 하다고 보인다.

2) 한밭에 사는 여치

흙냄새 그립다던 목척다리 풀, 섶 아래
불빛 창밖으로 어슴푸레 얼비치면
새 하얀 모시 한 타래 북, 실꾸리 감는다.〈첫수〉

※ 이것은 여치의 생태를 형상화하여 놓은 것이지만 그대로 우리 여인들의 과거의 삶을 떠 올려 주고 있다.

3) 어머니
가닥엔 감기는 시름 수의(壽衣)속을 파고든다.
속 숨결은 가파르고 긴 한 숨 토해내며
이 세상 모진 세월을 반추하듯 삭인다. 〈끝수〉

※ 이 작품은 동작동(東雀洞)에도 망월동(望月洞)에도 묻힌 이 땅의 아들을 가진 어머니의 인내로 살고 있는 모진 세월을 반추하듯 삭이고 있는 정경을 차분하게 보여주고 있다.

자정(子正)넘어 실토했던 가엾은 울음자리
한 올, 한 올 저린 생각 깨알같이 쓰고 싶어
천국과 지옥 사이를 오가며 울었지. 〈끝수〉

※ 시를 쓰고 싶어서 지옥과 천국 사이를 오가며 울 정도의 눈물이 오뇌(懊惱)와 사색(思索)없이는 한 수의 작품도 얻을 수 없다는 실제를 토로해 주고 있다. 이 시인은 이렇게 한 수 한 수의 시조를 심혈(心血)을 기울여 쓰고 있다.

2. 이도현(李道鉉) 평론

1)가슴냇가에 흐르는 사랑

숨결이 가슴팍에 눈빛 몰래 파고 들 제
사무침만 나래 펴고 피를 몰아 굴러 가다
내 가슴 열지 못해서 몽롱한 꿈 실렌다.
사랑 하나 새겨 놓고 가슴 속에 묻어 놓고
허전한 여울 가에 헝크러진 사념들이
이 작은 가슴냇가로 온 몸 가득 흐른다. 〈전문〉

※ 시조의 혼과 운율의 미학. 1997.

-겨레의 아픔을 승화 시킨 곡진한 서정.-1991. 〈참조〉

가슴냇가라는 단어가 마치 다듬어지지 않은 생소한 듯한 인상을 주면서도 참신한 표현이다. 가슴이란 명사와 냇가라는 명사의 복합어다. 김창현 시인이 창조해 낸 새로운 단어다. 이와같이, 작품이 독창적일 때 그 작품은 훨씬 돋보이게 된다. 가슴에 흐르는 냇물이라는 뜻이다. 가슴냇가에 흐르는 사랑은 곧 사랑이 냇물 쳐 흐름을 일컬음이니 곡진한 서정을 표출함에 있어 서정 표출의 진수를 여기서 만난다. 지은이가 표현하고자 하는 사랑이 구체적으로 무엇인지는 꼭 잡을 수 없지만 그것이 연인에 대한 애정이든, 간절한 조국애이든 또는 지은이가 푯대로 삼는 평소의 이상이든 어쨌든 가슴 속에 묻어 둔 사랑이 냇물로 흐른다 하였으니 그 놀라운 극치를 여기서 보게 되는 것이다.

여기서의 사랑은 별리의 사랑 곧 아픔이요, 그 아픔은 가슴냇가로 환치된 메타포다. 즉 피를 몰아 굴러가는 사무침(아픔)을 가슴속의 아픔으로 묻어두지 않고 가슴냇가로 흐르게 하는 사랑의 경지다. 앞에서 언급했듯이 그 아픔을 아픔으로 간직하지 않고 아픔을 예술로 승화하는 곡진한 서정의 표출 방법이다.

2) 다사리 풍경(多沙里風景)

모래벌판 모롱이로 갯바람 안고 돌 제
해당화 꽃잎 숨결 모래톱에 머물다가
가녀린 목숨 하나가 맨살 위에 떨고 있다.

아픈 어깨 시린 허리 뜸질로 데운 숨결
짓이긴 삶의 마디 저승 까지 밀려오면
뼈살이 오그라진 넋, 아려오는 아픔인가?〈전문〉

※ 두 수로 된 연시조의 정형이다. 시조와 자유시의 구분을 역시 형식에 연유한다. 그것은 시조에서 형식을 빼면 자유시가 되기 때문이다. 김창현의 작품은 이러한 경향성을 배재하고 철저하게 시조의 틀(정형-定型)을 지키려 하였다. 그러기에 이들 작품은 뿌리가 튼튼하여 읽는 이로 하여금 안심 할 수 있게 한다. 3장 6구 12어절의 기본 구성이 철저하고 행의 ㅜ배열이 또한 그러하다. 작품 〈다사리 풍경〉에서는 해당화가 중심 소재가 되어 해변에서 어렵게 생업하고 있는 농어민의 아픈 삶을 통절하게 말해주고 있다. 첫수에서는 바닷가의 그늘진 삶을 해당화를 내 세워 가녀린 목숨 하나가 맨살 위에 떨고 있다. 하여 그 선명한 이미지가 아픈 삶을 투영한다. 둘째 수 에ㅐ서는 강한 톤으로 아픔을 직접 말하고 있는데 시적 기교는 강한 톤이나 직설로 효과를 거양하는 것이 아니고 알맞은 비유, 알맞은 상징, 이러한 기법들이 오히려 시적 긴장을 더 한다는 것을 우리는 작품을 통하여 공감해 보는 것이다. 그러나 이 〈다사리 풍경〉은 잊혀진, 고향을 다시 떠올려 메말라가는 현대인의 가슴 속에 촉촉한 서정의 물길을 터주고 있다는 점에서 퍽 고무적이라 하겠다.

3) 겨레의 가슴에는

일월은 이어가고 잡힐듯, 아득한데
어루만져 다독이던 고향생각 아로 새겨
솟구친 확 터진 울분 어우러진 겨레 가슴.

뒤척인 꿈 꿈틀대던 아픔 삭인 흙터마다
눈빛이 거듭 나는 정 어둠을 헹궈내고
가벼운 세상 하나가 겨레 외침 토해낸다. 〈전문〉

4) 어머니

어머니 옹 맺힌 한(恨)가슴 속에 서려 있다.
듬뿍 슬어 안던 당신 품속 뜨거운 피
사십년 아프던 세월 동작동에 잠든다.

목 맺힘 숨어있어 북받침 쌓이는 밤

엷은 가슴 뛰는 맥박 애간장이 곪아가는
망월동 꽃사슴 이불 덮고 자는 망혼(亡魂)이여.

가닥엔 감기는 시름 수의(壽衣)속을 파고든다.
속 숨결은 가파르고 긴 한숨 토해내며
이 세상 모진 세월을 반추하듯 삭인다. 〈전문〉

※ 〈겨레의 가슴에는〉 전문과 〈어머니〉 전문 두 편이다. 다사리 풍경에서의 고향의 아픔이 이 두 작품에서는 겨레의 아픔, 조국의 아픔으로 이어진다. 〈겨레의 가슴에는〉에서는 구체적으로 제시되어 있지는 않지만 응어리진 겨레의 가슴이 반짝이는 눈빛을 더 하면서 어둠을 일궈 내고 가벼운 세상 하나가 겨레 외침을 토한다는 희망적인 결구를 보였고 〈어머니〉에서는 동작동과 망월동을 내세워 역사의 얼룩진 무늬를 상기하면서 겨레의 아픔을 반추하듯 안으로 삭이면서 함께 슬퍼하는 경지다. 〈가벼운 세상 하나가/겨레 외침 토해낸다〉든가 〈망월동 꽃사슴 이불 덮고 자는 망혼이여!〉의 종장은 각각 말하고자 하는 어미를 부여하였고 무리 없이 주제를 떠 올리면서 결구하였다는 점을 주시하지 않을 수 없다.

5) 산사(山寺)

날이 새면 물에서 멀리 눈 뜨면 모두 비어
슬픈 연륜 곱게 감아 물 되고 바람 되어
가녀린 허리 속에도 아린 손짓 멎은 천고.

이 세상 모든 자비 한 품속에 슬어 안아
골짜기 목탁소리 온 밤마다 가슴 헐고
지난 밤 야윈 꿈 자락 천년 사룬 두 손 합장.

귀 밝은 여울 물소리 산자락 감아 돌고
어린님 맑은 눈동자 강물 위에 얼비치면
흰 목청 그리움 하나 굳게 살아온 산울림. 〈전문〉

6) 불여귀(不如歸)

울어 에는 모진 바람 반쯤 가린 펴는 가슴

지새는, 달도 지쳐 쉬어 별빛 타고 내려온다.
강 건너 마른 언덕에 피를 쏟는 목 쉰 울음.

궁, 상, 각, 치, 우, 를 배웠나 어찌 울면 풍년인가
울타리 없는 뜨락에 자귀 울음 승방 깨운다.
그 소리 한 발 곁으로 가까이, 가까이 떨리어라. 〈전문〉

※ 〈산사-山寺〉와 불여귀(不如歸〉두 작품은 다분히 불가적인 속성을 함께 지녔다. 자비는 세상 만물을, 불쌍히 여기는 불가적 사랑이다. 부처(보살)가 중생에게 낙을 주고 고를 덜어주기 위한 고행이오, 수도이다. 그 길은 멀고도 아득하여 심산 고처에서 절대의 고독을 달래 주면서 아픔을 함께 하는 이가 불여귀다. 밤낮 가리지 않고 울어주는 소쩍새 울음, 그것은 곧 중생의 고(苦)를 덜어주기 위한 자비의 정신과 맥을 같이 한다.

불여귀의 울음을 산정을 깨는 한낱 새소리로 감지하지 아니하고 피를 쏟는 목 쉰 울음이라 파악하여 깊은 산속 고행의 아픔으로 인식하면서 마침내 깨달음으로 이어지는 경지에 이르렀다. 불여귀는 촉나라 망제혼이 붙어있다는 전설에서 망제혼, 또는 촉혼이란 이름을 갖기도 한다. 그렇다하여 불여귀 울음이 슬픔이나 한을 푸는 울음으로 보지않고 자비와 맥을 같이하는 고행과 인내로서 깸으로 승화하는 울음 바로 그것이다. 작품 산사에서 〈이 세상 모든 자비 한 품속에 슬어 안아〉의 뜻은 큰 의미를 포용했고 〈지난밤 야윈 꿈자락 / 천년 사룬 두 손 합장〉과 〈휜 목청 그리움 하나 / 굳게 살아온 산울음〉은 불가적인 아픔을 형상화 하는데 적합한 언어들이 피륙처럼 직조되어 있음을 볼 수 있다. 특히 〈울타리 없는 뜨락에

자규 울음 승방 깨운다.〉에서 울타리는 승방과 속세를 두루 통하는 열림의 세계요, 자규 울음이 승방 깨운다 했으니 승방의 수행을 자규 울음이 격려하고 있음이다. 이러한 지은이의 생각은 참으로 평온한 자리에 안주하여 모든 것을 비운 상태의 백지와 가섶은 마음자리에 연유하고 있음을 보는 것이다. 시각적 이미지와 청각적 이미지가 함께 조화를 이루어 새로운 감각으로 독자를 끌어 들이는 구절이다.

7) 한밭에 사는 여치

흙냄새 그립다던 목척다리 풀섶 아래
불빛 창밖으로 어슴푸레 얼비치면
새하얀 모시 한 타래 북, 실꾸리 감는다.

달빛에 구름 깔려 어둠이 짓눌려도
온밤 철벅이다 부르튼 손 보듬으며
세모시 헝크러진, 실 빗질하며 틔운 정.

가슴에 일렁이는 눈물 설음 한을 짜서
모시 적삼 새털무늬 핏빛으로 물들이고
불타는 사랑 못 잊어 앙가슴만 쓸어낸다. 〈전문〉

8) 삶. 1.

이른 새벽 선잠 깨운 쑥새 울음 가락타면
날개 짓을 퍼득이는 깃 결 소리 아슴한데
봉오리 매만지다가 꽃 술잔에 펼친 가슴.

밤새 익은 상념들을 기지개로 쏟아놓고
곰실대는 속울음 짓 텅 빈 가슴 다 채워도
싱싱한 봄을 심으며 굴러가는 삶의 하루. 〈전문〉

※ 〈한밭에 사는 여치〉와 〈삶.1.〉의 전문이다. 한밭에 사는 여치는 목척다리 풀섶 아래에서 살면서 불빛이나 달빛, 구름, 등, 외계에 연연하지 않고 실꾸리를 감으면서 슬픔이나 한을 내연기관처럼 안으로만 연소 시키는 초연한 정경이다. 목척다리는 한밭을 상징 할 만큼 많은 르망을 가지고 있지만 이제 현대문명의 홍수, 매연에 찌들고 있는 도심 속의 다리가 되어 버렸다. 이 작품은 하얀 세모시가 중복되어 표출된다. 세모시가 상징하는 것은 순결이다. 어쩌면 하얀 겨레의 질긴 정신인지도 모른다. 지은이는 한밭에 사는 여치(女心)를 내세워 청풍명월의 충청인의 기상과 민물처럼 밀려오는 현대 문명 사이에서 갈등, 내지는 고뇌하고 있는 모습이다. 〈삶.1.〉에서는 이른 새벽부터 쑥새 울음으로부터 시작하여 진종일 날개를 저어야 하는 피곤한 삶, 지친 죽지를 이끌고 귀소 하였으나 허전한 빈 가

습, 뿐이지만 그래도 의지만은 봄을 기대하며 다시 출발해야 하는 소시민의 끈적끈적한 일상을 서정으로 풀어 가고 있다. 〈한밭에 사는 여치〉라든가 〈한을 짜서 모시적삼 물들이고〉의 표현이 돋보이며 〈싱싱한 봄을 심으며 굴러가는 삶의 하루〉의미가 대조를 보이면서 우리 주변의 그늘진 삶의 현장이 도사리고 있음을 이 내목을 동하여 우리는 시각하세 된나.

9) 시를 못 쓴 이 한밤에

바람이 잔잔하여 다가오는 순간마다
안으로 지닌 시심 쓰고 싶은 그 몸짓도
생각이 문을 닫을 때 몸부림쳤던 절규여.

세상에 얼어버린 스산하던 겨울 저녁
너는 멀리 달아나고 끝내 너를 잡지 못해
아무리 채찍을 갈겨도 부끄럽던 나의 밤.

자정을 넘어 실토했던 끝내 가엾는 울음
한올 한올 저린 생각 깨알 같이 쓰고 싶어
천국과 지옥사이를 오가며 울었지. 〈전문〉

※ 대개의 경우 시를 쓰고 싶어서 쓰게 마련이다. 시를 쓰고자 하는 간절한 동기에서 출발한다. 그러나 시를 써야겠다는 의지에 반하여 시심을 선뜻 그를 따르지 못한다. 그 때문에 시를 창작한다는 것은 그만큼 아픔이 뒤따르기 마련이다. 주제가 떠오르면 그 주제를 살릴 수 있는 소재를 잡아야 하고 잡힌 소재를 구성하여 효과적인 표현의 단계를 거쳐야 한다. 그 과정이 쉽지 않다는 것이다. 작품 한 편을 완성하기 위하여 숱한 불면의 밤을 가져야 한다. 뼈를 깎는 각고의 밤을 수없이 가져야 한다. 천착의 땀을 흘린 후에 지심 깊은 곳에서 터져 나오는 분수의 기쁨, 그것이 곧 작품 완성의 기쁨이다. 김창현의 창작과정이 그러하다. 시를 쓰기 위해 자정을 넘어 울어야 했고 천국과 지옥 사이를 넘나들며 아파야 했다. 생각은 있으나 붓은 따라주지 못하는 안타까운 심정을 진솔하게 토로하였다. 시는 생각을 직접 말하지 않고 그 생각을 형상화하는데서 출발한다. 그 형상 과정에서

은유나 상징을 도입하는 다양한 기법이 있게 마련이다. 때로는 생각을 뒤집기도하고 빗대기하고 혹은 돌리고 굴리기도 한다. 이른바 모순의 미학이다. 모순과 모순이 결합된 창조적인 미학이다. 때문에 우리는 새로운 창조를 위하여 항상 연찬하고 민감하여 탐구하는 자세를 지녀야 한다. 언어는 아픔, 슬픔, 울음, 한이 있고 오랜 역사의 흐름을 통해서 겨레의 가슴 속에 앙금으로 가라앉은 조상의 넋이었다. 다행히 그 아픔을 아픔으로 수용하지 않고 그것을 승화시켜 한 굽 높은 곡진한 서정으로 형상화 하였다는 점이다. 겨레의 아픔이 승화된 곡진한 그의 서정이 앞으로 어떤 해굽성으로 방향을 틀것인지 우리는 지켜봐야 할 것이다. 〈끝〉

3. 조근호 평론

1) 이승과 저승사이

저승길 되돌아오니 낮 달빛 흐르는 풍경
속마음 되짚은 생각에 속다가 다시 속다가
저 이승 훌겨본 세상 먼 허공 떠돌던 생각.

몽롱한 내 영혼 아픔만 앙가슴 졸다
몸속에 못 내버린 맘 온 밤 내 깎이는 하늘
운명을 삼키며 사는 달무리 흐르는 한 목숨.

산그늘 내리는 어둠 내 사랑 잠들지 못하고
눈빛은 자꾸 먼 곳만 목 넘어 울렁이던 맘
젖가슴 맺힌 체증도 풀길 없는 한시름. 〈전문〉

※ 앞에서 잠깐 언급했듯이 농약중독으로 헤매던 생사의 길, 즉 저승의 문턱에서 되돌아 온 사람만이 그려 낼 수 있는 작품이다. 저승이 있는가, 없는가 하는 문제는 그다지 의미가 없다. 그의 가족들은 무사히 깨어나기를 얼마나 애타게 바랐을 것인가? 부스스 깨어나는 그를 낮달조차 서산(西山)으로 기울지 못하고 지켜보고 있었다는 표현에서 우리는 가슴 졸이던 그때의 상황을 짐작할 수 있을 것이다. 그런 와중에서도 지난날을 되돌아

보던 그는 그동안 속고 또 속으며 살아 온 이승 삶을 먼 허공에 띄워 놓고 바라보고 있다. 여기에서 바라보는 허공은 어쩌면 구천(九天) 이였는지도 모른다.

2) 저승에 가져갈 사랑

눈부신 천지 채워 어렴풋 봄빛타고
젊어진 영혼 무게 툇마루 기울게 앉아
그리움 묻은 어린 달 세상 밝히는 이 섭리.

저마다 생각 풀고 큰 자비 베푼 자락
늦가을 빈 가슴 바알갛게 타는 노을
저승에 가져갈 사랑 한나절 내린 녹슨 꿈

염주, 알 마디마디 내 시조 새겨 놓고
인생은 꿈과 같아 오자 곧 가는 진리
이승에 남길 것 없으니 가져갈 것 무엇이뇨. 〈전문〉

※ 〈저승에 가져갈 사랑〉은 이런 저런 사연 끝에 다시 머물게 된 이승 삶, 즉 죽음의 문턱에서 간신히 빠져나온 삶이고 보면 온천지가 눈부시게 다가온 것은 당연한 일이다. 그토록 귀하게 얻은 삶이라면 〈저마다 생각 풀고 큰 자비〉를 베풀어 살아갈 일이다. 수필가 김형석(金亨錫1920~97세)은 그의 수필에서 인생을 일컬어 〈새색시가 시집가서 김장 삼십 번만 담그면 늙고 마는 것〉이 인생이라고 하였다. 어찌 보면 삶과 죽음의 경지에서 해탈한 듯한, 그이고 보면 짧은 인생이나마 헛되게 살아 갈 수 없었을 것이다. 무엇인가 이룩해 놓고 가는 것은 자명한 일이다. 따라서 백팔번뇌를 상징하는 〈염주 알 마디마디 내 시조 새겨놓고〉 가고 싶다고 하였다. 이 땅의 시조시인으로서 사명을 충분히 감당하겠다는 명료한 의지의 싯귀이다.

3) 내 영혼 떨고 있을 때

큰 하늘 한 얼 하나 붉게 영근 네 영가(靈歌)
주름 깊은 손등이랑 꽃떨기 보듬은 미소
적막한 승방 안 독경 고운 숨결 달랩니다.

억겁의 진동소리 지을수록 타 들어가면
밝혀도 또 일어선 내 영혼 떨고 있다.
온 세상 수평선 사이 한(恨)휘어 큽니다.

이 아침 텅 빈 가슴 질긴 목숨 새기는니
한 평생 짓이긴 설음 가슴 가득 간직한 채
한 입술 깨문 하늘이 허리 뜯겨 아픕니다.〈전문〉

※ 심장의 진동소리를 들으며 다시 살아난 삶이고 보면 〈밝혀도 또 일어선 내 영혼〉이란 시구가 설득력 있게 다가온다. 헛된 욕심으로부터 벗어난 〈텅 빈 가슴〉으로 〈질긴 목숨 새기며〉살아가는 생이다 보니 영혼조차 떨릴 정도로 귀한 목숨이며 일순간이라도 헛되게 살아 갈 수 없는 인생이었음을 노래하고 있다. 앞에 든 작품들은 삶과 죽음의 어둠에서 벗어나는 경험들을 나타낸 작품으로 표제 그대로 〈이승과 저승사이〉를 오락가락 하던 그때의 일들을 새삼스럽게 반추해 본 것이다. 그러면서도 그가 해결하고 싶었던 한의 실마리는 건드려 보지도 못하고 〈가슴 가득 간직한 채〉맺힌 한을 그대로 그려내는 정도에서 머물고 있음이 조금은 안타깝다 할 것이다.

4) 고향생각.1.-고향의 베틀소리

매서운 찬바람은 문틈 허리 돌아눕고
잉앗대 바딧소리 가슴팍에 줄 고르면
넋속의 깊고 깊은 밤 세모시로 밤을 짜고.

무지개 꿈을 몰아 내 영혼 수(繡)를 놓고
파고드는 꿈결 속에 보얀 하늘 펼쳐들면
침묵이 대숲에 걸려 스쳐가는 내 고향.

긴긴 밤 자정 넘어 첫닭이 홰를 쳐도
베틀소리 아슴하게 문풍지 율(律)고른다.
새벽녘 달빛 창가에 소복 입은 상여소리.〈전문〉

※ 시인이 의식적으로 자아와 세계의 동일성을 추구하는 방법으로 동화(同化)가 있는데 김시인은 일상의 세계를 자신의 내부로 끌어들여 그것을

내적으로 동일시하여 인격화 시키고 있다. 김창현 시인의 고향은 모시로 유명한 충남 서천이다. 베틀소리는 어렸을 때 귀에 못이 박히도록 들어 온 고향의 소리다. 〈매서운 찬바람으로〉표현한 역경을 이기며 한 필 모시를 짜기 위해 〈가슴팍에 줄, 고르는 〉여인네처럼 시인은 한 줄 시를 쓰기 위해 〈넋 속의 깊고 깊은 밤〉을 고뇌하고 있다.〈내 영혼 수를 놓는〉 시인의 시, 작태(詩作態)독자들이 공감 할 수 있는 아름다운 시 한편을 쓰기 위해 〈긴긴 밤 자정 넘어〉 까지 율(律)고르는 작업을 계속하고 있음을 웅변으로 말하고 있다.

5) 고향생각.5.-여름한나절(2)

여름은 초록을 마시고 비개면 몰려 올 녹음
맨 입은 눈치보다 뒷산, 별을 깨운다.
접었다 되펴는 하루 우산 같은 나날들.

한빛으로 살은 보람 한 터울로 쌓여지고
수정처럼 맑은 유월 햇살이 간지럽다.
속 못 찬 선인장 꽃대 반기는 이 너 하나 뿐.

※ 시에 있어서의 동일성의 방법으로 앞에 든 동화(同化)와 투사(投射)가 있는바 이 작품은 투사에 해당되는 작품이다. 배고파하는 사람들은 유난히 눈치가 빠르다고 한다. 그렇게 세상 눈치를 살피며 살아온 인생이지만 장마 비가 그치고 난 뒤의 〈수정처럼 맑은 유월〉 보다 더 맑고 투명한 삶의 역정이 참으로 애틋하다. 무언가 이루어 보겠다고 먼지를 일으키며 살아 온 길이였지만 먼지는 흙으로 되돌아 갈 뿐 아무것도 이룩한 것이 없다는 말처럼 장마철 〈접었다 펴는〉, 우산 같은 나날들〉이었음을 즉, 그날이 그날이었던 삶을 애석해 하고 있다.

6) 고향생각.12.-봄

월명산 묵정밭가 봄기운 서려 있고
아지랑이 또 반기며 봄나비 너울대면

겨우내 시냇물소리 선잠깨어 기지개 켠다.

산 꿩도 하얀 입김 토해낸 산골짝에는
봄바람 불때마다 꽃잎도 정다워서
고향의 뒷동산 허리 꽃떨기에 묻히겠다. 〈전문〉

※ 비록 인생의 줄거리가 없어도 시는 한 순간 속에 오히려 강렬하고 집약된 형태로 자아를 표현한다고 한다. 많은 과거를 회상해 볼 때 어렵고 힘들게 하던 옛날이 있지만 그것도 이제는 추억이 되어 다가온다. 고향 땅 월명산 기슭에 버려져 있던 묵정밭에도 봄은 찾아오고 신열, 앓던 대지에서는 모락모락 아지랑이 피어오르며 시냇물도 기지개를 펴며 흐르기 시작 할 것이다. 지금은 돌아가기가 쉽지 않은 곳에 살지만 모진 추위를 이겨내고 갓 피어난 꽃잎은 얼마나 정다우리. 〈고향의 뒷동산 허리 꽃떨기에 묻히겠다.〉 는 구절에서 모든 것을 툭툭 떨쳐버리고 한걸음에 달려가고 싶어 하는 마음은 비록 시인 뿐 아니라 이 시대를 사는 모든 사람들의 소망이리라.

7) 고향생각.8.-가슴냇가에 뜨는 달(2)

그리움 모여 사는 별빛 마음 꿈 꿀 때
가난한 허공 속에 깊은 한 숨 풀어내더니
갈 냄새, 별을 헤는 밤 가슴냇가 젓는다.

달빛 차가와도 갈 길은 아직 먼데
초롱한 푸념안고 말없이 돌아 갈 뿐
엉기는 그대 혼상이 잔물결로 밀린다.

눈먼 가슴 종일 털고 구름 한 잎 걷어 올려
햇살 토한 천년 달빛 선잠 깨운 기침소리
기운 해 노을 만 업고 넘실대는 내 숨결. 〈전문〉

※ 고향생각.8.도 같은 맥락의 작품이다. 〈가난한 허공〉이지만 〈별빛 마음 꿈꾸며〉살아가는 인생이 수도승의 눈빛처럼 맑고 곱다. 촉촉하게 젖어오는 〈가슴 냇가〉에 이내 추억처럼 풀이 돋고 나무가 자라 숲이 무성할 것이다. 〈달빛 차가워도 갈 길은 아직 먼데〉내 꿈을 버릴 수 가 있겠는가?

움직이는 것은 살아 있음의 표상이다. 〈넘실대는 내 숨결〉 속에 꿈틀거리는 성취의욕들이 큰 보람으로 영글어 갈 것을 기대하게 하는 작품이다.

8) 계족산 안개꽃

산골짜기 솔숲머리 산바람 코를 골면
송진내 가득 실은 실개천 풀섶, 가에
가야금 중모리 장단 맥박처럼 일렁인다.

새벽에 키운 꿈을 햇살이 새 비치면
바쁜 걸음 몰아 쉰 숨결, 온 아침 철벅인다.
보살 뜻 보듬어 안고 어우러진 안개꽃〈전문〉

※ 계족산은 대전 근교에 있는 삼국시대 백제의 중요한 국경지대 요새지였다. 그 산세가 험하고 경사가 매우 가파라서 작은 산임에도 불구하고 요즘에는 등산 코스로 대전 시민들의 사랑을 받고 있다. 백제시대 역사의 현장을 오르면서 우리 겨레의 맥박을 타고 울려오는 가야금 소리를 듣는다. 백수의 조국에서 노래하던 가야금의 의미와 비교해 보면 쉽게 이해 할 수 있을 것이다. 역사의 현장에서, 현실을 바라보는 시인의 시선은 무너진 사직도 결국은 보살의 뜻이 아니었는가 하는 의구심을 갖게 하며 모든 설음을 딛고 일어서야 하는 역사적 수레바퀴가 한 무더기 안개꽃으로 피어 있는 것을 우리는 어쩔 수 없이 받아 들여야 할 것이라고 노래하고 있다.

9) 백제의 목소리

반월성 넘나드는 산바람 슬어 안고
백마강 잔물결 햇살 한줌 움켜쥐면
백화정 벙근 이슬도 새우잠을 깨운다.

세상이 어지럽게 삼천 궁녀 가락 돌면
백제의 잔별들도 천년 사직 아린 숨결
조룡대 발걸음 아래 안고 드는 강바람.

계백 칼날소리 뱃사공 가슴 죄며
숨 가쁜 고란 잎 가다듬는 저 목소리
일어선 은빛 용 비늘 낙화암 아래 눈부시네.〈전문〉

※ 시인의 시선은 백제시대 신라와의 국경지대였던 계족산에 머물지 않고 역사의 현장에 직접 투사하게 된다. 그 화려했던 백제의 도읍지를 돌아보며 〈반월성 넘나드는〉 바람은 지금의 바람과는 사뭇 다른 것임을 느끼게 한다. 백제 당시 호화롭던 바람은 간곳, 없고 삼천궁녀가 어울려 춤추던 사치마저 뒤에 남긴 채 꽃이 되어 떨어지던 백화정(百花亭)에는 이슬만 차가울 뿐이다. 소방정(蘇定方 592~667)이 백제를 수호하던 백마강의 용을 잡기 위해 백마를 낚시 밥으로 하여 용을 잡아 올렸다던 조룡대에서 우리는 무엇을 느낄 것인가? 부소산을 안고 돌아가는 강바람이 허허로울 뿐이며 이런 와중에서도 끝까지 나라를 지키려고 처자를 먼저 베던 계백(階伯 607~660)의 칼날소리가 오히려 헛헛하게 뱃사공의 가슴을 죄게 한다.

10) 무궁화(9수중, 둘째, 넷째, 다섯째수)

〈2〉 질긴 생명 이어온 꽃 기쁜 일 슬픈 일도
영원히 기억하는 은근과 끈기 심성
단군이 세운 고조선 민족의 긴 뿌리.
〈4〉 임진왜란 역경도 일제 억압 분노도
광복의 기쁨도 언제나 너와 함께
더불어 굳게 살아 온 끈질긴 너.
〈5〉 한 민족 끼리 피 흘린 6.25의 슬픔
겨레의 분단된 처절한 아픔도
뿔뿔이 서로 헤어진 이산가족의 피 눈물.

※ 시인은 백제의 유적지를 돌아보며 새삼스레 가슴아파하지만 그런 정경을 말없이 바라보며 가슴 졸이던 무궁화에 비할 수 있으랴 멀리 고조선 시대부터 백의민족 상징이었던 무궁화는 그야말로 〈민족의 긴 뿌리〉 그 자체다. 본고에서는 언급하지 않았지만 셋째 수에서 다룬 〈삼국으로 갈라져〉살던 일이며 〈중국이 큰 침략해온 가난과 험난한〉사실들이 가슴 아플 뿐이다. 그뿐이랴. 임진왜란과 민족상잔의 6.25동란을 반추하며 참으로 끈질긴 민족이었음을 대견해 하지 않을 수 없다. 남이야, 무어라고 하던 간에… 그러나 마냥 슬퍼하고 애태울 일만은 아니다. 세계를 놀라게 한 88올

림픽을 노래하며 참으로 위대한 민족임을 노래한다. 〈눈부신 성장〉속에서도 교통사고 제1위국의 수치〉를 노래하기도 하며 그러나 마냥 슬퍼하고 애태울 일만은 아니다. 세계를 놀라게 한 88올림픽을 노래하며 참으로 위대한 민족임을 노래한다. 〈눈부신 성장〉 속에서도 교통사고 제1위국의 수치〉를 노래하기도 하며 비교적 장시에 해당하는 작품이다. 그러나 전체적으로 이미지의 산만함을 느끼게 됨을 부인 할 수가 없다. 한 제목으로 나타낼 때에는 이미지가 집약 될수록 그 뜻은 강해진다. 이미지는 원관념과 보조관념의 관계에 따라 그 감동적 가치나 수사적 우수성이 결정되는 것이므로 상이한 두 사물을 병치 하므로써 시적 효과를 극대화 시키도록 노력한다면 더 좋은 작품이 될 것 같다.

11) 봄

꽃 피는 봄 나비 떼, 날면 묵정밭 쟁기질 몬다.

꽃과 나비가 새봄에 만났다고 귓속말을 소곤거리는데 먹는 사랑, 입히는
사랑, 가르치는 사랑(교육)이 중요하다는 사실은 까마득히 모르는 채,
호화판 사치풍조에 열을 올리고 있다. 이 세상을 작은 손바닥 위에
올려놓고 황금만능주의로 요리하려는 습성이 언제부터 생겨났는지…
외제품 수입이 자유화 되고 물질문명이 팽창해서 외제품 사재기 유행병에
걸린 상류층은 자기 외제 가구가 가보라고 떠벌린다. 나 혼자 잘 먹으면
우리 집, 강아지 까지 먹여 살리는데….

내 조국 염통 곪는 속 두 눈 뜨고 볼 것인가?〈전문〉

※ 이 작품은 현실 세계를 날카롭게 비판하고 있다. 〈묵정 밭〉으로 상징된 가난한 농촌 현실과 〈호화판 사치〉에 열을 올리고 있는 상류층과의 괴리 현상을 리얼하게 그려내고 있다. 〈꽃과 나비〉의 입을 빌려 의식주 해결과 교육의 중요성은 외면한 채 외제품 사재기에 열을 올리며 우리의 고전미가 넘치는 가구는 헌 짚신짝처럼 내버리고 거액을 들여 사들인 외제 가구를 가보라고 자랑하는 한심한 상류층을 보면서 무너져 가는 내 조국을 걱정하고 있다.

12) 삶.17.-그게 바보냐, 천치지

아무리 아는 것 많아도 조국 하나 없어 봐라
남모르고 나만 알고 황금만 요리해 봐라
그것이 바보겠는가 눈만 살은 천치지.

아무리 고향이 있어도 정 하나 없어 봐라
나만 혼자 사재기 이웃을 몰라 봐라
그것이 바보겠는가 양심 없는 천치지.

아무리 요령이 좋아도 세상 하나 없어 봐라
돈만 알고 사람 모르고 정의를 몰라 봐라
그것이 바보겠는가 허울 좋은 천치지.

※ 삶.17.도 같은 선상에 놓이는 작품으로 조국을 먼저 생각하지 않는 개인이 얼마나 허황된 것인가를 빗대어 묘사하고 있다. 정 없이 살아가는 도시민들의 삶을 힐책하고 있으며 정의를 바탕으로 하지 않는 돈은 사람을 얼마나 치사하게 만들고 몰 양심의 세계로 몰아가는 것인지 역설하고 있다. 그러나 이러한 알레고의 서술법에는 다소간의 주의가 필요하다. 교훈적 메시지를 독자에게 강렬하게 전달하고자 할 때 이러한 수법을 흔히 쓰는데 교훈적 메시지를 그냥 그대로 전달한다고 한다면 독자는 쉽게 식상(食傷)해 버리는 경향이 있다는 사실이다. 다시 말하면 관념적 어휘와 교훈적 메시지가 너무 뻔히 드러나 보여 오히려 독자들이 거부감을 느낄 수도 있다는 것을 염두에 두어야 한다는 이야기다.

13) 삶.19.-생각 저 끝에는

갯내음, 한. 켠에도 곰실대는 생각 저 끝
이승에 머물다간 정겨운 사연들만
찬란한 하루를 벗고 책갈피만 쌓였지.

파도가 노을 담고 모래톱에 서성이다
때 묻은 흔적마다 물거품 놀다 깨어
낯익은 모습 또 하나 아픈 삶을 다독였지.

가냘픈 날개 짓도 빈 가슴 어루만져

칭얼댄 갯바람이 떠는 섬 보듬다가
수평선 이랑 사이에 하이얀 꿈을 심었지. 〈전문〉

※ 생각 저 끝에는 무엇이 있을까? 먼 고향 서천 바다를 회억하면서 뭉클 솟구쳐 오는 갯 내음을 떠 올리며 정겨운 사연들을 책갈피에 쌓고 있다. 책갈피에 쌓인다는 이야기는 향수가 어리는 일들을 시로 형상화하는 시인으로서의 작업은 아닐까 싶다. 〈파도가 노을 담고 모래톱에 서성이다〉/〈때 묻은 흔적마다 물거품 놀다 깨면〉같은 싯구는 오랜 시력(詩歷) 끝에 나올 수 있는 가구(佳句)라고 생각된다.

14) 삶.20.-땀에 절은 삶을 붙잡고

가슴 가득 번져오는 무거운 멍에 짊어지고
땀절은 삶 붙잡고 숨죽인 네 절규가
혼미한 긴 터널 지나 저승 빠져나온 이 한 몸.

삐꺽이는 시간은 제자리 맴을 돌고
고통스런 신음소리 심장이 헐떡이면
실려 간 지난 세월과 마주 섰는 내 영혼.

귓가에 어지럽던 벼랑 오를 삶 무대
내 손길 세상살이 가슴 저린 한 평생
입술 탄 부서진 아픔 달지는 새벽까지. 〈전문〉

※ 삶.20.은 표제 작품 〈이승과 저승사이〉와 같은 맥락의 작품으로 삶의 〈무거운 멍에〉를 짊어지고 살아가는 이 땅의 모든 인간들의 입장을 대변하는 것으로 보인다. 혼신의 힘을 다하여 살아가기 위해 흘리는 땀이야 말로 참으로 고귀한 삶의 흔적이다. 더욱이 〈이승과 저승〉을 해매이던 시간, 즉 〈혼미한 긴 터널 지나 저승〉에서 빠져나온 삶이고 보면 〈고통스런 신음이〉있었을 것이고 힘겨운 투쟁으로 인하여 〈심장이 헐떡일〉수 밖에 없었을 것이다.

4. 유준호 평론

1) 봄.7.

가슴팍 멍든 설음 어느 넋이 서렸길래
어지러운 마음 자락 졸음 오는 한나절
저 이승 해 돋는 세상 너무 고와 밉구나.

어두운 가슴마다 깊어가는 별빛 하늘
푸른 꿈 묻어 둔 채 내 창에만 젖은 걸까
차라리 달이나 되어 저 구름 속을 흐를 걸. 〈전문〉

2) 봄 새벽

살구꽃 구름 일고 뻐꾸기 봄을 캔다.
달달달 흐르는 실개천 물소리 곡을 치고
산새도 아침을 굴러가는 새 봄 희망 그 노래.

불타는 봄 들녘에도 봄 꿈만 반겨주고
몇 겹 동안 그 목소리 귀를 열고 들었다만
봄바람 슬슬 일렁이면 새봄 큰 꿈 그 춘청(春晴). 〈전문〉

※ 〈봄.7.〉은 시인의 심아심리에 깔린 설음과 어지러움, 어두움이 고운 세상 별빛 하늘로 인식의 상승을 관조적으로 보여 주고 있다. 세상은 고해(苦海)라고 하지 않던가? 동양인의 삶은 한(恨)과의 싸움이라고 하는데 관촌도 이 점에선 예외가 아닌듯, 하다. 가슴에 묻은 잔잔한 한(恨)이 마음을 어지럽히고 권태롭게 느끼고 있지만 관촌은, 세상은 해 돋는 희망이 있어 밉도록 아름답다고 하였다.

너무 고와 밉구나, 의 역설적 표현은 이 시의 가구(佳句)이다. 그래서 어두운 가슴에 초롱초롱 별빛이 뜨고 아직은 발아하지 않은 푸른 꿈이 내면의 창에 젖어 있다. 이 인식의 세계에서 탈출구가 〈달〉이라는 광명의 이미지로 표출되어 있다. 이렇게 그는 하강에서 상승의이미지로의 전이를 시도하고 있다. 이는 그의 강직한 성품의 표현이기도 하다. 〈봄.7.〉이 관조적이라면 〈봄 새벽〉은 역동적이다. 뻐꾸기가 봄을 캐는 봄날의 정경을 미니아튀리적 예술미로 표현하고 있다. 몇 년을 두고 겪었지만 그때마다 새로운 꿈과 밝음이 희망으로 뜨는 계절감을 한 폭의 동양화를 연상하게 표현하고 있다. 살구꽃 위로 구름이 날고 뻐꾸기 봄날을 울고 실개천 물소리 곡조를 외고 산새는 희망을 노래하고 그래서 맑은 봄날 큰 꿈이 일렁이고 있다는 정감을 주로 청각적 이미지를 역동화 시켜 표현하고 있다. 뿐만 아니라 이 시조의 특장은 시어들이 감각화 되어 있다. 일고 캔다, 곡 을치고, 굴러가는, 봄 타는 귀를 열고, 들었건만, 일렁이는, 등이 그에 해당한다. 특히 달달달, 이라는 의성부사가 인상적이다. 서양에서는 달이 음침, 도둑의 이미지이지만 동양 감각으로는 은은한 희망, 밝음의 이미지다. 이런 이미지의 차용으로 달달달 이라고 했으리라. 상정할 때 희망을 여는 봄 소리로 아주 적절한 조어라고 생각한다. 이 작품은 시공을 확장한 시조로 시간적으로 겁의 세월 공간적으로 자연 전체를 포괄하고 있다.

3) 이승 길

꽃잎 하나 천길 절벽 떨어져 내려오고
소리쳐 우는 소리 산골짜기 뒤흔드네.
봉오리 뺏기고 울어 그 설음 내가 알지.〈첫수〉

4) 이 좋은 이승
절 한 칸 빌어 내어 노후를 지내고자
이 저승 사이 누웠더니 냇물 소리 크게 울고
높은 산 반달 그림자 창살 위에 얼비치오〈둘째수〉

5) 촌지(寸志)

천당 갔던 하늘 잔치 무슨 상(床)을 차렸던고
무지개 상을 놓고 감로주를 마시며
물소리 가락 장단에 겁 세월 가는 줄 몰랐네.〈첫수〉

6) 이승에서 할 일

괴로움 다 떨치고 마음 편히 지내려고
승방 한 칸 빌어 내어 불도 함께 살렸더니
아직은 이승에서 할 일 많아 발길 돌 려 떠납니다.〈전문〉

※ 〈이승길〉에서는 목숨을 꽃잎으로 보아 목숨이 떨어지자 이승에서 주변인들이 슬픔에 잠겨 통곡하는 소리를 자기의 이승 떠남의 체험으로 표현하고 있으며 〈이 좋은 이승〉에서는 그 다음단계인 이, 저승 경계 체험을 표현하고 있다. 저승으로 가는 길에 극락을 인도하는 절간을 빌어 편안한 세계로 가고자 하니 이승의 생명줄인 시냇물 소리 더 크게 들리고 산 그림자도 눈에 얼비쳐오는 저승 접안의 세계를 표현하였고 〈촌지〉에서는 천당의 꿈결 같은 무지갯빛 아름다운 세계 감로주에 풍악이 능청한 환상의 세계를 표현하였으며 〈이승에서 할 일〉에서는 첫수에서 죽음의 두려움이 사라져 편안하게 이승을 떠나감을 표현하고 둘째 수에서는 영혼, →불도, 귀의를 기원 하다가 다시 이승의 다 못마침을 한하며 의식을 되찾았음을 표현하고 있다. 관촌이 갔다 온 세상이 가사(假死)속에서 이루어 졌는지 진사(眞死)에서 회생한 것인지는 풀 수 없는 수수께끼지만 꽃잎 떨어짐(죽음)→산하(山河)울리는 통곡소리→끊이지 않는 이승소리 →이승의 온갖 고뇌 탈피 →불도 귀의 →이승 환생의 시적 패턴으로 자기화 된 체험을 표출한 시이다. 그리고 의식을 되찾아 온 다음에 느끼는 세계가 바로 〈세월의 길목에 서서〉편이라고 생각한다. 여기서 관촌은 이승에서 사는 이들이 진정 이승을 깨닫지 못함을 탓하며 모든 것을 깨달을 수 있는 길을 제시 하고 있다. 그게 바로 섭리(攝理)라는 작품이다. 관촌은 이 작품에서 만나고 떠남은 세상의 섭리인걸, 한 생애 불도 닦는 일 변함없는 천심이지 하고 읊고 있다. 또한 이 부분 편에서 주목되는 작품은 마음을 일으킨 갈등인데 관촌은 여기서 불교의 기원설에 입각한 상상의 세계를 시적 이미지로 표출하고 있다. 아릿따운 매운 넋이 머언 먼 맑은 미소가 되고 숨가쁜 것이 무너진 것으로 마음이 숨결로 웃음소리가 물체가 되어 나타나고 있다. 이는 전자(前者)의 사상(寫像)들이 후자의 사상으로 환치된 모습을 보여주고 있다. 이렇게 이는 불교의 깊은 인연을 맺고 있다.

7) 새벽.1.-사유(思惟)

두고 온 고향 언저리 잠들은 노을 물고
동트는 수평선 끝엔 하늘 문 열리는 소리
뚜욱 뚝 고여 떨어진 물 있는 죄 허물, 벗기고. 〈첫수〉

8) 새벽.3.-새벽달

새벽 창 열어 제치고 부풀은 가슴 가누다
또 하나 아쉬운 꿈을 두 손에 접은 마음
온 새벽 달 푸른 빛, 여울 피 묻어나던 그 슬픔〈둘째수〉

※ 〈새벽.1.〉이 정신으로 듣는 소리라면 〈새벽.3.〉은 마음으로 듣는 느낌으로 쓴 작품이다. 적막 속에서 느끼는 고향에 대한 모정(慕情)을 바탕에 깔고 천상 지향의 소리를 들으며 목욕 재개하여 속진을 벗는 작자의 정신세계가 〈새벽.1.〉에 나타나 있다. 탈속한 혼의 여행을 갈구하는 심경을 표현한 것이라 볼 수 있다. 이에 비하여 〈새벽.3.〉은 세속적 슬픔 아쉬움을 표현한 작품인데 희망과 꿈을 향해 부풀던 가슴 그러나 이루어지지 않은데 대한 비탄이 가슴을 채우고 있음을 느끼게 한다. 관촌의 시조는 전반적으로 새벽꿈 동트다, 하늘 등, 원형 이미지로 보면 묵시적 열림의 세계에 해당하는 시어와 대립되어 이루어지고 있음을 발견하게 된다. 이런 세계는 싯구 속에서도 나타나는데 앓는 혼, 해도 비껴 뜨는데, 다 떠난 빈 하늘, 쓸며 비집고, 드는 별무리, 〈새벽.5.〉불빛 안, 파란 하늘이 빈 날에 허공 맴돌아, 〈새벽.13.〉 등이며 별타고 나는 영혼 / 하늘 한 폭 포갠 여운 / 한 많은 골, 아픈 날에 / 무거운 산문 열리는 / 〈새벽.16.〉은 장과 장의 그것이다. 특히 2부에서는 저승 이미지와 이승 이미지가 자주 등장하고 있다. 새벽이 깨어남 이미지라면 전편에 흐르는 정서가 상승적이어야 하는데 제목과는 역설적으로 잦아듦의 하강적(下降的) 정서로 표현되고 있다. 이는 우리 민족의 전통적 한(恨)과 비애의 정서가 맞닿아 있는 것이 아닌가 생각한다.

관촌의 이 부분 작품을 읽노라면 가슴 아래 내려앉는 슬픔을 느끼게 한다.

9) 농촌한정

누가 날 찾으리 찾은 들 찾아 지리까?
한적한 시골 농촌 날 찾는 이 누구리까?
흙냄새 호미 벗 삼아 한 세상을 보내는데. 〈전문〉

※ 속진을 벗어나 무욕의 심경 속에 음음 자적하는 작자의 심정이 두 편에 다 나타나 있으며 자연 귀의 사상도 상통하고 있다. 이런 자적의 세계는 다음 작품에서도 볼 수 있다.

10) 설악산(雪嶽山)

대청봉은 안개 한 줌 등산객은 구름 한 장
보는 것, 들리는 것, 아무것도 없잖소.
저 스님 이 시(詩)한 수를 고쳐 써 보시오. 〈둘째 수〉

11) 사재기

술, 한잔 나물 한 줌 주린 배 채울망정
마름 판 사재기로 배 불리려 할 것인가?
차라리 저승 갈 때는 죄(罪)남기지 말게나. 〈셋째 수〉

※ 설악산은 회화성과 인사성이 교직된 작품으로 세속의 소리가 들리지 않는 자연에 안겨 사무사의 경지에 이르고자 하는 염원이 담겨진 한정시오, 〈사재기〉는 인생살이를 윤회 사상에 담아 물욕을 버리고 사는 길이 참된 길임을 일깨우는 안빈낙도(安貧樂道) 시이다. 그리고 천지연폭포, 동해일출, 계족산 봉황정, 등의 시편은 산도 없고 나무도 없고, / 날 위해 폭포 무지개, / 신비경을 만드나 / 천지연 폭포, 아! 천지, 황홀한 저승까지 불타는 바다 불타는 지평선, (동해 일출)에 보이는 바와 같이 무아, 회상성이 뛰어난 작품들이라고 본다.

12) 차(茶)를 마시며

화로 위 솔바람 소리 차(茶)우려 올려놓고
차향, 벗향, 우려내어 벗에게 드리오니

찻잔의 고운 향기만 온 방에 흩날리네.

바람도 놓친 실바람 겨울 밤 헐리는 목탁소리
허리를 감고 도는 자락 일렁인 숨결 이랑마다
보름달 놀다간 자리 해묵은 번뇌 풀어낸다. 〈전문〉

13) 산정(山情)과 함께

산새 노래 듣고 싶어 오솔길을 걸었다만
천리 길 뒤돌아 본 것 지나온 설음인걸.
연연한 산정(山情)과 함께 정을 주고 살거나. 〈둘째 수〉

※ 〈차를 마시며〉는 눈이 포근히 내려 한적한 날, 산사에서 벗과 마주 앉아 말없이 차를 나누며 일상사를 잊은 모습을 표현하고 있다. 그윽한 차향과 인간의 숨결이 동화되어 목탁소리를 들으며 번뇌로운 일을 망각의 세계에 날리고 있다. 어쩌면 작가는 숨결조차 거추장스럽게 느꼈는지 모른다. 인정, 인간애가 짙게 밴, 고적미(孤寂美) 정숙미(情熟美)가 느껴지는 작품이다.

〈산정과 함께〉도 같은 계열이지만 일상적 삶을 떨치지 않고 현실에서의 슬픔을 잊기 위해 산중 오솔길을 걷고 있는 모습이 다를 뿐이다. 이 작품은 고려 속요 〈청산별곡〉의 작품 세계와 유사하다. 현실을 잊기 위해 현실을 뒤돌아다보며 산(자연)과의 동화를 희구하고 있다. 산정과 함께 정을 주고 살았거나. 바로 그런 모습을 표현한 구절이다 .여기서 천리 길은 지나온 인생길일 것이다. 작품에 능청만 단다면 틀림없는 청산별곡 세계이다.

5. 이헌석(李憲錫) 평론

1) 낙산사원통보전(落山寺圓通寶殿)

세월이 잠든 곳에 탑돌이로 삭이다가
보살님 입가에서 여백을 배우는데
인연이 또 절망처럼 푸른 넋을 달랜다.

허욕 깃든 넋 뿌리도 소리 결을 다듬다가

마음이 절로 아로새길 낯설어질 기도 일뿐,
길들여 치달리고 싶은 자비 얹고 싶은 마음. 〈전문〉

〈세월이 잠든 곳에 /탑돌이로 삭이다가〉는 그야말로 천년의 시공을 뛰어 넘어 인간의 유한성을 탑돌이로 극복 하는 것이고 〈보살님 입가에서 여백을 배우는데〉는 염화시중의 미소와 다름이 없다. 또한 〈인연 또 절망처럼/ 푸른 넋을 달랜다.〉에서는 반야심경의 색즉시공, 공즉시색(空卽是色)의 경지를 표현한 것에 다름이 아니다. 〈허욕 깃든 넋 뿌리도 / 소리 결을 다듬다가〉는 앞에서 말한바 법화경의 바로 그 경지라고 보면 될 듯싶고 〈마음결로 아로새긴 /낯설어진 기도 일 뿐〉은 내면의 진실을 겸손하게 투영한 것이다. 또한 〈길들여 치달리고 싶은 /자비 얹고 싶은 마음〉은 바로 앞의 내면적 진실과 연계되는 부처님의 말씀에 길들여진 상태로 그 말씀을 시인의 마음에 얹고 치달리고 싶을 것이다. 그렇다면 이 작품은 낙산사원통보전을 바라보면서 시인이 간직하고 있는 불성의 경지를 자연스럽게 작품을 빚어낸 것이다. 이런 작품처럼 김창현 시인은 부처님을 찬탄하기 위해 세운 사찰이나 불탑에서 부처님의 말씀을 스스로 듣고 시인의 내면에서 들리는 울림을 작품으로 승화시키고 있다.

2) 정림사오층석탑(定林寺五層石塔)

합장한 열반 위에 극락 길 걷는 이맘
부처님 앞 남긴 시름 아문 침묵 고이 안고
눈부신 법열의 고통 목이 타는 내 영혼.

말없이 불두화는 섬돌 아래 봄을 담고
이승 길 숨찬 고개 머나먼 지친 고행
손 모아 염주 또 헤면 자비스런 보리심. 〈전문〉

※ 오층석탑은 나당연합군에 의해 백제가 멸망할 때 사찰은 불타고 그 절터에 남은 탑이다. 이 탑을 보면서 시인은 부처님에 대한 지극한 사랑으로 법열의 경지를 맛보고 있다.

그러면서 망한 나라 불타버린 사찰에 대한 심적 고통을 형상화 하고 있다. 이 작품을 통해서 시조가 갖고 있는 시적 표현으로 팽팽한 시적 긴장을 확인할 수 있다.

특히〈법열의 고통〉은 이 작품의 핵심이라 할 수 있는바 역설적 기법, 반어적 은유에 의한 긴장미를 갖추고 있다. 합장한 열반과 시름으로 목이 타는 영혼은 상반된 이미지로 팽팽한 긴장을 생성해 내고 있다. 또한 시인의 내적 투영으로서 불두화는 말없이 섬돌 아래 봄을 담고 있다는 것이다. 이러한 형상화 된 맥수지탄의 무성한 보리와 유사한 맥락으로 보인다. 나당연합군과 백제군이 전쟁을 한 이승길은 숨찬 고개이며 동시에 머나먼 고행이지만 이제 현실에서 시인이 손모아 염주를 헤면 자비스런 보리심이 된다는 것이다. 이런 형상화는 〈덕숭산 만공탑(德崇山滿工塔〉에서도 그대로 나타난다.

〈텅 빈 것 가득차면 / 세상이 만공인가/ 돌고 돈 우주 만상이 / 인생살이 험한 길/〉에서 보이는 것이 바로 상반된 이미지의 결합이고 이로 인해 시적 긴장이 살아나는 것이다.

3) 월명산 성불사(月明山成佛寺)

> 산바람 이른 새벽 산새들 합창하고
> 다가서는 여명 앞에 다시 돋는 햇살자락
> 풍경이 율(律)고르는 뜻 부처님은 아실까?

※ 평이하게 보이는 작품 중의 하나다. 평이한 행간에 많은 이야기를 담고 표현 또한 멋스럽다. 인용한 부분은 둘째 수인데 종장의 〈풍경이 율 고르는 뜻 부처님은 아실까?〉는 시조의 멋과 맛을 유감없이 보여주는 가편(佳篇)이다. 이와는 약간 다르지만 비유적으로 삶의 의미를 천착하는 작품도 여러 편 선보이고 있다.

4) 계룡산 학림사(鷄龍山鶴林寺)

세상살이 굴러가는 보이지 않는 굴렁쇠
쓰러질듯, 넘어질듯, 엎어질듯, 흔들대도
인생은 제자리걸음 맡겨진 대로 사는 법.

※ 세상살이 굴러가는/ 보이지 않는 굴렁쇠//
쓰러질듯, 넘어질듯, / 엎어질듯, 흔들대도/
인생은 제자리걸음/ 맡겨진 대로 사는 법// 이라 노래한 계룡산 학림사는 시인의 불교적 인생관이 농익은 작품이다. 김창현 시인은 처처불심이란 말처럼 모든 불교적 사물에서 바로 불심과 서정을 찾아 작품에 담아내고 있다. 이런 만큼 언뜻 보면 모두 비슷한 작품 같지만 자세히 확인하면 작품마다 독특한 개성을 담고 있음이 확인된다.

5) 괴정산 청우사(槐定山聽雨寺)

보살 아래 손짓하는 여운 띤 바람결에
내 마음 독경 섶에 살아 있는 자비 꿈
차라리 잊으려하면 물결 이는 이 법열,

산문(山門)을 다스리다 내 곁이 머문 고요
꼬리 물던 이, 저 생각 보살님 눈에 들면
온갖 정 끊고 사루어 속삭이는 삼귀의. 〈전문〉

※ 시인의 불심이 법열의 경지에 들었다는 깨달음을 시로 빚어낸 것이다.

그런 경지를 그는 소망하고 있고 삼귀의에 들어 삶의 긍정적 진리를 찾고자 하는 내면을 언어로 그려낸 그림이다.

6) 첨찰산쌍계사(尖察山雙溪寺)

동백꽃은 노란 꽃술 알 수 없는 미궁처럼
솔바람 염불타고 여백만 흔들더니
그리움 흘러 할 말 없는 불경 읽던 동박새.

꽃잎 안고 놀던 바람 천수경을 몰고 와서
외진 독방 귀양살이 가슴 한, 켠 커진 욕심
기도 끝 뼈마디 속 파도 일던 불심가(佛心歌). 〈전문〉

※ 이 작품은 김창현 시인의 신심과 시적 감수성을 귀납한 대표작으로 보인다. 의미와 서정이 어우러져 합일의 시 정신을 보이고 있으며 시인 자신이 동박새가 되어 물심일여의 경지를 빚어내고 있다. 이와 같이 수준 높은 작품 창작에 기대를 걸며 작품 기행을 간략하게 마친다.

6. 신웅순 평론

1) 한(恨)으로 휜 초승달
저승 동구 밖 돌담 아래 맴돌아 온 바람 앞에
다가온 노래 다듬어 맑게 뜨는 새벽처럼
살포시 눈썹 긴 초승달만 깊은 뒷 굽이로 휘었구나.

속 쓰라린 물보라 꿈 뻗어오는 핥킨 자국
내 마음 아스라이 하늘 끝에 묻어 두고
저 구름 은하수 눈썹 속에 갈잎도 동동 떴구나. 〈전문〉

※ 텍스트 밖에는 시인이 있고 독자가 있다. 텍스트 속에는 화자가 있고 청자가 있다. 시인과 화자가 동일시 될 때 이를 개성론 이라 하고 별개 일 때는 몰 개성론 이라고 한다. 개성론의 시는 고백적이며 자전적이나 몰 개성론의 경우는 허구적이고 극적이다. 위 텍스트는 개성론적이며 고백적이다. 시인과 화자가 동일인이다. 이승과 저승사이에서의 힘겨운 사투는 물보라에 할퀸 자국이다. 이러한 마음을 아스라이 하늘 끝에 묻어 두고 있다. 이 마음이 은하수 눈썹 속에 갈잎으로 동동 뜨고 있는 것이다. 지실적인 고백이다.충격이었기에 걸러진 여가가 그에게는 없다. 그래서 초승달이 한으로 휜 것이리라.

2) 천명(天命)으로 앓는 숨결

제 손 길 뿌린 노래 제품으로 거둔다고

물드린 뜸질 넋은 날빛에 머물지만
지그시 입술 깨물며 숨져가던 버틴 목숨.

갈잎은 바람 몰래 단풍 옆에 비껴들고
시간은 하늘 사이 영원함이 존재 할 뿐
조용한 혼불 살아 계심은 화신으로 앓는 숨결. 〈전문〉

※ 한이 천명을 앓고 있다. 입술 깨물며 숨져가는 버틴 목숨이라고 했다. 그에게 있어서의 갈잎은 하나의 희망이었다. 그 희망도 바람 몰래 단풍 옆에 비껴드는 것이다. 그에게 있어서의 시간은 하늘 사이의 영원한 존재이다. 화신으로 다시 살아난 숨결로 천명을 앓는 것이다. 꽃 보라 피듯, 에서도 지는 꽃 모진 바람도 숨이 닳는 입김이라고 했다. 얼마나 힘들었기에 바람도 숨이 닳아 입김으로 흩어질까? 〈봄 그리는 발 돋음아〉 에서는 속 타는 가슴 속을 나 아니고 누가 아니냐고 되물었다. 결국은 고독도 자신의 몫임을 시인은 뼈저리게 느끼는 것이다. 〈내 생각 가슴만 핥고〉 에서는 쓰리고 아린 핏줄 멍울진 가시가 돋고 마다마다 찢긴 살결 허리마다 갈증타고 있다고 했다. 그는 아직도 아픈 악몽에서 헤어나지 못하고 있다. 그래서 그리운 꿈에서는 그리움 저리도록 숨져가는 꽃잎처럼 숨져간다. 화자는 잡힐듯 멀어져 가는 그리운 꿈을 엮어가고 싶은 것이다. 그만큼 그에게 있어서의 생의 집착은 끈질기다. 그의 끈질긴 생명을 1부에서 극명하게 보여주고 있는 것이다.

3) 꽃

텅빈 저 꽃 숨결 몰래 울던
흐르는 미움 배어들어

먼 언덕 고요한 새벽녘
손 모으고 피는 연꽃 〈꽃 1연중 종장〉

※ 먼 언덕 고요한 새벽 손 모으고 연꽃이 핀다고 했다. 연(蓮)은 진흙 속에서 핀다. 또한 연의 씨는 3000년이 지나도 발아 할 수 있다고 한다. 연꽃

은 불교에서 극락정토(極樂淨土)를 상징하고 윤회(輪回)와 환생(還生)의 상징적 의미로도 사용된다. 심청전(沈淸傳)에서 인당수에 빠진 심청은 연꽃으로 다시 인간 세상에 나타나지 않았는가? 보리수 아래서 깨우쳐 부처가 된 석가모니는 인간들이 호수의 연꽃으로 보였다고 한다. 어떤 것은 진흙 창, 속에 있고 어떤 것은 진창을 헤어나려 하고 있으며 어떤 것은 간신히 머리만 물 위로 내밀고 있고 어떤 것은 꽃을 피우려고 애쓰고 있었다. 이렇게 연꽃의 모습은 고해를 헤매고 있는 중생을 상징하기도 한다. 숨결이 텅 비어 있다고 했다. 여기에 마음이 배어든 것이다. 사랑에서 미움이 생긴다. 미움이 배어들어야 먼 새벽 언덕에서 연꽃을 피어 낼 수 있는 것이다.

고진감래(苦盡甘來)라 하지 않았는가? 연꽃은 고행이라는 진흙속에서 아름다운 꽃을 피우는 것이다.

4) 주왕산(周王山)

물소리 한 숨 고르며 휘몰아치던 골바람
온 몸 떨고 있는 가시나무 숨소리도
차가운 햇살 한 폭이 얼룩지는 산 그림자. 〈1연, 종장, 2연, 중장, 종장〉

※ 휘몰아치던 골바람도 온몸을 떨고 있는 가시나무 숨소리도

차가운 햇살 한 폭이 산 그림자로 얼룩이진다. 그만큼 살아 왔던 차가운 삶이 햇살이라는 희망의 빛으로 비쳐와 산 그림자에 얼룩지고 있는 것이다.

〈천리향 향그레 일면〉에서 동심초 꽃망울 트면 서로 마음을 안다고 했다. 여울진 꽃노래 실어 봄소식을 듣자 온다고 했다. 화자에게는 숨 쉴 여유와 따뜻한 봄을 그리워하고 있다.

시리웠던 꿈길에서 보면 사무치는 고향소리/ 파고드는 이 외로움/ 고독은 서러운 것/ 기다림은 목마른 것/ 북바친/노여움 시련이/ 꿈길 마쳐 서럽구나./ 라고 하였다. 외로움이 파고 들어 호하자는 고독으로 몰고 갔는가? 오그라진 넋에서는 아쉬움 때문에 침묵속의 세월은 정 때문에, 쪽 빛 눈망울에서는 미련 때문에 견디기 어렵다고 했다.

5) 오그라진 넋, 6)침묵 속의 세월, 7)쪽빛 눈망울, 헤쳐 보는 아쉬움은, 아련한 그 생각들, 〈오그라진 넋, -1연, 종장〉

뜨거워 오는 정을 못내 버린 내 가슴엔〈침묵 속의 세월〉1연, 중장.
못 다한 미련마저, 뿌리 깊이 묻어 두고 〈쪽빛 눈망울 -1연 초장〉

※ 아쉬움을 헤쳐보고 정은 뜨겁게 오고, 미련은 다하지 못하고 이렇게 해서 화자에게는 고독이 오는 것이다. 왜 화자는 생각들을 아쉬워하며 정을 버리지 못하며 미련을 뿌리 깊이 묻어두는가? 그 이유는 또 어디에 있는가? 다음의 시편이 답해 주고 있다.

6) 겁(怯)동안 쌓인 한(恨)

천년동안 쏟은 열정 꽃잎마저 보듬다가
설음이 부풀 때는 꽃망울도 터진다오.
머지다 지친 가락이 얼레인양 되감기네. 〈2연〉

※ 화자는 끊임없이 무엇인가를 추구한다. 고독 때문이다. 고독은 욕망에서 생긴다. 인간의 가슴은 아무리 채워도 채워지지 않는다. 채우고 나면 또 다시 비우고 고독은 또 무섭게 엄습해 온다. 천년 동안 열정을 쏟아도 꽃잎마저 보듬어도 설움이 부풀어 오는 것은 당연하다. 꽃망울이 터지고 지친 가락은 얼레인양 되감긴다. 때가 되면 지친 가락은 풀려 나와 자신을 괴롭히는 것이다. 먼동가에서 오는 빛이라는 것을 깨닫게 된다. 위안이자 희망이다. 삶의 극복으로 이 새벽 희망의 빛은 눈부시게 밝아오는 것이다.

7) 지난일 꿈 깬 추억

먼 날로 기약했던 돌아가는 깊은 양심
자비스런 그 핑계 변치 않는 꿈이 길래.
이 새벽 아득한 먼동 가에서 눈부시게 올 줄이야. 〈1연〉

※ 호사수구, 수구초심(狐死首丘, 首丘初心)이라는 말이 있다. 여우가 죽을 때는 머리를 제가 살던 굴 있는 언덕으로 돌린다는 뜻이다. 고향을 그

리워하는 마음을 표현한 것이다. 고향을 그리워하는 마음은 누구나 갖고 있는 원초적 본능이다. 발달이 어느 단계에 도달하며 사람들은 공포 때문에 이 이전 단계로 후퇴하는 경우가 있다. 이를 퇴행이라고 한다. 불안을 해소하기 위하여 사람들은 곧잘 퇴행을 일으킨다. 외부 세계로부터 상처를 받으면 과거 평안했던 시질로 되돌아가고 싶어 하는 것이다. 화가 났을 때 담배를 피우고 술을 마시는 행위도 하나의 퇴행이다. 퇴행은 리비도가 억압을 받을 때 일어난다. 고향을 그리워하는 것도 바로 이러한 퇴행 현상 중의 하나이다. 생에 대한 집착을 버리기 위해서는 새벽 빛 같은 내부의 위안 말고도 또 하나의 탈출구를 필요로 한다.

누구나 겪을 수 있고 겪어야 할 퇴행이다. 그래서 시인은 외부세계와 내부세계를 ( )라는 따뜻한 어린 시절로 안주하고 싶어 하는 것이다.

8)고향 강변

꼭 할 말 내 못하는 나날이 야속한 곡절
외면하던 꿈 찾아 넋을 닦던 그 자리여
비오는 오늘에 서서 잊을소냐, 어린 시절. 〈둘째 수〉

※ 피멍 지던 흐득임 에서는 순정의 산모롱이 돌던 휘파람소리를 그리워하고 있다. 후회하던 미운 오후에서는 길 멀고 해 저문 날에 후회의 길을 서성댄다고 했다. 내 영혼 이승 건너에서는 이승은 곧 손 끝 건너 외등처럼 떨고 섰다고 했다. 현실을 안주하기에는 화자에게는 버거웠던 것이다. 가슴이 텅 비고 하늘이 텅 비어 있다. 이를 어쩌지 못하고 그리움만 쌓이는 밤의 밖에서 세레나데를 부르고 있다. 울분을 참고 나면 그에게 남는 것은 공허한 빈 가슴과 빈 하늘이었다.

9) 텅 빈 하늘 텅 빈 가슴

벗겨가는 꿈결 속에 그리움만 쌓이다가
울분마저 참고 보면 북받침만 남는 것을
긴 밤을 몰아치는 세레나데 텅 빈 하늘 텅 빈 가슴. 〈둘째 수〉

※ 이제는 허물을 벗어야 한다. 천년 묵은 허물을 벗어야 한다. 소나기가 지나면 무지개가 피는 것을 참는 것도 한도가 있는 법. 파고드는 외로움이야 어쩔 수가 없다. 결국은 현실을 깨달아야 한다. 천년 묵은 허물을 벗고에서는 소나기가 거듭 지나면 무지개도 핀다고 했다. 겹동안 밀린 꿈결에서 아쉬운 생각 안은 채, 미쳐 그 뜻을 잊었다고 했으며 그것은 찌들어 지친 거품이라고 했다. 여울소리 내 소리에서 깨어진 그늘에도 그림자 남겨두고 물소리가 귓전에 여울소리 내소리로 스며든다고 했다. 그만큼 아픈 삶의 집착들이 순회되고 모든 것들이 내 소리로 순하게 들려오는 것이다.

10) 떨고 있는 석불-항재 시조 문학상

수천 길 헛디딘 이, 아침 끝
밀려가다 실려 오고 〈떨고 있는 석불〉첫수 종장.

떨고 있는 저 석불도 말 못할 빈혈 있어
골마다 이는 핏줄 한숨인들 없으랴.〈떨고 있는 석불〉-2수. 초, 중장〉

※ 석불도 인간과 똑같은 이미지로 묘사되어 있다. 화자는 수 천길 헛디딘 이, 아침 끝까지 왔다. 이, 아침 끝도 밀려가다, 실려 가는 것이다. 떨고 있는 석불도 말 못할 빈혈 있어 골마다 이는 핏줄 한숨인들 말없겠는 것이다. 자신을 쇠붙이라는 객관적 상관물로 자신의 심경을 토로하고 있다.

〈부처님의 기신론(起信論〉 모든 괴로움을 버리고 구경의 즐거움을 얻는다. 이일절고, 득구경락(離一切苦, 得究竟樂), 모든 괴로움을 다 버리고 구경의 즐거움, 즉, 영원하고 절대적인, 즐거움을 얻는 것이 불교의 궁극적인 목표이다. 유한한 생멸의 세계를 떠나 절대적이고 무한한 해탈의 세계로 들어가 영원한 행복을 얻고자 하는 것이다. 우리가 살고 있는 세상은 상대적이고 유한한 세계이다. 불교의 목표는 절대적이고 무한한 세계로 돌아가 영원한 자유를 누리는 데에 있다. 해탈의 세계 그 피안의 세계를 건너, 가야만 영원한 행복을 누릴 수 있는 것이다.

11) 떨고 있는 석불

고달 펴 무너진 마음에도 고운 꿈이 열리겠다. 〈떨고 있는 석불〉2연 종장,

12) 머나먼 지친 고행

말없이 불두화는 섬돌 아래 봄을 담고
이승 길 숨찬 고개 머나먼 지친 고행
산보고 염주 또 헤며 자비롭던 천길 마음. 〈머나 먼 지친 고행-둘째 수〉

※ 무너진 마음에도 고운 꿈이 열릴 것이라고 했고 지친 고행 길을 염주를 또 헤면 천길 마음도 자비롭다고 했다. 이렇게 화자는 영원한 행복을 꿈꾸고 있다. 불교에도 안주하고 싶은 것이다. 고향에 대한 김창현의 애정은 남다르다. 그는 고향에서 교직생활을 오랫동안 해 왔다고 한다. 그때 농약중독으로 생에 대한 힘겨운 사투를 벌였다는 것이다. 그런 고향이다. 한시도 잊을 수가 있을까? 고향에 미운 정, 고운 정 다 두고 온 것이다. 그런 고향이기에 그리움은 절실할 수밖에 없다.

풀꽃 씨 생각 저 끝, 반겨 흔들 손길, 꽃밭 아지랑이 허리 휘면, 흐느낌 수 놓던 너, 봄바람 두고 온 고향은, 그런 각별한 그리움을 절절하게 표현하고 있다. 아직도 그에게는 고향은 안주해야 할 포근한 것이기는 하다. 하지만 그의 텍스트는 선뜻 아름답게만 묘사되지 않는다.

13) 두고 온 고향

외로움이다, 아프다 못해, 가슴에도 금이 가네. 〈두고 온 고향-2연 중장〉
되 뇌인 애끓는 바라 절정, 나 또한 피 울음을, (이승 밤을 지새울 때-첫수, 중장〉

※ 김창현에게는 아직도 울음이 그치지 않았다. 육십이 넘은 그에게 이젠 모든 것을 삭일 때도 되었으련만 삭힐 무엇이 남아 더 남아 있는 것을 어찌 할 것인가? 그에게 있어서의 고향은 불교와 같이 영원히 안주해야 할 고향으로 다가 올 것이다. 불교와 고향은 그가 꿈꾸고 있는 해탈의 공간이다.

7. 박명용(朴明用 1940~2008) 평론

쑥 개떡, 독사 풀씨, 굶던 날이 많았던 날.

왜정시대, 학교를 다니면서 밥을 먹던 날보다 굶던 날이 더 많았다. 먹을 것이 없었고 흉년이 들어서 독사 풀씨를 볶아 먹고 쑥 개떡 먹고, 학교에 다녔다. 까만 솥뚜껑에서 보리 삶은 물을 받아먹고 자랐다. 지금은 뷔페 음식 쓰레기가 골치를 앓는다, 구. 〈보릿고개-초, 중장 일부〉

※ 8. 15. 해방 광복절을 맞아 기쁨도 가시기 전에 6.25 동란이 터졌다. 계속 흉년이 들어 먹을 것이 없었을 때, 젖 달라고 칭얼대는 자식을 달래려고 빈 젖을 물려주며 얼마나 가슴 아파하셨을까? 잡수신 것이없으니 젖이 나올 리가 있겠는가? 빈 젖을 빨다가 허기져서 스스로 잠이 들면 쉬지 않고 베 짜시던 어머니, 가난이 한(恨)이라고 모시 쪽 곱씹으며 땀절은 세월을 보냈으려니… 지금은 산업사회가 고도로 발달하여, 물질문명이 껑충 뛰어 우유가 범람하고 고름우유가 어쩌구 저쩌구. 〈젖-중장 일부〉

※ 기성세대들이 겪은 가난한 삶의 징표라 할 수 있는 보릿고개, 빈젖빨기, 비단 화자의 경험만이 아닐 것이다. 당시를 체험한 거의 모든 이들의 삶이었다고 할 수 있다. 화자의 이러한 지독한 가난체험은 훗날 그들을 가난극복하기라는 대명제에 부합하게 되는 계기로 작용한다. 또한 이는 그들에게 근검 절약정신을 자연스럽게 몸에 배도록 만들게 된다. 그러나 산업사회가 고도로 발달한 오늘날은 어떤가? 이전의 음식물의 부족이 문제 되었다면 오늘날엔 오히려 음식물의 과잉현상 때문에 문제가 빚어지고 있다. 음식물의 과잉공급도 문제지만 이보다 더 심각한 문제는 보릿고개를 체험하지 못한 세대들에겐 근검절약의 실천이 마음으로부터 우러나오는 것이 아닌 교육을 받아 행해지기 때문에 기성세대 만큼 절실하지 않다는 사실이다. 이러한 점을 간과한 화자는 이를 극복하기 위해 이전의 궁핍한 현실을 표출하여 젊은 세대들에겐 기성세대들의 근검절약의 실천 방식을 자연스럽게 닮도록 하려고 시도하고 있다. 또한 시인은 음식물 쓰레기 뿐

아니라, 무분별한 외제품 사재기 에 대한 비판의 메시지를 던지고 있다. 외제품 수입이 자유화 되고 물질문명이 팽창해서 외제품 사재기 유행병에 걸린 상류층은 자기 외제 가구가 가보라고 떠벌리기〈봄-중장 일부〉 까지 하는데 이러한 모습을 본 시인은 〈내 조국 염통 곪는 속 / 두 눈 뜨고 볼 것인가?〉 -종장, 라는 훈계조로 발언한다. 이렇듯 현실 비판직인 시각을 지닌 그는 또 환경오염에 의해, 자연 생태계가 파괴되어 가는 현장을 목격도 한다. 〈마실 수 있는 물도, 돈 주고 사 먹는 시대, 자연의 고마움과 은혜를 입고 있는 우리 주변, 쓰레기 종량제, 음식 쓰레기, 뷔페문화, 생활문화, 눈부시게 발전하는데 따라 잡지 못하는 지구환경 오염, 마음 놓고, 마실 수 없는 물 사회〈고란초-중장〉 〈내가 지킨 자연보호, 지켜주는 내 생명〉〈경칩-중장 일부〉 육신이 오글도록 베 짜시던 어머니, 우리 어머니는 생피가 흘러 육신이 닳아도 베틀소리 쉬지 않고 긴긴 밤을 지새우며 가난과 살아가신 어머니, 〈어머니자격증-초, 중장 일부〉어머니에 대한 사랑과 그리움이 물씬 배어난다. 자신이 미처 알지 못했던 어머니의 심정을 어머니 나이와 비슷해져 갈 때서야 느끼기 시작한 것이다. 시인보다 더 앞서 보릿고개를 체험한바 있는 어머니가 그 가난을 대물림 하지 않으려고 얼마나 단잠을 줄였을까? 〈연자방아-종장〉 어머니에 대한 사랑과 고마움을 통감한다. 여기에서 시인의 측은지심을 엿 볼 수 있다. 들놀이-일부-자연식품-동심의 세계, 〈농악이 울려야 운동회가 살아난다.〉-운동화-초장, -북 치고 장구 칠 시간 있나? 바쁘다, 바빠? 후유, 운동회-종장, 인간과 자연을 하나로 보는 것, 상상력의 기반, -차안(此岸)의 이분법적 사고-속세의 피안과 경계가 되는 절문마다 특색,-사람마다 성격이 다르듯 절문마다 특색, 이승과 저승사이-극락과 속세의 경계. 소세(이승)경계, 농약중독증, 지승관광-역설적 주술-무명초, -인생 껍데기-맹사성고택-사랑과 미소가 있는 부드럽고 강한 웃음이 깃든 사람 그리워하고 있다. 자신의 삶을 진지하게 생활하는 과정, 입원하는 날, 민족 시가를 되살려 냈다는 점, 그 의미가 크다.

8. 조남익 평론

1) 한밭뿌리 서설(序說)

꽂그늘 아래 황홀한 향기, 어둠 짙어간 꽃빛깔 꿈속
옹 맺힌 삶이 헐겁게 돌듯 넋 줄기 펼친 올곧은 뿌리
사는 법 배워 되살아 날 때 봄바람도 불던 걸.〈전문〉

※ 넋 줄기 펼친 올곧은 뿌리에 사는 법 배워 되살아 날 때, 봄바람도 불던 걸, 에서 보듯이 내 고장의 뿌리와 정신을 개척하려는 의지를 보인 것, 이라 하겠다. 생활인으로서의 풍류라 할 수 있다. 고도의 생략과 상징적 수법으로써 시의 질을 잡는다.

갈탄 불꽃 피어 일던 대장간 통 풀무질
시뻘건 당금 질 쉴 참 망치질 장단 박자 치다
미움이 무슨 죄(罪)가 있사, 옵기 내리치는 곤장 형(棍杖刑).

아픈 만큼 오그라진 몸짓 조여 오는 그림 문신(文身)
혀뿌리 까지 들볶았던 멍든 속살 찢겨져도
삶 꼭지 으스러지게 저려 가슴 폈던 내 울음.〈대장간합주곡-전문〉

※ 풀무를 차려 놓고 시우쇠를 다루어 온갖 쇠붙이 연장을 만들어 내는 곳이 대장간이다. 이 시에서 사람을 놀라게 하는 것은 시인의 자아 투영이라 하겠다. 삶 꼭지 으스러지게 저려 가슴 폈던 내 울음은 단련을 넘어선 영혼의 부활이 있기에 감동적이다. 당금질과 내리치는 곤장이 교차하는 탁마의 절규를 거쳐야 비로소 새로운 탄생을 보게 되는 것이니 그것은 너무도 값진 구원이 있다. 정련된 시어와 선명한 주제 의식을 볼 수 있다.

- 어벙벙한 몸짓 할 때 쑥 같다는 핀잔을 준다.

수박골 논두렁에는 언제나 들꽃이 핀다. 꽃다지, 제비꽃, 솜양지, 쇠별꽃, 황새냉이가 얼굴을 내민다. 솜방망이, 꿀풀 바디지치, 취손이풀, 갈퀴덩굴, 암고초, 비수리, 망초, 곽향, 씀바귀, 쑥꽃, 몽글몽글한 좁쌀알 같은 보잘것없는 모양새, 차멀미 추스르며 쑥꽃을 훑어 코에 대면 머릿속 한켠이 환하게 맑아지며 멀미가 가신다. 어느 약이 그리 속하게 효험을 낼 수 있으랴? 참 쑥꽃 마른 쑥대 모아 정신 맑아지는 베개 속. 〈쑥꽃-전문〉

조촐한 서정적 음미를 주면서 지루하지가 않다. 들꽃과 들풀의 많은 이름의 나열은 아기자기한 맛을 주며 생명감에 젖게 한다.

말 못하는 짐승 닭도 오덕(五德)을 갖췄다구. 병아리 어린 시절은 잘 몰라. 어른이 된 수탉을 잘 관찰해 보시게, 첫째, 닭볏은 글(文)을 상징하는 게요, 둘째, 발톱은 힘(武)을 상징함이요, 셋째, 용감히 싸우는 모습은 용기(勇)를 상징함이요, 넷째, 꼭꼭 거리며 무리를 부르는 것은 어진것(仁)을 상징함이요, 다섯 째 때를맞춰 새벽을 알리는 것은 믿음(信)을 상징함이라 하물며 사람으로 태어나 오덕을 갖춘 사람이 얼마나 될꼬? 사람이 짐승만도 못한 사람 있는기여, 없는기여, -〈봉학오덕〉 -전문.

※ 닭을 예찬한 시조인데 그 덕목이 매우 구체적인 서술을 얻고 있어 공감을 얻는다. 사설시조는 입심이 좋아야 한다는 말이 있다. 중장에서 그 내용과 문장이 긴 만큼 때로는 노도와 같이 또는 중첩적으로 겹쳐도 노련한 진경을 열어야 하기 때문이다. 시의 자료가 얼마나 창의적으로 여과 되었느냐가 관건이 될 것이다.

(A)

아침 햇살 금빛자락 넘실대는 파도 위에
갯바람 몰아쳐도 갈매기 벗을 삼고
외딴 섬 등대 사이로 꽁지 물은 고깃배〈등대-전문〉

(B)

운동장 가득 한마당 아이들이 모두 가면
바람이 밀어 주고 그네 혼자 뛰어 놀다
철수도 순이도 불러 그네 뛰자 손짓하네. 〈운동장-전문〉

※ 3장6구의 전통적인 시조 형식에 동심의 내용을 담고 있는 것이 동시조다. 시조 형식을 박차고 나오는 고도의 생략미와 함축성에 의하여 동시조는 의외의 빛과 경탄을 볼 수도 있다. 등대와 운동장은 김창현의 데뷔작품이다. 외로움과 비어 있음의 정적미는 동양정신의 오랜 요람이기도 하다. 두 편이 모두 고유한 시적 발상법에 의존한다. 거기엔 자연과 신선한 인간이 있고 자유로운 세계가 열어주는 귀한 여백이 있는 곳이기도 하다.

벼룩과 파리-뒤늦게 후회하지 말고 나쁜 버릇 빨리 고쳐요.

사설시조를 소화 해 낸 이 작품은 작시 상으로 성공하고 있다. 비유와 서술, 동화적인 평이한 소재, 동심에 호소한 교훈성이 적절한 리듬 성을 획득한다. 시인의 지혜가 사설시조에서 어떻게 창조적으로 작용해야 하는가를 보인다. 자칫 빠지기 쉬운 지식에의 유혹을 이 작품은 극복하고 있는 셈이다. 사설시조 영역 까지 확대하여 전개하고 있다. 그의 창작 지느러미는 놀랄 만큼 집요한 자기 현실의 굴절을 보여 준다.

9. 이규식 평론

십행 미만의 짧은 형식에 담긴 정서의 폭이 기실 의외로 넓은 점을 꼽을 수 있다. 극도의 리헐리즘에 바탕한 현실부정으로부터 밝고 긍정적이면서 건강한 대안에 이르기 까지 종횡무진 분위기, 상황, 주제, 어휘, 은율, 기법을 구사하면서 독자를 시인의 정서 반경으로 끌어 들이는 힘이 그러하다. 외형상의 유사성에도 불구하고 시인은 다분히 진부해 보일 수도 있는 한(恨)이라는 전통적이면서도 바로 오늘 우리 삶에 맞닿아 있는 주제를 능란하게 펼쳐 보인다. 그리하여 민족 서정의 원형질 탐구라고 이름 붙일 수도 있는 어려운 작업에 나서고 있는 것이다. 한 작품이 10행이 되지 않는 분량 속에서 문제제기, 전개, 반전, 결말, 이라는 극적 서사구조를 포괄하기란 수월하지 않다. 그러나 이 작품에서 시인은 이 어려운 시도에 대체로 성공하고 있다. 더구나 전체 작품의 마지막 행, 어미를 -걸, 네, 지, (그밖에, 여, 가, 끝, 뿐, 까, 데, 다, 등의 종결어미를 사용한다.)라는 단순하면서도 여운과 울림의 공명대가 상대적으로 큰 음절로 마감한 것도 주목할 만하다. 특히 -걸로 끝나는 구절이 전체 작품의 50%가 넘는다.

1) 나혼자 앓는 몸 앓이야, 사랑병도 아니던 걸.
2) 솟구처 등 떠 올린 곡예, 하루 동안 파닥인걸.
3) 꽃비는 노을빛 쯤, 닮아야 설램도 겹치던 걸.
4) 층층이 쌓던 정한(情恨)만 풍선처럼 부풀던 걸.

걸로 끝나는 표현이 주는 느낌은 실로 다양하다. 곱씹을수록 여러 뉴앙스를 풍기는 어미인데 거기에는 묘사, 아쉬움, 미련, 추억, 가능성, 의지 같은 복합적인 내면의 울림이 각기 다른 실타래를 이루며 펼처진다. -걸, -네, -지, 로 마감되는 작품의 분위기는 그리하여 한(恨)의 시적 형상화를 위하여 동원된 3박자를 이루며 한껏 고조된다. 그러나 뭐니 뭐니 해도 -걸, 이라는 어미가 풍기는 묘한 여운은 내재율과 리듬을 우려낸다는, 미덕 외에도 한(恨)의 본질을 명징하게 드러낼 수 있다는 장점을 갖고 있다. 조금 과장하여, 말한다면 이 시조집에서 -걸, 이라는 접미사를 적재적소에 배치한 기량만으로도 시인의 문학적 성과는 인정할만하다. 한(恨)이라는 하나의 주제로 이렇듯 다양한 궁리와 정서 묘사가 가능하다는 데서 시인의 저력과 집념의 일단을 볼 수 있다. 주지하는 것처럼 김시인은 비교적 뒤늦게 문단에 나온 뒤, 그야말로 정력적이고 역동적인 활동을 벌이는 젊은 원로시인이다. 끊임없는 호기심과 탐구의식 그리고 이를 뒷받침하는 창작열은 좀처럼 식을 줄 모른다. 자유시, 시조, 동시조, 평론, 장르를 넘나들며 펼치는

집필활동도 그러하거니와 최근에는 특히 동시조 평론이라는 드문 장르에서 열정과 전문성으로 노익장의 아름다움을 빛내고 있다.

목이 타던 제 몸은 숨이 차서 쉬어 앉아
사랑도 물들이다, 꽃 순처럼 피어나다
해마다 철새가 오면 제 버릇이 도지는 걸.

해마다 철새가 오면 제 버릇이 도지던 걸. 이 함축하는 한(恨)의 정체는 합리적이거나 논리적으로는 설명이 불가능하다. 제 버릇 도지던 걸.! 그러나 어찌 하랴. 한이란 본시 그러하지 않은가?.

10. 관촌-생활시조로 변용된 서정성의 형상화

1) 리듬, 은유(비유), 상징, 아이러니, 원형, 이미지, 등, 시적 요소를 최대한 활용.
2) 유명한 시나, 어구를 끌어다 자신의 기법으로 표현하는 패쉬타쉬 인유법 활용.
3) 변용된 언어, 비유된 언어, 상징된 언어를 차용해서 서정시조로 창작.
4) 율독미(律讀美)를 높이기 위해서 초장, 중장, 종장을 분절하는 낭송기법.
5) 자연환경의 아름다움을 서정성 깊게 평시조로 표출.

※ 삶의 체험으로 반죽되는 동심

1) 사설시조의 파생

고려충혜왕 4년(1343)이조년, 우탁, 고대시조부터 임진왜란, 병자호란을 겪으면서 사대부 층의 시가였던 것이 평민 가객이 등장하여 형식과 내용에 커다란 변화가 일어났다.

평민, 무명씨, 작품들이 자연 시에서 생활 시로 변모하여 시조영역이 확장되고 사설시조로 바뀌었다.

2) 시조와 사설시조의 차이점

시조는 서정성과 관념성 이념적, 서사적, 서정적, 생리화 되어 본능적 형식 체험으로 서민들의 시심을 만족시켜 주었던 민요적 형태 잠재적 심리로 자설적 공갈적 리듬이다. 사설시조가 평시조의 균형된 틀과는 전혀 다른 형태로 평민적 익살, 풍자의 삶의 현장 표현, 정적인 사대부 시조와는 달리 동적인 자유로운 삶의 역동성 계층을 초월한 인간생활 체험과 정서적 표출로 이루어진 것이 분명하며 남녀간의 애정을 다룬 작품이 주종을 이루고 있기 때문이다.

3) 사설시조의 조건

사설시조의 기본적 구조를 이루고 있는 것들은 남녀간의 애정묘사, 장사꾼의 재담, 고부간의 갈등, 개인과 사회의 갈등, 이념지향적인 시, 일수록 개인적인 진실한 감정을 드러내기 위해서는 평시조, 한시의 구절이나, 소설의 한 토막까지도 패러디 한다.

4) 사설시조의 특색

자연에 대한 깊은 감회, 인생의 소외감, 정신의 괴로운 갈등은 사설시조와 무관하며 생활속에서 솟아나는 감정, 일상생활 체험, 생의 본능, 시간의 문맥 속에 자리잡아 농담조, 욕설조, 조롱조로 웃음의 미학으로 억울한 감정, 약이 오르는 감정, 농밀한 애정의 감전, 등이 그대로 문맥에 드러나 평시조에 금기되어 온 감정과 애정표현이 그 특징을 나타내고 있다.

5) 사설시조의 정의

(1) 대화체, 희곡적 구성을 통하여 현실의 〈나〉를 이야기 속의 〈나〉로 몰입.

(2) 희곡적 구성을 통하여 상징적 체험으로 자기를 객체화.

(3) 일산의 좌절을 웃음으로 해결하는 희극적 구조를 이룬다.

11. 김완하 평론

김창현의 작품에서 느낄 수 있는 시조의 맛은 그의 시조가 거느리고 있는 형상성에 기대고 있다. 그의 시조의 형상성은 대단히 풍부하다. 그의 작품에는 주로 이미지와 자연물의 대상들이 작품의 소재로 등장하는 것이 특징이다. 자연의 풍경이나 이미지들은 언제나 시에서 중요한 시적 소재로 차용되고 있는 것이다.

마한 살던 백재 숨결
천년전설 조상 얼들

푸른 파도 수중궁궐 뜰엔
고향 그림자 지나가고

산자락 곶 그늘 언덕 망향 탑
실려가는 웃다리 농악.

물고기 빙어 떼 물 억새 숲
보슬비 아래 뛰어 놀 때

보얀 물안개도 추스르다
파도치던 물비늘 주름

동동 뜬 가을 단풍잎 하나
뒤 따라오는 초승달. 〈대청호반-물억새-전문〉

※ 이 작품은 대청호반의 물억새를 마한이 살던 백제의 숨결이자 천년전설의 조상이 지녔던 얼로 비유하고 있다. 시인은 호수에 가득 차 있는 물속으로 열리는 수중궁궐에 어리는 고향의 그림자를 바라보고 있다. 삶의 신산했던 과정들을 다 지나고 나서 다시 찾은 고향의 얼굴, 그러나 그것은

이미 물속으로 사라진 것이다. 지난 역사가 시간 속으로 사라진 것이다. 시간의 공간 속으로 사라져간 고향의 모습들을 산자락

꽃그늘, 물억새숲, 가을 단풍하나만이 감싸주고 있다. 이 시조에서 알 수 있듯이 우리의 역사적 공간으로서의 대청호반, 우리 선조들의 삶의 숨결과 전통, 그리고 민족문화는 시대적 흐름과 함께 변화하고 사라져 가는 것이다. 자연의 계절 변화 속에서도 한결같은 모습들을 펼쳐 줌으로써 시간의 변화와 공간의 감싸 안기 때문이다.

꽃대 낮은 빨간 얼굴은 숨긴 깃발 피를 찾고
물소리 깨어나는 산골짜기 봄빛 아래

아직도
누군지 몰라 맞닿은 눈빛
하늘땅을 흔들어.

새들이 둥지 틀던 푸른 언덕 맑은 풀 숲
꽃빛 물든 가슴 땀 옆 눈가에 젖은 이슬

잎잎이
실안개 스미는 봄기운
속잎 피던 그 손 길. 〈보문산 봄빛-전문〉

※ 이 작품은 보문산의 풍경을 담담하게 붓으로 그리듯이 터치하고 있다. 시 전체는 한 폭의 산수화처럼 시간적이고 청각적인 이미지들이 결합되어 대단히 생동감을 띠고 있다. 보문산은 대전의 동쪽에 자리하여 시민들에게 아침을 열어주는 의연한 자태가 자못 무게감을 더해주고 있다. 보문산은 봄빛이 푸르러 가는 산허리에 감기는 물소리와 실안개로 인해서 더욱 더 신비감으로 감싸여져 있는 것이다. 이 시조는 봄빛으로 접어드는 보문산의 형상을 통하여 자연의 위대함을 보여주는 것이다. 계곡은 계곡의 깊이를 안고 봄을 틔워낸다. 산 정상은 정상의 높이로 어우러지면서 산 전체의 기운을 하늘로 뻗치게 한다. 이러한 조화로운 기운들이 하나의 봄을

만들고 하나의 산을 봄으로 물들이는 것이다.

한 오백년 허리 휘어진
늘 푸른 소나무 가지 아래

삼백년 담홍색 영산홍 곱게 핀
봄비 꽃 타령 그 후 지금쯤

보얀 술 두견주 항아리 속
뽀글뽀글 익어 가려니.

꽃 피면 앞 뒤뜰 산마루까지
붉은 꽃물 꽃 무지개로 아롱지고

어두컴컴한 근신 걱정 사라져
한 줄기 햇살 보듬어 낮추는 선비

봄 같은 꽃봉오리 마음씨
꽃술 하나 환해지려니. 〈동춘당 뒤뜰에 핀 꽃-전문〉

※ 이 작품은 동춘당의 위엄과 학자로서의 품위를 일깨워 주고 있다. 선비의 인품과 위엄은 늘 푸른 소나무를 통해서 대변되듯이 이 시에서도 한 오백년 허리 휘어진/ 늘 푸른 소나무로 형상화 되었다. 소나무가 휘어진 허리를 드러내는 것은 역사를 감싸 안는 포용과 멋스러움일 것이다. 또한 삼백년 담홍색 영산홍이 소나무와 함께 함으로써 이 시의 전체적인 구도와 색상의 조화를 보여준다. 꽃이 필 때를 맞추어 보약 술 두견주 항아리 속/ 뽀글뽀글 익어가려니/에서 여흥을 함께 살려 주는 것이다. 동춘당 송준길이 송시열과 함께 학문을 논했고 펼치던 곳이다. 이곳에 머물던 학자로서의 깊은 면모는 늘 푸른 소나무로 드러나며 영산홍의 화려함은 그것을 조화롭게 받쳐주고 있다. 그리고 두견주가 있어서 여유와 풍요로움으로 일깨워 주는 것이다. 옛 선인들이 자연과 어우러진 학문의 깊이와 멋스러운 삶이 고스란히 전해지는 작품이다.

늦봄 안개 길게 누운
대청호 달동네 다닥 논배미

과거 떨어진 상심 달래려
천렵 왔던 한밭 선비

한 잔 술 막걸리 묵사발도
바르르 떨던 갓 끈 줄.

보슬비도 흐느끼고
종달새도 진달래 꺾던

아가미 벌름거린 숨소리 시조창
산자락 하나 실려 갔을 때

까아만 모래무지 눈빛이
붓끝 같은 붓글씨.〈대청호-전문〉

※ 이 작품은 앞에서 보았던 〈대청호반 물 억새〉와 함께 읽으면 좋다. 이 시에는 다른 작품들과 다르게 한 선비의 삶이 배어나고 있다. 이 시조의 잔잔함 속에서도 과거 떨어진 상심을 달래려고 대청호에 왔던 한 선비가 이곳에서 펼치던 시조창 소리가 들리는 듯하다. 그만큼 시조의 분위기는 고요하고 깊이가 있다. 그것과 상대적으로 한 선비의 애절한 사연이 심금을 울린다. 이 작품의 마지막 연에서 보여주는 표현은 매우 신선하고 기발하다. 〈까아만 모래무지 눈빛이 / 붓끝 같은 붓글씨/에서 보이는 것처럼 모래무지의 까아만 눈동자가 찍어내는 붓글씨처럼 마지막 점을 찍는 순간 〈화룡점청-畵龍點睛〉처럼 살아나는 의미를 일깨워 주기 때문이다. 이렇듯이 김창현 시인의 시에서는 색다른 면모들도 발견할 수 있기에 한결 흥미롭다.

하얀 속살 뒤집는
여름 햇살 숨소리

오뉴월 오르막길

꽃 수 점치고 있을 때

땅 어둠 건너지 못하고
날개 짓만 펴 득이다.

무더운 여름 땡볕 속에
매미노래 목청 높혀

소나기 내릴 무렵
떠내려간 발자국

먼 훗날 살이 오를 때까지
기다리고 있을게요. 〈여름 계룡산 -전문〉

※ 이 시는 감각적인 표현이 일품이다. 첫행의 〈하얀속살, 뒤집는/ 여름 햇살 숨소리/ 에서는 시각적인 것과 함께 청각적인 것이 어울려 공감각적인 표현으로 이해 할 수 있다. 숨소리로 비유함으로써 이제 막 펴져나가는 산의 반동을 느끼게—해 준다. 또한 이 시는 역동적인 표현들도 엿보인다. 여름 산이 녹음으로 번져가는 상황을 보여주는 것으로 계룡산의 지명과 어울려 용의 꿈틀거림을 제시하고 있는듯 하다. 아울러서 이 시는 미래에 대한 긍정과 희망을 동시에 감싸 안고 있다. 마지막 연에서보여주고 있듯이 시인은 먼 훗날 살이 오를 때 까지 지켜보고 있을께요, 라는 다짐으로 제시하였다. 대전은 사방으로 둘러서 산과 자연으로 함께하고 있다. 그 지형에 대한 소재 차원에서도 펼쳐지는 김창현시인의 시는 자연친화적이고 친환경적이기도 하다. 그의 시를 대하면 그만큼 풍부한 자연의 풍경과 여유로움 속에서 평안함을 우리가 김창현의 시에서 얻을 수 있는 효과라 할 수 있다. 김창현의 시에서 자연의 멋스러움 속에 스미어 있는 우리 역사와 전통, 민속적 가치와 숨결등은 대단히 소중한 것으로 이해된다. 위의 시에서 삶의 여유와 멋의 깊이가 우러나오는 곳이 바로 여기라 할 수 있다. 이러한 점들은 김창현 시인의 인품과도 만나는 지점이라고 생각한다. 〈끝〉

현대시조 2013 봄호(계간평) 박영교

대청호 노을 물속
먹어 버린 내 고향엔

빙어 떼 줄맞춘 행진
감나무 골 휘돌다가

살얼음 눈비 쏟아져도
펄펄 뛰는 저 빙어.

- 김 창 현 〈빙어-氷魚〉-전문

※ 김창현 시인의 빙어(氷魚)는 그냥 물속의 빙어를 언급한 것이 아니라, 수몰된 물속의 고향을 돌아 나오는 펄펄 뛰는 빙어를 보면서 고향이 그리워지는 물밑의 향수를 떠 올림 것에 대한 그리움인 것이다. 〈첫 평론 수록〉

관촌 현대시조 문학작품 총 목록

1. 한국시조연간집
2. 시조문학 사화집
3. 등룡
4. 옥로문학
5. 시조와 비평
6. 공무원문학
7. 시조세계
8. 낙강
9. 망선루제영시
10. 약천정제영시
11. 아산찬가
12. 함양예찬
13. 문학공간
14. 가람문학
15. 호서문학
16. 시조생활
17. 샘터
18. 보리수
19. 시대문학
20. 시사랑
21. 비인문학
22. 예향대전
23. 서석문학
24. 교육월보
25. 미래문학
26. 동구문학
27. 서림문학
28. 충청문학
29. 한국시
30. 교단문학
31. 교육평론
32. 월간문학
33. 대덕문학
34. 전라시조
35. 제주시조
36. 교육자료
37. 한밭교육
38. 한국현대시조대표선
39. 공무원문예대전
40. 시조짓기
41. 대덕구청 신문
42. 대덕구청 청소년 수련 관보
43. 한국교육신문
44. 교육복지신보
45. 월간대학생활
46. 서천신문
47. 중도일보
48. 중앙일보
49. 대전일보
50. 한국명시선

51. 한국동시조선집
52. 한국현대동시조선집
53. 문학진주
54. 부산시조(볍씨)
55. 한말글사랑
56. 시조비
57. 통천김씨종회보
58. 어린이한국문학
59. 우리나라좋은동시
60. 한국시조선집(일본어판)
61. 독도시 200선
62. 전시목판시집
63. 처인문학-용인시
64. 글벗문학
65. 풍자문학
66. 대전문학연구총서
67. 현대시대사전
68. 오늘의문학 25주년 기념 문집
69. 시조춘추
70. 대전예술
71. 대전사랑아동문학선집
72. 가람시학
73. 한국방송통신대학신문
74. 한국불교문학
75. 대전시단
76. 안면도 국제 꽃박람회
77. 백제고도글모음
78. 문학사랑축제
79. 동구문학 시화전
80. 대전사랑 시화전
81. 김해성 회갑 문집
82. 오승희 회갑문집
83. 헌시(獻詩)
84. 어린이시조나라
85. 금강일보
86. 김용재 박사 회갑문집
87. 최영종 수필집
88. 자유문학
89. 시대문학
90. 아동문학시대
91. 기행문학
92. 현대시조평론
93. 가슴오로읽는시조
94. 종합시조
95. 문학시대
96. 제23회 통일 문예 형상 공모
97. 천지일보
98. 관촌문학 작품별 첫 작품
99. 대전문학연구총서
100. 관촌대표평론.
101. 대전문학선집
102. 통일의 봄
103. 한국문학 작품선
104. 초, 중시조짓기 지도교재

105. 우리고모두둥가
106. 관촌평론(평설)
107. 명시조 감상
108. 글탑문학-중도문학
109. 현대시조 성립조건
110. 현대시조 2009
111. 시조집 〈표지〉 작품집
112. 솟대문학
113. 현대시조, 원작과 개작
114. 관촌 평론 수록 논문
115. 황산시조 문학상
116. 문학사랑 축하시
117. 문학사랑 100호 축하시
118. 각종 신문 기사
119. 현대문학 작은사전
120. 한국현대시조대표선2
121. 문학속의 제주
122. 한국시대사전
123. 한국정형시집 작품 평설 총람
124. 관촌동시조집 작품 평설 총람
125. 대전문학
126. 문학사랑
127. 현대시조
128. 시조문학
129. 한밭시조
130. 아동문학시대
131. 국어 교육
132. 한밭 교육
133. 소년문학
134. 인명 수록 도서
135. 한국시조시인협회(제주)
136. 향촌문학
137. 한국장애인문학
138. 충청도시인시선1
139. 충청도시인시선2
140. 대전의 시, 수필
141. 시와 연꽃의 만남
142. 권갑하 시인 선총
143. 시조 미학
144. 대전시단
145. 민족의 숨결
146. 부소산 천년의 길손
147. 서관호 시인 선총
148. 아동문학인의 편지
149. 한밭아동문학
150. 가람시조
151. 제15회 정훈문학상
152. 다음카페글

한국현대동시조사연표 (2000-2018)

현대동시조문학회

2000	대전동시조 창간	김창현 -발행인. 겸 주간	대전동시조창간 (2000.5.3) 오늘의 문학사-대전
2000	어쩌면 저기 저 나무에 둥지를 틀었을까	이정환-동시조집-만인사-서울 제15회 전국 한밭시조 백일장 -서대전 음악당	대전동구문학 창간 꿈이열리는나무 -보령개화
2000	심부름 외 7수	김영배(1931-2009) 지등하나걸어놓고-시조집	오늘의문학사-대전
2000	작은 행복 소라의 집	최복형-동시조집 -시와비평사-부산 김영기-동시조집 -창작나무-서울 재미있는 동시조 짓기 -지상 강좌 끝냄	산호빛목소리 7집 동시조 100수 아동문예 (1997-2004) 4월호
2000		사설동시조 -벼룩과파리- 김창현	아동문예 12월호
2000		대전문학과 그 현장 (박명용1940-2008)편저. 푸른사상. 2004	비화창간 20주년 맥동인 20집 발행.
2000	민들레 외 129수	황희영(1922-1994) 시, 시조 유고집. 신재후(1931-2010)대전동시조 창간호-봄내음.	현대인물 편찬회. 발행. 제5회 항재시조 문학상 림헌도(1920-2006)
2001	햇살 잔치	진복희-동시조집 -책만드는집-서울. 아동문예한국 동시조 분과개설(2000. 5. 1)	
2001	그리움이 꽃피는 뜨락	김영수-오늘의문학사-대전	
2001	느티나무 동시조	열린시조봄호-기획특집 -한국의동시조. 대전동시조제2집 (2001. 7. 31)	
2001	동그라미 외 5수	용진호(1933-2001) 계산시조선집.	한림-광주.
2001	목련꽃이 피었어요	이민화-동시조집. 세광출판사-부산. 제16회 전국한밭시조 백일장	서대전 야외 음악당.
2001	산골 마을	김춘랑(1934-2013)	시조21창간

	오두막집	-아동문예-서울. 박경용-샛강마을숲동네 -00출판사.	-민병도-주간.
2001	쪽배 3호 낯선 까닭	산길, 메아리, 탑, 수평선, 파도-쪽배동호회 박경용-선우미디어-서울.	
2002	하늘 닮아서 좋은 꿈만 꾸나봐	최점순-동시조집. 도서출판드림.광주 제17회 전국 한밭시조 백일장.	서대전야외음악당
2002	동시조 평론	열린시조-기획특집 -한국의동시조 평론-동심의육화변용-이정환.	제1회 설록의노래(주)태평양 현대동시조초등-26명. 중등 13명.
2002	꿈 외 11수	정위진 1923-시문학사-서울.	어제 바람-시조집.
2002	2002. 12 동시조 짓기	제2회 동시조상-오승희 어린이를 위한 시조작법-박경용.	제정자-경철. 시조월드 제3호.
2002	동시조 학습체험기	울산병영초교 -김혜민 외 12명-추창호시인	시조문학 봄호
2002	6살만할꺼다	황정자-동시조집 -시조와비평사-부산. 학년 별동 시조 입상자 -울산병영초교 2년 김기태 외 22명 수록.	시조월드 4호
2002	시천 시조선집	대전동시조 제3집 (2002. 7. 20) 유성규-우리식구 외 28수 -동경-서울	오늘의문학사-대전
2002	시조문학-가을호	배위홍(1919-2014) 골목안-토방-서울	시조집-태극선푸른바람
2002	메밀꽃	성덕제(1935-2008) 태원출판사-춘천	영가시조문학 창간.
2002	산호빛 목소리	양계향-성은출판사-창원.	광주 · 전남시조 창간.
2002	동시조 평론	동시조의 과제와 전망-김복근.	울산시조 제7집
2002	동시조 평론	동시조 그 아름다운 이름으로 일어나라	시조문학여름호-손상철.
2003	낮달 뜨는 고향 언덕	김창현-아동문예-서울.	
2003		대전동시조 제4집 (2003. 7. 30) 제18회 전국 한밭시조 백일장	오늘의문학사-대전. 서대전 야외 음악당.

2003	봄의 목소리 외 24수	정태모(1923-2010)동시집 -새벽을 여는 소리 -동녘출판사-춘천.	대전중부문학 창간
2003	시조문학 여름호	제2회 설록차 어린이 시조(동시조)-서울고은초교 4년 강혜은 외 23명 수록	
2003		제2회 설록차 어린이시조(동시조) 제주남광초교 6년 고민경 외 24명	시조문학 봄호
2003	섬강일기 1. 가랑비 외 15수	채윤병-동시조집 -시조와비평-부산 박필상-세종출판사-부산	겨레시집,
2003	쪽배 4호- 우리가락 좋은 동시	자설적인 동시조론 경철-문학춘추(계간) 겨울호. 쪽배동인-예림당-서울	
2004	현대동시조 -제호변경	현대동시조 제5호 (2004 .7. 30)	오늘의문학사-대전
2004	아기별을 찾습니다	박석순(1936-2011)-동시조집 -도서출판 드림-광주	한국동시조-종합편
2004	아침이면 별들은 바쁘다	박석순(1936-2011)-동시조집 -도서출판 드림-광주	새 시대시조 창간
2004	넙치와 가자미	김재황-동시조집-문예촌-서울 세계어린이시조(동시조) 마산삼계초교6년이소리 외 22명 수록	시조월드제8호 계룡문학상-서영자(이 자리에서면-시조)수상
2004	감꽃 목걸이	김형진-동시조집 -도서출판-경남-마산	
2004	메아리가 떠난 마을	허일-동시조집 -21문학문화-서울	
2004	풀 포기가 아기를 낳았어요	최지형-동시조집 -도서출판 드림-광주 제19회전국한반시조백일장	서대전야외음악당
2004	청소하는 지우개	최복형-동시조집 -문화출판사-춘천	
2004	계룡문학상 -서영자 이 자리에서면-시조	동시조 교실의 성공을 위한 전제조건과 지도방법 -추창호(울산시조 제9집)	시눈-창간(부산) 계룡문학상 -2004. 12. 14

2004	동시조 평론	정완영동시조의 시어적 이미지연구-김창현 (문학사랑 겨울호) 문학평론	문학사랑(계간) -오늘의문학-대전
2004	담쟁이넝쿨 외11수	현대동시조 제5집 최숙영 -북을치듯이-문장미디어-서울	오늘의문학사-대전
2004	은행잎 외 11수	권욱인-행촌별곡 -한국시사-서울 제1회 동시조신인작품상	시조와비평 봄호-부산
2004	동시조 평론	장르로서 동시조 운동으로 서동시조-김종	시조와비평 여름호-부산
2004	동시조 평론	자설적인동시조론-경철	시조와비평 여름호-부산
2005	동시조 평론	동시조의 개성과가락(1)-경철	시조와비평 가을호-부산
2005	동시조 평론	동시조의 개성과가락(2)-경철	시조와비평 겨울호-부산
2005	매미 외 11편	김양수-강원도민일보사-춘천	시조집-생명
2005	까치네 이층집	김승규-동시조집 -아레나-광주(자료없음) 세계어린이시조(동시조) 495명 당선자. 제6기	운문시대 창간 시조월드 제11호
2005	동시조 평론	월하동시조의 진실적 전개양상-김창현 (시조문학2005 겨울호)	리태극(1913-2003) -月河 제4회 설록의 노래 (주)태평양
2005	섬강 일기 2.	채윤병-동시조집 -시조와 비평-부산	가람시조 창간
2005	동심의 그림자 설록의노래-(주)태평양	정태모(1923-2010)-동시조집 -동녁출판사-춘천. 현대동시조 -초등 23명, 중등, 9명수록.	계간-작은문학 29호 가을호 도리천-동시조 16수 수록.
2005	한국시가학회 -김창현-일반연구논문수록	현대동시조 제6집 (2005. 7. 31) 제20회 전국한밭시조 백일장	오늘의문학사-대전. 대전오류초교강당.
2005	우리말우리글사랑-유동삼 -예일-대전	부산시조18호 -어린이시조(동시조) 이명진 외 44명 수록.	계간문예가을-창간 계간문예
2005	줄넘기 외 7수	정재익(1930-2014) -산자수명(시조선집)	북랜드-대구
2005	동시조 운동	울산의 작은운동 -동시조 교실-추창호	울산시조. 제10집.
2005	쪽배 5호	날마다 봄, 여름, 가을, 겨울, 산울림이 울었다.	가꿈-도서출판-서울

2006	양동시장 우리말 우리글 사랑	염광옥(1936-2015) -동시조집-도서출판 서석-광주. 유동삼-예일-대전.	시조예술창간 주간-신웅순
2006	동시조 평론	동시조의 현대적 수용론(1)-경철	시조와 비평 봄호-부산.
2006	동시조 평론	동시조의 현대적 수용론(2)-경철	시조와 비평 여름호-부산.
2006	시냇물과 종이배	정해원-동시조집 -도서출판 삼아-부산	
2006	운문시대 -동시조	임성화-봄날 외 3수 효율적인 동시조 짓기 지도(1)-이숙례	시조월드 제12호.
2006	2006 .8. 21- 2006. 8. 25	슬로건-평화를 지향하는 아동문학-서울 제2차세계아동문학대회	20개국 317명 참가.
2006	시를쓰는 마음, 외 35수	도리천-도서출판-경남-마산	시집-천리향만리향
2006	날치야 날치야 머얼리 멀리 날아라	신익교-동시조집 -도서출판-삼아-부산 제21회 전국한밭시조백일장	대전오류초교강당.
2006	숨바꼭질	박정식-동시조집 -아동문예-서울	
2006	어깨동무 씨동무	이상룡-동시조집 -가람출판사-서울.	
2006	어린이시조첫걸 음	재판-진주문인협회이명길 (1928-1994)	
2006	해파리외 16수	현대동시조 제7집 (2006. 7. 31) 류준형-들꽃의마음 -두손컴-부산	오늘의 문학사-대전
2006	부산시조 19호 어린이시조 (동시조)	금강초교11명-지도교사-최필남 혜림초교11명-지도교사-이옥진 남산초교13명-지도교사-가재순	부산시조19호 총6개교 68명, 동시조수록.
2006	부산시조 19호 어린이시조 (동시조)	용수초교11명-지도교사-서관호 창신초교11명-지도교사-옥정희 백유초교11명-지도교사-김종하	시조예술창간호. 2006. 7. 15 발행겸주간-신웅순교 수
2006	시조야 손잡고 놀자	이숙례-동시조집 -세종출판사-부산.	이달의 동시조 -월간문학2월 정해원 -비늣방울, 실바람
2006		제1회 둔촌시조백일장-성남시	이집(1327-1387) 고려학자.
2006	2006.11.15	세계어린이시조(동시조)	시조월드 제13호

		총76개교926명 초등학교시낭송및동시조지도- 박근칠	영주문학 제30호.
2006	어린이시조 (동시조)교실을 찾아서(5)	1)이렇게동시조지도를했다 -김순금 2)어린이시조쉽게가르치는법 -서관호.	시조월드 제13호.
2007	나팔꽃	류각현-동시조집 -대성출판사-원주 동시와동시조사이에서서 -임교순.	이달의 동시조 -월간문학 6월 염광옥 -아가손, 우리집아가
2007	가랑비 가랑가랑 가랑파 가랑가랑	정완영(1919-2016)-동시조집 -사계절-서울. 제22회 전국한밭시조백일장	대전오류초교강당.
2007	망 보다가 졸다가	유영애-동시조집 -아동문예-서울.	이달의 동시조 -월간문학2월 서재환 -배추밭에서, 손전등.
2007	섬강 일기(3)	채윤병-동시조-시와비평-부산.	
2007	별 꿈나라 꽃대궐	김창현-동시조집-오늘의문학사 -대전	
2007	내 얼굴 외 6수	서태수-한글문화사-부산	시조집-강물이되다.
2007		이상훈(1936-2016)-귀향 (시조집)-성모가는길 외2수	한글출판사-부산.
2007		김장규-겨울나그네(시조전집) -저녁노을외42수.	태광문화사-서울
2007		제1회 동시조 교실-반석3단지-도서실 2007 .8. 7-8. 9(3일간) 6명. 총6시간	현대동시조-주관 계절문학겨울-창간
2007		현대동시조 제8집 (2007. 7. 31)	오늘의문학사-대전.
2007		한말글사랑전시회. 10. 6-10. 9〈내이름〉 강신구-달맞이꽃외3수 -한글문화사-부산	대전시청전시실. 아아산기슭에서-시조 집
2008		제2회 동시조 교실-반석3단지-도서실 2008. 1. 10-2008. 1. 12 (3일간) 3명총6시간.	현대동시조-주관

2008		한국아동시조작가협회 창립(2008. 4. 26)	시조생활사-서울
2008	쪽배 6호	사로 잡고 사로 잡혀 -쪽배 동인	가꿈-도서출판-서울
2008	형형색색	박정식-동시조집 -아동문예-서울	
2008	아가랑 할머니랑	홍오선-동시조집-아동문예-서 울	
2008		제7회 아동문학의 날(2008. 5 . 1) 한국아동문예작가회 동시조분과회의	서울노원초등학교강 당.
2008	네가 있어 세상은 빛나	팔마동시조집-아동문예-서울. 아가방-임신과출산육아 -현대동시조 2007 -8집.내용출처.	전주교육대학교 군산부설초등학교
2008	소양강 안개	박봄심-동시조집 -강원일보사출판국-춘천.	
2008		제6회 서동 연꽃 축제 -한국문협부여지부. 서동공원(7. 18-8. 3) -연꽃필 때-전시회	
2008		한말글사랑 전시회-한글 (10. 4-10. 9)	대전시청, 전시실
2008		제23회 전국 한밭시조 백일장 (2008. 10. 13)	서대전 야외 음악당.
2008	부산 강동어머니 시조사랑 창간호 -서관호	제1차 현대동시조 일반화 전시회 (10. 20-10. 26) 서울 도봉산 매표소 입구.	전시회 -보리목을 뽑아 올릴 때.
2008		현대동시조 제9집 (2008. 11. 1)	오늘의문학사-대전.
2008	초록물감 질하기	이근구-동시조집 -대원문화사-춘천 제2차 일반화 전시회 (11. 6-11. 12)	전북정읍 -내장산국립공원.
2008	웃으면 복이와요	채윤병(한중판)동시조집 -시조와 비평-부산.	
2009	허수아비와 아이들	윤황한-동시조집 -아동문예-서울 동심으로 반죽되는 순수성의 미학-김창현	동시조집-작품평설

2009	제1회 (2009.4.13)	현대동시조 낭송회 -대전대신초교 3, 4학년 53명 2시간 -윤황한 시인.	5, 6학년36명2시간- 김창현지도
2009		제3차 일반화 전시회 (4. 18-6. 30) 72일간.	경남고성-남산공원.
2009	제2회 (2009.4.15)	현대동시조 낭송회-대전동서초교 3학년 25명 1시간-윤황한 시인.	5학년 38명 1시간-김창현.
2009	제3회 (2009.4.20)	현대동시조 낭송회 -문지초등학교 3학년 32명 1시간-윤황한시인.	5학년 30명 1시간-김창현.
2009	제4회 (2009.4.23)	현대동시조 낭송회 -대전하기초교 3학년 32명 1시간-윤황한 시인.	5학년 30명 1시간-김창현.
2009		아동문예문학상-권영국 시인, 윤황한시인, 한국청소년문화상-김창현 받음.	한국청소년문학회 회장.
2009		제8회 아동문학의 날 (2009. 5. 1) 한국아동문예작가회 동시조분과회의	서울이문초등학교 강당.
2009	제5회 (2009.5.13)	현대동시조 낭송회 -대전용산초등학교 3학년 35명 1시간-윤황한 시인.	5학년 34명 1시간-김창현 지도.
2009	물총새와 피라미	이형식-동시조집 -문화출판사-춘천	제1회 아동시조문학상- 전태수(춘원-한석주)
2009		제5차 현대동시조 편집회의(대전-태화장)	
2009	한국현대동시조 선집	현대동시조창간 10주년 제10집(2009. 9. 26)	한국동시조선집 -박석순.
2009		한국 현대동시조선집 214명, 265쪽 발간.	한국현대동시조선집 -김창현 엮음.
2009	제1회 한국현대동시조 문학상	기림글(공로상-유동삼) 문풍지, 돌쩌귀-시상	아동문예문학상 -권영국.
2009		현대동시조창간10주년 출판기념회	대전-태화장
2009	제6회 (2009. 9. 7)	현대동시조낭송회 -대전하기초등학교 5-2 31명 1시간-윤황한 지도.	5-1 31명 1시간 -김창현 지도

2009		제24회 전국한밭시조 백일장	서대전야외음악당
2009	기다리는 아이	모상철-아동시조집 (동경-서울)	
2009	꽃씨의 노래	엄용순-동시조집(동경-서울) 푸른숲 맑은 시심-유지화	동시조집-작품평설
2009	동시조걸작선 제1집	한국아동시조시인협회 -동경-서울	
2009	코코질 냄새	유성규-동시조집-글로연-서울	
2009	연필 화났다.	유성규-동시조집-글로연-서울	
2009	내동생 외 5수	상동규(시조집) -오늘의문학사-대전	
2009	꼴찌해도 좋은날	서관호-동시조집-예랑-부산.	
2009	별처럼 달처럼	안문섭-동시조집 -원일출판사-서울.	임금자(1942-2009)
2010	한밭아동문학	한밭아동문학-제호변경 제11호.	오늘의문학사-대전.
2010	맑고 밝은 어린이	조혜식-동시조집 -오늘의문학사-대전 자연환경의 신비를 버무리는 순수성의미학	김창현-동시조집 -작품평설
2010	처음으로 생각했다	박선순(1936-2011)-동시조집 -한국동시조사-광주.	김해석(1932-2010)
2010	어린이시조나라 창간호	서관호-해암-부산(2010. 5. 5)	
2010	부산 강동 어머니	시조사랑창간호-예랑-부산	
2010		제9회 아동문학의 날 (2010. 5. 1) 한국아동문예작가회 동시조분과회의	서울삼각산초등학교 강당
2010		제6차 현대동시조 편집회	
2010	2001. 09. 11	제25회 전국 한밭시조 백일장-대전	대전오류초등학교-강 당.
2010		한밭아동문학 2010 제11집(2010. 9. 30)	오늘의문학사-대전
2010	제2회 한국현대동시조 문학상	조혜식-맑고밝은어린이 (동시조집)시상.	문복선-작가상 신현창-신인상
2010		한밭아동문학 2010 제11집 출판 기념회	대전-태화장
2010	비눗 방울 무지개	채정순-동시조집 -아동문예-서울	동시조집-작품평설

		홍겨운 마음결의 노래 그 간결 미학-김창현	
2010	한국동시조 문학상	유영애-아동문예-서울.	한국아동문예 작가회
2010	아동문예	문학상 당선-동시조- 채정순 시인.	대전동시문학회 회장, 당선.
2010	둥벙에 살던 물방개	정현숙-동시조집 -세종출판사-부산.	
2010	산을 잡아오너라	신현배-동시조집 -섬아이-서울.	
2010	서로 웃는 닭싸움	박근칠-동시조집-가꿈 -(서울)아평.	
2010	꽃의 마음	김종상-동시조집 -대양미디어-서울.	
2010		신재후(1931-2010)동시조 -봄내음 외 19수	현대동시조
2010	칠백년 만에 핀꽃	신현득-동시조집 -대양미디어-서울.	
2010	어머니의 바다	신익교-동시조집 -굳디자인-부산.	
2010	어린이 시조 나라	제2호(2010. 10. 9)	
2010	어린이 등불	차경섭-동시조집-(몰라)	(자료없음)
2011	산은 빨간 알을 낳고	허 일-별똥같은동시조집	시조문학사-서울
2011	동시조 걸작선 제2집	한국아동동시조시인협회-서울- 동경.	석가정(1942-2011)
2011	제7회 (2011. 5. 21)	금산용문초등학교 낭송(짓기)교실	4, 5, 6학년 32명 3시간
2011	제8회 (2011.5.27)	아산모산초등학교 낭송(짓기)교실	5-1 32명 1시간.
2011		제8차 현대동시조편집회	박선순(1936-2011)
2011	글 꽃 피는 꽃동네	김창현-현대동시조선집 (오늘의문학사-대전)	아동문예, 아동문예연간집
2011		제10회 아동문학의날 (2011. 5. 2) 한국아동문예작가회 동시조분과회의	서울재동초등학교 강당
2011		윤황한시인-아동문예 (5-6월호)-동화 당선	겨울 해바라기 (동화) 236회.
2011	어린이시조나라	제3호(2011. 5. 5)	해암-부산.
2011	제9회 (2011. 7. 13)	대전원앙초등학교 낭송(짓기)교실	6-5 31명 1시간.

2011	제10회 (2011. 7. 14)	대전보운초등학교 낭송(짓기)교실	6-1 31명 1시간.
2011	제11회 (2011. 9. 27)	대전배울초등학교 낭송(짓기)교실	5-6 32명 1시간.
2011		제3회 한국현대동시조문학상 서영자-무지개, 나비, 아지랑이. 김숙-봄꿈꾸는 제비꽃-동시조집	제1회 한밭아동문학상 -김장수 시인
2011		한밭아동문학 제12집 출판기념회	대전 갤러리 (2011. 10. 16)
2011	한밭아동문학 제12집 (2011. 9. 30)	슬기꽉찬절제미와 직유법의미학- 시천의코코질냄새, 연필화났다- 동시조집을 중심으로-	동시조집 -작품평설-김창현
2011	제26회 전국한밭시조백일장 (2011.10.3)	우암사적공원-특차상 시상(6년-이샘)	경기안성산 평초등학교
2011	사비약 사비약 사비약눈	정완영(1919-2016) -문학동네, 서울.	절집, 석공-박석순 (절장시조집)
2011	키작은 해바라기	서관호-동시조집 -한글출판사, 부산.	
2011	한밭아동문학 제12집	상상력을 일깨우는 동심의 접근- 김숙의 봄꾸는 제비꽃 동시조집을 중심으로	동시조집 -작품평설-김창현
2011	한밭아동문학 제12집	동시조란무엇인가 -신웅순 교수	
2011	한밭아동문학 제12집	순수의 심을찾아서 -2010발표된 어린이	동시를 중심으로 윤황한 시인.
2011	호호 후후 불어주면	박경용-동시조집-아평-서울.	
2011	어린이시조나라	제4호(2011. 10. 9) 한글문화사-부산.	
2011	제8차 개정교육과정 (현대동시조)	2-1읽기-까치-성덕제, 4-1읽기-봄오는소리-정완영, 4-2읽기-우리식구-유성규.	성덕제(1935-2008)
2011		4-2읽기-바다-박필상.	

		5-1읽기-풀입과바람-정완영. 5-1읽기-비오는날-권갑하.	
2011		5-1읽기-함박눈내리던날-미상 5-1듣기-친구생각-김일연. 5-1듣기-봉숭아-김상옥.	김상옥(1920-2004)
2011	한 많은 어머니 눈물(시집) -피딱지	5-2읽기-새알만져보기-유경환 5-2 읽기-혀빝에도 끼-이정환.	유경환(1936-2007)
2011	꽃도 사랑을 주면 사랑 다가온다	김종상-동시조집 -소년문화사-전주.	
2011		제3회아동시조문학상 -조성윤(2009. 5. 12)	시조생활-서울.
2011	우리 이웃들	모상철-동시조집-동경-서울.	
2011	햇빛 잘잘 끓는날	신현배-동시조집 -아평-서울.	
2012	우리집 철쭉꽃은	최숙영-동시조집 -아동문예-서울.	
2012	제12회 (2012. 5. 23)	금산상곡초교 -역활놀이 2시간-윤황한 지도	동시조짓기(5-6년) 12명 2시간 김창현
2012	돋을 볕웃음소리	정현숙-동시조집 -한글문화사-부산.	
2012	바람은 누구하고 노나	이형식-동시조집 -다나출판-춘천.	
2012	어린이 시조나라	제5호(2012. 5. 5) 한글문화사-부산.	
2012	햇빛잘잘 실눈살짝	쪽배 8호.	
2012		제4회 아동시조문학상 -이혜경(2012. 5. 30)	시조생활-서울.
2012	나무야 나무야	이혜경-동시조집 -도토리나무-서울.	
2012	제5회 한국아동문예 작가회 심포지움	제11회 아동문학의 날 (2012. 5. 1) 한국아동문예작가회 동시조분과회의	서해유스호스텔 (2012. 8. 18) 인천, 강화.
2012	친구야, 올레로 올래	김영기-동시조집 -아동문학세상-서울.	
2012	제4회 한밭아동 문학상 (2012. 9. 1)	동시조부문. 우제선-산딸기, 꽃잎, 매미소리, 아침이슬 동화-임승수-밤톨 삼형제.	한영필-서커스하는쇠 똥구리, 개똥벌레, 별똥별, 불수제비놀이.

2012	한밭아동문학 2012 제13호	출판 기념회(2012. 9. 1)	갤러리 예향(34명)
2012	대전문학연구 총서(4)동시작 가	채정순, 김숙, 윤황한-평설수록.	꽃바람, 벼룩과파리, 말똥구리, 다람쥐.
2012	현대동시조 짓기 교실	프랑카드 기증-김장수 교장.	
2012	제27회 전국한밭시조 백일장	우암사적공원(2012. 10. 7) 고등부-장원, 차상, 차하	참방, 대표자 시상장-시상해 줌.
2012	제13회 2012. 10. 10	대전서부초등학교-동시조짓기 5-2 28명 김창현 지도	동극-윤황한 (1-1 23명 1시간)
2012		대전문학연구총서(4) -채정순, 김숙, 윤황한	동시조 평설수록
2012	초록빛산 메아리	전선구-동시조집-프로로그출판 사.경북영주.	선정주(1935-2012) 현대시조 주간
2012	개똥 참외	심성보-동시조집.	한글문화사-부산.
2012	제14회 2012. 10. 22	대전갑천초등학교 -동시조 짓기 (5-3-28명)-김창현 지도	동극-윤황한 (1-1 23명 1시간)
2012	오이, 외27수	바람의 동행-조근호 시집	오늘의문학사 -대전. 2012.
2012	피딱지 (1연7행)	한 많은 어머니 눈물 -시집(2012. 12. 30) 김창현	창작집필실-대전. 2012.
2013	어린이시조나라	제6호-없음. 제7호(2013. 5. 5) 한글문화사-부산.	
2013	엄마랑 나랑	배정태-동시조집	오늘의문학사-대전.
2013	곰보빵	심성보-동시조집	한글문화사-부산.
2013	한밭아동문학 제14호	출판기념회(대전기독교봉사회 관)	시조문학공로상 (2013. 6. 29) 김창현
2013	아동문학상	현대동시조문학-공로상 (2013. 8. 24)김창현	
2013	제5회 한밭아동 문학상	배정태(동시조부문)	
2013	제28회 전국한밭시조 백일장	대전문학관2.12.27)개관 (2013.9.14)백일장	초, 중, 고 참방상 입상자 시상.
2013	짝 바꾸는 날 -이일숙 동시조집	제5회 아동시조문학상 -이일숙(2013. 5. 29)	시조생활-서울
2013	제2회 시조사랑 학술세미나	대전문학관(2013. 6. 24)	

2013	제6회 한국아동문예 작가회	아동문학심포지엄 -도봉문화원(2013. 8. 17~18)	
2013		한국아동문예 작가회 동시조분과회의	도봉문화원 (2013. 8. 17~18)
2013	어린이시조 나라8호	제8회(2013. 10. 5) 한글문화사-부산.	
2013	가오리연	심성보-동시조집	한글문화사-부산.
2013	한밭아동문학가 협회	임원개선-회장 김숙 보선, 추가임원개선.	추가임원(2013. 10. 29) 문예대학회의실.
2013	아동문예-동시	7-8월호 수록. (숲으로 간 꽃그늘, 꽃받침위 꼬투리, 도깨비감투, 연못)	특선동시-김창현.
2013	바쁘고 바쁘다	이용숙-동시조집	청개구리-경기도 파주.
2013	제15호 (2013. 12. 6)	대전가수원초등학교-동시조 짓기(5-2- 24명)-김창현 지도	동극-윤황한 (2-1 20명 1시간)
2013	한국장애인문학 도서 총람	글꽃피는꽃동네 -도깨비네 호박꽃-1연6행.	
2014	등대도깨비 영주시조제4집	아동문예-서울. 2014. 동시집. 서천,시를쓰다.(2014.11.24.)	
2014	한국현대시조 연구의 향방	오늘의문학사-대전. 2014. 평설집.	
2014	제29회 전국한밭시조 백일장	대전문학관(2014. 10. 1)	
2014	제6회 한밭아동문학상	최숙영-우리집철쭉꽃은 윤황한-동화	협의회(2014.8.13) -태화장
2014	어린이시조나라 9호	대전문학연구총서(5)	
2014	한국 현대시조의 연구와 향방 -김창현평설집 한밭아동문학 제15호 어린이시조나라 10호	송은영-사랑아 솟아라 퐁퐁퐁-시조집 한금산-별씨 뿌리기-동시집 김영수-소쩍새 한 마리-시조집, 봄을 비는아이-동시집 문희순-할머니의 보석-동시조집 우제선-노향유곡-시조집 조혜식-작은나의기쁨-시집 심성보-개똥참외, 곰보빵. 서관호-어린이시조나라 이순금-그물-수필집 김숙-별바구니-동시조집	

		김동훈-동시 심성보-개똥참외 유동삼-외솔상. 우제선-대전문학상, 한밭시조문학상 김영수-정훈문학상 김창현-한밭시조문학상 송근영-예술발전공로상 신미경-인터넷문학상 박종국-아동문학신인작품상 신주희-아동문학신인작품상	
2015 2015	제7회 한밭아동문학상 제30회 전국한밭시조백일장 어린이시조나라 11호	김숙-한국예총대전시연합회장상 우홍순-진주예술인상 백민-한국동시조문학상 김유성-동구문학작품상 최숙영-한국동요대상 김숙자-김선호-인터넷문학상 우제선-천연송 푸른소리-단시조100수선집 김숙자-자기개발서 김성숙-폴더를 다시연다-시조집 이영석-개밥바라기-시집 이상덕-산여울해맞이-시조집 한금산-그냥두렴-동시조집 박종국-바람은 싸움쟁이-동시조집, 수필집 김장수-차앞이그린 등고선-시조집 아지랑이 되는날 문복선-시간이 그린그림-시조집 박근칠-동시선집 서관호-혹부리 나무-동시조집 조혜식-산빛 고운 사랑-시집 김선호-말하자면 사랑은-시집 서인원-호수의 얼굴-시집 김창현-그섬에 살고싶다-정형시집	
2016	제8회 한밭아동문학상 제15회 정훈문학상 - 김창현 제31회	박순희-아동문예-동시 문학사랑-시조- 깨끼바느질-시조집 이순금-동화-쏘가리공주. 송근영-할머니 나 집에가면 안돼-동시집 박종국-세모랑네모랑-동시집	대전위상 드높이기 1 .이도현-조선일보 (2014. 8. 15) -가슴으로 읽는 시조-풍금 소리. 2. 송근영(1925-2016)

	전국한밭시조 백일장 김장수-솜사탕 동시조 리디아-단비한 줌내리네-동시조 오순택-꽃걸음 소리-동시-동시조 영주시조제6집	강임구-흐르는 물길따라-시조집 박순희-깨끼바느질-시조집 한금산-겨울 바다를 팔아요-시집 김선호-사랑의 눈으로 보면-시집 김창현-대청호 오백리길-정형시집 리헌석-공산성 바람소리-시집 신미경-아버지 자전거-시조집 엄기창-봄날에 기다리다-시조집 임승수-사북탄광-소설집 노업-병아리떼노는마당 -동시조집# 들길로오는바람(2016.12.3.)	조선일보(2016. 2. 2) 가슴으로 읽는 동시-섣달그믐. 3. 정훈(1919-1992) 조선일보(2016. 2. 26) 가슴으로 읽는 시조-아리랑民교토의 밤 4. 김광순-조선일보 (2016. 3. 18) 가슴으로 읽는 시조-동백이 내게와서. 5. 김창현-현대시조 2016 가을호 -최숙영시조론 -평론수록.
2016	한밭아동문학 제16호	꽃 구름 송이 발로 차며 놀다 -고요아침-서울	이준섭-동시조집.
2016	어린이시조나라 12호	잘한다 잘한다 정말-경남-마산	하순희-동시조집.
2017		김창현-관촌단형시조선집 (2017.3.20.)	
2017		문학발전공로상 (2017.6.10.)	
2017	대전문학관	한밭아동문학상-동시조부문-신미경.	
2017		김창헌-추억은아름다워-시조집(2017.4.28.)	
2017	노을이 긴팔을 뻗어	민병도-동시조집.목원.	
2017	어린이 시조나라13호	서관호-(동시조)-강아지도아는 시조.	
2017	제32회 전국한밭시조 백일장	대전문학관	
2017		신미경-월정리역에서-시조집	
2017	제9회 한밭아동문학상	김숙-대전문인협회-대전문학상	
2017		윤황한-올해의예술가상.	
2017		임승수-2016년을빛낸올해의 소설가상	
2017		김성숙-문학사랑독자가뽑은201	

		6년 우수 작품상	
2017		강임구-문학사랑독자가뽑은2016년 우수작품상.	
2017		김동훈-문학사랑독자가뽑은2016년 우수작품상.	
2017		정연용-한국인터넷문학상.	
2017	한밭아동문학상	신주희-동시	
2017	제1회외솔시조문학상	수상자-박기섭	
2017	출전(出典)나라사랑	2017제126집	
2017	외솔시조문학상	운영위원회위원장-한분옥	
2017	예심선고위원-선안영	정용국-시조작가회의시조분과회장.	
2017	최종심사원-문학평론	가-이숭원-서울여대교수, 문학평론가-	
2017	가난이 무슨죄(罪)여	-김창현-수필집.2017	
2018	한밭아동문학	신년교례회(태화장)2018.3.9	
2018	한국누정시조-김창현	문복선-평론	
2018	자전거타는아이	전병호-동시조-청개구리	
2018	문복선. 세미원(洗美苑)	-시조집	
2018	리헌석	충청권시조의숨결-리헌석문학평론집.2018.1.30	
2018	어린이시조나라	2018. 제17호	
2018	달항아리-김숙-동시집(2018.5.15.)	채정순-꿈을꾸는아이-동시집	
2018	한국현대시조의 방향	김창현-평설집(2)	
2018	김장수	그대발길머무는 곳-6시조집.	
2018	한밭아동문학가협회	제19집 출판기념회(2018.6.27.)	
2018	기독교연합봉사회관	2층. 컨밴션홀	
2018	제10회 한밭아동문학상	동시조부문-김유성, 동시부문-조혜식, 동화부문-정이식	

현대시조의 창작과정과 시적변용

1. 우리나라 현대시조의 변천과정

1) 고려충선왕9년(1313) 성여완1수(청구영언)-조선 고종 31년 갑오경장 (1984)
2) 고려시조-내용이 교훈적이고 음악중심의 창(唱)
3) 근대시조-1885부터-1905까지
4) 현대시조-1906년 혈죽가-대구여사-2006 현대시조 100주년까지
5) 새천년시조-2007년 이후-현재까지.

2. 현대시조의 구성

1) 음수율(音數律)-음절의 수가 규칙적으로 반복되는 시의 자(子), 구(句), 행(行)을 구성함에서 우리나라의 민요, 시조, 가사, 민요풍, 시 등은 3.4조, 4.4조, 7.5조, 등이고 기본 틀은 초장 3.4.4.4, 중장 3.4.4.4, 종장 3.5.4.3 이며 음수율만 맞춘 것은 시조가 아니다.
2) 내재율(內在律)-자유시, 산문시, 시조에서 문장 안에 깃들이고 있는 잠재적인 운율(韻律)-반복법, 압운법.
3) 이미지(Imaje-심상(心象))
   -직유(simile), 은유(metaphor), 상징(symbol).

3. 우리나라 현대시조의 종류

1) 평시조-시조시학 2007 겨울호-현대시조의 장르적 특성과 행로-유성호 교수.
2) 엇시조-시조시학 2004 봄호.
3) 사설시조- 시조시학 2007 가을호.

4. 언어적 아이러니 극적 아이러니

1) 풍자-잘못이나 모순을 빗대어 폭로하고 공격하고 꼬집고 깍아내리는 일종의 수사법. 〈풍자의 대상에 따라 분류〉
2) 개인 공격의 저급한 풍자.
3) 정치, 권력을 비판하는 정치적 풍자.
4) 인류 전체를 풍자하는 고급풍자.
5) 자기 자신을 비판 해부하며 욕하는 자기풍자.

5. 역설(逆說-paradox)

일반적으로 상식이나 믿음을 뒤집어엎는 이론을 말하는데 언뜻 보기에는 진리와 모순 된 것 같으나 사실은 그 속에 진리를 품고 있는 수사기법의 하나.

일종의 기론(奇論), 패리(悖理), 역리(逆理), 유약승강과 같은 것, 모순된 진리와 같은것. 현대시 구조의 자체이고 시의 언어라는 결론을 얻게 된다. 일반적 생각과는 반대되는 말을 동원 일견진리가 아닌듯하나 실은 진리를 표현하는 시에 있어서 진리의 언어를 의미한다.

6. 패러디

익살을 의미하는데 우스꽝스러운 짓이나 말로서 남을 웃기기 위한 의도성을 근저로 한다. 풍자적 모방 시니, 의시(擬詩)라고하고 풍자적, 육체적, 정신적, 결함에서 오는 골계 성격의 골계, 상황의 골계

운명의 골계-객관적 골계, 주관적, 정신적, 자율성 특수연관 관계 골계를 성립, 기시, 풍자, 해학, 아이러니 성립시킨다고 할 수 있다. 배비장전이 골계 문학의 대표라고 할 수 있다.

7. 펀(pun)

말 재롱을 풀이하고 시에서는 언어유희로 풀이한다.

1) 두개의 뜻을 가진 단어의 사용.
2) 달리 표현되지만 다른 발음을 가진 두 단어의 뜻 유사성.
3) 똑같이 발음되고 표기되지만 다른 뜻을 가진 두 개의 단어를 포함하는 언어유희.

8. 정서(情緖)

사상을 부딛쳤을 때 일어나는 온갖 감정을 의미. 인간이 공유하고 있는 희노애락(喜怒哀樂), 애 오욕(愛 五慾), 공포, 불안.

9. 형이 상시의 특성

1) 사물시와 관념시의 지양.
2) 컨시트(conceit)-기상, 진귀하고 기발한 착상으로 해석.
3) 폭력적 결합을 통한 미유의 성립과 이미지 창출.
4) 사물의 총체적 파악, 텍션과 포괄로 요약.

10. 아이러니의 일반적 특성.

탁월한 시로 성립시키는 조건으로 서로 이질적인 이미지를 폭력적으로 결합시키는 위트로 그리고 시의 대조나 구조의 원리로 보고 있음을 알 수 있게한다.

1) …체함과 …아닌 체, 함의 상호 대립된 어항의 속성을 지니고 있다. 아는체, 잘난체, 똑똑한 체가 있는가 하면 반대로 모르는 체, 못난 체, 바보스런 체가 있다.
2) 대조가 있는데 내면계와 외계, 현실과 의관의 대조
3) 비극적 요소와 희극적 요소
4) 거리감과 자유로움 재미가 있다.

5) 미적 요소가 있다.
6) 비꼼과 비판의 풍자적 요소가 있다.
7) 아이러니나 어조는 언제나 냉정 객관적 논리성을 띤다.
8) 자기 비하의 양식으로서만이 아니라 상대도 깍아내리는 참모습을 숨기고 부족한 것으로 행동하고 행동하게 한다.
9) 순진하게 자기를 폭로하는 방식, 이러한 특성을 위해서 극적인 아이러니, 풍자, 역설, 패러디, 펀, 위트 등 구체적 해석이 뒤따라야 한다.

11. 상징주의

예술상, 표현-사물, 정서, 사상-암시적 표현.

1) 내면생활, 생존의 신비 속, 간접표현, 상징을 사용, - - -형, 색, 향, 의 상호 교감, 물질심령, 효과를 노렸다.
2) 윤곽과 조형적 미, 교향곡을 완성하고 기술, 연금사의 인내로 연마
3) 논리, 조리, 절대의식의 거부. 모호, 몽롱속, 감추어진 사상 감정을 점치려 했다.
4) 과학적 실증주의 반대, 주관적 관념, 형이상적 경향 주시
5) 자유시의 탄생, 산문시에 이용

12. 전통적 상징, 개인적 상징

관습저구 상징이라고도 하는데-정화수, 장독대, 꽃 등-관습성 전통 상징, 개인적 상징-원형 상징- 관습 상징-관습, 인습, 정통 맥락

13. 현대시와 형이상 시

일반적 형이상 시의 특징

1) 문제의식을 담은 복잡한 인식 구조
2) 여러 분야의 학문사상을 이용한 시적 컨시트나 아이라니, 패러독스, 도덕적 표현된 이미저리로 난립과 혼합
3) 고도한 지성과 순수한 통징(痛徵), 종합적 효과로 제시.

14. 평이상 시의 특징

1) 시리적 세공
2) 초자연성
3) 생생하고 명확한 이미지
4) 메타포로 집약됨

15. 현대시와 상징

비유가 현대시를 성립시키는 구성원리라면 상징은 비유로서 표현할 수 없는 표현의 기교다.

1) 의미를 지적하는 사인인 것이라고 진술
2) 비유 구성하는 네 가지 요소-본의, 유의, 유사성, 이질성-유의만 밖으로 드러내고 다른 세 요소는 모두 안으로 숨어버리는데 있다.
3) 신비초월 추상성-상징에서 가시적, 초월적, 비가시적 세계
4) 상징-(1) 무엇인가를 지시, (2) 이중의지시, (3) 진실과 허구를 포함, (4) 이중의 적설성

16. 은유의 속성~상징

1) 상징은 관념만을 사물 이미지로 표현, 은유는 사물을 다른 사물의 이미지로 표현, 또 상징의 경우 본의와 유의를 동시에 드러낸다.
2) 은유가 유사성이나 비교~대조관계로 대각선을 그은다면 상징은 이러

한 연결이 없거나 회피하고 상징은 은유보다 더욱 풍부한 상상력이 요구된다.

3) 상징이 보다 많은 동사나 형용사를 사용한다면 은유는 명사형을 주로 많이 사용한다.

4) 상징 비유가 다같이 사물의미를 새롭게 창조하지만 넓은 의미에서 본다면 상징은 비유의 한 형식이라고 할 수 있다.

17. 내재율(內在律)

외형 율처럼 밖으로 나타나지 않고 속으로만 생명처럼 존재하는 시인의 호흡, 시의 호흡을 말한다. 내재율은 보편적으로 리듬 속에 개인적 리듬이 흡수되어 버리는 정형 율에 비해 훨씬 개성적이라 할 수 있는데 이때 리듬은 그 자체가 개인적 호흡의 생리적 필요성과 개인적 정감의 심리적 필요에 의해 조절되고 개인적 정신에 의해 듣게 한다.

시의 운율을 크게 둘로 나누어 그중의 내재율을 가리키는 말. 자유시는 정형적 운율에서 벗어난 것이지만 운율과 전연 관계없는 것이 아니라 여전히 운율을 가지는데 그것을 특히 내재율이라고 한다. 이 경유 자유시의 리듬은 부정형의 음수율과 내용 율로 두개가 대별되는데 내재율은 이 둘을 다 포함한다고 볼 수 있고 좁은 의미로는 내용 율만 가리킨다. 내용 율이란 내적 감정의 율동을 가리키나 그것은 일정한 언어에도 깃들어 있다.

1) 언어의 의미자체가 가지는 리듬을 시적감정에 즉응하여 살려서 포현할 때

2) 어귀의 명령법 체언, 종지동사의 현재법 등의 사용에서 운율적 역동감을 살릴 때

3) 표현상의 여러 가지 조작, 즉 문체의 수사에 의한 강약의 율동을 살릴 때

4) 시형의 장단에 의한 일종의 호흡 율을 살릴 때 내용 율이 나타난다.

부정형 음수율은 정형 율이 4.4조, 3.4조, 7.5조, 8.5조 등인데 반하여 2음, 3음, 4음, 5음 등의 부정의 음수구성으로 정형률과 보통의 산문과는 다른 일종의 미묘한 리듬으로 나타난다.

18. 리듬(rhythm)

시의 운율에 있어서 특히 반복을 기조로 하는 일정한 형식을 말한다. 살아있는 모든 존재는 생명의 리듬을 가지고 있으며 자연 변화나 사물의 운동도 구체적으로 반복되는 리듬을 갖는다. 시에서의 리듬은 바로 이러한 것을 반영, 심리적 충족감, 정신적, 감각적, 안락감을 준다.

19. 비유(比喩)

어떤 현상 사물을 그와 비슷한 현상, 사물을 끌어들여 표현하는 일종의 수사법을 말한다. 직유, 은유로 구분하고 은유를 다시 치환은유, 병치은유, 공감적은유로 세분하기도 한다. 비유 성립 요소는 1) 본의, 2) 유의, 3) 이질성, 4) 유사성이고 성립조건은 비유에는 두 가지 사물, 두 가지 의미의 비교가 있어야 한다. 본의와 유의는 이질적인 것이 있어야 한다. 이와 같이 두 이질적인 것이 어떤 유사성, 또는 관련성이 있어야 한다.

20. 상징(象徵 symbol)

어느 감각적 대상이 다른 대상을 표시하거나 본래의 고유한 의미 외에 본래적인 부수적 의미를 표현하는 수사법을 의미한다.

언뜻 은유와 비슷하지만 원관념이 아예 숨어 버린 채 은유가 여러 차례 반복되어 피율이 되면 상징이 된다고 말 할 수 있다. 이 때문에 상징은 의미를 지적하는 표적, 즉 사인이며 시적 상징은 시인 스스로가 창출한 상징에 해당된다.

21. 병치은유

비유를 성립 시킬 때 본의와 유의 사이에 팽팽히 끌고 당기는 상호작용을 함으로서 긴장을 유지한다. 두 개념 사이에 동일성이나 유사성이 배재된 대립과 갈등을 유발함으로서 생기는 고조된 긴장이다. 이와 같이 서로 이질적인 상치 및 상충적인 것을 나란히 배열하는 것을 병치은유라고 한다. 이 때문에 설혹 그것이 관념이나 정서일지라도 존재나 사물로 현안 함으로서 이미지의 존립 성을 필연화 하낟.

22. 비틀어 짜기

시에 있어서의 변용의 일종으로 왜곡이나 날조쯤에 해당된다. 시는 사실의 기록이 아니라 사실이상의 기록이자 사실로써 드러낼 수 없는 것을 드러내는 기록이다. 그 때문에 사실에서는 체험 할 수 없는 감동을 체험하게 하는 기록인데 시를 환정적 진술이라고 하는 것은 이 때문이다. 곧 새로운 감동을 체험하기 위해서는 사실로서는 불가능하기 때문에 현대시를 일컬어 의도적 제작이라고도 한다.

23. 의인법(擬人法)

인간 이외의 사물이나 추상 개념에 인격적 요소를 부여해서 표현하는 수사법, 비인간적인 용어를 인격적 용어로 선용하는 것을 뜻한다. 미학적으로는 감정이입이라 할 수 있다. 은유, 직유와 함께 가장 오래 된 비유법인데 역사적으로 보면 먼저 인간 이상인 신, 영적 존재를 인격화 하는 것이 발생하고 그 나음에 비인산석 존재 무생물, 추상 개념을 인격화 하는 것으로 발달 하였다.

1) 불안적 의인법, 완전 의인법, 추상 개념의 의인화.

24. 서사시(敍事詩 epic poetry)

개관시의 대표적인 한 양식으로 일반적으로 이야기를 객관적으로 서술해 가는 형식을 취하는 시이다. 원시적 서사시는 호머의 (일리아드)와 (오디세이)에서 볼 수 있듯이 신이나 왕, 민족적 영웅의 행위나 영웅담을 중시하므로 한 역사적 사건을 서술한 장웅, 장대 한 구성에 의탁했으나 후대에 오면서 영웅호걸이나 집단적 운명을 그리지 않아도 객관적 사건을 서술하면 서사시라고 부르게 되었다.

25. 서정시(抒情詩, lyric poetry)

본래 그리스에서 iyeic이란 악기에 맞추어 부르던 노래를 뜻했으나 근래에 와서는 문학의 기본 장르인 시로 명명하게 되었다. 서정시의 특징은 주관적이고 개인적이며 정서와 음악성을 중시하는 단시의 개념으로 규정하게 된 시이다.

26. 순수시(純粹詩 Pure Poetry)

시에서 비시적인 요소를 제거 시적 준수 차원을 개척하고자 한 시를 지칭한다. 그 지향이 절대 차원에 도달 하고자 한 점에서 절대시라고 부르기도 한다. 시에 대한 구체적인 논의는 20세기에 와서 본격적으로 제기 됐는데 랜슴의 주장에 의하면 순수시는 배경에 관념내용을 거느리지 않는 시가 순수시라고 하고 있다. 한국에서는 시문학파에 의해 불순 목적과 정치적 태도를 배제하고 시 다운 시, 예술적인 시를 주장한데서 순수시가 출발한다.

27. 시의 원근법

시화에서 자연의 물상을 실제 눈에 보이는 것과는 거리감이 드러나게 묘사 했을 때 원근법을 적용했다고 하는데 이 원리를 시에 적용한 일종의 마음속의 심경보(心景譜)라 할 수 있다. 내면 풍경이나 외적 사실을 언어로써 시간과 공간 속에 배치 원근법을 적용했을 때 시적 원근법이라 할 수 있다.

28. 심상사고(心像思考 image thinkinking)

이미지를 지닌 언어로 사물을 인식하고 이미지를 통해 사고하고 해석하는 방식을 심상사고하고 한다. 시인은 이미지를 지닌 언어를 사용하여 보다 감각적이고 구체적 방법으로 물질세계는 물론 전신적인 세계까지 감각적으로 표현 존재를 현현하고자 하는데 이것이 곧 심상사고다.

29. 시-요소

시는 여러 가지 많은 종류에 호소한다. 그 중에서도 대표적인 것은 인간의 심미감과 아름다움에 대한 느낌과 즐거움에 호소하는 것으로 크루저는 지적하고 있는데 시의 요소는 이러한 아름다움을 창출해 내는 예술적 미감을 운율, 음악성, 이미적 감정, 사상 등을 통해서 창조하는 것이며 이것이 시만 가지고 있는 특유의 예술성이다.

30. 아이러니(Irony)

본의와는 반대로 말하거나 또 부정적, 소극적 표현으로 도리어 긍정적 적극적 뜻을 나타내는 표현법을 말한다. 수사법에서는 강조법의 하나로서 비꼼과 다소의 풍자가 있는 반어적 표현으로서 겉으로 나타낸 말과 그 이면에 숨은 뜻과는 반대가 있는 것이 그 특징이다.

31. 알레고리(풍유, 諷諭 allegor)

추상적 관념을 구체적 비유로서 표현하는 기법으로서 어떤 원관념 시를 나타내고자 할 때 다른 구체적인 보조관념 B를 사용하여 그 유사성을 적절하게 암시하면서 원관념을 나타내는 방법이다. 우리말로는 풍유(諷諭)라고 한다.

32. 압축과 생략(壓軸 省略)

압축과 생략은 산문과는 다른 시의 본질적 측면으로서 외형적으로는 언어의 경제적 경영을 의미하지만 외형만이 아닌 의미내용 등의 압축과 생략이 더 중요하다. 그러기 위해서는 비유나 상징 같은 방식에 의존하기도 하지만 받은 형식적 통제에서도 가능하다. 아무리 사상이나 감정이 훌륭하다하더라도 리듬을 지키려고 하면 부득불 리듬이라는 형식적 통제를 받아서 필요 없는 부분은 배제되고 반대로 필요한 부분은 압축 또는 요약되기 마련이다. 또 상징과 감정이라는 것은 형식적 통제를 받을 때 혼합적으로 표현된다.

33. 언어유희(言語 遊戱 pun)

흔히 동음이의라고 하는데 다른 의미를 암시하기 위한 말이나 다른 의리를 가진 소리의 말을 해학적으로 사용하는 말장난, 말 재롱, 같은 것을 말한다.

구체적으로 지적하면,

1) 두개의 뜻을 가진 단어의 사용
2) 달리 표기 되지만 같은 발음을 가진 두단어의 뜻의 유사성
3) 똑같이 발음되고 표기되지만 같은 뜻을 가진 두개의 단어 등을 포함하는 말 재롱을 말한다.

34. 역설(paradox)

일종의 공인된 의견에 반대되는 진실로서 언뜻 모순 같지만 실제로는 근거가 있는 진술을 의미한다. 이 때문에 역설은 겉으로는 논리에 모순 된

것 같지만 사실은 진실을 말하는 것이 되는 표현기교라 할 수 있다. 현대시에 즐겨 사용하는 표현 기법의 하나다.

35. 운율(韻律)

음성 계열의 전체에 질서 있는 통일을 부여하는 형식원리로 리듬과 미터로 나뉘며 이들이 합하여 여러 가지 전형적 시형을 구성한다.

36. 은유(隱喩 metaphor)

은유는 원 개념과 보조 개념을 동일한 것으로 보는 비유이다. 직유가 두 가지 사물을 직접 비교해서 설명하는 반면 은유는 두 사물 중 하나를 다른 것과 순간적으로 동일시하거나 한 사물을 통해서 말하거나 하는 방식이다. 그래서 원 개념을 생략하고 보조관념만을 내세우는 은유는 마치 상징과 같아서 시를 어렵게 만들기도 한다. 이러한 은유에서 우리는 다만 기교로서의 은유가 아니라 시인의 강력한 의식이 반영된 이미지와 만나게 되는 것이다.

37. 음보(音步 foot)

음보를 다른 말로 시각(詩脚)이라고도 하는데 이는 시에 있어서 리듬을 규칙대로 쓸 때 대체로 하나의 강음절을 중심으로 그것에 어울리는 약 음절을 합하여 리듬의 한 단위를 이룬다. 이 리듬의 최소 단위를 시각 또는 음보라고 한다. 이때 음보가 하나로 된 시행을 1보격 둘로 된 것을 2보격 3으로 된것을 3보격…이라고 한다. 한국시의 대표적 율격은 3보격이다.

38. 이미지(심상, 心象 imagery)

이미저리란 언어에 의해 정신 속에 생산되는 이미지군의 결합을 의미한다. 어떤 감각이건 언어로 호소하면 이미저리이고 이것이 감각체험을 통해

상상혁을 자극 결구되는 것이다. 일반적으로 독자에게 가장 친근한 시각적 이미지, 청각에 호소하면 청각적 이미지로 모든 감각기관에 따라 후각, 미각, 표피감각, 기관감각 이미지로 부르고 이것이 복합적으로 나타날 때 공감각적 이미지라고 한다.

39. 이미지(image)

이미저리와 이미지는 그 어원이 이미지 네이션으로 동일하다. 흔히 심상이라고 부르고 사물로 그린 그림 언어의 회화란 말로 해석된다. 이미저리와 같이 감각적 체험에 의해 마음속에 그려진 사물의 영상으로서 상상력에 의해 결합된다. 이미지라고 할 정도로 시의 절대적 표출 방법이 되고 있다.

40. 인유(引喩 allusion)

신화나 전설 혹은 성서나 문학작품 등의 고사나 시귀, 잠언이나, 격언 같은 것들을 인용하여 쓰는 비유의 일종이다. 인유는 그 본래의 뜻을 보존하고 있지만 분석하고 있는 작품이 전후 상화에 따라서 해석되어야 한다.

41. 자유시(自由詩)

거의 모든 현대시의 형태로 전통적이고 전형적인 리듬을 벗어나 연상율에 근간을 둔 시를 총칭하는 용어다. 그러나 자유시나 전형적이고 전통적인 리듬에서 해방된다고 해도 내재율이라는 드러나지 않는 생명적 리듬을 형성해야하는 자기 규제를 안고 있는 시라 할 수 있다.

42. 전이(轉移 transter)

시는 사물을 재생 시키거나 재생된 것을 해체시켜 전혀 새로이 창조시키는 문화적 행위다. 이러한 창조를 위해 인간을 사물화 하기도 하고 사물을 인간화하기도 하고 심지어는 사물이나 인간 자체를 변용하기도 한다.

이렇게 새로운 사물로 변형 시키는 시적 창조를 전이라고 한다.

43. 정서 상징(emotlonalsymbol)

하나의 정조를 직정화하지 않고 대상을 조금씩 환기 시키고 일종의 기호나 암호를 해독 할 수 있도록 사상이나 감정을 직접 표현하지 않고 다만 설명 할 수 없는 상징을 사용, 사상과 감정을 환기하는 상징을 말한다.

44. 정형시(定型詩)

시에 있어서 그 구조 어귀의 수, 길이, 발음상의 리듬 등, 전통적으로 일정한 형식적 제약 속에서 표현되는 시 형식을 이르는 말로서 자유시, 산문시, 와 반대되는 시를 말한다.

0

45. 제도적 상징(制度的 象徵)

일명 인습적 상징이라고도 불리는데 개인적 창조에 의해 성립 시키는 상징과는 달리 한 집단의 문화적 약속이나 오랜 인습 및 관습에 의해 형성된 상징을 말한다. 예를 들면 십자가가 교화를 상징하는 것 같은 것은 이에 해당된다.

46. 주정시(主情詩 emotion poetry)

못 찾겠다 꾀꼬리

충청권 동시조문학의 시맥과 전개 양상

- 60~70년대의 시조문학 지를 중심으로

김 창 현(현대동시조 주간)

1. 들어가기

우리나라 동시조는 1934년 심훈이 중앙에〈달밤〉, 1935년 조연제가 사해공론에 〈봄비〉를 기성 시인들의 주축으로 처음 시도 되었다고 밝힌 바 있다. (현대동시조. 2004. 제5집참고) 한밭의 동시조는 중학교 제1차 교육과정(1955) 중학국어(2-1)에 정 훈(1911-1992)의 춘일(평동시조)이 수록되었고 중학교 제6차 교육과정(1992)중학교 국어(1-2)에 밀고 끌고(2연 동시조)가 수록되었으며 초등학교는 제6차 교육과정(1992) 말하기 · 듣기 · 쓰기(5-2)에 유동삼의 할머니 말씀(동시조)이 수록되었다. 지금까지 묻혀있던 60-70년대의 시조문학지의 동시조를 발굴하여 청자와 차령으로 이어지는 동시조의 시맥을 한국동시조사와 관련지어 고찰하였다.

2. 시조문학의 동시조 작품 조명

1)시조문학 창간호(1960.6.1.)새글사- 정 훈-호박꽃(평동시조)

2)시조문학 제2호(1961.1.20.)새글사- 정 훈-들국화(평동시조)

3)시조문학 제3호(1961.7.15.)새글사- 지상열-병아리깨기-3연동시조 중-첫연

4)시조문학 제4호(1962.3.10.)새글사- 동시조 없음

5)시조문학 제5호(1962.7.10.)새글사- 지상열-고향의봄(2연동시조)

6)시조문학 제6호(1962.11.10.)새글사- 유동삼-불두화(2연동시조)

7)시조문학 제7호(1963.3.25.)새글사- 유동삼-(1)죽림(2)빗소리(3)길갓집

8)시조문학 제8호(1963.10.20.)새글사- 정 훈-추정(2연중 끝연)

9)시조문학 제9호(1968.7.15.)새글사- 동시조 없음

10)시조문학 제10호(1964.11.15.)새글사-유준호-아침(3연중 첫연)

11)시조문학 제11호(1965.5.20.)새글사-동시조 없음

12)시조문학 제12호(1965.12.1.)새글사-유동삼-함수초(4연동시조)-채희석-가을 밤 (평동시조)

13)시조문학 제13호(1966.4.10.)새글사-동시조 없음

14)시조문학 제14호(1966.9.25.)새글사-동시조 없음

15)시조문학 제15호(1967.2.25.)새글사-남준우-다보탑(평동시조)-이복숙-봄비(평동시조). 지상열-복더위(4연동시조)

16)시조문학 제16호(1967.6.15.)새글사-유동삼-창(3연동시조)-차창을내다보며(평동시조) 대사리(2연동시조) 이용호-얼굴(평동시조)

17)시조문학 제17호(1967.10.20.)시조문학-동시조 없음

18)시조문학 제18호(1968.4.15.)사조문학-이용호-어린놈(평동시조)

19)시조문학 제19호(1968.8.1.)시조문학사-동시조 없음

20)시조문학 제20호(1968.11.25.)시조문학사-유동삼-함수초(시조문학 12호-생략) 지상열-호박이넝쿨박넝쿨(3연동시조)

21)시조문학 제21호(1969.6.30.)시조문학사-지상열-대추,밤,감,(평동시조).

22)시조문학 제22호(1969/9.25)시조문학사-지상열-낚시질(2연동시조) 여름(평동시조) 유준호-봄바람(평동시조)

23)시조문학 제23호(1970.3.20.)시조문학-정 훈-노목,백매,석란(평동시조)

24)시조문학 제24-25호(1970.6.25.)새글사-유준호-봄날엔(2연동시조)

25)시조문학 제26호(1970.11.25.)새글사-유동삼-꽃밭(4연동시조)

26)시조문학 제27호(1971.6.25.)새글사-동시조 없음

27)시조문학 제28호(1971.10.1.)정훈-추천(가을하늘-평동시조) 유준호-꽃(평동시조)

28)시조문학 제 29호(1972.4.3.)새글사-동시조 없음

29)시조문학 제30호(1972.12.15.)새글사-유준호-미루나무(2연중 끝연)

30)시조문학 제31호(1973.6.25.)새글자-지상열-개구리(2연동시조)

31)시조문학 제32호(1973.10.2.-문화의날)새글사-동시조없음

3. 동시조 작품

1) 호박꽃 - 정 훈

순이네 엄마 모양
호박꽃이 피고 지네

여름 가을 없이
누우렇게 피고 지네

초가집
가시울타리에서
소리없이 피고 지네.
〈출전〉시조문학 창간호(1960)

2) 들국화 - 정 훈

풀숲에
오순도순
귀여운 얼굴들이다

꼭
순이와 똑같은
착한 얼굴들이다

바람이
소소히 불면
더욱 고운 얼굴들
〈출전〉시조문학 제2호(1961)

3) 병아이깨기(부화) - 지상열

알 곡식도 헤쳐보고
주워 먹던 그 방정이

핏빛 배실 바래도록

알 품고 앉은 모습

눈 씻고 다시 보자니
옷깃 다시 여며지다
〈출전〉 시조문학 제3호(1961)

4) 고향의 봄 – 지상열

봄비에 물 가득 찬
논 둑길 거닐면서

못자리 예쁜 머리
쓸어주고 싶은 마음

개구리 바각대는 소리
고향악도 달사위

새파란 하늘 아래
보리 이삭 물결 치고

종달새 소리 높혀
봄 노래 부를 때

황홀한
법열에 싸여
산을 잊고 앉았다.
〈출전〉 시조문학 제5호(1962)

5) 불두화 – 유동삼

분홍도 노랑도
새파랑도 다 마다하고

하양도 싫다하며
초록을 엷게 들여

염불만 외고 있대서
불두화라 부릅니까

뭇꽃 노래하고

한참 시시내다가

무상한 그 길을
또 걸어 사라진대

스님만 이제 피어서
그 넋두리 합니까.
〈출전〉 시조문학 제6호(1962)

6) 대나무 숲(죽림) - 유동삼

곧은 마음 푸른 제복
바른 자세 삼장 공약

굳어진 마디 마디
피어린 다짐으로

한 세상 깨끗이 사는
고진들의 별 천지
〈출전〉 시조문학 제7호(1963)

7) 빗소리 - 유동삼

잠결에 빗소리가
주룩주룩 요란하다

작년엔 영주에서
금년엔 순천에서

실근한 아우성 소리
되살리는 빗소리여
〈출전〉 시조문학 제7호(1963)

8) 길갓집 - 유동삼

판자 울타리에
초가집 두어 채가

신작로 옆에 서서

뽀얗게 먼지 쓰고

벽에는 진흙 투성이
비오던 날 이력서.
〈출전〉 시조문학 제7호(1963)

9) 추정 – 정 훈

대추는 주렁주렁
빨갛게 물이 들고

소소한 바람결에
달빛도 익어 간다

어디서 들려 오는가
토닥 알밤 듣는 소리
〈출전〉 시조문학 제8호(1963)

10) 아침 – 유준호

솟아 와 빛을 지고
신화처럼 피어난다

열리는 가슴 사이
웃음이 들려지면

밤 새워 흐르던 소나타
이불깃을 흔든다
〈출전〉 시조문학 제10호(1964)

11) 함수초 – 유동삼

낮에는 신경질 부려 신경초
밤에는 잠만 잔다 비웃어 잠풀인가
그래도 어여쁘지만 미모사라 한다네

슬쩍 손만 대도 자지러지는구나
늦잠 들어 깜짝 놀라 일어나는 새각시
다소곳 숙인 얼굴에 부끄러움 함수초

깨끗이 지니려는 한 줄기 정성으로
빗방울 떨어져도 입김만 서리어도
사리고 돌아앉으며 붉은 가시 내민다.

태성이 과민하여 키조차 못 컸는데
대대로 이어받은 굳은 절개 어리어도
연분홍 수줍은 마음 고이고이 피어라
〈출전〉 시조문학 제12호(1965)

12) 가을밤 – 채희석

귀뚜라미 울음 결에
가을 소식 찾아 왔네

낙엽지는
뜨락 밑에

여름 그늘
와서 잔데

한 잎에
정 한 맺어서
아아 백발 되어가네.
〈출전〉 시조문학 제12호(1965)

13) 다알리아 – 정 훈

구월달 푸른 하늘에
붉게 타는 다알리아

가슴에 벅판 사랑
한아름 안고 서서

한 올의 구김도 없이
활짝 피는 웃음이여.
〈출전〉 시조문학 제15호(1967)

14) 채송화- 정 훈

어디선가 본 듯한
낯익은 모습들이

따뜻한 새 봄날
네 곁에 섰노라면

영이의 색동저고리가
눈에 삼삼 어린다.
〈출전〉시조문학 제 15호(1967)

15) 불두화- 정 훈

하도 불연이 깊어
불두화라 일렀나

하나는 많은 것
많은 것은 하나인

높으신 현묘한 법을
상징토록 피는가
〈출전〉시조문학 제15호(1967)

16) 카네이션- 정 훈

내년 봄 삼월에
온다고 떠난 사람

십년이 다 가도록
까마득 소식 없네

올 봄엔 꼭 오시라고
카네이션을 심는다.
〈출전〉시조문학 제 15호(1967)

17) 수국- 정 훈

착하고 영리하면
오히려 죄가 되나

순결은 짓밟혀서
파랗게 멍이 들고

마지막 정영을 뿜어
붉게 피다 지느니.
〈출전〉 시조문학 제15호(1967)

18) 복더위- 지상열

아람 넘는 동구나무 그늘도 두툼한데
더위를 쫓아 보려 꽃 피우는 애기 속에
드르렁 코고는 이도 하나 둘 씩 늘어간다.

더위에 목을 짜는 가지 끝에 매미 소리
멀리 가까이 들려오는 아이스 장수 고함
버릇 된 부채 바람에 토막토막 끊긴가.

콩 멍석 널은 듯이 밀어 붙인 땀띠들이
저마다 보이면서 몇 해 만에 처음이라고
엄살이 아니란 고개 짓 눈 두렁에 흐른다.

길 가던 나그네가 그늘 찾아 들자마자
흠뻑 젖은 저고리를 활짝 벗어 짜 널면서
타올이 닳토록 씻은 얼굴 대추 빛이 물든다.
〈출전〉 시조문학 제15호(1967)

19) 다보탑- 남준우

그 때가 봄이었소
어스름 달밤인데

솔 틈으로 비낀 그림
달 어린 다보탑을

황홀히 우러러 보던
단 둘이던 그 날이.
〈출전〉 시조문학 제16호(1967)

20) 봄비- 이복숙

촉촉이 소문 없이
스며드는 나의 고향

팔 다리를 걷어 올려
그대로 맞고 싶네

새 움이 터지는 소리
엄마 엄마 울 엄마.
〈출전〉시조문학 제16호(1967)

21) 창- 유동삼

동으로 트인 여닫지 안으로는 이 조그만 창문
한 조각 유리로 만든 창살도 없이 벽에 붙은 것인데
밤낮을 먼저 알고서 방안으로 알리네.

추우면 성에 끼고 어두우면 거울도 되고
보름달 방안 가득히 환히 비춰도 주고
어둔 밤 제 깜냥으로 쉴새 없이 밝히네.

밖이 어두우면 안에서 빛을 주고
안이 어두우면 밖에서 빛을 준다
두 세상 그 틈에 끼어 한가한 듯 바쁜 몸.
〈출전〉 시조문학 제16호(1967)

22) 차창을 내다보며- 유동삼

양당 밑 아득한
저 마을 사람들이

초가집들 다정한
그 인심 부러워라

티 없이 서로 아끼며
바르게만 사시라.
〈출전〉시조문학 제 16호(1967)

23) 대사리- 유동삼

밑구멍 물어 뜯어 왼손에 퇴퇴 뱉고
돌려서 입에 물어 쪽쪽 빨아보면
한 점의 고깃덩이가 입안으로 쏙 든다.

혓바닥 돌려가며 잘강잘강 씹으면서
집게 손 큰 놈 찾다 양재기 째 까부른다
해져도 허리 굽으려 잡는 뜻을 알려라.

〈출전〉 시조문학제16호(1967)

24) 얼굴- 이용호

뜨락에 지는 백장미
봄 오는 또 피지만

떨어진 꽃잎
흩날린 바람
가 버린 사람

뻐꾸기 산에서 울면
떠오르는 그 얼굴.

〈출전〉 시조문학 제16호(1967)

25) 어린 놈- 이용호

할미 꽃 꽃 족두리
두 손에 쥐고 와서

울 밑에 호박 심는
제 어미 부르다가

어린 놈
병아리 쫓아
마당가를 휘돈다.

〈출전〉 시조문학 제18호(1968)

26) 호박넝쿨 박넝쿨– 지상열

따가운 가을 햇볕
모자 반쯤 비껴 쓰고

애교로 웃음 벙긋
발 디딤도 침착하게

뒤돌아 볼 일도 없는
앞만 향한 네 줄기.

몇 포기 안 되는게
돌담 모두 뒤덮어서

자식들 올망졸망
남부럽게 거느린 너

나도야 너를 닮고파서
이렇게 지켜 섰나 봐.

하찮은 부딛침에
목 주춤 움츠리고

펜을 들다 망설이다
가냘픈 네 목숨에

영장을 내 세우는 때는
얼굴 붉어지누나.
〈출전〉 시조문학 제20호(1968)

27) 대추– 지상열

밤마다 마신 이슬
단맛으로 삼찐 대추

부풀은 젖가슴을
옷섶으로 가리면서

빨갛게 수줍은 두 볼
못 견디게 귀여워.
〈출전〉 시조문학 제21호(1969)

28) 밤- 지상열

금단의 가시무대
감싸여 자란 젊음

개울물 노래 듣고
오동통 살 오르니

햇볕이 몹시 그리워
송이 찢어 벌렸네.
〈출전〉 시조문학 제21호(1969)

29) 감- 지상열

바다처럼 파란 하늘
어찌 보고 싶던지

불 이글 타는 이 몸
가지 끝에 목매달아

푸른 손 뻗쳐 만지며
달래주는 너그림.
〈출전〉 시조문학 제21호(1969)

30) 낚시질- 지상열

노랗게 타는 계절
밀 보리도 익었구나

갈대 밭 푸른 물결
조수처럼 밀려 와도

뚝 넘어 이 호서까지는
후정이지 않겠지.

넓직한 호수 둘레
띠엄 띠엄 태공들만

드리운 낚시 밖엔
여백 없는 마음 자락

초점을 쏘는 눈길이
흐르는 듯 빛난다.
〈출전〉 시조문학 제22호(1969)

31) 낚시질- 지상열

복더위 화덕 불에
매암 매암 찌르르르

그늘 아래 땀 들이기
즐거운 풍류련만

비바리 지친 이몸엔
되려 엉엉 울고 싶다.
〈출전〉 시조문학 제22호(1969)

32) 봄바람- 유준호

봄바람은 산 속에서
새싹을 몰고 온다
봄바람은 산 색시인가
꽃씨와 사랑한다
내 살 속 싶이를 돌아
애를 배고 젊는다.
〈출전〉 시조문학 제22호(1969)

33) 노목(늙은나무)- 정 훈

비 바람 사나운 날이면
더욱 시러운 게다

다 타버린 가슴은
텅 빈 동굴이다.

목숨을 이어가기란
저리 아픈 세월인가.
〈출전〉 시조문학 제23호(1970)

34) 백매(하얀매화)- 정 훈

말근 향이 코에 스며
문득 눈을 뜬다

봄을 쫒던 매화 한송이
낮 별처럼 피었네

등걸은 돌로 차거운데
살아남은 넋이여.
〈출전〉 시조문학 제23호(1970)

35) 석란- 정 훈

연연한 뿌리로 청석사슴을 후벼파

목숨을 심은
아픈 삶에선가

꽃보다 짙은 보라향이
흰 옷섶을 젓는다
〈출전〉 시조문학 제23호(1970)

36) 봄날에- 유준호

땅갗에 고인 볕살
꽃뱀처럼 뜰을 긴다

댓돌만 내려서도
냉이 쑥의 속삭임을

살겨운 햇 정에 끌려
단추 풀린 꿈 간지럽다.

나비 쌍쌍 섶 자락
예쁘게 여민 노랑나비

봄 뜰을 다독이는
새색시 손매 같이

가슴 빈 고목일망정
사랑 빛 날을 연다.
〈출전〉 시조문학 제24-25호(1970)

37) 꽃밭- 유동삼

나팔꽃 제일 먼저
일어났다 자랑인가

채송화는 굴품해서
샛밥을 조릅니다

분꽃은 저녁하라고
꼬마 나팔 붑니다.

밤이 되니 잠풀은
깊은 잠이 들었는데

박꽃은 지붕위에서
도둑을 지킵니다

달뜨자 달맞이꽃은
노란 노래 불러요.

바늘 돋친 선인장
얽어빠진 여주련만

주머니 찬 꽈리란 놈
한 잔 하고 거나해서

패랭이 젊은 놈이랑
서로 질투합니다.

족규화 당이옥은
향수에 젖었는데

무궁화 큰 기침에
포토 넝쿨 차일 치고

백일초 천일초들은

형님 동생 따집니다.

〈출전〉시조문학제26호(1970)

38) 추천(가을하늘)- 정 훈

달은 희고 높아
끝없는 하늘인데

스산한 낙엽이
이리저리 휘몰린다

아픔을 견디다 못해
저리 뒹구는 게다.

〈출전〉시조문학 제28호(1971)

39) 꽃- 유준호

봄비에 밴 햇빛 먹어
심장을 펴는 꽃은

그 숱한 그리움
살 속 깊이 안은 다음

싱싱한 꿈 한아름씩을
씨로 뭉쳐 뿌린다.

〈출전〉시조문학 제28호(1971)

40) 미루나무- 유준호

가난한 들녘 한 복판
외줄기로 품은 소망

미루나무 키 위에 올려
구름밭에 묻어 두면

한 모금 단비로 내려
내 가슴을 적신다.

〈출전〉시조문학 제28호(1971)

41) 개구리- 지상열

어둠에 몸 사리고 겨우내 닦은 목숨
화려한 날 새싹 봄 햇살로 트듯이
하늘 땅 번쩍 쳐들어 씨름하고 싶은 기승.

약동하는 환희로 산천 울린 대 합창
밀월도 피가 솟아 사랑으로 크는가
광명한 계곡을 찾아 벼랑 위에 서 있다.
〈출전〉 시조문학 제31호(1973)

4. 작가별 동시조 창작경향

동시조 작가	동시조 형태					합 계
	평동시조	2연동시조	3연동시조	4연동시조	5연동시조	
남준우	1					1
유동삼	4	2	1	3		10
유준호	2	2	1			5
이복숙	1					1
이용호	2					2
정 훈	11	1				12
지상열	4	3	1	1		9
채희석	1					1
총 계	36	8	3	4		41

5. 나오며

충청권 현대 동시조 변이는 다음과 같이 요약정리 할 수 있겠다.

1. 평동시조에서 3연 또는 4연 5연으로 이어지는 연동시조로 전개되는 경향을 보인다.

2. 동시조의 현대성 처리로 시적 승화가 낭독지도 기사법(記事法)에서 낭송지도 기사법으로 전이 되었다.

3. 삼행 평동시조를 시간적 지루함을 벗어나 율독미를 높이는 미학적 기여가 지대하였다.

4. 감정의 비약단계를 시적 기교성보다 평이성, 동시성을 추구하였다.

5. 자유시와 동시조의 가능성을 시적 전개 과정에서 구축하기에 노력해 왔다고 조심스럽게 내다볼 수 있겠다.

〈참고문헌〉1. 시조문학 창간호(1960-제32호. 새글사. 서울

충청권 동시조 작가를 찾아서

- 심훈(沈薰, 1901-1936)의 시조작품을 중심으로

김 창 현(현대동시조 주간)

Ⅰ. 들어가며

농촌계몽운동가, 상록수의 작가, 민족저항 시인으로 우리 충청도의 횃불을 밝혔던 주인공이 전염병(장티푸스)으로 짧은 생애를 살아 왔으나 그의 문학작품은 시, 소설, 동시조, 영화, 등을 두루 섭렵하여 빛나는 동시조도 남겼다. 특히 시조작품을 발굴하여 시조창작형태를 중심으로 근대시조에 어떠한 영향을 끼쳤는지 조사연구를 하여 논술하고자 한다.

Ⅱ. 심훈(沈薰, 1901-1936)의 시조작품 조사

1. 신여성-1923. 9. 창간

1933. 8. 7. 1) 명사십리-2연시조 - 그날이 오면(시집)
2) 해당화-2연시조
3) 송도원-2연시조 - 그날이 오면(시집)
4) 총석정-2연시조

2. 삼천리-1920. 6. 창간

1931. 6. 3. 소항주유기(蘇杭州遊記)-심훈
1) 서호월야(西湖月夜)-2연시조
2) 루외루(樓外樓)-3연시조
3) 채연곡(採蓮曲)-3연시조 - 그날이 오면(시집)
4) 남병만종(南屛晩鐘)-평시조
5) 백제춘효(白堤春曉)-평시조

6) 항성(杭城)의 밤-평시조

7) 악왕 묘(岳王 廟)-평시조

8) 전당(錢塘)의 황혼-평시조

9) 목동(牧童)의 황혼-평시조

10) 칠현금(七絃琴)-평시조

3. 중앙(中央)-1933. 11 창간

1934. 4. 2 농촌의 봄-심훈

1) 아침-평시조

2) 창을 여니-평시조

3) 마당에서-평시조

4) 나물캐는 처녀-평시조

5) 달밤-평시조(한국최초 동시조)

6) 벗에게-평시조

4. 조선중앙일보(중앙일보)-1933. 3. 7. 창간

1934. 11 2. 근음삼수(近吟三首)-심훈

1) 아침-평시조

2) 낮-평시조

3) 밤-평시조(필경사에서)

5. 그날이 오며는- 신경림-편저(지문사-서울)1982.

1929. 4. 28. 1) 영춘삼수(詠春三首)-심훈-3연시조-그날이 오면(시집)

1929. 10. 10. 2) 고독-4연시조

1930. 8. 3) 한강의 달밤-9연시조

4) 소야악(少夜樂)-4연사조

5) 고려사(高麗寺)-평시조- 그날이 오면(시집)

Ⅲ. 심훈(沈薰, 1901-1936)의 시조작품 탐색

1. 명사십리(明沙十里)- 심훈(1901-1936)

시푸른 성낸파도 백사장에 몸 부딛고
먹장 구름 꿈틀거려 바다 위를 짓누르네
동해도 우아한 품이 날만 못지 안하구나.

풍덩실 몸을 던져 물결과 태견하니
조 알 만한 세상 근심 거품같이 흩어지네
물가에 게집 지으며 하루 해를 보내다.

2. 해당화(海棠花)

해당화 해당화 명사십리 해당화야
한 떨기 홀로 핀게 가이없어 꺾었거니
내 어찌 가시로 찔려 앙가픔을 하느뇨

빨간피 솟아 올라 꽃입술에 물이드니
손 끝의 핏방울은 내 입에도 꽃이로다
바닷가 흰 모래위에 토닥토닥 묻었네.

3. 송도원(松濤園)

뛰어라 창랑(滄浪)위에 굴러라 백사장에
여름이 한 철이니 기를 펴고 뛰놀아라
아담과 이브의 후예이니 무슨 설움 있으랴.

물 넘어지는 해에 흰 돛이 번득이고
백구(白鷗)도 돌아들제 물에 오른 에너쓰는(미상)
송풍(松風)에 머리 말리며 파도소리 들어라

4. 총석정(叢石亭)

멀리선 생황(笙篁)이요 다가보니 빌딩일세
촉촉능능(矗矗陵陵)온갖 형용 엄청나 못 부치니
신기(神寄)타 조물(造物)의 손장난도 이만하면 관두더라.

벌집같이 모난 돌이 창(槍)대처럼 쌓아 올려
창공에 구멍 날 듯 비바람 쏟아질 듯
격랑(激浪)에 돌부리 꺾어질까 소름 오싹 들더라.

5. 소항주유기(蘇杭洲遊記)

서호월야(西湖月夜)

중천의 달빛은 호심(湖心)으로 녹아 흐르고
향수(鄕愁)는 이슬 내리듯 온몸을 적시네
어린 물새 선잠 깨어 얼굴에 똥누더라.

손바닥 부르트도록 뱃전을 두드리며
동해물과 백두산 떼 지어 부르다 말고
그도 나도 달빛에 눈물 깨물었네.

6. 루외루(褸外樓)

술 마시고 싶어서 인호상면(印壺觴面) 자작(自酌) 하니
젊은 가슴 타는 불을 꺼보려는 심사로다
취(醉)하여 난간에 기대었으니 어울리지 않더라.

7. 채연곡(菜蓮曲)

애호(애호)로 일엽편주 소리없이 저어드니
연잎이 배 바닥을 간질이듯 어루만지네
풍겨온 향기에 사르르 잠이 올 듯하구나.

콧 노래를 부르며 연근 캐는 저 사람
걷어 붙인 팔뚝 보소 백어(백어)같이 노니노라
연(연)밥 한 줄 던졌더니 고개 갸웃 웃더라

누에가 뽕잎 썰 듯 세우성(세우성) 자자진 듯
연 봉오리 푸시시 기지개 켜는 소릴세
연 붉은 그 입술에 키스한들 어떠리.

8. 남병만종(南兵晩鐘)

야마(野馬)를 재촉하여 남병산(南兵山) 치달으니
만종(晩鐘)소리 잔물결에 주름살이 남실남실
고탑(古塔)위 까마귀 떼는 뉘 설움에 우느뇨.

9. 백제춘효(白堤春孝)

낙천(樂天)이 싸운 백제(白堤) 사립(蓑笠)쓴 저 노옹(老翁)아

오월(吳越)은 언제런 듯 그 양자(樣子)만 남았구나
죽장(竹杖)을 낚시대 삼아 고기 낚고 늙더라.

10. 항성(杭城)의 밤

항성의 밤 저녁은 개 짖어 깊어가네
비단 짠 듯 오희(吳姬)는 어느 날밤 새우러노
울음이 풀리는 근심 뉘라서 엮어주리

11. 악왕(岳王)의 묘(廟)

천년 묶은 송백(松柏)은 엉크러져 해를 덮고
만고정충(萬古情忠) 무목(武穆)혼은 길이길이 잠들었네
봉회(奉檜)놈 쇠 수갑 찬 채 남의 침만 뱉더라

12. 전당(錢塘)의 황혼

얕은 하늘의 아가별들 어화(漁火)와 입맞추고
임립(林立)한 돛대 위에 하현(下弦)달이 눈 흘기네
포구에 돌아드니 사공 뱃노래가 처량하구나.

13. 목동(牧童)

수우(水雨)를 빗겨타고 초적(草笛)부는 저 목동
병풍 속에 보던 그림 그대로 한 폭일세
죽순(竹筍)을 캐던 누이 자병(紫屛)에 마중터라.

14. 칠현금(七絃琴)

밤 깊어 벌레소리 숲 속에 잠들 때면
곁방 노인 홀로 깨어 졸며졸며 거문고 타네
한 곡조 타다 멈추고 한숨 깊이 쉬더라.

15. 농촌의 봄-아침

산 속의 참새들도 꿈속에 우짖는 듯
간밤에 성을 쌓았나 어이 이리 노곤한고
검둥이 너도 이놈아 기지개만 키느냐.

16. 창을 여니

이 마을 저 동네로 닭소리 넘나들고
실낱같은 아침 연기 아옥(茅屋)마다 한 줄기가
아침해 눈시어 오르니 산 허리에 불이 붙네

17. 마당에서

비 온 뒤 파릇파릇 돋아난 난초 잎이
귀엽고 신기하여 뜰에 내려 쓰다듬자니
눌렸던 대지의 맥박 팔딱팔딱 뛰노라.

18. 나물캐는 처녀

너 그게 냉이냐 씀바귀냐 초리쟁이냐
나물은 한줌인데 할미꽃만 소복코나
반 넘어 기운 바구니를 언제 채려 하느냐.

19. 달밤-우리나라 최초의 동시조

저 달이 네 눈에는 능금으로 보이더냐
어린 것 등에 업혀 따 달라고 조르네
네 엄마 얼굴을 보렴 달 한송이 열렸고나.

20. 벗어게

개구리 우는 밤에 논두렁을 거닐었소
휘파람 불며 불며 이슥토록 거닐었소
내 마음 붙일 곳 없는데 저 달마저 지는구려.

21. 근음삼수(近吟三首)아침

서리 찬 새벽부터 뒤 집에서 씨앗 트나
우러러 보니 기러기 떼 머리 위에 한 줄기라
이 땅의 무엇이 그리워 밤새가며 왔는고.

22. 낮

볏단 헤는 소리 어이 그리 슬픈가
싯누런 금벼 이삭 까마귀가 다 쪼는데
오늘도 이 밥 한 그릇 무엇 하러 잡셨는가.

23. 밤

창 밖에 그 누구요 부스럭 또 부스럭
아낙네 이슥토록 콩 거두는 소릴세
달밤이 원수로구려 단잠 언제 자려고.

24. 영춘삼수(永春三首)

책상 위에 꺾어다 꽂은 봉숭아 꽃
잎잎이 시들어선 향기 없이 떨어지니
네 열매 어느 곳에서 맺으려 하는고

25. 고독(孤獨)

진종일 앓아 누워 다녀간 것들 손꼽아 보자니
창살 들어간 햇빛과 마당에 강아지 한 마리
두 손길 펴서 가슴에 얹은 채 임종 때를 생각해 보다.

그림자하고 단 둘이서만 살림이거늘
천장이 울리도록 그의 이름은 왜 불렀는고
쥐라도 들었을세라 혼자서 얼굴 붉히네.

밤 깊어 첩첩이 얽힌 대문 밖에 그 무엇이 뒤설레는고
미닫이 열어 젖히자 굴러드는 낙엽 한 잎새
머리만 어루만져 세우나 바시락거려 잠을 안 자네

26. 한강의 달밤

은하수가 흘러내리듯 쏟아지는 달빛이
잉어의 비늘처럼 물결 위에뛰노는 여름밤
나 함께 보트를 같이 탄 세 사람 여정이 있었다.

아득한 포플러 그늘에 뱃머리 돌려대고
손길을 마주 잡고 꿈속같이 사랑 속사이면
저 달로 부끄럼을 타는 듯 구름 속에 얼굴 가렸다.

물결도 잠자는 백사장 찍혀진 발자국은
어느 속에 끝이 내려는 두 줄기 레일이던가
몇 번이 두 몸이 한 덩이로 뭉쳤었던가.

아아 그러나 이제 생각하니 모든 것이 꿈이로다
초저녁에 꾸다가 버린 꿈보다도 허무하고
그 기억조차 저 물결같이 흐르고 말려한다.

그 중에 가장 어여쁘던 패성 계집아이는
돈 있는 놈에게 속아서 못된 병까지 옮아
그 피를 토하다가 청춘을 북망산에 파묻었다.

당신이 아니면 죽겠어요. 하던 또 한사람은
배 맞았던 사나이와 벌어진 틈에 나를 끼워서
그 얕은 꾀로 이용하고는 발꿈치를 돌렸다.

마지막 동혈 군은 맹세 지내오던 목소리 고운 여자
집 한 칸도 없는 당신과는 살 수 없어요 하고
일전 오리 낙서 한 장 던지더니 남의 첩이 되었다.

그들은 달콤한 것만 핥아 가는 꿀벌같이
내 마음 순진과 정열을 다루어 빨아가고
골 안개처럼 내 품에서 잠들다 사라지고 말았다.

오늘밤도 그 강변에 물결 노닐고 앞이 밝다
하염없이 좀 씰려 꺼풀만 남은 청춘의 그림자들
이 길로 솟은 포플라 그늘이 가로 세로 빗질할 듯.

27. 소야악(小夜樂)

달빛같이 창백한 각광을 받으며
흰 구름장 같은 그레스를 가벼이 끌면서
맨 처음으로 그는 세레나데를 추었네.

28. 고려사(高麗寺)

운인(雲姻)이 잦아진 골에 독경소리 그윽하구나
예와서 고려태자 무슨 도를 닦았던고
그래서 내 집 인양하여 두 번 세 번 찾았네.

Ⅳ. 심훈(沈薰, 1901-1936)의 문학

문학장르	주제	기타
시	봄의 서곡-14편 그날이 오면-8편 첫눈-13편 어린것에게-6편 잘있거라 나의 서울이여-8편 신문게재시-4편	흙의 문학 필경사 잡기 심훈의 산문 1919. 3. 1 운동 가담 서대문 형무소
시조 동시조	평시조-18수 2연시조-4수 3연시조-2수 4연시조-2수 9연시조-1수 동시조-달밤1수	친구-이희승 중국으로 망명유학 동아일보기자(1924) 문자보급운동(1929-1935) 브나로드운동(1931-1935) 농촌계몽운동(1926-1935)
소설	영화소설-탈춤 장편소설-직녀성, 상록수-동아일보 창간 15주년 공모당선 단편소설-황공의 최후	그날이 오면-심훈문학과 생애 (신경림편저-참조)
총계	자유시-55편 시설-28수 소설-6편	

Ⅴ. 나오며

심훈(1901-1936)은 동아일보, 조선일보, 경성방송국에 취직하면서 시, 시조, 소설, 영화 등 여러 문학 장르를 섭렵하였다. 일제의 간섭으로 중단된 일이 많았고 특히 상록수 소설가로만 알려져 있으나 우리나라 최초의 동시조 작가로 밝혀졌다. 그 근거는 참고문헌으로 대신하며 청송 심씨로 경기도 시릉에서 농촌 면장의 3남 1녀의 막내로 태어나 실직과 가난으로 또는 농촌계몽운동으로 낙향하여 충남 당진 필경사에서 작품할동을 하였으며 전염병(장티푸스)으로 짧은 인생을 마감하였다. 그뿐만 아니라 심훈의 문학적 연구와 일제 강점기 때 사회상도 우리 민족에게 커다란 교훈이 많을 것 같다고 제언하며 자료가 부족하여 충분한 연구 성과물은 아니지만 시조문학을 한정했기 때문에 이 관점을 이해하기 바라며 끝을 맺는다.

〈참고문헌〉

1. 시조문학사전- 전병욱(신구문화사, 서울. 1972)
2. 한국시조큰사전-한춘섭, 박병순, 리태극(을지출판공사, 서울 1984)
3. 근대시조대전-임선묵(홍성사, 서울 1989)
4. 근대시조집람-임선묵(경인문화사, 서울 1995)
5. 심훈문학과생애-신경임(지문사, 서울. 1982)
6. 그날이 오면-심훈시집(신라출판사, 서울. 1999) 시조 6수 수록
7. 문혜연표-한국문화예술진홍회, 서울 1981 확인하지 못했음

충청권 현대동시조 문인을 찾아서

- 전형(全馨, 1907-1980)의 문학작품을 중심으로

김 창 현(현대동시조 주간)

1. 들어가며

올해(2006)에 접어들면서 현대시조 100주년 기념을 떠들썩하게 부르짖고 있다. 그렇다면 한국시조의 변천과정은 삼 단계로 대별할 수 있을것같다. 고려에서 갑오경장까지(고료 충선왕 4년(1313) 성여완 시조부터~1894), 근대시조가 갑오경정에서 현대시조까지(1894~1906), 현대시조는 혈죽가에서 동시조(1906~1934)까지 새 판도를 꾸밀 수 있다고 생각한다.

우리나라의 현대동시조가 1930년대에 심훈(중앙, 1934)의 〈달밤〉, 조연재(사해공론, 1935)〈봄비〉가 기성 신인들의 주축으로 탄생됐다고 논술 한 바 있다.(현대동시조사 연표, 2006)

전형(1907~1908) 시인 탄생 100주년을 맞이하여 1900년도에서 1930년대까지 수 많은 충청도 시인들이 많겠으나 자료가 빈약하고 시조를 창작할 수 있는 조건과 기량이 맞물려 있어야 하므로 현대동시조를 창작하는 기성 시인들은 그리 많지 않을 것으로 사료된다. 다음 시조 자료들에 나타난 시조시인을 중심으로 충청권의 현대동시조 문인들을 대상으로 현대동시조 작품과 함께 시리즈로 엮어 나갈 계획이다.

1) 현대동시조 자료목록 표

시조자료	지은이	연대	비고
시조문학사전	정병욱	신구문화사,	고려충선왕

		서울1972	4년(1313)성여완 시조부터
한국시조큰사전	한춘섭, 이태극, 박병순	을지출판공사, 서울, 1984	
근대시조대전	임선묵	홍성사, 1989	
한국시조대사전	박을수(상, 하)	아세아문화사, 1991	
근대시조집람	임선묵	경인문화사,1995	
시조문학	창간호-제33호	새글사, 서울, 1960	
청자, 차령	창간호~제10호 창간호~제3호	활문사, 대전, 1965	

2) 전형(1907~1980)의 시조작품

수록된 곳	지은이	시조작품주제	시조형태	비고
조선시단	전우한 춘파 전형 전형	한숨 아침이 왔단다 환멸의 노래 단가 21수		1928. 2. 3호 합본호 1929. 제5호 1934. 제8호, 속간호 1934. 제8호 속간호
혜성2호	전춘파	춘일점경	5연시조	1932. 4
신조선 11호	전형 전형	애창 새로 얻은 노래	3연시조 3연시조	1935. 6 1935. 6
조선중앙일보	전형	고음(苦吟)	3연시조	1936. 6. 17
자오선	전형 전형	정야(靜夜) 별을 우러러		자오선 창간호. 1937
조선일보	춘파	초추영제	평시조 5수	1927. 11.19
고려시보	춘파 봄물결	29회 투고 시조 91주제	평시조 26수 연시조65수	1934.11.14.창간부터 1939.11.16.투고일까지
새로얻은노래 (유고집)	전형	시조10주제 시34수,동시5수	동시조4수	평동시조 칠석날,무지개 2연동시조 해바라기,메뚜기

전형(全馨 1907~1980) 시인은 본명이 전우한(全佑漢)으로 시조작품을 각종 문예잡지, 조선일보, 조선중앙일보, 고려시보에 투고할 때 본명이나 필명을 사용하지 않고 아호를 사용했는데 전춘파, 춘파, 봄물결로 투고했음을 엿볼 수 있다.

3) 근대시조대전 수록작품

1) 혜성(1931. 3창간) 2호 춘일점경(1934, 4), 전춘파 5연시조

2) 신조선 11호(1935. 6), 애창(애창), 전형 3연시조, 새로얻은 노래 3연시조

4) 근대시조집람 수록작품

1) 조선일보(1927. 11. 19) 초주영제(初株詠題)-춘파

천마산 평시조, 박연폭포 평시조, 월야의 폭포 평시조

체하동 2연시조, 두문동 평시조

2) 조선중앙일보(중앙일보 1936. 6. 17)

고음(苦吟)-전형 3연시조

3) 고려시보(1933. 4. 15)

1933. 11. 1 절사정(浙斯亭)-춘파 3연시조

1934. 1. 1 영년사(迎年詞) 봄물결 3연시조

연안(延安)기행, 산촌점경, 방목동소견(芳木同所見)-춘파

예성강 평시조, 철교 2연시조, 백천온천을 지나며 2연시조

연안온천에 내리며 3연시조

연안성희봉고인(延安成喜逢故人)3연시조

산촌점경-방목동소견 4연시조

1934. 5. 16 석양-춘파 2연시조

1935. 5. 1 춘사오장(春詞五章)-춘파 6연시조

자축(自祝)-고려시보 속간-봄물결-4연시조

편자(註)-고려시보는 1934. 5. 16 제 19호로 휴간

1935. 5. 1 제20호로 속간

1935. 6. 1 희우(喜雨)-춘파 6연시조

1935. 6. 16 시조-안부득(眼不得)-춘파 6연시조

1935. 7. 1 시조-전원하경(田園夏景)-춘파 3연시조

1935. 7. 16 소채하산장(小彩霞山莊)-방공처사(訪孔處士)-춘파-6연시조

곡우운계(哭禹雲溪)-춘파-5연시조

1935. 8. 1 시조-충고(忠告)-춘파-6연시조

1935. 8. 16 평산온천유-잡영편편(平山溫泉留-雜詠片片)-춘파

입욕(入浴) 4연시조, 청우(聽雨) 평시조, 사향(思鄕) 3연시조

1935. 11. 1 평산온천유(平山溫泉留)

심란(心亂)-춘파 3연시조, 증 여주인(贈 女主人) 2연시조 야청명월

독작호음(夜晴明月 獨酌豪飮) 2연시조

쓸쓸한 밤-춘파 2연시조, 온천의 김 평시조

암탄(暗歎) 2연시조, 대우(待友) 평시조

1935. 12 .1 평산온천유(平山溫泉留)-춘파

설천(雪天) 5연시조, 욕장(浴場) 2연시조

문병(問病) 평시조, 추경(秋景)-봄물결 2연시조

1936. 1. 1 잔구영신(殘舊迎新)-춘파7연시조

봉박우(逢朴友)-춘파 평시조, 거화수찰(炬火手札) 평시조

독위(獨慰) 평시조, 억우(億友) 2연시조

주송(酒頌)-3연시조

1936.1. 15 평산온천유(平山溫泉留)-춘파

등 칠성대(登 七星臺)-춘파 3연시조

낙수성(落水聲) 평시조, 객회(客懷) 2연시조

설(雪) 평시조, 걸인(乞人) 2연시조

1936. 2. 1 평산온천유(平山溫泉留)-춘파

고적(孤寂) 3연시조, 야욕(夜浴) 평시조

병든 이들 3연시조, 귀장(歸裝) 2연시조

구정(舊正) 3연시조

1936. 2. 16 초동입외금강(初冬入外金剛)-춘파

등로(登路) 평시조, 과 경성(過 京城) 평시조

전곡(仝谷) 평시조, 철원(鐵原)-2연시조

망 동해(望 東海) 평시조

1936.3. 1 외금강(외금강)-춘파

월출(月出) 평시조, 해(海) 2연시조, 온정 착(溫井 着) 2연시조

온욕(溫浴) 2연시조

1936. 3. 16 춘사(春思)-춘파 4연시조

1936. 12. 16 제어감(除夜感)-춘파 4연시조

1937. 1. 1 연년사(延年詞)-춘파 3연시조

1937. 6. 16 녹음(綠陰)-춘파 2연시조

1937 . 7. 1 임진강 이어(臨津江 鯉魚)-춘파 3연시조

1937. 7. 16 감우(甘雨)-춘파 3연시조

1937.12. 16 제야(除夜)-춘파 3연시조

1938. 1. 1 신년사(新年辭)-춘파 3연시조

1938. 1. 16 시조수제(時調數題)-춘파

삼일(三日) 2연시조, 낙수물 평시조,

위장신사(僞裝紳士) 2연시조, 몽견춘아(夢見春芽)

평시조 윷노리 평시조

1938. 11. 16 고려시보백호찬(高麗詩報百號讚)-춘파-4연시조

계명(鷄鳴) 평시조, 노송(老松) 평시조

직죽(直竹) 평시조, 영구(靈龜) 평시조

선학(仙鶴) 평시조

1939. 1. 1 잔아사(殘讶詞)-춘파-3연시조

1939. 2. 1 금강 영(金剛 詠)_춘파

금동거사암(金同居士岩) 2연시조

영선교(迎仙橋) 2연시조

1939. 10. 16 산성유 단상편편(山城留 斷想 片片)-춘파

실망(失望) 2연시조, 춤추는 그 여자 3연시조

월상지(月上遲) 평시조, 선성(蟬聲) 2연시조

5) 전형(1904~1980)의 동시조

현대동시조 2007 제8집을 발간하면서 한밭동시조뿌리찾기, 3. 현대동시조(대전동시조) 제4집(2003)〈새로 얻은 노래-유고시집〉에서 칠석날, 무지개, 메뚜기 등 3수를 수록한 바 있다.

1) 칠석날 : 춘파

쓰르락
쓰르락
가을의 가수

카네이션 잎은
저렇듯 푸르던데

칠석은 말린 고사리
도드르 여름은 감는다

2) 무지개 : 춘파

염천 하늘 덮은 구름
쏙아 붓는 소낙비 개고

환희 피어나는
아롱진 무지개사

저 하늘 휘도는 꿈을
물들이고 남나니.

3) 메뚜기 : 춘파

사알금 사알금
숨소리 죽이고

한 발짝 두 발짝
잡힐 듯 따라 가면

메뚜기 깡총 깡깡총
찌리릭 약올린다.

어디 어디 숨었니
풀 속에 꽁 숨지

현이와 메뚜기
술래잡기하는 벌판

햇볕은 아몰 아몰 해
벌레 소리 따르릉.

4) 해바라기

서산 넘어
가셨기에
머리를
남으로 두고

어두운 밤을
이렇게 세일 테요
해돋이에 눈물을 씻고

오늘도
해바라기는
해밝게도 웃는다.

2. 나오며

현대동시조(대전동시조) 2003 제 4집에서 천진난만한 동심으로 〈칠석날, 무지개, 메뚜기〉 3수를 수록하여 간단한 평설을 수록했기에 생략하고 〈해바라기〉는 2연 11행으로 출전했으나 동시조의 리듬감을 살려내기 위해 편의상 2연 12행으로 늘려 썼음을 양지하기 바라며 밤 맺힌 이슬을 눈물로 아침 해돋이에 눈물 씻고 해맑게 웃는 해바라기로 표현 한 법이 어린 아이를 달래주듯 동심이 깃들어 있음을 알 수 있다. 충천권에 서는 처음으로 시조와 동시조를 전문 문학잡지에 투고하면서 동시조의 기틀을 쌓았다고 할 수 있다.

Ⅰ 초 · 중 · 고등학교 교육과정 법령과 그 변천

기별	공포(고시)	근거	교육과정	특징
1차	1954. 4. 20	문교부령 제35호	시간배당기준령	교과중심 교육과정
	1955. 8. 1	문교부령 제44호	국민학교교과과정	
	1955. 8. 1	문교부령 제45호	중학교교과과정	
	1955. 8. 1	문교부령 제46호	고등학교교과과정	
2차	1963. 2. 15	문교부령 제119호	초등학교교육과정	경험중심 교육과정 한문신설(1972) 교련신설(1969)
	1963. 2. 15	문교부령 제120호	중학교교육과정	
	1963. 2. 15	문교부령 제121호	고등학교교육과정	
	1963. 2. 19	문교부령 제207호	유치원교육과정	
3차	1973. 2. 14	문교부령 제310호	국민학교교육과정	학문 중심 교육과정 도덕, 국사 신설(1973) 일본어 신설(1973)
	1973. 8. 31	문교부령 제325호	중학교교육과정	
	1974. 12 31	문교부령 제350호	고등학교교육과정	
	1979. 9. 1	문교부령 제342호	유치원교육과정	
4차	1981. 12. 31	문교부고시 제442호	유치원학교교육과정	국민정신교육강조 학습량수준 축소조정 초등학교1,2학년 교과통합 운영
	1981. 12 31	문교부고시 제442호	국민학교교육과정	
	1981. 12. 31	문교부고시 제442호	중학교교육과정	
	1981. 12 31	문교부고시 제442호	고등학교교육과정	
5차	1987. 3. 31	문교부고시 제87-7호	중학교교육과정	과학고, 예술고 제정 초등학교통합 교육과정 정보산업신설,경제 교육강조, 지역성 강조
	1987. 6. 30	문교부고시 제87-9호	유치원교육과정	
	1987. 6. 30	문교부고시 제88-9호	국민학교교육과정	
	1988. 3. 31	문교부고시 제88-7호	고등학교교육과정	

6차	1992.6. 30	교육부고시 제1992-11호	중학교교육과정	편성운영체제개선 국가,지역,학교의역할분담, 컴퓨터, 환경, 러시아어진로직업 신설 외국어전문교과 신설 초등영어교과신설
	1992. 9. 30	교육부고시 제1992-15호	유치원교육과정	
	1992. 9.30	교육부고시 제1992-16호	국민학교교육과정	
	1992. 10. 30	교육부고시 제1992-19호	고등학교교육과정	
7차	1997. 12. 30	교육부고시 제1997-15호	초 · 중 · 고등교 교육과정	학생중심 교육과정 국민공통 교육과정의 구성 고등학교선택중심 교육과정 수준별교육과정 도입 재량활동 신설 및 확대 목표(능력)중심 교육과정 설정 지역 및 학교의 자율, 재량확대
	1998. 6. 30	교육부고시 제1998-10호 교육부고시 제1998-11호 교육부고시 제1998-12호	유치원교육과정 특수학교교육과정 고등기술학교교육과정	

II. 중학교 교육과정 동시조

1. 중학교 교육과정의 변천

1) 제1차 중학교 교육과정 – 문교부령 제45호(1955.8. 1)

2) 제2차 중학교 교육과정 – 문교부령 제 120호(1963. 2. 15)

3) 제3차 중학교 교육과정 – 문교부령 제 325호(1973. 8. 31)

4) 제4차 중학교 교육과정 – 문교부시고 제 442호(1981. 12. 31)

5) 제5차 중학교 교육과정 – 문교부시고 제 87-7호(1987. 3. 31)

6) 제6차 중학교 교육과정 – 문교부시고 제 1992-11호(1987. 3. 31)

7) 제7차 중학교 교육과정 – 문교부시고 제 1997-15호(1997. 12. 30)

2. 제1차 중학교 교육과정 동시조(평시조-명칭)

중학 국어	주제	지은이	연행수	유형
1-1	가고파	이은상	4연 12행	4연동시조
2-1	봄	이영도	1연3행	평동시조
2-1	봄	이병기	2연6행	2연 동시조
2-1	춘일	정 훈	1연3행	평동시조
2-1	달밤	이호우	4연12행	4연동시조
2-1	꽃장수소녀	김상옥	1연3행	평동시조
2-1	삼산국(삼산국)	이은상	3연9행	3연동시조
2-1	만폭동(만폭동)	이은상	4연12행	4연동시조
2-1	비로봉(비로봉)	이은상	3연9행	3연동시조
2-1	십이폭(십이폭)	이은상	2연6행	2연동시조
2-1	칠성봉(칠성봉)	이은상	2연6행	2연동시조
2-1	금강에 살으리랏다	이은상	2연6행	2연동시조
2-1	돌아오는 길에	이은상	1연3행	평동시조
2-1	동포를 살리려고	이은상	1연3행	평동시조

3. 제2차 중학교 교육과정 동시조

중학 국어	주제	지은이	연행수	유형
1-1	가고파	이은상	4연 12행	4연동시조
2-1	단란	이영도	1연3행	평동시조
2-1	추천	김상옥	2연6행	2연동시조
2-1	꽃장수소녀	김상옥	1연6행	평동시조
2-1	백담계곡	이희승	2연6행	2연동시조
2-1	박연폭포	이병기	3연9행	3연동시조
2-1	효대	이은상	9연9행	3연동시조
2-1	다도해	김상옥	3연9행	3연동시조
2-1	다락은 반공에 솟고	이은상	1연3행	평동시조
2-1	절문은 닫혀 있고	조위	1연3행	평동시조
2-1	금수산 높은 누대	조위	1연3행	평동시조
2-1	해지는 제가 어디요	조위	1연3행	평동시조

4. 제3차 중학교 교육과정 동시조

중학 국어	주제	지은이	연행수	유형
1-1	산길에서	이호우	1연6행	평동시조
1-1	소녀꽃장수	김상옥	1연6행	평동시조
1-1	의상대해돋이	조종현	1연7행	평동시조
2-1	삼월은	이태극	2연12행	2연동시조
2-1	박연폭포	이병기	3연9행	3연동시조
2-1	초원	이호우	1연6행	평동시조
2-1	효대	이은상	3연9행	3연동시조
2-2	백담계곡	이희승	2연6행	2연동시조
3-1	다보탑	김상옥	2연12행	2연동시조

5. 제4차 중학교 교육과정 동시조

중학 국어	주제	지은이	연행수	유형
1-1	울내여	이은상	1연6행	평동시조
1-1	의상대해돋이	조종현	1연7행	평동시조
1-1	다보탑	김상옥	2연12행	2연동시조
1-2	부자상	정완영	3연9행	3연동시조
2-1	삼월은	이태극	2연12행	2연동시조
2-1	박연폭포	이병기	3연9행	3연동시조
2-2	옥류동	정인보	3연9행	3연동시조
3-2	개화	이호우	1연6행	평동시조

6. 제5차 중학교 교육과정 동시조

중학 국어	주제	지은이	연행수	유형
1-2	부자상	정완영	3연9행	3연동시조
2-2	다보탑	김상옥	2연12행	2연동시조
3-1	개화	이호우	1연15행	평동시조
3-2	벽공	이희승	1연6행	평동시조

7. 제6차 중학교 교육과정 동시조

중학 국어	주제	지은이	연행수	유형
1-2	부자상	정완영	3연9행	3연동시조
2-2	다보탑	김상옥	2연12행	2연동시조
2-2	진달래	이영도	2연12행	2연동시조
3-1	벽공	이희승	1연6행	평동시조
1-2	밀고끌고	정 훈	2연12행	2연동시조

8. 제7차 중학교 교육과정 동시조

중학 국어	주제	지은이	연행수	유형
1-2	봉선화	김상옥	3연9행	3연동시조

3-1	둑방길	유재영	2연24행	2연동시조
3-1	봄비	이수복	4연12행	4연동시조
3-1	풍란	이병기	2연6행	2연동시조

2. 중학교 교육과정 동시조 주제와 형태

교육과정	주제	동시조 형태				총편수
		평동시조	2연동시조	3연동시조	4연동시조	
1차 교육과정	가고파				1	4수
	봄	1				1수
	봄		1			2수
	춘일	1				1수
	달밤				1	4수
	꽃장수소녀	1				1수
	삼산국			1		3수
	만폭동				1	4수
	비로봉			1		3수
	십이폭		1			2수
	칠성봉		1			2수
	금강에 살으리랏다		1			2수
	돌아오는 길에	1				1수
	동포를 살리고	1				1수
2차 교육과정	가고파				1	4수
	단란	1				1수
	추천		1			2수
	꽃장수소녀	1				1수
	백담계곡		1			2수
	박연폭포			1		3수
	효대			1		3수
	다도해			1		3수
	다락은 반공에 솟고	1				1수
	절문은 닫혀 있고	1				1수
	금수산 높은 누대	1				1수
	해지는 제가	1				1수

	어디요					
3차 교육과정	산길에서	1				1수
	소녀꽃장수	1				1수
	의상대 해돋이	1				1수
	삼월은		1			2수
	박연폭포			1		3수
	초원	1				1수
	효대			1		3수
	백담계곡		1			2수
	다보탑		1			2수
4차 교육과정	울내여	1				1수
	의상대 해돋이	1				1수
	다보탑		1			2수
	부자상			1		3수
	삼월은		1			2수
	박연폭포			1		3수
	옥류동			1		3수
	개화	1				1수
5차 교육과정	부자상			1		3수
	다보탑		1			2수
	개화	1				1수
	벽공	1				1수
6차 교육과정	부자상			1		3수
	다보탑		1			2수
	진달래		1			2수
	벽공		1			2수
	밀고끌고		1			2수
7차 교육과정	봉선화			1		3수
	둑방길		1			2수
	봄비				1	4수
	풍란		1			2수
총계	가고파(2회)다보탑(3회) 부자상(2회)삼월은(2회) 벽공(2회) 의상대해돋이(2회) 소녀꽃장수(3회)	21	17	10	1	113수

Ⅲ. 중학교 제1차 교육과정 동시조

1. 가고파 -이은상(1903~1982)

내 고향 남쪽 바다 그 파란 물 눈에 보이네
꿈엔들 잊으리요 그 잔잔한 고향 바다
지금도 그 물새들 날으리 가고파라 가고파.

어릴 제 같이 놀던 그 동무들 그리워라
어디 간들 잊으리요 그 뛰놀던 고향 동무
오늘은 다 무얼 하는고 보고파라 보고파.

그 물새 그 동무들 고향에 다 있는데
나는 왜 어이하다가 떠나 살게 되었는고
온갖 것 다 뿌리치고 돌아갈까 돌아가.

가서 한데 얼려 옛날 같이 살고 지라
내 마음 색동옷 입혀 놓고 웃고 웃고 지내고저
그 날 그 눈물 없던 때를 찾아가자 찾아가

2. 봄 -이영도(1916~1976)

아이는 봄 따라 가고 고요가 겨운 뜰에
봉오리 맺은 가지 만져도 보고 지고
무엔지 설레는 마음 떨고 일어나서라.

3. 봄 -이병기(1891~1968)

봄날 궁궐 안은 고요도 고요하다
어원 업은 언덕 버들은 푸르르고
소복한 여인은 홀로 하염없이 거닌다.

썩은 고목 아래 전각은 비어 있고
파란 못물 위에 비오리 한 자웅이
온종일 서로 따르며 한가로이 떠돈다.

4. 춘일 -정훈(1911~1992)

노랑 장다리밭에
나비 호호 날고

초록 보리 밭골에
바람 흘러가고

자운영 붉은 논독에
목매기는 우는고.

5. 달밤 -이호우(1912~1969)

낙동강 빈 나루에 달빛이 푸릅니다
무엔지 그리운 밤 지향 없이 가고파서
흐르는 금빛 노을에 배를 맡겨 봅니다

낯익은 풍경이되 달 아래 고쳐 보니
돌아올 기약 없는 먼 길이나 떠나 온 듯
뒤지는 물과 산들이 돌아 돌아 뵙니다.

6. 꽃장수 소녀 -김상옥(1919~2004)

새 아침 맑은 길에
꽃장수 소녀가 간다

칠보 화관인 양
꽃 광주리 받쳐 이고

누구라 가지라느냐
향기로운 그 마음.

7. 삼산국(三山局) -이은상(1903~1982)

봉래산 바둑판을 그냥 어이 지날런가
냇가에 맑은 돌을 주워 들고 앉았으니
청풍이 손들고 오며 나랑 놀자 하더라.

어허 선자로구 정녕히 그럴진대
마음은 어이하야 이리도 슬미는고
전세에 남은 일 많음에 일어설까 하노라

8. 만폭동(萬瀑洞) -이은상(1903~1982)

흐르고 맺히고 감돌고 굽이치고
솟고 잘리고 고이고 넘쳐나고
꺽이어 만 번도 더하니 만폭동인 하노라.

일곡(一曲)은 어디 메오 꼬리치는 저 흑용(黑龍)아
이 좋은 운산(운산)에서 너만 혼자 논단 말가?
물어도 대답이 없이 제 흥겨워 하노라.

사곡(사곡)은 어디 메오 분설(분설)하는 양이로다
무삼일 물을 뿜어 그칠 줄 모르는다
하 많은 손의 가슴을 식혀 주려 하노라.

팔곡(八曲)은 어디 메오 화룡(火龍)이 꼬리친다
동천(洞天)이 하 좋으니 창해(滄海)를 잊었구나
행인(行人)도 광홍(狂興)을 못 이겨 바위 치며 가더라.

9. 비로봉(毘盧峰) -이은상(1903~1982)

금길 은길 밟고 올라 상청궁(上淸宮)에 높이 서서
일성(日星) 은한(銀漢)과 벗하는 오늘이다
청풍(天風)은 무수(舞袖)를 날리며 몸 가으로 돌더라.

백운천(白雲天) 여기로다 청병(青甓)을 만지노라
팔황(八荒) 운물(雲物)이 발 아래 다 깔리니
내 몸이 어디 섰는지 분별 못해 하노라.

나그레 들었던 집 어디런지 알고 싶어
사방을 둘러 볼 제 향하(香霞)가 눈을 덮네
두어라 만장홍진(萬丈紅塵)에 그릴 무엇 있느뇨?

10. 십이폭(十二瀑) -이은상(1903~1982)

열두 물 한 줄기로 떨어지니 일장폭(一長瀑)을
일장 폭 열두 간(段)에 꺾였으니 십이폭(十二瀑)을
하나라 열둘이라 함이 다 옳은가 하노라.

열둘로 보자 하니 소리가 하나이요
하나로 듣자 하니 경개(景槪)가 아니 열둘인가
십이폭 묻는 이 있으면 듣고 보라 하리라.

11. 칠성봉(七星峰) -이은상(1903~1982)

입석포 맑은 물에 일편 주 홀로 저어
성라 기도를 찾았나니 칠성봉을
사공이 제 먼저 알고 뱃줄 던져 매더라.

바라보니 수연천에 운도가 싸여 돌고
돌아보느랴 육지 금강을 옥병을 둘러쳤네
옛 사람 삼도 십주를 어느 곳에 찾던고.

12. 금강(金剛)에 살으리랏다 -이은상(1903~1982)

금강에 살으리랏다 금강에 살으리랏다
운무(雲霧) 데리고 금강에 살으리랏다
홍진에 썩은 명리(名利)야 아는 체나 하리오

이 몸이 시어진 뒤에 혼이 정녕 있을진댄
혼이나마 길이 길이 금강에 살으리랏다
생전에 더러운 마음 명경(明鏡) 같이 하과저

13. 돌아오는 길에 -이은상(1903~1982)

금강이 무엇이뇨 돌이요 물이로다
돌이요 물일러니안개요 구름일러라
안개요 구름일러니 있고 없고 하더라

14. 동포를 살리려고 -이은상(1903~1982)

동포를 살리려고 붉은 피를 흘리신 이여!
겨레의 가슴마다에 임은 살아 계시나이다
강산에 서리신 뜻은 전후 만대 푸르리이다.

Ⅳ. 중학교 제2차 교육과정 동시조

1. 가고파 -제1차 교육과정과 같음

2. 단란(團欒) - 이영도(1916~1976)

아이는 글을 읽고 나는 수(繡)를 놓고
심지 돋우고 이마를 맞대이면

어둠도 고운 애정(愛情)에 삼간 듯 둘렸다.

3. 추천(鞦韆) - 김상옥(1919~2004)

멀리 바라보면 사라질 듯 다시 뵈고
휘날려 오가는 양 한 마리 호접(胡蝶)처럼
앞뒤 숲 푸른 버들엔 꾀꼬리도 울어라.

어룬 님 기다릴까 가벼웁게 내려서서
포란 잠 빼어 물고 낭자 고쳐 찌른 담에
오지랖 다시 여미며 가뿐 숨을 쉬더라.

4. 꽃장수소녀 – 제1차 교육과정과 같음.

5. 백담계곡 – 이희승(1896~1989)

백담에 고인 물이 물마다 거울일레
거울 속에 비친 얼굴 봉봉이 홍장일레
그 속에 흩어진 그림자 태고(太古)찾는 나그네.

유구를 흘러 흘러 돌과 바위 갈고 닦아
모양도 동글동글 빛조차 깨끗하구나
인심(인심)을 닦아온 지는 역사 아직 젊더냐.

6. 박연폭포 – 이병기(1891~1968)

이제 산에 드니 산에 정이 드는구나
오르고 내리는 길 괴로움을 다 모르고
저절로 산인(山人)이 되어 비도 맞아 가노라

이골 저골 물을 건너고 또 건너니
발 밑에 우는 폭포 백이요 천 이러니
박연을 이르고 보니 하나밖에 없어라.

봉 머리 이는 구름 바람에 다 날리고
바람에 새긴 글발 메이고 어지러지고
다만 그 흐르는 물이 긏지 아니 하도다.

7. 효대 – 이은상(1903~1982)

일유봉은 해 뜨는 곳 월유봉은 달 뜨는 곳
동백나무 우거진 숲을 울 삼아 둘러치고
네 사자 호위 받으며 웃고 서 계신 저 어머니!

천년을 한결같이 비가 오나 눈이 오나
어여쁜 아드님이 바치시는 공양이라
효대에 눈물 어린 채 웃고 서 계신 저 어머니!

그리워 나도 여기 합장하고 같이 서서
저 어머니 아들 되오 몇 번이라 절하옵고
우러러 다시 보오 매 웃고 서 계신 저 어머니!

8. 다도해 – 김상옥(1919~2004)

쟁반에 담긴 쪽빛 누가 여길 바다랬나
멀리 구름 밖에 겹겹이 포개진 것
그린 듯 고운 아미에 졸음마저 오누나.

이제 막 솟아오른 반만 핀 꽃봉오리
잠길 듯 둥근 연잎 떠 있는 물굽이로
잔잔히 흐르는 돛대 나비 되어 숨는다.

어미 소 곁에 노는 귀여운 망아지 떼
송아지 뒤따르다 돌아보는 얼룩말들
점점이 꿈을 먹이는 푸른 벌판이구료.

9. 다락은 반공에 솟고 – 이은상(1903~1982)

다락은 반공에 솟고 메들은 나직한데
난가에 기대서자 어허 저게 달 아닌가
떨어져 물에 잠기니 유리 쟁반 같구나.

10. 정 문은 닫혀 있고 – 소위(?)

절 문은 닫혀 있고 차 달이는 연기만 나네
중 불러 같이 앉아 토란을 굽노랄제
이윽고 풍경 소리만 뎅그르렁 울린다.

11. 금수산 높은 누대 – 조위(?)

금수산 높은 누대 벼랑 아랜 강이온데
하룻밤 봄바람에 꽃 피어 비단일레
풀빛이 내랑 어룰려 봄이 아롱졌구나.

12. 해지는 제가 어디오 - 조위(?)

해지는 제가 어디요 만길 멀리 재촉하네
술잔을 기울이고 소매를 나눌 적에
구슬픈 이별곡 소리 애를 아니 끊는가.

V. 중학교 제3차 교육과정 동시조

1. 산길에서 - 이호우(1912~1969)

진달래 사태진 골에
돌돌돌 물 흐르는 소리

제법 귀를 쫑긋
듣고 섰던 노루한 놈

열적게 껑청 뛰달아
봄이 깜짝 놀란다.

2. 소녀 꽃장수 - 제1차 교육과정과 같음.

3. 의상대 해돋이 - 조종현(1904~1989)

천지개벽이야!
눈이 번쩍 뜨인다

불덩이가 솟는구나
가슴이 용솟음 친다

여보게
저것 좀 보아
후끈하지 않은가.

4. 삼월은 – 이태극(1913~2003)

진달래 망울 부퍼
발돋움 서성이고

쌓이던 눈도 슬어
토끼도 잠든 숲속

삼월은 어머님 품으로
다사로움 더 겨워.

멀리 흰 산 이마
문득 다금 언젤런고

구렁에 물소리가
몸에 감겨 스며드는

삼월은 젖먹이로세
재롱만이 더 늘어.

5. 박연폭포 – 제2차 교육과정과 같음.

6. 초원 – 이호우(1912~1970)

상긋 풀내음새
이슬에 젖은 초원

종달새 노래 위로
흰구름 지나가고

그 위엔 푸른 하늘이
높이 높이 열렸다.

7. 효대 – 제2차 교육과정과 같음.

8. 백담계곡 – 제2차 교육과정과 같음.

9. 다보탑 – 김상옥(1919~2004)

불꽃이 이리 튀고
돌조각이 저리 튀고

밤을 낮을 삼아
정 소리가 요란하더니

불국사 백운교 위에
탑이 솟아오르다.

꽃쟁반 팔모 난간
층층이 고운 모양

임의 손 간 데마다
돌옷은 새로 피고

머리엔 푸른 하늘을
받쳐 이고 있도다.

VI. 중학교 제4차 교육과정 동시조

1. 울내여 – 이은상(1903~1982)

울내여! 너 피 흘린 물아
장수들 칼 씻은 물아

목메어 우는 물가에서
나도 목멜 줄 알았더면

아뿔싸 이 길로 왜 오리
딴 길로 재를 넘을 걸.

2. 의상대 해돋이 – 제 3차 교육과정과 같음

3. 다보탑 – 제 3차 교육과정과 같음

4. 부자상(父子像) – 정완영(1919~)

사흘 와 계시다가 말 없이 돌아가시는
아버님 모시 두루막 빛 바랜 흰 자락이
웬일로 제 가슴속에 눈물로만 스밉니까

어스름 짙어오는 아버님 여일(餘日) 위에
꽃으로 비춰 드릴 제 마음 없사오매
생각은 무지개 되어 고향 길을 덮습니다.

손 내밀면 잡혀질 듯한 어릴 제 시절이온데
할아버님 닮아 가는 아버님의 모습 뒤에
저 또한 그 날 그 때의 아버님을 닮습니다.

5. 삼월은 – 제 3차 교육과정과 같음

6. 박연폭포 – 제 3차 교육과정과 같음

7. 옥류동 – 정인보(1892~)

단풍숲 터진 새로 누워 넘는 어여쁜 물
저절로 어린 무늬 겹친 사(사)와 어떠하니
고요한 이 산골 속이 더 깊은 듯 하여라.

괸 물밑이 뵈니 유리 어찌 아니 맑아
나뭇잎 근뎅여도 모르는 듯 길이 없다
산 위로 가는 구름을 굽어 좋다 했노라.

8. 개화 – 이호우(1912~1970)

꽃이 피네 한 잎 한 잎
한 하늘이 열리고 있네

마침내 남은 한 잎이
마지막 떨고 있는 고비

바람도 햇볕도 숨을 죽이네
나도 가만 눈을 감네.

Ⅶ. 중학교 제5차 교육과정 동시조

1. 부자상 – 제 4차 교육과정과 같음

2. 다보탑 – 제 3차 교육과정과 같음

3. 개화 – 제 4차 교육과정과 같음

4. 벽공(碧空) – 이희승(1896~1989)

손톱으로 툭 튀기면
쨍 하고 금이 갈 듯

새파랗게 고인 물이
만지면 출렁일 듯

저렇게 청정무구(淸淨無垢)를
드리우고 있건만.

Ⅷ. 중학교 제6차 교육과정 동시조

1. 부자상 – 제 4차 교육과정과 같음

2. 다보탑 – 제 3차 교육과정과 같음

3. 진달래 – 이영도(1916~1976)

눈이 부시네 저기
난만(爛漫)히 멧등마다

그 날 스러져 간
젊음 같은 꽃 사태가

맺혔던 한(恨)이 터질 듯
여울여울 붉었네.

그렇듯 너희는 지고
욕처럼 남은 목숨

지친 가슴 위엔
하늘이 무거운데

연연(戀戀)히 꿈도 설워라
물이 드는 이 산하(山河).

4. 밀고 끌고 – 정훈(1911~1992)

절랑 앞에서 끌게
엄니랑 뒤에서 미세요
한밭 사십릿길
쉬엄쉬엄 가세요
가다가 지치실때는
손만 얹고 오세요.

염려 말고 오세요
발소리만 내세요
엄니만 따라 오시면
힘이 절로 난대요
이나무 팔고 갈때는
콧노래도 부를게요

형이 제대 할때까지
구김 없이 살아요
엄니랑 미세요
절당 앞에서 끌게요
우리의 쉽고 거센길을
밀고 끌고 가세요
중학교 국어 1-2학기

5. 벽공 – 제 5차 교육과정과 같음

IX. 중학교 제7차 교육과정 동시조

1. 봉선화 – 김상옥(1919~2004)

비오자 장독가에 봉선화 반만 벌어
해마다 피는 꽃을 나만 두고 볼 것인가
세세한 사연을 적어 누님께로 보내자.

누님이 편지 보며 하마 울까 웃으실까
눈앞에 삼삼이는 고향집을 그리시고
손톱에 꽃물 들이던 그 날 생각하시리.

양지에 마주앉아 실로 찬찬 매어주던
하얀 손 가락가락이 연붉은 그 손톱은
지금은 꽃물 들이던 그 날 생각하시리.

2. 둑방길 – 유재영(1948~)

어린 염소
등 가려운
여우비도
지났다

목이 긴
멧리가
자맥질을
하는 곳

마알간
꽃대궁들이
물빛으로
흔들리고

부리 긴
물총새가
느낌표로
물고 가는

피라미
은빛 비린내
문득 번진
둑방길.

어머니
마른 손 같은
조팝꽃이
한창이다.

3. 봄비 – 이수복(1924~1986)

이 비 그치면
내 마음 강나루 긴 언덕에
서러운 풀빛이 짙어오것다

푸르르 보리밭길
맑은 하늘에
종달새만 무어라고 지껄이것다

이 비 그치면
시새워 벙글어질 고운 꽃밭 속
처녀 애들 짝하여 새로이 서고

임 앞에 타오르는
향연(香煙)과 같이
땅에선 또 아지랑이 타오르것다

4. 풍란 – 이병기(1891~1968)

잎이 빳빳하고도 오히려 영롱(玲瓏)하다
썩은 향나무 껍질에 옥(玉) 같은 뿌리를 서려 두고
청량(淸凉)한 물기를 머금고 바람으로 사노니.

꽃은 하이 하고도 여린 자연(紫燕) 빛이다
높고 조촐한 그 품(品)이며 그 향(香)을
숲속에 숨어 있어도 아는 이는 아노니.

초기 현대시조에 정착된 동시조의 리듬론

김 창 현(현대동시조 주간)

1. 들어가며

관촌이 이 세상에 태어나 제일 처음 현대시조를 창작하여 대전일보에 수록된 것은 1981년 3월(날짜는 모름) 〈삼월이 오면〉 정형시를 발표하였다.

1980년대에 발표한 현대시조 작품은 〈삼월이 오면〉 〈부처임 오신 날〉 〈계족산〉 〈고향〉 〈저녁놀〉 〈녹두꽃〉 등이 현대시조의 초기 작품에 포함된다.

2. 펼치며

1) 대전일보

(1) 삼월이 오면(1981. 3. 1.)

(2) 부처님 오신 날(1985. 5. 1.)

(3) 계족산(1989.11.13.)

(4) 고향(1989.11.20.)

(5) 별빛은(1991. 6. 19.)

2) 중도일보

(1) 저녁놀(1989. 10. 28.)

(2) 아침(1990. 1. 13.)

(3) 안개 덮힌 계족산(1990. 4. 4.)

3) 교육자료

시조 1회 추천. 1987

시조 2-3회 추천. 1988 추천완료

4) 중앙일보

(1) 씨앗(1992. 3월호)윤금초시인-뽑는 말.

(2) 된장국(1992. 4월호)유재영시인-뽑는 말.

(3) 우리아기(1993. 8월호)박시교시인

※ 현대시조 작품이 발표되었던 각종, 신문. 잡지는 다음과 같다.

충남일보-대전일보, 새교실, 중도일보, 교육자료, 중앙일보, 샘터

이와 같은 현대시조 작품들이 기초가 되어 현대동시조로 뛰넘는 발전을 촉 넓게 전개하였다.

3. 현대동시조의 진폭

1) 아동심리로 본질로 반죽된 어린이 특성은 아동문예 2000년 3월호에 수록되었고 티 없이 맑고 깨끗한 어린이의 동심 세계를 노래한 동시조의 허일시인 5편, 신현배 시인 10편이 내 마음을 즐겁게 해 주고 있다.

2) 아동심리의 인과 관계를 인지와 적용, 아동사고의 특징 중에 피아제의 인간관계, 개념에 대한 발달과정의 설명에 현상론적 인과 관계,개념에 대한 발달과정의 설명에 현상론적 인과 관계, 물화론, 목적론이 있다.

형상론적 인간관계에는 밀접한 관계나 무리 없는 과정을 제시해야 독자는 감동의 세계로 몰입 시킬 수 있는 방법이다.

물화론, 모적론은〈한국현대시조의 연구와 향방〉에 자세히 설명되었으므로 이 평론에서는 생략하기로 한다.

4. 나오며

시조문학 1991년 여름호,(등단) 이전의 현대시조 작품들이 감칠맛도 줄어들고 뛰어난 현대시조 작품이 모자라 여러 곳에 있는 정형시만 골라내었다. 계속 정리하다 보니, 몇 차례 중복 된 것도 있고, 독자의 실증을 우려낼 것같은 마음도 솔직하게 고백합니다.

뾰족하게 잘 했다는 내용도 없고 더구나 농약중독후유증이 날 잡고 놓아 주지 않아 지금 까지도 후유증에 시달리고 있는 심정을 넓으신 아량으로 넘겨주시기를 간절히 하소연합니다.

〈참고 문헌〉

- 이복숙 시조집/ 시조문화사(서울)/ 1966.
- 이병기/ 가람문선/ 신구문화사(서울)/ 1969.
- 이은상/ 거북선/ 한국시조작가협회/ 1971.
- 정병욱/ 시조문학사전/ 신구문화사(서울)/ 1972.
- 리태극/ 시조의 사적연구/ 선명문화사(서울)/ 1974.
- 신. 한국문학전집(시조선집)/ 어문각(서울)/ 1975.
- 신한국문학전집(전50권)/ 어문각(서울)/ 1976.
- 한국문화예술진흥원/ 문예연감/ 고려서적(서울)/ 1977.
- 이병기/ 가람시조선(중판)/ 삼중당(서울)/ 1978.
- 한용운전집(전6권)/ 신구문화사(서울)/ 1979.
- 리태극/ 현대시조작법/ 정음사(서울)/ 1981.
- 한국문화예술진흥원/ 문예연감/ 고려서적(서울)/ 1981.
- 한국문화예술진흥회/ 문예연표/ 서울/ 1981. 확인하지 못했음.
- 신경림/ 심훈문학과 생애/ 지문사(서울)/ 1982.
- 전규태/ 논주시조/ 정음사(서울)/ 1984.
- 한춘섭 · 박병순 · 리태극/ 한국시조큰사전/ 을지출판공사(서울)/ 1985.
- 김대행/ 시조유형론/ 이화여대출판부(서울)/ 1986.
- 임종찬/ 시조문학의본질/ 대방출판사(서울)/ 1986.
- 임선묵/ 근대시조대전/ 홍성사(서울)/ 1989.
- 김일엽/ 두고간 정(일엽-일당시화집)54수 시, 화 수록/ 고려원/ 1990.

- 김일엽/ 영원한 삶을 찾아/ 성도문화사(서울)/ 1991.
- 박을수/ 한국현대시조대사전(상.하.별책)/ 아세아문화사(서울)/ 1991.
- 이병기/ 난초/ 미래사(서울)/ 1991.
- 이우재/ 한국시조시문학론/ 복조리(서울)/ 1991.
- 서원섭/ 시조문학연구/ 형설출판사(서울)/ (초판.1991)
- 리태극/ 덜고더한시조개론/ 반도출판사(서울)/ 1992.

- 임종찬/ 현대시조론/ 국학자료원(서울)/ 1992.
- 신동욱/ 한국현대시인연구(한용운)/ 문학세계사(서울)/ 1993.
- 국어국문학회/ 시조문학연구/ 백문사/ 1994.
- 안종국/ 한용운시전집/ 진명문화사(서울)/ 1994.
- 이도현/ 한국현대시조대표선(1.2권)/ 대교출판사(대전)/ 1994.
- 이영지/ 한국시조문학론/ 양문각(서울)/ 1994.
- 임선묵/ 근대시조집람/ 경인문화사(서울)/ 1995.
- 한국여류시조문학선집/ 시문학사(서울)/ 1996.
- 김대현/ 시인의 대표작 해설(13회)-연(蓮)의 시정(詩情)이야기/ 한국시/ 1997. 5월호.
- 당신은 나에게 무엇이 되었사옵기에(시집)/ 문화사랑(서울)/ 1997.
- 서원섭/ 시조문학연구/ 형설출판사(서울)/ 1977.
- 김선배 · 박이정/ 시조문학교육의 통시적 연구/ 1998.

• 김제현/ 현대시조작법/ 새문사(서울)/ 1999.

• 심훈/ 그날이 오면(시집)/ 신라출판사(서울)/ 1999.

• 원용문/ 한국시조작가론/ 국학자료원/ 1999.

• 교육평가이론/ 한국방송통신대학교 교재/ 2000.

• 김희보/ 한국의 옛시/ 가람/ 2000.

• 박을수/ 시조의서발유취/ 아세아문화사(서울)/ 2000.

• 새벽 별-현대시조100인선/ 태학사(서울)/ 2000.

• 황충기/ 장시조연구/ 국학자료원(서울)/ 2000.

• 신웅순/ 현대시조시학/ 문경출판사(대전)/ 2001.

• 용진호/ 계산 시조시선집(시조집)/ 한림(광주)/ 2001.

• 이우걸/ 젊은시조문학개성읽기(평론집)/ 작가(서울)/ 2001.

• 김재용/ 한국동시논평과해설/ 아동문예(서울)/ 2002.

• 이지엽 외/ 한국현대시조작가론(1)(2)(3)/ 태학사(서울)/ 2002.

• 송기한, 김현정/ 대전. 충청지역의고향시/ 도서출판다운샘(대전)/ 2003.

• 윤금초/ 현대시조쓰기/ 새문사(서울)/ 2003.

• 춤추는 노을/ 신지성사(서울)/ 2003.

• 김창직. 윤해규/ 한국시대사전(개정증보판)/ 을지출판공사(서울)/ 2004.

• 이병기/ 수선화/ 태학사(서울)/ 2006.

• 이숙례/ 초기 현대여류시조연구(김일엽의 시조세계)1, 2/ 부산시조 2006.

제20호, 21호.

- 최남선/ 백팔번뇌(시조집)/ 태학사(서울)/ 2006.
- 이도현/ 시조혼과 은율의 미학/ 대교출판사(대전)/ 2007.
- 이지엽/ 현대시조쓰기/ 랜덤하우스코리아(서울)/ 2007.
- 김복근/ 생태주의 시조론/ (경남-마산)/ 2009.
- 김창현/ 한국현대동시조선집/ 오늘의문학사(대전)/ 2009.
- 박석순/ 한국동시조선집/ 도서출판 드림(광주)/ 2009.
- 황충기/ 조선시대연시조 주해. 푸른사상(서울)/ 2009.
- 민병도/ 닦을수록 눈부신 3장의 미학(시조평론집)/ 목원예원(경북청도)/ 2010.
- 시조의 형식미학과 현대적 계승/ 열린시조학회(서울)/ 2010.
- 이광녕/ 현대시조의 창작기법/ 국학자료원(서울)/ 2010.
- 노창수/ 사물을 보는 시조의 눈(현대시조평론집)/ 고요아침(서울)/ 2011.
- 신웅순/ 시조예술론/ 박문사(서울)/ 2011.
- 신웅순/ 한국시조창작원리론/ 푸른상사(서울) 2012.
- 권채련/ 가람시조집/ 지식/ 2012.
- 가람문학/ 창간호(1980) → 현재.
- 대전동시조/ 대전동시조문학회/ 2000-2003.
- 대전문학/ 1995. 13호 → 2010. 제48호.
- 대전문학연구총서(1)-(5)/ 오늘의문학사(대전)/ 2006. → 2013.
- 문학시대/ 2004. 제15집 → 2010. 제24집.
- 미래문학/ 2000. 가을호 → 2009. 여름호.

- 부산시조/ 2006. 제20호(겨울), 2007. 제21호(여름).
- 시도(詩圖)/ 2001. 제80집 → 2006. 제90집.
- 시조문학/ 창간호(1960) → 2010. 겨울호.
- 시조와 비평/ 1996. 여름호 → 2005. 가을호.
- 아동문예/ 아동문예사/ 1998 → 2002.
- 옥로문학/ 1996. 제4집 → 2006. 제18집.
- 유심(唯心)계간/ 2005. 가을호.
- 저자 시조집 6권
- 차령창간호/ 제3호.
- 청자/ 제1집 → 제10집(영문판)
- 한국동시조/ 창간호(1995) → 2010 봄호.
- 한국시조문학상 수상작품집(2010).
- 한국시조연간집 1992 → 2008.
- 한국여류시조문학선집/ 1996.
- 한국현대동시조선집/ 2009.
- 한듬문학/ 한국문협남해지부/ 1994.
- 한밭시조문학/ 1995. 제7집 → 2010. 제22집.
- 한밭아동문학/ 제11집.
- 현대동시조/ 창간호.
- 현대시조(계간)/ 1992(가을, 겨울) 합병호, 2006 가을호.
- 현대시조(새시대시조)/ 2.5.10.26호 → 현재.
- 현대시조/ 1995. 여름호 → 2009. 여름호.

- 현대시조사화집/ 1996. 제1집 → 2005. 제6집.
- 호서문학/ 1950. 제6호 → 현재.
- 시조문학(時調文學) 성호경 교수/서강대학교출판부(서울)/ 2014.

한국현대시조의 연구와 향방 II

한국 현대시조 연구와 향방 II

김창현 평설집

발 행 일 | 2018년 11월 30일
지 은 이 | 김창현
발 행 인 | 李憲錫
발 행 처 | 오늘의문학사
출판등록 | 제55호(1993년 6월 23일)
주 소 | 대전광역시 동구 대전로 867번길 52(한밭오피스텔 401호)
전화번호 | (042)624-2980
팩시밀리 | (042)628-2983
다음카페 | cafe.daum.net/gljang 문학사랑 글짱들
다음카페 | cafe.daum.net/art-i-ma 아트매거진(아띠마)
전자우편 | hs2980@hanmail.net

공 급 처 | 한국출판협동조합
주문전화 | (070)7119-1741~2
팩시밀리 | (031)944-8234~6

ISBN 978-89-5669-963-9
값 70,000원

ⓒ김창현.2018

* 지은이와 협의하여 인지는 생략합니다.
* 이 책은 ㈜교보문고에서 E-Book(전자책)으로 제작 · 판매합니다.
* 잘못 제작된 책은 바꾸어 드립니다.
* 이 책은 대전문화재단과 대전광역시 에서 사업비 일부를 지원받았습니다.